Imre Gonda–Emil Niederhauser

Die Habsburger

Imre Gonda–Emil Niederhauser

Die Habsburger

Ein europäisches Phänomen

Corvina Kiadó

Titel des Originals
A Habsburgok
Gondolat, Budapest, 1978
Aus dem Ungarischen übertragen von
Heribert Thierry

Schutzumschlag: Győző Vida
Karten: Mariann Kiss

Zweite Auflage

ISBN 963 13 2120 7
In Gemeinschaft mit dem Verlag Kremayr & Scheriau, Wien
Vertrieb nur in den sozialistischen Ländern
Printed in Hungary, 1985
CO 2353-h-8586

Inhaltsverzeichnis

Der erste Schritt *(Emil Niederhauser)*	7
Im Bann der Kaiseridee *(Emil Niederhauser)*	23
Das Weltreich *(Emil Niederhauser)*	39
Die Illusion einer Großmacht *(Emil Niederhauser)*	62
Die Anfänge der Donaumonarchie *(Emil Niederhauser)*	77
Der große Krieg in Europa *(Emil Niederhauser)*	93
Zwischen Ost und West *(Emil Niederhauser)*	103
Der Kampf um das spanische Erbe *(Emil Niederhauser)*	113
Die Herausbildung der Donaumonarchie *(Emil Niederhauser)*	121
Die gütige Kaiserin *(Emil Niederhauser)*	133
Die Ungeduld des Verstands *(Emil Niederhauser)*	155
Sturmjahre – die Französische Revolution *(Emil Niederhauser)*	166
Die Ruhe vor dem Sturm *(Emil Niederhauser)*	183
1848 *(Emil Niederhauser)*	193
Gegenrevolution und Neoabsolutismus *(Imre Gonda)*	213
Irrungen der habsburgischen Diplomatie *(Imre Gonda)*	246
Experimente – der Ausgleich *(Imre Gonda)*	255
Die Konsolidierung des Regimes *(Imre Gonda)*	282
Der Dualismus im Alltag *(Imre Gonda, Emil Niederhauser)*	290
Die Krise des Dualismus *(Imre Gonda, Emil Niederhauser)*	322
Der Weg zur Katastrophe *(Emil Niederhauser)*	347
Das Ende *(Imre Gonda)*	358
Nachwort *(Imre Gonda)*	384
Literatur	385
Quellennachweis der Abbildungen	389
Verzeichnis der Karten	390
Stammtafel	391
Namenverzeichnis	397

Der erste Schritt

In einem Kanton der heutigen Schweiz, im Aargau, dort, wo die Reuß in die Aare mündet, stehen die Reste einer Burg. Sie hieß ursprünglich Habichtsburg, woraus später Habsburg wurde. Schon im Jahr 1090 nannte sich ein schwäbischer Feudalherr nach der Burg Otto von Habsburg.

Um diese Zeit war die Familie im Herzogtum Schwaben bereits bekannt. Der erste namentlich bekannte Vorfahr war aller Wahrscheinlichkeit nach ein Feudalherr namens Guntram, der um die Mitte des 10. Jahrhunderts lebte und Guntram der Reiche genannt wurde. Sein Besitz war über das Elsaß und über das Gebiet der heutigen Schweiz verstreut. Aus dem Jahr 952 kennt man noch einen Guntram, ebenfalls Grundbesitzer in dieser Gegend, der von Otto I., dem Großen, dem Begründer des Römisch-Deutschen Kaiserreichs, wegen Treulosigkeit eines Teils seiner Güter verlustig erklärt wurde. Wenn diese beiden Guntram identisch sind, läßt sich die Stammreihe der Habsburger noch weiter zurückführen, da nämlich Guntram seine Abkunft von einem gewissen Eticho, einem Vornehmen aus alemannischem Stamm, herleitet. Dieser Eticho starb im Jahr 590, es würde sich also hier tatsächlich um eine sehr alte Familie handeln.

Dies ist aber durchaus nicht sicher. Halten wir uns also an Guntram den Reichen, dessen Sohn Lanzelin – Koseform von Lanthold – vier Söhne hatte. (Reicher Kindersegen wird später in der Geschichte der Habsburger eine häufige Erscheinung sein, aber es kommt auch immer wieder vor, daß nur noch ein oder zwei männliche Mitglieder der Familie leben.)

Ein Sohn Lanzelins namens Werner war nicht mehr bloß Feudalherr, sondern gehörte bereits dem hohen Klerus an. Vom Jahr 1002 an war er Bischof von Straßburg, und er soll es gewesen sein, der die Habichtsburg erbaut hat. Sein Bruder Radbot schloß eine vornehme Ehe (auch auf solche Verbindungen verstehen sich später die Habsburger): Es gelang ihm, die Tochter des Herzogs von Lothringen zu heiraten, obwohl es damals im ganzen Römisch-Deutschen Kaiserreich nur fünf Herzöge gab. Damit gewann Radbot eine sehr vornehme Verwandtschaft. Im Jahr 1035 machte er dem Kloster Muri eine reiche Schenkung. Sein Großvater Guntram war seinerzeit durch eine ähnliche Schenkung bekanntgeworden.

Auch später bemühten sich die Habsburger um vornehme Verwandtschaftsbeziehungen; zu Beginn des 13. Jahrhunderts standen sie in verwandtschaftlichen Beziehungen zur damals regierenden Dynastie, den Hohenstaufen, die sie in ihren Kämpfen gegen die Päpste unterstützten. Dies zog ihnen zwar manchmal den Kirchenbann zu, brachte ihnen aber auch neue Schenkungen ein, denn die Kaiser belohnten diejenigen, die ihnen in schweren Zeiten beigestanden hatten. (Diesem Beispiel sind die Habsburger später nicht immer gefolgt.)

Der erste Habsburger, der mit den Hohenstaufen verwandt war, hieß Albert, er war der dritte dieses Namens. Sein Sohn Rudolf II., gestorben 1232, stand in den inneren und äußeren Zwistigkeiten des Deutschen Reichs an der Seite Philipps von Schwaben, des hohenstaufischen Gegenkönigs, später unterstützte er Friedrich II. Seine zwei Söhne, Albert und Rudolf, teilten sich damals den Familienbesitz. Albert, der ältere, erbte die Besitzungen im Elsaß und in der nördlichen Schweiz; von ihm stammt die ältere Linie; sein jüngerer Bruder erhielt bei der Teilung mittelschweizerische Besitzungen. Daraus pflegt man zu schließen, daß die elsässischen Ländereien der ursprüngliche Besitz der Familie waren.

Rudolf war der Ahnherr der anderen, laufenburgischen Linie der Familie. Die Laufenburger lebten fast zwei Jahrhunderte lang das bequeme, wenn auch nicht immer sichere Leben der schwäbischen Vornehmen. Auch diese Familie teilte sich in zwei Linien. 1408 beziehungsweise 1415 starben beide aus. In unserer Geschichte spielen sie keine Rolle mehr. Es gab damals eine ganze Reihe solcher Familien im Herzogtum Schwaben. Sie besaßen einige Burgen und viele kleine Dörfer mit Fronbauern, von denen sie mit Lebensmitteln und manchmal mit Geld versorgt wurden. Wenn nicht genug Geld da war, wurden den durchreisenden Kaufleuten Zölle auferlegt, oder sie wurden ausgeraubt. Man jagte oder unterhielt sich, und manchmal wurde auch gekämpft. Dann verschwanden diese Familien wieder, ihre Besitzungen gingen an andere über, nur ihre Namen erhielten sich in einigen Urkunden, zum Nutzen späterer Geschichtsforscher. Wenn sie sich in die Kämpfe der Kaiser einmischten und auf der siegreichen Seite standen, erwarben sie vielleicht neuen Landbesitz, doch konnten sie auch ihren bisherigen Besitz verlieren, wenn sie die falsche Seite unterstützt hatten. Es war ein Durchschnittsschicksal, eine Durchschnittsgeschichte. Wer vermag wohl all diese kleinen Dynastien aufzuzählen?

Auch der älteren Linie harrte im wesentlichen dieses Schicksal. Als Albert IV., von den Zeitgenossen der Weise genannt, im Jahre 1239 starb, folgte ihm sein Sohn Rudolf. Dieser wurde am 1. Mai 1218 geboren. Durch seine Mutter, Heilwig, verfügte er wieder über gute Familienbeziehungen, denn Heilwig stammte aus dem Haus der Grafen von Kiburg, und ihr Vater, Hartmann, erbte das Vermögen derselben. Die Kiburger erbten auch die Besitztümer der Zähringer, einer anderen vornehmen Familie in Schwaben. Als Rudolf das Erbe seines Vaters antrat, war er bereits der reichste Graf im Herzogtum Schwaben und hatte von seinen Ahnen außer Burgen und Dörfern auch den Rang eines Landgrafen im Oberelsaß übernommen. Er konnte sich zwar nicht mit den großen Dynasten, den Herren der Herzogtümer messen, auf der zweiten Stufe der feudalen Hierarchie spielte er aber bereits eine hervorragende Rolle. Er blieb auch ein begeisterter Anhänger Friedrichs II. – 1245 nahm er z. B. den Kirchenbann auf sich, da der Papst eben in erbittertem Kampf mit dem Kaiser stand, wie das seit nahezu zweihundert Jahren im Reich üblich war. Er begleitete Friedrich auf dessen Kriegszügen und harrte sogar an der Seite Konradins, des letzten Hohenstaufen, aus, als die Vornehmen des Reichs sich schon gegen diesen gewendet hatten. Der junge Hohenstaufe war nur einer der Gegenkönige und beendete sein Leben schließlich auf dem Richtblock.

In seiner Jugend hielt man Rudolf von Habsburg einfach für einen Nachkommen Guntrams. Später, als sich seine Position und die Lage seiner ganzen Familie wesentlich änderten, begann man nach vornehmeren, im Rang höheren Vorfahren zu forschen. Ende des 13. Jahrhunderts glaubte man allgemein, daß die Habsburger eigentlich von der Familie Colonna abstammten, und um 1300 mögen dies die Mitglieder der Familie selbst geglaubt haben. Die vermeintlich römische Abstammung hob sie über ihre Standesgenossen hinaus, so daß sich lohnte, diese Legende zu pflegen. Gehörten doch die Colonna selbst dem uralten römischen Hochadel an und behaupteten sogar, mit der Familie Julius Caesars verwandt zu sein. (Dies entsprach ebensosehr der Wirklichkeit wie die Verwandtschaft der Habsburger mit den Colonna.)

Später, im 15. Jahrhundert, verband die Legende den Namen der Habsburger mit einer anderen römischen Familie, dem Haus der Pierleoni. Nur war dieses Haus nicht mehr so vornehm und angesehen, denn die Pierleoni waren die Rothschilds des mittelalterlichen Rom und verdankten ihr Vermögen und ihren Rang Geldgeschäften. Kaiser Maximilian (dem wir später noch begegnen werden) wies diese Abstammung ebenso zurück wie die Verwandtschaft mit den Colonna. Er wollte nichts von Rom wissen, ihm war daran gelegen, sein Deutschtum zu beweisen, allerdings ohne der Theorie von der uralten Abstammung Schaden tun zu wollen.

Hilfsbereite und gelehrte Chronisten zögerten nicht, die Ansprüche des Kaisers zu befriedigen. Daß die Franken eigentlich von den Trojanern abstammen, war schon eine sehr alte Behauptung, sie war seit dem Chronisten Gregor, Bischof von Tours, bekannt, der im 6. Jahrhundert lebte. Dies mußte nur irgendwie mit den Habsburgern in Zusammenhang gebracht werden, um die Stammreihe der Dynastie bis Priamos und Hektor zurückführen zu können. Man fand heraus, daß Maximilian von den Merowingern und mütterlicherseits von Karl dem Großen abstamme, aus fränkischem Blut, also letztlich von den Trojanern. Damit war die Verwandtschaft mit sämtlichen zeitgenössischen königlichen Familien Europas hergestellt. Damals tauchte der Name des bereits erwähnten Eticho auf, der zur Zeit des Königs Childebert dem Elsaß vorstand. Durch ihn aber gehören die Habsburger dem gleichen Stamm wie das Haus Lothringen an, was zur Zeit Kaiser Karls VI. allgemein bekannt werden wird (weil das damals, wie man sehen wird, eben im Interesse der Familie lag). Übereifrige Gelehrte brachten die Stammreihe der Familie selbst mit dem Sohn Noahs, Ham, in Verbindung (was Maximilian allerdings nicht gern sah) oder mit dem ägyptischen Gott Osiris. Solche Theorien waren damals nicht selten. Offenbar waren selbst die Zeitgenossen von alledem nicht völlig überzeugt, doch lagen eben auch solche Vorstellungen im politischen Interesse der Familie.

Wir sind aber der Zeit zu weit vorausgeeilt. Kehren wir zum ersten Helden unserer Geschichte, Rudolf, zurück. Zu Rudolf und seiner Zeit, der Wirklichkeit des Heiligen Römischen Reichs. Denn Rudolf war nicht nur einer der vielen Feudalherren dieses Reichs, sondern mit der Zeit mehr als das. Wir müssen uns daher näher mit dem Reich befassen.

Der Ursprung des Reichs, das wir zur Zeit Rudolfs vorfinden, läßt sich auf die zweite Hälfte des 10. Jahrhunderts zurückführen, als der deutsche König Otto I. sich im Jahr 962 in Rom zum Kaiser krönen ließ. Selbstredend betrachtete er dies bloß als Erneuerung des Reichs, das vor etwa zweihundert Jahren von Karl dem Großen gegründet worden war und das nichts anderes darstellte als die Erneuerung des Römischen Reichs des Altertums.

Das Reich Karls des Großen, das aus dem Zusammenschluß der fränkischen und anderen germanischen Erobererstämme beziehungsweise der Vereinigung gewisser Gebiete und der Übereinkunft einiger vornehmer Familien des Römischen Reichs entstanden war, umfaßte das heutige Deutschland, Frankreich, die Schweiz und Italien. Mit der Zeit löste sich infolge der Besitzteilungen der Familien, hinter denen sich weit wesentlichere Vorgänge der gesellschaftlichen Entwicklung verbargen, das Reich in ein Westfränkisches und ein Ostfränkisches Königtum auf. Das letztere entsprach im großen und ganzen dem germanischen oder, wie man damals bereits sagen konnte, dem deutschen Siedlungsraum. Dieses Ostfränkische Reich erhob sofort Anspruch auf die Herrschaft über Italien (und verwirklichte diese zeitweise auch, wenn es stark genug dazu war). Seit Otto I. zogen die deutschen Könige früher oder später nach Rom (was eigentlich einen Kriegszug bedeutete) und ließen sich dort ähnlich wie Otto zu römisch-deutschen Kaisern krönen. Der Kaisertitel bedeutete den Anspruch auf die Herrschaft über die ganze christliche Welt, ohne daß die Kaiser ihn jemals realisieren konnten. Im besten Fall waren sie tatsächlich deutsche Könige und übten die Herrschaft über Deutschland aus.

Auch das nicht lang. Schon aus administrativen Gründen wurde das Reich zuerst in fünf Herzogtümer geteilt. Unter diesen befand sich das Herzogtum Schwaben, das die südwestlichen Gebiete Deutschlands am Rhein und die heutige Schweiz umfaßte. Die Herzöge, Lehnsleute des Königs beziehungsweise des Kaisers, verliehen nach Lehnsrecht auch ihrerseits Güter, so daß in jedem Herzogtum zahlreiche kleinere oder größere Lehen entstanden (die ursprünglich ebenfalls administrative Einheiten waren, aber bald zu Familiengütern wurden), und deren Besitzer sich Grafen nannten. Noch eine Stufe tiefer gab es die noch größere Gruppe der Ritter, die ihren Besitz von den Herzögen, Grafen, ja selbst vom Kaiser erhalten hatten und dienstpflichtig waren (wenn der jeweilige Lehnsherr stark genug war, sie dazu zu zwingen).

Der Kaiser galt als weltliches Oberhaupt der westlichen Kirche, als Schwert des geistlichen Oberhaupts, des Papstes. Natürlich gerieten beide Mächte bald in Streit miteinander, denn der Kaiser erhob auch auf kirchliche Macht Anspruch, der Papst aber strebte ebenso nach weltlicher. Im jahrhundertelangen Kampf zwischen Papsttum und Kaisertum nahmen beide Teile die Hilfe der Großen Deutschlands in Anspruch und unterstützten sie durch Verleihung von Besitzungen, Titeln und Macht, bis sich herausstellte, daß die Untertanen des Kaisers eigentlich bereits über eine große Selbständigkeit verfügten, die sie nach Belieben gegen den Kaiser wenden konnten. (Tatsächlich kam dies ziemlich häufig vor, auch ohne daß die Päpste sie dazu hätten anstiften müssen.)

Der deutsche Herrscher verfügte nur dann über wirkliche Macht, wenn er nicht nur Kaiser war, sondern zugleich auch wenigstens eine größere Provinz, gegebenenfalls ein Herzogtum beherrschte, wo seine Macht auf noch verhältnismäßig festen Füßen stand. So verfolgten zuerst die sächsischen Herzöge, dann die fränkischen (die Dynastie der Salier) und endlich die schwäbischen Hohenstaufen die Politik, ihre Hausmacht auszubauen und auf diese gestützt eine gewisse Autorität im Reich auszuüben. Nur wußten dies die anderen Feudalherren auch, und sie taten alles, um die Kaiser am Erwerb allzu großen Familienbesitzes zu hindern. Die Situation war günstig für sie: die Kaiserwürde war ja nicht erblich, und der Kaiser mußte gewählt werden. Wenn eine Familie bereits zu mächtig war, wählte man einen Kaiser aus einer anderen Familie. Der neue Kaiser versuchte dann nach Möglichkeit von neuem, sich eine Hausmacht aufzubauen, solange er daran nicht gehindert wurde.

Friedrich II., dem Rudolf von Habsburg so treu gefolgt war, verfügte noch über eine ziemlich große Macht. Freilich lag diese nicht im Reich, dessen tatsächliche Auflösung er durch seine Gesetzgebung noch förderte, sondern in Sizilien, wo er einen für die damalige Zeit ungewohnt modernen Musterstaat geschaffen hatte. Er zog die sizilianische Sonne dem nordischen Nebel sowie den dortigen Herzögen und Grafen vor, die immer etwas von ihm wollten, dafür aber neuerdings nie mehr etwas gaben. Der Kaisertitel klang jedoch noch immer sehr vornehm, und sein Inhaber konnte sich besonders jetzt, wo die Kreuzritter schon seit einiger Zeit Konstantinopel erobert und zeitweilig das byzantinische Kaisertum verdrängt hatten, wirklich für das Oberhaupt der ganzen Christenheit halten. Jedenfalls schien er bedeutender als die Könige, von denen es nun auch im Reich bereits einen gab: den König von Böhmen. Gerade Friedrich II. hatte dem Herzog von Böhmen den erblichen Königstitel verliehen.

Der Kaisertitel war vornehm, und viele bewarben sich um ihn, als Friedrich II. im Jahr 1250 starb: sein Sohn, dann sein Enkel, der König von Kastilien und ein englischer Prinz. Alle führten sie auch diesen Titel, nur krönte der Papst keinen von ihnen. Im Jahr 1250 begann im Römisch-Deutschen Reich ein Interregnum, da es keinen Herrscher gab, den wenigstens eine kleinere Gruppe von Feudalherren anerkannt hätte.

Diese Lage war gar nicht so ungewöhnlich, denn die Großen des Reichs hatten sich auch bisher nicht viel darum gekümmert, wer Kaiser war. Auf seinem Territorium war jeder sein eigener Herr. Selbst die seit dem 11. Jahrhundert entstandenen Städte machten sich schon selbständig. Die reichsten standen im Prinzip unter der unmittelbaren Oberhoheit des Kaisers. In anderen westlichen Ländern begannen die Herrscher gerade zu dieser Zeit, sich auf die Städte zu stützen und ihre Politik so auszurichten, daß sie die wirtschaftlichen Kraftquellen der Städte in den Dienst der Zentralgewalt stellten. Im Heiligen Römischen Reich versäumten die Kaiser dies. Die durch den Handel mit fernen Ländern reich gewordenen Städte waren bereits ebenso unabhängig wie die Territorialherren.

Wenn dieser Zustand auch nicht ungewohnt war, ja in Wirklichkeit seit Jahrzehnten, vielleicht sogar seit Jahrhunderten andauerte, fühlte doch jedermann, ob Herzog oder Graf, ob Ritter oder städtischer Patrizier, daß etwas nicht in Ordnung war. Wenn es schon ein Reich gab, so mußte doch auch jemand an dessen Spitze stehen. Die tatsächlichen Machtverhältnisse regelten sich bereits nach einer ganz anderen Formel, aber im Bewußtsein der Menschen lebte das Römisch-Deutsche Reich weiter, und dasselbe galt für das Untertanenverhältnis, das jeden an dieses Reich, genauer an den Kaiser band. Wenn es aber keinen Kaiser gab, an wen waren Herren und Städte gebunden? Daß die Auflösung der Bindungen auch weiter führen könnte, wurde niemandem bewußt: Wenn der Lehnsmann keinen Lehnsherrn hat, warum sollte dann der Fronbauer gehorchen? Irgendwo in der Tiefe aber mochte diese Befürchtung lauern.

Auch der Papst empfand es als ungewohnt, daß es keinen Kaiser gab. Nicht, als ob ihm der Gegner im ewigen Krieg gefehlt hätte. Der Papst blickte weiter, er dachte unter anderem an das Heilige Land, das eben von den seldschukischen Türken erobert worden war. Er wollte einen neuen Kreuzzug organisieren. Dazu mußte aber im Römisch-Deutschen Reich Ruhe herrschen. An der Spitze eines die ganze Christenheit vereinigenden Kreuzzugs mußte der Kaiser stehen. Also brauchte man einen Kaiser.

Um 1272 begann Papst Gregor X. sich ernstlich um eine Beendigung des Interregnums zu bemühen. Man brauchte einen neuen Kaiser, also mußte eine Wahl abgehalten werden. Die Geschäftsordnung der Wahl war noch nicht genau festgelegt, und es gab kein Gesetz, das besagt hätte, wer den Kaiser wählen sollte; sicher aber war, daß es die drei Erzbischöfe von Mainz, Trier und Köln sowie die mächtigsten Territorialherren sein sollten. Die Kirchenfürsten für die Wahl zu gewinnen, gelang schnell, war es doch der Wunsch des Papstes. Mit den weltlichen Wählern gab es größere Schwierigkeiten. Und außerdem: wer sollte Kaiser werden? Es gab einige Familien, die auf Grund ihrer Macht und Vornehmheit ein Recht auf diese Würde hätten beanspruchen können. Doch durfte niemand mit allzu großer Hausmacht zum Kaiser gewählt werden.

In diesem Augenblick trat der mächtigste Feudalherr, der König von Böhmen, Ottokar Přemysl II., mit dem Anspruch auf, gewählt zu werden. Die Länder der ursprünglich – keine Rede mehr davon sein konnte, den Lehnsbesitz nur auf Lebensdauer zu verleihen, und dieser sich nun in der Familie vererbte, so fiel mit dem Aussterben der Familie das Verfügungsrecht doch wieder an den Kaiser zurück. Und hier bot sich die große Gelegenheit, die Rudolf auch zu nützen verstand: die österreichische Erbschaft.

Wie erwähnt, hatte das Römisch-Deutsche Reich am Anfang aus fünf Herzogtümern bestanden. Ihre Zahl nahm aber mit der Zeit zu. Im 10. Jahrhundert war zum Schutz der südöstlichen Grenzen das Herzogtum Kärnten geschaffen worden, und im Jahr 811 wurde innerhalb des Herzogtums Bayern die östliche Markgrafschaft, die Ostmark, gegründet, die nicht nur einen Teil des heutigen österreichischen Gebiets, sondern auch einen großen Teil von Westungarn umfaßte. Im Jahr 976 gelangte die Ostmark in den Besitz der Familie der Babenberger. Ihre Bedeutung wuchs schnell, als sich in der Nachbarschaft, ja sogar auf einem Teil ihres Gebiets der ungarische Staat bildete. Die römisch-deutschen Kaiser unternahmen mehr als einen Versuch, sich diesen Staat zu unterwerfen, und die Kriegszüge gingen meist vom Gebiet der Ostmark aus. Im Jahr 1156 löste Kaiser Friedrich I. die Ostmark aus dem Machtbereich des Herzogs von Bayern und erhob sie zum selbständigen Herzogtum, das er dem Babenberger Heinrich Jasomirgott verlieh. Darüber wurde ein Vertrag ausgehandelt, das sogenannte Privilegium minus, so genannt im Unterschied zu dem zweihundert Jahre später erlassenen Privilegium maius, von dem noch die Rede sein wird. Bei der Bildung dieses Herzogtums spielten verschiedene Umstände mit. Nicht zuletzt die Tatsache, daß die Gemahlin Heinrich Jasomirgotts eine byzantinische Prinzessin war und es deshalb geraten schien, ihrem Mann einen höheren Rang zu geben. Friedrich hatte verschiedene Kriege zu führen, besonders in Italien, er brauchte also einen sicheren Verbündeten gegen die Ungarn, den er in den Babenbergern fand. Doch hatte dies seinen Preis. Im Sinn des Privilegs war das Herzogtum auch in der weiblichen Linie der Familie vererblich, und bei vollständiger Kinderlosigkeit hatte der letzte Besitzer das freie Verfügungsrecht. Der Herzog war nur dann zur Heerfolge verpflichtet, wenn der König seine Lehnsleute in Bayern aufrief, in entferntere Gebiete brauchte er ihm nicht zu folgen. Zur Kriegführung aber war er nur in der Nachbarschaft (was in erster Linie Ungarn bedeutete) verpflichtet. Das Herzogtum Österreich erlangte damals eine im Reich noch ganz ungewohnte Selbständigkeit. Entscheidend war die ungarische Frage, nebenbei auch der Umstand, daß es sich um ein Gebiet weitab von der Rheingegend handelte.

Im Jahr 1246 starben mit Friedrich dem Streitbaren die Babenberger aus. Auf die bedeutende Erbschaft erhob auch König Béla IV. von Ungarn Anspruch, denn er war seit über einem Jahrzehnt im Besitz eines großen Teils derselben gewesen; er mußte sie aber dann dem zweiten Bewerber, dem Böhmen Ottokar, überlassen. Hier war nun das Reichslehen, das der Kaiser zurückfordern und einem Mann seiner Wahl verleihen konnte. Natürlich nur, wenn er in dessen Besitz kommen konnte. Rudolf erkannte mit Recht, daß die eingesessenen Feudalherren die Oberherrschaft des Königs von Böhmen nicht gern sehen würden. Im Jahr 1276 kündigten die steirischen Großen auch den Gehorsam, mit der Begründung, daß sie sich als Rudolfs Lehnsleute betrachteten. Am 21. November schloß Ottokar in Wien Frieden mit dem Kaiser und fand sich mit dem Verlust der Provinzen ab. Wien öffnete seine Tore, da Rudolf gedroht hatte, seine Truppen würden die Weingärten der Umgebung zerstören. Im folgenden Jahr begann Ottokar aber den Krieg von neuem. Die Entscheidungsschlacht erfolgte im Jahr 1278 auf niederösterreichischem Gebiet, bei Dürnkrut auf dem Marchfeld. König Ottokar verlor Schlacht und Leben. Übrigens nahm auch der ungarische König Ladislaus IV. auf der Seite Rudolfs an der Schlacht teil.

Auf dem Reichstag von Augsburg verlieh Rudolf im Jahr 1282 die vom König von Böhmen zurückerworbenen Reichslehen, Nieder- und Oberösterreich, die Steiermark und Kärnten mit Krain, an seine eigenen Söhne. Ein Jahr später wurden in der Hausordnung von Rheinfelden einige Änderungen vorgenommen: den gesamten Lehnsbesitz erbte nun Rudolfs Sohn Albrecht, der schon früher die Tochter des Grafen Meinhard von Tirol geehelicht hatte und so auch mit Tirol rechnen konnte. Kärnten wurde von Rudolf übrigens bald als freundschaftliche Ermunterung an Meinhard übertragen. Dieser Schritt fiel ihm nicht schwer, denn das ganze Land mußte ja früher oder später ebenfalls Albrecht zufallen.

Die Hausmacht war also begründet. Ein gewaltiges Gebiet, das von der Donau bis an die Adria reichte. Es war von Deutschen, Slawen und Italienern bewohnt. Hier kamen die Habsburger zum erstenmal mit Menschen unterschiedlicher ethnischer Abstammung in Berührung. Darauf konnten schon eine Kaisermacht aufgebaut und dynastische Pläne geschmiedet werden. Demgegenüber trat die Bedeutung des uralten elsässischen und Schweizer Familienbesitzes zurück. Vielleicht ist dies auch die Erklärung für die habsburgische Politik in der Schweiz. Als die Schweizer Urkantone bald nach dem Tod Rudolfs sich zu organisieren und für ihre Freiheit zu kämpfen begannen, bemühten sich die Habsburger zwar, ihren Besitz mit Waffengewalt zu verteidigen, und zogen wiederholt aus, um die aufständischen Bauern und die sich diesen bald anschließenden Städte zu unterwerfen, aber nach der Niederlage am Morgarten im Jahr 1315 unternahmen sie keinen ernsteren Versuch mehr, ihre Herrschaft durchzusetzen. Der nördlich der heutigen Schweiz gelegene größere Besitz (der mit der Zeit unter dem Namen Vorderösterreich zusammengefaßt wurde) verblieb noch lange als Enklave anderer Länder im Besitz der Habsburger, ohne je eine zusammenhängende territoriale Einheit gebildet zu haben. Der Besitz dieser Gebiete hatte so eine eher symbolische Bedeutung. Die Macht der Habsburger reichte jetzt bereits bis an die östlichen Grenzen des Römisch-Deutschen Reichs.

Diese Machtausdehnung ging den deutschen Fürsten zu weit. Rudolf dachte an weitere Erwerbungen, so ehelichte er noch in fortgeschrittenem Alter eine Prinzessin von Burgund, um nun nach den südöstlichen Marken auch in den südwestlichen Fuß zu fassen. Zunächst gelang dies noch nicht. Die Erwerbung Österreichs genügte aber, um die deutschen Fürsten 1291 nach dem Tod Rudolfs zu veranlassen, den neuen Kaiser in einer anderen Familie zu suchen. Adolf von Nassau wurde zum Kaiser gewählt. Aber das Besitzrecht über die österreichischen Territorien blieb unangetastet.

Seit der Hausordnung des Jahrs 1283 war Albrecht der einzige Herr der Herzogtümer. Er nahm seine Würde sehr ernst und versuchte auf seinem Gebiet eine wirklich feste Zentralgewalt zu errichten, wie das damals alle deutschen Fürsten taten. Die früher einzelnen Lehnsleuten verliehenen herzoglichen Rechte widerrief er. Mit scharfem Blick erkannte er die Bedeutung der Städte, vor allem Wiens, das er zu seiner Residenz erhob. 1296 verlieh er der Stadt bedeutende Privilegien. Wien hatte sich kräftig entwickelt und sogar eine gewisse Autonomie erworben; im Jahr 1287 gab es bereits einen Wiener Bürgermeister. Anderen städtischen Forderungen widerstand Albrecht aber; im Jahr 1288 schlug er einen Aufstand der Wiener Bürger nieder und liquidierte auch eine gegen ihn gerichtete Adelsverschwörung. Im ganzen Land organisierte er ein einheitliches herzogliches Gerichtswesen. Um sein Einkommen zu erhöhen, führte er eine neue Steuerordnung ein und trieb alle jene Steuern selbst ein, die im Prinzip dem Herzog gebührten, aber schon seit geraumer Zeit von den kleineren Lehnsleuten erhoben wurden. Entgegen dem herrschenden Brauch, den Familienbesitz unter den Familienmitgliedern aufzuteilen, wollte er das alleinige Erbrecht des Erstgeborenen einführen, wie sich das in der Hausordnung von Rheinfelden schon vorgezeichnet hatte.

Eher trotz als wegen all dem wählten die Fürsten im Jahr 1298, als Adolf von Nassau des Throns für verlustig erklärt wurde, Albrecht zum Kaiser. Adolf hatte nämlich – so wie seine Vorgänger – die Sünde begangen, eine eigene Hausmacht ausbauen zu wollen. Albrecht schien den Fürsten damals vielleicht weniger gefährlich, denn ein neuer Versuch zur Erweiterung seines Gebiets war erst vor kurzem gescheitert. Im Jahr 1290, als der König von Ungarn, Ladislaus IV., starb, hatte nämlich Rudolf, auf sein Recht als Kaiser pochend, das erledigte ungarische Lehen, ähnlich wie das Herzogtum Österreich, an Albrecht verliehen. Rudolf konnte darauf verweisen, daß der König von Ungarn, Peter I., im Jahr 1044 dem Kaiser Heinrich III. den Lehnseid geleistet hatte, allerdings war dieser Eid nach Peters Tod nicht mehr gültig. Und Albrecht konnte das Land nicht in Besitz nehmen.

Albrecht setzte nun die zähe Realpolitik, die er bisher in den österreichischen Landen verwirklicht hatte, im ganzen Reich fort. Gegen die eigenmächtigen Feudalherren der Rheinlande stützte er sich auf die dortigen Städte und kleineren Lehnsleute. Er verbündete sich mit dem König von Frankreich, Philipp dem Schönen, um auch auf diese Weise seine eigene Macht, nicht die des Reichs, zu stärken. Im Jahr 1306 wurde mit dem Tod Wenzels III., des letzten Přzemysliden, der böhmische Thron frei. Dieser war unbestreitbares Reichslehen, und Albrecht verlieh ihn auch seinem ältesten Sohn Rudolf, der allerdings schon ein Jahr später starb. Nach Ungarn war nun also auch Böhmen ein Mißerfolg. Albrecht versuchte jetzt nicht mehr, Ungarn für seine eigene Familie zu erwerben, er unterstützte dort den

Kandidaten des Papstes, Karl Robert, der sein Vetter war und aus der neapolitanischen Linie der französischen Anjou-Dynastie stammte. Seit 1303 hatte sich Albrecht der Partei des Papstes angeschlossen, um von diesem die Zustimmung zur Erblichkeitserklärung der Krone in der Familie Habsburg zu erreichen.

Schon beim ersten Schritt wurde also der Plan einer östlichen Großmacht sichtbar, deren Ausgangspunkt im südöstlichen Randgebiet des Reichs lag. Doch scheiterte das Vorhaben zunächst. Albrecht versuchte sich also wieder im Westen und wollte nach der Bändigung der rheinischen Fürsten das Herzogtum Schwaben erneuern, um hier, im Südwesten, den zweiten Pfeiler seiner Macht zu errichten, wie dies schon Rudolf geplant hatte.

Die ersten Früchte dieser hartnäckig verfolgten Politik begannen bereits zu reifen. Ein Herzogtum Schwaben in den Händen der Habsburger schien gar keine so hoffnungslose Idee. Aber Albrechts Neffe Johannes Parricida war mit der Teilung der Familiengüter nicht einverstanden. Er forderte die Steiermark und Böhmen. Johannes befand sich damals eben in der Schweiz zu Besuch bei seinen Habsburger Verwandten, die es nicht gern sahen, daß sich einer unter ihnen so hoch erhoben hatte und auf sie herabblickte. Sie schürten die Unzufriedenheit des jungen Mannes und trugen so in nicht geringem Maß dazu bei, daß Johannes 1308 Albrecht ermordete. Die Fürsten sahen sich eilends nach einer neuen Dynastie um und wählten einen Luxemburger, Heinrich VII., zum Kaiser.

Der Familienbesitz ging auf die Söhne Albrechts über, von denen der älteste, Friedrich, später „der Schöne“ genannt, erst zwanzig Jahre alt war. Als Heinrich VII. starb, war Friedrich noch immer erst fünfundzwanzig. Ungeachtet dessen meldete er seinen Anspruch auf die Krone an. Er konnte sich jetzt auch schon auf die Tradition berufen, hatten doch sein Vater und sein Großvater diese Würde getragen. Und so inhaltslos dieser Titel auch sein mochte, mit Geschick ließ sich damit etwas anfangen, wie schon das Beispiel Rudolfs gezeigt hatte.

Im Jahr 1314 wählten die Fürsten der habsburgischen Partei tatsächlich Friedrich, die luxemburgische Gegenpartei jedoch einen Verwandten der Dynastie, Ludwig von Wittelsbach. Da schließlich Ludwig, in der Geschichte als Ludwig der Bayer bekannt, die Oberhand behielt, kann Friedrich der Schöne nur Gegenkönig genannt werden, obwohl er einige Jahre lang in seinen eigenen Besitzungen ebenso als König herrschte wie Ludwig in Bayern. Die übrigen Fürsten erkannten entweder den einen oder den anderen an, gehorchten aber keinem. Der Streit wurde erst im Jahr 1322 in der Schlacht bei Mühldorf entschieden. Der Sieg schien schon auf Friedrichs Seite zu sein (und Ludwig war in Gefahr, nun seinerseits von späteren Historikern als Gegenkönig bezeichnet zu werden), als sich im letzten Moment das Blatt wendete und der Burggraf von Nürnberg mit seinen Truppen die Schlacht für Ludwig entschied. (Wieder hatte sich ein Hohenzoller in das Schicksal der Habsburger eingemischt, aber diesmal gegen sie.)

Friedrich fiel in Gefangenschaft. Sein jüngerer Bruder Leopold löste ihn zwar bedingt aus, doch kam es zu keiner Einigung, und Friedrich ging freiwillig in die

Gefangenschaft zurück. Auf die Kaiserträume mußte er vorerst verzichten. Ob für immer, ließ sich damals noch nicht absehen. Doch die Habsburger gaben auch das nicht umsonst. Im Jahr 1330 verzichteten sie unter Mitwirkung des jüngsten Bruders, Otto, auch offiziell auf den Thronanspruch. Zum Dank gab Ludwig im Jahr 1335 das inzwischen verlorengegangene Kärnten als Reichslehen wieder an die Habsburger zurück, und im folgenden Jahr verzichtete Johann, ein Mitglied der Familie Luxemburg und König von Böhmen, auf seinen Anspruch auf Kärnten. Die österreichischen Gebiete waren fast vollständig wieder vereinigt. Sie befanden sich jetzt in der Hand eines der mittleren Söhne, Albrechts II.

Um die Mitte des 14. Jahrhunderts schien es, als sei der Aufstieg Rudolfs und Albrechts nur eine Episode gewesen. Die Habsburger mit ihrem bedeutenden Besitz konnten ihren Platz unter den deutschen Fürsten zwar behaupten, die große Politik jedoch wurde über ihre Köpfe hinweg von anderen gelenkt. Sie aber setzten den Ausbau eines möglichst ungeteilten österreichischen Herzogtums weiter fort und gaben den Gedanken, Ungarn oder Böhmen als Erbschaft zu erwerben, nicht auf. Und sollte dies nicht gelingen – nun, so lebte auch so manche andere deutsche Fürstenfamilie ruhig innerhalb ihrer eigenen Grenzen. Seitdem Ludwig der Bayer wieder in den Kampf mit dem Papst verwickelt war (und hinter dem Papst in Avignon stand jetzt der König von Frankreich, der im Gegensatz zum deutschen Kaiser wirkliche Macht ausübte), hatte die kaiserliche Macht hierzulande sowieso keine Bedeutung, die Herren der einzelnen deutschen Territorien betrieben Politik und regierten in dieser Periode fast wie alle anderen selbständigen europäischen Herrscher. Sie holten sich höchstens gelegentlich die kaiserliche Bestätigung für die eine oder andere ihrer Entscheidungen.

Dieses durchschnittliche und fast ruhige deutsche Fürstenschicksal erwartete auch die Habsburger. Jahre und Jahrzehnte vergingen, das Andenken an die Kaiser Rudolf und Albrecht verblaßte bereits, und es schien unwahrscheinlich, daß sie im Reich oder gar in Europa noch einmal eine größere Rolle spielen würden. Albrecht, der seit 1330 völlig gelähmt war – man sprach von Vergiftung –, hatte sich damit bereits abgefunden.

Nicht so sein Sohn, der ihm im Jahr 1358 in der Herrschaft folgte, wieder ein Rudolf (der IV. der Dynastie). Er war damals erst neunzehn Jahre alt und starb schon mit sechsundzwanzig. Seine unerhörte Tatkraft und seine großen Ambitionen gaben aber der weiteren Entwicklung der Dynastie eine andere Richtung. Auch er wollte innerhalb seines Landes unumschränkter Herrscher sein und gestattete weder seinen Geschwistern noch dem Kaiser ein Mitspracherecht. Er erklärte wie sein Vater, daß der Familienbesitz ungeteilt vererbt werden müsse. Er wollte sich in seinem Land auch die Kirche unterwerfen. Fast noch als Kind besuchte er die Schweiz, wo der Kampf um die noch verbliebenen kleinen habsburgischen Besitztümer andauerte. Hier kam ihm zu Bewußtsein, welch große Macht die Städte verkörperten, und er zog daraus wichtige Lehren. Besonders Wien erfreute sich seiner Unterstützung. Im Jahr 1361 verlieh er der Stadt ein neues Privileg, womit er unter anderem den Einfluß der Klöster verminderte, die Steuerfreiheit des Klerus abschaffte und alle Bewohner zur Steuerzahlung verpflichtete. Die Gerichtsbarkeit der Grundbesitzer schaffte er ab, so daß in seinem Land nur noch fürstliche und städtische Gerichte bestanden.

Rudolf IV. erweiterte auch seinen Landbesitz, er erwarb Friaul und Görz, und im Jahr 1363 übergab ihm Margarete Maultasch, der letzte Sproß der Grafen von Tirol, dieses Land. Im selben Jahr schloß er auch mit den Luxemburgern einen gegenseitigen Erbvertrag ab. Damals war Rudolf der Schwiegersohn Kaiser Karls IV. von Luxemburg, er stand also in der Nähe des Throns, auch wenn dieser im Augenblick nicht erreichbar schien.

Das Verhältnis zu seinem Schwiegervater war übrigens nicht ungetrübt. Karl IV. hatte im Jahr 1356 in der sogenannten Goldenen Bulle eine Ordnung für die deutsche Kaiserwahl erlassen; er bestimmte drei geistliche und vier weltliche Kurfürsten (einer von ihnen war weiterhin der König von Böhmen). Der Herzog von Österreich fehlte in der Reihe der Kurfürsten. Sobald Rudolf an die Macht kam, lockerte er deshalb seine Verbindungen mit dem Reich. Es sei hier noch einmal an das Privileg des Jahres 1156 erinnert. Rudolf nahm um 1358/59 Zuflucht zu einer großangelegten Urkundenfälschung. Er ließ dieses Privileg umschreiben und sprach darin dem österreichischen Herzogtum noch größere Unabhängigkeit zu. Dann fügte er noch vier weitere (um einige Jahrhunderte ältere) Diplome hinzu, die dem österreichischen Herzogtum ebenfalls eine Ausnahmestellung sicherten. Dabei schoß er über das Ziel hinaus, denn er nahm in diese Diplome auch von Julius Caesar und Nero verliehene Privilegien auf, die ebenfalls von an Österreich verliehenen Rechten sprachen. Diese fünf (ja eigentlich sieben) Diplome unterbreitete er dem Kaiser und bat um ihre Bestätigung. Karl übergab die Diplome keinem Geringeren als Petrarca, um sie auf ihre Echtheit prüfen zu lassen. Petrarca erklärte die von den römischen Kaisern stammenden Diplome für Fälschungen, erkannte aber die im Namen der römisch-deutschen Kaiser erlassenen als echt an. Trotzdem hielt Karl sie für verdächtig und bestätigte sie nicht. Etwa hundert Jahre später wird der Habsburger Friedrich III. weniger Skrupel haben; gedeckt durch seine kaiserliche Autorität, werden die gefälschten Diplome unter dem Namen Privilegium maius noch lange Zeit als Rechtsgrundlage gelten.

Rudolf hat aber nicht nur Dokumente fälschen lassen, er konnte auch auf positive Leistungen verweisen. Einiges ist bereits erwähnt worden. Es sei hinzugefügt, daß er es war, der in Wien den Neubau des Stephansdoms für das von ihm gegründete Kapitel begann und die Universität gründete, die eine bedeutende Rolle spielen sollte. Dazu holte er nicht einmal die Erlaubnis des Kaisers ein; die Zustimmung des Papstes kam erst nachträglich, doch eine theologische Fakultät gestattete er nicht. Rudolf lebte damals nicht mehr; er starb, als er in Mailand mit den Visconti Verbindung aufnehmen wollte.

In familiärer Hinsicht erwiesen sich seine Bemühungen als vergeblich. Seine beiden jüngeren Brüder, Albrecht und Leopold, teilten den Besitz wieder auf, obwohl im Sinn der Hausordnung aus dem Jahr 1364 die Einheit des Familienbesitzes hätte bewahrt werden müssen. Später sprach man von einer Albertinischen und einer Leopoldinischen Linie. Der jüngere Bruder, Leopold, orientierte sich nach Italien und Schwaben, er ehelichte eine Tochter des Herzogs von Mailand und versuchte, die Schweiz zurückzugewinnen. Im Jahr 1386 wurde er in der Schlacht von Sempach geschlagen und fiel selbst im Kampf. Der ältere, Albrecht III., der bei der Teilung Ober- und Niederösterreich erhalten hatte, verzichtete in weiser Selbstbeschränkung auf territoriale Eroberungen. Er nahm nur an einem Feldzug teil, gegen die heidnischen Preußen, und das auch nur, um sich den Ritterschlag zu verdienen. Im Jahr 1384 organisierte er die Universität und erhielt auch die Bewilligung des Papstes zur Errichtung einer theologischen Fakultät. Die Hörer teilte er, der Sitte der Zeit gemäß, in vier „Nationen", die österreichische, rheinische, sächsische und ungarische. In Wahrheit vereinigten die „Nationen" Hörer aus ganz verschiedenen Gebieten, so zählten die Italiener zu den Österreichern und die östlichen Slawen und Griechen zu den Ungarn.

Es erübrigt sich, das Schicksal der anderen Herzöge zu verfolgen – es könnte nur von kleinlichen Streitigkeiten zwischen den Geschwistern oder auch von Zwistigkeiten mit den Ständen berichtet werden. Um diese Zeit hatte die feudale Herrenschicht schon eine andere Ordnung durchgesetzt, in den einzelnen deutschen Gebieten standen die Fürsten und Herzöge nicht mehr einzelnen Lehnsleuten gegenüber, sondern den Feudalgewalten als Ganzem, die in Stände organisiert ihren Teil an der Macht forderten, im allgemeinen mit Erfolg. In jedem österreichischen Land gab es eigene Stände, die Kirche, den hohen Adel und die Ritter, Ständeversammlungen setzten die Steuern fest und führten die Geschäfte. In Österreich tauchte diese Einrichtung zum ersten Mal im Jahr 1404 auf, in der Steiermark 1412. Die Macht der Stände wurde in nicht geringem Maß dadurch gefördert, daß sie lange Zeit anstelle der minderjährigen Herzöge regierten. Und wenn der Herzog nicht minderjährig war wie Ernst, genannt „der Eiserne", dann war die Lage noch ärger, denn der Herzog wollte selbst regieren und Krieg führen. Ernst zum Beispiel kämpfte gegen die Hussiten, gleichzeitig setzte er zu Haus harte Steuern für den Klerus fest, so daß er im Kirchenbann starb. (Von seiner Frau, der durch ihre Kraft bekannten Cymburga von Masowien, erbten die Habsburger angeblich ihr Familienkennzeichen, die starke Unterlippe.) Nach dem Tod Ernsts im Jahr 1424 blieb in der Familie im sogenannten Innerösterreich (Steiermark, Kärnten, Krain und Istrien) wieder nur ein minderjähriger Knabe, der im Jahr 1415 geborene Friedrich. Bis er heranwuchs, gab es in der österreichischen Linie keinen männlichen Erwachsenen, und in Tirol blieb nach dem Tod Friedrichs mit der leeren Tasche ebenfalls nur ein minderjähriger Knabe zurück. Friedrich geriet mit seinem eigenen Bruder Albrecht in Streit. Und noch mit vielen anderen. Doch das gehört bereits in ein neues Kapitel unserer Geschichte.

Inzwischen hatte ein Mitglied der Albertinischen Linie, der ebenfalls als Knabe an die Macht gelangte Albrecht (in der Familie der V.), eine große Karriere gemacht. Im Jahr 1411 hatten die österreichischen Stände es erreicht, daß Kaiser Sigismund ihn für großjährig erklärte; die Stände wollten Albrechts Vormünder, seine Onkel, loswerden. Den einen, Leopold IV., traf vor Wut der Schlag.

Albrecht war der Schwiegersohn Kaiser Sigismunds, und in dessen letzten Jahren konnte man ihn immer in der Umgebung des Kaisers sehen. Die politischen Interessen Albrechts waren auf Ungarn und Böhmen gerichtet. Als Sigismund starb, wählten ihn die ungarischen Stände zum König, und auch die deutschen Kurfürsten wußten keinen besseren Nachfolger und wählten ihn im folgenden Jahr zum Kaiser. Dazu gewann er auch noch Böhmen.

Er war ein kluger Mann, doch ihm fiel alles in einem äußerst ungünstigen Moment in den Schoß. Daß das Kaisertum nur mehr eine Illusion war, haben wir gesehen. Aber auch das einstmals so blühende Böhmen war nicht mehr das alte. Die jahrzehntelangen Kriegszüge Sigismunds gegen die Hussiten hatten das Land verwüstet. Ungarn mit seinem Reichtum, seinen Städten und seinen weiten fruchtbaren Feldern war zwar noch unversehrt. Doch an seinen südlichen Grenzen stand schon der Feind, der das Land zugrunde richten sollte: die Türken. Die aus Kleinasien gekommenen osmanischen Türken hatten schon im Jahr 1369 auf dem Balkan Fuß gefaßt, bald Bulgarien erobert, Serbien zu einem Vasallenstaat gemacht und Byzanz derart zurückgedrängt, daß nur Konstantinopel in der Hand der Kaiser blieb. Mit Ungarn, dem reichen Land, hatten Albrecht und seine Nachkommen auch das Türkenproblem geerbt. Albrecht starb am 27. Oktober 1439 auf der Rückkehr von einem erfolglosen Feldzug gegen die Türken. Einige Monate später wurde ihm ein Sohn, der spätere Ladislaus V., geboren. Die Stelle des Vormunds nahm Friedrich von Steiermark ein. Im Jahr 1440 stimmten die Kurfürsten für ihn; er wurde zum König gewählt und im Jahr 1452 zum Kaiser gekrönt. Solange das Reich bestand, wurden von jetzt an – mit Ausnahme Karls VII. – nur noch Habsburger zu römisch-deutschen Kaisern gewählt. Damit war auch der zweite, der endgültige Schritt getan. Nur erbte der neue Kaiser eine noch schwerere Lage und hatte mit noch größeren Problemen zu kämpfen als Rudolf, der erste Habsburger auf dem römisch-deutschen Thron.

Im Bann der Kaiseridee

Der Herzog von Steiermark bestieg also als Friedrich III. den Thron. Er konnte sagen: den Thron seiner Ahnen. Daß er dreiundfünfzig Jahre regieren würde, konnte damals natürlich niemand ahnen. Welche Art von Herrscher er werden sollte, dafür gab es einige, allerdings wenig vertrauenerweckende Anhaltspunkte. Von seinen Vorfahren hatte er die Ausdauer, aber sonst kaum nennenswerte Talente geerbt. Am vertrauenerweckendsten schien noch, daß er sparsam war. Im Jahr 1436 war er ins Heilige Land gepilgert und hatte über seine finanziellen Mittel genau Buch geführt. Einen großen Teil dieser Summe hatte er aber beiseite getan, um auf dem Heimweg in Venedig billiger als in Wien Stoffe und andere wertvolle Waren einkaufen zu können. Seine Gegner nannten ihn geizig, er aber kümmerte sich nicht darum, wie er sich überhaupt nicht damit abgab, was man von ihm sagte oder dachte. Wissenschaft und Kunst ließen ihn ziemlich kalt, ausgenommen die Astrologie, mit der er sich auch selbst beschäftigte. Einer seiner Sekretäre war Enea Silvio Piccolomini, der spätere Papst Pius II., ein hochgebildeter, weitblickender Humanist, der vergeblich versuchte, Friedrich aus seiner geistigen Trägheit aufzurütteln. Später erlaubte er sich feine Anspielungen darauf, daß Bücher am Kaiserhof ungelesen blieben.

Bücher las Friedrich nicht, obwohl er sich für Geschichte interessierte und auch eine Kaiserchronik schreiben ließ, in erster Linie zur Verherrlichung seiner eigenen Familie. Um die Lehren der Geschichte kümmerte er sich nicht, obwohl dies sehr notwendig gewesen wäre. Piccolomini wollte ihn auch weniger in die Lektüre der humanistischen Dichter einführen, als ihn zu einer Reform des Reichs bewegen. Um die Mitte des 15. Jahrhunderts war bereits offensichtlich, daß die westlich des Reichs gelegenen Länder Europas aufblühten, daß die Herrscher im Bund mit den Städten ihre Macht vergrößerten und den schlimmsten Auswüchsen der feudalen Anarchie ein Ende machten. Nicht nur Piccolomini, auch viele andere erwarteten Ähnliches vom neuen Kaiser. Im Jahr 1442 gelang es wenigstens, den gegenseitigen Fehden der deutschen Territorialherren Schranken zu setzen. Eine große Belastung für die Reform war es, daß sich die Städte nicht mehr dafür interessierten, da sie kein Vertrauen zur Zentralgewalt hatten. In den Jahren 1485 und 1486, gegen Ende der Regierungszeit Friedrichs, traten auf dem Reichstag zu Frankfurt einige Kurfürsten für die Reform ein, um das Heilige Reich von oben her neu zu organisieren. Im Jahr 1489 gelang es, wenigstens die Organisation des Reichstags festzulegen: die Kurfürsten, die Territorial- und anderen Herren traten in drei Kurien zusammen. Die Ständeorganisation nahm also im Reich ebenso wie in den übrigen Ländern, ja selbst in den Provinzen des Reichs, in ähnlicher Weise Form an, wie das schon in Österreich zu sehen war.

Nur geschah all dies, wenn auch nicht gegen den Willen Friedrichs, so doch ohne seine Mitwirkung. Denn er selbst war in dieser Hinsicht handlungsunfähig. Nicht einmal in seinem eigenen Herzogtum, wo er die Herrschaft mit seinem ruhelosen Bruder Albrecht teilen mußte, konnte er etwas tun. Im übrigen erhob Friedrich die österreichischen Herzogtümer zu Erzherzogtümern – seitdem führen alle Mitglieder der Dynastie den Titel Erzherzog. Albrecht konnte vieles vorgeworfen werden, nur eben Geiz nicht, er vergeudete fröhlich das Geld, das sein älterer Bruder so sorgsam hütete, und benutzte jede Gelegenheit, sich gegen ihn zu wenden. Einmal griff er ihn selbst in der Wiener Burg an; Friedrich wurde bloß von wenigen Söldnern unterstützt und nur gerettet, weil der König von Böhmen, Georg Podiebrad, ihm zu Hilfe eilte. Diese Schwierigkeiten waren im Jahr 1463 endgültig vorüber, als Albrecht starb und Friedrich in den österreichischen Ländern Alleinherrscher wurde. Nur in Tirol gab es noch einen eigenen Landesherrn, den fröhlichen Sigismund, den „Münzreichen", der ebenfalls viel Geld ausgab, aber mehr für seine Hofhaltung als für Kriegszwecke, obwohl es auch unter ihm zu Streitigkeiten mit den Schweizern kam; in den Jahren 1461 und 1468 war er gezwungen, mit ihnen Frieden zu schließen und dabei kleinere Besitzverluste hinzunehmen.

Wie war nun die Lage im östlichen Teil des Reichs? Es wurde bereits erwähnt, daß Friedrich noch ein Mündel hatte: den aus der Albertinischen Linie stammenden Ladislaus, den postumen Sohn Albrechts II. Nach 1439 war er als Erbe seines Vaters im Prinzip König von Ungarn und Böhmen, obwohl im Hinblick auf die Türkengefahr die Ungarn im Jahr 1440 den jungen König von Polen, Władisław, gewählt hatten. Władisław zog mit Hilfe Johann Hunyadis zunächst siegreich durch den Balkan und zwang die Türken zu einem günstigen Frieden, aber im Herbst des Jahres 1444 fiel er in der Schlacht von Varna.

Die ungarischen und die böhmischen Stände fanden sich nunmehr mit Ladislaus, Herrschaft ab. Allerdings lebte Ladislaus am Hof Friedrichs, und der Kaiser dachte nicht daran, ihn den Ständen zu überlassen. Außer den Ungarn und den Böhmen forderten ihn noch die österreichischen Stände, war er doch von Rechts wegen auch ihr Herrscher. Friedrich hütete ihn jedoch sorgfältig, was nicht bedeutet, daß er viel Wert auf seine Erziehung gelegt hätte, das wäre ihm zu kostspielig gewesen. Im Jahr 1446 wählten die Stände Reichsverweser, in Ungarn Johann Hunyadi, in Böhmen ebenfalls einen vornehmen Aristokraten und großen Grundbesitzer, Georg Podiebrad. Doch dauerten in Ungarn und Böhmen die erbitterten inneren Kämpfe zwischen dem hohen und dem niederen Adel an, in Böhmen war die Lage außerdem noch durch den Streit zwischen Katholiken und gemäßigten Hussiten, den Kalixtinern (Utraquisten), zusätzlich kompliziert. Podiebrad selbst war Kalixtiner.

Gerade die inneren Gegensätze hätten es dringend erfordert, daß die Frage der Zentralgewalt geregelt wurde. War dies für Böhmen bloß eine innere Frage, so wurde sie in Ungarn wegen der drohenden Türkengefahr lebenswichtig. Im Jahr 1451 kam es auch zu einer Einigung. Friedrich sollte sein Mündel den Ständen übergeben oder in einer österreichischen Festung unter sicherer Obhut halten. Friedrich erfüllte diese Bedingung aber nicht, sondern nahm Ladislaus zur Kaiserkrönung nach Rom mit. Er war der letzte Kaiser, der vom Papst noch in Rom gekrönt wurde.

Die österreichischen Stände entführten Ladislaus schließlich mit Gewalt aus Wiener Neustadt, wo Friedrich meist residierte, und brachten ihn nach Wien. Zuerst wurde er symbolisch gebadet, um ihn von allem Schmutz, allem Fremden, das sein Aufenthalt bei Friedrich mit sich gebracht haben mochte, zu reinigen. Im September 1452 gelang es Ulrich von Cilli, einem steirischen Feudalherrn, der auch in Ungarn begütert und ein entschlossener Gegner der Hunyadis war, Ladislaus V. in seine Hand zu bekommen. Sie waren miteinander verwandt, denn die Frau König Sigismunds, Barbara von Cilli, war die Großmutter Ladislaus'. Im folgenden Jahr wurde Ladislaus in Prag zum König von Böhmen gekrönt. In Ungarn war Ladislaus bereits als Kind gekrönt worden, und im übrigen befand sich die Krone im Besitz Friedrichs.

Die Herrschaft Ladislaus' V. brachte seinen Ländern nicht viel Gutes. Und doch war es nicht einfach Zufall oder Laune gewesen, daß sowohl die ungarischen wie auch die böhmischen Stände ihn gewählt hatten. Die Türkengefahr wuchs von Tag zu Tag. Im Jahr 1453 fiel Konstantinopel, der größte Teil des Balkans war bereits in türkischen Händen, und der Feind näherte sich Ungarn. Im Jahr 1456 konnte Hunyadi bei Belgrad noch seinen letzten großen Sieg erringen. Das Problem war damit aber nicht gelöst. Ungarn schien allein nicht stark genug, der Gefahr entgegenzutreten. Eine umfassendere Zusammenarbeit war nötig: die Vereinigung der Kräfte mehrerer Länder. Schon die Wahl des polnischen Jagiellonen Władysław diente diesem Zweck: die Jagiellonen fürchteten ebenfalls die Gefahr an den südöstlichen Grenzen ihres Reichs und unternahmen deshalb Schritte, um eine größere einheitliche Macht zustande zu bringen. Daraus hätte natürlich auch ihre eigene Dynastie Nutzen gezogen, und dieser Gesichtspunkt war niemals zu vernachlässigen. Wie die Habsburger, waren auch alle anderen Fürstenfamilien auf die Stärkung ihrer Hausmacht bedacht.

Die Herrschaft Ladislaus' V. bedeutete aber die Herrschaft der Cillis und der übrigen großen Herren. Ulrich von Cilli wurde ermordet, trotzdem gelang es der Partei der Hunyadis nicht, die Macht an sich zu reißen. László Hunyadi wurde sogar hingerichtet. Im Jahr 1457 starb Ladislaus, und in Ungarn wurde Matthias Hunyadi, in Böhmen Georg Podiebrad König. Eine Vereinigung in der Hand der Habsburger war damals noch nicht möglich. Nach dem Tod Georgs gelangte ein

Jagiellone auf den böhmischen Thron, Władysław. Die Möglichkeit einer östlichen Großmacht schien also wieder gegeben, erneut unter der Leitung der Jagiellonen.

Matthias Hunyadi hatte aber ebenfalls seine eigenen Ideen. Auch er wollte Böhmen erwerben. Nach 1470 gelang es ihm, Mähren und Schlesien zu erobern, dann das Herzogtum Österreich. Vielleicht hatte er seine Augen auch auf den Kaiserthron geworfen. Friedrich hatte die ungarische Krone schon im Jahr 1463 für achtzigtausend harte Goldstücke herausgegeben. Er hatte aber zur Bedingung gemacht, daß er selbst den Thron erben werde, falls König Matthias kinderlos starb. Matthias hingegen, der inzwischen in Ungarn eine starke Zentralmacht gegen die Anarchie der Barone geschaffen hatte, besetzte im Jahr 1485 Niederösterreich. Er starb 1490 in Wien. Die Möglichkeit eines ungarisch-österreichisch-böhmischen Zusammenschlusses unter der Führung der Hunyadis schien in die Nähe gerückt.

In diesen Kombinationen spielte Böhmen eine völlig selbständige Rolle. Nun zeigte sich klar, daß es nur noch formell zum Reich gehörte. König Georg betonte auch gern diese tatsächliche Selbständigkeit. Im Jahr 1463 entwickelte er die Idee eines europäischen Friedensplans, einer Art Völkerbund, genauer eines Fürstenbunds zur Sicherung des Friedens, was offenbar eine Vereinigung der Kräfte gegen das Türkische Reich ermöglicht hätte. Und wenn auch nichts daraus wurde, so sah Georg doch darin ein geeignetes Mittel, Friedrich zu ärgern.

Friedrich nahm auch dies gleichmütig hin. Wenn er in Wien von seinem Bruder Albrecht und den österreichischen Ständen bedrängt wurde, ging er nach Wiener Neustadt, und in seinen letzten Jahren, als Matthias in Wien residierte, hielt er sich in Linz auf. Viele Möglichkeiten, die ungarische und die böhmische Krone zu erwerben, schien es nicht zu geben. Allerdings versuchte Friedrich die Gelegenheit zu nützen, als Matthias im Jahr 1490 starb. Sein Sohn, Maximilian, genannt der letzte Ritter, war damals schon erwachsen und verfügte durch seine Heirat über nicht geringe Kraftquellen. (Es handelte sich um die Niederlande und die zu erwartende spanische Erbschaft.) Er drang in Ungarn ein und gelangte bis Stuhlweißenburg. Die ungarischen Stände hatten sich aber damals schon für den Prager Władysław entschieden. Im Jahr 1491 kam es in Preßburg zu einem Abkommen zwischen der neuen Regierung und Maximilian, der vorderhand auf die Ansprüche der Habsburger verzichtete. Vorderhand.

Der Kaiser beobachtete die Ereignisse nur von weitem. Sein Vetter in Tirol bereitete ihm immer noch Sorgen, dankte aber im Jahr 1490 ab. Die österreichischen Besitzungen der Habsburger waren wieder in einer Hand vereint. Und wenn auch der Versuch in Ungarn gescheitert war und die habsburgischen Länder sich im Osten nicht mehr erweitern ließen, war dies damals nicht mehr so bedeutungsvoll. Denn infolge der glücklichen Heirat Maximilians gelangten die Habsburger zu einem viel wichtigeren und reicheren Territorium: Burgund.

Burgund war ein eigenartiges Land, ja man konnte es kaum ein Land nennen, eher eine Vereinigung zahlreicher, voneinander unabhängiger Territorien. Der ursprüngliche Kern, das Herzogtum Burgund und die sogenannte Freigrafschaft, die

Franche-Comté, gehörten eigentlich zum Römisch-Deutschen Reich. Praktisch waren beide in französischer Hand, erworben von der jüngeren Linie der in Frankreich herrschenden Dynastie der Valois im 14. Jahrhundert, während der Wirren des hundertjährigen englisch-französischen Kriegs. Dann kamen neue Gebiete dazu, im Elsaß, weiter im Norden der größte Teil des heutigen Luxemburg, Belgien und Holland, die ebenfalls zum Deutschen Reich gehörten, ferner noch einige Teile des heutigen Nordfrankreich. Auf den ersten Blick scheint es ein außerordentlich buntes Gebilde, ohne endgültige und festliegende Grenzen, lehnsmäßig sowohl dem deutschen Kaiser wie dem König von Frankreich verpflichtet, mit großer Selbständigkeit der einzelnen Provinzen und Landesteile und mit dem Mitspracherecht der Stände. Die Provinzen waren untereinander durch nichts anderes verbunden als daß sie ein und dieselbe Person als ihren „natürlichen Herrn" anerkannten. Eine Buntheit also, wie sie zu jener Zeit nur im Heiligen Römischen Reich zu finden war.

Dieses bunte Staatengebilde, das man nach einem der Titel seines Herrschers der Einfachheit halber Herzogtum Burgund zu nennen pflegte, zog sich im großen und ganzen von der Schweiz den Rhein entlang bis zum Atlantischen Ozean hin, den Weg entlang, der im ganzen Mittelalter der wichtigste Handelsweg war. Der Großteil des internationalen Handelsverkehrs wurde auf diesem Weg abgewickelt, und in den hier entstandenen Städten wohnten die reichsten Kaufleute. Und nicht nur Kaufleute. In diesen Städten blühten zahlreiche Industriezweige, besonders die Spinnereien und Webereien versahen ganz Europa mit den feinsten Erzeugnissen. Der Reichtum dieses Herzogtums konnte nur mit dem der italienischen Stadtstaaten verglichen werden.

Obwohl in jeder kleinen Provinz die Stände ihr Mitspracherecht an den gemeinsamen Angelegenheiten geltend machten, unternahm Herzog Philipp der Gute, der von 1419 bis 1467 regierte, um die Mitte des Jahrhunderts Schritte, einen zentral verwalteten und einzig vom Willen des Herrschers abhängigen einheitlichen Staat auszubauen. Er stellte zentrale Regierungsbehörden auf, ein Gericht, an das man aus jeder Provinz appellieren konnte, eine Kammer für die Eintreibung und Verwaltung der Steuern und einen Rat mit einem Kanzler an der Spitze. Im Jahr 1463 berief Philipp zum ersten Mal nach französischem Muster die vereinigten Stände ein, die sämtliche Provinzen vertraten. Wenn die Stände ihre Machtstellung auch noch behielten, so war die Autorität des Fürsten doch gewachsen. (Dies zeigte sich damals noch in Äußerlichkeiten, die uns heute komisch anmuten. Philipp war kahl – also schnitt sich die ganze Hofgesellschaft ebenfalls fleißig das Haar, um auch äußerlich ihrem Herrn ähnlich zu sein.)

Der Herzog von Burgund war ein naher Verwandter des Königs von Frankreich und in einigen seiner Gebiete sein Vasall. Es ist klar, daß Burgund in Frankreich seinen größten Feind sah. Schon deswegen, weil die Zusammenstöße mit England endlich beendet waren und Frankreich in der Schaffung eines einheitlichen und zentralisierten Staates bereits viel weiter fortgeschritten war als Burgund. Der

König von Frankreich aber konnte kraft seiner Lehnsherrschaft Anspruch auf die Macht über Burgund erheben.

Dieser Anspruch hätte allerdings eigentlich Friedrich III. gebührt. Daran dachte aber niemand im Ernst, selbst der Kaiser nicht. Die Verbindungen zwischen Burgund und dem Reich waren aber trotzdem nicht ohne Interesse. Denn der größere Teil des Gebiets hing theoretisch doch vom Kaiser ab. Nur von ihm konnte der Herzog die Verleihung des Königstitels erwarten. Und dies hätte den Herzog von Burgund dem König von Frankreich gleichgestellt. Inoffiziell ließ sich Philipp ohnehin schon als Großherzog des Westens anreden. Und wenn dann noch der Königstitel dazukäme!

Im Jahr 1467 folgte ihm sein Sohn, Karl der Kühne, ein unternehmender und kriegerischer Fürst – wie der im Mittelalter so wichtige Beiname zeigt –, der die Selbständigkeit vielleicht noch ernster nahm als sein Vater. Er wollte auch neue Territorien erwerben. Die innere Einigung trieb er energisch voran, er schuf den Großen Rat – ein Teil desselben, der Staatsrat, übte die Legislative aus, der andere, das Parlament, hatte die Funktion des höchsten Gerichts inne. Karl plante auch das Herzogtum von Lothringen zu erneuern, um so seine Länder zu einem Ganzen abzurunden.

Karl hatte nur eine Tochter, Maria, die das reiche Land erben sollte, gemeinsam mit ihrem zukünftigen Mann. Friedrich III. kam zum ersten Mal im Jahr 1472 auf den Gedanken, eine Verbindung mit seinem Sohn Maximilian herzustellen. Maximilian war damals zwölf, Maria dreizehn Jahre alt. Friedrich verschaffte sich mit großer Mühe Geld und reiste westwärts, um die Heirat persönlich mit Karl zu besprechen. Sie trafen einander in Trier. Karl war mit der Heirat einverstanden, gegen die Verleihung des Königstitels. Friedrich war dazu bereit, kostete es ihn doch keinen Pfennig. Aber zuerst wollte er die Heiratsvereinbarung schriftlich niedergelegt wissen. Karl war dazu nur unter der Bedingung bereit, daß er seinerseits den Königstitel schriftlich zugesichert bekomme. Das Geschäft zerschlug sich, und Friedrich reiste ohne Ergebnis ab. Nicht lange danach wurde das Reich sogar in einen Krieg mit dem Herzog verwickelt, was schon lange nicht vorgekommen war, und als eine Reichsarmee gegen Karl zog, wurden die deutschen Herren geradezu von einer Art nationaler Begeisterung ergriffen. Damals verbreitete sich der neue Name „Heiliges Römisches Reich Deutscher Nation“. Eine verwickelte Formel, verwickelt wie das Reich selbst.

Der Krieg ging bald zu Ende und änderte nichts am Verhältnis zwischen dem Reich und dem Herzogtum. Der Streit war nicht wichtig, der wahre Feind war ja Frankreich. Und dort herrschte jetzt Ludwig XI., der ernste Vorbereitungen traf, der Selbständigkeit Karls ein Ende zu bereiten und das ganze große westliche Herzogtum einfach seinem Land einzuverleiben. Karl erhoffte sich Hilfe vom König von England. Zwischen England und Karls nördlichen Provinzen bestanden enge wirtschaftliche Beziehungen. Allerdings hatten in der letzten Zeit die städtischen Zentren Burgunds die Konkurrenz der englischen Textilindustrie zu spüren bekommen, das Spinnen und Weben war in die Dörfer verdrängt worden. Bei einem freundlichen Verhältnis zu England konnte diese Frage aber gelöst werden.

Schließlich war König Eduard IV. von England doch nicht bereit, Karl zu unterstützen. Der König von Frankreich, Ludwig XI., hatte dagegen die Schweizer und den Herzog von Lothringen, der die Reste des ehemaligen Herzogtums beherrschte, zu Bundesgenossen gegen Karl gewonnen. Letzterer bedeutete keine wesentliche Unterstützung, um so mehr dagegen die Schweizer, die in ganz Europa als gute Fußsoldaten bekannt und selbst für Ritterheere gefährliche Gegner waren. Rund zweihundert Jahre früher hatten das auch die Habsburger schon erfahren.

Im Jahr 1474 brach im Oberelsaß eine Erhebung aus, die von den Schweizern unterstützt wurde. Karl wurde in den Krieg verwickelt, und da der Bund mit England nicht zustande gekommen war, sah er sich gezwungen, auf den Heiratsplan Friedrichs zurückzugreifen. Nun gab er seine schriftliche Zustimmung zur Heirat. 1476 verlor er zwei große Schlachten bei Grandson und Murten gegen die Schweizer; in den ersten Tagen des Jahres 1477 fiel er bei der Belagerung von Nancy. Im Norden blieb die achtzehnjährige Erbin allein zurück, sie war zwar verlobt, hatte aber noch keine Ehe geschlossen.

Ludwig XI. handelte unverzüglich. Er bestimmte seinen zehnjährigen Sohn, den Thronfolger, zum Gemahl Marias. Die acht Jahre Altersunterschied zwischen Braut und Bräutigam bedeuteten wirklich kein Hindernis, so etwas war in Europa mehr als einmal vorgekommen. Es konnte auch nicht entscheidend sein, daß Maria von dem zehnjährigen Bräutigam nichts wissen wollte, sondern den anderen vorzog, der immerhin bereits siebzehn Jahre alt und – wie man sagte – von stattlichem Äußeren war. Wesentlich war, daß auch die regierenden Männer von Burgund mehr für den Habsburger Bräutigam eingenommen waren, weil sie nicht unter französische Herrschaft gelangen wollten. Maria richtete also einen dringenden Brief an ihren Bräutigam, ihr in ihrer Not gegen die Feinde zu Hilfe zu kommen.

Auf den ersten Blick eine romantische mittelalterliche Geschichte. Die von einem Drachen bedrohte Prinzessin (Ludwig XI. hätte nichts gegen diesen Vergleich gehabt), die den liebenden Ritter um Hilfe ruft. Und der Ritter macht sich auf den Weg über Berg und Tal, bezwingt alle Hindernisse und Schwierigkeiten und schließt im letzten Augenblick glücklich seine Braut in die Arme. Das frühe Mittelalter kannte und liebte solche Geschichten. Maximilian, der im Gegensatz zu seinem Vater entschieden Wert auf sein Ansehen legte, hat später über diese Reise ein Heldenepos verfaßt oder es jedenfalls konzipiert. Es wurde unter dem Titel „Theuerdank" gedruckt und mit schönen Holzschnitten geschmückt.

Die Wahrheit war weniger romantisch. Im Jahr 1477 brauchte der drachentötende Märchenprinz eine Menge Geld, um diese Reise zu unternehmen. Denn allein konnte er ein solches Wagnis nicht eingehen, er brauchte ein entsprechendes Gefolge. Und zwar nicht nur deswegen, weil er des Kaisers Sohn war. (Solche Gesichtspunkte spielten in Friedrichs Augen keine Rolle, wenn es sich darum handelte, Geld zu sparen. Zu dem von Florenz nach Basel verlegten Konzil hatte er einmal eine Gesandtschaft von so niedrigem Rang geschickt, daß der Papst sie empört aufforderte, wieder nach Hause zu gehen.) Bei dem Gefolge ging es also nicht um die kaiserliche Autorität, sondern es sollte Maximilian ermöglichen, durch ganz Deutschland zu reisen. Durch jenes Deutschland, in dem – so wußte es jeder – eben Friedrich regierte. Und weil dies so war, war es für jeden offensichtlich, daß es in Wahrheit um die Sicherheit Maximilians ging. Was geschah, wenn Truppen des Königs von Frankreich irgendwo auf ihn lauerten, oder wenn ihn irgendein Territorialherr gefangennahm und nur dem Höchstbietenden gegen klingende Münze herausgab?

Friedrich brauchte Geld, um Söldner anwerben zu können. Er verpfändete die Stadt Steyr für 37 000 Dukaten dem Erzbischof von Gran. Diese Summe ermöglichte die Reise bis nach Köln. Dort traf Maximilian schon die Gesandten Marias, die ihrem neuen Herrn huldigten und nebenbei auch Geld für die weitere, nicht mehr allzulange Reise brachten. Jetzt konnte die frohe Eheschließung gefeiert werden. Und damit der Erwerb von Burgund. Der Plan Ludwigs war mißlungen.

Es hat alles seinen Preis, und manchmal muß nicht nur mit Geld bezahlt werden. Auch die vereinigten Stände von Burgund hatten die Heirat Maximilians befürwortet, formell hatten sie sie empfohlen. Nur hatten sie vorher sämtliche Rechte der burgundischen Provinzen in einem großen Freibrief zusammengestellt. Er enthielt sogar das Widerstandsrecht gegen den Herrscher sowie sämtliche besonderen ständischen Rechte der einzelnen Provinzen. Mit einem Schlag wurde hinweggefegt, was Philipp der Gute und Karl erreicht hatten: die Vereinheitlichung. Maximilian durfte Maria ehelichen, aber er mußte sich eidlich verpflichten, die im großen Privilegienbrief enthaltenen Rechte einzuhalten. Der letzte Ritter legte natürlich den Eid ab.

Damit hatte er die Herrschaft in Burgund angetreten, wenn er auch nicht über die volle Macht verfügte. Aber immerhin: die reichen Provinzen zahlten reichlich Steuern, wenigstens im Vergleich zu österreichischen Verhältnissen. Maximilian genoß viele Jahre lang diese Kraftquellen, zunächst als „natürlicher Herrscher", das heißt als Gemahl Marias, später dann – nach ihrem im Jahr 1482 erfolgten Tod – als Vormund seines Sohnes. Bis zum Tod Friedrichs III. verbrachte Maximilian einen großen Teil seiner Zeit in Burgund, er lernte Französisch, die Umgangssprache, sowie Flämisch und sogar Italienisch. Er erwarb sich Vermögen und Bildung, denn am Hof von Burgund stand Kultur in hohem Kurs. Er verdankte Burgund und seiner romantischen burgundischen Heirat alles.

Da nicht ganz zwei Jahrzehnte später die Habsburger durch eine andere Heirat zu einem noch größeren Gebiet kamen, wie man bald sehen wird, sprachen schon die Zeitgenossen viel darüber, daß andere Kriege führten, während das „glückliche Österreich" Ehen schloß. Man scherzte, aber nur, um seinen Neid besser verbergen zu können. Im übrigen fand man damals (und noch lange danach), daß es völlig legitim sei, durch Heirat Provinzen und Länder zu erwerben. Das gelang nicht immer, den Habsburgern hatte aber in kurzem Zeitabstand das Glück zweimal geläсhelt. Wer ihnen damals oder später daraus einen Vorwurf machte, hielt wohl Eroberung mit Waffengewalt, Verbrennung von Dörfern und Städten, Töten von Menschen für moralischer.

Der Kampf mit Waffengewalt ließ sich natürlich trotzdem nicht vermeiden, denn Ludwig XI. fand sich nicht so leicht damit ab, daß die Hand seines Sohnes zurückgewiesen worden war. Im Jahr 1479 erlitten die Franzosen zwar eine größere Niederlage, im großen und ganzen aber gestaltete sich die Lage nicht ungünstig für sie. Im Frieden von Arras, 1482, konnte Frankreich das ursprüngliche Herzogtum Burgund, nach dem das Konglomerat von Provinzen lange Zeit seinen Namen geführt hatte, behalten. Seitdem wurden diese Provinzen meist mit einem neuen Namen benannt, der an sich natürlich ebenfalls recht alt ist, da unter ihm die nördlichen Provinzen verstanden wurden: Niederlande. Dieses Gebiet war jetzt völlig ein Lehen des Römisch-Deutschen Reichs geworden.

Wenn es keinen Krieg nach außen gab, so gab es doch genug Wirren im Inneren. Maximilian hatte auf den großen Privilegienbrief geschworen, wollte dies aber nicht so ernst nehmen wie die Stände. Daraus entstand ein dauernder Konflikt, und in den Jahren 1484/85 griff man zu den Waffen. Nicht viel später wurde Maximilian von den Ständen in Brügge belagert, und selbst seine Residenzstadt Gent nahm gegen ihn Stellung. Friedrich mußte seinem Sohn zu Hilfe kommen. Der Bürgerkrieg wurde im Jahr 1492 beendet, im großen und ganzen mit einem Sieg der Stände. Im folgenden Jahr dagegen gab der neue König von Frankreich, Karl VIII., der schon seinen Feldzug nach Italien vorbereitete, die Grafschaft Artois und die Franche-Comté zurück, um sich Rückendeckung gegen die Niederlande zu verschaffen. Ein Jahr darauf eröffnete er die Reihe seiner italienischen Feldzüge, in die sich bald auch die Habsburger verwickelt fanden, und zwar gerade der obenerwähnten, neuen vorteilhaften Heirat wegen.

Diese Ehe hatte Philipp der Schöne, der Sohn Maximilians, geschlossen. Er war sechzehn Jahre alt, als er im Jahr 1494 von seinem Vater die Herrschaft in den Niederlanden übernahm. Maximilian stand ihm nicht mehr zur Seite. Dafür diktierten die Mitglieder des Rats, die eingesessenen großen Herren, seine Politik. Philipp der Schöne tat folgsam, was von ihm verlangt wurde, er gab ihnen die Privilegien zurück, die man in den großen Privilegienbrief aufzunehmen vergessen hatte und um welche es zum Konflikt mit Maximilian gekommen war. Im Jahr 1496 schloß er einen vorteilhaften Handelsvertrag mit dem englischen König Heinrich VII. ab. Im selben Jahr ehelichte er Johanna, die Tochter des spanischen Herrscherpaars, und seine Schwester Margarete wurde die Frau des spanischen Thronerben, Don Juan. Diese doppelte Eheverbindung versprach keinen so sicheren Nutzen wie die Ehe zwischen Maximilian und Maria; in kürzester Zeit aber stellte sich heraus, daß sie noch viel vorteilhafter war. Der spanische Thronfolger, Don Juan, führte nämlich ein sehr lustiges und abwechslungsreiches Leben und bemühte sich nicht nur um seine Ehegattin, sondern auch um andere schöne Frauen, und dies soll der Grund für seinen frühen Tod gewesen sein, der schon im folgenden

Jahr, 1497, erfolgte. Und da das erstgeborene Kind des spanischen Königspaars, ein Mädchen, nicht viel später ebenfalls starb, wurde Johanna – und mit ihr natürlich Philipp der Schöne – Anwärterin auf den spanischen Thron. Es lebte noch eine Tochter, Katharina, die später die (erste) Gemahlin des englischen Königs Heinrich VIII. wurde, aber bei ihrer Eheschließung auf ihre Ansprüche auf den spanischen Thron verzichten mußte.

Die Heirat Philipps des Schönen eröffnete den Habsburgern eine neue Welt. Und zwar im vollen Sinn des Wortes. Das spanische Königspaar, Isabella von Kastilien und Ferdinand von Aragonien, war seit 1469 verheiratet. Wie schon ihre Namen besagen, regierte Isabella in Kastilien, das damals den nördlichen und mittleren Teil des heutigen Spanien umfaßte, Ferdinand aber in Aragonien, dem östlichen Teil der Iberischen Halbinsel. Die beiden Königreiche, aus einigen älteren Königreichen und Provinzen entstanden, waren voneinander unabhängig. Vor sehr langer Zeit, zu Beginn des 8. Jahrhunderts, hatten die Araber die Halbinsel zum großen Teil erobert und das westgotische Königtum beseitigt. Sie bildeten mit der Zeit einen selbständigen Staat. Die christliche Bevölkerung wurde in die Berge des Nordens zurückgedrängt. Dort entstanden einige kleine Königreiche, die in jahrhundertelangem Kampf, Schritt für Schritt, die Halbinsel von den Arabern oder Mauren – wie man die bereits mit afrikanischer Urbevölkerung gemischten Araber nannte – wieder zurückeroberten. Von diesen Königreichen blieben letzten Endes drei erhalten, die bereits erwähnten Kastilien und Aragonien sowie Portugal im Westen der Halbinsel. Außerdem gab es in den Pyrenäen, zwischen dem heutigen französischen und dem spanischen Gebiet, noch ein kleines, viertes: Navarra.

In jedem dieser Königreiche gab es Stände, in Aragonien sogar vier (den Klerus, den Hochadel, den Adel und die Städte), in dem zum Königreich gehörenden Katalonien drei, von denen der dritte, der städtische Stand, am stärksten war. Auch in Kastilien teilten sich die Stände in drei Gruppen. Der König mußte in jedem Königreich, ja in jeder Provinz mit den Ständen die Macht teilen.

Isabella und Ferdinand waren in ihren Reichen Alleinerben, wenn sich auch der Erbfolge Isabellas gewisse Schwierigkeiten entgegengestellt hatten. Infolge dieser Heirat waren die beiden Königreiche praktisch vereinigt, formell behielten sie indes ihre Selbständigkeit. Isabella und Ferdinand galten im Königreich des jeweils anderen Gatten nur als Mitherrscher. Und selbst nach dem Tod Isabellas (1504), als Ferdinand noch zwölf Jahre lang allein herrschte, übte er seine Macht im größeren Teil des Landes, in Kastilien, nur im Namen seiner Tochter Johanna aus.

Im Jahr 1492 eroberte das Herrscherpaar auch das letzte Bollwerk der Mauren mit der Hauptstadt Granada. Die ganze Halbinsel war von der Herrschaft der Mohammedaner befreit. Die Freude darüber war so groß, daß Isabella einem angeblich aus Genua stammenden Seemann, Christoph Kolumbus, sein altes Anliegen gewährte und ihm erlaubte, drei Schiffe auszurüsten und auf ihnen in westlicher Richtung auszulaufen, um Indien zu erobern. Noch im selben Jahr entdeckte Kolumbus Amerika, genauer die Inseln des Karibischen Meers, er nahm sie im Namen Ihrer Kastilischen Majestät in Besitz. Zunächst erschien dies gar nicht so wichtig. Vielleicht hatte es für Kastilien einige Bedeutung, da es durch Sevilla eine Pforte zum Atlantischen Ozean besaß. Für Aragonien war es nebensächlich, da es in anderer Beziehung am Meer interessiert war und überhaupt mit der Sache nichts zu tun hatte. Die aragonischen Herrscher hatten noch im 13. Jahrhundert durch den unter dem Namen Sizilianische Vesper bekannten Aufstand Sizilien und im Jahr 1434 auch Neapel erobert. Durch dieses Doppelkönigreich war Aragonien zu einer Mittelmeermacht aufgestiegen, und der Ausbau des Handelsverkehrs in dieser Richtung war zu einer wichtigen Angelegenheit geworden. Für das weit entfernte Indien bestand wenig Interesse.

Mit dem Königreich Neapel-Sizilien aber kommen wir wieder zu Karl VIII. von Frankreich. Denn gerade dieses Doppelkönigreich wollte der französische König erobern, da es einst der Dynastie der Anjou gehört hatte, also ein Erbteil der französischen Herrscherfamilie war.

Schwindelerregende Perspektiven und schwindelerregende Entfernungen. Und im Mittelpunkt all dessen die Habsburger. Das Deutsche Reich – im Südosten die österreichischen Herzogtümer, im Nordwesten die Niederlande. Die spanische Erbschaft erschien im Jahr 1500 gesichert, als der Sohn der ältesten Tochter Ferdinands und Isabellas, der Prinz von Portugal, Miguel de la Paz, den sämtliche Stände der spanischen Provinzen (nennen wir sie von jetzt an mit ihrem spanischen Namen: Cortes) als Thronfolger anerkannt hatten, starb. Die spanische Erbschaft bedeutete Spanien selbst, Neapel-Sizilien und die überseeischen Provinzen. Und zu alledem den dauernden Gegensatz zu Frankreich, der mit dem Streit um Neapel-Sizilien beginnt und sich dann im Kampf um die europäische Hegemonie bis in die zweite Hälfte des 18. Jahrhunderts fortsetzt. Eine reiche, aber schwere Erbschaft. Nur sah man zunächst die Belastungen nicht so genau.

Nicht lange nach dem französischen Angriff schlossen die spanischen Herrscher, die seitdem katholische Majestäten genannt werden, mit Maximilian, mit Mailand (im Prinzip ebenfalls ein Lehen des Römisch-Deutschen Reiches) und Venedig ein Bündnis gegen Karl VIII. Auch Papst Alexander VI. (selbst spanischer Abstammung, aus der Familie der Borja, die von den Italienern Borgia genannt wird) war an diesem Bündnis beteiligt. Im Norden, im Osten und im Süden stieß der König von Frankreich auf die Besitzungen der Habsburger und fand sich in ihrem würgenden Ring. Er wird sich jetzt jahrzehntelang bemühen, diesen Ring zu sprengen.

Verweilen wir einen Augenblick bei Philipp dem Schönen. Wie sein frühverstorbener spanischer Schwager ist er ein großer Verehrer des weiblichen Geschlechts. Seine Frau ist schwermütig, und mit der Zeit umnachtet sich ihr Geist vollständig. Man wird sie Johanna die Wahnsinnige nennen, aber bis zu ihrem Tod im Jahr 1555, solange sie in einem Kloster in der Nähe von Valladolid zurückgezogen lebt, gilt sie noch immer als Königin von Spanien; ihr Sohn Karl ist neben ihr nur Mitherrscher.

Dieser Karl ist im übrigen der erste männliche Nachkomme Philipps des Schönen, der zu den kinderreichen Habsburgern zählt. Ein weiteres Kind ist wieder ein Knabe, er wird zu Ehren seines Großvaters Ferdinand genannt und auch in Spanien erzogen, seine Muttersprache ist Spanisch. Dann folgen mehrere Töchter. Die erstgeborene, Eleonore, wird zuerst Frau des Königs von Portugal und heiratet später den Erzfeind, Franz I. von Frankreich. Dann kommen Isabella, die Gemahlin des Königs von Dänemark, Maria, die später den ungarischen Jagiellonen, Ludwig II., heiraten wird, und Katharina, die ebenfalls Königin von Portugal wird. Portugal ist der große Rivale Spaniens, besonders in Übersee; dem portugiesischen Seefahrer Vasco da Gama gelingt es im Jahr 1498, jenes Indien zu entdecken, das Kolumbus erreichen wollte. Portugal fordert seinen Teil an den überseeischen Eroberungen, und der Papst entscheidet, wie diese außereuropäischen Besitzungen zwischen Spaniern und Portugiesen aufgeteilt werden sollen. Aber abgesehen davon schadet es nicht, verwandtschaftliche Beziehungen herzustellen, vielleicht könnte man mit der Zeit auch Portugal erwerben.

Karl war in den Niederlanden, in Gent, geboren und aufgezogen worden, seine Muttersprache war Französisch. Ferdinand fühlte sich eher als Spanier – die Habsburger verstanden es wirklich, sich anzupassen, dabei besaßen sie ein gutes Sprachgefühl. Früher oder später erlernten sie immer die Sprache ihrer Untertanen, wenn diese Untertanen mächtige Herren waren. (Den anderen Untertanen schenkten sie weniger Beachtung.)

In diesem wirren internationalen Geschehen, das uns bereits von Neapel bis Kuba und von den Niederlanden bis Indien geführt hat, haben wir Maximilian I., das Haupt der Familie, fast vergessen. Seit dem Tod Philipps des Schönen im Jahr 1506 war er unter anderem zehn Jahre lang Vormund seines Enkels, des minderjährigen Herrschers der Niederlande, ein Amt, das er von einigen Jahrzehnten für seinen eigenen Sohn ausgeübt hatte. Maximilian, dem wir bereits begegnet sind, war damals Kaiser des Römisch-Deutschen Reichs und gab viel auf seine deutsche Art und Abkunft. Wir müssen wieder zu ihm zurückkehren.

Er schien der direkte Gegensatz seines Vaters. Vielleicht betonte er die deutsche Abstammung seines Geschlechts auch deshalb so stark, weil das Blut seiner portugiesischen Mutter stärker in ihm zu wirken schien. War Friedrichs Geiz allgemein bekannt, so erwies sich Maximilian in allen Lagen als freigebig. Er konnte es sich leisten, denn die Einkünfte aus den Niederlanden flossen lange Zeit reichlich. Während Friedrich sich der Kultur gegenüber verschlossen hatte, war Maximilian ein vielseitiger Renaissanceherrscher. Er befaßte sich mit Musik und gründete eine Hofmusikkapelle sowie den Chor der Kapellenknaben in Wien. (Dieser Chor besteht unter dem Namen Wiener Sängerknaben bis auf den heutigen Tag.) Er hat nicht nur die Geschichte seiner Ehe mit Maria niedergeschrieben, sondern auch über sein weiteres Leben, das ihm in seiner Vielseitigkeit gerade genug Stoff lieferte, zwei Dichtungen mitverfaßt. Außer dem bereits erwähnten „Theuerdank" schrieb er mit am „Freydal" (der seine Turniere zum Thema hatte) und am „Weißkunig" (den einen weißen, also glänzenden Harnisch tragenden König), der Maximilians Taten bis zu seiner Vermählung behandelt. Der „Freydal" erschien erst später im Druck. Von Dürer und anderen Künstlern ließ er eine besondere Reihe von Holzschnitten über sein Leben anfertigen. Sie trugen den Titel „Der Triumph", und er ließ sie eifrig verbreiten, wieder im Gegensatz zu seinem Vater, der sich um die öffentliche Meinung nicht kümmerte. Sein prächtiges Grabmal in Innsbruck hat er selbst entworfen, doch entspricht es nur zum kleinen Teil der Verwirklichung des ursprünglichen Plans. Auch das Kunstgewerbe interessierte ihn. (Friedrich verstand sich nur sehr gut auf Edelsteine, mit Fälschungen konnte man ihn nicht betrügen, sein Krönungsmantel wurde auf eine Million Taler geschätzt.) Ein bevorzugtes Studium Maximilians war die Verzierung von Waffen. Die österreichischen Museen bewahren noch heute zahlreiche Prunkstücke, die er erworben oder direkt bestellt hat. An die Wiener Universität berief er humanistische Gelehrte.

Aber selbst in den unmittelbareren Staatsangelegenheiten war er ein Gegensatz seines Vaters. Das Geschick des Reichs lag ihm am Herzen, und anders als Friedrich versuchte er wirklich, es zu reformieren. Bald nach seiner Thronbesteigung ordnete er im Jahr 1495 im Reich einen „ewigen Landfrieden" an, das heißt, er verbot die Fehden zwischen Fürsten und Adligen. Er schuf ein zentrales Reichsgericht, das Reichskammergericht, als höchste gerichtliche Instanz des Reichs, und führte eine neue Reichssteuer, den „gemeinen Pfennig", ein, mit deren Hilfe ein Reichsheer aufgestellt werden sollte. So hätte das Reich den anderen, damals entstehenden europäischen Mächten wirklich gleichgestellt sein können. Zur Grundlage des Reichsrechts wählte er statt des bisherigen Rechts, das starke lokale Abweichungen aufwies, das römische Recht. Im Jahr 1498 ordnete er eine vereinheitlichte Regelung des Strafrechts an. (Es dauerte bis 1532, ehe sie vom Reichstag angenommen und nach dem Namen des regierenden Kaisers Constitutio Criminalis Carolina, CCC, benannt wurde. Sie blieb in Kraft, ist aber viel eher mit Maximilian als mit seinem Enkel in Verbindung zu bringen.) Er war auch darauf bedacht, die bereits sehr bunte territoriale Einteilung des Reichs abzuändern und annähernd gleich große Kreise zu schaffen. So hätten zum Beispiel die österreichischen Provinzen einen Kreis gebildet. Dieser Plan konnte aber gegen den allzugroßen Widerstand der bestehenden Provinzen und Territorien nicht durchgesetzt werden.

Auch in seinen österreichischen Besitzungen schreckte er vor Neuerungen nicht zurück. Hier unternahm er wiederholt Versuche, die Regierung so wirksam wie möglich zu gestalten. Die Stände ihrerseits taten alles, um auch diese Reformen zu vereiteln – nicht ohne Erfolg. Spätere Versuche in dieser Richtung konnten immerhin daran anknüpfen. In Innsbruck schuf Maximilian die gemeinsame österreichische Hofkammer, an die Spitze der österreichischen Herzogtümer stellte er einen ebenfalls gemeinsamen Hofrat, dem eine Kanzlei unterstellt war. Seine Reformen und sein kulturelles Interesse kamen in erster Linie seinen österreichischen Provinzen zugute, darum lebt der Name dieses freigebigen und trotz aller Würde freundlichen Herrschers im österreichischen Volk ebenso weiter wie zum Beispiel in Ungarn der Matthias' des Gerechten.

Aber soviel er auch tat, um die Machterweiterung der Habsburger im Westen zu sichern, so vergaß er doch den Osten nicht. Hatte er Ungarn ja fast schon einmal erworben. Es sollte ein neuer Versuch unternommen werden, obzwar die ungarischen Stände im Jahr 1505 beschlossen hatten, keinen ausländischen König mehr zu wählen. Maximilian wußte aus eigener Erfahrung, daß er selbst in seiner Heimat nicht fähig war, seinen Willen den Ständen gegenüber durchzusetzen, und daß sie auch anderswo starken Widerstand ausübten. Aber er wußte auch – wiederum aus eigener Erfahrung –, daß man sich mit den Ständen verständigen konnte. Sie würden letzten Endes wohl doch einen neuen fremden König hinnehmen. Waren denn nicht schon zwei Habsburger Könige von Ungarn gewesen? (Auch mit den Königen von Ungarn gab es bereits Übereinkommen über eine gegenseitige Thronfolge, so im Jahr 1402 mit Sigismund und im Jahr 1463 mit Matthias.) Im Jahr 1515 verwirklichte Maximilian zwei weitere Heiratspläne. Sein jüngerer Enkel Ferdinand würde Anna, die Schwester des späteren Königs von Böhmen und Ungarn, Ludwig II., seine Enkelin Maria hingegen den neunjährigen Ludwig ehelichen, der ein Jahr später bereits den Thron besteigen konnte. Durch diese Heiraten sicherten sich die ungarischen Jagiellonen und die Habsburger die gegenseitige Thronfolge, wenn eine der beiden Dynastien aussterben sollte. Die Frage war, welcher der beiden Dynastien das Glück lächeln würde. Es lächelte elf Jahre später erneut den Habsburgern.

Im Jahr 1515 wurde der ältere Enkel, Karl, in den Niederlanden für großjährig erklärt und übernahm sein Herzogtum. Ein Jahr später starb sein Großvater mütterlicherseits, Ferdinand, und Karl wurde (gemeinsam mit seiner Mutter) König von Spanien. Nach weiteren drei Jahren starb am 12. Januar 1519 auch Maximilian. Noch geraume Zeit vor seinem Tod hatte er erfahren, daß ein unruhiger Augustinermönch namens Martin Luther am 31. Oktober 1517 in Wittenberg, einer Kleinstadt weit im Norden, an der Tür der Schloßkirche fünfundneunzig Thesen angeschlagen hatte. Die Thesen behandelten die Frage der kirchlichen Ablaßbriefe. Luther selbst ahnte damals vielleicht noch nicht, daß sich damit die Reformation anbahnte. Maximilian hatte aber mit den Folgen nichts mehr zu tun.

In den letzten Jahren hatte er sich das notwendige Geld nicht mehr aus den Niederlanden beschaffen können. Die Anleihen stammten von den großen süddeutschen Bankierdynastien, den Fuggern und den Welsern. Natürlich wurden sie nicht ohne entsprechende Deckung gewährt, ein Teil der erzherzoglichen Einnahmen aus Österreich mußte dafür verpfändet werden. Es war vielleicht unter der Würde des letzten Ritters, eines Mitglieds der großen Habsburgerdynastie, des Kaisers, sich mit irgendwelchen Kaufleuten und Geldverleihern in Verbindung zu setzen, doch war Geld eben nur von ihnen zu bekommen. (Die Habsburger hatten noch oft mit derartigen Geldverleihern zu tun, denn sie hatten nie genug Geld und immer große Ausgaben. Später suchten sie dieser unwürdigen Verbindung etwas von ihrer Peinlichkeit zu nehmen, indem sie die Geldverleiher in den Hochadel erhoben.)

Und da gerade von Geld die Rede ist, halten wir eine Weile inne und wenden unseren Blick von der königlichen Heiratspolitik und den noch königlicheren Kriegszügen auf wesentlichere Dinge.

Als Maximilian die Augen schloß, gehörte ein großer Teil Europas den Habsburgern, und einen nicht geringen Teil – Ungarn, beziehungsweise was von diesem geblieben war, sowie die böhmischen Länder – sollten sie binnen weniger Jahre dazubekommen. Mit den letzteren Erwerbungen hat sich der Besitzstand der Familie abgerundet. Er besteht aus den verschiedensten Provinzen mit der verschiedensten Bevölkerung in fast allen Teilen Europas. Wenn man aber etwas aufmerksamer hinsieht, kann man bei allen Unterschieden zwei wesentliche gemeinsame Züge entdecken, die sich im Lauf der späteren Entwicklung als sehr wichtig erwiesen.

Erstens: Mit Ausnahme der Niederlande, Böhmens und Schlesiens haben die Habsburger nur europäische Randgebiete erworben, von Spanien über Neapel bis Schlesien, Agrargebiete mit wenig handwerklicher Industrie, die damals wirtschaftlich verhältnismäßig unterentwickelt waren und es noch lange blieben. (Dies gilt natürlich nicht für Deutschland, aber selbst Maximilian war sich darüber klar, daß er hier praktisch keine Macht ausüben konnte.) In dem historischen Augenblick also, in dem in Europa der Kapitalismus in Erscheinung trat, beherrschten die Habsburger fast nur Gebiete, in denen diese Entwicklung noch lange auf sich warten ließ.

Zum anderen – und darin sind selbst die Niederlande keine Ausnahme – übten die Habsburger ihre Macht ganz oder teilweise auf Grund der verschiedensten Rechtstitel und mit den verschiedensten Herrschertiteln ausschließlich in Gebieten aus, die aus voneinander unabhängigen kleineren oder größeren Ländern bestanden, mit eigenen Ständen, eigenen Gesetzen und eigenen Gewohnheiten. Dies konnte man sogar in Spanien sehen, nicht zu reden von den Niederlanden oder dem Besitz der österreichischen Habsburger. Bestand doch selbst Spanien aus mehreren voneinander unabhängigen Königreichen und Provinzen. Nicht einmal hier herrschte sprachliche Einheit, denn die Katalanen in Katalonien sprachen nicht Spanisch, ganz zu schweigen von den Mauren und den hier in nicht geringer Zahl lebenden Juden. In den Niederlanden lebten Wallonen, Flamen, Holländer und Deutsche. Im Osten aber Deutsche, Ungarn, Böhmen, Kroaten und was noch dazukommen sollte. Nirgends fand man eine ethnische Einheit in absoluter Überzahl. In Spanien wurde dies durch Gewalt erreicht, durch die Vertreibung der Mauren und Juden, zugleich bedeutete das aber den wirtschaftlichen Ruin. In Neapel-Sizilien war die Lage zwar anders, denn hier gab es praktisch bloß Italiener, nur bestand hier das Problem darin, daß Italiener auch in den anderen Teilen der Halbinsel lebten.

Die Sprachunterschiede wandelten sich aber erst viel später in nationale Unterschiede und verursachten damals noch keine Sorgen. Die Mannigfaltigkeit der Stände und Gesetze bildete aber schon damals ein schwieriges Problem. Und die Rückständigkeit der Wirtschaft blieb immer eine große Sorge.

Aber all dies sah in jenem Augenblick kaum jemand, geschweige denn, daß man die Folgen erkannt hätte; allerdings gab es auch genug Probleme, mit denen sich die Zeitgenossen auseinanderzusetzen hatten: die Reformation im Römisch-Deutschen Reich, die überzugreifen drohte, und ein äußerer Feind, der die Grenzen des Reichs ebensowenig respektierte – die Türken. Seit 1520 herrschte im Osmanischen Reich Suleiman der Große, der Eroberer.

Man hat oft von der Habgier der Habsburger gesprochen. In Wirklichkeit waren sie keineswegs habgieriger als die anderen Herrscherfamilien ihrer Zeit, sie hatten mehr Glück. Hatten sie es wirklich? Außer den Rechten und den Einkünften erbten sie auch harte Verpflichtungen. Wer wüßte zu sagen, was schwerer wog?

Das Weltreich

Als Karl, der Enkel Maximilians, im Jahr 1515 die Herrschaft in den siebzehn Provinzen der Niederlande antrat, war er fünfzehn Jahre alt. Die siebzehn Provinzen umfaßten vier Herzogtümer, sechs Grafschaften und fünf Seigneurien, das heißt im Prinzip ebenfalls unmittelbar vom Reich abhängige Herrschaften. In dieser heiteren und reichen (wenigstens für Herren und Bürger heiteren und reichen) Umgebung wuchs er auf, in einer Atmosphäre von Turnieren und höfischen Festlichkeiten, in dieser üppigen, prunkvollen und etwas erstickenden Atmosphäre, die der holländische Historiker Johan Huizinga später in seinem „Herbst des Mittelalters" so meisterhaft beschrieben hat. Und dies war für Karl nicht nur einfach Umgebung und Lebensform, sondern zugleich auch Weltanschauung und Verpflichtung. Verpflichtung der Kirche, dem Ritterideal, der in Wirklichkeit schon von allen Seiten untergrabenen, an der Oberfläche aber noch herrschenden mittelalterlichen Welt gegenüber. Er mochte das Europa seiner Zeit mit den Augen eines abenteuerlustigen jungen Ritters sehen. Aber mit den Augen eines Ritters, der wußte, daß er zu Großem berufen war und daß er einst an der Spitze dieser ganzen kirchlichen und ritterlichen Welt zu stehen haben werde. Seine Ratgeber und Erzieher beeinflußten ihn in diesem Sinn auch in Spanien noch einige Jahre lang, besonders die zwei bedeutendsten von ihnen, der Ritter von Chièvres, der bis zu seinem Tod Karls erster Ratgeber bleiben sollte, und Adrian Florisz, der Erzbischof von Utrecht, der düster-ernste Priester, der wenige Jahre später Papst Hadrian VI. sein wird.

Es war noch nicht einmal ein Jahr der Herrschaft in den Niederlanden vergangen, da warteten bereits die Throne von Kastilien, Aragonien und Neapel auf ihn... Ferdinand starb im Jahr 1516. Karl mußte den neuen Thron eilends besteigen. Und doch dauerte es fast noch ein weiteres Jahr, bis er mit seiner Flotte aus dem Hafen von Antwerpen auslief. War es der Sturm oder ein Irrtum in der Navigation: der König mit seinem Gefolge landete in einem unbedeutenden kleinen spanischen Hafen und mußte wochenlang über die öden Felsen der Küste wandern, bis er den Hafen erreichte, wo die Mitglieder des spanischen Hochadels schon auf ihren neuen Herrscher warteten. Oder richtiger: Mitherrscher, denn zumindest offiziell darf man seine im Kloster lebende Mutter nicht vergessen. In Wahrheit wußte jeder, daß dieser noch bartlose Jüngling, Don Carlos, wie ihn die Spanier nannten, lange Zeit über sie herrschen würde. Und durch ihn wird die weitere Geschichte Spaniens nicht nur mit der Geschichte Neapels, sondern auch mit der der Niederlande verbunden sein. Ja, sie wird auch von der Geschichte anderer Länder nicht zu trennen sein.

Denn Karl hatte gerade noch Zeit, seine Mutter in Tordesillas zu besuchen, sich mit Spanien bekannt zu machen und sich über die überseeische Märchenwelt berichten zu lassen, als eine neue Todesnachricht eintraf. Maximilian, sein Großvater väterlicherseits, war gestorben. Karls Bruder Ferdinand war damals fünfzehn Jahre alt, und die beiden hatten sich zum ersten Mal im Leben in Spanien, im Jahr 1517, getroffen. Ferdinand war beim Tod Maximilians eben in den Niederlanden, und man hatte eine Zeitlang davon gesprochen, daß vielleicht er Maximilians österreichische Erbschaft (zu der unter günstigen Umständen auch Ungarn und Böhmen kommen konnten) übernehmen könnte, da für Karl so zahlreiche Throne und Kronen doch zuviel sein mochten.

Karl wollte aber von einer solchen Lösung nichts hören. Ferdinand gab sich damit zufrieden und blieb lange Jahrzehnte ein wahrhaft treuer Diener seines älteren Bruders. Dieser Bruder verfügte außer über ritterliche Bildung und ausgezeichnete Sprachkenntnisse auch über viel natürlichen Verstand, ja sogar über große Arbeitslust, noch größer aber war sein Selbstbewußtsein und das Gefühl, von Gott berufen zu sein. Er war der Erstgeborene, und ihm gebührte die ganze Familienerbschaft. Dieses Bewußtsein der Berufung und die von seinen Ahnen ererbte Ausdauer, ja Hartnäckigkeit werden ihm in der Zukunft noch von großem Nutzen sein. Wenn sich zu alledem noch tiefere Weisheit und ein scharfer Intellekt gesellt hätten, könnten wir in ihm eine der großen Gestalten der Weltgeschichte ehren, aber da ihm diese Eigenschaften fehlten, verdankte er seine Wichtigkeit nur seiner Stellung.

Karl mochte davon überzeugt sein, daß ihm die Kaiserwürde gebührte, doch die deutschen Kurfürsten teilten diese Überzeugung nicht so ohne weiteres. Da mußte ein wenig nachgeholfen werden, durch Verhandlungen und Argumente, vor allem aber durch Geld. Denn die Argumente mochten sich gefällig anhören, und die Kurfürsten konnten damit rechnen, daß es sowieso keinen anderen entsprechenden Kandidaten geben würde (auch später hat in vielen Fällen das Fehlen eines Gegenkandidaten für die Wahl eines Habsburgers den Ausschlag gegeben), aber Geld war jedenfalls nicht zu verachten. Gerade jetzt ließ sich da etwas herausholen, denn außer Karl traten noch zwei andere angesehene Bewerber auf, die sich selbst empfahlen, der König von Frankreich, Franz I., und der König von England, Heinrich VIII. Beide waren etwas älter, und hinter ihnen standen innerlich gefestigte Länder. Vielleicht war das aber auch ein Nachteil. Karl kostete die Wahl auf alle Fälle 850 000 Dukaten; mehr als eine halbe Million hatten die Fugger geliehen, in der Hoffnung, daß die Rückzahlung dereinst durch das überseeische spanische Gold und Silber gesichert würde. Am 28. Juni wählten die Kurfürsten auch einstimmig Karl, obwohl der Kurfürst von Sachsen erklärte, er habe unter Zwang gehandelt.

Sobald die Kaiserwahl sicher war, bedurfte es keiner großen Eile mehr. Auch später beeilte sich Karl V. nie, am wenigsten dann, wenn es sich um Entscheidungen handelte. In Spanien ließ er Adrian von Utrecht als Statthalter zurück, womit er sofort große Unzufriedenheit hervorrief. Er reiste zu Schiff nach Antwerpen und von dort durch alle seine ihm so nahestehenden niederländischen Besitztümer nach Worms. Dorthin berief er den Reichstag. Und hier begegnete er zum erstenmal dem Problem, das ihn ein Leben lang beschäftigen sollte und das er letztlich nicht meistern konnte.

Jener Mönch, der vor nunmehr vier Jahren seine fünfundneunzig Thesen verkündet hatte und der jetzt in eigener Person vor ihm und dem Reichstag stand, Martin Luther, hatte inzwischen in den deutschen Landen, ja weit darüber hinaus einen großen Aufruhr erregt. Schon die Zeitgenossen nannten diese Bewegung Reformation.

Sie sprachen von Reformation, ehe noch die ganze Bewegung begonnen hatte. Denn die innere Organisation der römischen Kirche war schon seit fast zwei Jahrhunderten verfallen, seitdem nämlich die Päpste im Jahr 1309 nach Avignon gingen, dann von dort zurück nach Rom; da aber an beiden Orten ein Papst gewählt worden war, besaß die Kirche zwei Häupter, ja zeitweise sogar drei zugleich (was die Herrscher auch ausnützten, um die Päpste gegeneinander auszuspielen). Weltliche Sorgen, Vermögen und Würde waren den Päpsten und dem hohen Klerus weit wichtiger als das Heil der Seelen. Der niedere Klerus und die Mönche blieben auch nicht hinter ihren Oberen zurück. Es bedurfte einer Reform der ganzen Kirche, wie sie schon seit Jahrzehnten von vielen gefordert wurde. Besonders im deutschen Sprachraum war man mit den nach Rom fließenden Steuern und der Bevormundung der Seelen durch Rom unzufrieden. Der Handel mit den Ablaßzetteln war nur der Anlaß für Luther, im allgemeinen gegen Rom und die Oberhoheit des Papstes, für eine deutschsprachige Kirche und bald auch gegen zahlreiche bisherige Glaubensthesen aufzutreten. In dieser Hinsicht bestand das Wesen seiner Lehre darin, daß der Christ allein durch seinen Glauben selig wird und das ewige Glück des Jenseits erlangt, und daß ihm Gott diesen Glauben gibt. Es bedürfe daher nicht der Priester als Vermittler des Heils, nicht der ganzen kostspieligen kirchlichen Organisation und der prunkvollen Zeremonien. Die Lehre der Kirche geht aber nur auf eine Quelle zurück, auf die Bibel, alles andere ist menschliches, also hinfälliges Beiwerk. Statt einer kostspieligen Kirche trat er also für eine arme Kirche ein.

Und damit sind wir auch schon zum Kern der Sache vorgedrungen: was sich jetzt unter dem Begriff der Reformation entfaltete, war seinem gesellschaftlichen Charakter nach eine frühe bürgerliche Revolution, der sich in den im Mittelalter erstarkten deutschen Ländern die Fürsten ebenso anschlossen wie die Reichsritter. Während die Fürsten nach vollständiger Unabhängigkeit von der Kaisermacht strebten, wollten die Reichsritter ihre Unabhängigkeit gegen die Fürsten verteidigen. Diesen Bestrebungen folgten auch andere Schichten auf niedrigeren Stufen der gesellschaftlichen Rangleiter, Arme, Ausgestoßene, städtische Plebejer und hörige Bauern. Es setzte ein allgemeiner Angriff gegen die in der Kirche verkörperte feudale Ordnung ein. Die Repräsentanten der Reformation waren sich dessen kaum bewußt, daß sie eigentlich an einer bürgerlichen Revolution teilnahmen. Selbst Luther erkannte dies nicht. Karl verstand es noch weniger. Er sah in Worms nur den inzwischen berühmt gewordenen Mönch, der sich gegen den Papst und damit eigentlich auch gegen ihn, den Kaiser, wandte. Was er lehrte, stellte nicht nur die Macht des Papstes in Frage, sondern letzten Endes auch die des Kaisers. So viel begriff selbst Karl, so wenig er damals auch noch die deutsche Sprache beherrschte und so wenig er von Theologie verstand.

Luther hatte Gelegenheit, seine Lehre persönlich zu verteidigen und zu fordern, daß man ihn nur auf Grund der Bibel widerlege. Die Mehrheit, der hohe Klerus und natürlich auch der Kaiser, verwarfen diese Lehre. Luther bekam vierundzwanzig Stunden Bedenkzeit, um seine Thesen zurückzuziehen. Am ersten Tag war er noch unentschlossen und vermochte nicht überzeugend zu reden, doch am nächsten Tag, dem 18. April 1521, erklärte er, er könne seine Lehre nicht widerrufen. Der Kaiser verurteilte ihn und verhängte über ihn die Reichsacht. Von da an konnte jeder, der ihn traf, die Hand gegen ihn erheben. Karl hatte Luther vorher freies Geleit zugesichert, um sich dem Reichstag stellen zu können, und ließ ihn nun unbehindert abreisen. Kaum hatte Luther Worms verlassen, überfielen ihn „Räuber“ – es waren Leute seines Protektors, des Kurfürsten von Sachsen – und begleiteten ihn auf die Wartburg. Hier lebte er eine Zeitlang verborgen, übersetzte die Bibel und verfaßte zahlreiche theologische und politische Flugblätter. Die Zahl seiner Anhänger nahm ständig zu. Karl dagegen war sich noch immer nicht im klaren, um was es sich eigentlich handelte. Er verstand nicht einmal die bürgerliche Revolution, noch weniger die Reformation. Er meinte, eine etwas strengere kirchliche Disziplin würde von selbst zur Lösung der theologischen Probleme führen, und es würde gelingen, die Einheit wiederherzustellen. Die Einheit des Reichs und der gesamten Kirche.

Er hatte indes nicht viel Zeit, sich um diese Einheit zu kümmern. Die inneren Angelegenheiten Spaniens, die französische Frage und die Türken machten seine Rückkehr dringend notwendig. Er hatte inzwischen erkannt, daß er nicht imstande war, sich mit allen Angelegenheiten seiner Länder selbst zu beschäftigen. Er machte gar nicht erst den Versuch, in seinem ganzen Reich eine einheitliche zentrale Regierung aufzustellen, doch ernannte er einen Priester aus Piemont, Mercurino de Gattinara, zu seinem Großkanzler, der ihm in allen Angelegenheiten zur Seite stehen sollte. Bis 1530, bis zum Tod Gattinaras, vertraute er ihm vielerlei an, doch setzte er dann diesen Versuch nicht mehr fort und regierte durch Statthalter, wobei er sich in wichtigen Angelegenheiten die Entscheidung vorbehielt. Auf die mußte gewartet werden, bis er selbst in das betreffende Land kam oder briefliche Verfügungen traf. Diese letztere Möglichkeit bevorzugte er besonders, weil sie es ihm ermöglichte, Entscheidungen monatelang hinauszuschieben.

Jedenfalls wurden in einem Teilungsvertrag in Worms (1521) die Angelegenheiten des Südostens jetzt bereits Ferdinand anvertraut. Er erhielt die österreichischen Herzogtümer und im folgenden Jahr in Brüssel auch die vorderösterreichischen Gebiete. Da die Niederlande ohnehin nicht mehr zum Reich gehörten, gab der Kaiser mit den österreichischen Provinzen die einzige Grundlage seiner Macht im Reich auf. Er glaubte dies leicht tun zu können, da ja die Kraftquellen Spaniens und der Niederlande ihm seinen Rückhalt im Reich ersetzten. Sollte sich Ferdinand nur mit den österreichischen Ständen herumstreiten und sich gegen die Türken verteidigen, Karl selbst würde gegen sie zur See kämpfen.

Jetzt aber mußte er schnell nach Spanien zurückkehren. Noch im Jahr 1518, vor seiner Abreise, hatte er die ersten Cortes einberufen, doch drohten damals noch keine Schwierigkeiten. Aber kaum hatte er das Land verlassen, als die kastilischen Städte sich zu rühren begannen. Unter Pedro Lasso und Juan de Padilla bildeten sie einen Bund, eine heilige Junta. Bald schlossen sich auch Adlige und hohe Geistliche an. Auch dies war eine Art bürgerlicher Bewegung und erinnerte an die ähnliche in Deutschland, nur konnten sich die kastilischen Städte, was Vermögen und Ansehen anbetraf, nicht mit den freien deutschen Reichsstädten messen. Sie stellten gewisse Forderungen: die sogenannten Labradores, das heißt die städtischen Bürger, sollten ein größeres Mitspracherecht in den Angelegenheiten der Städte erhalten, und das Einkommen aus Kastilien sollte nicht außer Landes verwendet werden. Auch die taktlose Art, in der Adrian von Utrecht seine Statthalterschaft ausübte, trug zur Entfaltung der Bewegung bei. An ihrer Spitze stand die ehemalige Hauptstadt Toledo. Die bedeutend wichtigeren aragonischen Städte hielten sich jedoch abseits, schon weil die Bewegung in Kastilien entstanden war. Auch Galicien und Andalusien, zwei große Provinzen Kastiliens, verhielten sich ruhig. Die Königinmutter Johanna berief zwar die Cortes von Kastilien ein, und diese stimmten auch für die Forderungen, doch war Johanna nicht geneigt, diese durch ihre Unterschrift zu sanktionieren. Der bürgerlich-städtische Charakter der Bewegung gab schließlich auch dem Adel zu denken. Solange es sich nur darum handelte, gegen die fremden Ratgeber aufzutreten, war er für die Bewegung, aber den Städten wollte auch er keine zu große Selbständigkeit gewähren. So wurden schließlich die Anhänger der städtischen Selbstverwaltung, die Comuneros, zu einem bewaffneten Zusammenstoß gezwungen. Am 23. April 1521 wurde Padilla von den königstreuen Adligen entscheidend geschlagen und am nächsten Tag hingerichtet. Der Aufstand der Handwerker von Valencia konnte in noch kürzerer Zeit niedergeschlagen werden. Die Ordnung in Spanien war wiederhergestellt, die Aristokraten und der Adel dienten fortan treu dem König, und auch die Bürger fanden sich mit seiner Herrschaft ab.

Schließlich sicherte ihnen diese Herrschaft immer größeren Besitz und wachsendes Einkommen in Übersee. Gerade in den Jahren, als Karl sich um die deutsche Kaiserkrone bewarb und in Worms über Luther zu Gericht saß, eroberte ein tollkühner adliger Konquistador, Hernando Cortez, Mexiko, das reiche Land der

Azteken. Und zur selben Zeit umschiffte ein in spanische Dienste getretener Seefahrer portugiesischer Abkunft, Fernão de Magalhães (Magellan), Südamerika und die ganze Welt. Mit drei Schiffen lief er im Jahr 1519 aus; er selbst fiel im Kampf mit den Eingeborenen einer Insel des Stillen Ozeans, und schließlich kehrten nur ein Schiff und ein kleiner Teil der ursprünglichen Mannschaft im Jahr 1521 nach Spanien zurück. Unter ihnen aber war ein findiger Italiener, Francesco Antonio Pigafetta, der uns eine Beschreibung der ganzen Reise hinterlassen hat. Nun mußte jeder verstummen, der noch daran gezweifelt hatte, daß die Erde kugelförmig ist.

Der Zweck der Reise Magellans war natürlich nicht gewesen, die Zweifler zu überzeugen. Es handelte sich um etwas weit Wichtigeres: es galt, den Portugiesen die Gewürzinseln, die heutigen Molukken, zu entreißen. Und wenn dies auch nicht gelang, so eroberte im Jahr 1530 Francisco Pizarro mit wenigen Leuten den märchenhaft reichen südamerikanischen Staat Peru, das Reich der Inka. Das Land war so reich, daß sein letzter Herrscher, Atahualpa, imstande war, den Spaniern anzubieten, ihnen ein Zimmer mit Gold und Silber anzufüllen, wenn sie ihn dafür freiließen. Gold und Silber wurden in einigen Monaten aufgebracht, aber der Inka wurde dennoch hingerichtet, und die Spanier übernahmen die Herrschaft. Sie fühlten sich bald so sicher, daß sie sich ein Jahrzehnt später den Luxus erlauben konnten, sich untereinander blutig zu bekämpfen. Ihre Herrschaft über das Land blieb davon unberührt. Der Boden und die Indianer gingen in den Besitz der spanischen Adligen über, sie verfügten über riesige Ländereien, von denen sie zu Hause nicht einmal träumen konnten. Eine Zeitlang zogen die spanischen Städte Nutzen aus dem Handel mit den neuentdeckten Gebieten, der Staatsschatz aber vergrößerte sich durch das seit 1540 jedes Jahr in großen Mengen eintreffende Silber. Warum hätte man zu Hause gegen Don Carlos um zweifelhafte Freiheitsrechte und das Mitspracherecht kämpfen sollen, wenn man sich in Übersee in seinem Namen Vermögen machen konnte?

Von der Seite Spaniens her konnte sich Karl also in Sicherheit fühlen. In den folgenden Jahren bildeten in allen seinen Kriegen und gegen alle seine Gegner gutgeübte und kriegserfahrene spanische Söldner den Kern seiner Streitmacht. Wenn er siegte, verdankte er es ihnen.

Karl war sich der Bedeutung Spaniens durchaus bewußt. Trotz seiner französischen Muttersprache, seiner niederländischen Erziehung und seiner deutschen Kaiserwürde fühlte er sich letztlich als Spanier. Als er im April 1537 in Rom in Anwesenheit Papst Pauls III. und zahlreicher Vornehmer in einer langen Rede die Grundprinzipien seiner Regierung erläuterte, sprach er frei auf spanisch und blickte nur von Zeit zu Zeit auf ein Blatt Papier. Und die überseeischen Besitze? Ihm schreibt man den Ausspruch zu, daß in seinem Reich die Sonne nie untergehe. Darüber hinaus aber hatte er wenig Gefühl dafür, wie wichtig die vielen kolonialen Eroberungen für Spanien eigentlich waren. Wahrscheinlich war es ihm wichtiger, daß er seinen niederländischen Besitz mit Waffengewalt oder durch Erbschaft erweitern konnte und 1521 Tournai, 1523 Friesland, 1528 Overyssel und Utrecht und 1536 Groningen erwarb.

Die Stärkung der Niederlande war wichtig, denn sie bildeten eine der beiden Brückenkopfstellungen in dem nur manchmal durch mehrjährige Pausen unterbrochenen Krieg, den er gegen Frankreich führen mußte. Die territorialen Gegensätze waren schon in dem Augenblick gegeben, als Karl an die Macht kam, abgesehen davon, daß er durch seine Wahl zum Kaiser den König von Frankreich um das Reich gebracht hatte. Im Norden gab es in Flandern Gebiete, die sowohl er als auch Franz I. als ihr Eigentum betrachteten, im Osten ging der Streit um das Elsaß, weiter im Süden um das Herzogtum Burgund, die uralte Erbschaft, die er um jeden Preis wiedergewinnen wollte, in dessen Nachbarschaft war es Savoyen, dieses kleine Ländchen südlich des Genfer Sees, im Prinzip ein deutsches Reichslehen, dann das Herzogtum Mailand, der Schlüssel zu ganz Italien, Neapel, auf das Karl Erbansprüche geltend machte und das ihm außerdem der Papst im Jahr 1521 als päpstliches Lehen zugesprochen hatte, auf welches aber, wie man gesehen hat, auch die Franzosen Anspruch erhoben. Und von Frankreich aus gesehen stieß dieses reiche, aufstrebende Land überall, wo es nicht vom Meer begrenzt war, an die Besitzungen Karls. Die Provinzen der Habsburger schlossen es in einen Ring ein und drohten, es zu erwürgen. Wie hätte sich hier der Frieden erhalten können, zu einer Zeit, da es vollkommen natürlich schien, daß an der Spitze der Länder Herrscher stehen und daß diese Herrscher im Interesse ihres eigenen Ruhms berufen sind, immer neue Gebiete zu erwerben und zu erobern?

Als Kaiser verstand Karl sich als Haupt der ganzen Christenheit, als Herr eines universellen Reichs. Demgegenüber vertrat der König von Frankreich ein damals erst halb oder noch nicht einmal halb verstandenes und erkanntes Prinzip, den Nationalstaat. Sehr scharfsichtige Zeitgenossen ahnten bereits etwas von diesen Hintergründen, spätere Geschichtsschreiber, in erster Linie die französischen, führten die ganze Entwicklung darauf zurück. Der Nationalstaat, den Franz I. vertrat, trug die triumphierende Zukunft in sich, eine nahe Zukunft, das Neue und den Fortschritt. Karls universelles Reich, das in Wirklichkeit nie ein einheitliches Reich gewesen war, vertrat demgegenüber nur die Vergangenheit.

Diese Vergangenheit war natürlich etwas sehr Lebendiges. Das Europa der Nationalstaaten dämmerte bereits herauf, das Europa der Nationen kannte noch niemand. Luthers deutsches Selbstbewußtsein war das Selbstbewußtsein des Reichs. Die Humanisten – zum Beispiel Erasmus von Rotterdam – vertraten eine über jeden sprachlichen Gegensatz erhabene kulturelle Einheit. Karls Generäle waren Spanier, seine Admiräle waren Italiener, seine Ratgeber Niederländer, manchmal auch Deutsche. In den Kreisen der herrschenden Klassen waren noch die persönlichen Verbindungen mit dem Kaiser ausschlaggebend und nicht die ethnische Zugehörigkeit. Jahrhundertelang hielten sich die Habsburger stets daran, obwohl das in der sich stark wandelnden Welt immer unzeitgemäßer war. Nur erschien dies Karl, der in den Franzosen seine größten Feinde sah und doch am liebsten Französisch schrieb und offenbar auch in dieser Sprache dachte, noch durchaus nicht unzeitgemäß. Im Gegenteil, es war die alltägliche Wirklichkeit.

So begann also der französische Krieg in und um Italien von neuem. Karls Heere gingen kurze Zeit gemeinsam mit den Truppen des Papstes vor, da eben Adrian von Utrecht, Hadrian VI., Papst war. Ein Jahr später erlitten die Franzosen bei Bicocca eine so schwere Niederlage, daß die Schweizer Söldner aus den französischen Diensten austraten. Ein weiteres Jahr verging, und das Blatt wendete sich wieder, an die Stelle Hadrians VI. trat ein Papst aus dem Haus Medici, Klemens VII., der – dem Beispiel einiger seiner Vorgänger folgend – in den italienischen Eroberungen des Königs von Frankreich eine geringere Gefahr für die Selbständigkeit der Päpste sah als in der Macht des Kaisers und sich deswegen den Franzosen anschloß.

Am 24. Februar 1525 errangen die Truppen Karls bei Pavia wieder einen großen Sieg über die Franzosen. Diesmal fiel auch Franz I. in Gefangenschaft und wurde unter großen Vorsichtsmaßnahmen nach Madrid gebracht. Karl besuchte ihn von Zeit zu Zeit, und die Friedensverhandlungen kamen in Gang. So weitgehend auch dem königlichen Gefangenen alle Ehren erwiesen wurden, war diese Lage für Franz natürlich unbequem, für Karl übrigens fast noch unbequemer. Nach achtmonatiger Gefangenschaft erlangte der König seine Freiheit wieder. Er schwor, keinen Krieg mehr zu führen, ließ seine beiden Söhne als Geiseln in Madrid und schloß einen Frieden, in dem er auf das Herzogtum Mailand und auf Neapel verzichtete. Noch bevor er den Eid ablegte, bekräftigte er schriftlich, daß er unter Zwang gehandelt habe und das Abkommen daher nicht gültig sei. Dazu verschaffte er sich auch die Bestätigung des Papstes.

Kaum war Franz nach Hause zurückgekehrt, verbündete er sich mit dem Papst, mit Venedig, mit Florenz und mit den Sforzas, die das Herzogtum Mailand zurückforderten. Der Krieg begann von neuem, im selben Jahr, in dessen Spätsommer der feudale ungarische Staat bei Mohács zusammenbrach und Ludwig II. auf der Flucht starb. Die Türken hatten damit in Europa einen großen Schritt vorwärts gemacht. Von den Franzosen wurden sie ermutigt. Auf Grund des Familienvertrags erhob Ferdinand von Habsburg Anspruch auf die Throne von Ungarn und Böhmen. Von den böhmischen und kroatischen Ständen wurde er auch gewählt. Die ungarischen Stände aber hatten im Sinne des früheren Beschlusses schon vorher einen heimischen König, den Woiwoden von Siebenbürgen, Johann Zápolya, gewählt. Erst im Dezember 1526 gelang es, am westlichen Rand des Landes, in Preßburg, einige Magnaten und Adlige zu vereinigen, die Ferdinand wählten. Die habsburgische Herrschaft stand in Ungarn keineswegs auf sicheren Füßen. Der größere Teil des Landes befand sich unter der Oberhoheit Zápolyas. Es hätte im Familieninteresse gelegen, Ferdinand zu unterstützen.

Nur war Karl eben vielseitig beschäftigt. Es soll hier gar nicht in erster Linie darauf angespielt werden, daß er sich mit Seitenblick auf die portugiesische Erbschaft mit Isabella, der Tochter des Königs von Portugal, vermählte. Auch in

Deutschland gab es genügend Aufgaben. Die Reformation verbreitete sich mit ungeheurer Geschwindigkeit, und die Wiederherstellung der Einheit innerhalb der Kirche wurde immer unwahrscheinlicher. Noch klarer wurde die Lage, als gegen Ende des Jahres 1524 die ersten Kämpfe begannen und dann endgültig im Frühjahr 1525 mit ungeheurer Stärke der Große Bauernkrieg ausbrach. Hier zeigte sich bereits eindeutig, daß es sich im Reich nicht nur darum handelte, auf welche Weise man das ewige Leben und sein Seelenheil sichern könne oder in welcher Sprache der Gottesdienst abgehalten werden sollte. Hier war die feudale Ordnung gefährdet, Karl aber war vollkommen mit der französischen Frage beschäftigt und außerstande, den deutschen Fürsten und Herren zu helfen. So halfen sich diese selbst: Der Schwäbische Bund, die Vereinigung der südwestdeutschen Landesherren und Städte, machte mit Waffengewalt dem Bauernkrieg ein Ende und schlug die Radikalen nieder.

Auch im Norden gab es Verwicklungen, die ebenfalls ein Eingreifen Karls erfordert hätten. Eine seiner Schwestern, Isabella, hatte sich im Jahr 1515 mit dem König von Dänemark, Christian II., vermählt, der gegen Adel und Klerus nach absoluter Herrschaft strebte. Zuerst erhoben sich die Schweden gegen ihn, dann vertrieben ihn zwei Jahre später, 1523, auch die Dänen vom Thron. Er flüchtete und bat wiederholt um die Hilfe seines Schwagers oder wenigstens um etwas Geld. Wirksame bewaffnete Unterstützung konnte Karl ihm nicht geben, da dies seine Möglichkeiten durchaus überschritten hätte, später verweigerte er auch die finanzielle Unterstützung.

Er hatte ja nie genug Geld, und es fehlte besonders dann, wenn er es eben am dringendsten gebraucht hätte. Im Frühjahr 1527 waren seine in Italien stationierten und gegen den Papst und die Franzosen kämpfenden Truppen schon seit Monaten ohne Sold. Und wie sehr auch zu dieser Zeit die Söldner daran gewöhnt waren, lange Zeit kein Geld zu sehen, diesmal verloren sie plötzlich die Geduld und machten sich auf den Weg nach Süden. Am 6. Mai stürmten sie Rom, wo sie Zerstörungen anrichteten, raubten und plünderten. Das glänzende Rom der Renaissance war mit einem Schlag dahin. Die Protestanten konnten sich freuen: die Söldner des Kaisers, des weltlichen Oberhaupts der Christenheit, brandschatzten die Residenzstadt des kirchlichen Oberhaupts, des Papstes. Auch Karl war von der Nachricht erschüttert, schob aber die Verantwortung auf den Papst.

Der französische Krieg ging weiter, und im Jahr 1529 siegten die spanischen Truppen erneut bei Landriano. Franz und der Papst waren einmütig der Ansicht, daß man den Kampf nicht fortsetzen könne. Zwei Frauen, die Mutter von Franz, Louise von Angoulême, und die Tante Karls, Margarete – die einst kurze Zeit die Gattin Don Juans gewesen, sich dann noch einmal vermählt hatte, mit dreiundzwanzig Jahren wieder Witwe geworden und nun Statthalterin Karls in den Niederlanden war –, verhandelten in Cambrai; der ausgehandelte Frieden wurde daher der „Damenfrieden" genannt. Im wesentlichen kehrte man zu den Punkten des von Franz zurückgewiesenen Friedens von Madrid zurück, Frankreich verzichtete also auf seine italienischen Ansprüche. Es war ein Verzicht auf Zeit. Gleichzeitig flammte die Türkengefahr wieder auf. Zunächst setzte sich Zápolya, gestützt auf die ungarische Adelspartei, in den Besitz eines großen Teils von Ungarn, doch bald drangen Ferdinands Truppen ein und besetzten Buda (Ofen). Zápolya entsandte Hieronymus Łaski als Vermittler zum Sultan und schloß ein Bündnis mit ihm; natürlich verweigerte Suleiman II. seine Hilfe nicht. Im Jahr 1529 belagerten die Türken bereits Wien. Wenn sie die Belagerung auch aufhoben, so war die Herrschaft Ferdinands in Ungarn keineswegs gesichert, ja die Türken griffen schon Reichsgebiet an. Der Kaiser mußte endlich eingreifen, denn er war ja – wie es einer seiner Titel besagte – zum Mehrer des Reichs gewählt worden, nicht aber, um Gebiete zu verlieren.

Karl mußte also Spanien verlassen. Dazu bewog ihn nicht nur die Türkengefahr, sondern auch die Ausbreitung der Lehre Luthers. Auf dem Reichstag in Speyer 1529 protestierten die in der Minderheit befindlichen lutherischen Stände gegen den Beschluß des Reichstags; seit dieser Zeit nannte man sie Protestanten. Auch hier mußte etwas getan werden. Schon seit einigen Jahren sah Karl nur ein einziges Mittel zur Lösung der religiösen Frage: ein allgemeines Konzil. Noch jahrelang wird er dies immer wieder von den einander folgenden Päpsten fordern, die natürlich alles tun werden, um dieses Konzil zu verhindern, denn es könnte die Alleinherrschaft des Papstes, die von den Protestanten ohnehin verworfen wird, überhaupt in Frage stellen.

Der Kaiser machte sich auf die Reise. Zuerst ging er nach Neapel, dessen Herrscher er schon fast anderthalb Jahrzehnte lang war, das er aber noch nie besucht hatte. Er soll mit großer Begeisterung empfangen worden sein. Offenbar war das einfache Volk durch die Pracht, den prunkvollen Aufzug und die Möglichkeit, endlich seinen Herrscher zu sehen, stark beeindruckt.

Von hier führte die Reise nach Norden. In Bologna traf Karl mit dem durch seine Zwangslage ängstlich gewordenen Klemens VII. zusammen, der ihn dort auch zum römischen Kaiser krönte. (Dies war das letzte Mal, daß der Papst den Kaiser nicht auf deutschem Boden krönte. Die späteren Kaiser aus dem Haus Habsburg ließen sich in Frankfurt krönen.) Der Papst war der Meinung, mit der Krönung seines früheren Feindes könne er sich der Pflicht, ein Konzil einzuberufen, entziehen. Karl verhandelte, brachte seine Argumente vor und wurde schließlich der Sache müde. Außerdem drängte ihn die Türkengefahr. Im Jahr 1530 erschien er wieder persönlich auf dem Reichstag in Augsburg und bat die deutschen Stände um Hilfe gegen die Türken. Die Stände zögerten, die Protestanten fürchteten, daß ihr Geld und ihre Truppen in der Hand des Kaisers nicht gegen die Türken, sondern gegen sie selbst verwendet werden könnten. So rückte also der Religionsstreit wieder in den Vordergrund. Karl wünschte nun endgültig eine Klärung darüber, was die Protestanten eigentlich forderten beziehungsweise in welchen Fragen sie vom alten Glauben abwichen. Er hoffte, eine Bereinigung der theologischen und dogmatischen Meinungsverschiedenheiten könnte zu einem Kompromiß führen und für eine Einigung förderlich sein. Er hielt dies auch darum für wichtig, weil die Reformation immer mehr in verschiedene Richtungen auseinanderfiel. Selbst die Anhänger Luthers vertraten nicht immer denselben Standpunkt, darum verfaßten die protestantischen Stände das Augsburgische Bekenntnis. Dies einigte eine Zeitlang das protestantische Lager, ohne daß man aber einer wirklichen kirchlichen Einheit nähergekommen wäre. Dagegen zeigten sich die Stände geneigt, gegen die Legalisierung der prinzipiell bisher nicht gewährten, tatsächlich aber bereits bestehenden Toleranz in kirchlichen Fragen im Januar 1531 Ferdinand zum römischen König, das heißt zum Nachfolger des Kaisers, zu wählen. Nachdem der Kaiser damals bereits einen männlichen Nachfolger, Philipp, hatte, der ihm auf dem Thron Spaniens folgen würde, war es seine Absicht, die Herrschaft der Dynastie zwischen den beiden Linien zu teilen.

Im Jahr 1532 war man von neuem mit der Türkengefahr konfrontiert. Suleiman II. rückte unter dem Vorwand, Zápolya zu unterstützen, vor. Karl verhandelte in Nürnberg persönlich mit den Häuptern der protestantischen Stände und kam mit ihnen überein, daß sie gegen die weitere Duldung ihrer religiösen Haltung wirksame militärische Hilfe leisten würden. Kaum war es aber zu dieser Einigung gekommen, erwies es sich, daß sie momentan gar nicht mehr nötig war. In Ungarn hatte die Festung Güns unter dem Kommando von Nikolaus Jurišić die gegen Wien marschierende türkische Armee aufgehalten. Eine Handvoll Soldaten beeinflußte die Weltgeschichte. Suleiman gab die Belagerung endlich auf und zog sich nach Konstantinopel zurück.

Karl konnte nun Deutschland verlassen. In der Religionsfrage war er nicht weitergekommen, aber es schien, als ob die inneren Streitigkeiten der Protestanten doch einer weiteren Verbreitung des neuen Glaubens Einhalt geböten, darum konnte er die Lage zunächst auf sich beruhen lassen. Gegen die Türken aber mußte man vielleicht anderswo vorgehen. Der König von Frankreich und der Papst versuchten von neuem, einen Bund gegen den Kaiser zustande zu bringen. Auch jetzt noch war Franz bereit, mit den Türken zusammenzuarbeiten, was dem Papst zwar etwas unangenehm war, doch mußte er diesbezüglich ein Auge zudrücken.

Karl blieb damals neun Jahre von Deutschland fern. Die protestantischen Stände nutzten diese Gelegenheit, um sich gegen den Kaiser zu verbünden, zur Verteidigung des Glaubens, wie sie behaupteten, in Wahrheit aber zum Schutz ihrer eigenen Unabhängigkeit der Macht des Kaisers gegenüber. Der Schmalkaldische Bund (so genannt nach dem Ort, wo er im Jahr 1531 unterzeichnet wurde) festigte die Macht der einzelnen Landesherren nicht nur nach oben, dem Kaiser, sondern auch nach unten, dem da und dort noch aufrührerischen Volk gegenüber. Die Bündler schlugen im Jahr 1535 in der Stadt Münster die radikal revolutionären Anabaptisten nieder, die dort die Macht an sich gerissen hatten. Luther gab dem Machtzuwachs der Fürsten seinen Segen, wie er ihn auch seinerzeit ihrem Auftreten gegen die aufrührerischen Bauern gegeben hatte. Die protestantischen

Fürsten bekannten sich noch immer als Untertanen des Kaisers, waren aber auch darauf bedacht, mit Mächten außerhalb des Reichs gegen ihn Beziehungen anzuknüpfen. Sie verhandelten sowohl mit den Franzosen als auch mit den Engländern. Heinrich VIII. hatte einmal einen theologischen Traktat gegen die Lehre Luthers geschrieben und dafür vom Papst den Titel Defensor fidei, Verteidiger des Glaubens, verliehen bekommen, brach aber im Jahr 1529 mit der Kirche, weil der Papst nicht geneigt war, seiner Scheidung von seiner ersten Gemahlin, Katharina von Aragonien, der Tante Karls, zuzustimmen. Die englische und die französische Hilfe waren natürlich unsicher, der Kaiser weit weg, die Macht der protestantischen Fürsten dagegen in sicherer Nähe, und so kam es denn zu keinem bewaffneten Zusammenstoß zwischen ihnen und dem Kaiser.

Karl war jetzt andernorts mit dem Kampf gegen die Türken beschäftigt. Franz hatte sich mit Chaireddin verbündet, dem Haupt einer Seeräuberbande, die das ganze Mittelmeer bedrohte. Er wurde auch Barbarossa, Rotbart, genannt, wie vor langer Zeit ein deutscher Kaiser. Chaireddin hatte sich in Tunis eingerichtet; der Form halber erkannte er den Sultan als seinen Herrscher an, er war aber in Wirklichkeit unabhängig, und seine Piraten machten das ganze Mittelmeer unsicher. Im Jahr 1534, als er bereits Verbündeter des Königs von Frankreich war, richtete er mehrere Angriffe gegen die italienische Küste, seine Truppen plünderten und brandschatzten Dörfer und Städte.

Karl rüstete wieder einmal mit spanischem Geld eine große Flotte aus und gewann einen genuesischen Patrizier, Andrea Doria, als Oberkommandanten. Karl beteiligte sich selbst an diesem Kriegszug. Im Sommer 1535 eroberte die spanisch-neapolitanische Flotte La Goletta und Tunis, plünderte dieses Bollwerk der Korsaren und zerstörte einen Teil ihrer Schiffe. Chaireddin konnte mit einigen Getreuen gerade noch ostwärts flüchten. Die christlichen Heere hatten endlich einen bedeutenden Sieg über den Halbmond errungen! Karl fühlte sich in seiner göttlichen Berufung bestärkt. Der vollständige Sieg über die Mohammedaner schien nur noch eine Frage der Zeit zu sein. Und dann würde es möglich sein, die im gemeinsamen Kampf zusammengeschweißte Einheit der Christen auch im Bereich der Religion durch das Zaubermittel eines allgemeinen Konzils wiederherzustellen. Der im Jahr 1534 neugewählte Papst, Paul III., zeigte sich in der Frage des Konzils unerwartet verständnisvoll. Er war eine widersprüchliche Natur: einerseits besaß er Charakterzüge, die ihn als typische Renaissancegestalt auswiesen, andererseits war er der erste Papst, der sich mit den Fragen einer inneren Reform beschäftigte und deren Anhänger auch ins Kardinalskollegium berief.

Im November 1535 kam es jedoch zu neuerlichen Wirren. Francesco Sforza, der als Vasall des Kaisers in Mailand saß, starb. Franz hatte zwar in zwei Friedensverträgen auf dieses Herzogtum verzichtet, machte nun aber erneut Ansprüche geltend und besetzte im Frühjahr des folgenden Jahres Savoyen und Piemont, die zum Kaiser hielten. Der französisch-spanische Krieg brach von neuem aus. Karl ging im April nach Rom, er erschien mit einer großen Flotte, um vor einer Gefangennahme durch die französische Flotte oder durch die Korsaren geschützt zu sein. Wieder warf er die Frage eines allgemeinen Konzils auf, und Paul III. berief es für das nächste Jahr nach Mantua ein. Obwohl es nicht zustande kam – man mußte noch sechs Jahre darauf warten –, gewann doch damit die Gegenreformation, die an der Oberfläche als Neuordnung der verwirrten Zustände in der katholischen Kirche, als Wiederherstellung der kirchlichen Disziplin und als Verwirklichung eines Teils der anfänglichen Reformationsforderungen erschien. Bei näherer Betrachtung indes war es ein Gegenangriff der feudalen Ordnung, die der bürgerlichen Bewegung der Reformation gegenüber schwere Schlappen erlitten hatte. Teil dieser feudalen Ordnung waren im übrigen auch die deutschen protestantischen Herrscher, die nur mehr oder weniger lokale Kompromisse mit dem Bürgertum eingegangen waren. (Vor solchen Kompromissen ist später auch die Gegenreformation nicht zurückgeschreckt.) An der Oberfläche spielten die Religionsfragen die Hauptrolle, und da die Reformation im Grunde genommen eine bürgerliche Bewegung war, verknüpfte sich die Gegenreformation unabwendbar mit der feudalen Reaktion.

Wenn auch religiöse Fragen im Vordergrund standen, konnten doch schon die Zeitgenossen nicht übersehen, daß diese Fragen nur den Vorwand liefern mußten für die politischen Machtfragen. Franz I., der zu Hause der orthodoxeste Katholik war und seine Protestanten, die es wagten, sich gegen sein absolutes Königtum aufzulehnen, am liebsten auf den Scheiterhaufen geschickt hätte, liebäugelte jenseits seiner Grenzen mit den Protestanten und wiegelte sie gegen den Kaiser auf, mit dem er auch jetzt wieder Krieg führte. Und diesmal lächelte ihm das Kriegsglück. Die Feldherren Karls hatten nicht die Lehre daraus gezogen, daß sie im Jahr 1525 vergeblich versucht hatten, in Südfrankreich einzudringen. Sie versuchten es 1537 von neuem. Der zu erwartende Mißerfolg blieb auch nicht aus. Ein gegen die Niederlande gerichteter französischer Angriff hingegen war erfolgreich. Im folgenden Jahr schlug Chaireddin, der inzwischen seine tunesischen Stützpunkte wiedererobert hatte, in der Seeschlacht von Prevesa den Admiral Karls, Andrea Doria, vernichtend.

Jetzt mischte sich der Papst ein, und zwar diesmal wunderbarerweise im Interesse des Friedens. Im Mai und Juni 1538 vermittelte er persönlich zwischen den beiden Herrschern, die ebenfalls persönlich erschienen. Im Sinn des Waffenstillstands von Nizza durfte Franz Savoyen behalten, aber auch Karl konnte seine Lehnshoheit über Mailand behaupten. Das Konzil wurde wieder um ein Jahr verschoben, obwohl es der Papst ohnehin schon ein Jahr verspätet nach Vicenza einberufen hatte, dort waren jedoch nur einige italienische Bischöfe erschienen. Der Hauptzweck, die Anwesenheit der Vertreter der deutschen Protestanten, konnte nicht erreicht werden. Es war noch nicht sicher, ob es gelingen würde, die religiöse Frage, wenigstens im Deutschen Reich, durch eine Einigung zu lösen, oder ob dies nur durch Waffengewalt möglich sein würde. Karl schwankte. Es schien, als ob sich seine Lage gebessert hätte. In Aigues-Mortes traf er persönlich mit Franz zusammen; es ging sehr freundschaftlich zu, der Waffenstillstand wurde bestätigt, ja man sprach sogar von einem gemeinsamen Auftreten gegen die Ketzer. Auch die türkische Frage erschien in neuem Licht, als es gelang, die ungarische Frage zu regeln. Ferdinand hatte sich nämlich in Großwardein mit Zápolya geeinigt, daß nach dessen Tod ganz Ungarn an Ferdinand fallen solle. Die Vereinigung der böhmisch-österreichisch-ungarisch-kroatischen Kräfte würde vielleicht ausreichen, um das Vordringen der Türken an der Donau zu stoppen; dann könnte man ihnen wieder auf dem Hauptkriegsschauplatz, dem Meer, entgegentreten. Eine Zusammenarbeit zwischen Karl und Franz könnte auch hier den Erfolg sichern.

Der Horizont schien wieder wolkenlos, es zeigten sich höchstens ganz kleine Wölkchen, die sich leicht auflösen ließen. Herzog Wilhelm von Cleve hatte die Provinz Geldern geerbt, nachdem ihm schon Jülich und Berg zugefallen waren. (Geldern schob sich wie ein Keil in den niederländischen Besitz hinein, die beiden übrigen lagen an der Grenze.) Zusammengenommen bedeuteten sie eine ernste Bedrohung. Besonders im Hinblick darauf, daß Anna von Cleve die vierte Gattin Heinrichs VIII. geworden war, Wilhelm also auch auf englische Unterstützung rechnen konnte. Karl löste das Problem schließlich mit Waffengewalt. Im Jahr 1543 eroberte er Geldern und verleibte es seinen niederländischen Provinzen ein.

Obwohl er schon lange nicht in Deutschland gewesen war, hatte er die Angelegenheiten des Reichs nicht vernachlässigt. Der Schmalkaldische Bund mußte irgendwie neutralisiert werden. Im Jahr 1536 entsandte er seinen Vizekanzler Matthias Held zu Verhandlungen. Held war ein entschlossener, aber simpler Vertreter der Gegenreformation, er ließ seine Gesprächspartner ständig fühlen, daß sie Ketzer seien und daß es für ihn ein Opfer war, sich überhaupt mit ihnen einzulassen. Die Verhandlungen führten natürlich zu keinem Ergebnis, wie sehr das Karl auch gewünscht hätte. Held präsentierte seinem Herrn anstelle einer Einigung ein Gegenbündnis, den Bund von Nürnberg, dem sich zwei Erzbistümer, Mainz und Trier, der sächsische Herzog – der im Gegensatz zum Herzog von Bayern und dem Kurfürsten von Sachsen im Schoß der alten Kirche verblieben war – und noch zwei kleinere Fürsten anschlossen. Dem Schmalkaldischen Bund waren sie nicht gewachsen, aber als Hilfe war dieser Gegenbund im Notfall nicht schlecht.

Dann tauchte plötzlich noch eine Wolke am Himmel auf, dunkler als die bisherigen und aus der am wenigsten erwarteten Richtung. In der Geburtsstadt des Herrschers selbst, in Gent, hatte sich die Bevölkerung gegen ihren Herrn erhoben. Hier handelte es sich zwar nur um eine Stadt, nicht um ein ganzes Fürstentum, aber um so beunruhigender war, daß es nicht um einen Streit zwischen Fürsten, sondern um eine Bewegung ging, die aus viel tieferen Schichten kam: städtische Bürger und Plebejer begehrten auf. Das war ein Angriff gegen die göttliche Ordnung.

Karl eilte herbei, um der Sache persönlich ein Ende zu bereiten. Sie beunruhigte ihn mehr, als er es sich eingestehen wollte. Zu Franz bestanden eben jetzt recht freundschaftliche Beziehungen, darum wählte er den sichereren Landweg und zog

1539 durch ganz Frankreich, um nach langer Abwesenheit sein Geburtsland wiederzusehen. Er kam mit gemischten Gefühlen, überwand aber die Gefühlsregung bald. Im Februar 1540 schlug er den Aufstand mit Waffengewalt nieder und ließ die Rädelsführer an Ort und Stelle hinrichten. Die Privilegien der Stadt wurden gründlich beschnitten.

Jetzt konnte er sich wieder dem Reich und den religiösen Problemen widmen. Das katholische Lager hatte im Augenblick große moralische Überlegenheit gewonnen. Landgraf Philipp von Hessen, der angesehenste Führer der Protestanten, konnte seine Frau nicht mehr ertragen, war aber auch nicht geneigt, die Tugend der Enthaltsamkeit zu üben. Ehebruch vertrug sich aber auch mit der protestantischen Ethik schlecht. Philipp war um sein Seelenheil besorgt, brachte aber die entsprechende Selbstbeherrschung nicht auf. Wo war der Ausweg? Im Juni 1540 stimmte seine Frau einer zweiten Ehe ihres Mannes zu. Mit der letzten Entscheidung wurde Luther betraut, der seine Zustimmung gab, nur sollte die Sache geheimgehalten werden. Aber warum sollte gerade dies geheim bleiben? Bald wußte jedermann davon. Es war noch das kleinere Übel, daß das vor einigen Jahren angenommene Reichsstrafgesetz für Bigamie die Todesstrafe vorsah. Das hätte man natürlich umgehen können, nur die kleinen Leute werden immer von der vollen Wucht der Gesetze getroffen, große Herren verstehen es, sich über die Bestimmungen hinwegzusetzen. Aber der Skandal! Triumphierend konnten die Katholiken darauf hinweisen, wohin die Sittenlosigkeit der neuen Lehre führte.

Philipp mußte wohl oder übel den Kaiser um Gnade bitten. Karl gewährte sie ihm natürlich, allerdings gegen entsprechende Gegenleistung. Philipp mußte das Nachfolgerecht Ferdinands anerkennen. Damit hatten sich die protestantischen Stände endgültig zur Anerkennung der habsburgischen Thronfolge verpflichtet.

Im Jahr 1541 hielt Karl in Regensburg den neuen Reichstag ab. Er begann in angenehmer und vielversprechender Atmosphäre. (Und zwar nicht nur, weil ein Bürgermädchen dem verwitweten Kaiser dort die Zeit versüßte und weil aus dieser Verbindung Don Juan d'Austria hervorging, dem wir noch begegnen werden.) Vor allem schien es im Lauf der Verhandlungen, als ob sich in der Religionsfrage doch die Möglichkeit eines Fortschritts zeige. Der päpstliche Legat Gasparo Contarini war ein Anhänger des Erasmus von Rotterdam und ging nicht darauf aus, die Gegensätze zu erhärten. In einer der umstrittenen Kernfragen, jener der Rechtfertigung, gelang es, eine Kompromißlösung zu finden, die beide Teile befriedigen konnte. Und wenn dies der Fall war, war auch in den übrigen strittigen Fragen eine Einigung möglich. Und dann konnte das Konzil zusammentreten, das der Papst nur verschoben, aber nicht endgültig von der Tagesordnung gestrichen hatte.

Der Optimismus Karls (und vieler anderer) war unbegründet. Luther weigerte sich, den Kompromiß anzunehmen, obwohl auch sein Freund Philipp Melanchthon am Text mitgearbeitet hatte. Und Paul III. lehnte ihn ebenfalls ab. Was in den zwanziger Jahren des 16. Jahrhunderts noch als bloße theologische Meinungsverschiedenheit erschien – wie sie schon früher in der Kirche vorgekommen war, ohne zu einer Spaltung zu führen –, führte in den dreißiger Jahren bereits zu einer Vertiefung, einer Ausbreitung und einer Unvereinbarkeit der Gegensätze. Man hat gesehen, daß sich dahinter Interessenkonflikte zwischen Kaisermacht und territorialer Selbständigkeit, weiter unten in der sozialen Schichtung aber noch viel grundlegendere Gegensätze zwischen der feudalen Ordnung und dem gegen diese Ordnung auftretenden Bürgerstand verbargen. Mit auf verschiedene Weise auslegbaren spitzfindigen theologischen Abfassungen konnte man diese Gegensätze nicht mehr überbrücken.

Im Jahr 1545 trat das von Karl so geflissentlich betriebene Konzil in Trient (latinisierend Trident) endlich zusammen. Dem Wunsch des Kaisers entsprechend, fand es auf deutschem Reichsgebiet statt, um auch den Protestanten die Teilnahme zu ermöglichen. Es wurde wiederholt unterbrochen und vertagt und endete erst, als Karl längst tot war. Das Konzil traf zwar auch Anordnungen zur Wiederherstellung der kirchlichen Disziplin, doch stellte es gerade die dogmatischen Probleme in den Vordergrund und hob noch hervor, was die katholische Lehre von der Reformation entfernte, womit es die Trennung zwischen Reformation und Gegenreformation endgültig machte. Paul IV. aus der neapolitanischen Familie Caraffa, seit 1555 Inhaber des päpstlichen Stuhls, haßte als Neapolitaner die Spanier und vertiefte die Gegensätze noch mehr.

Wenn man dies im Jahr 1541 auch noch nicht wissen konnte, ließ es sich aber vermuten. Schließlich kam Karl in der Religionsfrage nicht weiter. Gleichzeitig stellten sich ihm die beiden anderen großen Probleme seiner Regierungszeit, die türkische und die französische Frage, wieder in ihrer vollen Schärfe. In Ungarn war im Jahr vorher Johann Zápolya gestorben. Allerdings war ihm seit dem mit Ferdinand geschlossenen Frieden ein Sohn geboren worden. Die Adelspartei unterstützte diesen, und seine Mutter, Isabella von Polen, war nicht geneigt, dem in Wien wartenden Ferdinand einfach die Macht zu übergeben. Überdies hätte es Sultan Suleiman ohnehin nicht zugelassen. Unter dem Vorwand, das Kleinkind Johann Sigismund schützen zu müssen, erschien der Sultan wieder mit einer Armee in Ungarn, und am 2. September besetzten seine Janitscharen durch eine Kriegslist Ofen. So geriet das mittlere Drittel Ungarns unmittelbar unter türkische Oberhoheit. Die Türken waren damit schon sehr tief in Europa eingedrungen.

Zwei Monate früher, im Juli, waren in Mailand zwei französische Gesandte, die sich eben auf dem Weg zu Verhandlungen mit Suleiman befanden, ermordet worden. Im folgenden Jahr wurde der Krieg mit den Franzosen ebenso unvermeidlich wie jener mit den Türken. Den Vorwand für die französische Kriegserklärung lieferte der Umstand, daß Karl seinen Sohn Philipp in die Herzogswürde von Mailand einsetzte.

Der französische Angriff richtete sich im Sommer 1542 gegen die Niederlande, wohin auch Karl seine Residenz verlegte. Die Türken griffen zur See an. Karl hatte, gerade unter dem Einfluß der Ereignisse in Ungarn, im Oktober 1541 noch einen neuen Versuch unternommen, den Sieg von Tunis zu wiederholen. Trotz der Warnungen seiner Ratgeber, die wegen der fortgeschrittenen Jahreszeit und der damit verbundenen Stürme gegen das Unternehmen waren, ließ Karl nicht locker. Er selbst nahm an dem neuen Kriegszug teil, er landete in der Nähe der Stadt Algier und marschierte mit seinen Truppen ohne Proviant die öde Küste entlang. Einen großen Teil seiner Schiffe vernichtete ein Sturm, andere wurden abgetrieben. Endlich mußte das Unternehmen aufgegeben werden, und zur See herrschten noch dreißig Jahre lang die Türken.

Natürlich wurde auch in Italien Krieg geführt, wie man dies schon gewöhnt war. (Karl jedenfalls war daran gewöhnt.) Im Jahr 1544 siegten die Franzosen bei Ceresole, während im Norden Karl siegreich vordrang. Er befand sich bereits auf französischem Boden, und es schien, als könne er bis nach Paris ziehen. Da trat wieder Geldmangel ein, und der weitere Vormarsch kam zum Stehen. Im September wurde in Crépy Frieden geschlossen, und die Punkte des Friedens von Cambrai wurden bestätigt. Beide Gegner waren erschöpft, und Franz beurteilte seine Lage eher pessimistisch, so daß er ziemlich leicht einem Kompromiß zustimmte.

Für Karl war der französische Krieg diesmal nur eine Episode. Seit dem Mißerfolg des Regensburger Interims war er in Wirklichkeit bestrebt, in der Religionsfrage, das heißt in der deutschen Frage, eine Entscheidung zu erzwingen, und zwar mit Waffengewalt, da er keine andere Möglichkeit mehr sah.

Das schmalkaldische Lager war stark, wenn auch bei weitem nicht mehr einheitlich. Sogar religiöse Gegensätze traten auf, da außer der lutherischen auch die kalvinistische Reformation Anhänger fand und im Rheinland (sowie in den Niederlanden) sogar stärker war. Außerdem ging es schon lange um andere Fragen als um die Religion. Karl gelang es, drei führende protestantische Fürsten für sich zu gewinnen, die Markgrafen Joachim von Brandenburg-Küstrin, Albrecht Alcibiades von Brandenburg-Kulmbach sowie den Herzog Moritz von Sachsen. Letzterer war die interessanteste Erscheinung, ein zielbewußter und kluger Karrierist, der gegen das Versprechen, von Karl zum Kurfürsten ernannt zu werden, bereit war, sich gegen seine Religionsgenossen zu wenden. Im übrigen war er der Schwiegersohn des obenerwähnten Philipp von Hessen, der jetzt im Schmalkaldischen Bund wieder eine führende Rolle spielte. Moritz von Sachsen schreckte aber auch vor noch ärgerem Verrat nicht zurück, so daß es ihm wirklich keine Gewissensprobleme bereitete, sich gegen seinen Schwiegervater zu wenden.

Offen wurde nicht von Krieg gesprochen, und auch in den vertraulichen Briefwechseln wurde er kaum erwähnt, aber um 1543 wußte oder ahnte bereits jeder, daß sich ein Krieg nicht vermeiden lassen würde. Im April 1546 trafen sich die zukünftigen Gegner noch auf dem fälligen Reichstag, diesmal wieder in Regensburg, aber bald danach brach der Krieg aus. Nur Moritz von Sachsen wartete noch eine Weile; er hielt sich den Weg zum Kaiser und zu den Protestanten gleicherweise frei und überlegte, von wo er mehr zu erwarten hatte. Im Oktober entschied er sich dann für Karl. Die Kurfürstenwürde konnte er schließlich nur vom Kaiser bekommen, nicht aber vom Schmalkaldischen Bund. Es war ein innerer Krieg des Reichs,

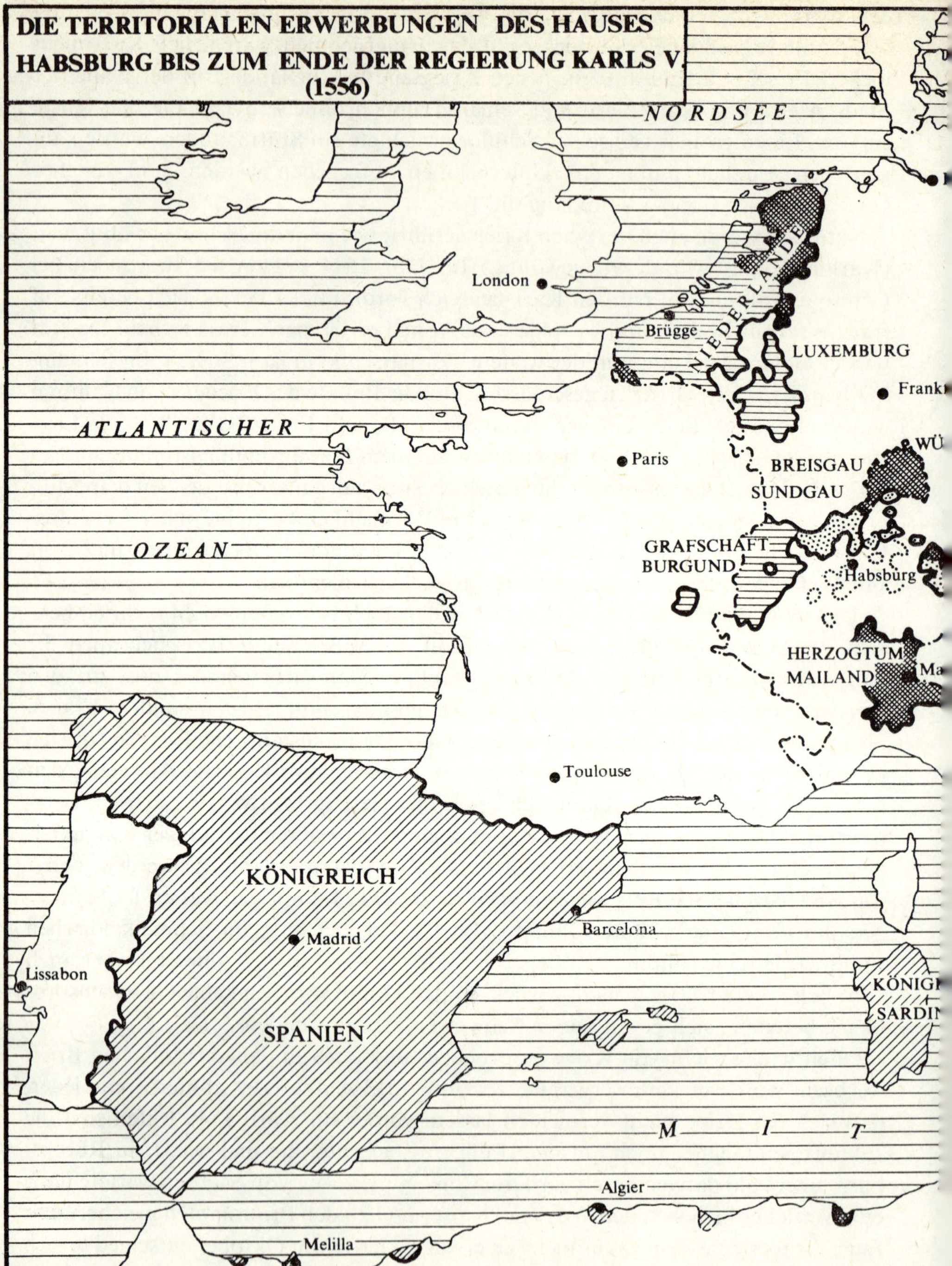
DIE TERRITORIALEN ERWERBUNGEN DES HAUSES HABSBURG BIS ZUM ENDE DER REGIERUNG KARLS V. (1556)
NORDSEE
London
Brügge
NIEDERLANDE
LUXEMBURG
ATLANTISCHER
OZEAN
Paris
BREISGAU
SUNDGAU
GRAFSCHAFT
BURGUND
Habsburg
HERZOGTUM
MAILAND
Toulouse
KÖNIGREICH
SPANIEN
Madrid
Barcelona
Lissabon
M I T
Algier
Melilla

ZEICHENERKLÄRUNG
die Ausbreitung der Habsburger bis 1476
das 1477 erworbene burgundische Erbland
die mit der spanischen Krone 1516 erworbenen Gebiete
das 1526 erworbene Jagiellonenerbe
der 1526 nur dem Namen nach erworbene Teil des Jagiellonenerbes
zwischen 1477 und 1556 erworbene andere Territorien
die ursprünglichen und andere im Verlauf des 15. Jh. verlorene Gebiete
die Grenzen des habsburgischen Besitzes Anfang 1556
die Grenzen des Römisch-Deutschen Reichs 1556
die Südgrenze der Länder der ungarischen Krone
Kopenhagen
OSTSEE
Danzig
Warschau
DIE LÄNDER DER BÖHMISCHEN KRONE
Prag
Krakau
ÖSTERREICH
Wien
Buda (Ofen)
UNGARN
STEIERMARK
KÄRNTEN
KRAIN
SCHWARZES MEER
Konstantinopel
Rom
KÖNIGREICH NEAPEL
Neapel
Athen
Palermo
KÖNIGREICH SIZILIEN

wie Deutschland deren schon so viele gekannt hatte und wie noch einige folgen würden; von den vorhergehenden unterschied er sich aber insofern, als die Gegner sich bereits darüber im klaren waren, daß dies keine innere Angelegenheit mehr war, sondern ein regelrechter Krieg zwischen verschiedenen Staaten. Auch die böhmischen Protestanten traten auf der Seite des Schmalkaldischen Bunds in den Krieg ein, in erster Linie die Städte, in denen sich die Reformation unmittelbar an die hussitischen Traditionen anschloß.

Nach der üblichen Winterpause begannen im Frühjahr die eigentlichen bewaffneten Zusammenstöße, und im April siegte Karl bei Mühlberg. Der sächsische Kurfürst Johann Friedrich und Philipp von Hessen fielen in Gefangenschaft, Moritz von Sachsen erhielt als Lohn den Kurfürstenhut.

Karl konnte wieder seine göttliche Berufung fühlen, der Herr hatte sich beim Gottesgericht auf seine Seite gestellt, die Protestanten waren in seiner Hand, und jetzt konnte er ungehindert die religiöse Einheit wiederherstellen und die Ketzerei ausrotten. Er, der früher so oft warten, Zugeständnisse machen und Kompromisse eingehen konnte, war nunmehr ungeduldig und unbeugsam. Für September berief er den Reichstag nach Augsburg ein (der bis Mai des folgenden Jahres tagte). Er bekräftigte die bisherige Organisation des Reichs, das heißt, er änderte nichts an der tatsächlichen Selbständigkeit der Territorialherren. Er konnte nichts ändern, da er es in diesem Fall nicht nur mit den Protestanten, sondern auch mit den Katholiken, an deren Spitze mit den geistlichen Kurfürsten, zu tun bekommen hätte. Da sich der eigentliche Kampf zwischen Kaisermacht und fürstlicher Selbständigkeit abspielte, war es schon sicher, daß der Sieg von Mühlberg nur ein Scheinsieg war: die Selbständigkeit der Fürsten blieb aufrechterhalten. Es gelang nur zu erreichen, daß die Niederlande praktisch dem Wirkungskreis des Reichs entzogen wurden. Das Deutsche Reich blieb auch weiterhin eine Fiktion, solange es unter den habsburgischen Kaisern weiterbestand.

Auch die Religionsfrage wurde nicht so entschieden, wie es nach Mühlberg möglich schien. Wie erwähnt, hatten sich der Papst und das Konzil für eine Verschärfung der Gegensätze entschieden. Eine friedliche Einigung, die Wiederherstellung der Einheit auf dem Verhandlungsweg, erwies sich als unmöglich. Karl versuchte einen anderen Weg. Im Mai 1548 ließ er durch den Reichstag einen Beschluß fassen, das sogenannte Interim, ein provisorisches Abkommen, das den Protestanten unbedeutende formelle Zugeständnisse machte und diese Praxis als verbindlich erklärte, solange das Konzil keine endgültige Regelung traf. Das Interim von 1548 hatte dasselbe Schicksal wie das von 1541. Paul III., sehr alt und außerordentlich starrsinnig, verwarf es, weil es ohne ihn zustande gekommen war. Die Protestanten lehnten es ebenfalls ab, weil es gerade in den wesentlichen Punkten im Gegensatz zu ihrer Lehre stand. Und die Fugger ließen diskret wissen, daß sie nicht in der Lage seien, weitere Kredite zu gewähren. Der Kaiser war ausschließlich auf seine spanischen Hilfsquellen angewiesen.

Und die türkische und die französische Frage? Franz I., der große, der ständige

Gegner, war im Jahr 1547 gestorben. Sollte es sich nur um einen persönlichen Gegensatz gehandelt haben? Manchmal war Karl dieser Meinung; einmal hatte er bei Beginn des neuen französischen Kriegs dem König angetragen, sich mit ihm im ritterlichen Zweikampf zu messen. Eine rührende, romantische Gefühlsregung, die aber von niemandem ernst genommen werden konnte, wie Karl sich bald überzeugte. Aber vorläufig war alles ruhig, sogar von seiten der Türken.

Und gerade damals, als sich langsam herausstellte, daß der Sieg von Mühlberg umsonst errungen worden war, ging die innere Einheit der Familie in die Brüche. Bis dahin war Ferdinand – wie man gesehen hat – nachgiebig und treu gewesen. Margarete und nach ihrem Tod Maria, die Schwester Karls und Witwe Ludwigs II., verwalteten die Niederlande mit Hilfe der Stände sehr geschickt. Philipp besaß bereits Mailand, später würden ihm Neapel und auch Spanien zufallen, Ferdinand war Anwärter auf die Kaisermacht. Karl war aber zu der Einsicht gekommen, daß der Kaiser nicht nur des Titels, sondern vor allem auch einer starken Macht bedurfte. Ungarn war zum großen Teil von den Türken besetzt, und auch die österreichischen und böhmischen Länder waren durch die Türken gefährdet. Im Grunde beruhte die Macht des Kaisers nur auf seinem spanischen Hinterland. Darum sollte Philipp nun Kaiser werden.

Es war nicht Ferdinand, der dagegen am heftigsten protestierte, sondern dessen Sohn Maximilian, der auf diese Weise nie Kaiser geworden wäre. Karl dachte sich eine neue Lösung aus: Ferdinand sollte Kaiser werden, nach dessen Tod aber Philipp, und wenn Philipp starb, sollte Maximilian folgen und so weiter. Der Kaisertitel würde auf alle Fälle in der Familie bleiben, es war nur die Frage, welcher Linie der Familie er zufallen sollte. Schließlich gab Karl nach: er bestand nicht auf der Kandidatur Philipps.

Andere Probleme waren wichtiger: die Franzosen und die Türken. Im März 1552 griff der König von Frankreich, Heinrich II., in Lothringen an. Moritz von Sachsen, der bereits seit mehr als einem Jahr zwischen Kaiser und Protestanten intrigiert hatte, wandte sich nun mit einer neuen Wendung offen gegen Karl. Der Kaiser hielt sich gerade in Tirol auf; Moritz griff im April Innsbruck an. Der Kaiser, dessen Reich die Welt umfaßte, der mächtigste Herr in Europa, vermochte gerade noch, von einigen Anhängern begleitet, nach Kärnten zu fliehen, um nicht in Gefangenschaft zu geraten. Er war auf den französischen Krieg nicht vorbereitet und hatte seine Söldner entlassen. Die Fugger erbarmten sich seiner noch einmal; in Villach kam es zu einer Einigung über eine neuerliche Anleihe.

Bei einer persönlichen Begegnung mit Ferdinand verzichtete Karl auf die erwähnten Pläne mit Philipp. Ferdinand selbst war in einer schweren Lage. In Ungarn verhandelte er schon seit langem mit dem mächtigen Ratgeber des Prinzen Johann Sigismund, Georg Martinuzzi, über die Übergabe von Siebenbürgen, die im Jahr 1551 auch erfolgte. Es war ein gefährliches Spiel; Martinuzzi mußte es den Türken gegenüber immer bestreiten, ja er mußte beweisen, daß Siebenbürgen habsburgfeindlich gesinnt war. Dies erweckte das Mißtrauen Ferdinands, und er ließ den Mönch ermorden. Nun griffen die Türken an, und zwar im selben Jahr wie die Franzosen. 1552 wurde das türkische Heer vor Erlau aufgehalten und zog sich von dort zurück, aber Siebenbürgen war endgültig verloren und wurde ein separates ungarisches Fürstentum unter türkischer Oberherrschaft.

Es gelang, einen Ausgleich mit Moritz von Sachsen zustande zu bringen, obwohl Karl selbst nicht bereit war zu verhandeln, aber er hatte Ferdinand freie Hand gelassen. Der im Juli abgeschlossene Passauer Vertrag beinhaltete eine gewisse religiöse Toleranz (zum wievielten Mal, und zum wievielten Mal provisorisch!) und sicherte die Rechte der Fürsten. Das Deutsche Reich war in den Händen des römischen Königs und des sächsischen Kurfürsten. In dieser Hinsicht hielt Karl den Kampf bereits für aussichtslos. Aber gegen die Franzosen mußte er noch aufgenommen werden. Im Winter 1552/53 belagerte Karl die Festung Metz, mußte die Belagerung aber im Januar aufgeben, seine Soldaten hatten nichts mehr zu essen, da er sie wieder nicht bezahlen konnte. Die Belagerten dagegen hätten noch monatelang aushalten können. Der Krieg ging weiter, bis im Jahr 1556 ein Waffenstillstand geschlossen wurde. Karl zog sich in die Niederlande zurück. Das Reich überließ er vollständig seinem jüngeren Bruder, dem römischen König. Von Februar bis September 1555 tagte der neue Reichstag in Augsburg. Die Versammlung sprach sich für den Religionsfrieden aus. Jedem Territorialherrn stand es frei, der katholischen oder der evangelischen Religion zu folgen. Die Untertanen erhielten dieses Recht nicht, sie hatten sich nach ihrem Herrn zu richten. Das Prinzip „Cuius regio, eius religio" (wessen das Land, dessen die Religion) war zwar im Reichstagsbeschluß nicht wortwörtlich enthalten, doch wurde es schon von den Zeitgenossen so formuliert, und wer es, wie die Territorialherren, durchsetzen konnte, hielt sich verständlicherweise anderthalb Jahrhunderte daran. Von diesem Zeitpunkt an pflegt man auch die Auflösung des Deutschen Reichs in mehrere hundert unabhängige Territorien zu datieren. In Wirklichkeit wurde nur das in Worte gefaßt, was schon lange offenbar war.

In der Religionsfrage besiegelte dieser Beschluß den Mißerfolg Karls. Er war müde geworden, gealtert und stark von der Gicht geplagt. Es tröstete ihn nicht einmal, daß Moritz von Sachsen, der einstige Bundesgenosse und plötzliche Verräter, schon seit zwei Jahren tot war. Er war an den Wunden gestorben, die er bei seinem Sieg über den anderen Verbündeten, Albrecht Alcibiades, erlitten hatte.

Karl sehnte sich nach Ruhe. Im Oktober 1555 verkündete er feierlich in Brüssel, daß er auf seinen ältesten Thron (genauer seine ältesten Throne), die Niederlande, verzichte. Es war eine schöne Zeremonie, viele schluchzten, und Karl selbst traten Tränen in die Augen – wie Augenzeugen sorgsam aufzeichneten. Dann ging er nach Spanien zurück und verzichtete dort auf den Thron von Spanien und den von Neapel. In beiden Fällen verzichtete er zugunsten seines Sohnes Philipp. Das Kaisertum ging natürlich auf Ferdinand über. Karl zog sich in das Kloster San Gerónimo de Yuste zurück, wo er sich einen bequemen kleinen Palast mit der Aussicht auf die Klosterkirche (in die er durch einen gedeckten Korridor gelangen konnte) bauen ließ. Er jagte, las, empfing Besucher, ab und zu redete er noch in der Politik mit, gab Ratschläge oder protestierte. Er starb am 21. September 1558.

Die Zeitgenossen sahen in Karl V. einen großen Mann, der nun von der Bühne abtrat. Mit dem Ende seiner Regierung schien es, als hätte eine Epoche ihr Ende gefunden. An die Stelle des Weltreichs traten miteinander wetteifernde Nationalstaaten, zu denen auch das Heilige Römische Reich Deutscher Nation gehörte, unsicher schwankend, fremd wirkend und unzeitgemäß.

In der Geschichte der Habsburger zeichnete sich das Ende einer Epoche viel deutlicher ab. Karl selbst war zu der Einsicht gekommen, daß das Weltreich nicht in einer Hand verbleiben konnte. Die ältere Linie, die er und sein Sohn Philipp vertraten, hatte bei der Familienteilung den scheinbar wertvolleren Anteil erhalten (bis zu einem gewissen Grad war dies tatsächlich so), nämlich die spanischen und niederländischen Besitzungen. Die jüngere Linie erbte den ehrenvollen, aber leeren Kaisertitel mit den österreichisch-böhmisch-ungarischen Besitzungen und den Türken als Nachbarn. Dazu kam als Erbe die Feindschaft mit Frankreich und der Staatsbankrott, der in beiden Teilen noch im folgenden Jahr, 1557, angemeldet werden mußte: die spanischen und die österreichischen Habsburger stellten gleicherweise die Zinszahlungen für ihre Staatsanleihen ein.

Die spanischen Besitzungen waren die mächtigeren, dort regierte die ältere Linie, und die jüngere Linie mußte noch anderthalb Jahrhunderte lang auf die Ansichten Rücksicht nehmen, die in Madrid vertreten wurden. Von dort kamen viele Ratschläge, manchmal wurde sogar Hilfe geleistet. Wenn sich die Herrscher persönlich auch oft nicht ausstehen konnten, hielten sie auf Grund der Familienbande doch zusammen. Aber was immer auch das Familieninteresse diktierte, das in zwei Teile gespaltene Reich mußte früher oder später eine unterschiedliche Politik betreiben. Denn die Habsburger waren zwar bis zum Ende der Meinung, daß sie herrschten. In Wirklichkeit standen sie jedoch unter dem Einfluß tieferer und mächtigerer Kräfte. Aber dies ahnten nur sehr wenige von ihnen.

Die Illusion einer Großmacht

Nach dem bisher Gesagten ist wohl klar, daß mit dieser Bezeichnung nur Spanien gemeint sein kann. Als Philipp II. von seinem Vater die Macht übernahm, wirkte das Land tatsächlich noch wie eine Großmacht. Nicht nur, weil im weiter andauernden französischen Krieg Philipp Emanuel von Savoyen gerade im Jahr 1557 bei Saint-Quentin einen Sieg errungen hatte oder weil im Jahr 1559 in Cateau-Cambrésis endlich ein Frieden geschlossen wurde, der die Übermacht Spaniens Frankreich gegenüber auch weiterhin sicherte. Altmodische Geschichtsschreiber der Diplomatie rechnen noch heute gerade von diesem Jahr an die hundertjährige Epoche der spanischen Hegemonie (bis zum Pyrenäenfrieden im Jahr 1659). Philipp war eine Zeitlang Gemahl der Königin von England, Maria der Blutigen, die in ihrem Land versuchte, das Rad der Geschichte zurückzudrehen und der Gegenreformation zum Sieg zu verhelfen. Es war die zweite Ehe Philipps, sie wurde im Jahr 1554 geschlossen, und Philipp lebte sogar eine Zeitlang in England, obwohl er sich dem Heiratsvertrag entsprechend nicht in die englischen Regierungsangelegenheiten einmischen durfte. Herrscher nehmen solche Beschränkungen so lange ernst, als sie nicht stark genug sind, sich darüber hinwegzusetzen. Philipp und Maria hatten weder die Kraft noch die Zeit dazu. Maria starb im Jahr 1558, Philipp hielt sich noch eine Zeitlang in den Niederlanden auf, dann ging er nach Spanien zurück, um dieses Land nicht mehr zu verlassen.

Alle diese Fakten trugen dazu bei, Spanien in den Augen der Zeitgenossen als Großmacht erscheinen zu lassen. Der Hauptgrund war jedoch, daß es damals begann, sich von seinen Kolonien mit Silber und anderen Gütern versorgen zu lassen. Ein solches Kolonialreich war in der übrigen Welt damals noch unbekannt. Die Engländer richteten vorerst nur Piratenangriffe gegen die spanischen Silberflotten; die Franzosen waren in Italien mit den Habsburgern und zu Haus mit der Reformation beschäftigt. Nicht einmal die Portugiesen beherrschten so gewaltige Gebiete, da sie sich überall nur Häfen sicherten, über die sie ihre Handelsgeschäfte abwickelten.

Man darf auch die Niederlande nicht vergessen, damals noch immer das reichste Land Europas. Spanien war nicht nur im Atlantischen Ozean, ja neuerdings sogar im Stillen Ozean (wo die zu Ehren des Königs Philippinen genannte Inselgruppe erobert worden war) stark, sondern durch Neapel und Sizilien auch im Mittelmeer, das in den Augen der Zeitgenossen noch immer als wichtiger galt als die Ozeane. Wir wissen erst heute, daß das eine Fehleinschätzung war.

Und mächtig erschien Spanien auch kraft seiner inneren Struktur. Die inneren Unterschiede, die Gegensätze zwischen den einzelnen Provinzen waren zwar keineswegs verschwunden, doch ließ sie die erstarkte zentrale Gewalt und die schwindende Rolle der Cortes nicht in Erscheinung treten. Philipp hat ein Regierungssystem geschaffen, das später jedem absoluten Herrscher zum Vorbild diente: über alle Angelegenheiten mußte dem königlichen Rat beziehungsweise den verschiedenen Räten, die den einzelnen Verwaltungszweigen entsprachen oder sich mit den überseeischen Angelegenheiten beschäftigten, regelmäßig schriftliche Meldung erstattet werden. In den Räten saßen außer dem Hochadel fachlich geschulte Juristen und Intellektuelle, in deren Händen in Wirklichkeit die Erledigung der Staatsgeschäfte lag, während der König sich die endgültige Entscheidung vorbehielt. Philipp sah das gern so, und noch lieber war es ihm, wenn ihm auch weniger wichtige Angelegenheiten unterbreitet wurden, denn dann konnte er sich mit diesen zweitrangigen Fragen beschäftigen und brauchte nicht in den großen Angelegenheiten zu entscheiden. Er verlegte die Hauptstadt nach Madrid, auf eine öde Ebene in der Mitte des Landes, weit von den Meeresküsten entfernt. Und gerade im Jahr des Siegs von Saint-Quentin, 1557, begann er in der Nähe von Madrid den Bau des Escorial, der Kloster, Befestigung, Begräbnisstätte der Könige und Königsresidenz zugleich war. Von hier aus war er dann höchstens noch bereit, bis nach Madrid zu gehen. Karl V. hatte während seiner Regierungszeit ganz Europa bereist, um alles an Ort und Stelle zu erledigen. Die Zeitgenossen glaubten, Philipp habe mit diesem Aufenthalt an einem Ort ein grundlegend neues Regierungssystem eingeführt. In Wirklichkeit aber setzte er nur das System seines Vaters fort, der in den meisten Fällen ebenfalls schriftlich und auf Grund von Berichten verfügte, nur war dies für die Zeitgenossen infolge der ständigen Reisen des Vaters weniger erkennbar.

Weite Territorien, große Kraftquellen, eine gut funktionierende Regierung, ein ausgezeichnetes Heer und fachkundige Heerführer – es war fast alles da, was ein Land wirklich mächtig machen kann. Der Herrscher selbst war gewissenhaft und widmete sein ganzes Leben dem Dienst des Staats und der Kirche. Im Escorial führte er ein fast mönchisches Leben. Und wenn er auch nicht über einen hervorragenden Intellekt verfügte (was bei Herrschern sowieso selten vorzukommen pflegt), auch langsamer und noch zögernder als sein Vater war, kann er doch nicht als untalentiert bezeichnet werden; er vermochte durch seine Hingabe an die Geschäfte viele seiner Mängel zu ersetzen.

Darüber wird noch zu reden sein. Aber bereits hier soll auf einige wichtige Umstände hingewiesen werden. Philipp nahm den Dienst an der Kirche sehr ernst, vielleicht noch ernster als den am Staat. Der Reformation gegenüber war er natürlich entschieden feindlich eingestellt, und was die Ketzer anbelangte, kannte er nur den Scheiterhaufen. In Spanien hatte er mit ihnen auch keine besonderen Probleme, um so mehr dagegen in den Niederlanden, doch sah er in Spanien die Kirche und mit ihr den Staat von anderer Seite bedroht. Denn hier gab es noch viele Mauren und Juden. In ihrer Mehrheit waren sie getauft, doch hatte die Staatsgewalt kein Vertrauen zu ihnen und hegte den Verdacht, sie hingen im geheimen noch ihrer alten Religion an, die Mauren sogar ihrer Sprache, obwohl der Gebrauch des Arabischen verboten war. Wenn sie aber ihrer alten Religion anhingen, dann waren sie auch Ketzer. Schon zu Zeiten der ersten katholischen Majestäten, 1496–1516, war die Inquisition gegründet worden, diese halb staatliche, halb kirchliche Organisation in der Hand der Dominikaner. Ihre Aufgabe war es, die Ketzer herauszufinden. Diese Geheimpolizei war die größte Macht im Staat, und wer in ihren Augen verdächtig war, wurde vernichtet. Der Erzbischof von Toledo, Bartolomé de Carranza, von dem Karl die Sterbesakramente entgegengenommen hatte, der erste Priester des Landes, wurde im Jahr 1559 eingekerkert, weil er getaufter Jude war. Und wer einmal in den Kerker der Inquisition geriet, verließ ihn höchstens, wenn man ihn zur Hinrichtung führte. Die Inquisition erfüllte jedermann mit Schrecken, sie vergiftete die Atmosphäre und untergrub den Staat von innen gerade dadurch, daß sie seine Einheit bewahren wollte.

In Kastilien erfreute sie sich besonders in gewissen Kreisen einer bestimmten Volkstümlichkeit, weil sie die Juden verfolgte. Aber die Cortes von Aragonien protestierten schon im Jahr 1560 energisch gegen sie und wollten sogar die Union kündigen. Philipp aber blieb unbeugsam. Er hatte absolut nichts vom Beispiel seiner englischen Gemahlin gelernt, die mit ihren gewalttätigen Methoden in England gescheitert war.

Auch am Hof gab es eine Fraktion, die sogenannten Modernisten, die die Inquisition ablehnten und modernere Regierungsmethoden vorschlugen. Meist waren es keine Spanier, sondern Portugiesen, wie der Herzog von Eboli, oder Italiener aus dem Königreich Neapel. Ihnen gegenüber stand die traditionalistische Partei, die die spanische Großmacht vertrat und sich auf den Standpunkt der Gewalt stellte, im Inneren des Landes mit der Inquisition, außerhalb des Landes mit den spanischen Söldnern. Die Granden, der spanische Hochadel – wie zum Beispiel der Herzog von Alba –, waren Vertreter dieser Richtung, und auch Philipp selbst teilte ihren Standpunkt.

Nachdem es endlich gelungen war, Frankreich zum Frieden zu bewegen, wäre die nächste Aufgabe der Großmachtpolitik die Bekämpfung der Türken gewesen. Das französische Problem schien nicht mehr so gefährlich, weil das Auftreten der Protestanten im Inneren des Landes einen Bürgerkrieg hervorrufen konnte, der später auch ausbrach. Eine Erneuerung des Kriegs mit Frankreich schien also vorderhand unwahrscheinlich. Im Jahr 1560 verlangte Philipp in Toledo von den kastilischen Cortes Geld, um eine große Flotte gegen die Türken und die Mauren auszurüsten. Er bekam das Geld auch, die Flotte wurde ausgerüstet, aber ein Teil derselben schon im nächsten Jahr durch einen Sturm zerstört, und im darauffolgenden Jahr versanken auch die übrigen Schiffe. Es dauerte noch ein Jahrzehnt, bis Spanien den Türken wirklich erfolgreich entgegentreten konnte; obwohl die jüngere Linie der Habsburger ständig zum Eingreifen drängte, war sie doch unmittelbar von den Türken bedroht.

Im Jahr 1566 brach unerwartet (zumindest für Philipp unerwartet) der Aufstand in den Niederlanden aus, nach der deutschen Reformation eine neue Station der bürgerlichen Revolution. Hier muß darauf hingewiesen werden, daß die Aufständischen von der königlichen Familie selbst Unterstützung erhofften, und zwar von Don Carlos, dem Thronfolger. Der Jüngling war ein Sohn Philipps aus dessen erster Ehe mit Maria, einer portugiesischen Prinzessin, er war damals bereits erwachsen und natürlich seinem Vater gegenüber oppositionell gesinnt. (Das ewig oppositionelle Verhalten der Thronfolger erweckt den Anschein, als seien sie liberaler als die Herrscher.) Im Fall Don Carlos kommt noch hinzu, daß die allgemeine Vorstellung durch Schillers Drama und Verdis Oper geprägt ist, in denen er als Freiheitskämpfer gegen die Schreckensherrschaft Philipps erscheint. Wenn man aber auch hier die Wirklichkeit zur Richtschnur nimmt, wie, sagen wir, bei der Beurteilung der Heirat Maximilians, dann sieht die Lage sofort ganz anders aus. Don Carlos war erblich belastet, geistig nicht normal, vielleicht ein Erbteil seiner Urgroßmutter, Johanna der Wahnsinnigen. Er war kein Freiheitskämpfer, sondern ein unverträglicher Charakter, der an häufigen Zornanfällen litt, in Raserei geriet und dann alles zerstörte. Die Cortes von Aragonien waren im Jahr 1560 nicht geneigt, ihn als Thronfolger anzuerkennen, denn damals wurde allgemein bekannt, daß er zum Herrschen ungeeignet war. Er wäre gern ein ebenso absoluter Herrscher geworden wie Philipp, besaß aber nicht die Gewissenhaftigkeit seines Vaters, der doch eine gewisse Ordnung anerkannte und seine eigenen Pflichten erfüllte. Die Gegensätze verschärften sich, Carlos versuchte auch mit seinem Onkel, Don Juan, in Beziehung zu treten, um auf den Thron zu gelangen. Dann kam ihm der Aufstand in den Niederlanden gerade recht. Don Carlos trat mit den Aufständischen in Kontakt. Diese kannten ihn nicht und wußten von ihm nur, daß er gegen die Maßnahmen Philipps war. Der König war endlich gezwungen, gegen ihn aufzutreten. Don Carlos wurde nach Weihnachten 1567 verhaftet und starb im Sommer des folgenden Jahres im Kerker. Mit der Zeit wurde er zu einer legendären Gestalt, aber ohne jeden wirklichen Grund.

Im Jahr 1567 ergaben sich neue Schwierigkeiten für Philipp. In Granada brach ein Aufstand der Mauren gegen die unerträgliche Wühltätigkeit der Inquisition und wegen Behinderung der Wirtschaft aus. Der König entsandte Don Juan, um den Aufstand niederzuwerfen, aber vollständig gelang dies erst im Jahr 1570. Die Mauren wurden im ganzen Land zerstreut, um ihnen die Lust an neuen Aktionen zu nehmen.

Bald drängten endlich günstigere Ereignisse die schlechten Nachrichten aus den Niederlanden in den Hintergrund. Die Türken hatten in der Levante einen neuen Erfolg zu verzeichnen: sie hatten die Insel Zypern besetzt. Jetzt war die Gelegenheit für Spanien gegeben, im Interesse der Christenheit aufzutreten. Obwohl häufig im feindlichen Lager, war auch Venedig bereit, sich anzuschließen, da es vom Vormarsch der Türken schwer bedroht war. Im Jahr 1571 lief unter dem Kommando Don Juans eine gemeinsame spanisch-venezianische Flotte nach Osten aus, eigentlich, um Zypern wiederzuerobern. Am 7. Oktober stieß diese Flotte in der Bucht von Korinth, bei Lepanto, auf die dort stationierte türkische Flotte und vernichtete sie in einer mehrstündigen Schlacht. Der türkische Oberbefehlshaber fiel im Kampf, seine Schiffe wurden versenkt oder erbeutet. Auf dem Heimweg besetzte Don Juan noch Tunis und Biserta, die kurze Zeit in den Händen der Spanier blieben.

Der Erfolg erweckte in ganz Europa große Begeisterung. Endlich ein echter, glänzender Sieg über die Türken! Rückblickend muß tatsächlich gesagt werden, das dieser Sieg ein Wendepunkt in der Ausbreitung des Türkischen Reichs war und die vorangegangenen Veränderungen sichtbar werden ließ. Bis jetzt waren die Türken zweihundert Jahre lang dauernd vorgerückt und hatten immer neue und neue Gebiete erobert. Schon stand auch der größere Teil Ungarns unter ihrer Oberhoheit. Und stets waren die Türken die Angreifer. Im Jahr 1571 wendete sich daß Blatt, das Türkische Reich wurde in die Defensive gedrängt. Es unternahm noch hundert Jahre lang immer neue Versuche, weiter vorzudringen, aber es war ihm kein Erfolg mehr beschieden. Die Zeit der großen Landeroberungen war vorüber. Und das Reich, das auf der Ausbeutung immer neuer und neuer Länder aufgebaut war, brach innerlich zusammen, als nach 1571 die Eroberungen ausblieben. Den österreichischen Habsburgern und ihren Völkern sollte es aber noch viel Sorgen bereiten. Bei Lepanto war jedoch die Wende bereits eingetreten.

In den Niederlanden gab es weitere Schwierigkeiten, aber Spanien, das heißt Philipp, gewann wieder an Stärke. Im Jahr 1578 führte König Sebastian von Portugal einen Kriegszug gegen Marokko, wurde aber geschlagen und starb. In der Herrscherfamilie lebte nur noch ein männliches Mitglied, der Kardinal Heinrich, ein alter Mann, der im folgenden Jahr ebenfalls starb. In der weiblichen Linie gab es verwandte Familien, und es meldeten sich mehrere Kronprätendenten. Aber in der weiblichen Linie konnte auch Philipp in Betracht kommen, da er ja durch seine Mutter zur Hälfte Portugiese war. Er meldete seinen Anspruch an und entsandte, um seinen Wünschen Nachdruck zu verleihen, im Jahr 1580 ein Heer unter der Führung des Herzogs von Alba. Das spanische Heer schlug die anderen Kronprätendenten, und die portugiesischen Stände wählten Philipp zu ihrem König. Er mußte schwören, in der Regierung nur portugiesische Vornehme einzusetzen, und wurde darauf im Jahr 1581 gekrönt. Seinen Eid hat er gehalten. Dadurch aber verschärfte er die Teilung der Iberischen Halbinsel noch mehr, denn außer den verschiedenen, ihr Eigenleben führenden spanischen Königreichen existierte nun auch noch das Königreich Portugal, das er nach dessen besonderen Gewohnheiten und Gesetzen regieren mußte. Zusammenstöße zwischen den überseeischen spanisch-portugiesischen Kolonien blieben aus, aber es wurde nicht einmal ein Versuch gemacht, die zwei verschieden strukturierten Kolonialreiche zu verschmelzen. Vielleicht lag der Grund darin, daß Philipp, ebenso wie sein Vater Karl, keinen Sinn für Kolonien hatte. Die Ausbreitung der spanischen Großmacht durch die Erwerbung des portugiesischen Königstitels schien ihn scheinbar völlig zu befriedigen.

Wenn er auch für die Kolonien keinen Sinn hatte, war er sich über die Bedeutung der von dort fließenden Einkünfte um so mehr im klaren. Es berührte ihn daher auch sehr unangenehm, daß die Engländer, diese Parvenüs der Meere, sich erdreisteten, die spanischen Silberflotten anzugreifen und sich das Silber anzueignen. Noch mehr als die Tatsache des Raubes selbst beleidigte Philipp der Umstand, daß dies alles von Ketzern verübt wurde, und daß eine Hauptketzerin, Elisabeth, die Königin von England, sie unterstützte und ihnen Privilegienbriefe für ihre ruchlosen Taten verlieh. An die Stelle der französischen Bedrohung traten jetzt Gefahren aus England. Die Dinge wurden dadurch noch verwickelter, daß England und die niederländischen Aufständischen, also Ketzer, in Verbindung traten; die Königin unterstützte die tollkühnen Rebellen. Wenn Spanien seine Großmachtstellung behaupten wollte, mußte es früher oder später etwas dagegen tun. Der Vorwand fand sich in der Hinrichtung der Königin von Schottland, Maria Stuart, durch Elisabeth. Maria war früher kurze Zeit Gattin des Königs von Frankreich, Franz II., gewesen, das heißt sie war eine Herrscherin, sie war eine Majestät, und sie war obendrein katholisch. Was Elisabeth ihr vorwarf, Anspruch auf den englischen Thron zu erheben und die katholische Religion wiedereinführen zu wollen, war - ob nun zutreffend oder nicht - in den Augen Philipps geradezu eine Tugend. Eine katholische Königin vor Gericht, noch dazu vor ein ketzerisches Gericht stellen und hinrichten zu lassen, das übertraf alles, was sich mit Philipps wohlgeordneter Welt vereinbaren ließ. So rüstete er eine große Kriegsflotte aus, wie einst gegen die Türken, und entsandte sie im Jahr 1588 gegen England.

Wenn dieser Krieg erfolgreich gewesen wäre, hätte er wirklich den Lauf der Welt beeinflussen können. Dabei war er gar nicht aussichtslos. Die großen spanischen Kriegsschiffe waren den kleineren englischen überlegen. Alles schien in Ordnung, als die Flotte in See stach; Philipp blieb zu Haus und betete. (Es unterliegt keinem Zweifel, daß in ähnlicher Lage Karl an Bord eines Schiffes am Kampf teilgenommen hätte.)

Die englische Regierung erschrak und mobilisierte ihre Freibeuter und das Landheer. Und dann endete das ganze große Unternehmen mit einem Mißerfolg. Die spanische Flotte wurde schon bald durch einen Sturm zerstreut, und mehrere Schiffe sanken. Die Hauptmacht der spanischen Armada traf mit den englischen Schiffen zusammen, es kam aber zu keiner der gewöhnlichen großen Schlachten, sondern zu kleinen, voneinander unabhängigen Zusammenstößen, in denen die spanischen Schiffe zwar größer und stärker, die kleinen englischen Schiffe aber wendiger waren. Der noch immer nicht unbedeutende Rest der spanischen Flotte segelte zur niederländischen Küste, um einen Teil der dortigen spanischen Truppen aufzunehmen. Die Spanier waren aber gerade mit den holländischen Rebellen beschäftigt und konnten nicht sofort an Bord gehen. Die Engländer griffen von neuem an, und die spanischen Schiffe mußten wieder in die offene See auslaufen. Als die Landtruppen die Landestelle erreichten, warteten nur Boote und kleine Schiffe auf sie, auf denen das Übersetzen nach England nicht versucht werden konnte. Die spanische Flotte, die Unbesiegbare Armada (wie sie vor dem Unternehmen etwas voreilig benannt worden war), nahm danach Kurs nach Norden, um die Heimat mit Umschiffung der nördlichen Küste von Schottland zu erreichen. Durch den Sturm wurden noch einige Schiffe zerstört, so daß im ganzen sechzig Schiffe von den hundertdreißig mit einem Drittel der ursprünglich dreißigtausend Mann Besatzung sanken.

Das Unternehmen war nicht nur ein Mißerfolg, es erweckte geradezu Spott. Und England blieb für lange Zeit der Feind Spaniens. Offensichtlich gerieten ihre kolonialen Gegensätze immer mehr in den Vordergrund.

Einen gleichen Mißerfolg erfuhr Philipp auch in Frankreich. In der Bartholomäusnacht des Jahres 1572 war hier der Bürgerkrieg zwischen Katholiken und Protestanten, den sogenannten Hugenotten, ausgebrochen und hielt seitdem ohne Unterbrechung an. Zugleich war dies ein Kampf zwischen der zentralen königlichen Gewalt und dem politischen Einfluß des Hochadels. Die katholische Partei, die sich unter Heinrich III. schließlich ebenso gegen den König wandte und in die Opposition ging wie die Hugenotten, rechnete natürlich mit spanischer Unterstützung, und dies nicht ohne Grund. Philipp unterstützte sie mit Geld und Kriegsmaterial. Im Jahr 1589 ermordete ein fanatischer Dominikanermönch Heinrich III. Der Herrscher hatte keinen männlichen Nachkommen, das französische Königshaus, die Valois, starben aus, und der französische Thron war verwaist. Philipp, dessen dritte Frau eine Valois war, rechnete damit, daß er durch sie oder mit Hilfe der katholischen Partei auf den französischen Thron gelangen könne.

Im Interesse seiner Kandidatur entfaltete er eine große Propaganda und versäumte nicht, sämtliche Argumente der Gegenreformation aufzuzählen. Der Sicherheit wegen besetzten Ende August 1590 spanische Truppen Paris. Philipp wußte, daß seine Argumente sehr wirkungsvoll, seine Truppen aber noch wirkungsvoller waren.

Aber er täuschte sich. Der Oberbefehlshaber der spanischen Truppen verteilte freigebig Geld, um für seinen Herrn Anhänger zu gewinnen. Damit erreichte er gerade das Gegenteil. Die französischen Stände wählten schließlich den König von Navarra, Heinrich von Bourbon, der zwar bis dahin das Oberhaupt der Hugenotten gewesen war, sich aber bereit erklärt hatte, zum katholischen Glauben überzutreten. Im Jahr 1594 wurde er gekrönt. Im folgenden Jahr erkannte der Papst den Übertritt an und legalisierte damit die Herrschaft Heinrichs IV. Philipp protestierte zwar und versuchte zu beweisen, daß der verstockte Ketzer seinen Übertritt nicht ernst gemeint haben könne. Philipps Argumente konnten aber den Papst nicht beeinflussen, da er, genau wie seine Vorgänger, kein begeisterter Anhänger der spanischen Monarchie war.

Die spanische Intervention führte im Jahr 1595 natürlich zu einem neuen Krieg mit Frankreich. Dieser wurde einige Monate vor dem Tod Philipps durch den Frieden von Vervins beendet, der im großen und ganzen die im Frieden von Cateau-Cambrésis im Jahr 1559 erreichte Übereinkunft bestätigte. Am Ende seiner Regierungszeit war Philipp also – was Frankreich anbetraf – genau dort, wo er bei seiner Thronbesteigung gewesen war. England gegenüber hatte sich seine Lage verschlechtert, und sehr schwierig war sie, was die Niederlande anbetraf.

Es ist also Zeit, auch die Entwicklung in den Niederlanden zu betrachten, die ja im Endergebnis einen ganz bedeutenden Einfluß auf die gesamte spanische Entwicklung in dieser Zeit ausübte, in ihren Folgen aber noch wichtigere Auswirkungen hatte.

In den reichen Niederlanden hatten sich nämlich bereits unter der Regierung Karls V. bedeutende Wandlungen vollzogen. An die Stelle der mittelalterlichen Zunftindustrie war die kapitalistische Manufaktur getreten, in erster Linie die der Textilindustrie, aber auch in vielen anderen Industriezweigen. In diesen Jahrzehnten war Antwerpen die Handels- und Finanzzentrale ganz Europas. Die nördlichen, später holländischen Provinzen hatten zwar zum größeren Teil noch landwirtschaftlichen und nicht industriellen Charakter, aber ihr Handelsnetz war ebenfalls sehr ausgedehnt. Nur unterhielten alle Landesteile eben mehr Verbindungen zum Ausland, die südlichen Provinzen in erster Linie zu Spanien, weil sie von dort die Wolle erhielten. Der Austausch untereinander war wesentlich geringer.

Die enorme Entwicklung der Städte, ergänzt durch das Anwachsen der bäuerlichen Industrie und das Aufblühen des Handels, trug stark zur Verbürgerlichung der ganzen Niederlande bei. In den Reihen der Bürger und Bauern breitete sich die Reformation schnell aus, besonders in der Form des Kalvinismus, aber in den niedereren Schichten der städtischen Bevölkerung konnten sich auch radikalere Richtungen entfalten. Ein Teil des höheren und des niederen Adels schloß sich ebenfalls der Richtung Kalvins an, der größere Teil jedoch blieb der alten Kirche treu. Aber wie sie sich auch entschieden: in jedem Fall lag ihnen die Aufrechterhaltung der Selbständigkeit und die weitgehende Selbstregierung der Provinzen am Herzen. Das System Karls V. funktionierte im großen und ganzen noch ziemlich normal. (Der Herrscher erschien allerdings sehr selten persönlich, aber das hielt man für natürlich, da er doch so vielerorts zu tun hatte.)

Mit Philipp änderte sich die Lage. Zum einen deshalb, weil er sich, abgesehen von den ersten Jahren, überhaupt nicht mehr zeigte, zum anderen auch, weil er als König von Spanien eben als Fremder betrachtet wurde. Philipp tat alles, um diesen Eindruck zu verstärken. Er wollte eine der spanischen ähnliche, wenn auch nur oberflächliche Zentralisierung einführen. Die Macht hätte dann in den Händen des dem Statthalter zur Seite stehenden Rats gelegen. Dieser Rat war noch von Karl V. im Jahr 1531 organisiert worden, später waren zwei weitere Behörden dazugekommen. Im Staatsrat saßen die Aristokraten, im Geheimen Rat, dem die Verwaltung oblag, Adlige, bürgerliche Juristen sowie andere Fachleute. Im Finanzrat lagen die Entscheidungen ausschließlich bei Fachleuten. Philipp verstärkte natürlich die Macht des aristokratischen Staatsrats, wie dies der Entwicklung im heimischen Spanien entsprach. Auch den Einfluß der katholischen Kirche suchte er zu fördern und stellte im Jahr 1559 vierzehn neue Diözesen auf. Für ein so kleines Gebiet war das sehr viel, besonders wenn man bedenkt, daß die Bevölkerungszahl damals nur bei etwa drei Millionen lag. Die Inquisition in ihrer spanischen Form führte er nicht ein, doch stattete er die Bischöfe mit derartigen Rechten aus.

In den sechziger Jahren steigerte sich die Unzufriedenheit immer mehr. Auch vornehme Mitglieder des Staatsrats waren in der Opposition, so die Grafen von Hoorn und von Egmont und der Herzog Wilhelm von Oranien. Die Statthalterin, Margarete von Parma, eine Halbschwester Philipps, konnte bei der Durchführung der Anordnungen aus Spanien nur bei einem Mann, Kardinal Granvelle, auf Unterstützung rechnen. Die adlige Opposition verteidigte die Privilegien der Provinzen und drängte auf den Abzug der spanischen Truppen. Das Bürgertum erhob seine Stimme gegen die Steuern, die das ganze Wirtschaftsleben belasteten. Und die Plebejer stellten eigentlich schon die ganze bestehende Ordnung in Frage.

Im Jahr 1564 wurden die spanischen Truppen wirklich abgezogen, doch beharrte Philipp noch strenger als bisher auf seinen gegen die Ketzer gerichteten Maßnahmen. So war es natürlich, daß unter den gegebenen Umständen die religiöse Frage in den Mittelpunkt der Oppositionsbewegung geriet. Die herrschende feudale Klasse entwickelte im Jahr 1565 ein gemeinsames Programm, den sogenannten Kompromiß, der im wesentlichen die Privilegien der Provinzen sicherte, die Religionsfreiheit verkündete und die Kirchengüter säkularisierte. Der Text wurde im April 1566 in feierlicher Form der Statthalterin übergeben. Die Höflinge verspotteten die daran teilnehmenden Adligen als Gueux, das heißt Bettler, doch die Oppositionellen übernahmen ostentativ die Bezeichnung.

Der Sturm brach im August 1566 los, als die städtischen Plebejer und die Bauern die katholischen Kirchen stürmten und die Bilder und Kirchengeräte aus ihnen entfernten (deswegen wurde die Bewegung von den Zeitgenossen auch Bildersturm genannt). Etwa fünftausendfünfhundert Kirchen und Klöster waren von diesen Angriffen betroffen. In ihrem ersten Schreck schaffte Margarete die Inquisition ab und gestattete den reformierten Gottesdienst. Gegen die Bewegung des Volkes nahmen nunmehr auch die höheren Gesellschaftsschichten Partei für die Ordnung, das heißt für die Statthalterin. Es bedurfte gar keiner spanischen Einmischung, die Bewegung war im Frühling 1567 schon niedergeschlagen. Das Ganze schien nur eine Episode gewesen zu sein.

Auch Philipp glaubte das. Er wollte nicht einmal den Zugeständnissen zustimmen, die Margarete gemacht hatte. Die Statthalterin sei nicht energisch genug und unter den Einfluß der Aristokraten geraten. Ohne spanische Truppen war die Lage unsicher. So entsandte Philipp also im August den Führer der traditionalistischen Partei, den Herzog von Alba, an der Spitze einer entsprechend starken Truppenmacht nach Brüssel.

Der Herzog von Alba zog in Brüssel ein und zeigte sich zwei Wochen lang leutselig und gnädig, er veranstaltete Bälle und Feste, zu denen er auch die Führer der Opposition einlud. Es hatte den Anschein, als ob nichts geschehen wäre, als ob Philipp nur versuchte, die ungetrübten Beziehungen zwischen ihm und den niederländischen Provinzen noch besser zu gestalten. Der Herzog von Alba bereitete sich aber inzwischen vor. Dann handelte er. Er stellte einen eigenen Rat auf, um die Angelegenheit der „Aufrührer“ zu untersuchen. Verhaftungen wurden vorgenommen. Unter den ersten Verhafteten waren Hoorn, Egmont und van Stralen, der Bürgermeister von Antwerpen. Dann kamen die Hinrichtungen, von 1567 bis 1569 ungefähr achttausend Personen, unter ihnen am 5. Juni 1568 Egmont und Hoorn (Egmont war früher Karls Feldherr gewesen). Es war offensichtlich, daß dem Widerstand durch Terror ein Ende bereitet werden sollte.

Dieser Plan mißglückte jedoch. Der Widerstand erhob sich gleichzeitig an verschiedenen Stellen, so wie auch die ganze Bewegung verschiedene Basen hatte. Im Norden, in den späteren holländischen Provinzen, brach ein Bauernaufstand aus, der erst nach Monaten unterdrückt werden konnte. Aber der Widerstand war damit nicht völlig gebrochen, denn die Fischer an der Küste, die sich Wassergeusen nannten, erschwerten mit ihren partisanenartigen Unternehmungen die Lage der spanischen Söldner.

Die Bewegung geriet bald unter die Leitung des Adels. Ein Mitglied der aristokratischen Opposition, Wilhelm von Oranien, hatte sich sofort nach der Ankunft Albas auf deutsches Gebiet geflüchtet und organisierte von dort auf höherer Ebene, unter Einbeziehung der europäischen Diplomatie, den Kampf, nahm aber auch die Verbindung zu den Wassergeusen auf. Er verhandelte mit England als protestantischer Macht, war er doch selber Anhänger der kalvinistischen Reform. Er versuchte aber auch mit Frankreich zu verhandeln, auf das man immer rechnen konnte, wenn es gegen Spanien und im allgemeinen gegen die Habsburger ging. Er erwartete militärische Hilfe und versprach dafür einige Provinzen.

Am stärksten war der Widerstand im größtenteils protestantischen Norden, während die südlichen Provinzen von den spanischen Soldaten besser kontrolliert werden konnten. Im Norden erschienen unter dem Vorwand der Hilfeleistung englische und französische Truppen. Deshalb setzte sich der Herzog von Alba im Jahr 1572 dorthin in Marsch. Spektakuläre Erfolge konnte er nicht erzielen, erst nach langer Belagerung gelang es ihm, einige Städte einzunehmen, die übrigen verteidigten sich weiter. Die Holländer aber durchstachen die das Meerwasser zurückhaltenden Deiche, um die spanischen Truppen am weiteren Vordringen zu hindern.

Philipp war schließlich gezwungen, den Herzog von Alba zurückzuberufen. An dessen Stelle trat Requesens, der einige Zugeständnisse machte und unter anderem die hohe Steuer abschaffte, die die Handelsgeschäfte behinderte. Aber all dies kam zu spät. Schon im Jahr 1576 gab es neue Wirren. Die spanischen Truppen waren es überdrüssig, seit nunmehr zwei Jahren ohne Sold zu kämpfen, sie lehnten sich auf und zogen raubend und brandschatzend durch die südlichen Provinzen. Adel und Stadtpatriziat vereinigten sich, um der allgemeinen Zerstörung ein Ende zu bereiten. Sie wünschten die Wiederherstellung der Ordnung. Dagegen kamen in einzelnen Städten die Revolutionäre an die Macht, und es gab noch Festungen, in denen spanische Truppen lagen. Anfang November stürmten und besetzten die spanischen Truppen Antwerpen, töteten etwa achttausend Bewohner und zündeten tausend Häuser an. Die reiche Stadt brach zusammen, diesen Schlag konnte sie nicht mehr verwinden, mit ihrer führenden wirtschaftlichen Rolle war es vorbei.

Vier Tage später einigten sich die Stände auf die sogenannte Genter Pazifikation: die Einheit der siebzehn Provinzen wird aufrechterhalten, die spanischen Truppen werden vertrieben, und in den nördlichen Provinzen wird die freie Ausübung der reformierten Religion gewährleistet. In fünfzehn Provinzen bleibt die katholische Religion vorherrschend, aber auch hier wird die Religionsfreiheit gesichert, so wie im allgemeinen die früheren ständischen Privilegien wiederhergestellt werden.

Zu dieser Zeit war bereits Don Juan spanischer Statthalter. Im Februar 1577 stimmte er den Forderungen der Stände zu. Einige Monate später brach er aber doch mit ihnen und rief dadurch eine neue revolutionäre Welle in den Städten hervor. Dagegen wandte sich wiederum der Adel und ein guter Teil der städtischen Bürgerschaft. Philipp suchte Hilfe bei den österreichischen Habsburgern, und der jüngere Bruder Kaiser Rudolfs, Erzherzog Matthias, erschien im Jahr 1577, um das Statthalteramt zu übernehmen. Dies schien die beste Lösung: es mußte gelingen, die Ordnung, das heißt die Herrschaft des Adels und des Bürgertums, wiederherzustellen, die Macht in der Hand der Familie zu behalten und den Niederländern nicht das Gefühl zu geben, unter spanischer Herrschaft zu leben. Dieser Lösung hätte auch Wilhelm von Oranien zugestimmt. Matthias hatte sogar daran gedacht, sich an die Spitze der Aufständischen zu stellen. Die Spanier richteten aber einen neuen Angriff gegen die Stände. Don Juan war inzwischen gestorben, und Philipp hatte Alessandro Farnese als neuen Statthalter entsandt. Unter seinem Einfluß traten die südlichen Provinzen in Arras zu einem Sonderbund zusammen. Hier überwog der katholische Einfluß; die Stände stimmten für die Aufrechterhaltung der spanischen Herrschaft, forderten aber natürlich ebenfalls die Beibehaltung der alten Privilegien. Daraufhin bildeten vier nördliche Provinzen in Utrecht eine Union, der sich einige südliche Städte anschlossen. Sie waren nicht geneigt, die fremde Oberherrschaft zu ertragen, und sprachen im Jahr 1581 auch die Absetzung Philipps aus. Im folgenden Jahr beriefen sie den jüngeren Bruder Heinrichs III., den Herzog von Anjou, zu ihrem Herrscher. Die Niederlande zerfielen so in zwei Teile, obwohl es durchaus noch nicht sicher war, ob in dieser verworrenen Lage die Spaltung endgültig sein würde. Um den ganzen Wirrwarr zu vollenden, raubten im Jahr 1583 französische Truppen Antwerpen aus.

Mit Unterstützung und Zustimmung der Stände eroberte Alessandro Farnese, der Sohn Margaretes von Parma, die wichtigsten Städte und liquidierte die revolutionären Kräfte. Als er im Jahr 1592 starb, befanden sich die südlichen Provinzen wieder fest in den Händen der Spanier. Nur die nördlichen Provinzen setzten den Kampf fort, selbst als Wilhelm der Schweiger im Jahr 1584 von einem von den Spaniern gedungenen Meuchelmörder getötet wurde. England leistete ihnen aktiv Hilfe. Der Kampf mit den nördlichen Provinzen nahm den Charakter eines regelrechten Krieges an. Die spanische Regierung wollte sich mit dem Verlust der nördlichen Provinzen nicht abfinden, konnte sich aber nur in den südlichen Provinzen festsetzen. Um die offene spanische Oberhoheit zu verschleiern, wandten sie sich wieder an die östliche Verwandtschaft. Der zweite jüngere Bruder des Kaisers, Erzherzog Ernst, wurde im Jahr 1594 Statthalter. Nach seinem im nächsten Jahr erfolgten Tod wurde der jüngste Bruder des Kaisers, Albrecht, mit der Macht ausgestattet. Dieser heiratete eine Tochter Philipps, Isabella, eine Base zweiten Grades. Sie standen dann lange an der Spitze der weiterhin Niederlande genannten Provinz. Isabella blieb bis 1633 Statthalterin. Der spanische Charakter der Herrschaft trat nicht mehr so offen zutage wie in den revolutionären Zeiten, die Regierungsämter waren dem heimischen Adel vorbehalten. Die spanische Oberherrschaft stand hier aber auch weiterhin außer Zweifel.

Daß diese spanische Oberherrschaft nur mit Gewalt aufrechterhalten werden konnte, hatte sich schon zur Zeit der Revolution klar gezeigt. Um diese Gewalt ständig ausüben zu können, mußte Spanien aber selbst stark sein. Und das war um die Jahrhundertwende schon sehr problematisch. Die Schwierigkeiten lagen weniger im machtpolitisch-militärischen Bereich, waren doch die spanischen Söldner noch immer gute Soldaten, wenn sie regelmäßig bezahlt wurden. Aber man hat auch gesehen, daß gerade das nicht immer gelang. Denn Spanien, Herr über unermeßliche überseeische Besitzungen, aus denen ohne Unterlaß das Silber floß, wurde in Wirklichkeit immer ärmer.

Ein bedeutender Teil des Landes, die nördlichen und mittleren Gebiete Kastiliens, behielten auch weiterhin ihren Agrarcharakter bei. Der dortige Bauernstand aber schrumpfte immer mehr zusammen. Einesteils begann die Vereinigung der viehzuchttreibenden Großgrundbesitzer, die Mesta, schon damals, die Bauern zu vertreiben, anderenteils hatten die Bauern schon vor sehr langer Zeit – noch im Jahr 1480 – die persönliche Freiheit erhalten und konnten frei in die Städte abwandern. Viele taten dies auch, und es wurde geradezu Mode, in jungen Jahren die Dörfer zu verlassen. Im Süden und in Aragonien gab es eine ganze Anzahl von Großstädten. Und in diesen Städten pulsierte im 16. Jahrhundert ein recht bedeutendes Leben. In Segovia standen damals genau 34 189 Arbeiter im Dienst der Manufakturen der Weber- und der Mützenindustrie. Auch das Zunftgewerbe blühte noch eine lange Zeit; einmal zogen 564 Meister der Mützenzunft vor Philipp II. auf, in Samt und Atlas gekleidet, also sicher keine armen Leute. Die Erzeugnisse der Waffenschmiede waren im Ausland weithin gesucht. Aber schon im

Jahr 1537 bemängelten die Cortes von Kastilien die Qualität des Tuches. Zwar kam viel Silber ins Land, es floß aber ebenso rasch auch wieder hinaus, denn damit mußte der Sold der Truppen bezahlt werden, die meist im Ausland Krieg zu führen hatten. Auch wurden bessere ausländische Industrieartikel davon gekauft. Die Bauern strömten weiter in die Städte, aber mit der Zeit fanden sie keine Arbeit mehr. Die Städte erließen Gesetze gegen die Landstreicher, sie wußten mit der unbeschäftigt darbenden städtischen Bevölkerung nichts mehr anzufangen. Die Produktion der städtischen Industrie nahm ab, da sich wegen der Verarmung der Bevölkerung nicht genügend Käufer fanden. Infolge des Verfalls der Industrie sanken die Steuereinnahmen der Städte, die doch die Haupteinnahmequelle des Staates im Inland waren. Letztlich wurde also der Staat immer ärmer.

Aus dieser allgemeinen Verarmung gab es mehrere individuelle Auswege. Man konnte nach Übersee gehen, doch war die Zeit der großen Eroberungen und der sich daraus ergebenden Möglichkeiten der Bereicherung schon vorüber, oder man konnte in ein Kloster gehen. Die abnehmende bäuerliche Bevölkerung mußte daher immer mehr Mönche und Nonnen erhalten. Die Aufmerksamkeit der Regierung wurde ganz von der europäischen Politik absorbiert (wenn sie nicht einfach von persönlicher Bereicherungssucht bestimmt war), sie hatte keine Zeit, sich mit den wirtschaftlichen Fragen des Inlands zu beschäftigen, und es gab niemanden, der auch nur eine vage Vorstellung davon gehabt hätte, was zu tun sei. Der teilweise Einbruch kapitalistischer Verhältnisse traf das Land zu einer Zeit, als die kapitalistische Produktion noch völlig unentwickelt war und die an mittelalterliche Verhältnisse gewöhnte Regierung nicht wußte, wie sie eingreifen sollte. Als sich in Frankreich die merkantilistische Politik als eine Art Muster herausgebildet hatte, war es für Spanien bereits zu spät. Die Verarmung traf auch den Adel. Die Granden, die Hocharistokraten, konnten sich noch irgendwie erhalten, sie beanspruchten staatliche Einkommen und Hofämter; diese Quellen blieben aber dem Großteil verschlossen. Der Adlige lebte in seinem auch äußerlich heruntergekommenen Landhaus, er trug noch prächtige Kleider und spazierte den ganzen Tag darin auf der Straße umher, das Landhaus aber war ganz leer, selbst die notwendigsten Möbel fehlten.

Die Juden und Mauren hielten durch ihre Gewandtheit und ihren Fleiß das wirtschaftliche Leben noch eine Weile in Gang. Natürlich war es trotz alledem noch am einfachsten, ihnen für alles die Schuld in die Schuhe zu schieben. Die Inquisition betrachtete sie ohnehin mit Mißtrauen, so fleißig sie auch die katholischen Kirchen besuchten. Sie waren der Grund allen Übels. Zuerst wurden die Juden des Landes verwiesen (1492). Sie flüchteten großenteils in das Türkische Reich. Im Jahr 1602 empfahl der Erzbischof von Valencia die Vertreibung der Mauren, um sie daran zu hindern, sich mit ihren afrikanischen Glaubensgenossen oder mit den Franzosen gegen den Staat zu verbünden. Im Jahr 1609 wurde die Verbannung angeordnet. Während die bereits früher in Kastilien ansässigen Mauren noch im Land bleiben durften, begann man zunächst in Valencia, sie als

Mohammedaner zu vertreiben und in die marokkanischen Häfen zu bringen. Dort wurde der größere Teil von ihnen getötet, weil sie als Christen und Spanier galten. Die Aussiedlung der Mauren, meist Handwerker und Bauern, war für die Grundbesitzer ein riesiger Verlust, aber sie unternahmen nichts. Vielleicht konnten sie nicht einmal etwas unternehmen. Der wirtschaftliche Niedergang wurde dadurch auf alle Fälle gefördert.

Zu dieser Zeit saß bereits Philipp III. auf dem Königsthron. Er stammte aus der letzten, vierten Ehe Philipps II., die dieser mit seiner Base Anna von Österreich, der Tochter Maximilians II., geschlossen hatte. Aus dieser Ehe gingen noch drei weitere Söhne hervor, doch starben alle drei in sehr jungen Jahren. Philipps Konstitution war ebenfalls schwach, und er wurde nicht sehr mit den Wissenschaften geplagt. Dies förderte jedoch seine angeborene Faulheit, die Staatsgeschäfte interessierten ihn nicht. Im Alter von zwanzig Jahren, als er den Thron bestieg, betraute er seinen Günstling, den Herzog von Lerma, mit der Führung der Staatsgeschäfte. Von dieser Zeit an herrschten die spanischen Habsburger nur noch der Form nach, die wirkliche Macht befand sich in den Händen der Granden. Lerma war ein kluger Mann, aber korrupt und habgierig. Er übernahm es, die Staatsangelegenheiten zu verwalten, um sich dabei selbst bereichern zu können. Er kümmerte sich nicht darum, daß in dieser Periode die Eintreibung der Steuern öfter mit größeren Ausgaben verbunden war, als die einfließenden Steuergelder wieder einbrachten. Wichtig war ihm, seinen Verwandten und seinen Günstlingen große Einkommen zukommen zu lassen. Einen seiner Pagen ließ er zum Markgrafen ernennen, aber dann stellte sich heraus, daß sein Günstling im Interesse seiner eigenen Bereicherung zu allem fähig war. Er wurde deshalb vor Gericht gestellt und hingerichtet.

Der König schenkte Lerma lange sein ganzes Vertrauen, und als sich die Klagen gegen ihn immer mehr häuften, ließ er ihn zum Kardinal ernennen, um ihm die persönliche Immunität zu verschaffen. Eigentlich kam es Philipp III. erst 1618 zum Bewußtsein, daß es auch noch größere Probleme und Mißstände in der Welt geben könnte. Der Vizekönig von Neapel war in Auseinandersetzungen mit Venedig verwickelt und setzte die Seeräuber der Adria, die Uskoken, gegen die Lagunenstadt ein, ja er bereitete in Venedig selbst einen Staatsstreich zum Sturz des oligarchischen Regimes vor. Die venezianische Regierung deckte die Vorbereitungen zum Staatsstreich auf, und Spanien zog sich moralisch schwer angeschlagen aus der Affäre. Selbst der Sohn Lermas, der Herzog von Uceda, und seine Anhänger forderten die Entfernung des Günstlings. Die Angelegenheit fand im Jahr 1621, mit dem Tod Philipps III., eine Lösung. Lerma und Uceda wurden beide vom Hof verbannt. Damals bedeutete ein solches Verfahren bereits einen großen materiellen Verlust, da die Aristokraten nur dank ihrer Hofämter und der damit zusammenhängenden Einkommen in der Lage waren, ihren bisherigen Lebensstandard aufrechtzuerhalten.

Aber dies gehört bereits der folgenden Epoche an. Wie man sehen wird, ist gerade das Jahr 1621 von besonderer Bedeutung. Denn in diesem Jahr lief der zwölfjährige Waffenstillstand ab, den Spanien im Jahr 1609 mit den Vereinigten Provinzen geschlossen hatte. Dies war der amtliche Name der aus den früheren Niederlanden ausgeschiedenen holländischen Provinzen. Kürzer wurden sie schon damals nach der bedeutendsten Provinz des Bundes, Holland, genannt. Die spanische Regierung, die im Jahr 1604 endlich doch Frieden mit England geschlossen hatte, sah ein, daß sie wenigstens vorübergehend die nördlichen Provinzen aufgeben müsse. Doch war es offenbar, daß der Rückzug sich nicht auf eine kurze Zeitspanne beschränken ließ. Holland wurde in Wahrheit ein selbständiges Land, zu Beginn des Jahrhunderts gründete es die Ostindische Kompanie und begann rasch, die Portugiesen aus ihren zahlreichen Häfen zu vertreiben, um an ihre Stelle zu treten. Auch auf diese Weise kämpfte es gegen den portugiesischen, das heißt den spanischen König. Die spanische Regierung war nicht bereit, die Geschehnisse zur Kenntnis zu nehmen. Anstelle eines Friedensvertrags schloß sie nur einen Waffenstillstand, um die Anerkennung Hollands als selbständigen Staat zu umgehen. Im Jahr 1621 begannen die Kämpfe von neuem, gerieten aber bald in einen engen Zusammenhang mit einem viel allgemeineren europäischen Konflikt, der als Dreißigjähriger Krieg in die Geschichtsschreibung eingegangen ist (1618–1648).

Das also war aus der größeren (und sichereren) Hälfte des Weltreichs Karls V. geworden. Ein fanatischer König, der die Ketzer ausrotten will und diesem Ziel alles andere unterordnet, dann die übrigen schwachen und degenerierten Nachfolger, denen es völlig an Tatkraft mangelt. Spanien beginnt sich bereits unter Karl V. in eine absolute Monarchie zu verwandeln, aber diese Wandlung können die späteren Habsburger nicht verwirklichen. Natürlich wurde der Grund in ihrer Unfähigkeit gesucht.

Hier zeigt sich sehr klar, wie beschränkt und zeitlich begrenzt die Macht der Herrscher für die Gestaltung des Schicksals von Reichen und Völkern ist. Nach einem weiteren Jahrhundert gerät die Macht in die Hände der Bourbonen, die es von Heinrich IV. bis Ludwig XIV. glänzend verstehen, eine absolute Monarchie aufzubauen. Waren auch ihre Nachkommen unbegabt? Darin liegt natürlich ein Körnchen Wahrheit. Aber viel wesentlicher ist, daß die innere wirtschaftliche Entwicklung in Spanien nicht so viele Möglichkeiten bot wie in Frankreich. Könige, oder im besseren Fall ihre Minister, wollen viel erreichen. Den Gang der Dinge bestimmen aber, wie noch einmal betont werden muß, wesentlichere geschichtliche Kräfte.

Die Anfänge der Donaumonarchie

Im Westen sind wir bereits an der Schwelle des Dreißigjährigen Krieges angelangt. Aber wir müssen zeitlich weit zurückgreifen, um uns näher mit den österreichischen Habsburgern und ihren Problemen beschäftigen zu können. Im Jahr 1521 trat das habsburgisch-jagiellonische Abkommen aus dem Jahr 1515 in Kraft; Ferdinand ehelichte die Schwester des Königs von Ungarn, Ludwigs II. Im selben Jahr überließ ihm Karl in Worms die österreichischen Provinzen mit Ausnahme Vorderösterreichs und Istriens, weil er die Küste für wichtig hielt. Er setzte Ferdinand auch zum allgemeinen Statthalter im Deutschen Reich ein. Im nächsten Jahr änderte er in Brüssel das Abkommen – er übergab auch Vorderösterreich und Istrien –, aber in Tirol galt Ferdinand nur als Statthalter Karls und nicht als herrschender Erzherzog.

Wie erwähnt, war Ferdinand aus Spanien gekommen, er beherrschte die Sprache seiner neuen Provinzen nur unvollkommen. Nicht nur in dem Sinn, daß er das Deutsche zunächst erst einmal erlernen mußte, sondern auch im übertragenen Sinn. Die voneinander unabhängigen Herzogtümer mit ihren starken ständischen Vertretungen kamen ihm fremd vor, war er doch daran gewöhnt, daß das Wort des Herrschers entscheidet. Als die Stände ihn eines Besseren belehren wollten, schlug er zu: Im Jahr 1522 ließ er in Wiener Neustadt einige Führer des ständischen Widerstands hinrichten.

Dann kam die Wendung: In der Schlacht bei Mohács (1526) gegen die Türken fand Ludwig II. den Tod. Ferdinand erschien es natürlich, das Erbe seines Schwagers anzutreten. Die Stände von Mähren und Schlesien machten keine Schwierigkeiten. Die Böhmen forderten jedoch die feierliche Anerkennung ihrer ständischen Privilegien, ebenso die Kroaten, und selbst die ungarischen Stände, die ihn gewählt hatten, bedangen sich die Anerkennung ihrer Freiheitsrechte aus. Auch die spanischen Ratgeber Ferdinands waren sich nicht im klaren darüber, was die Herren in den einzelnen Ländern wünschten. Sie rechneten damit, daß es möglich sein würde, den Dingen eine andere Wendung zu geben, sobald die Krönung erst einmal erfolgt war und die Macht sich in Ferdinands Händen befand. Im schlimmsten Fall würde man einige Schreier hinrichten lassen.

Mit einem vom 1. Januar 1527 datierten Dekret wurde dann die Organisation der Staatsmacht in einer Weise begonnen, als ob die Stände der einzelnen Länder höchstens unangenehme Hindernisse in der Ausübung der Macht, aber nicht deren wesentliche Elemente wären. Es entstand der Geheime Rat, anfangs nur mit fünf Mitgliedern; später wuchs die Mitgliederzahl immer mehr, im Jahr 1637 waren es bereits fünfzehn. Der Geheime Rat war die höchste Regierungsbehörde, an seiner Spitze stand der juristisch gebildete Kanzler. Für die Verwaltung der königlichen und erzherzoglichen Güter wurde die Hofkammer geschaffen, aus deren Einnahmen die Hofhaltung und die Verwaltungskosten bestritten wurden, während die Armee aus den staatlichen Steuern aufrechterhalten wurde (bei denen bedauerlicherweise auch die Stände ein Mitspracherecht hatten). Die Beamten der verschiedenen Behörden kamen zum Teil aus dem Hochadel. Oft waren sie geschulte Fachleute bürgerlicher Abstammung, die sich auf die Leitung der Angelegenheiten verstanden. Ferdinand hatte sich wirklich die Begründung der Donaumonarchie zum Ziel gesetzt. Der Hofkriegsrat befaßte sich mit den militärischen Angelegenheiten, mit der Ausrüstung und der Erhaltung der Armee, wofür immer mehr Geld gebraucht wurde, jedenfalls mehr, als für diesen Zweck einfloß. Und von da an taucht immer wieder dasselbe Problem auf: der Staat braucht eine Armee, die Erhaltung der Armee kostet Geld; da nicht genügend Geld da ist, müssen Anleihen aufgenommen werden, und zur Bezahlung der Zinsen werden neue Anleihen notwendig – aus diesem Teufelskreis gibt es keinen Ausweg.

Ständige Armeen, genauer gesagt Söldnerheere, die im entsprechenden Moment, das heißt im Krieg oder bei inneren Wirren, zur Verfügung standen, brauchte zu jener Zeit jede europäische Macht. Die Herrscher mußten den Untertanen ihren Ruhm durch Kriege und Eroberungen beweisen. Die österreichischen Habsburger waren ganz besonders darauf angewiesen, da sie sich nicht nur allzuoft in die Konflikte zwischen den einzelnen europäischen Mächten mischten, sondern auch dauernd von der türkischen Expansion bedroht waren. Bis 1541 waren sie zunächst nur mittelbar betroffen, denn die Türken unterstützten den anderen ungarischen König, Johann Zápolya. Nach der Eroberung von Ofen aber wurden die Türken zu einer dauernden Gefahr, den Habsburgern blieb von Ungarn nur noch ein immer schmaler werdender Streifen im Westen und Norden, durch den die Türken leicht hindurchstoßen konnten, wenn sie mit den entsprechenden Kräften antraten.

Die Türken waren für Europa etwas ganz und gar Neues und Andersartiges, etwas absolut Fremdes. Die Zeitgenossen wurden sich dieser Fremdartigkeit zunächst darin bewußt, daß die Türken keine Christen waren. Nun begann die Reformation sich eben jetzt in immer mehr und mehr Richtungen aufzulösen, es konnte nicht die Rede davon sein, daß die Einheit der Christenheit in Europa etwas wirklich Bestehendes oder auch nur ein grundsätzlich anerkanntes Ordnungsprinzip gewesen wäre. Das war sie nie gewesen, nicht in den vergangenen Jahrhunderten und jetzt noch weniger. Und doch ahnten die europäischen Herrscher und Regierungen dunkel, daß etwas sie gegen diese fremde Macht verband. Es war ein Gefühl, vergleichbar dem, das sie früher einmal in der Zeit des Mongoleneinfalls gespürt hatten. Dieses Türkische Reich war aber eigentlich gar nicht mehr so fremdartig. In den von der mohammedanischen Religion bestimmten Formen versuchte es auch eine Variante des feudalen Systems herauszubilden. Mochte sie zunächst auch den zeitgenössischen europäischen Systemen gegenüber archaischer und primitiver wirken, so zeigte sich bald, daß sie gar nicht in allen Belangen so primitiv war, wie es den Anschein hatte, denn gerade in der Zeit, die zu beschreiben wir begonnen haben, war die türkische staatliche Organisation auf gewissen Gebieten moderner und wirkungsvoller als im durchschnittlichen Europa, das Steuerwesen war besser organisiert, und – was die Hauptsache war – das Heer war lenkbarer und funktionstüchtiger. Bei näherem Zusehen war die Türkei ein gleichwertiger Gegner der Europäer. Und doch ging von den Türken etwas Abschreckendes aus. Dieser Eindruck entstand nicht nur durch ihre sprichwörtlich gewordene Schlauheit und Treulosigkeit, durch das Nichteinhalten von Verträgen. (Haben die europäischen Herrscher alles eingehalten, was sie geschworen haben?) Die Türken waren fremd, weil sie Heiden waren. Und sie waren fremd, weil man Heiden nicht als gleichwertig anerkennen konnte. Die Herrscher und ihre Ratgeber waren in der Geschichte bewandert, sie wußten, was im Römischen Reich vor sich gegangen und was seitdem geschehen war, und dachten eigentlich noch immer in solchen Kategorien. Was darüber hinausging, war irgendwie nicht das Richtige, zählte auch nicht, beziehungsweise es gehörte sich nicht, damit zu rechnen. Die Zeitgenossen hätten es sicher nicht verstanden, wenn jemand dies eine eurozentrische Anschauungsweise genannt hätte. Aber ebendarum handelte es sich. In dieser Anschauungsweise hatte der Türke keinen Platz, er war eine Anomalie, die sich früher oder später von selbst auflösen würde. Auch die Tataren waren vorübergegangen, ebenso würden die Türken wieder im Orient verschwinden. Bis dahin mußte man sie freilich bekämpfen; aber das war schon ein schwierigeres Problem, niemand erklärte sich gern dazu bereit, denn das kostete Geld. Aber auch dafür würde sich ein Ausweg finden. Die ganze türkische Expansion galt also als eine vorübergehende Gefahr, mit der Zeit würde sich schon eine Lösung finden.

Jedenfalls schien das Türkische Reich noch viel weniger dauerhaft als diese um 1526 in aller Eile zusammengebastelte Donaumonarchie, die Gemeinsamkeit von drei Ländern, die zwar schon früher bestanden, sich aber dann wieder aufgelöst hatte, je nachdem, welche Herrscher gerade an der Spitze standen. Offenbar sah Ferdinand die Herrschaft seiner Familie für ewig an, doch die Stände der einzelnen Länder waren wohl nicht so fest davon überzeugt. Sie waren daran gewöhnt, daß die Könige einander ablösten und damit auch die politischen Verbündeten des Landes wechselten. Im Augenblick saß eben ein Habsburger auf dem Thron einiger Länder. Aber schon sehr bald konnte auch wieder ein anderer seinen Platz einnehmen.

Es war also nun eine Monarchie zustande gekommen, die der Herrscher von oben irgendwie zu einigen suchte, mit zentralen Einrichtungen, zentraler Regierung und allgemeingültigen Gesetzen. Die Stände waren nicht geneigt, dies einfach zur Kenntnis zu nehmen. Sie sahen nur einen gemeinsamen Herrscher, der in jedem Land und in jeder Provinz selbständig herrschte, den Gewohnheiten des betreffenden Landes oder der Provinz gemäß, wie es ihm die Stände vorschrieben. Auch ist er verpflichtet, jedes seiner Länder zu verteidigen, dies war immer Aufgabe der Könige, deshalb werden sie vom Adel erhalten. Es wäre schwer für die Stände gewesen, sich die ganze Welt ohne König zu denken, aber sie konnten es sich ebenso schwer vorstellen, daß der Wille des Königs allein entscheiden sollte. Die Monarchie war also eine momentane Vereinigung voneinander unabhängiger Länder, die – und dessen waren sie sich bewußt – von der Türkengefahr zusammengehalten wurde. Sobald diese Gefahr nicht mehr bestand oder vielleicht sogar noch früher, sobald die Dynastie ausstarb (und es gehörte sich geradezu, daß eine Dynastie früher oder später ausstarb), konnte wieder eine neue Kombination zustande kommen. (Dies ahnten sogar die Habsburger, sie legten gerade darum so großen Wert auf den familiären Zusammenhalt, um das Ende ihrer Dynastie im Lauf der Geschichte so weit wie möglich hinauszuschieben.)

Die Monarchie verdankte also ihre Entstehung den Türken, das heißt der Notwendigkeit, sich gegen diese Gefahr zu verteidigen, und die Türken erhielten die Monarchie am Leben. Die Türkengefahr war die Hauptfrage, sie mußte gelöst werden, doch war dies damals nicht möglich. Dagegen gab es andere Probleme, die gelöst werden konnten. Darauf mußten also die Kräfte konzentriert werden.

Die Herstellung der Einheit der Monarchie, eine moderne Staatsorganisation oder ein schlagkräftiges Heer? Aber nein! Die religiöse Einheit, das heißt die Gegenreformation. Ferdinand machte sich in seinen österreichischen Provinzen sofort daran, dieses Problem zu lösen. Im Jahr 1524 schloß er sich dem Regensburger Beschluß der süddeutschen katholischen Fürsten an, in dem die Reform der Kirche gefordert wurde, natürlich von innen, in organisatorischen und kirchendisziplinären Fragen. In der Frage der kirchlichen Reform herrschte zwischen dem Erzherzog und den Ständen eine seltene Einigkeit. Wenigstens äußerlich, denn unter Reform verstanden die Stände, daß sie sich der lutherischen Reformation anschließen durften. Infolge der schwächeren Entwicklung der Städte hatten sich hier die radikaleren Richtungen der Reformation nicht entwickeln können, die lutherische Richtung blieb alleinherrschend, konnte also durch ihre Einigkeit größeren Widerstand leisten.

Ferdinand ordnete die kanonischen Visitationen im Sinn des Regensburger Beschlusses an, d. h. die Bischöfe sollten ihre Diözesen regelmäßig besuchen. Später wiederholte er diese Aufforderung noch mehrmals, aber immer mit dem Ergebnis, daß die Lage der katholischen Kirche trostlos blieb. In den böhmischen Provinzen hatte sich die Mehrheit der Stände ebenfalls der Reformation angeschlossen, dasselbe galt für Ungarn. Nur in Kroatien war es wenigstens in den Kreisen des Adels gelungen, der Verbreitung der Reformation Einhalt zu gebieten. Hier bereitete die Gegenreformation keine Sorgen. Seit dem Mittelalter waren außer dem

RVDOLPHVS I. HABSPVRGENSIS ROMANORVM IMPERATOR.
VIRVM LVBET.

1. RUDOLF I.

2. DAS GRABDENKMAL FRIEDRICHS III.

3. MAXIMILIAN I.

4. KARL V.

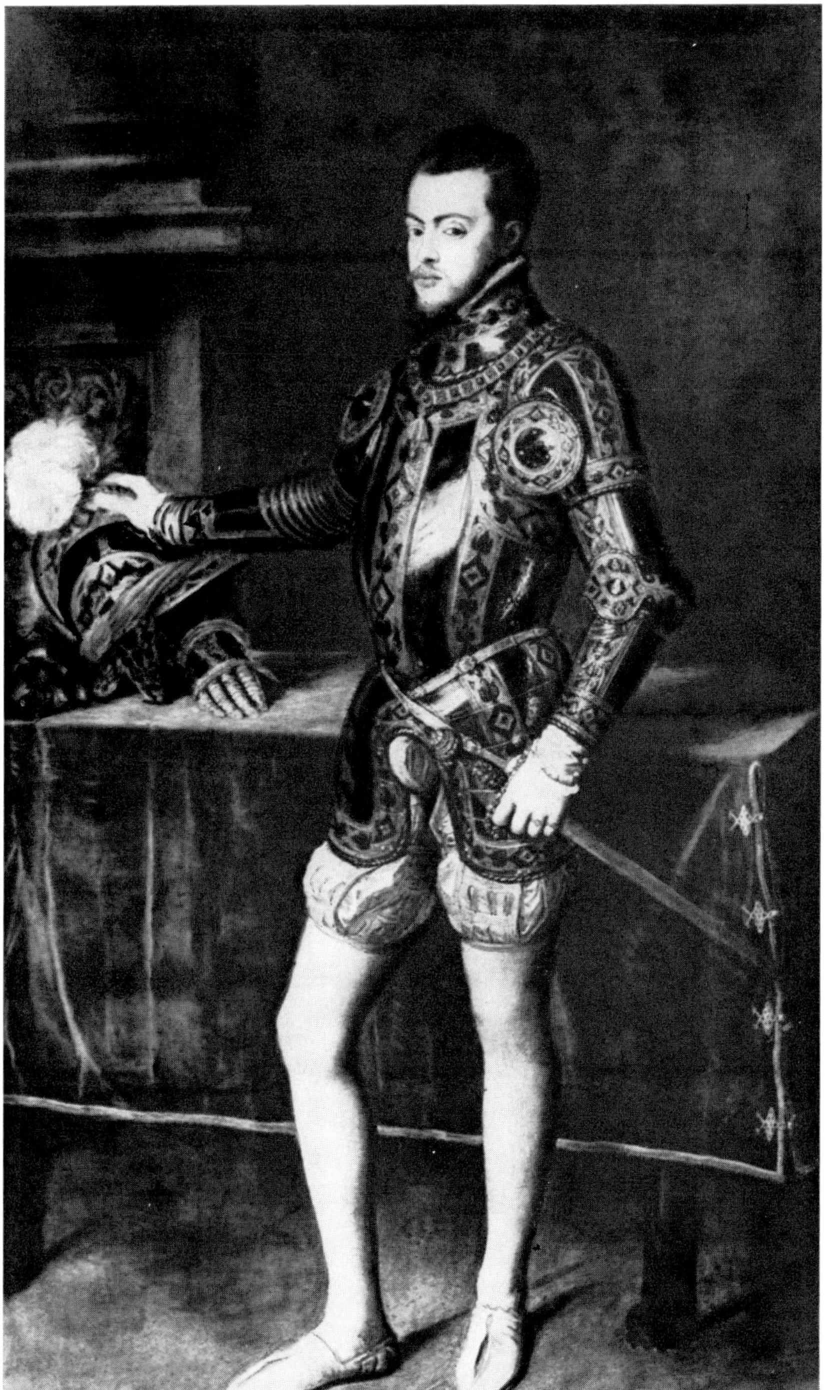

5 PHILIPP II.

6. PHILIPP III.

7. PHILIPP IV.

8. KARL II.

Adel vor allem die Städte, die weitgehend über Selbstverwaltung verfügten (und in den verschiedenen Provinzen gleicherweise eine starke deutsche Mehrheit besaßen), die Zentralen der Reformation. Eine Zeitlang waren diese Basen unantastbar, in den ungarischen Restgebieten blieben sie es auch später, denn in dieser Frage stellte sich der Adel auf die Seite der Städte. In Böhmen hatte, wie bereits erwähnt, die zur Zeit des Schmalkaldischen Kriegs ausgebrochene ständische Empörung dem König die Möglichkeit geboten, die Selbstverwaltung der Städte zu liquidieren. An die Rechte des Adels wagte er sich damals noch nicht heran, aber die Städte bekamen seit 1547 sowohl das Gewicht der königlichen Macht wie auch der Gegenreformation zu spüren.

Auch diese Frage ließ sich also nicht kurzfristig lösen. Auf die Stände mußte Rücksicht genommen werden, sie mußten den Steuern zustimmen und trieben sie auch ein, die Steuergelder waren zur Erhaltung der Armee notwendig. Welche Fragen konnten also überhaupt gelöst werden? Übrig blieben die Probleme der Besitzverteilung innerhalb der Familie. Obwohl bereits im vorangegangenen Jahrhundert Familienabkommen getroffen worden waren, nach denen die österreichischen Besitztümer im gemeinsamen Besitz der Familie bleiben sollten, hatte sie Ferdinand in seinem Testament vom Jahr 1543 unter seine Söhne aufgeteilt. Die zwei österreichischen Donauerzherzogtümer, Ober- und Niederösterreich, sollte der älteste Sohn, Maximilian, erben, Ferdinand bekam Tirol und Vorderösterreich zugewiesen und der jüngste, Karl, die Steiermark, Kärnten und Krain. Ungarn und Böhmen mußten bei dieser Teilung unberücksichtigt bleiben, schon deshalb, weil hier die Habsburger nur gewählte Könige waren, und auch, weil auf diese Weise der älteste Sohn, der Erbe des Kaisertitels, das Kernstück der Donaumonarchie bekommen würde. Sollten aber später noch andere männliche Mitglieder der Familie dazukommen, war noch mit weiteren Teilungen zu rechnen. Auch dies zeigt, welch provisorischen Charakter die Donaumonarchie selbst damals noch in den Augen der Habsburger besaß.

Damit verloren die zentralen Regierungsbehörden in einem Teil der österreichischen Länder eigentlich ihre Rechte. Als nach der Abdankung Karls V. Ferdinand Kaiser wurde, verschafften sich diese zentralen Regierungsbehörden ihre früheren Rechte auf Umwegen wieder. Denn diese Behörden konnten jetzt den Charakter von Reichsbehörden beanspruchen und so eine Art Einheit aufrechterhalten, obwohl sich anderswo niemand um sie kümmerte. Diese Einheit war lose, an mehr wagte man aber nicht zu denken.

Die Wahl Ferdinands zum Kaiser änderte nichts an diesem Bild. Der in Wien residierende Herrscher aus dem Haus Habsburg bekam immer auch den Kaisertitel und damit die Möglichkeit, sich von Zeit zu Zeit an die deutschen Stände um Hilfe gegen die Türken zu wenden. Manchmal kam dabei auch etwas heraus. Freilich reichte die Hilfe gerade immer nur eben so weit, als zur dringendsten Verteidigung notwendig war, das heißt, daß die österreichischen Provinzen (die bereits damals oft Erblande genannt wurden) und mit ihnen Restungarn gehalten werden konnten. Letzteres spielte eigentlich nur die Rolle des Kriegsschauplatzes für den Kampf um die österreichischen Provinzen. Sowohl die habsburgische Regierung als auch die ungarischen Stände der westlichen und nördlichen Komitate akzeptierten zunächst einfach als Tatsache, daß der weitaus größere Teil des Landes unter türkischer Oberherrschaft stand. Sie nahmen dies als eine provisorische Situation hin, aber das konnte nichts daran ändern, daß sie die unmittelbar von den Türken besetzten Gebiete im Prinzip auch weiter als ihr Eigentum betrachteten. Der auf königliches Gebiet geflüchtete Adel fuhr fort, von seinen in der Heimat gebliebenen Untertanen die Abgaben zu fordern, das nahmen auch die Türken einfach zur Kenntnis.

Ferdinand wünschte übrigens keinen dauernden Krieg mit den Türken, und seine spanische Verwandtschaft forderte ihn ebenfalls auf, irgendeinen Kompromiß zu schließen. Im Jahr 1562 schloß er in seiner Eigenschaft als König von Ungarn Frieden mit den Türken. Nur in dieser Eigenschaft hatten sich die Türken zu Verhandlungen mit ihm bereit erklärt. (Auch daraus kann man ersehen, wie fremd die Türken in Europa waren, sie gaben nichts auf den Schein, auf den Kaisertitel, sondern erkannten mit primitiver Offenheit Ferdinands Macht nur in West- und Nordungarn als tatsächlich bestehend an.) Und von diesem ungarischen König forderten sie als Ablösesumme gegen weitere Angriffe die Zahlung von jährlich dreißigtausend Dukaten. In Wien gab man nie zu, nicht einmal vor sich selbst, daß der Kaiser, als König von Ungarn, damit eigentlich die feudale Oberhoheit der Türken anerkannt hatte. Die Türken sagten dies wiederholt ganz offen, sie waren in diesen Fragen nicht gerade sehr feinfühlig.

Im übrigen währte der Frieden nicht lange. Im Jahr 1566 führte Suleiman II. noch einen letzten Feldzug, aber bis es gelang, die kleine ungarische Festung Szigetvár, die sich ihm in den Weg stellte, im selben Jahr einzunehmen, war er während der Belagerung gestorben. Aber dies wußte niemand, auch Miklós Zrínyi nicht, der mit seinen tapferen Soldaten einen letzten Ausfall versuchte; noch weniger wußte es das türkische Heer. Im Jahr 1568 wurde in Adrianopel ein neuer Frieden auf acht Jahre geschlossen, und der König mußte Tribut zahlen.

Damals herrschte bereits Maximilian, der älteste Sohn Ferdinands, als Kaiser Maximilian II. Wie sein Vater war er gegen den Einfluß der spanischen Habsburger. Er haßte Philipp II., der ihm fast die Kaiserkrone abspenstig gemacht hatte. Für die Jesuiten hatte er ebenfalls nicht viel übrig, da sie für eine unerbittliche Gegenreformation eintraten und den spanischen Einfluß stärkten. Er war ihnen schon darum nicht wohlgesinnt, weil er selbst kein so eindeutiger Anhänger der katholischen Lehre war wie die übrigen Mitglieder seiner Familie. Er hatte zwar auch in Spanien gelebt und war dort von 1548 bis 1550 Statthalter Karls V. gewesen, doch hatte er sich am Hof von Madrid inmitten des steifen Zeremoniells nicht wohl gefühlt. Vielleicht haben ihn gerade die dort gesammelten Erfahrungen gegen die Kirche eingenommen. Sicher ist, daß er die lutherische Lehre kannte, denn unter seinen Büchern fanden sich nicht wenige lutherische Schriften. Zu Lebzeiten

Ferdinands konnte er noch mit dem Gedanken der Reformation spielen, auch später hat er nur mit der größten Selbstdisziplin an den verschiedenen katholischen Zeremonien teilgenommen, zu denen ihn seine Würde als Herrscher verpflichtete. Dem Legaten des Papstes hat er einmal erklärt, er sei weder Papist noch Lutheraner, sondern Christ. Aber in dem Moment, als er die Erbschaft seines Vaters antrat, mußte er einsehen, daß sein Platz an der Seite der Katholiken war, sonst hätte er die Unterstützung der Spanier verloren. Es wäre für ihn oder einen seiner Nachkommen aus der österreichischen Linie unmöglich geworden, gegebenenfalls die spanische Erbschaft zu übernehmen. An der Spitze des Römisch-Deutschen Reichs konnte es keinen protestantischen Kaiser geben. Daß ein protestantischer Herrscher eigentlich dieselbe Religion bekennen müßte wie die Mehrzahl seiner Untertanen, spielte überhaupt keine Rolle.

Aber gerade die innere Unsicherheit Maximilians, seine Gewissenskonflikte ermöglichten es ihm, nicht die eindeutig gegenreformatorischen Versuche Ferdinands fortzusetzen. Vielleicht dachte er persönlich an einen Kompromiß, wie seinerzeit Karl. Jedenfalls verkündete er bereits im Jahr 1568 die religiöse Toleranz, und im Jahr 1571 sicherte er dem niederösterreichischen Adel Religionsfreiheit zu, allerdings erlaubte er weder den Städten noch den Leibeigenen, protestantisch zu werden. So konnten die Bauern nicht frei der Religion ihrer Grundherren folgen, wie es im Religionsfrieden von Augsburg vorgeschrieben war. Daß auch der Untertan Zweifel hegen könnte, ob sein Herr die wahre Religion von ihm verlange, fiel natürlich weder Maximilian noch anderen ein. In den ungarischen und böhmischen Ländern war er selbstverständlich gezwungen, dem Adel die Religionsfreiheit zuzusichern, sonst wäre er dort gar nicht gewählt worden. Aber im Jahr 1572 verwirklichte er die Religionsfreiheit der Adligen selbst in der Steiermark. Nur Tirol blieb aus all dem heraus, da hier der Protestantismus schon nach dem auf den deutschen Bauernkrieg folgenden Aufstandsversuch ausgerottet worden war.

Umsonst war Maximilian II. der Kaiser und Philipp II. nur König, der österreichische Habsburger blieb der arme Verwandte, dem man von Zeit zu Zeit unter die Arme greifen, ja den man gelegentlich auch ermahnen mußte. Maximilian bemühte sich, wenigstens äußerlich mit den Türken den Frieden zu erhalten, denn an der Grenze gab es dauernd Scharmützel. Solange man aber gegen die Türken keinen Erfolg aufweisen konnte, blieben die österreichischen Habsburger mit ihrem Restungarn, mit dem oppositionellen Böhmen und den unsicheren österreichischen Erzherzogtümern, obendrein in der Familie selbst innerlich zerworfen, immer nur die armen Verwandten. Eine innere Stärkung der beherrschten Länder konnte nicht in Frage kommen, keiner seiner Ratgeber hatte je dieses Problem aufgeworfen, und man hätte es auch gar nicht verstanden. Das einzige Rezept für die eigene Erstarkung blieb immer nur der Erwerb neuer Länder. (Stets in der Hoffnung, daß irgendwo einmal eine regierende Familie ausstirbt!)

Im Jahr 1572 winkte eine solche Gelegenheit. Sigismund II. August, der letzte Jagiellone, war gestorben. Nicht lange zuvor, im Jahr 1569, war in der Lubliner

Union ein polnisch-litauischer Staat entstanden. Man suchte einen König. In diesem Land König zu sein, war keine leichte Aufgabe, denn die Macht lag völlig in den Händen des absolut undisziplinierten, ja undisziplinierbaren Adels. Aber dieser polnisch-litauische Staat war immerhin eine europäische Großmacht, der Fläche nach sogar das größte Land in Europa, wenn man das Deutsche Reich nicht rechnete, was auch niemand mehr tat. Wenn die österreichischen Habsburger dieses Land erwerben konnten, würden sie Madrid leichter entgegentreten können. Es war ein katholisches Land, das heißt der polnische Adel war überwiegend katholisch, da hier die Gegenreformation erfolgreicher gewesen war. Es wurde also ein katholischer König benötigt, und da war die Auswahl nicht so groß, wenn man keinen einheimischen Aristokraten zum König wählen wollte. Das stand aber außer Frage, gab es doch keinen Adligen, dessen Wahl die anderen zugestimmt hätten. Maximilian persönlich konnte seine Kandidatur nicht aufstellen, denn dies hätten die Polen nicht geduldet, schließlich war er doch deutscher Kaiser. Ein anderer Habsburger aber hätte Chancen haben können. In Frage kam Erzherzog Ernst, ein Sohn Maximilians, der im polnisch-litauischen Staat auch Anhang hatte. Dies wäre aber für die Habsburger vorteilhafter gewesen als für die Polen. So entschied sich die Mehrheit des polnischen Adels für eine Lösung, die für sie günstiger war: sie wählte den jüngeren Bruder des Königs von Frankreich, Heinrich. Dieser kehrte aber bald in seine Heimat zurück; als er hörte, daß sein Bruder gestorben war, entschied er sich für den Thron von Frankreich. (Als Heinrich III. sind wir ihm schon begegnet.) Die Polen suchten wieder einen König. Maximilian bot ihnen von neuem Ernst an, aber auch diesmal vergeblich, denn die Polen entschieden sich für Stephan Báthori, den Fürsten von Siebenbürgen.

Der polnische Thron verschwand also wieder von der Tagesordnung. Daß dies endgültig sein sollte, ahnte natürlich damals noch niemand. Der zweite Mißerfolg fiel zeitlich mit dem Tod Maximilians zusammen.

Maximilian II. unterschied sich von den übrigen Mitgliedern seiner Familie nicht nur durch seine protestantischen Neigungen. Auch seine intellektuellen Interessen waren unter den religiös und politisch eingestellten Habsburgern ungewöhnlich. Er besaß eine Bibliothek und interessierte sich auch für die Naturwissenschaften. Er tat viel für die Einführung der aus der Türkei importierten Pflanzengattungen und bemühte sich auch um die Einführung der Kartoffel. Der ihm folgende neue Herrscher, Rudolf II., ähnelte ihm in dieser Hinsicht, obwohl er sich mehr für die Sterne und die Astrologie interessierte als für Pflanzen. Aber auch der Technik gegenüber war er aufgeschlossen, er umgab sich mit Uhren und anderen Apparaten und beschäftigte sich selbst mit ihnen. Das fesselte ihn so stark, daß ihm für Menschen, Land und Politik keine Zeit mehr blieb. Bei seiner Thronbesteigung hatte er zum letztenmal seine österreichischen Provinzen besucht, dann zog er sich in sein Schloß, den Hradschin in Prag, zurück und ließ kaum jemanden vor sich (höchstens auf Drängen seines Kammerdieners, der gegen Bestechung für solche Vermittlung zu haben war). Er war also für die Regierungsgeschäfte nicht besonders geeignet. Das wäre an und für sich noch kein so großes Problem gewesen, denn ähnliches ist schon oft vorgekommen, nicht nur bei den Habsburgern, sondern auch in anderen Fürstengeschlechtern. Er hatte ja noch vier jüngere Brüder, und jeder von ihnen wäre bereit gewesen, ihm die Last des Regierens abzunehmen.

Rudolf ließ sich durch Tycho Brahe und Johannes Kepler, die beiden ausgezeichneten Astronomen seiner Zeit, Horoskope erstellen. Aber er hatte auch Grundsätze, er ging z. B. davon aus, daß er der von Gott erwählte Herrscher sei, in dessen Entscheidungen niemand hineinreden dürfe. Daß er niemanden zu Wort kommen ließ, sich aber auch selbst nicht äußerte, weil er sich keine Zeit dafür nahm, war ein Widerspruch, den er gar nicht bemerkte. Sein zweiter Grundsatz war, daß die katholische Religion um jeden Preis ihre ursprüngliche, alleinherrschende Stellung zurückerhalten mußte. Das heißt, die Gegenreformation mußte durchgeführt werden.

Als junger Mann hatte er sieben Jahre am Hof Philipps II. verbracht, und wenn sein Vater Philipp gehaßt hatte, so empfand Rudolf um so mehr Verehrung für ihn. Er war mehrfach mit Philipp verwandt, denn in väterlicher Linie war Philipp ja sein Onkel, dessen Schwester Maria war Rudolfs Mutter, Rudolf selbst aber war der Schwager Philipps. (Hier soll nur kurz darauf hingewiesen werden, daß diese zahlreichen Ehen unter nahen Verwandten in zweihundert Jahren auch genetisch auf beide Zweige des Hauses einen ziemlich schlechten Einfluß hatten.)

Sein Regierungsprogramm war also die Gegenreformation. Seine beiden Onkel, Ferdinand in Tirol und Karl in den innerösterreichischen Ländern, waren darin völlig mit ihm einverstanden. Zu dritt würden sie wohl etwas erreichen können. Besonders wenn es gelänge, den dreigeteilten Familienbesitz wieder zu vereinigen. Dazu war der erste Schritt schon getan worden, als im Jahr 1578 Rudolf auf den Wunsch der österreichischen Stände einging, weitere Besitzteilungen zu unterlassen. Die Sympathie seiner jüngeren Brüder hat er natürlich nicht gewonnen.

Die Durchführung der Gegenreformation erschien am vordringlichsten in den verschiedenen österreichischen Ländern, denn diese waren am sichersten in der Hand der Familie. Bei den böhmischen und ungarischen Ständen stieß man noch auf zu großen Widerstand. Besonders hart war der Kampf in den innerösterreichischen Ländern, schon unter Karl, aber besonders, nachdem Ferdinand, sein Sohn, im Jahr 1596 die Regierung dort übernommen hatte. Hier war offene Gewalt an der Tagesordnung, katholische Priester wurden mit Brachialgewalt in Kirchen eingesetzt, in denen bis dahin protestantische Geistliche gepredigt hatten. Später wurden all diejenigen ausgewiesen, die nicht bereit waren, zum katholischen Glauben überzutreten. Ferdinand hatte erklärt, er wolle lieber in einer Wüste als über Ketzer regieren. Außer der rohen Gewalt bediente man sich überall auch geistiger Mittel, in erster Linie mit Einsatz der Jesuiten und Kapuziner, zwischen denen eine bestimmte Arbeitsteilung stattfand. Die Jesuiten wandten sich an die höheren Kreise, sie leiteten den Unterricht, die Kapuziner wirkten im Volk, wo sie den Glauben verkündigten. In Graz hatte Karl schon im Jahr 1586 eine Universität unter der Leitung der Jesuiten gegründet, im Jahr 1605 errichtete Ferdinand das Jesuitengymnasium in Klagenfurt. In Ober- und Niederösterreich übernahm Melchior Khlesl als Direktor der Reformationskommission, das heißt der zur Durchführung der inneren Reform der katholischen Kirche eingesetzten Kommission, die Leitung. Er war der Sohn eines Bäckers, ursprünglich Protestant, dann zum Katholizismus übergetreten und zum Bischof von Passau ernannt worden. Der Hochadel und ein Teil des Adels wurden von den Jesuiten für die katholische Kirche wiedergewonnen, und damit entschied sich auch die Frage der Glaubensausübung ihrer Untertanen. In den Städten, die vom Adel isoliert werden konnten, wirkten Gewalt und Überzeugung, die Protestanten mußten schließlich das Land verlassen. Mit der Zeit wanderte auch ein Großteil des niederen Adels aus. In den Jahren 1627/28 war die Frage auch schon in Ober- und Niederösterreich entschieden: die katholische Kirche hatte in den österreichischen Ländern ihre Herrschaft zurückerobert.

Die Bürger der Städte durften auswandern, ebenso die Adligen. Die Leibeigenen aber hatten diese Möglichkeit nicht. Und wenn sie nicht in die allein seligmachende Kirche zurückkehren wollten? Im Herbst 1594 brach in Oberösterreich der große Bauernaufstand aus. Er hatte angeblich das Ziel, die protestantische Religion zu schützen. In Wahrheit gab es viel handgreiflichere Gründe: das Anwachsen der grundherrlichen Abgaben, die Steuern, der Zwang, Soldaten zu stellen, und die Ausschreitungen der Söldner. Unabhängig von den religiösen Fragen hörte man bald auch von derartigen Forderungen. Wenn auch auf ein kleineres Gebiet beschränkt, so war dies doch eine der größten Bauernbewegungen jener Zeit, ähnlich dem deutschen Bauernkrieg und dem Aufstand Dózsas im Jahr 1514 in Ungarn. Der Adel verfolgte die Ereignisse denn auch mit großer Aufmerksamkeit. Mit der Zeit wandten sich selbst die protestantischen Stände gegen die Aufständischen, obwohl die Bauern doch für die Freiheit dieser Religion kämpften, für die auch die Stände eintraten. Aber hier handelte es sich eben um etwas anderes, etwas grundlegend anderes. Der Aufstand erschien auch deshalb so drohend, weil er viel besser organisiert war als frühere Erhebungen. Noch im Jahr 1596 dauerte er mit großer Heftigkeit an, und erst im folgenden Jahr gelang es, ihn endgültig niederzuschlagen.

Wußte Rudolf II. davon? Er dürfte wenigstens von dem Aufstand gehört haben. Und er mußte auch zur Kenntnis nehmen, daß die Türken 1593 zu einem neuen großen Angriff antraten. Später wurde er der Fünfzehnjährige Krieg genannt; kleinere Zusammenstöße hatten bereits im Jahr 1591 begonnen. Es war dies die Antwort auf Lepanto, und gerade wegen des auf See erlittenen Mißerfolgs traten die Türken jetzt mit ihren Hauptkräften zu Land an. Die wichtigen Festungen der ungarischen Verteidigungslinie fielen ihnen in die Hände, wenn auch in einigen Fällen nur auf kurze Zeit. Der Kampf verlief mit wechselndem Erfolg. Zu Beginn des neuen Jahrhunderts hielten die habsburgischen Truppen sogar zwei Jahre lang Pest besetzt. Wieder ergab sich die Möglichkeit, Siebenbürgen für das Königreich Ungarn zu gewinnen. Dann hätte man die dazwischenliegenden türkischen Gebiete in die Zange nehmen können. Doch wäre dadurch natürlich die Position der ungarischen Stände gestärkt worden, und die waren protestantisch. Man mußte also andere Möglichkeiten suchen. Auch die rumänischen Fürstentümer versuchten die Gelegenheit zu nutzen, um sich der türkischen Oberherrschaft zu entledigen. Sogar auf bulgarischem Boden brach ein Aufstand aus. Michael, dem Fürsten der Walachei, der sich auch der Moldau bemächtigt hatte, gelang es, unterstützt von dem siebenbürgischen Fürsten Sigismund Báthori, die gegen ihn entsandten türkischen Truppen zu schlagen. Als klar wurde, daß er Siebenbürgen nicht für die Habsburger zurückerobern, sondern für sich selbst gewinnen wollte, wandten sich die kaiserlichen Truppen gegen ihn. Seine Niederlage und sein Tod warfen von neuem das Problem Siebenbürgen auf, die Möglichkeit einer Zusammenarbeit zwischen den siebenbürgischen und den ungarischen Ständen. Der Form nach ging es dabei um die protestantische Religionsfreiheit, die aber im ungarischen Reichstag des Jahres 1602 nicht durchgesetzt werden konnte. In Wahrheit handelte es sich um die Erhaltung der ständischen Privilegien. Auch die Ausschreitungen der unbezahlten Söldner erregten Widerstand. (Man hielt natürlich für gegeben, daß die Söldner in jener Zeit nie bezahlt wurden und immer Ausschreitungen verübten, das wird sich auch noch mehr als hundert Jahre nicht ändern.)

An die Spitze der ungarischen Stände trat nun Stephan Bocskai (1604), ein ursprünglich kaisertreuer Magnat, der keinen Zutritt zu Rudolf gefunden hatte. Auch ihn hatte ein Angriff kaiserlicher Söldner auf seine Besitztümer gegen den Kaiser aufgebracht. Er war imstande, ein schreckenerregendes Heer aufzustellen, denn er hatte die Heiducken in seinen Sold genommen, diese durch die türkischen Angriffe ihrer Heimat beraubten Scharen bäuerlicher Abkunft, die Kriegführen als ihren Beruf betrachteten. Solche kriegerischen Gruppen gab es vielerorts in Europa, wie z. B. die Kosaken. Mit diesen Scharen fügte er dem kaiserlichen Heer Schlag auf Schlag zu.

Rudolf fuhr fort, sich hartnäckig zu verschließen. Die Lage der österreichischen Habsburger begann kritisch zu werden, denn den böhmischen und österreichischen Ständen konnte das Vorrücken der Ungarn nur recht sein. Hier handelte es sich auch um ihr eigenes Anliegen, die Religionsfreiheit, ja sogar die ständischen Vorrechte. Endlich ergab sich eine Gemeinsamkeit, die die Stände aller drei Länder zur Zusammenarbeit bewegen konnte.

Wenn die Stände sich für eine Zusammenarbeit begeistern konnten, so waren die jüngeren Brüder Rudolfs dagegen um so weniger für diese Idee zugänglich. Das Vordringen des Protestantismus beunruhigte den Papst, und die Krise der habsburgischen Herrschaft beunruhigte Philipp III. Der päpstliche Nuntius wie auch der spanische Gesandte drängten auf ein Eingreifen, die Erzherzöge ebenfalls. Statt dessen befragte Rudolf die Sterne. Am 30. April 1605 trafen sich die Erzherzöge in Linz und beschlossen, nunmehr gemeinsam und persönlich aufzutreten, da die Lage immer unsicherer wurde. Rudolf war nur dazu zu bewegen, daß er

Erzherzog Matthias betraute, die Verhandlungen mit den ungarischen Ständen und mit Bocskai zu führen. (Der ältere Bruder, Ernst, war damals schon seit einiger Zeit tot.) Am 23. Juni 1606 wurde der Frieden von Wien geschlossen. Die ungarischen Finanzen wurden von den übrigen Finanzangelegenheiten der Donaumonarchie abgesondert, die ungarischen Stände durften wieder einen Stellvertreter des Königs, einen Palatin, wählen, und auch die protestantische Religionsfreiheit wurde im Vertrag besiegelt. Seit dem Mittelalter war der Palatin der erste Würdenträger des Landes, jetzt aber dem König gegenüber bereits Vertreter der ständischen Interessen. Der Frieden sicherte die Existenz eines von den Habsburger Königen praktisch unabhängigen, den Türken tributpflichtigen Siebenbürgen, und die Habsburger verzichteten vorderhand darauf, es ihrer Krone zu unterwerfen. Später kehrten die von den Fürsten Siebenbürgens unterstützten Bewegungen der ungarischen Stände immer wieder zu diesem Frieden und zu den in ihm verbrieften Zugeständnissen zurück.

Das Zugeständnis der protestantischen Religionsfreiheit war schon an sich ein großer Schönheitsfehler dieses Abkommens, aber sowohl der Papst wie auch die Erzherzöge waren gezwungen, ihn hinzunehmen, da sich ja keine Möglichkeit bot, die Gegenreformation durchzuführen. Ähnliche Zugeständnisse gab es auch für andere habsburgische Länder. Ein größerer Schönheitsfehler war es, daß die Bestimmungen des Wiener Friedens von den böhmischen und österreichischen Ständen garantiert wurden. Dies aber war das Ergebnis der früheren Zusammenarbeit unter den Ständen. Ferdinand in Innerösterreich und sein jüngerer Bruder Leopold, der jetzt in Tirol herrschte, konnten ihre Länder diesen Abmachungen entziehen. Nur die Stände von Nieder- und Oberösterreich nahmen österreichischerseits an der Garantie teil. Aber an sich war es bestürzend, daß die Stände bei den wichtigsten politischen Fragen gegen den Herrscher und im Bund miteinander mitsprechen konnten. Die Einheit der Monarchie war wichtig, solange sie von oben, vom Kaiser gesichert war, aber sie wurde unannehmbar, wenn sie von den Ständen verwirklicht wurde, wenn also auch nicht gerade von unten (nämlich den Untertanen), so doch von einer tieferen Ebene. Unannehmbar war dies sicher auch aus der Sicht Rudolfs. Und so sah es auch Matthias, der übrigens nicht fleißiger war als sein Bruder und oft einschlief, wenn man ihm Regierungsakten vorlas. Immerhin war er wenigstens nicht geistesgestört wie Rudolf in seinen letzten Jahren. Er sah ein, daß er sich mit den Ständen gegen Rudolf verbünden mußte, wenn er an die Macht kommen wollte.

Auch die Erzherzöge wollten Matthias an die Stelle Rudolfs setzen. Das war etwas sehr Ungewöhnliches, eine Verletzung des Grundsatzes der Legitimität. Aber Not bricht Eisen. In diesem Augenblick war es nicht die äußere Not. Im Jahr 1606 war es im Frieden an der Zsitva-Mündung mit den Türken gelungen, den früheren, nur durch lokale Scharmützel unterbrochenen Frieden mit dem Osmanischen Reich wiederherzustellen, doch kostete das diesmal den König von Ungarn schon jährlich 200 000 Taler. Und doch war das nicht das größte Problem, schlimmer war der Starrsinn Rudolfs, der die den ungarischen Ständen gemachten Zugeständnisse übertrieben fand und damit die ganze, mühsam ausgewogene innen- und außenpolitische Lage in Frage stellte. Eine neuerliche Störung dieses Gleichgewichts würde die Lage der habsburgischen Herrschaft aber noch unsicherer gestalten. Deshalb beschlossen die Erzherzöge, in Zukunft Matthias als Haupt der Familie zu betrachten. Er sollte römischer König, also Nachfolger Rudolfs, werden. Matthias machte kein Geheimnis daraus und informierte die Stände, denen er zu verstehen gab, er sei auch weiterhin bereit, mit ihnen zusammenzuarbeiten.

Die Stände aller drei Länder nahmen diese neue Lage erfreut zur Kenntnis und machten sich mit großem Eifer daran, die weitere Zusammenarbeit auszubauen. Im Jahr 1608 ließen sich auch die Stände von Nieder- und Oberösterreich in Anwesenheit Matthias' auf dem Preßburger Reichstag der ungarischen Stände vertreten. Matthias schloß mit den ungarischen und österreichischen Ständen eine Konföderation. Dies fiel selbst Rudolf auf: Er erklärte das Bündnis für gesetzwidrig. Nur die böhmischen Stände harrten an seiner Seite aus und wiesen die Aufforderung, sich der ständischen Konföderation anzuschließen, entschieden zurück. Sie rechneten damit, daß sie von Rudolf völlige Religionsfreiheit erhielten. Die mährischen Stände hingegen, die unter der Führung Karl Žerotins standen, schlossen sich noch im April der Konföderation an, nicht nur um ihre Selbständigkeit den böhmischen Ständen gegenüber zu betonen, sondern auch in der Annahme, daß schließlich doch Matthias Sieger im Bruderzwist im Haus Habsburg bleiben würde. Rudolf blieb allein, denn die Unterstützung der böhmischen Stände war ja auch an Bedingungen geknüpft.

Am 25. Juni 1608 wurde in Lieben bei Prag der Familienzwist für eine Zeitlang beigelegt. Im Sinn des Abkommens bekam Matthias Ungarn, die österreichischen Länder (das heißt Nieder- und Oberösterreich) und Mähren. Rudolf behielt das Königreich Böhmen und den Kaisertitel, mit dem er ohnehin nicht viel anfangen konnte.

Matthias hielt also die größere Hälfte der Donaumonarchie in seiner Hand. Nur war er selber in der Hand der dortigen Stände. Da die mährischen Stände allein ohne die Böhmen keine größere Bedeutung besaßen, die ungarischen Stände mit dem Wiener Frieden und Matthias als König vorderhand befriedigt waren, befand sich die Initiative in der Folgezeit in der Hand der österreichischen Stände. Ihr Anführer war Georg Erasmus von Tschernembl, ein Mitglied der oberösterreichischen Stände, überzeugter Kalvinist (ursprünglich Lutheraner) und dem drohenden Absolutismus der Habsburger gegenüber überzeugter Anhänger der ständischen Freiheit. Er hielt die Verbindung mit den ungarischen und mährischen Ständen aufrecht und nützte seine tatsächliche Macht aus, um die bisherigen Ergebnisse der Gegenreformation zunichte zu machen. Er hatte sich die Herrschaft der Stände bei den Holländern zum Beispiel genommen, die eben damals die Spanier zwangen, den denkwürdigen Waffenstillstand abzuschließen. Was in den Niederlanden den Spaniern gegenüber möglich war, mußte auch hier gelingen, wo die Habsburger viel schwächer waren.

Die katholischen Stände Österreichs dagegen waren nicht gegen Rudolf aufgetreten, um jetzt unter die protestantische Herrschaft eines einheimischen Wilhelm von Oranien zu geraten. Solange es sich um die Beschränkung der Rechte des Herrschers handelte, marschierten sie mit Tschernembl und den Protestanten, aber weiter wollten sie nicht gehen. Im März 1609 bestätigte Matthias das Dekret von 1568, also die freie Religionsausübung des Adels, aber nicht der Städte; den bäuerlichen Untertanen erlaubte er jedoch, das Land ihrer Grundbesitzer zu verlassen, wenn sie ihnen eine andere Religion aufzwingen wollten.

Daß Rudolf der Macht beraubt worden war, nahm er sehr übel auf, obwohl er deren Ausübung doch immer verabscheut hatte. So wie Matthias in der Hand der konföderierten Stände war, so hatte Rudolf mit den böhmischen Ständen zu rechnen. Diese begannen im übrigen bereits ihre Herrschaft zu organisieren und wählten für die Erledigung der Geschäfte dreißig Direktoren, zehn aus jedem Stand. (Das Beispiel wird nach einigen Jahren ebenfalls hier, jedoch unter anderen Umständen befolgt werden, als es bereits das fertige Schema gab.) Rudolf verleugnete jetzt seine ganze bisherige Prinzipientreue und erließ mit einer überraschenden Wendung im Jahr 1609 den „Majestätsbrief", in dem er in Böhmen die volle Religionsfreiheit, selbst für die Leibeigenen, aussprach. Auch die Universität wurde den Ständen übergeben, das heißt ihre Umwandlung in eine protestantische Institution zugelassen. Den Bau protestantischer Kirchen gestattete er selbst auf den königlichen Besitztümern. Dieser Erlaß hätte einen großen Umschwung bedeutet, wenn er verwirklicht worden wäre, aber wegen der bald folgenden Ereignisse wurde nichts aus all dem.

Als es offenbar wurde, daß Matthias – schon um dem Beschluß der Erzherzöge zu entsprechen – sich zum römischen König wählen lassen wollte, tat Rudolf noch einen Gegenschritt. Er ermunterte den jüngeren Bruder Ferdinands in der Steiermark, Erzherzog Leopold, der trotz seiner Jugend schon Bischof von Passau und Straßburg war, bei der Wahl zu kandidieren. Leopold gefiel der Gedanke. Er sandte seine Söldner zum Schutz Rudolfs nach Böhmen, wo sie auch den linken Stadtteil von Prag mit dem Hradschin und einige Orte im Land besetzten (sie benahmen sich überall wie Söldner, und wir wissen bereits, was das bedeutete). Mit der Zeit zogen sie zwar ab, aber ihr bloßes Erscheinen hatte die böhmischen Stände bewogen, sich von Rudolf abzuwenden. Sie suchten Hilfe bei Matthias. Rudolf blieb ganz allein, nicht einmal Philipp III. unterstützte ihn mehr. Im Mai 1611 wurde Matthias zum König von Böhmen gekrönt, seine Truppen besetzten Prag. Rudolf dachte schon daran, von der im Jahr 1608 geschlossenen Union, dem Bund der protestantischen deutschen Fürsten, Hilfe zu erbitten. Das wäre ein völliger Bruch nicht nur mit seiner eigenen Vergangenheit, sondern auch mit der ganzen bisherigen Politik der Habsburger gewesen. Am 20. Januar 1612 aber starb Rudolf. Einige Monate später wählten die Kurfürsten Matthias zum Kaiser. Wieder, wie schon so oft vorher und so oft nachher, wählten sie das kleinere Übel, also Matthias. Außerdem hätten sie sich sowieso auf keinen anderen Kandidaten einigen können.

Matthias hatte also erreicht, was er anstrebte – er war überall der Erbe Rudolfs. Nur hatte er dafür schon viele Zugeständnisse machen müssen, und in Wahrheit war seine Macht vielleicht geringer, als es früher die Rudolfs gewesen war. Welche Folgen sich daraus für das Römisch-Deutsche Reich ergaben, war uninteressant. Die Zukunft der Donaumonarchie war wichtiger. Es sah jetzt so aus, als ob diese zeitweilige Einheit entweder dem holländischen Beispiel folgen und auch formell die Herrschaft der Stände proklamieren würde, oder aber dem polnischen Beispiel, der Herrschaft der Stände unter einem König, den es nur dem Namen nach gab. Matthias war der Kämpfe müde geworden. Er hatte das Gefühl, genug für sein ganzes Leben „gearbeitet" zu haben. Die Macht war in den Händen der Stände Diese beschlossen im Jahr 1614, daß der Türkenkrieg nicht wieder aufgenommen werden dürfe, da dies ja unter anderem auch einen Krieg mit dem protestantischen Siebenbürgen bedeutet hätte. Im Jahr 1615 einigten sich die konföderierten Stände in Tyrnau mit Gabriel Bethlen, der kurz zuvor Fürst von Siebenbürgen geworden war und den nach dem Tod Bocskais ausgebrochenen Unruhen ein Ende gesetzt hatte. Im Sinn des Abkommens blieb der Frieden erhalten, und österreichische Kaufleute durften im Gebiet des Osmanischen Reichs ihren Handel ausüben.

Matthias war fünfundfünfzig Jahre alt, als er zum Kaiser gekrönt wurde. Er war aber schon müde und des Herrschens überdrüssig. Kaum war also die Thronfrage gelöst, als sie schon wieder aktuell wurde, und zwar in noch schärferer Form. Die beiden jüngeren Brüder Matthias', Maximilian und Albrecht, waren kaum jünger als er. Sie kamen nicht mehr in Frage. Aber da war der Vetter, Ferdinand von Steiermark, der große Vorkämpfer der Gegenreformation, ja es gab sogar noch einen unerwarteten Prätendenten, Philipp III. selbst, der sich darauf berief, daß seine Mutter die Tochter Maximilians II. gewesen war, er also in direkter Linie ein Vorrecht vor Ferdinand habe. In der gegebenen Lage erschien aber dieser Versuch einer Erneuerung des Reichs Karls V. zu riskant, und es gelang endlich, Philipp von seinem Anspruch abzubringen. Aber um des Prinzips willen und damit er doch nicht ganz leer ausging bei der Erbschaft, forderte er für seinen zweitgeborenen Sohn Tirol. Ferdinand bot ihm im Jahr 1617 ein anderes Übereinkommen an: sollte er zum Kaiser gewählt werden, würde er die italienischen Vasallenstaaten und das Elsaß den Spaniern übergeben, den Nachfolgern Philipps in männlicher Linie würde er dagegen vor seinen eigenen Töchtern (damals hatte er noch keinen Sohn) die österreichische Erbschaft überlassen. Tirol würde an den jüngeren Bruder Ferdinands, Leopold, fallen.

Die böhmischen Stände dachten bereits an die Wahl des sächsischen Kurfürsten zum König. Die Möglichkeit eines spanischen Erben jagte allen Schrecken ein, denn dann würde dem ganzen wohlaufgebauten ständischen System das Ende drohen. Im Jahr 1617 erkannten die böhmischen Stände Ferdinand als Nachfolger von Matthias an, und im nächsten Jahr wählte ihn auch der ungarische Reichstag, der keine andere Wahl hatte. Ein König aus dem Hause Habsburg bedeutete wenigstens die Unabhängigkeit Restungarns von den Türken. Ferdinand II. schwor in beiden Ländern, die bisherigen Rechte und Sitten einzuhalten, und dazu gehörte in Böhmen jetzt auch der „Majestätsbrief". Die Religionsfreiheit war also gesichert, die Stände hatten ihre Stellungen gut ausgebaut, und nicht einmal der ungestüme steirische Erzherzog würde sie überrennen können.

Um Matthias kümmerte sich niemand mehr. Er starb am 20. März 1619, sein Tod war aber schon vollkommen uninteressant, denn inzwischen hatte sich wieder eine große Wendung vollzogen. Aus scheinbar völlig unbedeutenden Ursachen entstand ein europäischer Krieg, aus dem ein sehr verändertes Europa, darin ein sehr verändertes Deutsches Reich und eine ebenfalls verwandelte Donaumonarchie hervorgehen sollten.

Aber die Donaumonarchie blieb bestehen. Was im Jahr 1526 noch wie ein provisorischer Staatenbund erschien, reifte inzwischen durch die Logik der Dinge zu innerer und dauernder Konsistenz heran. Die Türkengefahr, der ursprüngliche Anlaß für die Vereinigung, bestand nach wie vor, aber inzwischen hatten sich weitere Fäden geknüpft. Sie waren noch nicht sehr stark, und es hätte auch die Möglichkeit anderer Lösungen gegeben. Wenn es 1618 schien, das Ende der Donaumonarchie sei gekommen, so änderte sich bis 1648 schon wieder die ganze Lage.

Der große Krieg in Europa

Was im Jahr 1618 in Prag begann, erschien zunächst für sehr lange Zeit als eine neue Krise der Donaumonarchie, die vielleicht zu deren Auflösung hätte führen können. Erst nach und nach wurde klar, daß es hier um viel mehr ging, daß es sich um einen europäischen Krieg handelte, den Dreißigjährigen Krieg, in den mehr oder weniger alle Mächte verwickelt wurden. Natürlich hatte es auch solche Kriege schon gegeben, von einigen war bereits die Rede. Als sich der Krieg aber dann hinauszog, entpuppte er sich als etwas anderes als die bisherigen Kriege, als etwas Verwickelteres, Unverständlicheres und Schrecklicheres. Die wirtschaftliche Entwicklung des ganzen Kontinents war ins Stocken geraten; nachträglich kann man von einer Art Krise sprechen, von einer Entwicklungskrise oder einem Zeichen des Verfalls, auch heute kann es niemand eindeutig bestimmen. Sicher ist, daß diese Krise den Grundton zu allem gab, was von 1618 an dreißig Jahre lang vor sich ging.

Aber es geschah auch anderes. Der Kampf der Habsburger mit Frankreich, der Kampf Spaniens gegen die Vereinigten Provinzen, der Kampf zwischen Protestanten und Katholiken dauerte schon eine ganze Weile und wurde bald mit den Waffen, bald von den Diplomaten geführt. Der Krieg ging weiter, die Fronten verwischten sich, nirgends konnten scharfe Grenzlinien gezogen werden. Sicher war, daß die Habsburger im Mittelpunkt der europäischen Gegensätze standen, und vielen Zeitgenossen mußte es mit wechselnder Intensität erscheinen, daß sie diesen Kataklysmus nicht überstehen würden. Es gab Momente, in denen nur noch die Habsburger selbst mit ihrer ererbten Hartnäckigkeit glaubten, doch überleben zu können.

Einige kleinere Kriegsunternehmungen hatte es schon in den vorhergehenden Jahren gegeben, zwischen dem Herzog von Savoyen und dem König von Spanien sowie zwischen Ferdinand (damals noch Erzherzog von Steiermark) und Venedig. Schon damals zeichneten sich die Umrisse zweier großer Lager ab, des Lagers der Habsburger und des der den Habsburgern feindlichen Mächte. Die kleinen Mächte, die sich damals gegen die Habsburger wandten, blieben aber immer isoliert und erhielten vom Gegenlager keine Hilfe. In diesen zwei Konflikten spielte der religiöse Gegensatz keine Rolle, Staaten standen Staaten gegenüber, in denen überall der Katholizismus die Staatsreligion war. Dies beweist, daß die religiöse Frage tatsächlich nur noch ein Vorwand war. Ein Vorwand, an den aber viele glaubten, ja an der Oberfläche blieb er das entscheidende Argument. Unbedeutende Kleinigkeiten verschärften weiterhin die Gegensätze innerhalb der Donaumonarchie, unbedeutende Kleinigkeiten wenigstens in unseren Augen: ob man z. B. im Sinn des Religionsfriedens von Augsburg auf königlichem Besitz protestantische Kirchen bauen dürfte. Der ständische Widerstand im Donaureich hatte – wie man gesehen hat – auch während der Herrschaft Matthias' nicht abgenommen, und die religiösen Fragen konnten weitere Streitigkeiten verursachen. Im Deutschen Reich sammelten sich die kleineren Mächte auf religiöser Grundlage in zwei großen Lagern, in der im Jahr 1608 gegründeten protestantischen Union und der gegen sie im Jahr 1609 gebildeten katholischen Liga.

In dieser gespannten Atmosphäre wirkte der Fenstersturz von Prag am 23. Mai 1618 wie ein Blitzschlag. Nach vorheriger Absprache und Einigung entfachten die protestantischen Stände an diesem Tag einen heftigen Wortwechsel mit zwei prominenten Vertretern der habsburgischen Regierung, Martinic und Slavata, und stürzten sie zusammen mit ihrem Sekretär aus einem Fenster des Hradschins. Die hohen Würdenträger fielen aus dem ersten Stock, landeten aber auf einem Misthaufen. Niemand hatte damit gerechnet, daß sie mit heiler Haut davonkommen und noch lange Jahre treu den Habsburgern dienen würden. Am 23. Mai verschwanden sie schleunigst, die Stände übernahmen die Macht und bestimmten wieder dreißig Direktoren, die, wie bereits zur Zeit Rudolfs und nach dem Tod Matthias', sich nach einem König umsahen. Sie waren ja schon seinerzeit unzufrieden gewesen und hatten die Möglichkeit erwogen, einen anderen König zu wählen. Das hätte zwar auch den Abfall von der Donaumonarchie bedeutet, doch bereitete dies niemandem Kopfzerbrechen. Die Konföderation der Stände war nur für kurze Zeit geschlossen worden und enthielt keine ewige Verpflichtung des dauernden Zusammenbleibens der von den Ständen vertretenen Länder. Es war höchstens eine weitere Zusammenarbeit zur Verteidigung der Religionsfreiheit vorgesehen, doch wäre das auch unter verschiedenen Herrschern möglich gewesen. Man sprach von mehreren Kandidaten, lange Zeit galt der Kurfürst von Sachsen, Johann Georg, als der aussichtsreichste. Er war selber evangelisch, doch hatte man von Anfang an den Verdacht, er sei sehr schwach. Es war auch verdächtig, daß er sich nicht der Union angeschlossen hatte, sondern sich zum Kaiser bekannte. Im Juli 1619 einigte man sich endlich auf einen der Führer des deutschen protestantischen Lagers, Friedrich V., den kalvinistischen Kurfürsten von der Pfalz. Graf Thurn, der Anführer der Stände, und die anderen hohen Herren waren der Ansicht, einen sehr klugen und diplomatischen Schritt getan zu haben, war ja doch Friedrich der Schwiegersohn König Jakobs I. von England. Man glaubte also, auf die Unterstützung dieses Landes rechnen zu können. In Prag dürfte man kaum gewußt haben, daß die englische Politik immer mehr auf eine Zusammenarbeit mit Spanien hinarbeitete, wobei der religiöse Gegensatz etwas verschämt, aber um so bestimmter hintangesetzt wurde.

Der junge Herrscher erschien auch in Prag und beschwor bei seiner Krönung die Einhaltung der ständischen Privilegien. Gabriel Bethlen verhandelte im Oktober desselben Jahres in Preßburg mit den Vertretern der böhmischen Stände über die Hilfe, die er ihnen leisten könnte. (Um den in Wien lebenden Kaiser und König kümmerte sich niemand.) Die Truppen der böhmischen Stände drangen in Mähren und Niederösterreich ein. Tschernembl wollte es nicht zu einem Bruch mit den Habsburgern kommen lassen, aber ein anderes Mitglied der Familie auf den Thron setzen, zum Beispiel den Erzherzog Albrecht, den wir schon als Statthalter der Niederlande kennengelernt haben. Dies hätte auch das Fortbestehen des Donaureiches durch die Stabilisierung der Konföderation der Stände bedeutet.

Alles war in Bewegung. Wien war von den böhmischen Truppen, den Söldnern der ständischen Konföderation und dem Heer Bethlens bedroht, und es bedurfte harter Anstrengungen, um es zu entsetzen. Inzwischen war Ferdinand in Wien eingetroffen und ließ sich mit gewohnter Zähigkeit selbst in den schwersten Augenblicken der Belagerung keine Zugeständnisse abringen. Im August 1619 wurde er in Frankfurt zum Kaiser gewählt. Vom Standpunkt der Machtverhältnisse hatte dies noch keinerlei Bedeutung, aber es war ein bemerkenswertes Anzeichen. Der Kurfürst von Sachsen forderte für seine Stimme die beiden Grafschaften Lausitz, die bis dahin zu den böhmischen Ländern gehört hatten, und besetzte sie auch, anstatt die böhmischen Stände zu unterstützen. Die englische Hilfe blieb aus. Die Union und die Liga hatten gegenseitige Neutralität beschlossen. Schließlich und endlich waren die Ereignisse in Böhmen die innere Angelegenheit der Donaumonarchie! Die habsburgische Regierung dagegen konnte Truppen aufstellen. Im Jahr 1620 begann die Niederwerfung des böhmischen Aufstands. Am 8. November 1620 wurde in der Nähe von Prag, am Weißen Berg, die Entscheidungsschlacht geschlagen. Als der König, Friedrich von der Pfalz, mit einigen Stunden Verspätung auf dem Schlachtfeld eintraf, begegnete er nur noch den zurückflutenden, ihr Leben rettenden Söldnern. Zusammen mit zahlreichen Führern des ständischen Widerstands flüchtete auch der König. Sie ließen sich in Holland nieder und gründeten dort eine Art Exilregierung, der sich auch die aus der Pfalz geflüchteten leitenden Politiker anschlossen. Denn die Pfalz war inzwischen von spanischen Truppen besetzt worden.

Mit der Katastrophe am Weißen Berg war der Widerstand der böhmischen Stände gebrochen. Wer nicht flüchtete, wurde verhaftet. Am 21. Juni 1621 wurden in Prag siebenundzwanzig Anführer des Aufstands hingerichtet. Die böhmischen Länder gehörten nach wie vor zur Donaumonarchie. Dies hatte außerordentlich schwerwiegende Folgen. Die Gegenreformation konnte sich jetzt frei entfalten. Wer sich weiter zu irgendeiner Art des Protestantismus bekannte, konnte froh sein, wenn es ihm gelang, das Land zu verlassen, wodurch er die Zahl der Emigranten vermehrte. Der Besitz wurde konfisziert und unter habsburgtreuen Böhmen oder noch lieber unter Aristokraten aus anderen Ländern verteilt. Es gibt Berechnungen, nach denen drei Viertel des Grundbesitzes ihre Herren wechselten. Die

Martinic und die Slavata verstanden es, Herren ungeheurer Vermögen und riesigen Grundbesitzes zu werden. Unter ihnen war ein bisher unbedeutendes Mitglied der böhmischen Aristokratie, Graf Waldstein, den die einheimischen Deutschen oft Wallenstein nannten. Er war evangelisch erzogen worden, trat aber zu Beginn des Jahrhunderts zum Katholizismus über, als es noch nicht einmal so eindeutig war, daß dies auch den Weg zur Karriere bedeuten würde; er heiratete eine reiche Witwe und rüstete auf eigene Kosten Truppen aus, die Ferdinand gegen Venedig Hilfe leisten sollten. Damit wollte er die Aufmerksamkeit Ferdinands auf sich lenken. Im Jahr 1619 überführte er den ganzen Bargeldbestand der mährischen Stände nach Wien. Wie sehr auch Ferdinand gerade damals die dreiundneunzigtausend Gulden hätte brauchen können, gab er sie doch den Ständen zurück. Bald würde man aus Mähren und Böhmen noch viel mehr herauspressen können, wenn es gelingen sollte, sie zu besiegen. Auf kurze Sicht hatte er recht.

Die Niederlage am Weißen Berg bedeutete für die böhmischen Länder nicht nur die Gegenreformation, sondern auch die Vernichtung der ständischen Ordnung. Freilich bedurfte es noch mancher glücklichen Kriegswendung, um die habsburgische Regierung dazu zu ermutigen. Aber im Jahr 1627 erfolgte in Böhmen, im folgenden Jahr in Mähren die Neuorganisation des Landes, genannt die „verneuerte Landesordnung", die der sowieso aus großenteils loyalen Vertretern bestehenden Ständeversammlung gerade noch das Recht der Steuerbewilligung ließ. Der Absolutismus hatte die Oberhand gewonnen.

Ähnlich gestaltete sich die Lage in diesen Jahren auch in den österreichischen Ländern. Im Jahr 1624 wurde für Niederösterreich eine Reformations- (das heißt Gegenreformations-) Kommission geschaffen. In Oberösterreich konnte dies nicht geschehen, da es eben den Bayern in Pfand gegeben worden war, aber auch diese betrieben die Gegenreformation mit gleichem Eifer. Im nächsten Jahr brach der große Bauernaufstand aus, unter religiösen Schlagworten, in Wirklichkeit aber gegen die alles Bisherige übertreffende Ausbeutung. Der Aufstand konnte erst im Jahr 1626 niedergeworfen werden. Im nächsten Jahr wurde dem oberösterreichischen Adel und im darauffolgenden Jahr dem niederösterreichischen Adel der Übertritt zur katholischen Religion vorgeschrieben. Wenn die Gegenreformation hier auch nicht so vollständig gelang und in der Zusammensetzung der herrschenden Klasse auch nicht so tiefgreifende Veränderungen mit sich brachte wie in den böhmischen Ländern, so hatte sie doch den ständischen Widerstand auch hier gebrochen. Zur Unterstützung der ungarischen Stände war Bethlen dreimal, in den Jahren 1619 bis 1621, 1623 und 1626, in den Krieg gezogen. Bei seinem zweiten Kriegszug drang er auch in mährisches Gebiet ein, konnte aber der böhmischen ständischen Widerstandsbewegung keine Hilfe mehr leisten, da diese zusammengebrochen war. Nur Thurn in der Emigration und der noch immer auf eine Wendung hoffende „Winterkönig" Friedrich glaubten noch daran. (Den Namen Winterkönig hatte Friedrich von den Böhmen erhalten, die sich mit nicht allzugroßer Begeisterung daran erinnerten, was für große Lustbarkeiten er im Winter 1619/20 veranstaltet und wieviel Geld er ausgegeben hatte, während gleichzeitig etwa 3500 seiner Soldaten in ihren Winterquartieren erfroren.)

Ferdinand II. hatte schon bedeutend früher, im Mai 1621, in seinem Testament die Lehren aus der vorangegangenen Epoche gezogen: die Länder und Provinzen der Donaumonarchie stellen eine unteilbare Einheit dar und müssen ungeteilt vererbt werden. Die Frage war nur, ob die Habsburger stark genug sein würden, diesen Grundsatz zu verwirklichen. Dies hing natürlich wesentlich von dem Ausgang des Krieges, also von der europäischen Entwicklung, des näheren von den Ereignissen in Deutschland ab.

Im Jahr 1621, als es bereits zu spät war, den Böhmen zu helfen, hatten nämlich auch die Truppen der Union noch eingegriffen. Selbstverständlich trat auch die Liga in den Krieg ein. Von einigen kleineren Erfolgen abgesehen, konnte sich die Union gegen den Oberbefehlshaber der Liga, den aus den Niederlanden stammenden Grafen Tilly, nicht durchsetzen. Im Jahr 1623 kämpften nur noch ein verwegener Söldnerführer, Graf Ernst von Mansfeld, der immer unterlag, dann der Herzog Christian von Braunschweig sowie der Markgraf von Baden. Auch sie wurden von Liga und Kaiserlichen besiegt. Im Jahr 1624 kam es nicht zu Kriegszügen. Man darf nicht vergessen, daß die Kriegszüge damals immer nur vom späten Frühling bis zum frühen Herbst dauerten und die Truppen danach für lange Monate ihre Winterquartiere bezogen. Und selbst während der Sommerfeldzüge kam es meist nur zu ein bis zwei Zusammenstößen, wenn die Gegner einander schon so nahe waren, daß ein solcher Zusammenstoß unvermeidbar wurde. (Dies waren übrigens die friedlichsten Augenblicke, denn dann hatte man keine Zeit, die Bevölkerung auszurauben.)

Für einen Augenblick schien es also, als hätte der Krieg ein Ende genommen. Da trat der König von Dänemark, Christian IV., auf, der als Herzog von Holstein dem Heiligen Römischen Reich angehörte und, von den Protestanten Norddeutschlands mit dem Oberbefehl betraut, sich darauf berief, daß die Truppen Tillys die nördlichen protestantischen Staaten Deutschlands bedrohten. Dem dänischen Angriff mußte auch der Kaiser entgegentreten. Damals wurde Wallenstein damit betraut, ein Heer aufzustellen. Er warb dreißigtausend Söldner an und siegte als Oberbefehlshaber der kaiserlichen Truppen im April 1626 an der Dessauer Brücke, während Tilly, der weiterhin die Truppen der Liga kommandierte, im August einen Sieg errang. Im folgenden Jahr besetzten die Truppen der katholischen Partei einen bedeutenden Teil von Norddeutschland. Wallenstein hatte bereits im Jahr 1624 unter dem Titel Herzogtum Friedland einen ansehnlichen Teil Böhmens erhalten. Nachdem er auf seinen Gütern einen wahren Musterstaat geschaffen hatte, streckte er jetzt die Gelder für die Bezahlung der Söldner vor. Zur Belohnung erhielt er in Norddeutschland nun auch das Herzogtum Mecklenburg. Hier richtete er sich endgültig ein und ordnete den Umbau des Schlosses an. Am 22. Mai 1629 schloß er Frieden mit dem König von Dänemark, der nach Verlust seiner kontinentalen Besitztümer auf die Inseln hatte flüchten müssen. Im Sinn des

Friedensvertrags durfte er sich nicht mehr in die deutschen Angelegenheiten einmischen.

Dies bedeutete nun ein solches Vordringen der Gegenreformation und der kaiserlichen Macht, daß selbst die katholischen Fürsten Deutschlands beunruhigt waren. Außerdem war im März 1629, im Rausch des Sieges über die Dänen, das sogenannte Restitutionsedikt erlassen worden, das die Rückgabe aller seit 1555 in protestantische Hände gelangten katholischen Kirchengüter anordnete. Dies war für die Protestanten unannehmbar. Ferdinand II. kannte in seinem Eifer keine Grenzen und wurde auch von spanischer Seite ermutigt. Dieses Edikt verletzte zu viele Interessen, für viele größere oder kleinere Fürsten, die Kirchengüter erhalten hatten, wäre die Rückgabe eine Lebensfrage geworden. Zur Durchführung des Edikts hätte der Kaiser auch mehr Truppen benötigt. Die ganze bisherige Ordnung, die tatsächliche Unabhängigkeit der Fürsten, war in Frage gestellt. Den Urheber all dieser Gefahren sahen die deutschen Fürsten und die fremden Herrscher einmütig in Wallenstein. Im Juli 1630 erschienen auf dem Kurfürstentag von Regensburg die katholischen Kurfürsten persönlich vor dem Kaiser. Die protestantischen Kurfürsten von Sachsen und Brandenburg, die bisher in dem angeblich wegen der protestantischen Beschwerden geführten Krieg neutral geblieben waren, ließen sich durch Gesandte vertreten. Alle intrigierten gegen Wallenstein. Daraufhin trat dieser am 12. August zurück. Seine Söldnerarmee wurde in alle Winde zerstreut.

Im Januar 1631 schlossen die Regierungen von Frankreich und Schweden einen Vertrag, wonach schwedische Truppen zum Schutz der deutschen Protestanten und der verletzten Freiheitsrechte, die Ludwig XIII., noch mehr aber seinem ersten Minister, Richelieu, so sehr am Herzen lagen, eingesetzt werden sollten. Mit Hilfe seiner natürlichen Kraftquellen und einer aus freien Bauern geworbenen Armee hatte das nordische Reich sich eine führende Rolle im Baltikum errungen, hatte mit Rußland Frieden und mit Polen einen Waffenstillstand geschlossen. Der schwedische König Gustav Adolf II. landete mit seinen Truppen in Norddeutschland, eroberte es mit einem Schlag, vertrieb die kaiserlichen und ligistischen Truppen und begann nun selbst, Besitz zu konfiszieren und zu verleihen. Seine Truppen drangen tief in deutsches Gebiet ein, und während sie ihre protestantischen Glaubensbrüder befreiten, raubten und plünderten sie nicht weniger, als es bisher die protestantischen und katholischen deutschen Soldaten getan hatten.

Die kaiserlichen Truppen eroberten und plünderten Magdeburg, von den vierzigtausend Einwohnern blieben nur einige tausend am Leben. Im Interesse der weiteren Kampfhandlungen befahl nun Gustav Adolf den Durchmarsch seiner Truppen durch kurfürstlich-brandenburgisches Gebiet, womit er den bisher neutralen Kurfürsten an seine Seite zwang, während sich der Kurfürst von Sachsen freiwillig anschloß. Am 17. September fügte Gustav Adolf bei Breitenfeld in der Nähe von Leipzig Tilly eine schwere Niederlage zu. Die Schweden besetzten Frankfurt am Main und Mainz und hatten den Rhein erreicht; im nächsten Jahr erlitt Tilly am Lech eine weitere Niederlage und wurde in der Schlacht selbst tödlich verwundet. Auch Nürnberg und Augsburg fielen in die Hände der Schweden. Die böhmischen Emigranten bereiteten sich schon zur Rückkehr vor.

Ferdinand war in eine schwere Lage geraten. Sie erschien noch hoffnungsloser als im Jahr 1619. Und jetzt stand ihm nicht einmal mehr Tilly zur Verfügung. Ferdinand war gezwungen, sich wieder an Wallenstein zu wenden. Er ernannte ihn von neuem zum Oberbefehlshaber der kaiserlichen Truppen, mit noch größeren Machtbefugnissen als das erste Mal. Wallenstein warb ein Heer von etwa hunderttausend Mann und zog nach Sachsen. Er war gerade dabei, seine Truppen in die Winterquartiere zu schicken, im feindlichen Land konnte man die ortsansässige Bevölkerung ja mit ruhigerem Gewissen ausplündern. Am 15. Dezember stieß einer seiner Verbände auf das Heer Gustav Adolfs. Der Zusammenstoß war nicht zu vermeiden. Er begann spät am Vormittag des nächsten Tages, kurz darauf geriet Gustav Adolf unter die Kaiserlichen, er wurde getötet und ausgeraubt, doch setzten seine Schweden schon aus Rache den Angriff fort. Die Schlacht dauerte bis spät am Abend, und beide Gegner betrachteten sich als Sieger. Jedenfalls zog Wallenstein sich nach Böhmen zurück. Das nächste Jahr verging ohne größere Kriegshandlungen. Wallenstein wollte den Frieden, er verhandelte mit den Vertretern der Schweden und Franzosen, mit den Sachsen, ja sogar mit den böhmischen Emigranten, und es gab Leute, die ihre Hoffnung darauf setzten, daß er König von Böhmen werden würde. In Wien beobachtete man ihn mit wachsender Unzufriedenheit, die Zahl seiner Feinde nahm von Tag zu Tag zu, und bald wagten es nicht einmal mehr diejenigen, die früher als seine Freunde gegolten hatten, sich für ihn zu erklären. Er befolgte nicht einmal mehr die Befehle des Kaisers. Dieser wandte sich daraufhin an Wallensteins Unterführer, die ihn in der Nacht vom 25. zum 26. Februar 1634 in der Stadt Eger in Westböhmen ermordeten.

Währenddessen ging der Krieg weiter. Anfang September siegten die Kaiserlichen bei Nördlingen, auch der spätere Ferdinand III. kämpfte in dieser Schlacht. Der südliche Teil Deutschlands wurde zurückerobert. Im April 1635 verbündete sich Frankreich mit den Niederlanden, im Oktober schlossen sich die spanischen und österreichischen Habsburger zusammen, nachdem Frankreich im Mai Spanien den Krieg erklärt hatte. Nun nahmen endlich alle ausschlaggebenden Mächte am Krieg teil, auch die Franzosen und Spanier, die sich bis jetzt in der Rheingegend sozusagen nur inoffiziell bekämpft hatten. Damit war die Lage scheinbar von neuem klar, denn wie vor fast anderthalb Jahrhunderten war man wieder beim Gegensatz zwischen Habsburg und Frankreich angelangt, und die Religionsfrage erschien völlig gleichgültig. Nicht einmal die deutschen Fürsten glaubten noch, daß die Schweden für den Protestantismus kämpften, und die Bauern und Bürger, die ihres letzten Hab und Guts beraubt wurden, glaubten dies noch weniger, ebensowenig die Schweden, wenn sich in der in schwedischem Sold stehenden Armee überhaupt noch Schweden befanden. Diese Truppen waren weiterhin kampfkräftig. Während der folgenden Jahre brachen sie immer wieder bald in Sachsen, bald in Böhmen, bald in Schlesien ein. Nur änderten diese Kampfhandlungen nichts mehr am Gang der Dinge. Der Krieg zwischen Frankreich und Spanien trat in den Vordergrund. Spanien mußte diesen Krieg führen, obwohl es sich in schwieriger Lage befand. Philipp IV., der vorletzte spanische Habsburger – der im Jahr 1621 den spanischen Thron bestiegen hatte –, setzte das Vorgehen seines Vaters fort, nur hieß der Günstling eben nicht mehr Lerma, sondern Olivares, und Olivares war nicht nur bestrebt, sich zu bereichern, sondern er wollte auch die höchste Macht erringen. Die Macht über ganz Spanien und über alle Territorien, die früher zu Spanien gehört hatten. Deswegen brach parallel zu den Ereignissen in Deutschland nach Ablauf des zwölfjährigen Waffenstillstands der spanisch-holländische Krieg von neuem aus, ohne irgendeine Änderung zu bringen. Die Holländer waren gezwungen, die Festung Breda den Spaniern zu übergeben, und dieser spanische Erfolg erregte einiges Aufsehen. Aber die spanische Aristokratie konnte sich für den Krieg mit Holland nicht mehr begeistern. Der französische Krieg, ja, das war etwas anderes. Nun, auch dazu sollte es kommen.

Allerdings unterschied sich der neue Krieg nicht unwesentlich von früheren Auseinandersetzungen. Denn Olivares strebte mit seiner Regierung eine weitere Zentralisation an und bezog daher nun auch Portugal mit ein. Aus diesem Grund brach dort bereits im Jahr 1637 ein Aufstand gegen die spanische Herrschaft aus, den die im Norden beschäftigten spanischen Heere nicht meistern konnten. Und im Jahr 1639 brach auch auf der anderen Seite der Halbinsel, in Katalonien, ein Aufstand aus, der ebenfalls gegen die spanischen Zentralisationsbestrebungen gerichtet war. Frankreich beeilte sich, die Unabhängigkeit des benachbarten Katalonien anzuerkennen. Es hätte auf alle Fälle die Spanier geschwächt und die Bourbonen gestärkt, wenn es Frankreich gelungen wäre, in dieser Provinz Fuß zu fassen. Hier erwiesen sich aber die spanischen Heere als stärker, wogegen Portugal endgültig aufgegeben werden mußte. Im Jahr 1640 stellte eine einheimische Dynastie, die Bragança, die Unabhängigkeit wieder her, und das Aufleben der spanisch-portugiesischen Gegensätze bereitete Spanien nur deswegen keine ernsten Schwierigkeiten, weil in Übersee sowohl die Spanier wie auch die Portugiesen den vordringenden Engländern und Holländern gegenüber in die Defensive gedrängt waren und keine Zeit hatten, einander anzugreifen.

Auch auf dem niederländischen Kriegsschauplatz nahmen die Ereignisse einen ungünstigen Verlauf. Im Jahr 1643 fügte der noch junge französische Heerführer Louis II., Prinz von Condé, bei Rocroi den spanischen Truppen eine schwere Niederlage zu. Einige Jahre zuvor hatte es noch den Anschein, als müßten die spanischen Habsburger ihre österreichischen Verwandten aus letzter Not retten. Jetzt waren letztere fast noch in einer günstigeren Lage als ihre spanischen Verwandten. Olivares wurde entlassen. Dann wurde ein Vetter des Olivares, Don Luis de Haro, ernannt, und alles blieb beim alten. Philipp blieb genug Zeit für die Damen, die angenehmer waren und weniger Sorgen bereiteten als die soziale Lage des Volkes. Mit den weiteren verlorenen Schlachten sollte sich der neue Günstling beschäftigen. Jetzt traten auch in Gebieten Schwierigkeiten auf, wo die spanische Herrschaft bis jetzt ruhig ertragen worden war. Im Jahr 1646 brach ein Aufstand in Sizilien aus, und im folgenden Jahr erhoben sich unter der Führung des Hirten Masaniello die Bauern in Neapel. Natürlich waren dies keine französischen Truppen, und die Spanier konnten hier noch ihre Überlegenheit zeigen. Über all diesen Schwierigkeiten hatte man aber in Madrid ganz vergessen, daß man eigentlich den Wiener Verwandten hatte helfen wollen.

Seit 1637 war ein neuer Mann, Ferdinand III., in Wien an der Macht. Ein Jahr früher war er zum römischen König gewählt worden. Er war zwar ebenso Anhänger der Gegenreformation wie sein Vater, hatte aber aus den wiederholten Mißerfolgen die Lehren gezogen. Eigentlich hatte schon Ferdinand II. Zugeständnisse machen müssen, um die Zahl seiner Feinde zu vermindern, er hatte im Jahr 1635 Frieden mit dem Kurfürsten von Sachsen geschlossen, mußte aber einwilligen, daß das Restitutionsedikt nicht auf Sachsen angewendet wurde. Für Schlesien mußte er Religionsfreiheit gewähren, Religionsfreiheit natürlich für Protestanten. Ebenso natürlich wurde damals den Katholiken in den protestantischen Ländern die Religionsfreiheit vorenthalten, aber dies fiel damals und später nur wenigen Menschen auf.

Im Jahr 1643 verbündete sich der Fürst von Siebenbürgen, Georg I. Rákóczi, wieder mit den Franzosen und Schweden. Im Jahr zuvor hatte er mit den Habsburgern den Frieden von Szőny (1627) erneuert, der auf dem Gebiet des königlichen Ungarn die Religionsfreiheit gewährte. Im nächsten Jahr ging er zum Angriff über und sicherte im Frieden von Linz (1645) wieder die Zugeständnisse, die Bocskai im Frieden von Wien (1606) und Gabriel Bethlen im Frieden von Preßburg (1626) erreicht hatten: die Glaubensfreiheit der Protestanten und die politischen Rechte der ungarischen Stände. Es war nicht so einfach, mit den ungarischen Ständen fertig zu werden, solange Siebenbürgen und die Türken als Rückendeckung hinter ihnen standen. Daß das Türkische Reich sich nicht aktiver in den Krieg einmischte, war außer seiner inneren Schwäche in erster Linie dem Umstand zu verdanken, daß es im Osten wieder mit den Persern beschäftigt war.

So bekriegten die Spanier weiter die Franzosen und die Holländer, die Kaiserlichen die Schweden, diese die Sachsen... Im Jahr 1645 brachen die Schweden in Niederösterreich ein und erreichten die Donaulinie, im Jahr 1648 eroberten sie Prag, wo sich nur die Festung drei Monate lang halten konnte. Die Kriegszüge und Schlachten nahmen noch kein Ende, aber alle waren bereits des Krieges überdrüssig, auch der in Wien in verhältnismäßiger Sicherheit lebende Kaiser. Schon im Jahr 1645 hatten in Münster und Osnabrück Friedensverhandlungen begonnen. Es mußte an zwei Orten verhandelt werden, denn es gab Delegationen, die nicht gewillt waren, unmittelbar miteinander zu verhandeln. Dann dauerte es Monate, bis es gelang, sich überhaupt auf eine Tagesordnung zu einigen.

Am 24. Oktober 1648 wurde der Westfälische Frieden unterzeichnet. Er beendete zwar nicht alle Kriege, die im Lauf der dreißig Jahre ausgebrochen waren, stellte aber in einem bedeutenden Teil Europas den Frieden wieder her. Es war ein Frieden des Elends, wohin man auch schaute. Im Jahr 1618 betrug die Bevölkerungszahl der böhmischen Länder etwa 4,5 Millionen, im Jahr 1637 waren es nur noch 800 000, und diese Zahl erhöhte sich bis 1648 nicht mehr. Der Frieden ordnete vor allem die inneren Angelegenheiten des Deutschen Reichs. Es löste sich nunmehr auch offiziell in größere oder kleinere, voneinander unabhängige Staaten auf, niemand wußte genau, wie viele es eigentlich waren. Dieser Zustand hielt noch anderthalb Jahrhunderte an, solange es überhaupt noch ein Heiliges Römisches Reich Deutscher Nation gab.

Die Donaumonarchie überlebte den Sturm. Sie überlebte ihn, doch besagte dies momentan noch nicht viel. Auch die habsburgische Herrschaft in Spanien überlebte ihn. Hätten sich die Dinge jedoch ein wenig anders gestaltet, hätten beide schon damals zusammenbrechen können. Es scheint, als ob sie nur durch ihr Beharrungsvermögen zusammengehalten wurden, durch die Tatsache, daß sie existierten, und daß man dies wußte. Und dann durch rohe Waffengewalt. Wenn in Europa oder wenigstens im Deutschen Reich die Gegenreformation erfolglos war und es nicht gelang, die Macht der Fürsten zu brechen, so wurde sie doch in einem großen Teil der Donaumonarchie durchgeführt. Die Stände, ohne Unterstützung von außen, fügten sich ins Unvermeidliche, sie waren von ihren Niederlagen so geschwächt, daß sich letzten Endes nicht einmal mehr ein Bündnis zwischen ihnen als möglich erwies. Dadurch wurde aber den Ländern und Völkern der Monarchie die adlige Anarchie erspart, in die Polen damals schon geglitten war und in der es nicht ganz anderthalb Jahrhunderte später auch verschwand. Daß es demgegenüber andere Schwierigkeiten geben würde, noch dazu in übergroßer Zahl, konnte man damals noch nicht genau voraussehen, wenn es vielleicht auch viele dunkel ahnten.

Vor allem galt dies für die östlichen Grenzen der Donaumonarchie, wo zwar im Jahr 1648 der Frieden mit dem Osmanischen Reich erneuert wurde, es aber auch offensichtlich war, daß dieser Frieden keine Sicherheit bedeutete. Seiner Probleme im Osten entledigt, würde der Türke sein Interesse wieder dem Westen zuwenden. In diesem Fall aber wäre das Bestehen der Donaumonarchie nicht nur einfach eine Möglichkeit, sondern geradezu eine Notwendigkeit. Ja vielleicht könnte die Monarchie jetzt auch aktiv gegen den Osten auftreten. Der im Deutschen Reich und dadurch in ganz Europa entstandene Krieg begründete an sich nicht die Lebensberechtigung der Donaumonarchie. Um so mehr ergab sich diese Existenzberechtigung aber aus der noch immer drohenden Türkengefahr. Das ahnten auch schon die Zeitgenossen. Die folgenden Jahrzehnte hatten also auf wesentliche Fragen zu antworten.

Zwischen Ost und West

Die Zusammenarbeit zwischen spanischen und österreichischen Habsburgern dauerte zu Beginn und im Verlaufe des Dreißigjährigen Kriegs noch immer an, wies aber stets weniger Erfolge auf. Gegen Ende des Kriegs hatte keiner der Partner mehr Nutzen davon, dafür um so mehr Nachteile. Die spanischen Habsburger setzten den Krieg noch mehr als ein Jahrzehnt lang fort und beendeten ihn erst im Jahr 1659 mit dem Pyrenäenfrieden. Hilfe konnten sie von den österreichischen Verwandten nicht erwarten, dafür um so mehr Hilfeansuchen. Auch der Familienbesitz der österreichischen Habsburger wurde durch den Westfälischen Frieden geschmälert; die vorderösterreichischen Besitzungen fielen an Frankreich. Damit war der würgende Ring der Habsburger um Frankreich gesprengt, die späteren spanisch-französischen Kriege und die Notwendigkeit, deutsches Reichsgebiet gegen die Franzosen zu verteidigen, verwickelten die österreichischen Habsburger aber auch weiter in die Kriege Spaniens. Sie waren also durch Madrid und das Deutsche Reich im Westen zu dauernder Bereitschaft gezwungen. Später kamen noch andere Gründe hinzu. Die Herrschaft der spanischen Habsburger war ins Wanken geraten, hier ging es also um wichtige Erbschaftsfragen. Im Osten dagegen drohte der Türke, der Erbfeind der Donaumonarchie. Auch hier die volle Abwehrbereitschaft aufrechtzuerhalten, hätte sämtliche Kräfte der Donaumonarchie aufgezehrt. Zwischen Ost und West hin- und hergerissen, konnten sich die Habsburger nicht entscheiden. Man kann hinzufügen, daß die Entscheidungen auch nicht immer von ihnen abhingen. Da sie aber gezwungen waren, ihre Aufmerksamkeit in zwei Richtungen zu lenken, konnten sie keiner Aufgabe gerecht werden.

In den verbliebenen Teilen der Donaumonarchie war die Herrschaft der Habsburger nunmehr gesichert. Damit konnte die Gegenreformation beendet werden. In den österreichischen und böhmischen Ländern, mit Ausnahme Schlesiens, hatten die Habsburger für ihre Regierungspolitik freie Hand. Wenn die Protestanten während des Kriegs nicht immer im gewünschten Maß verfolgt und ausgerottet werden konnten, so ergaben sich nach 1648 (ja sogar schon einige Jahre vorher) ganz andere Möglichkeiten. Bis zum Beginn der fünfziger Jahre des 17. Jahrhunderts wanderten etwa vierzigtausend Protestanten aus den österreichischen Ländern aus, zum großen Teil natürlich nicht die Adligen, die sowieso nicht viel Nutzen brachten, weil sie von der Arbeit anderer lebten, sondern Bauern und Handwerker.

Die Zahl der aus den böhmischen Ländern Ausgewanderten wird auf hundertfünfzigtausend geschätzt, das war fast ein Sechstel der ohnehin stark zusammengeschmolzenen Bevölkerung. Die Habsburger waren nicht gerade lernbegierig, ausgenommen, wenn sie voneinander lernen konnten: vor einem politischen und ökonomischen Selbstmord wie der Vertreibung der Juden und Mauren aus Spanien schreckte auch Ferdinand III. nicht zurück.

Er war sich gar nicht so recht bewußt, wie sehr er damit seiner Herrschaft schadete. Er verstand es nicht, weil er sich auch nicht darum kümmerte; seine Vorliebe galt der Jagd, der Chemie und besonders der Musik. Seine Söhne erbten seine Neigungen und sein würdevolles Wesen, sein Sohn Ferdinand IV., der zu seinem Nachfolger bestimmt war, aber schon im Jahr 1654, drei Jahre vor seinem Vater, starb, ebenso wie der jüngere Sohn, Leopold, der ursprünglich für die geistliche Laufbahn bestimmt war, aber dann doch die Sorge um die Erhaltung des Throns und der Familie übernehmen mußte. Wie sein Vater liebte Leopold die Musik nicht nur, sondern schrieb auch selbst mehrere hundert Musikwerke, zum großen Teil kirchlicher Art, vor allem Oratorien, wie es sich gehört, wenn man fast Geistlicher geworden wäre.

Er hatte eine Vorliebe für die italienische Sprache. Besonders in den ersten Jahren seiner Regierung beschäftigte er sich lieber mit Musik als mit Politik, die überließ er – genau wie Philipp IV. – seinen Ratgebern.

Seine Wahl zum Kaiser war ebenso ungewiß wie die mancher seiner Vorgänger. Selbst der Erzbischof von Mainz warf die Frage auf, ob man jetzt nicht einmal einen anderen wählen sollte. Die Franzosen waren bereit, für diesen frommen Zweck viel Geld zu opfern. Aber auch die spanischen Habsburger waren gezwungen, in die Tasche zu greifen, obwohl diese bereits recht leer war. Endlich siegte aber die Kraft der Tradition – außerdem fehlte ein anderer Kandidat, der allen Kurfürsten genehm gewesen wäre. Im Jahr 1658 wurde Leopold zum Kaiser gewählt. Im Jahr 1662 starb Erzherzog Ferdinand Karl von Tirol, das letzte männliche Mitglied dieses noch getrennt regierenden Zweigs, dessen Tochter Leopolds erste Gemahlin war. Damit gelang es, das Testament Ferdinands II. vom Jahr 1621 zu vollstrecken; der österreichische Familienbesitz war wieder in einer Hand vereinigt. Neue Teilungen führten die Habsburger nicht mehr durch, auch hätte es für einige Zeit gar keine Familienmitglieder gegeben, unter denen man die Länder hätte aufteilen können. Zweite Gemahlin Leopolds wurde Margarete Theresia, die jüngere Tochter Philipps IV., während Maria Theresia, Philipps Tochter aus erster Ehe, nach dem Pyrenäenfrieden die Frau Ludwigs XIV. wurde, so daß Leopold eine Zeitlang Schwager des Königs von Frankreich war. (Dies änderte natürlich nicht viel an den zwischen ihnen bestehenden Gegensätzen.)

Diese Gegensätze wurden nicht immer mit Waffen ausgetragen. Im Jahr 1663 griffen die Türken an. Dieser Angriff war von den Zeitgenossen schon lange erwartet worden. Eine wichtige Befestigung der nordwestlichen Verteidigungslinie des habsburgischen Ungarn, Neuhäusel, fiel. Die Nachricht wirkte so erschütternd, daß sogar der Reichstag Hilfe beschloß; die Rheinstaaten sandten sechstausendfünfhundert Bewaffnete, Ludwig XIV. stellte fünftausend und der Kaiser selbst etwa sechsundsechzigtausend Mann. Oberbefehlshaber des Heeres war Raimund Graf Montecuccoli, den der Krieg vom wissenschaftlichen Standpunkt aus interessierte. Er hatte eine Theorie ausgearbeitet, wonach es im wesentlichen darauf ankam, möglichst lange zu manövrieren und Zusammenstöße und Entscheidungsschlachten zu vermeiden. Unter den gegebenen technischen Verhältnissen und unter Berücksichtigung auch der wirtschaftlichen Probleme der Epoche entsprach seine Theorie noch am ehesten den damaligen Möglichkeiten der Kriegführung. Nicht nur Montecuccoli ging so vor, sondern auch die anderen Heerführer. Diesmal aber konnte er den Zusammenstoß nicht vermeiden. Am 1. August 1664 stieß er bei Mogersdorf, in der Nähe von Sankt Gotthard an der Raab in Westungarn, mit dem türkischen Heer zusammen. Sein eindeutiger Sieg war vielleicht für ihn selbst eine Überraschung. Die ungarischen Stände erwarteten jetzt von ihm eine siegreiche Fortsetzung des Türkenkriegs und die vollständige Befreiung Ungarns. Mit Siebenbürgen konnte sowieso nicht mehr gerechnet werden, denn das Land hatte im Jahr 1657 infolge des Mißerfolgs des polnischen Feldzugs Georg II. Rákóczis und der darauffolgenden türkischen Intervention seine machtpolitische Bedeutung verloren. Im Besitz der in jahrzehntelangem Widerstand erkämpften königlichen Zugeständnisse hofften die ungarischen Stände, der Hof würde ihnen ihre Privilegien nicht mehr nehmen können. Damit schien die vollständige Rückeroberung des Landes die beste Lösung. Um so größer war die Empörung, als sich herausstellte, daß nach der Schlacht der Frieden von Vasvár geschlossen worden war, der in allen Punkten den Status quo bestätigte. Aus der Befreiung Ungarns wurde natürlich nichts. Miklós Zrínyi, der hervorragendste ungarische Denker der Epoche, beschäftigte sich schon damals mit dem Gedanken des Abfalls von den Habsburgern. Er verhandelte mit den Franzosen. Ludwig XIV. interessierte sich für die ungarische Opposition und entsandte Miklós Bethlen, um sich ein Bild von dieser Opposition machen zu können. Wenn die Donaumonarchie letztlich nicht imstande war, der einzigen Aufgabe gerecht zu werden, die sie in den Augen der Ungarn zu erfüllen hatte, so war es sinnlos geworden, sie aufrechtzuerhalten.

Die Habsburger aber hatten ihre Aufmerksamkeit auf Spanien gerichtet. Jedermann erwartete den Tod Philipps IV. Nach ihm kam im Jahr 1665 ein fünfjähriger Knabe, Karl II., auf den Thron, wie seine unmittelbaren Vorgänger kraftlos und von schwacher Konstitution. Es war nicht einmal sicher, ob er das Erwachsenenalter erreichen würde. Und dann ging es um das spanische Erbe. Da Karl II. jedoch am Leben blieb, war die Teilung vorderhand noch nicht aktuell. Auf alle Fälle hatte Leopold bereits im Jahr 1668 mit Ludwig XIV. ein Abkommen über die Grundprinzipien der Teilung getroffen und sich damit die Hände gebunden, als gegen Frankreich eine englisch-holländisch-schwedische Allianz zustande kam, der gegenüber Ludwig auf die Kurfürsten von Brandenburg und Bayern rechnen konnte. Erst im Jahr 1673 verbündete sich Leopold mit Holland, dann schlossen sich auch Spanien und Sachsen an, und im folgenden Jahr erklärte das Deutsche Reich Frankreich den Krieg. Er dauerte jahrelang, und meist waren die Franzosen im Vorteil. Spanien und Holland, die eigentümlicherweise nach so langen Feindseligkeiten jetzt auf einmal im selben Lager standen, hatten schon früher Frieden geschlossen, mit dem Deutschen Reich wurde im Jahr 1679 in Nimwegen ein Frieden unterzeichnet. Das Deutsche Reich büßte weitere Gebiete ein, und wenn sie auch keinen größeren Umfang annahmen, so waren sie doch vom militärischen Standpunkt aus nicht unwichtig, und – was die Hauptsache war – die deutschen Fürsten waren sehr ungehalten, daß der Kaiser auf weitere Landesteile verzichtet hatte.

Leopold mußte aber auch an den Osten denken. Im Jahr 1672, als Ludwig XIV. zum ersten Mal mit den Holländern Frieden geschlossen hatte, war noch immer nicht klar, wie sich die Lage im Westen entwickeln würde. Im Gebiet des habsburgischen Ungarn tauchten die Landesflüchtigen auf, die, ähnlich wie die böhmischen Emigranten, den Widerstand gegen die Herrschaft der Habsburger fortsetzten. Und im Jahre 1678, als sich der französische Krieg bereits seinem Ende näherte, trat in der Person Imre Thökölys einer der begütertsten ungarischen Magnaten (wenn sich auch seine Güter im Moment in kaiserlicher Hand befanden, da sie konfisziert worden waren) an die Spitze des Widerstands und zog mit türkischer Unterstützung gegen Leopold. Der Widerstand der ungarischen Stände verursachte schwere Sorgen, es war sogar zu einer Verschwörung gekommen, die die Führer der ungarischen und kroatischen Aristokratie, Ferenc Wesselényi, Péter Zrínyi, Franz Frangepan und Ferenc Nádasdy, vereinigt hatte. Im Jahr 1670 hatte der Hof die Verschwörung niedergeworfen, die Führer wurden im folgenden Jahr hingerichtet. Wesselényi war schon früher gestorben. Aber dies war nur ein Vorzeichen. Der Aufstand Thökölys, die große Kurutzenbewegung, brachte die nördlichen Komitate Ungarns eine Zeitlang in seine Hand. Und hätte sich der ständische Widerstand nur innerhalb des Landes gezeigt, so wäre es leicht gewesen, ihn zu unterdrücken, aber er wurde von den Türken unterstützt. Thököly versuchte sogar, vom König von Frankreich Hilfe zu erhalten, von jenem Ludwig XIV., mit dem die Habsburger seit 1678 Krieg führten. Und nun schlossen sich ihm solche Schichten an – desertierte Soldaten und Bauern –, mit denen die Habsburger bisher nichts zu tun gehabt hatten, da sie ja unmittelbar nur mit vornehmen Magnaten und im ungünstigsten Falle mit dem Komitatsadel in Berührung gekommen waren. Das ungarische Problem war bisher immer nur wie eine der inneren Angelegenheiten der Monarchie in Erscheinung getreten. Die ungarischen Stände mochten sich mit den übrigen Ständen der Monarchie oder mit Siebenbürgen und mit den Türken verbünden, sooft sie wollten – das schien alles nicht so wichtig, wenn man betrachtete, wie schmal der Streifen des habsburgischen Ungarn im Vergleich zu den übrigen Gebieten der Donaumonarchie war. In den österreichischen und böhmischen Ländern herrschte bereits Ruhe, auch in Ungarn würde man dieses Ziel früher oder später erreichen können.

Hat sich im Jahr 1678 etwas geändert? Eigentlich noch nicht. Obwohl es ein ungünstiges Zeichen war, daß die verhältnismäßige Unabhängigkeit Siebenbürgens den Türken gegenüber aufgehört hatte. Auch die Unterstützung Thökölys durch die Türken wirkte beunruhigend. Was sollte geschehen, wenn sich die Ungarn im Fall eines erneuten türkischen Angriffs Thököly anschlössen? Und die Unzufriedenheit war groß, selbst Montecuccoli wußte, daß die Ungarn die deutschfreundlichen, das heißt habsburgfreundlichen Ungarn haßten, nicht zu reden von den Deutschen selbst! Auf dem Reichstag von Ödenburg im Jahr 1681 war Leopold gezwungen, den wegen des Vordringens der Gegenreformation unruhigen und unzufriedenen Ständen gewisse Zugeständnisse zu machen. In der Frage der Religionsfreiheit kehrte er wieder zu den Prinzipien des Friedens von Wien zurück.

In Erwartung des neuen Türkenkriegs traf die Regierung umfassendere Vorbereitungen, und es gelang ihr, ein Bündnis mit dem polnischen König Johann Sobieski zu schließen, obwohl dieser eine französische Frau hatte und nach Frankreich orientiert war. Im Sinn des Bündnisses sollte der Kaiser sechzigtausend, Sobieski aber vierzigtausend Mann stellen. Im Jahr 1682 schickte Leopold noch eine Gesandtschaft nach Konstantinopel und bot eine Verlängerung des Friedens an, um im Notfall gegen Ludwig XIV. freie Hand zu bekommen. Im Sommer des folgenden Jahrs setzte sich aber das türkische Heer unter dem persönlichen Oberbefehl des Großwesirs Kara Mustafa in Bewegung. Der Oberbefehlshaber der kaiserlichen Armee, Herzog Karl von Lothringen, Leopolds Schwager, wagte mit seinen dreiunddreißigtausend Mann keine offene Schlacht anzunehmen. Auf dem Boden des königlichen Ungarn stießen die Türken auf keinen nennenswerten Widerstand. Anfang Juli verließ der Hof Wien. In der Hauptstadt blieb eine Garnison von zwölftausend Mann zurück, die von der Hunderttausende zählenden türkischen Armee bald umschlossen und belagert wurde. Die Donaumonarchie war wieder in derselben Lage wie im Jahr 1529. Ein Sieg der Türken hätte die schwersten Folgen nach sich gezogen.

Auch für Kara Mustafa war die Eroberung Wiens von entscheidender Bedeutung, weniger aus militärischen als aus politischen Gründen. Die Eroberung der Residenz des Königs in Wien wäre das Ende der Donaumonarchie gewesen, und der Weg nach Deutschland wäre frei geworden. (Daß die Türken damals nicht mehr stark genug dazu waren, wußte noch niemand.) Die Bestürzung war so groß, daß selbst die deutschen Fürsten, unter ihnen die Kurfürsten von Bayern und Sachsen, Hilfstruppen entsandten, die Polen unter Johann Sobieski erschienen ebenfalls, nur der Hohenzollernfürst hielt sich fern. Kara Mustafa konzentrierte alle seine Kräfte gegen Wien, so daß das Entsatzheer sich ungestört bei Tulln versammeln konnte. Am 12. September 1683 erschien es vor Wien und griff das türkische Lager an. Die Schlacht endete mit einem vollständigen Sieg, der gesamte türkische Troß fiel in die Hände der Entsatzarmee, und es gab reiche Beute. Die Reste des türkischen Heeres flüchteten in das von den Türken besetzte Gebiet Ungarns.

Die deutschen Fürsten betrachteten damit ihre Aufgabe als beendet, nur die

Bayern und Polen setzten den Kampf an der Seite der Kaiserlichen fort. Der Kriegsschauplatz verlagerte sich nunmehr auf das Gebiet Ungarns. Im Jahr 1684 verbündete sich Papst Innozenz XI., gefolgt von Venedig, mit Leopold, und dieser Heiligen Liga schloß sich auch Rußland an. Dort herrschte jetzt die Schwester Peters I., Sophie, und sie wollte ihrem Günstling, dem Fürsten Golizyn, um jeden Preis zu Kriegslorbeeren verhelfen.

Die Kriegsereignisse in Ungarn nahmen einen erfolgreichen Verlauf: am 2. September 1686 gelang es, nach langer Belagerung auch die Festung Ofen zurückzuerobern. Die Befreiung der ehemaligen ungarischen Hauptstadt fand in ganz Europa Widerhall. Die Befreiung Ungarns wurde als ein großer Triumph der Christenheit betrachtet, ähnlich wie seinerzeit der Sieg von Lepanto. Sowohl bei der Befreiung von Ofen als auch in den weiteren Kämpfen nahmen auch ungarische Truppen teil. Damit war die habsburgfeindliche politische Richtung in Ungarn zu Fall gekommen. Thököly war zur Zeit der Belagerung von Wien noch als Verbündeter der Türken in Mähren eingefallen, jetzt aber war er gezwungen, sich auf den Balkan zurückzuziehen und im Bund mit den Türken gegen die Freiheitsbewegungen der Balkanvölker aufzutreten. Denn auch auf dem Balkan regte es sich; im Jahr 1688 brach auf bulgarischem Gebiet ein Aufstand aus, als sich die Nachricht von der Ankunft kaiserlicher Truppen verbreitete. Die habsburgische Regierung entfaltete unter der Bevölkerung des Balkans eine große Propaganda, um sich deren Unterstützung beim Vorgehen der kaiserlichen Armee zu sichern. Im September des Jahres 1689 hatten die Befreier bereits Nisch erreicht.

Inzwischen hatten aber die Türken ihre Kräfte neu gesammelt und gingen zum Gegenangriff über. Die kaiserlichen Truppen waren gezwungen, die südlich von der Donau gelegenen Gebiete zu räumen. Hunderte, ja Tausende von Familien, die vor der Rückkehr der türkischen Truppen flüchteten und lieber ihr ganzes Vermögen zurückließen, als noch einmal unter türkische Oberherrschaft zu geraten, folgten ihnen. Die Serben, die unter der Leitung ihres Patriarchen Arsenije Černojević nordwärts über die Donau geflüchtet waren, erhielten von Leopold eigene Privilegien und durften sich frei auf dem Gebiet des rückeroberten Ungarn niederlassen, zunächst hauptsächlich in den Städten an der Donau.

Ungarn war seit 1526 oder spätestens seit 1541 das militärische Glacis der Donaumonarchie, die äußere Bastei des Deutschen Reichs gewesen. Jetzt wuchs seine Bedeutung plötzlich stark an. Denn letztlich war da ein Land in die Hände des habsburgischen Königs gefallen, das im Jahr 1526 noch ein recht bedeutender europäischer Staat gewesen war. Seine Naturschätze existierten vermutlich noch, und wenn sich auch die früher besetzten Gebiete in einem stark verwüsteten Zustand befanden, waren die Randgebiete verhältnismäßig unversehrt geblieben. Die Bevölkerung hatte zahlenmäßig allerdings abgenommen, denn die Türken und die von ihnen angesiedelten Bevölkerungsgruppen aus dem Balkan waren ja vor den Befreiern geflüchtet. Dies galt nicht für das im Jahr 1687 zurückerworbene Siebenbürgen, das auch wirtschaftlich höher entwickelt war. Der Donaumonarchie fielen also ungeheuer große Gebiete zu. Gleichzeitig bekam sie aber auch sozusagen als Draufgabe die ungarischen Stände, die schon früher der Regierung viel Kopfzerbrechen verursacht hatten. Und mit den Ständen bekam sie deren Privilegien, die bisher mit siebenbürgischer und türkischer Hilfe immer wieder den absolutistischen Versuchen gegenüber hatten behauptet werden können. Damit hatte sich eine neue Lage ergeben, und die Regierung in Wien mußte in dieser neuen Lage eine neue Politik finden.

Die Befreiung des Landes war noch nicht beendet, als im Jahr 1687 die ungarischen Stände auf dem Reichstag in Preßburg als Dank für die Hilfe des Königs das in den früheren Friedensverträgen gesicherte Widerstandsrecht (ius resistendi) und das Recht der freien Königswahl aufgaben und die erbliche Herrschaft der Dynastie in männlicher Linie anerkannten. Die Donaumonarchie war jetzt, wenigstens von Rechts wegen, in allen ihren Teilen zum Besitz der Habsburger geworden. Was konnte man mit diesem eigentlich reichen, aber momentan verelendeten und weitgehend unbewohnten Land anfangen? Der Hof sah sich in ähnlicher Lage wie in Böhmen nach 1620.

Die Grundsätze der in Ungarn zu verfolgenden Politik wurden von Leopold Graf Kollonitsch ausgearbeitet. Die Verwaltung des Landes sollte modernisiert, von der Rechtsprechung getrennt, die adligen Privilegien beschnitten, durch Einführung neuer Industriezweige das wirtschaftliche Leben entwickelt, Krankenhäuser und Schulen errichtet werden. (Ein sehr schönes, modernes Programm.) Die unbewohnten Gebiete sollten neu besiedelt werden, damit sie wirtschaftlich ausgebeutet werden konnten. (Auch das war eine sehr moderne Idee.) Ungarn, das heißt ungarische Fronbauern, gab es natürlich nur wenige, darum sollten Ansiedler anderer Nationalitäten herangezogen werden, möglichst Deutsche, wobei das rebellische ungarische Blut durch deutschen Einfluß beruhigt werden sollte (so Kollonitsch). Schließlich mußten auch Maßnahmen im Interesse der Gegenreformation durchgeführt werden, wenn man auch nicht mit Ansprüchen wie vor einigen Jahrzehnten in den böhmischen und österreichischen Ländern auftreten konnte. Aber wenn die Ungarn (hier bedeutete dies die Stände, also den Adel) wieder aufsässig werden sollten, dann mußte man ihnen gegenüber Gewalt anwenden. An einigen Orten war dies sofort geschehen. In diesem Programm fanden sich also positive und negative Elemente.

Da die Ansprüche der ungarischen Stände bisher von den Türken und von Siebenbürgen unterstützt worden waren, die Türken aber nunmehr ausfielen, mußte in dem von den habsburgischen Truppen besetzten Siebenbürgen etwas geschehen. Das im Jahr 1691 erlassene Diploma Leopoldinum gliederte Siebenbürgen als ein Ungarn gleichrangiges und vollkommen selbständiges Fürstentum in die Donaumonarchie ein, mit eigener Regierung und eigener Vertretung bei den zentralen Regierungsbehörden in Wien. Die Herrschaft des ungarischen Adels wurde durch diese Regelung nicht berührt, aber die Abtrennung von Ungarn spaltete auch den Adel und verminderte so die Aussichten eines späteren Widerstands.

Der Türkenkrieg dauerte an, die Truppen waren im Jahr 1689 noch auf dem Vormarsch nach Vidin in Bulgarien, doch mußte man sein Augenmerk wieder dem Westen zuwenden. Die französische Regierung unterwarf sich der Reihe nach die kleinen Staatengebilde entlang der französisch-deutschen Grenze, die Lehen des Deutschen Reichs waren. Wenn sich der Kaiser mit den Türken beschäftigte, waren die deutschen Fürsten eben gezwungen, sich selbst zu helfen. In gewisser Weise kam ihnen das sogar entgegen, konnten sie doch damit dem Kaiser gegenüber ihre Unabhängigkeit demonstrieren. Die Kurfürsten von Brandenburg, Sachsen und Hannover verbündeten sich gegen Ludwig XIV. Wollte er seine Autorität nicht gänzlich aufs Spiel setzen, konnte Leopold diesen Vorbereitungen nicht tatenlos zusehen. Im Jahr 1689 schloß der Kaiser ein Bündnis mit Holland, das seine kürzliche Niederlage rächen wollte. Mit dem Anschluß Englands kam die Große Allianz zustande. Wilhelm von Oranien, der holländische Erbstatthalter, war nämlich im Jahr 1689 unter dem Namen Wilhelm III. König von England geworden. Im Jahr 1690 schloß sich Spanien an. Der Ring um Frankreich hatte sich wieder geschlossen. Eine Zeitlang waren die Franzosen im Vorteil, und bei ihrem Angriff gegen Spanien erreichten sie sogar Barcelona. Die französische Diplomatie war bestrebt, die inneren Gegensätze zwischen den Verbündeten auszunützen, indem sie einige Staaten zum Austritt aus der Allianz zu bewegen suchte. Auf lange Sicht aber waren die Franzosen dem Gegner nicht gewachsen. Die französischen Truppen standen seit Jahrzehnten im Feld, und die wirtschaftlichen Quellen des Landes waren beinahe erschöpft. Im Jahr 1697 war Ludwig XIV. gezwungen, einzelne der in den letzten Jahren erworbenen Reichsgebiete zurückzugeben.

Jetzt konnte man sich wieder gegen die Türken wenden. Prinz Eugen von Savoyen, dieser ausgezeichnete Feldherr, halb italienischen, halb französischen Bluts, der, von seiner Abstammung dazu prädestiniert, natürlich im Dienst der Habsburger stand, schlug 1687 die türkische Armee bei Mohács sowie 1697 in einer entscheidenden Schlacht bei Zenta. Die Türken waren zu Friedensverhandlungen gezwungen. Bei den Verhandlungen in Karlowitz im Jahr 1699 mußten sie den Verlust von fast ganz Ungarn hinnehmen. Nur ein Teil des südungarischen Banats blieb in türkischer Hand. (Die Bezeichnung Banat stammt aus späterer Zeit, doch wird sie der Einfachheit halber schon hier gebraucht.) In den Grenzgebieten gegen die Türkei baute die Regierung die Militärgrenze aus. In dieser eigenartigen Organisation waren freie Bauern als Gegenleistung für den Besitz ihres Landes zu dauerndem Militärdienst verpflichtet. Zum größten Teil wurden die Südslawen dazu herangezogen, in einzelnen Gegenden wurden sie durch Székler und Rumänen ergänzt. Diese Militärgrenze schützte die Donaumonarchie gegen Süden.

Die spanische Erbschaft wurde wieder aktuell. Dagegen war sich die Regierung nicht bewußt, welch große Möglichkeiten sich ihr innerhalb des neuen Donaureiches tatsächlich boten. Und doch gab es jemanden, der auf diese Möglichkeiten aufmerksam wurde. Ein Edelmann aus Mainz, Gesandter des Bischofs von Passau, Philipp von Hörnigk, hatte schon im Jahr 1684 eine Studie unter dem Titel „Österreich über alles, wenn es nur will“ veröffentlicht. Er schlug die Entwicklung der Industrie und des Handels sowie die Ausbeutung der Bodenschätze vor. Sein Schwiegervater, Johann Joachim Becher, Alchimist Leopolds, dessen Aufgabe es gewesen wäre, für den Kaiser Gold zu erzeugen, empfahl eine viel natürlichere und modernere Art der Goldbeschaffung: Aufheben der innerstaatlichen Zölle, um den Verkehr zu erleichtern, Abschaffung der staatlichen Monopole, die Gründung von Arbeitshäusern, um die arbeitslos herumwandernde, entwurzelte Bevölkerung der Dörfer in den Dienst der industriellen Entwicklung zu stellen. Auf seinen Antrag wurde für die Leitung der Handelsangelegenheiten eine besondere Behörde, der Kommerzienrat, geschaffen. Auf staatliche Initiative wurden Manufakturen ins Leben gerufen. Becher, ein unruhiger Geist, der sogar ein Flugzeug und ein Unterseeboot entwarf, forderte die Schaffung einer westlichen Handelsgesellschaft nach dem Muster der seit 1667 bestehenden östlichen Handelsgesellschaft, die zustande gekommen war, um die günstige Situation nach dem mit den Türken geschlossenen Frieden auszunützen. Ähnliche Vorschläge zur Förderung der wirtschaftlichen Entwicklung hatte der frühere Kanzler des Herzogs von Gotha, Wilhelm von Schröder, ausgearbeitet. Diese sogenannten Kameralisten traten mit einem Plan hervor, der am Ende des 17. Jahrhunderts eigentlich unerhört modern war. Die Donaumonarchie, die bis jetzt durch den gemeinsamen Herrscher aus dem Hause Habsburg, manchmal durch Zusammenarbeit der Stände gerade gegen diesen zusammengehalten worden war, sollte nun auf Grund moderner wirtschaftlicher Überlegungen von innen und von unten, auf der Grundlage also des wirtschaftlichen Lebens verbunden werden, in einer dunklen Ahnung, daß solche Bande viel haltbarer sein würden als dynastische Bindungen. Man wollte die merkantilistische Politik, die Colbert in Frankreich mit so viel Erfolg eingeführt hatte – bis die Kriege deren Ergebnisse aufzehrten –, in die durch die Wiedererwerbung Ungarns veränderte Donaumonarchie versetzen, und zwar schon zu einer Zeit, als die Wiedereroberung erst in ihren Anfängen war.

Es war dies die Vision einer auf ihren inneren Kraftquellen beruhenden, durch wirtschaftliche Bande eng verbundenen, blühenden und starken Donaumonarchie. Für die Habsburger und – mit wenigen Ausnahmen – für ihre Ratgeber eine neue und fremde Vision. Verdächtig schon darum, weil sie von Männern propagiert wurde, die zwar in den Schoß der katholischen Kirche zurückgekehrt, aber ursprünglich Protestanten gewesen waren. (Konnte von solchen Leuten etwas Gutes kommen?) Ein Aufschwung war natürlich notwendig, auch würden höhere staatliche Einnahmen nicht schaden, waren doch die Staatsschulden beträchtlich gestiegen. Aber für eine solche Kräftigung gab es gewohnte und bewährte Formen: der Erwerb neuer Länder und neuer Provinzen. Und diese Möglichkeit gab es, stand doch die spanische Erbschaft gewissermaßen vor der Tür.

Karl II. würde ja nicht mehr lange leben. Im übrigen zählte er in der Regierung ohnehin nicht viel. Wie erwähnt, war er ein schwächliches Kind, und man hatte ihn auch nicht mit Unterricht geplagt. Im Alter von neun Jahren konnte er weder lesen noch schreiben. An seiner Stelle regierten seine Ratgeber, wie das in Spanien schon eine bewährte Methode war; diesmal war es lange Zeit wieder ein Don Juan José, Sohn Philipps IV. von einer Schauspielerin, der bis zu seinem Tod im Jahr 1680 unter dem Einfluß seiner französischen Frau eine französisch orientierte Politik vertrat, ohne sich darum zu kümmern, daß die niederländischen Gebiete und im Jahr 1674 sogar eine Bastei der ursprünglichen burgundischen Erbschaft, die Franche-Comté, verlorengingen. Nach ihm gewann wieder die traditionelle österreichische Orientierung die Oberhand, nur richtete sich jetzt charakteristischerweise Spanien nach Wien.

Unter den Günstlingen fand sich einer, Graf Oropesa, der meinte, daß doch etwas gegen den immer offensichtlicheren Verfall getan werden müsse. Er versuchte, Sparmaßnahmen am Hof durchzusetzen, da ja die Hälfte der staatlichen Einkommen für den Hofstaat ausgegeben wurde. Dies gelang nicht. Ein neuer Krieg verzehrte das Geld, das man eventuell für die inneren Reformen hätte verwenden können.

Auch die einst so reichen spanischen Niederlande befanden sich in einer jammervollen Lage. Ihren Handel hatten die Holländer schon völlig an sich gerissen. Die Last der sich häufig wiederholenden Zusammenstöße zwischen Spanien und Frankreich in diesem Jahrhundert wurde zum größeren Teil von dieser Provinz getragen, in der sich die Kriegsereignisse hauptsächlich abspielten. Das Gebiet wurde kleiner, die Bevölkerung nahm noch mehr ab: sie zählte zwei Millionen, bedeutend weniger als am Ausgang des Mittelalters. Und doch sympathisierte die Bevölkerung mit der spanischen Herrschaft, denn von einer holländischen, französischen oder deutschen Herrschaft befürchtete sie noch Ärgeres. Seit 1634 war die gemeinsame Ständeversammlung der Provinzen nicht mehr einberufen worden, die spanischen Gouverneure herrschten absolut, doch wurde ihnen dies wegen ihrer Zwangslage von den niederländischen Ständen nicht einmal übelgenommen.

Trotz alledem hatte das spanische Erbe etwas Verlockendes. Die überseeischen Gebiete lieferten noch immer Silber, wenn auch lange nicht mehr so reichlich wie früher. Einige Kolonien waren zwar verlorengegangen, doch der größte Teil war noch in spanischer Hand. Mit klügerem Haushalten könnte sich noch viel aus ihnen herausholen lassen. Das spanische Erbe war also eine Anstrengung, diplomatische Kunststücke und im Notfall selbst einen Krieg wert.

Der Kampf um das spanische Erbe

Wenn mit Karl II. die spanischen Habsburger ausstarben, konnten nach göttlichem und menschlichem Gesetz nur die österreichischen Habsburger die alleinberechtigten Erben sein. Darüber gab es in Wien keinen Zweifel. War es doch allgemein bekannt, welche Familienabkommen früher geschlossen worden waren und wie sehr die beiden Linien der Habsburger lange Zeit übereingestimmt hatten. Die Erbschaft innerhalb der Familie ging natürlich niemanden etwas an. Letztlich hatten ja die Habsburger ebendeshalb untereinander ihre Ehen geschlossen.

Wenn dies auch die Überzeugung Leopolds war, so dachte Ludwig XIV. doch ganz anders darüber. Und die Zweifel Ludwigs XIV. mußten selbst von Leopold beachtet werden. Ludwig war nicht der erste König von Frankreich, der sich eine Frau aus der Familie der spanischen Habsburger geholt hatte. In weiblicher Linie war auch er erbberechtigt. Karl II. war noch ein Kind, als im Jahr 1668 der erste Teilungsplan ausgearbeitet wurde. Danach hätte Leopold Spanien selbst mit den amerikanischen Kolonien und dem Herzogtum Mailand, Ludwig die Niederlande, die Franche-Comté, das Königreich Neapel-Sizilien, Navarra, die afrikanischen Besitzungen und die Philippinen erhalten. Vielleicht hätte damit tatsächlich jeder etwa die Hälfte bekommen. Nur blieb eben Karl II. am Leben, und die Teilung der Erbschaft verschwand für einige Zeit von der Tagesordnung.

Gegen Ende des Jahrhunderts wurde die Erbschaft wieder aktuell. Der König von Spanien war zwar noch nicht einmal vierzig Jahre alt, aber sein Gesundheitszustand verschlechterte sich zusehends. In der Erbschaftsfrage wollten jetzt außer Ludwig XIV. auch noch andere mitsprechen. England und Holland, die schon längere Zeit spanische Kolonialgebiete besetzt hielten und noch weitere dazugewinnen wollten, war es durchaus nicht gleichgültig, wem die spanische Erbschaft zufallen sollte. Ihr Hauptanliegen war, daß sie nicht in französische Hände fallen dürfte, denn die Franzosen besaßen bereits an vielen Orten Kolonien, und deren Verstärkung durch die spanischen Kolonien hätte sich für die weitere englische und holländische Kolonisierung gefährlich auswirken können. Allerdings hätte ihnen auch die Wiederherstellung des Reichs Karls V. mißfallen, vor allem den Holländern, die sich noch lebhaft an diese Zeit erinnerten. So blieb nur eine Möglichkeit: Die Erbschaft sollte nicht den beiden Konkurrenten, sondern einem dritten zufallen.

Ein Jahr nach dem Frieden von Rijswijk (1697) kamen die beiden Seemächte in diesem Sinn überein, und es gelang ihnen, die beiden Anwärter auf die Erbschaft zu bewegen, ihre Lösung anzunehmen. Ja selbst Karl II. konnte dazu gebracht werden, seine Zustimmung zu geben. Es fand sich auch ein Kandidat, der jedermann genehm war, der sechsjährige Joseph Ferdinand, der Sohn der Kurfürsten Maximilian Emanuel von Bayern. Um die Habsburger und Bourbonen dennoch nicht leer ausgehen zu lassen, hätte der Kaiser Mailand, Ludwig aber Neapel bekommen.

Alles war in bester Ordnung. Karl II. setzte Joseph Ferdinand zu seinem alleinigen Erben ein (Mailand und Neapel sollte dieser übergeben, um die spanische Königswürde vor der Schande einer im voraus berechneten Aufteilung zu bewahren). Der designierte Erbe starb aber leider im nächsten Jahr, 1699, ganz unerwartet. Die politischen Kombinationen mußten von neuem beginnen. Ludwig XIV. war aktiver. Er schloß ein neues Bündnis mit den Seemächten. Spanien und die Kolonien sollten dem jüngeren Sohn Leopolds, Karl, die italienischen Besitzungen dagegen dem französischen Dauphin zufallen.

Und da kam ein bisher unbeachteter und vielleicht wirklich gar nicht kompetenter Faktor ins Spiel: die spanische Regierung meldete sich zu Wort. Die leitenden Politiker des spanischen Hofs wollten die Erbschaft als Ganzes erhalten. Natürlich waren sie sich darüber im klaren, daß sie ihre Absicht den anderen Mächten gegenüber nicht aus eigener Kraft würden durchsetzen können. Aber auch Leopold und Karl konnten dies nicht. Nur französische Hilfe kam in Betracht. Wenn Frankreich den spanischen Besitz unterstützte, wäre das eine wirkliche Hilfe. Die französische Regierung aber war offenbar nur dann geneigt, diese Hilfe zu leisten, wenn der Erbe aus der Familie Bourbon kam. Die Mehrheit der politisch Verantwortlichen in Spanien sprach sich also für die französische Lösung aus. Zwischen dem kaiserlichen und dem französischen Botschafter setzte ein hartes Ringen um die Einwilligung Karls II. ein. Die Zeit drängte, Karl war schon sehr krank. Anfang Oktober 1700 verfaßte er sein Testament. Von seinem Inhalt war noch nichts durchgesickert. Einige Wochen später, am 1. November, starb der König.

Als der Hof und die Vertreter der auswärtigen Mächte sich zur feierlichen Verkündigung des Testaments versammelten, war der kaiserliche Botschafter seiner Sache sicher. Karl war immerhin ein Habsburger, er konnte sein Blut nicht verleugnet haben. Ein spanischer Grande trat zum Botschafter, und dieser schickte sich an, die Gratulation entgegenzunehmen. Der Spanier dagegen erklärte nur, sich vom kaiserlichen Botschafter verabschieden zu wollen. Und tatsächlich stellte sich in den nächsten Minuten heraus, daß Karl II. den jüngeren Enkel Ludwigs XIV., Philipp von Anjou, zu seinem Nachfolger bestimmt hatte.

Ludwig XIV. war nicht nur seiner Sache so sicher wie der kaiserliche Botschafter, sondern er kannte auch den Entscheid. Auf die Nachricht vom Tod Karls rief er seinen Hof zusammen und stellte Philipp V. als neuen König von Spanien vor. Philipp hielt bald darauf seinen Einzug in Madrid, wo er von der Bevölkerung begeistert empfangen wurde. Endlich ein gesunder König, der noch keinen schlechten Ruf hatte! Philipp war der jüngere Enkel Ludwigs, der jüngere Bruder des französischen Dauphins, und es konnte also damit gerechnet werden, daß zwar Mitglieder derselben Familie auf dem französischen und dem spanischen Thron sitzen würden, jedoch nicht dieselbe Person. Das würde bedeuten, daß das französische und das spanische Kolonialreich getrennt blieben. Die englischen und die holländischen Kaufleute waren durch diese Lösung beruhigt. Ein Krieg war überflüssig, und der Handel mit den Kolonien konnte fortgesetzt werden.

Diese Beleidigung konnte der Kaiserhof natürlich nicht einfach hinnehmen. Die unseligen Franzosen hatten seine heiligsten Rechte mit Füßen getreten! Leopold erkannte Philipp nicht als König an wie England und Holland, sondern begann den Krieg. An der Spitze der in Tirol aufmarschierten Armee stand der beste Feldherr, Eugen von Savoyen. Es gelang der Armee, in Italien einzubrechen und die spanischen Gebiete in Norditalien zu besetzen. Im Königreich Neapel organisierte die kaiserliche Regierung einen habsburgfreundlichen Aufstand, und unter den mit der spanischen Herrschaft Unzufriedenen fanden sich nicht wenige Aristokraten, die an den Vorbereitungen teilnahmen. Die spanischen Behörden liquidierten aber diese Vorbereitungen schnell: die italienischen Adligen emigrierten nach Wien und vermehrten dort die Zahl der im Dienst der Habsburger stehenden internationalen Höflinge.

Einige Monate später hatten es sich die Seemächte wieder überlegt. Letzten Endes würde Philipp V. ja doch den französischen Einfluß stärken. (Das hätten sie übrigens schon früher erkennen können.) Vielleicht wäre eine habsburgische Lösung doch besser gewesen, aber ohne Vereinigung des habsburgischen Besitzes. Karl, der nicht Thronfolger war, sollte also Spanien bekommen, Leopold (und nach dessen Tod sein älterer Sohn Joseph) dagegen Mailand und Neapel. Die territorialen Kombinationen waren bis zum Überdruß dieselben, das Wesen der Sache blieb immer die Trennung der spanischen und italienischen Besitzungen.

Karl war von dem im September 1701 geschlossenen Abkommen begeistert. Er machte sich auf den Weg, um von Portugal aus das Land seiner Väter zu betreten. Schließlich konnte er die spanischen Habsburger in mütterlicher Linie ebenfalls als seine unmittelbaren Vorfahren betrachten, während sie als Habsburger in jeder Beziehung seine Verwandten waren. Auf der Reise besuchte er auch noch die englische Königin Anna, die eben den Thron bestiegen hatte. Er war sich bewußt, daß in diesem Spiel England die Hauptrolle übernommen hatte. So war es auch, nur sah Karl nicht, daß die englische Regierung auf seine Interessen höchstens nebenbei Rücksicht nehmen würde.

Der Kaiser ließ sich also auf einen Krieg ein, aber die Stellungnahme der deutschen Fürsten war noch fraglich. Der Kurfürst von Bayern und sein jüngerer Bruder, Joseph Klemens, Erzbischof und Kurfürst von Köln, stellten sich letztlich auf die Seite der Franzosen, da diese mehr Geld versprachen. Dagegen wählte der Kurfürst von Brandenburg, Friedrich, die Partei des Kaisers, weil er dafür den Königstitel bekam und sich in Königsberg zum König in Preußen krönen lassen durfte.

Hannover stellte sich wegen der engen dynastischen und wirtschaftlichen Beziehungen, die es mit England verbanden, auf die Seite des Kaisers.

Die Kriegshandlungen wurden von den Franzosen am Rhein, der schon so viele Zusammenstöße zwischen Habsburgern und Bourbonen gesehen hatte, begonnen. Köln und Lüttich wurden besetzt, letzteres war damals noch deutsches Reichsgebiet. Daraufhin konnte Leopold I. den Krieg im Namen des Deutschen Reichs erklären. Schauplätze der Kämpfe waren der Lauf des Rheins, die Niederlande und Italien. Englische Truppen erschienen in den Niederlanden, die mit der Zeit der Hauptkriegsschauplatz wurden. Die Engländer landeten auch in Portugal und schlossen mit der portugiesischen Regierung ein Abkommen, das Portugal für Jahrhunderte an die englische Politik band. Und auch Gibraltar mit der den Eingang zum Mittelmeer beherrschenden Befestigung wurde besetzt, ebenfalls für Jahrhunderte.

Lange verlief der Krieg günstig für die französischen Truppen. Selbst Eugen von Savoyen war kaum imstande, die besetzten spanischen Gebiete in Italien zu halten. Da entstand der Donaumonarchie plötzlich auch im Rücken ein neuer Feind: Ungarn.

Die von Kollonitsch begonnene Politik hatte großen Widerstand hervorgerufen. Die Landzuteilungen an Ausländer, die benachteiligte Lage des ungarischen Adels, die Ausschreitungen der Söldner, die offenen Angriffe der Gegenreformation, die erhöhten Steuern – all dies trug dazu bei, die Unzufriedenheit zu schüren. Schon im Jahr 1697 war in Nordungarn ein Bauernaufstand ausgebrochen. Jetzt aber stellte sich der größte Grundbesitzer des damaligen Ungarn, Franz II. Rákóczi, an die Spitze eines neuen Aufstands, um dem Übel ein Ende zu bereiten und den Ständen die Macht wiederzugeben. Ja er wollte vielleicht sogar noch etwas mehr: er wollte die Lage der Fronbauern ändern. In Wien mußte man merken, daß dieser Aufstand sich von den früheren unterschied, daß er sich schnell ausbreitete, obwohl die Türken nicht hinter ihm standen, und daß bereits ein großer Teil des Landes in der Hand der Aufständischen war. Natürlich unterstützte Ludwig XIV. den Aufstand mit Geld und noch mehr mit Versprechungen, er schickte einen Gesandten, der versprach, daß die Sache Rákóczis im zu schließenden Frieden berücksichtigt werden würde. Die englischen und holländischen Botschafter waren bemüht zu vermitteln, da der Aufstand ja den großen westlichen Krieg störte.

Dagegen gab es aber auch beruhigendere Momente. Der Fürst von Savoyen, Viktor Amadeus, hatte sich den Verbündeten angeschlossen und die Lage der französischen Truppen in Italien dadurch erschwert, daß er ihre unmittelbaren Nachschublinien abschnitt. Maximilian Emanuel von Bayern brach im Jahr 1703 in Tirol ein, wurde aber von den Bauern vertrieben. Dagegen zog er im nächsten Jahr, durch französische Truppen verstärkt, gegen österreichisches Gebiet vor. Der Kaiser befand sich gerade in einer schweren finanziellen Lage: der Bankier Samuel Oppenheimer, der bisher den Krieg finanziert hatte, war im Jahr 1703 in Konkurs geraten. Eine neue Wendung trat am 13. August 1704 ein, als Eugen von Savoyen und John

Churchill (bald darauf Herzog von Marlborough), der englische Oberbefehlshaber, den Franzosen und Bayern bei Blindheim und Höchstädt eine schwere Niederlage zufügten. Bayern wurde von kaiserlichen Truppen besetzt. Rákóczi wurde von Ludwig XIV. weiterhin unterstützt und ermutigt, aber das Schicksal der Erhebung war nun schon eng mit den Kriegsereignissen im Westen verflochten, wogegen auf direkte französische oder bayrische militärische Hilfe nicht mehr gerechnet werden konnte.

Karl war Ende September 1703 auf spanischem Boden gelandet, und im Lauf der Kämpfe gelang es ihm mit Hilfe englischer Truppen zweimal, Madrid zu besetzen, doch beherrschte er nie das ganze Land. Er mußte sich nach Katalonien zurückziehen, auf dessen oppositionellen Geist er rechnen konnte, wenn es ihm möglich war, sich militärisch recht und schlecht zu halten.

Noch vor seiner Abreise, am 12. September 1703, hatten die drei Habsburger einen Familienpakt geschlossen, ganz geheim, nur in Anwesenheit der vertrautesten Höflinge. Im Sinne dieses Abkommens verzichteten Leopold und Joseph auf die spanische Erbschaft mit Ausnahme Mailands. Die Habsburger hatten sich also wieder in zwei Linien gespalten, die sich aber beim Aussterben der einen in männlicher Linie gegenseitig beerben konnten. Sollte überhaupt kein männliches Mitglied der Familie mehr leben, würde die älteste Tochter Josephs den Familienbesitz erben. Dieser Punkt wurde nur zur Vorsicht in den Pakt aufgenommen, denn bezüglich des Fortbestands der Familie war man nicht übermäßig pessimistisch. Diese Aufteilung bedeutete natürlich damals gesonderten Besitz der beiden Linien, schloß aber eine Wiedervereinigung in einer Hand nicht aus. Das war also gerade das, was die Seemächte vermeiden wollten. Aus diesem Grund mußte der Pakt eben geheim bleiben, außerdem entsprach diese Art, Erbschaftsfragen zu regeln, auch nicht dem spanischen Gewohnheitsrecht.

Zunächst ging alles gut. Im Jahr 1705 war Leopold gestorben, Joseph I. war an seine Stelle getreten und auch zum Kaiser gewählt worden, der Krieg aber ging weiter und wendete sich immer mehr zugunsten der Verbündeten. Frankreich hatte jahrzehntelang ohne Unterbrechung Kriege geführt, um neue Gebiete zu annektieren, und war der Erschöpfung nahe. Im Jahr 1706 schlug der Herzog von Marlborough auf niederländischem Boden, bei Ramillies, die französischen Truppen, die gezwungen waren, die Niederlande zu räumen. Im selben Jahr entsetzte Eugen von Savoyen Turin von der französischen Belagerung, und damit waren die Franzosen aus Norditalien verdrängt. Die Truppen des Generals Daun aber besetzten 1707 Neapel. Das spanische Übergewicht in Italien wurde durch das österreichische abgelöst.

Parallel zum Spanischen Erbfolgekrieg wurde auch in den östlichen Teilen Europas ein großer Krieg, der Nordische Krieg, geführt. Es war ein Eroberungskrieg des Schwedenkönigs Karl XII. gegen Polen und Rußland. Die Haltung Schwedens war für beide Seiten des Spanischen Erbfolgekriegs von Bedeutung; zunächst schien es, als ob die Eroberungen Karls XII. in Polen eher die Franzosen begünstigten. Deswegen schlossen die Kaiserlichen am 1. September 1707 im schlesischen Winterquartier des Schwedenkönigs, in Altranstädt, ein Abkommen mit ihm, in dem Karl gegen Religionsfreiheit für Schlesien auf die Zusammenarbeit mit den Franzosen verzichtete. Bald darauf wandte er sich gegen Rußland, doch endete sein Unternehmen mit einem Mißerfolg. Für die Verbündeten dagegen hatte damit die Gefahr eines französisch-schwedischen Bündnisses aufgehört.

Im Jahr 1709 erlitten die Franzosen bei Malplaquet eine neue schwere Niederlage. Ludwig XIV. war gezwungen, in die Eröffnung von Friedensverhandlungen einzuwilligen. Es schien, als ob Frankreich unfähig wäre, weiterzukämpfen. Die Verhandlungen begannen in Gertruydenburg in Holland, und Ludwig war zwar bereit, auf alle seine Eroberungen zu verzichten, das Ansinnen, seinen Enkel selbst aus Spanien zu vertreiben, lehnte er jedoch ab. Er mußte also den Krieg fortsetzen.

Als die vollständige Niederlage der Franzosen schon nahe schien, änderte sich die Lage von Grund auf. In England waren die konservativen Tories an die Macht gekommen und wollten den Krieg nicht fortsetzen. (Eine eigenartige Erscheinung; England war damit das erste Land, in dem nicht der Herrscher oder seine Ratgeber durch ihren Willen die Politik bestimmten, die Zeitgenossen verstanden auch nicht recht, wie das möglich war.) Im übrigen hatte England ohnehin die Ziele erreicht, für die es ursprünglich in den Krieg eingetreten war.

Als Joseph I. am 17. April 1711 starb, wendete sich das Blatt endgültig. Joseph war bis dahin bestrebt gewesen, die Teilung nach dem Muster zu verwirklichen, wie es seinerzeit Karl V. und Ferdinand I. praktiziert hatten, nur sollte jetzt der österreichische Partner die erste Rolle spielen. Dies war ja, im Hinblick auf die Schwerfälligkeit der spanischen Regierung, auch bisher im großen und ganzen der Fall gewesen. Noch in Josephs Namen war der Friede von Szatmár vorbereitet worden, der den Abschluß des von Franz II. Rákóczi geführten Freiheitskampfes bringen sollte. Er wurde jedoch erst am 29. April 1711 geschlossen, als Joseph bereits tot war. Karl war aber sowohl von der Krankheit Josephs als auch von den Verhandlungen in Szatmár unterrichtet und beharrte auf der Einhaltung der Friedenspunkte, um den ungarischen Adel zu gewinnen.

Nach Josephs Tod konnten sich die Kurfürsten, wie schon vorauszusehen war, wieder auf keinen anderen Kandidaten einigen als den nächsten Habsburger, also Karl. König (oder besser Gegenkönig) Karl III. von Spanien wurde als Karl VI. auch Kaiser. Eine solche Lösung hatte es schon gegeben, und nicht nur die Franzosen waren nicht gewillt, die Vereinigung der Macht in einer Hand zu dulden, sondern auch die Verbündeten Karls nicht. Karl konnte das nicht verstehen. Er wollte König von Spanien bleiben, er sprach damals schon besser Spanisch als Deutsch. Zur Kaiserkrönung mußte er zurückkehren, doch ließ er seine Gemahlin in Barcelona, der einzigen Stadt, die noch in seiner Hand war.

Während er in Deutschland weilte, trat in Utrecht der Friedenskongreß zusammen. Die Franzosen stimmten begeistert für den Frieden, denn sie waren am Ende ihrer Kräfte und konnten den Krieg nicht weiterführen. Die Engländer unterstützten sie, und die Holländer neigten nach einer Niederlage ebenfalls zum Frieden. Das Abkommen, das geschlossen wurde, hielt sich im allgemeinen an die früheren Teilungspläne. Spanien und die überseeischen Besitzungen blieben in der Hand Philipps V., allerdings unter der Bedingung, daß der Besitz der französischen und der spanischen Bourbonen nie vereinigt werden dürfte. Diese Beschränkung wurde von Ludwig XIV. akzeptiert. Zum gegebenen Zeitpunkt wäre es vollkommen hoffnungslos gewesen, günstigere Bedingungen, d. h. vor allem einen Frieden ohne die genannte Beschränkung, aushandeln zu wollen. Der spanische Besitz in Europa – die Niederlande, Neapel, Mailand, Livorno, die Insel Sardinien, fast halb Italien – fiel Karl VI. zu. Weil er rechtzeitig auf die andere Seite übergegangen war, erhielt der Fürst von Savoyen die Insel Sizilien und mit ihr den Königstitel. Die in Italien bereits im Verlauf des Kriegs eroberten und mit Mühe verteidigten österreichischen Positionen waren somit gesichert. Ein ganz neues Moment war dagegen die Abtrennung der Niederlande von der gesamten spanischen Erbschaft. Vom wirtschaftlichen Gesichtspunkt waren sie nicht mehr interessant, die Seemächte überließen sie Österreich. Durch die Nachbarschaft sollten die französischen Ansprüche im Norden gezügelt werden. Da die Habsburger nicht imstande waren, die ganze Last der Verteidigung der Niederlande so fern von den österreichischen Stammlanden allein zu tragen, erlaubten sie den Vereinigten Provinzen, an der Grenze Befestigungen zu errichten und diese besetzt zu halten (Barrage-Vertrag).

Am 11. April 1713 wurde der Frieden von Utrecht von den Seemächten geschlossen; Karl lehnte ihn zunächst ab. Nur konnte er allein den Krieg gegen die Spanier, die Franzosen, möglicherweise gegen die Engländer und Holländer nicht führen. Am 6. März 1714 schloß er sich in Rastatt im Namen des Deutschen Reichs dem Frieden an und willigte in alle seine Bedingungen ein.

Es war ein wesentlicher Wendepunkt in der Geschichte der Habsburger, für sie von viel größerer Wichtigkeit als für Europa. Europa hatte ja schon einige solcher Neuordnungen hinter sich und würde noch weitere erleben. Früher oder später würden sie tiefgehende Änderungen mit sich bringen. Auch für das Heilige Römische Reich Deutscher Nation war der Westfälische Frieden viel wichtiger, den Frieden von Rastatt bekam es kaum zu spüren.

Die Habsburger dagegen mußten zur Kenntnis nehmen, daß das nach so spektakulärem Aufschwung unter Karl V. verwirklichte und unter seinen Nachfolgern wenn auch geteilte, so doch weiter existierende Weltreich sein Ende gefunden hatte. Was erhalten blieb, war noch immer nicht wenig, aber die Herrschaft über Europa konnte damit nicht mehr gesichert werden. In Wirklichkeit hatte es diese Vorherrschaft selbst zu Zeiten Karls V. nicht gegeben, aber die Möglichkeit hatte im ganzen vergangenen Jahrhundert bestanden, sie war erst jetzt endgültig verlorengegangen.

Der Aufstieg der Familie war in der Mitte Europas vor sich gegangen, im Deutschen Reich, dann hatte sie ihre Hand auf die peripheren Gebiete Europas von

Schlesien bis Portugal gelegt, um von dort aus den Gang der europäischen Geschichte zu kontrollieren, und von dort hatte sie auch mehr als einmal, allen Schwierigkeiten, ja manchmal Katastrophen zum Trotz, ihren Einfluß geltend gemacht. Ihr Schwerpunkt, zumindest virtuell, lag noch immer irgendwo in der Mitte Europas, auf dem Gebiet des Deutschen Reichs.

Nach 1713 hat sich dieser Schwerpunkt verschoben. Neue Änderungen im Besitzstand traten ein. Infolgedessen verlagerte sich der Schwerpunkt jetzt an den Lauf der Donau, und zwar eher an ihren Mittellauf als an ihren Oberlauf. Diese Donaumonarchie, früher ein nebensächlicher, kaum weiter beachteter Teil des Familienbesitzes, dessen Notwendigkeit durch die Türkengefahr gegeben war, rückte nun, da diese Notwendigkeit nicht mehr bestand, zum Hauptbesitz vor. Welchen Sinn, welche neue geschichtliche Bedeutung wird die veränderte Lage gewinnen?

Karl VI. hat sich darüber ganz sicher nicht den Kopf zerbrochen, auch seine Nachkommen wohl kaum, denn der Sinn der Donaumonarchie war ihnen klar: sie war jetzt der Familienbesitz, ihr Eigentum, von Gott gewollt, jedes Argumentieren war also überflüssig und müßig. Die Habsburger erlebten ihren Aufstieg zu einer Zeit, als jeder, der sich über den Gang der Geschichte Gedanken machte, es natürlich fand, daß es Herrscher gab, daß das Land ihnen gehörte und daß sie es rauschen und vermehren konnten wie der Grundherr seine Güter oder der Bürger seine Häuser und Schätze. So waren die Habsburger aufgewachsen, und daran hielten sie sich. Sie duldeten es höchstens oder nahmen es zur Kenntnis, daß andere dieser Donaumonarchie einen anderen Sinn gaben.

Die Herausbildung der Donaumonarchie

In der Epoche Karls VI. folgten die Ereignisse zwei großen Linien. Einerseits mußte notwendigerweise erst einmal zur Kenntnis genommen werden, was vom Reich eigentlich geblieben war, wie damit gewirtschaftet werden könnte und wie daher der Rest des Reichs besser abzurunden und um den Schwerpunkt an der Donau zusammenzuziehen sei. Andererseits mußten die Einheit des restlichen Reichs und deren Bestand sowie die Erbfolge in weiblicher Linie gesichert werden. Auf den Gang der ersten Ereignisfolge hatte der Kaiser einen geringeren Einfluß, da hier auch viele andere Faktoren mitspielten. Die zweite Aufgabe war seine höchst persönliche Angelegenheit und wurde letztlich sein größter Erfolg.

Als Karl III., also noch als spanischer König, befand sich der Kaiser mit Spanien im Kriegszustand. Und schon tauchte die Gefahr eines neuen Kriegs auf, diesmal wieder gegen die Türken. Im Jahr 1714 griffen sie die Besitzungen Venedigs auf Morea an, ein Angriff gegen das Donaureich war also zu erwarten. Trotz des Kriegszustands versprachen die spanische und sogar die französische Regierung, sich neutral zu verhalten. Karl konnte sich mit voller Kraft gegen das Osmanische Reich wenden. Im Jahr 1715 begannen die Türken nach einem Ultimatum ihren Angriff, sie drangen bis Peterwardein vor. Eugen von Savoyen übernahm den Oberbefehl, erntete seinen ersten Sieg bei Peterwardein, besetzte Temesvár und befreite bald die 1699 noch in türkischer Hand verbliebenen ungarischen Gebiete. Im Sommer des nächsten Jahres belagerte er bereits Belgrad, schlug die türkische Entsatzarmee, und die Festung mußte sich ergeben. Zu dieser Zeit hatte aber Spanien die Kriegshandlungen von neuem aufgenommen, und spanische Truppen griffen Sardinien an. Das Schwanken zwischen Ost und West fand auch jetzt noch kein Ende. Karl willigte in die Vermittlung der Seemächte ein und schloß im Jahr 1718 in Passarowitz Frieden mit den Türken. Die befreiten ungarischen Gebiete gerieten mit Belgrad und Oltenien, der westlichen Provinz der Walachei, unter habsburgische Herrschaft. Im Frieden wurde das Recht der kaiserlichen Untertanen auf freien Handel im Osmanischen Reich von neuem bestätigt. Zu diesem Zweck wurden Konsulate errichtet. Gleichzeitig wurde den Kaufleuten des Balkans, die meist Griechen waren, ermöglicht, ihre Handelstätigkeit im ganzen Reichsgebiet auszuüben, wobei sie sich im Laufe des Jahrhunderts die gegebenen Möglichkeiten viel weitgehender zunutze machten als die Händler aus dem Donaureich.

Oltenien blieb nur zwei Jahrzehnte lang in österreichischer Hand, in einem neuen Krieg ging es wieder verloren. Diese zwei Jahrzehnte waren aber in der Entwicklung der Provinz von großer Bedeutung. Die unter türkischer Oberhoheit sich breitmachende Mißwirtschaft und die Willkürherrschaft der Bojaren mußten der europäischen Ordnung weichen. Die österreichische Verwaltung führte in wenigen Jahren auf allen Gebieten des Lebens das Schriftwesen ein, tat bedeutende Schritte, das wirtschaftliche Leben der Provinz zu heben, besonders auf landwirtschaftlichem Gebiet, aber auch in anderen Bereichen, wie z. B. im Straßenbau, setzte der Willkür ein Ende, kontrollierte die herrschaftlichen Angaben und stellte eine wirksame Justizverwaltung auf. Mit einem Wort, es wurden moderne Zustände geschaffen. Den westlichen Ländern gegenüber galt die Monarchie damals noch als zurückgeblieben, wirtschaftlich war sie stark unterentwickelt. Den unseligen Zuständen innerhalb des Osmanischen Reichs gegenüber aber brachte die habsburgische Herrschaft dieser Provinz einen wesentlichen Aufschwung. Vielleicht bestand darin die Lebensberechtigung der Donaumonarchie.

Doch mußte Karl seine Blicke jetzt wieder gegen Westen wenden. Es gelang ihm, sich gegen den Angriff der Spanier des Bündnisses der Seemächte, ja sogar Frankreichs zu versichern. Ein eigenartiges Bündnis, das fast widernatürlich erschien und auch nicht lange dauerte. Die spanische Flotte wurde zwar in diesem Krieg von den Engländern geschlagen, und die spanischen Pläne, die ehemaligen italienischen Besitzungen wiederzuerobern, schlugen fehl. Spanien war gezwungen, sich dem Londoner Abkommen der Verbündeten anzuschließen. Die umstrittenen Gebiete wurden von neuem aufgeteilt, und zwar nach hergebrachter guter Sitte den Interessen der Dynastien gemäß. Diese Teilung erforderte aber von Karl gleich anfangs schwere Zugeständnisse. Die Unterstützung der westlichen Verbündeten hatte er von vornherein nur unter der Bedingung erhalten, seinem spanischen Thronanspruch endgültig zu entsagen und drei italienische Herzogtümer, Toskana, Parma und Piacenza, den Spaniern zu überlassen. (Genauer: im Fall Toskana verzichtete er nur auf sein Erbrecht.) Diese fielen den Kindern Philipps V. und seiner ehrgeizigen Gemahlin, Elisabetta Farnese, zu. Karl überließ Sardinien dem Savoyerkönig, bekam aber dafür Sizilien und damit das vollständige Königreich Neapel-Sizilien.

Die Teilung begünstigte in erster Linie die englischen Ansprüche, Karl versuchte daher dem König von England, der auch Kurfürst von Hannover und als solcher formell Karls Untertan war, soviel Unannehmlichkeiten wie möglich zu bereiten. Dies führte so weit, daß die englische Regierung sich Preußen, als großer protestantischer Macht im Deutschen Reich, und Frankreich, dem Erbfeind der Habsburger, näherte. Karl versuchte dies auszugleichen, indem er seine alte Feindseligkeit begrub und sich an die spanischen Bourbonen wandte. Und noch einen möglichen Verbündeten fand er in einer anderen Macht, die bisher in Europa wenig in Erscheinung getreten war, in Rußland. Die Freundschaft mit Spanien war schon so weit gediehen, daß der spanische Thronfolger Don Carlos mit der jüngstgeborenen Tochter Karls, Maria Theresia, vermählt werden sollte. Im Jahre 1725 wurde diese Möglichkeit in einem Vertrag niedergelegt, gleichzeitig aber wurde die seinerzeit gegen Spanien geschlossene Quadrupelallianz erneuert. Das war aber mehr eine Formalität. Im selben Jahr schlossen nämlich die französische, englische und preußische Regierung in Herrenhausen ein eigenes Bündnis. Karl antwortete mit Verstärkung der Bindungen zu Spanien und schloß im folgenden Jahr ein Schutzbündnis mit Rußland, ja es gelang ihm sogar, den König in Preußen, Friedrich Wilhelm I., für sich zu gewinnen, der zwar ein gläubiger Protestant und Preuße war, aber immer noch unerklärlicherweise die kaiserliche Würde verehrte, von der er seine Krone erhalten hatte.

In der Diplomatie folgten einander Annäherungen und gegenseitige Befeindungen. Im Mittelpunkt standen das habsburgisch-spanische und das habsburgisch-englische Verhältnis. Läßt man die Einzelheiten beiseite, handelte es sich im Wesen darum, daß im Jahr 1733 unter einem unerwarteten Vorwand, im Zusammenhang mit der polnischen Königswahl, ein neuer Krieg ausbrach, der sogenannte Polnische Erbfolgekrieg, und daß dabei die Mächte wieder Gelegenheit hatten, ihre gegenseitigen offenen Streitfragen unter dem Decknamen der polnischen Erbschaft auf den Kriegsschauplätzen zu entscheiden.

Was sein Staatsgebiet anbelangte, war Polen noch immer eines der größten Länder Europas, an innerer Kraft und innerem Zusammenhalt konnte es aber selbst das kleinste deutsche Fürstentum mit ihm aufnehmen. Seine Selbständigkeit existierte nur noch dem Namen nach, aber gerade deswegen war es den europäischen Mächten nicht gleichgültig, wer den Thron dieses Landes besteigen sollte. Am 1. Februar 1733 war August II., der bisherige König, zugleich Kurfürst von Sachsen, gestorben. Natürlich waren wegen eines gutnachbarlichen Verhältnisses die Donaumonarchie, Preußen und Rußland die drei an der polnischen Frage am meisten interessierten Mächte. Sie einigten sich bald auf die Person des neuen Kandidaten, wobei strikt beachtet wurde, daß dieser mit keinem Nachbarn, aber auch mit keiner der in Frage kommenden anderen europäischen Mächte etwas gemeinsam haben dürfe, und daß er katholisch sein müsse, weil ihn sonst die Polen von vornherein abgelehnt hätten. So einigte man sich auf die Person des portugiesischen Herzogs Emanuel. Unerwarteterweise wiesen die Polen den Vorschlag der Nachbarn zurück und wählten ihren eigenen Kandidaten, Stanislaus Leszczyński, der schon einmal von Karl XII. im Jahr 1704 als König von Polen eingesetzt worden war, aber dann infolge der Schwächung der Schwedenmacht seinen Platz August II. hatte überlassen müssen. Im übrigen war Leszczyński Schwiegervater des Königs von Frankreich, verkörperte also, wie bereits das erste Mal, die französische Orientierung. Auch dies empfahl ihn den Polen. Der größte Teil des Adels freute sich, endlich keinen fremden Herrscher mehr zu haben, und ein kleinerer, nüchternerer Teil des Adels trat für ihn ein, da es hieß, er denke an Reformen und die innere Kräftigung Polens. Wenn all dies den Sejm (Reichstag) auch für ihn einnahm – er wurde gewählt –, so fanden ihn seine Nachbarn um so weniger annehmbar, als sie von einer Stärkung Polens nichts hören wollten. Trotz ihrer zahlreichen anderen Gegensätze bestanden sie erfolgreich auf ihrem Standpunkt bis zur endgültigen Teilung Polens. Auf dem Boden des polnisch-litauischen Königreichs erschienen russische Truppen, was seit Peter I. niemanden mehr wunderte, weder innerhalb noch außerhalb des Landes, und der Sejm wählte den Kurfürsten von Sachsen, den Sohn Augusts II. Auf seine Person hatten sich nämlich nach dem Mißerfolg der portugiesischen Kandidatur die Nachbarmächte geeinigt.

Leszczyński verließ wieder einmal Polen. Sein Schwiegersohn aber, der König von Frankreich, nahm diese Niederlage nicht so leicht hin und erklärte Karl den Krieg. Durch einige finanzielle Opfer sicherte er sich die Unterstützung der deutschen Fürsten. Das kleine Savoyen zog er an sich, indem er ihm das in österreichischen Händen befindliche Mailand versprach.

Der Krieg ließ sich für die Habsburger zunächst günstig an, da der Reichstag endlich doch für den Krieg gegen die Franzosen gestimmt hatte und nur die Kurfürsten von Bayern und der Pfalz neutral geblieben waren. Auf dem Kriegsschauplatz aber bahnte sich eine Katastrophe an. Der ehedem so erfolgreiche Eugen von Savoyen war alt und arbeitsunfähig geworden, hatte aber noch immer das Präsidium des Hofkriegsrats inne. Auf dem rheinischen Kriegsschauplatz übernahm er den Oberbefehl, konnte aber keine Erfolge erzielen. Die Franzosen besetzten Lothringen, das deutsche Reichsgebiet, das schon Ludwig XIV. erwerben wollte, das ihm aber dann doch entgangen war. In Italien war Graf Mercy Oberbefehlshaber, noch älter als Eugen von Savoyen. Als es dort ernst wurde, ernannte man den Grafen Königsegg an seiner Stelle, doch erkrankte dieser und kam erst mit großer Verspätung in Italien an.

Mailand ging sofort verloren, und auch das Königreich Neapel-Sizilien wurde von den Spaniern besetzt. Die habsburgische Regierung hatte sich hier infolge der Tätigkeit des zur Verwaltung der italienischen Besitztümer nach 1713 ins Leben gerufenen Spanischen Rats unbeliebt gemacht. Auch im Namen dieser Regierungsbehörde hielt Karl seine spanischen Ansprüche aufrecht. Alle spanischen Großen, die im Spanischen Erbfolgekrieg an der Seite Karls ausgehalten hatten und nach Ende des Kriegs emigrieren mußten, waren nun hier untergekommen und benützten ihre Stellung, um soviel Geld als möglich aus dem Doppelkönigreich herauszupressen. Umsonst saßen auch Italiener im Rat (die im übrigen an Habgier ihren spanischen Kollegen in nichts nachstanden) – die Bevölkerung von Neapel stand dieser Herrschaft feindlich gegenüber. Nach seinen Mißerfolgen war Karl gezwungen, in einen neuen verlustreichen Frieden einzuwilligen. Hauptsächlich deswegen, weil England ihn schon wegen der Unannehmlichkeiten der vorangegangenen Jahre nicht unterstützt hatte. Und Karl hätte wissen müssen, daß seine Macht ohne England nicht stark genug war.

Im Sinn des Friedens von Wien (1735) behielten die Spanier Neapel und Sizilien, gaben aber Mailand zurück. Auch Parma und Piacenza fielen Österreich zu. Das Großherzogtum Toskana erhielt der von den Franzosen aus Lothringen vertriebene junge Franz Stephan als Ersatz. (Wie immer sich auch inzwischen die Welt verändert hatte, im internationalen Verkehr galt noch immer die Regel, daß man einem geborenen Herrscher zwar das Land, in dem er regiert, völlig wegnehmen kann, daß man ihm aber dann anderswo ein Land geben müsse, weder kleiner noch größer als sein bisheriges, damit er dort seine Herrschaft fortsetzen könne, die doch im Grunde eine gottgewollte Berufung sei, die von Menschen nicht angetastet werden dürfe.) Demselben Prinzip verdankte es Stanislaus Leszczyński, daß er Lothringen auf Lebenszeit bekam, mit der Auflage, daß es nach seinem Tod auf seinen Schwiegersohn oder dessen Erben übergehen solle. Lothringen war also sicher in den Händen der Franzosen.

Auf den ersten Blick erscheinen diese Gebietsveränderungen recht ungünstig, bekamen doch die Habsburger rein flächenmäßig weniger, als sie bisher besessen hatten. Auch das restliche Reich war vermindert worden. In Wirklichkeit konnte man dies aber als Gewinn betrachten, denn die österreichische Herrschaft dehnte sich jetzt auf zusammenhängende norditalienische Gebiete aus, die über Tirol mit den anderen habsburgischen Ländern in unmittelbarem Zusammenhang standen, militärisch also viel leichter zu verteidigen waren als das Königreich Neapel-Sizilien, das gegen jeden Angriff auf die Hilfe der englischen Kriegsschiffe angewiesen war, sofern es sie erhielt, ohne diese Hilfe aber – wie der Polnische Erbfolgekrieg zeigte – sofort verlorenging.

Daß infolge des Polnischen Erbfolgekriegs das Staatsgebiet Polens vollkommen unverändert blieb, dagegen eine Reihe italienischer Staaten ihre Herren wechselte, zeigt nur, daß zu jener Zeit jeder, der in irgendeinem Land eine verantwortliche Stelle bekleidete, ein solches Resultat als natürlich ansah. Es war noch niemandem eingefallen, die Bevölkerung der betreffenden Länder zu befragen oder ihr ein Mitspracherecht zuzubilligen. Und wenn man dies – wie z. B. bei den Polen – aus formellen Gründen tun mußte, dann nur, weil es sich um einen sehr zahlreichen Adel handelte, doch – wie man gesehen hat – wurde das schließlich nicht einmal hier realisiert.

Im Jahr 1736 starb Eugen von Savoyen. Ein neuer Türkenkrieg drohte, und ein Feldherr wäre dringend gebraucht worden. Genauer gesagt, die Militärkunst des alten Türkensiegers Prinz Eugen, doch den gab es nicht mehr. Das war um so bedauerlicher, als er im ganzen Reich der einzige gewesen war, der eine Konzeption für die Zukunft des Reichs gehabt hatte. Aus dem Mißerfolg der spanischen Erbschaftsangelegenheit hatte er die Konsequenzen gezogen, er hatte den Charakter der Monarchie als Donaureich erkannt und vorgeschlagen, ihren Schwerpunkt an die Donau zu verlegen, damit die Monarchie als Ausgleich für die verlorenen westlichen Provinzen ihre Zukunft auf dem Balkan suchen könne. Die Erwerbung Olteniens war ein Schritt auf diesem Weg. Und wenn es überflüssig schien, die Bewohner Italiens oder Lothringens zu befragen, wen sie sich zum Herrscher wünschten, warum sollte dies auf dem Balkan notwendig sein, wo die Bevölkerung noch viel unwissender war? Karl VI. konnte sich jedoch nicht entschließen, seine westlichen

Interessen ganz aufzugeben, und auch seine unmittelbaren Nachfolger waren dazu nicht imstande. Die Donaumonarchie schwankte weiter zwischen West und Ost.

Nach dem Tod Eugens von Savoyen hatte der Osten wieder einmal den Vorrang. Im Jahr 1737 brach ein neuer Türkenkrieg aus, der aber diesmal zu traurigen Ergebnissen führte. Die Türken hatten bereits zu Beginn des Kriegs Oltenien wiedererobert, und bald ging auch Belgrad verloren. Im Jahr 1739 wurde in Belgrad Frieden geschlossen, und das einzige, was erreicht werden konnte, war, daß Ungarn unversehrt erhalten blieb.

Karl hatte seine Regierung in der Absicht angetreten, das Spanische Reich zu erwerben. Gegen Ende seines Lebens war sogar das im Jahr 1713 noch verbliebene Reich kleiner geworden. Wenn man will, eine Reihe von Mißerfolgen. Karl war aber – wie es scheint – darüber nicht allzusehr erschüttert. Denn in der anderen, noch wichtigeren Frage, dem Problem der Erbfolge, gelang es ihm, bis zu seinem Tod doch alles in Ordnung zu bringen. Oder wenigstens konnte man bis zu diesem Zeitpunkt annehmen, daß die Angelegenheit geregelt sei.

Jetzt muß der andere Faden der Ereignisse verfolgt werden. Kehren wir zum Ausgangspunkt zurück.

Den spanischen Thron hatte im Sinn eines geheimgehaltenen Familienvertrags Karl III. bestiegen, die östlichen Länder mit dem Kaisertitel verblieben Joseph I. Im Jahr 1713 wurde in Wien vor den engsten Hofkreisen der die gegenseitige Erbfolge regelnde Familienvertrag verkündet. Der ursprüngliche Text erwähnte den Vorrang der Töchter Josephs, jedoch ausdrücklich für den Fall, daß Karl früher sterben sollte. Nach dem Tod Josephs war es nicht mehr fraglich, daß die weibliche Erbfolge Karls Töchtern gebührte. Dies war später anläßlich eines konkreten Falls von neuem festgelegt worden. Im Jahr 1719 heiratete nämlich die älteste Tochter Josephs, Erzherzogin Maria Josepha, den späteren Kurfürsten von Sachsen, August II. Bei dieser Gelegenheit verzichtete sie (wie es in solchen Fällen immer üblich war und was man später gewöhnlich zu vergessen pflegte) auf ihr Erbrecht. In diesem Zusammenhang entschied man sich einmütig für das Erbrecht der Töchter Karls.

Der Vertrag war schon im Jahr 1713 öffentlich bekanntgeworden und wird seitdem Pragmatische Sanktion genannt. Die weibliche Erbfolge war damals noch gar nicht so aktuell, da Karl 1716 noch ein Sohn, Leopold, geboren wurde, der aber bereits im ersten Lebensjahr starb. So galt wenig später die im Jahr 1717 geborene Maria Theresia als Erbin.

Nur handelte es sich eben um einen Familienvertrag, durch den nur die Familienmitglieder gebunden waren. Galt er auch für das Reich, die einzelnen Länder und Provinzen? Der habsburgischen Logik entsprechend natürlich ja. Aber Karl hatte schon am eigenen Leib erfahren müssen, daß diese Logik nicht jedermann eindeutig klar war. Deswegen hielt er es für notwendig, diesen Familienvertrag auch durch die ständischen Vertretungen der einzelnen Länder bestätigen zu lassen. Der kroatische Sabor (Reichstag) hatte schon früher, im Jahr 1712, noch vor der Veröffentlichung der Pragmatischen Sanktion, das weibliche Erbrecht anerkannt. Nach Beendigung des Türkenkriegs machte sich der Kaiser nun daran, auch die Anerkennung der übrigen Ständeversammlungen zu sichern. Die böhmische Landesversammlung gab im Jahr 1720 ihre Zustimmung, ebenso die steirische, die kärntnerische, die der Krain und Tirols, in den Jahren 1721 und 1722 folgten Nieder- und Oberösterreich sowie Siebenbürgen, 1723 Ungarn und die Niederlande und 1725 die Lombardei (so nannte man damals bereits das um unbedeutende Gebiete vergrößerte ehemalige Herzogtum Mailand). Innerhalb des Reichs war also die Frage geregelt.

Aber dies genügte noch nicht. Karl konnte sich nur dann ganz beruhigt fühlen, wenn auch der deutsche Reichstag seine Zustimmung gab und die europäishen Mächte sich anschlossen. Vom Beginn der zwanziger Jahre an spielte diese Fracge in seiner Außenpolitik eine vordringlichere Rolle als die Behauptung seiner Territorien oder gar der Erwerb neuer. Da ihm kein Sohn mehr geboren wurde, erschien es immer wahrscheinlicher, daß die in der Pragmatischen Sanktion vorgesehene Lage eintreten würde. Vom Ausland garantiert, schien der Erfolg noch sicherer. Da war es dann wichtig, wer der Gemahl Maria Theresias, der voraussichtlichen Erbin, sein würde. Die Möglichkeit einer spanischen Allianz wurde bereits erwähnt. Im Jahr 1725 schien sie noch in erreichbarer Nähe, aber letztlich entschied sich auch Karl dagegen. Als sich im Jahr 1728 der König in Preußen, Friedrich Wilhelm I., gerade Karl näherte, gelang es, dies zur Anerkennung der Pragmatischen Sanktion auszunützen; Friedrich Wilhelm verpflichtete sich sogar, bei der nächsten Kaiserwahl für den Gemahl Maria Theresias zu stimmen, falls dieser ein Deutscher sein sollte. Sogar sein eigener Sohn, Friedrich II., und Karl Albrecht, der Kurfürst von Bayern, kamen in Frage. In seiner Stellungnahme wurde Friedrich Wilhelm nicht wenig davon geleitet, daß er die Wahl des Kurfürsten von Hannover, des Königs von England, um jeden Preis verhindern wollte. Der Kurfürst von Hannover war bisher nur gleichrangig, und er sollte auch keinen höheren Rang gewinnen, als Friedrich Wilhelm selbst innehatte. Dann sollte schon lieber ein anderer der Mann Maria Theresias werden.

Im Jahr 1731 garantierten England und Hannover nach langwierigen Verhandlungen die Pragmatische Sanktion. Dafür opferte das Habsburgerreich wichtige wirtschaftliche Interessen. Das in Wien unterzeichnete Abkommen enthielt bezüglich des Gemahls Maria Theresias nur so viel, daß er kein Bourbone sein durfte.

Nachdem Preußen und Sachsen die Pragmatische Sanktion angenommen hatten, erkannte sie im Jahr 1732 auch der deutsche Reichstag an. Das bedeutete natürlich nicht, daß Maria Theresia ihrem Vater auch auf dem Kaiserthron folgen würde. Daran wagte selbst Karl nicht zu denken. Alles, was er sich erhoffte, war, daß Maria Theresia den Besitzstand ihres Vaters im Deutschen Reich erben würde. Spanien hatte die Pragmatische Sanktion übrigens schon im Jahr 1725 anerkannt, später folgte auch Frankreich. Sie war von den europäischen Mächten, dem Deutschen Reich und den einzelnen Ländern der Donaumonarchie zum Gesetz erhoben, anerkannt und garantiert worden. Es gab kaum einen Thron, dessen Vererbung gesicherter schien als der Maria Theresias vor 1740.

Halten wir aber jetzt einen Moment inne. Bei der Anerkennung durch das Deutsche Reich im Jahr 1732 klang schon ein Problem an, das jetzt – wenn auch nur flüchtig – untersucht werden muß. Diese Anerkennung bezog sich auf die zum Deutschen Reich gehörenden habsburgischen Länder. Nicht, als ob dies anderswo in Zweifel gezogen worden wäre, aber der Reichstag war nur für die Provinzen des Deutschen Reichs zuständig.

Mit anderen Worten kann das so gedeutet werden, daß der Rest von Karls Donaureich mit seinen italienischen und niederländischen Anhängseln in zwei Teile geteilt war, von denen der eine zum Deutschen Reich gehörte und der andere außerhalb desselben stand. Mit etwas juristischer Spitzfindigkeit hätte man diese Idee auch so weiterentwickeln können, daß die Niederlande Teil des Römisch-Deutschen Reichs waren (wenn man vergaß, daß Karl V. sie im Jahr 1548 aus dem Reichsverband herausgehoben hatte) und daß dasselbe für die Lombardei galt (als sie noch Mailand hieß), denn darauf hatten die Habsburger immer als ein Lehen der römisch-deutschen Kaiser Anspruch erhoben. Ebenso standen Ungarn, Kroatien und Siebenbürgen unbestritten außerhalb des Reichsverbands.

Daß ein Herrscher aus dem Deutschen Reich auch außerhalb desselben Länder besaß (oder umgekehrt ein fremder Herrscher im Deutschen Reich), war eine allgemein anerkannte Tatsache. Die Provinz Preußen des Königs in Preußen gehörte auch nicht zum Reich, der Kurfürst von Hannover war König von England, und der Herzog von Holstein war König von Dänemark. Das war so lange nichts Ungewöhnliches, solange die bestehende Lage nicht durch eine innere oder äußere Kraft in Frage gestellt wurde. Die Tatsache der weiblichen Erbfolge konnte nun zur Folge haben (und hatte es auch), daß diese Lage in Frage gestellt wurde. Die Pragmatische Sanktion war aber gerade deswegen kein einfaches Familienerbgesetz, weil sie auch statuierte, daß der habsburgische Familienbesitz als Ganzes vererblich war, untrennbar und unteilbar, obwohl dies besonders in internationaler Beziehung weniger interessant, innerhalb der Donaumonarchie aber eine Funktion der jeweiligen Machtlage war. Als die weibliche Erbfolge von den ständischen Vertretungen votiert wurde, hatte man auch dies akzeptiert. Dies erschien ebenfalls natürlich, denn es bekräftigte die bestehende Lage, die Existenz eines gemeinsamen Herrschers. In Wirklichkeit war aber die Donaumonarchie, trotz all ihrer Buntheit, schon etwas mehr als das und wurde nicht mehr nur durch ihren Herrscher zusammengehalten. Die Devise „indivisibiliter ac inseparabiliter“, mit der die Pragmatische Sanktion die Zusammengehörigkeit des habsburgischen Besitzes umschrieb, bedeutete die Realunion der betreffenden Länder und Provinzen, vor allem eine gemeinsame Armee, dann eine zentrale Leitung, wenn schon nicht eine zentrale Regierung. Eigentümlicherweise war es gerade die Zusammengehörigkeit von Teilen des Deutschen Reichs mit Gebieten, die außerhalb desselben standen, die die Realunion zur Notwendigkeit machte. Nur so konnte aus diesen Teilen etwas wie eine Einheit hergestellt werden. Dies war früher notwendig gewesen und war es noch immer – gegen die Türken, aber auch dem Deutschen Reich gegenüber. Das heißt, es war für die Habsburger gerade im Hinblick darauf notwendig, daß der nächste Kaiser aller Wahrscheinlichkeit nach zum erstenmal seit Jahrhunderten kein Habsburger sein würde.

Die Gesetzesartikel 1723/I–III, auf denen die Gültigkeit der Pragmatischen Sanktion in Ungarn und damit auch in Kroatien beruhte, enthielten außer der Erklärung der Untrennbarkeit auch noch die Bestimmung, daß innerhalb dieser auch die Länder der heiligen ungarischen Krone eine untrennbare Einheit bilden und daß dort die Erbfolgeordnung dieselbe sein müsse wie in den anderen Ländern. Das bedeutete, daß Ungarn mit Kroatien und Siebenbürgen einen eigenen Status hatte. Die Zeitgenossen betrachteten dies aber nicht als wesentlich, jeder sah die Bedeutung der Pragmatischen Sanktion im Erbfolgerecht Maria Theresias. Wesentlich später konnte man aber doch darauf zurückkommen.

Es ist schon früher vom Anwachsen der Bedeutung Ungarns nach dessen Befreiung von den Türken die Rede gewesen. Dies genügt aber nicht, den obigen Umstand zu erklären. Die Zeitgenossen waren sich dessen noch gar nicht so sehr bewußt. Die Erklärung muß anderswo gesucht werden. Seitdem die Habsburger sich über die Fürsten des Römisch-Deutschen Reichs erhoben hatten, betrachteten sie nur noch souveräne Herrscher als ebenbürtig, in der übrigen Bevölkerung ihrer Länder reichte ihr Blick nur bis zur herrschenden feudalen Klasse, innerhalb derselben in erster Linie bis zur Hocharistokratie, mit der sie sich umgaben und mit der sie in täglicher Berührung waren. Bis zum Ende der Regierung Karls VI. war in den Augen der Habsburger alles, was sich unterhalb dieser höchsten Schicht befand, nur Untertan, Steuerobjekt, potentieller Soldat, arbeitender Fronbauer oder Handwerker. Wer dazu gehörte, zählte nicht.

Die Aristokratie hingegen zählte. Mit der Einschränkung, daß der Hochadel in den österreichischen und böhmischen Ländern zur Zeit Karls VI. bereits eine zum großen Teil mit Hilfe der Habsburger emporgekommene Aristokratie war, die seit der Gegenreformation des breiten Hintergrundes eines nichttitulierten niederen Adels entbehrte. Ähnlich war die Lage in den Niederlanden, wo die Eigenständigkeit der Provinzen ebenfalls die Bedeutung des Hochadels verminderte. Demgegenüber gab es den ungarischen und den mit diesem durch enge verwandtschaftliche Beziehungen und viele gemeinsame Interessen verbundenen kroatischen Hochadel, hinter dem als fester Rückhalt ein zahlenmäßig starker niederer Adel stand. Eine ähnliche Basis hatte der Hochadel nur im polnisch-litauischen Staat. Und wenn er sich auch in der Donaumonarchie in drei Teile mit drei ständischen Vertretungen gliederte, so war doch jeder Teil allein zumindest so groß wie jedes beliebige andere Land und das eigentliche Ungarn allein am größten. Solange die Donaumonarchie sich ausschließlich auf den Hochadel stützte, mußte sie ihm (und auch dem niederen Adel) eine besondere Behandlung zuteil werden lassen. Man kann natürlich nicht behaupten, daß Karl VI. oder irgendeiner seiner Ratgeber dies logisch zu Ende gedacht hätten. Selbst Eugen von Savoyen hatte sich diese Situation nicht bewußt gemacht. Die Haltung der Regierung war lediglich vom Klasseninstinkt, von den Traditionen und von dem Eigengewicht der Dinge diktiert.

Das bedeutete noch nicht, daß die Sonderstellung der Länder der ungarischen Krone schon damals zu einer Art dualistischen Systems geführt hätte. In dieser Form konnte sich die Frage gar nicht stellen, und so hätte sie auch niemand verstanden. Was die Männer oben unter Regieren verstanden, war die Verwaltung, die Besteuerung und die Armee. Und in diesen Dingen mußte man schon nach Einheitlichkeit trachten, nicht wegen der Prinzipien der Pragmatischen Sanktion, sondern aus praktischer Notwendigkeit. Und dieser Einheitlichkeit standen noch zahlreiche Hindernisse im Weg.

Vor allem spielte die tatsächliche Sonderstellung der einzelnen Länder eine Rolle, der Umstand, daß ihre Angelegenheiten auf höchster Ebene noch von besonderen Regierungsbehörden erledigt wurden. Es gab eine österreichische, böhmische, ungarische und siebenbürgische Hofkanzlei, einen niederländischen Rat (in den Niederlanden sorgte Karl VI. für ziemlich strenge Ordnung) und eine Zeitlang einen spanischen Rat. Natürlich verfügten sie alle über ihr eigenes Personal. Und in den einzelnen Ländern, wenigstens in den größeren, also in Ungarn, Böhmen und den Niederlanden, gab es Statthalter, ebenfalls mit einem entsprechenden Amtsapparat. Siebenbürgen mußte sich mit einem Gouverneur begnügen. Der den Statthaltern beigegebene Rat, in den Niederlanden der früheren Praxis entsprechend drei Räte beziehungsweise die in Wien regierende entsprechende Kanzlei waren nicht nur Verwaltungsorgane, übten also nicht nur die Funktionen des Innenministeriums aus, sondern auch die aller anderen Ministerien. Auch waren sie zugleich oberste Justizbehörde. Was die einzelnen Länder anbelangte, erfüllten die Behörden im großen und ganzen ihre Aufgaben und vertraten bereits jenen Grad der Zentralisierung, der damals schon überall üblich, ja zeitgemäß war. Nur bedeutete etwas, das für ein Land oder eine Provinz gut oder wenigstens zureichend war, auf der Ebene der Donaumonarchie noch gar nichts. Auch wenn es sich um wirkliche gemeinsame Interessen handelte, stellte nur die Person des Herrschers den Zusammenhang her. Und dieser Herrscher war zugleich Kaiser, mußte also außer seinen vielen anderen Kanzleien in Wien auch noch eine Reichskanzlei führen, wo die Angelegenheiten des Deutschen Reichs erledigt wurden. Wichtige Fragen kamen hier nicht mehr zur Sprache, unbedeutende in um so größerer Zahl.

Diese Fragen konnten letzten Endes von den übrigen getrennt werden. Wenn aber Karl die Einheit des Reichs ernst nehmen wollte, mußte er eine einheitliche oberste leitende Behörde schaffen. Denn allein, persönlich, hätte er selbst dann nicht sein ganzes Reich zusammenfassen können, wenn er ein Herrscher mit überdurchschnittlichen Fähigkeiten gewesen wäre, was er aber nicht war.

Die einzige wirklich für das ganze Reich zuständige Behörde war noch immer der Hofkriegsrat, und dementsprechend bildete die Armee, wenn sie eben gebraucht wurde, eine tatsächliche Einheit. Wenn gerade nicht Krieg geführt wurde – was ziemlich selten vorkam –, wurde die Heeresgröße sofort reduziert, da das Heer viel Geld kostete. Geld gab es aber nie genug, die beständigste Erscheinung war das Anwachsen der Staatsschulden.

Gerade die jammervolle Lage der Finanzen machte es notwendig, bereits im Jahr 1716 eine ebenfalls für das ganze Reich zuständige Behörde, die Geheime Finanzkonferenz, zu schaffen, die nur aus wenigen Mitgliedern bestand und über die übrigen Regierungsbehörden gestellt war. Eigentlich war sie der Nachfolger des früheren Geheimen Rats, der zur Zeit Leopolds I. Geheime Konferenz hieß, unter Joseph I. aber auf kurze Zeit in Ständige Konferenz umbenannt wurde. Die Geheime Konferenz setzte ihre Tätigkeit als oberstes beratendes Gremium fort. Mitglieder waren Eugen von Savoyen, der Vizekanzler des Reichs, ein Graf Schönborn, sowie der österreichische Kanzler Ludwig Philipp Graf Sinzendorf, zugleich Reichs-Erbschatzmeister, dem die schriftlichen Angelegenheiten des Rats oblagen. Es war eine recht schwerfällige Behörde, vorsichtig, Entscheidungen ausweichend und letztlich doch immer alles dem Herrscher überlassend. Sie erwies sich aber darin als nützlich, daß sich aus ihr für spätere Reformen Lehren und Schlußfolgerungen ziehen ließen.

Der immer wieder auftretende Geldmangel veranlaßte Karl, sich auch etwas mehr mit den wirtschaftlichen Angelegenheiten des Reichs zu befassen. Besonders wichtig erschien ihm im Sinn der merkantilistischen Prinzipien die Entwicklung des Außenhandels. Über den Handel innerhalb des Türkischen Reichs ist bereits gesprochen worden. Karl unterstützte eine ähnliche Tätigkeit im Westen. Er förderte die Kompagnie von Ostende, die den westlichen und hauptsächlich den überseeischen Handel des Donaureichs intensivieren sollte. Im Friedensvertrag von Wien (1725) ließ er auch die Anerkennung dieser Tätigkeit aufnehmen, mußte aber einige Jahre später auf Intervention der Engländer die Kompagnie auflösen. Der niederländische Handel hatte nämlich in kurzer Zeit solche Erfolge erzielt, daß dies bereits die englischen Interessen verletzte. Im Jahr 1729 konnte Karl nur die Erlaubnis der Engländer erreichen, daß zwei Schiffe pro Jahr aus Ostende nach Indien ausliefen. Die Anerkennung der Pragmatischen Sanktion durch die Engländer mußte durch dieses gewichtige wirtschaftliche Zugeständnis erkauft werden. Der Regierung gelang es nur, die Förderung des Verkehrs innerhalb des Reichs erfolgreich zu gestalten. Der Bau verschiedener Kanäle wurde begonnen, die die Schiffahrt in dem Gebiet zwischen Donau und Adria förderten.

Wenn sich in dieser Wirtschaftspolitik auch ein größeres Konzept verbarg, so konnte es sich doch nicht entfalten, denn es mußte aus politischen Gründen geopfert werden. Aber auch dies war ein Versuch, ein Vorbild, das befolgt werden und aus dem man lernen konnte. In vielen Bedeutungen des Wortes erwies sich die Regierung Karls VI. letztlich als Übergangszeit. Sie war ein Übergang vom Traum des Weltreichs zur Realität des Donaureichs, von der Regierung von Gottes Gnaden zu einer Regierung auch im Interesse der Bevölkerung, vom mittelalterlichen zum modernen Staat, von einem zufälligen Konglomerat zu einem zusammengefaßten Ganzen. Es ist noch ein Übergang, Regierungsformen, Verwaltungsmethoden, Ideen sind noch unsicher, verschwommen. Aber es scheint, als ob die Entwicklung schon in die neue Richtung umgeschlagen sei: das Donaureich bildet den Schwerpunkt. Denn es kann nicht nur durch Zufälle erklärt werden, daß die Donaumonarchie die schwere Erschütterung von 1740 im großen und ganzen unbeschadet überstanden hat, ja bis zu einem gewissen Grad gestärkt aus ihr hervorgegangen ist.

Die gütige Kaiserin

Am 20. Oktober 1740 starb Karl VI. Seine dreiundzwanzigjährige Tochter, Maria Theresia, seit 1736 Gemahlin des Herzogs Franz Stephan von Lothringen, verkündete den Völkern der Monarchie und dem Ausland, daß sie ihrem Vater im Sinn der überall anerkannten und ratifizierten Pragmatischen Sanktion auf dem Thron folge. Daß sie absolut kein Geld besaß und in Staatsangelegenheiten völlig unerfahren war, weil ihr Vater sie in nichts eingeweiht hatte, teilte sie natürlich nicht mit. Ihre von Karl übernommenen Ratgeber waren alle um die siebzig Jahre alt, und wenn sie sich schon früher nicht als große Geister erwiesen hatten, so waren sie jetzt im Alter noch vorsichtiger und handlungsunfähiger. Die einzige Hoffnung bestand darin, daß das Familienerbgesetz auch wirklich allgemein anerkannt werden würde.

Es lag auf der Hand, daß das Gegenteil eintreten würde. Ein Gesandter des Kurfürsten von Bayern, Karl Albrecht, meldete sich am Hof, er war aber nicht bereit, mit der Großherzogin von Toskana zu sprechen (Franz von Lothringen war seit dem im Jahr 1737 erfolgten Tod des letzten Medici regierender Großherzog, und diesen Titel verweigerte Karl Albrecht seiner Base nicht), sondern meldete den höchsten Chargen des Hofs den Anspruch seines Herrn auf den Thron an, wobei er sich darauf berief, daß Karl Albrecht Abkömmling einer Tochter Ferdinands I. war. Gleich nach ihm erschien der sächsische Gesandte, der sich darauf berief, daß die Gemahlin Augusts III., des sächsischen Kurfürsten und Königs von Polen, Erzherzogin Maria Josepha, die älteste Tochter Josephs I. war, die Erbschaft also ihr gebühre. Der König von Spanien, Philipp V., meldete sich gleich mit dem Anspruch auf die vollständige habsburgische Erbschaft und berief sich auf das Testament Karls II. In kürzester Zeit erwies sich die Pragmatische Sanktion als ein wertloses Stück Papier.

Die Lage wurde durch die Machtverhältnisse entschieden. Und die größte Macht, die in Erscheinung trat, war Preußen. Den Platz des Kaiserverehrers Friedrich Wilhelm I. hatte in demselben Jahr, nur einige Monate früher, Friedrich II. eingenommen, der außer sich selbst höchstens noch Voltaire schätzte; den Habsburgern gegenüber empfand er keinerlei besondere Sympathie. Er stellte keinen Anspruch auf die Erbfolge. Ja er trug Maria Theresia sogar seine Hilfe an, natürlich nicht ohne Gegenleistung. Für seine Hilfe verlangte er Schlesien, die reichste Provinz der Monarchie, die die Verluste des Dreißigjährigen Kriegs längst überwunden hatte und mit ihren Bergwerken und ihrer blühenden städtischen Industrie die wichtigste Provinz des Donaustaates war. Nach langen Überlegungen nahm der Hofrat den Antrag an, der Gesandte aber, der die Antwort nach Berlin bringen sollte, war noch gar nicht dort angekommen, als am 16. Dezember 1740 die preußischen Truppen in Schlesien einfielen. Am 3. Januar 1741 war Breslau in ihrer Hand. Eine österreichische Armee konnte erst nach Monaten aufgestellt werden, und bis dahin war ganz Schlesien in preußischem Besitz. Die zum Entsatz geschickte österreichische Armee wurde am 10. April bei Mollwitz von Friedrichs Truppen zurückgeschlagen.

Inzwischen waren auch die Bayern zum Angriff übergegangen, um den Rechtsanspruch ihres Herrschers durchzusetzen. Der französische Hof war zuerst über das Auftreten Friedrichs empört, schloß aber dann im Frühjahr 1741 zuerst mit Bayern, dann mit Preußen ein Bündnis. Der Österreichische Erbfolgekrieg tobte mit voller Kraft. Maria Theresia wandte sich um Hilfe an England, den alten Verbündeten. Die englische Regierung zauderte aber, sie bot ihre Vermittlung an, und Georg II. schloß in seiner Eigenschaft als Kurfürst von Hannover ein Neutralitätsbündnis mit Frankreich: er werde Maria Theresia nicht unterstützen und bei der kommenden Kaiserwahl für Karl Albrecht stimmen.

Von zwei französischen Heeren unterstützt, griffen die bayrischen Truppen Böhmen, Oberösterreich und Tirol an und besetzten diese Gebiete. Am 21. September 1741 zogen sie in Linz ein. Die böhmischen Stände eilten, dem neuen Herrscher ihre Aufwartung zu machen. Die Herrschaft der Habsburger, die seit 1620 den böhmischen Ländern so viel Leid gebracht hatte, war zu Ende. Der Erzbischof von Prag stimmte zu Ehren der Befreiung ein Tedeum im Sankt-Veits-Dom an. Karl Albrecht stellte eine Regierung auf, doch blieb die wahre Macht in den Händen der französischen Truppenkommandanten.

Am 11. September 1741 war Maria Theresia in Trauerkleidung vor den in Preßburg zum Reichstag versammelten ungarischen Ständen erschienen und hatte um die Unterstützung des ungarischen Adels gebeten. Der Reichstag bewilligte Geld und Soldaten. Maria Theresia hat später wiederholt erklärt, die Ungarn, das heißt der ungarische Adel, hätten ihre Herrschaft gerettet. Die militärischen Folgen der Stellungnahme des ungarischen Reichstags waren tatsächlich nicht unbedeutend, aber noch viel wichtiger war die politische und die psychologische Wirkung. Die Gegner Maria Theresias hatten damit gerechnet, daß die ohnehin als rebellisch bekannten ungarischen Stände jede Hilfe verweigern und dem Beispiel der Böhmen folgen würden. Daß dies nicht der Fall war, ist vielleicht letztlich darauf zurückzuführen, daß Ungarn innerhalb der Monarchie die bereits erwähnte Eigenstellung genoß.

Auch andere Faktoren spielten bei dieser Änderung der Lage mit. Maria Theresia willigte Anfang Oktober in einem Geheimabkommen ein, Niederschlesien Friedrich II. zu übergeben, und erreichte so an der preußischen Front einen Waffenstillstand. Die österreichischen Truppen konnten also die verlorenen österreichischen

Gebiete zurückerobern und wandten sich dann gegen Bayern. Karl Albrecht ließ sich zum König von Böhmen krönen und wurde im Januar 1742 auch zum Kaiser gewählt und in Frankfurt gekrönt. Nur war damals ganz Bayern bereits im Besitz der österreichischen Truppen.

Gleichzeitig war in England im Januar 1742 die Regierung gestürzt worden. Die neue Regierung nahm einen antifranzösischen Standpunkt ein, denn die Franzosen unterstützten noch immer die früher in England regierende Familie Stuart, die ihrerseits ihren Anspruch auf den englischen Thron nie aufgegeben hatte. Mit englischer Vermittlung schloß Maria Theresia Ende Juli 1742 mit Friedrich den Frieden von Berlin (der Preis war der Verlust von fast ganz Schlesien). Ebenfalls auf englischen Druck hin trat Savoyen oder Piemont, wie es damals schon genannt wurde, an die Seite Maria Theresias. Spanien nahm zwar gegen Maria Theresia Stellung, doch Neapel, das sich unter der Herrschaft des zweiten Sohnes des spanischen Königs von Spanien getrennt hatte, unterstützte unter englischem Einfluß die spanische Politik nicht. Endlich mischte sich England auch militärisch in den Krieg ein. Die österreichischen Truppen hatten bereits den Rhein erreicht, in den Niederlanden landeten englische Truppen und drangen vor. Im Juni 1743 wurden die französischen Truppen bei Dettingen geschlagen. Die österreichischen Truppen, die sich in Wahrheit aus Ungarn und Kroaten zusammensetzten, standen bereits vor Straßburg.

Da mischte sich Friedrich von neuem ein, im Namen der deutschen Freiheit gegen die Willkür, wie er sagte, das heißt gegen die Willkür der Habsburger, in Wahrheit weil er fürchtete, der Ausgang des Kriegs könne ihn Schlesien kosten. Die preußischen Truppen drangen in Böhmen ein und besetzten Prag. (Jetzt stimmte der Erzbischof kein Tedeum mehr an, denn als die österreichischen Truppen nach Prag zurückgekehrt waren, hatte er ein zweites angestimmt, um Maria Theresia zu huldigen, und dies hatte man ihm übelgenommen, so daß er in Ungnade gefallen war.) Gleichzeitig hielten die österreichischen Truppen Oberschlesien besetzt.

Karl Albrecht, der sein Land inzwischen verloren hatte, war im Januar 1745 gestorben. Seine Witwe, ebenfalls eine Base Maria Theresias, überredete den neuen Kurfürsten, ihren Sohn, seinen Ansprüchen zu entsagen, und rettete so die Existenz des bayrischen Fürstentums. Im April schloß Bayern in Füssen Frieden mit Maria Theresia. Im September erneuerten die Kurfürsten die Tradition, doch konnten sie in Ermangelung eines männlichen Habsburgers nur Franz von Lothringen, den Gemahl Maria Theresias, zum Kaiser wählen. Immerhin fiel der Kaisertitel wieder dem in Wien residierenden Herrscher zu.

Der Krieg aber ging weiter, und jetzt siegten die Franzosen. Sie besetzten niederländisches Gebiet, unter anderem Ostende, den wichtigsten Hafen. Der Thronprätendent Karl Stuart, der Sohn Jakobs, erschien in Schottland und hißte seine Fahne im Kampf gegen den Usurpator Georg II. Die englische Regierung setzte also den Kampf gegen die Franzosen fort und zwang Maria Theresia ebenfalls dazu. Im Jahr 1747 erklärte Frankreich auch Holland den Krieg. Wer dachte jetzt noch an

Schlesien als den ursprünglichen Anlaß des Kriegs? Die europäischen Mächte suchten ihre Streitfragen wieder einmal mit den Waffen auszutragen, diesmal ging es angeblich um Maria Theresias Thron. Der Angriff gegen Holland brachte den Franzosen Erfolge, doch blieb die Herrschaft der englischen Flotte ungebrochen, und Karl Stuart wurde aus Schottland vertrieben. Im Grunde änderten sich die Kräfteverhältnisse nicht. Die Franzosen konnten nicht mit einem Sieg über die Engländer rechnen. So trat auf französische Anregung in Aachen wieder ein Friedenskongreß zusammen, und im Jahr 1748 wurde Frieden geschlossen. Maria Theresia verlor fast ganz Schlesien, in Italien Parma, Piacenza und Guastalla, konnte aber die während des Kriegs von den Franzosen besetzten Niederlande behaupten. Mit Ausnahme der Veränderungen in Italien blieb alles, wie es schon im Jahr 1742 gewesen war. Auf beiden Seiten hatte der sich hinziehende Krieg nur zur gegenseitigen Ernüchterung der Bundesgenossen gedient. Es dauerte kein Jahrzehnt, und diese Ernüchterung zeitigte wichtige Folgen.

Vielleicht war Maria Theresia die einzige, die sich nicht darüber wunderte, daß die Donaumonarchie diese Erschütterung ertragen hatte, denn sie war von der göttlichen Hilfe überzeugt. Sie war aber ebenso davon überzeugt, daß man auch andere Hilfe in Anspruch nehmen und daß die innere Organisation des Staats erneuert werden mußte. Darin wurde sie von ihren Ratgebern bestärkt. Vor allem mußten die chronisch notleidenden Finanzen in Ordnung gebracht werden, damit im Fall eines neuen militärischen Zusammenstoßes der Staat nicht noch einmal in eine solche Krise geriet. Der Leiter der Verwaltung des verbliebenen Stückchens Schlesien, Graf Friedrich Wilhelm von Haugwitz, unterbreitete die ersten Vorschläge, und es gelang, mit den böhmischen und mährischen Ständen bezüglich der Höhe der jährlichen Steuern zu einer Einigung zu kommen. Auch auf hoher Regierungsebene wurden die ersten Reformen eingeführt. Schon im Jahr 1742 wurde für die auswärtigen Angelegenheiten die Geheime Haus-, Hof- und Staatskanzlei errichtet, und gerade diese Institution überlebte die übrigen Reformen, denn sie erwies sich nicht nur im Jahr 1742 als höchst notwendig, als ihre Aufstellung erfolgen mußte, weil die Donaumonarchie zu dieser Zeit nicht mit dem Deutschen Reich identisch war, also dessen zentrale Behörden nicht in Anspruch nehmen konnte, sondern auch später.

Haugwitz hatte aber auch noch weiterreichende Pläne. In erster Linie wollte er die Verwaltung und die Rechtsprechung trennen. Dies war damals bereits ein allgemein anerkanntes, aber praktisch noch nicht überall verwirklichtes Grundprinzip. Im Jahr 1748 konstituierte sich unter dem Vorsitz von Haugwitz eine eigene Kommission für die Vorbereitung der Reform, die dann am 2. Mai 1749 veröffentlicht wurde. Die österreichische und die böhmische Hofkanzlei wurden vereinigt und aus ihnen eine „Directorium in publicis et cameralibus" genannte Behörde geschaffen, mit sieben Abteilungen und mit Haugwitz als Präsidenten. Aufgabe dieser Behörde war die Verwaltung und die Eintreibung der Steuern. Diese Funktion hatte der Staat auf Haugwitz' Anregung von den Ständen übernommen. Für die

Rechtsprechung wurde eine eigene Behörde, die Oberste Justizstelle, geschaffen, die ebenso wie die Staatskanzlei bis 1848 bestehen blieb. (Im selben Jahr, 1749, erschien das bekannte Werk Montesquieus „Vom Geist der Gesetze", das diese Trennung als Aufgabe des modernen Staates bezeichnete.) Dem Direktorium waren auf der Reichsebene die Behörden der einzelnen Provinzen und Länder unterstellt, diesen die Kreise und noch weiter unten die Städte und Dörfer. Ganz unten übte die Rechtsgewalt über die Bauern noch der Grundherr aus, doch war bereits die Möglichkeit der Berufung an die Kreisjustizbehörden gegeben. Das System befand sich in der Entwicklung, in sehr wesentlichen Punkten erfolgten noch Änderungen. Im ganzen handelte es sich darum, daß der frühere, zum Großteil noch mittelalterliche, feudal gefärbte Staatsapparat von einer verhältnismäßig modernen Organisation abgelöst wurde. Die Reform war durch die schwierige politische Lage erzwungen worden, änderte aber bereits wesentlich den Charakter des Staats.

Es muß jedoch hinzugefügt werden, daß diese Reform auf die österreichischen und böhmischen Provinzen beschränkt blieb und am feudalen Staatsapparat der Länder der ungarischen Krone nichts änderte. Ebenso unberührt blieben die norditalienischen Provinzen, die von den ehemaligen italienischen Stadtstaaten eine Art feudaler Organisation geerbt hatten.

Um den Stand der Finanzen zu verbessern, dachte die Regierung wie schon zur Zeit Karls VI. an die Entwicklung von Industrie und Handel. Besonders dringend wurde dies durch den Verlust Schlesiens. Diese Aufgabe fiel den Handelskommissionen und dem ihnen übergeordneten Universalcommerzdirectorium zu, das auch für den Straßenbau, die Flußregulierung und den Abschluß von Handelsverträgen mit auswärtigen Staaten zuständig war. Nach Aufstellung des Direktoriums wurde es diesem als Abteilung angegliedert. Zur Förderung des Osthandels wurde eine Levantinische Handelsgesellschaft und im Jahr 1735 eine Konsularakademie gegründet. Zur theoretischen Untermauerung dieser Reformen war aus Eisenach Johann Heinrich Gottlieb Justi berufen und zum Professor an der Universität Wien ernannt worden. Er vertrat ein Fach, das gerade erst entstanden war, die sogenannte Staatslehre.

Auch die Organisation des Heeres war reformbedürftig. Nach dem alten System wurden in jedem Kriegsfall Söldner angeworben; nun entstand ein stehendes Heer. Auch wurden die militärischen Einheiten nicht mehr auf Städte und Dörfer verteilt, die dann für ihren Unterhalt aufzukommen hatten. Vielmehr wurden von nun an die einzelnen Truppenteile in größeren Einheiten, im allgemeinen in Regimentsstärke, zusammen untergebracht, und die Staatsgewalt sorgte zentral für ihren Unterhalt. Die Finanzierung erfolgte aus den eingeflossenen Staatseinnahmen, so daß der Staat alles selbst kaufte und damit auch einen Aufschwung des Handels zu erreichen hoffte. Bisher hatte jedes Regiment sein eigenes Reglement, nach dem es exerzierte und kämpfte (so konnte es vorkommen, daß bei einem Manöver ein General durch einen puren Zufall getötet wurde, da jedes Regiment während des Manövers eben sein eigenes Reglement befolgte). Selbst die Uniformen waren von

Regiment zu Regiment verschieden, da es nicht genug Manufakturen gab, die das ganze Heer mit einheitlichen Uniformen hätten versehen können. Um das Heer zu vereinheitlichen, wurde 1752 in Wiener Neustadt die Militärakademie geschaffen, nachdem schon früher als Vorbereitungsschule das Theresianum gegründet worden war, das bald auch den für den Staatsapparat notwendigen Beamtennachwuchs ausbildete.

Da die ersten größeren Verwaltungsreformen noch nicht die ganze Donaumonarchie erfaßten, gab es auch Regierungsbehörden, die parallel nebeneinander arbeiteten; ihnen wurde die Konferenz in internis übergeordnet. (Diese Verquikkung von deutschen und lateinischen Bezeichnungen war damals auch in anderen deutschen Staaten üblich.) Als Nachfolgerin der Geheimen Konferenz war sie wiederum nur eine aus wenigen Mitgliedern bestehende beratende Institution, die daher ihrer Aufgabe nicht voll gerecht werden konnte. Sie wirkte zwar im Interesse der Vereinheitlichung, aber ohne beigeordnete Behörde.

Maria Theresia war eine fromme Katholikin und verabscheute die Ketzer (es mochte ihr immer Friedrich II. vorschweben), sie liebte auch die Juden nicht und versuchte sogar, sie aus österreichischem Gebiet zu verbannen. Diesen Plan mußte sie allerdings zurückziehen, da er dem wirtschaftlichen Leben zum Schaden gereichte. Bei aller Frömmigkeit aber wünschte sie die Kirche von Staats wegen in Schranken zu halten, und auch die päpstlichen Verordnungen durften nur mit ihrer Zustimmung veröffentlicht werden. Die im Ausland residierenden Vorstände der Mönchsorden durften ihr Reich nicht besuchen, und die Kompetenz der kirchlichen Gerichte wurde auf streng kirchliche Angelegenheiten beschränkt. Um mehr Zeit für die Arbeit zu gewinnen, wurde die Zahl der Feiertage herabgesetzt. Sogar in die Bestimmung des Zeitpunkts der Fronleichnamsprozessionen mischte sie sich ein. Sie ließ die Prozession auf den Nachmittag verlegen, da sie die Teilnahme unter der brennenden Sonne nicht aushielt. Natürlich sah sie mit Genugtuung, daß die Gegenreformation in den böhmischen und österreichischen Ländern an Raum gewonnen hatte (diese Länder wurden jetzt immer häufiger zusammenfassend Erblande genannt); die Protestanten duldete sie nicht, selbst in den Niederlanden wurden sie nicht gelitten. In Ungarn und Siebenbürgen konnte sie aber die bestehende Religionsfreiheit nicht ändern, obwohl sie den Katholizismus auch hier eifrig förderte. In den Erblanden noch versteckt lebende Protestanten ließ sie nach Siebenbürgen umsiedeln.

Sie verfügte über keine umfassende Bildung (Herrscher bedurften damals dieses Luxus noch nicht), aber sie war sich dessen bewußt, daß die Modernisierung des Reichs eine möglichst große Anzahl von ausgebildeten Fachleuten auf den verschiedenen Stufen der staatlichen Verwaltung erforderte und daß zu diesem Zweck die Entwicklung des höheren Unterrichts allgemein notwendig war und das Theresianum dafür nicht ausreichte. Sie unterstützte daher die bestehenden Universitäten und gründete neue. In diesem Bestreben war ihr Ratgeber der Leibarzt Gerhard van Swieten, ein zum Katholizismus übergetretener Holländer, der ihr im Januar

DIE TERRITORIALE ENTWICKLUNG DES ÖSTERREICHISCHEN HABSBURGERREICHS VON 1606 BIS 1797

ZEICHENERKLÄRUNG

- Gebiete, die sich während der ganzen Periode in der Hand der Habsburger befanden
- bis 1797 verlorene Gebiete
- zeitweise verlorene Gebiete
- bis 1797 erworbene Gebiete
- zeitweilig beherrschte Gebiete

1714–1793

- die Grenzen des Habsburgerreichs 1606
- die Grenzen des Habsburgerreichs 1797
- die Grenzen des Römisch' Deutschen Reichs 1797
- die Grenzen der von den Habsburgern in einzelnen Perioden verwalteten Kirchengebiete
- die Grenzen der zu verschiedenen Zeiten gewonnenen oder verlorenen Gebiete

die Jahreszahlen bedeuten die Zeitpunkte der verschiedenen Änderungen

1749 seinen Entwurf für eine Umgestaltung des höheren Unterrichts unterbreitete. Dieser Entwurf wurde von Maria Theresia genehmigt. Der Universitätsunterricht wurde enger der Staatsaufsicht unterstellt: die Professoren wurden ernannt, und an die Seite der Dekane der Fakultäten traten Direktoren zur Kontrolle. Der Staat schrieb auch den Lehrplan vor; in der Philosophie wurde die Lehre des Protestanten Christian Wolff, der eine gemäßigte Aufklärung vertrat, obligatorisch. Die Zensur blieb natürlich streng wie bisher, die kühneren Lehren der Aufklärung verbannte Maria Theresia aus ihren Ländern. Mit wenig Erfolg, doch war das nicht ihre Schuld.

Die ersten, teilweise noch provisorischen Reformen dienten natürlich einem Ziel: der Stärkung der Staatsgewalt, in erster Linie nach außen, konkret im Interesse der Wiedergewinnung der verlorenen schlesischen Gebiete. 1749, im Jahr der großen Reformen, berief Maria Theresia eine eigene Konferenz zur Besprechung der außenpolitischen Probleme ein. Sie wurde im Rahmen der Konferenz in internis, also auf höchster Ebene abgehalten. Hier traf sie zum ersten Mal persönlich den Grafen und späteren Fürsten Wenzel Anton Eusebius von Kaunitz, einen ihrer Diplomaten, der bei den Friedensverhandlungen in Aachen die Interessen der Habsburger vertreten hatte. Kaunitz führte aus, daß den Staat ernstlich nur Preußen gefährde, die Türkengefahr sei zweitrangig. Die wichtigste Aufgabe bestehe also darin, Preußen zu schwächen. Dies könnte Maria Theresia aber nur durch ein Bündnis mit Frankreich erreichen. Zu diesem Zweck empfahl Kaunitz verschiedene Änderungen an der Spitze der italienischen Fürstentümer, um durch Befriedigung spanischer Ansprüche die Annäherung an Frankreich zu fördern. Wenn es gelänge, die Franzosen zu gewinnen, würden sich auch Sachsen und die Pfalz den Österreichern anschließen, und Friedrich wäre isoliert.

Wenn ein Würdenträger des Hofes die Aufstellung des Direktoriums eine Revolution nannte, so kann man die Konzeption Kaunitz' ruhig ebenfalls als solche betrachten. Seit zweieinhalb Jahrhunderten befanden sich die Habsburger fast ununterbrochen im Krieg mit Frankreich. Und gerade dieser Staat sollte jetzt der neue Verbündete werden? Franz von Lothringen mit seiner langsamen Denkart verstand diese Idee nicht; er sah den Hauptfeind natürlicherweise noch immer in Frankreich, denn sein ursprüngliches Herzogtum befand sich in französischem Besitz. Seine Meinung fiel zwar nicht schwer ins Gewicht, aber auch Maria Theresia schreckte damals noch vor diesem Gedanken zurück. Zwei Monate später aber ernannte sie Kaunitz bereits zu ihrem Pariser Gesandten; der Weg war frei für die ersten Versuche, die neue außenpolitische Konzeption zu verwirklichen.

Kaunitz ließ auch den Gedanken einer Kooperation mit England nicht fallen, worin viel Realitätssinn steckte. Ebenso war er bemüht, ein gutes Verhältnis mit Rußland aufrechtzuerhalten, ja selbst an ein Bündnis mit Preußen dachte er, aber dies wies Maria Theresia zurück. Im Jahr 1753 wurde Kaunitz Staatskanzler, das heißt Außenminister. Sein Nachfolger in Paris, Graf Starhemberg, setzte die Erkundigungen am französischen Hof fort. Aus ihrer ursprünglichen Österreichfeindlichkeit heraus standen die französischen Minister einem Umdenken ebenfalls widerstrebend gegenüber. Starhemberg wandte sich über ihre Köpfe hinweg durch Vermittlung der Marquise von Pompadour unmittelbar an Ludwig XV. Er betonte immer wieder, Preußen sei für Frankreich kein verläßlicher Verbündeter; es arbeite mit England zusammen, das doch der Hauptfeind Frankreichs sei.

Diese Zusammenarbeit vorauszusetzen, war kein Hirngespinst. Im geheimen Vertrag von Westminster im Januar 1756 verpflichtete sich Preußen, im Kriegsfall Hannover, den Besitz des Königs von England, nicht anzugreifen, während England nicht erlauben würde, daß das mit Österreich sympathisierende Rußland Preußen angreife. Frankreich war zwar dadurch nicht unmittelbar betroffen. Als aber der österreichische Gesandte Ludwig davon verständigte, war auch das französisch-österreichische Bündnis nur noch eine Frage der Zeit. Da Spanien jetzt nicht mehr den Habsburgern gehörte und der Schwerpunkt des Habsburgerreiches weit von den französischen Grenzen entfernt lag, bestanden für dieses Bündnis keine realen Hindernisse mehr. Die Minister waren zwar noch immer dagegen und beriefen sich darauf, daß der Vertrag Österreich einseitig begünstige und Frankreich kein Interesse daran haben könne. Und wenn es schon solche Verpflichtungen eingehe, solle es wenigstens die niederländischen Provinzen für sich fordern. Dennoch wurde der Vertrag am 1. Mai 1756 in Versailles geschlossen.

So wie der Vertrag von Westminster der österreichischen Regierung nicht verborgen geblieben war, so horchten die Engländer auf, als sie von der österreichisch-französischen Annäherung erfuhren. Noch vor der Ratifizierung des Vertrags, am 19. Mai, suchte der englische Gesandte um eine Audienz bei Maria Theresia an und bat um Aufklärung bezüglich des Verhaltens des bisherigen Bündnispartners. Maria Theresia erklärte, sie habe noch nichts unterschrieben (was die Wahrheit war, denn die Unterschrift erfolgte erst einige Stunden später), aber wenn ein solcher Schritt erfolge, so habe er seine Ursache in der preußenfreundlichen Politik Englands. Kaunitz sicherte sich auch gegen Rußland ab. Die Zarin Elisabeth kümmerte sich kaum um die Außenpolitik, aber ihre Minister konnten mit entsprechenden Geschenken gewonnen werden.

Im August kam Starhemberg mit Frankreich für den Fall eines Kriegs mit Preußen dahin überein, daß die Franzosen mittelbar Hilfe leisten, Söldner zur Verfügung stellen und der Zerschlagung der preußischen Staatsmacht zustimmen würden, wenn sie in den Niederlanden und in Italien entsprechende Entschädigungen erhielten. Kaunitz wollte mit dem Krieg noch warten, bis die inneren Reformen, besonders das neue Steuersystem, bessere Ergebnisse gebracht hätten. Friedrich II. war aber über die Nachrichten, die er aus englischen und anderen Quellen erhielt, beunruhigt. Ende August brach er in Sachsen ein, im September, ebenfalls ohne Kriegserklärung, in Böhmen. Wieder entwickelte sich ein europäischer Krieg, in dem es von neuem um die Interessen anderer Mächte ging und der Angriff Friedrichs wieder nur den äußeren Schein abgab, während es sich im Wesen um die kolonialen Gegensätze zwischen England und Frankreich handelte.

Das Donaureich war diesmal besser auf den Krieg vorbereitet als vor sechzehn Jahren; in Böhmen waren schon im Sommer Truppen zusammengezogen worden. Friedrich hatte um Aufklärung gebeten, aber Maria Theresia antwortete nur kühl, daß sie die Marschziele ihrer Truppen so festlege, wie sie wolle. Durch den plötzlichen Angriff verschaffte sich Friedrich Vorteile. Bald eroberte er Dresden und schloß August III. mit seinen Truppen bei Pirna ein, wo dieser am 16. Oktober 1756 kapitulieren mußte. Er persönlich durfte sich in sein anderes Land, nach Polen begeben, seine Truppen aber wurden in die preußische Armee eingegliedert. Sachsen diente als Hinterland für die preußischen Kriegshandlungen. Ende Oktober wurden die in Böhmen eingebrochenen preußischen Truppen vertrieben. Der französisch-englische Krieg dauerte schon seit dem 9. Juni, und da im Osten Friedrich der Angreifer war, trat auch der österreichisch-französische Vertrag in Kraft. Die französische Regierung bot Geld oder Truppen an; Maria Theresia wählte letztere. Die französischen Truppen wollten Hannover angreifen. Das konnte Maria Theresia nicht dulden, denn dann würden die übrigen deutschen Fürsten nicht nur Sachsen, sondern auch Hannover verteidigen wollen. Ludwig verzichtete auf den Angriff gegen Hannover und sandte zwei Armeen gegen Preußen. Zu Beginn des Jahres 1757 traten auch Rußland und Schweden in den Krieg gegen Preußen ein. Einen neuen Angriff gegen Böhmen hatte Leopold Graf von Daun bei Kolin zurückgeworfen. Die russischen Truppen besetzten Königsberg und die Schweden Pommern. Trotz aller strengen militärischen Ordnung konnte Preußen der Übermacht nicht überall standhalten, obwohl es – an der Zahl seiner Bevölkerung gemessen – über das größte und besteingeübte Heer verfügte. Für kurze Zeit besetzten die Truppen des ungarischen Reitergenerals Andreas Hadik sogar Berlin und brandschatzten die Stadt.

Friedrich war aber ein viel besserer Heerführer als seine im übrigen auch nicht untalentierten Gegner. Bei Roßbach besiegte er die Franzosen und das aus den Truppen der kleineren deutschen Staaten gebildete Reichsheer und gegen Ende des Kriegszugs bei Leuthen die Armee Karls von Lothringen, des unbegabten jüngeren Bruders des Kaisers. Die günstigen Nachrichten bewogen England, seine Hilfsgelder an Friedrich zu erhöhen. Frankreichs Aufgabe war es, die österreichischen und russischen Heere mit Geld zu versorgen, es konnte aber seiner Aufgabe nicht in dem Maß gerecht werden wie England, denn auf den überseeischen Kriegsschauplätzen, in Nordamerika und Indien, gestaltete sich seine Lage den Engländern gegenüber immer ungünstiger.

Die Preußen behaupteten sich aber noch immer. Im Jahr 1758 belagerte Friedrich Olmütz, eine der größten mährischen Städte. Infolge einer einkreisenden Bewegung Laudons war er zwar gezwungen, sich wieder nach Schlesien zurückzuziehen, besiegte aber bei Zorndorf die Russen und verhinderte dadurch eine Vereinigung der österreichischen und russischen Truppen an der Oder, woran selbst der Sieg Launs bei Hochkirch nichts ändern konnte. Im Jahr 1759 siegten die österreichischen und russischen Truppen bei Kunersdorf unter dem Oberbefehl des Freiherrn Ernst Gideon von Laudon über Friedrich, nützten aber ihren Sieg nicht aus und verfolgten die Preußen nicht. Nach der üblichen Winterpause zogen die österreichischen Truppen gegen Schlesien, wurden aber in zwei Schlachten bei Liegnitz und Torgau geschlagen. Da das Gros der preußischen Truppen sich gerade dort befand, konnten die Russen Berlin besetzen und vier Tage lang halten.

Im nächsten Jahr kam es zu keinem größeren Gefecht mehr. Beide Teile mieden ein Zusammentreffen. Die Armee Friedrichs war schon stark zusammengeschmolzen, und auch die österreichischen Truppen waren von den Kämpfen mitgenommen. In Übersee war die englische Überlegenheit unverkennbar, eine Fortsetzung des Kriegs hätte nur weitere französische Verluste bringen können. Und wenn der Krieg länger dauerte, konnte Österreich gegebenenfalls Schlesien tatsächlich wiedergewinnen. Das wäre aber für Frankreich selbst dann ungünstig, wenn es dafür irgendeine territoriale Kompensation bekäme (von den ganzen Niederlanden war schon nicht mehr die Rede, nur noch von einigen Städten). Maria Theresia aber bereitete der östliche Bundesgenosse Sorgen. Rußland hatte schon seit einigen Jahrzehnten bei den europäischen Angelegenheiten mitgesprochen, nun begann es eine entscheidende Rolle zu spielen.

Dies zeigte sich gerade jetzt sehr klar. Zarin Elisabeth war am 5. Januar 1762 gestorben. Ihr Nachfolger wurde Peter III., ein deutscher Fürst, in weiblicher Linie ein Verwandter der Romanows und großer Verehrer Friedrichs. Er zog die russischen Truppen sofort zurück und war sogar geneigt, den Krieg an der Seite der Preußen fortzusetzen. Ein kleiner Staatsstreich entfernte ihn zwar bald, seine Frau Katharina II., ebenfalls eine deutsche Prinzessin, war aber auch nicht gewillt, weiter am Krieg teilzunehmen. Im Spätfrühling des Jahres 1762 war damit das Schicksal des Siebenjährigen Kriegs eigentlich entschieden. Die Einmischung Spaniens an der Seite der Franzosen im Jahr 1761 hatte keine Bedeutung mehr. England und Frankreich schlossen Anfang November 1762 einen Präliminarfrieden, den man heute Waffenstillstand nennen würde, und zu Beginn des nächsten Jahres, am 10. Februar 1763, in Paris den endgültigen Frieden. Kanada und der größte Teil der französischen Kolonien in Indien fielen an die Engländer.

Auch zwischen Österreich und Preußen hatte der Krieg keinen Sinn mehr. Es war offenbar, daß Schlesien nicht zurückgewonnen werden konnte. Am 15. Februar 1763, also einige Tage nach dem Frieden von Paris, wurde in Hubertusburg der Frieden ohne jede territoriale Veränderung geschlossen. Maria Theresia willigte mit schwerem Herzen, aber diesmal endgültig ein. In der Folge war sie nicht mehr geneigt, sich auf einen neuen Krieg einzulassen.

Es gab innerhalb des Reichs genug zu tun. Die inneren Reformen waren auch während des Kriegs fortgesetzt worden. Die wichtigste war der weitere Ausbau des oberen Regierungsapparats. Kaunitz hatte schon lange die Weiterentwicklung der Reform von 1749 empfohlen. Im Dezember 1761 ernannte Maria Theresia die Mitglieder des neuen obersten Regierungsorgans, des Staatsrats, der im Januar des folgenden Jahres seine erste Sitzung abhielt. Maria Theresia präsidierte. Drei Mitglieder vertraten mit dem Titel Staatsminister den höheren Adel, drei weitere mit dem Titel Staatsrat den Ritterstand. Klarer hätte man nicht zum Ausdruck bringen können, auf welche gesellschaftlichen Kräfte die ganze Staatsgewalt aufgebaut war. Der Staatsrat war zwar auch weiter nur für die Erblande zuständig, aber eines seiner Mitglieder, Kaunitz, war zugleich Präsident des niederländischen beziehungsweise des mailändischen höchsten Rats, so daß sich die Kompetenz des Staatsrats mit Ausnahme der ungarischen Territorien praktisch auf das ganze Reich erstreckte. Er war kein Exekutivorgan, dies blieb auch in der Folge die Aufgabe der einzelnen Hofkanzleien; die böhmische und die österreichische Kanzlei wurden vereinigt wiederhergestellt, die anderen übten ihre Tätigkeit wie bisher aus. Aufgabe des Staatsrats wurde die Kontrolle; alle Regierungsbehörden waren ihm unterstellt, und er war befugt, der Herrscherin Vorschläge zu unterbreiten. Ohne ihn anzuhören, durfte die Herrscherin keine Entscheidungen treffen, sie war aber durch diese Vorschläge nicht gebunden. Der Geschäftsgang des Rats war anfangs recht langsam, erst Joseph, der älteste Sohn Maria Theresias, reformierte ihn. Joseph war seit 1764 römischer König, nach dem im Jahr 1765 erfolgten Tod seines Vaters Franz wurde er Kaiser und Mitregent, doch übernahm Maria Theresia nach den ersten Monaten der Trauer über den Verlust ihres Mannes wieder die Regierung und erlaubte ihrem Sohn kein Mitspracherecht in den Angelegenheiten der Donaumonarchie. Im Deutschen Reich konnte er tun und lassen, was er wollte, das war ohne ernstes Interesse.

Auch bei den übrigen Regierungsbehörden gab es weitere Veränderungen. Die Leitung der Finanzen wurde letztlich zwei Behörden, der Hofkammer und dem Obersten Rechnungsrat, anvertraut, es erübrigt sich aber, auf weitere Einzelheiten einzugehen. Die Verwaltung der einzelnen Länder wurde auf den früheren Grundlagen weiter ausgebaut, die Rolle der Kreise wurde verstärkt, bei den Länder- und Kreisbehörden gab es gleicherweise Finanz-, Kommerz- und Steuerämter. In den Erblanden sorgte tatsächlich die Vereinigte Böhmisch-Österreichische Hofkanzlei für die Verwaltung, unter Einbeziehung der wirtschaftlichen Probleme, der Schul- und Kirchenangelegenheiten. Einen vollständigen und genauen Überblick über die Lage hatte Maria Theresia nicht, besonders nicht in Wirtschaftsfragen, für die – wie man gesehen hat – andere Behörden zuständig waren. Im Jahr 1769 konstituierte sich eine eigene Kommission für die Behandlung der Staatshaushaltsfragen; auch andere Behörden wurden ins Leben gerufen. Die ungarischen Territorien blieben von fast allen diesen Neuerungen unberührt. Die vielen Ämter und Behörden waren oft dem Geschäftsgang wenig dienlich, ja häufig behinderten sie ihn geradezu. Allerdings traten in dieser Zeit in allen Staaten die gleichen Probleme auf; die entsprechenden Formen des Geschäftsgangs haben sich erst nach langem Experimentieren herausgebildet.

Die Reformen in der Staatsverwaltung standen bewußt im Zeichen der Einheit des Reichs. Diese Einheit konnte in der Wirtschaftspolitik viel besser verwirklicht werden. Man war bewußt bestrebt, dem Staat von seinen Untertanen die größten

Einnahmen zu sichern, aber klugerweise wollte man das auch durch Sicherung der Wohlfahrt der Untertanen erreichen; nur so konnten sie zahlungskräftig sein. Dazu gehörte, wie man damals schon wußte, eine möglichst große Bevölkerungszahl. Die Ansiedlung in den zu Karls Zeiten zurückgewonnenen Gebieten wurde von Maria Theresia mit voller Kraft fortgesetzt, besonders in dem Jahrzehnt nach dem Siebenjährigen Krieg. Jedes Jahr wurden im Durchschnitt fünftausend Ansiedler in das Reich gebracht, besonders nach Ungarn; es waren hauptsächlich Ausländer, da ja innerhalb der Monarchie nirgends Überfluß an Menschen bestand. Daß diese Ausländer verschiedene Sprachen sprachen und das ohnehin schon aus vielen Völkerschaften zusammengesetzte Reich dadurch noch bunter wurde, störte damals niemanden. Im Gegenteil: je unterschiedlicher das Herkunftsland dieser Ansiedler war, desto besser war es, brachten sie doch so die verschiedensten Erfahrungen mit ins Reich.

Dieser Gesichtspunkt kam auch in der Landwirtschaft zur Geltung. Man konnte sich auf diese Weise die Ergebnisse der im Westen bereits entfalteten landwirtschaftlichen Revolution nutzbar machen. Deswegen unterstützte die Regierung die verschiedenen landwirtschaftlichen Vereinigungen, die mit den neuen Methoden und Kulturen bekannt machten und sie den Grundbesitzern und Fronbauern gleicherweise zur Verwirklichung empfahlen.

Noch wichtiger waren die Erfahrungen des Auslands in der Industrie und im Handel. Maria Theresia bemühte sich anfangs, die Industrie in der ganzen Donaumonarchie zu entwickeln, später aber, angesichts des Widerstands des ungarischen Adels gegen die Besteuerung, trieb sie sie in Ungarn nicht mehr vorwärts. Sie beschränkte sich auf die Erblande, wo sie den Druck des Zunftsystems lockerte und durch Einfuhrverbote das Entstehen von Manufakturen förderte. Ihr Mann gründete sogar in Ungarn Manufakturen. (Franz war ein guter Ökonom, er verstand es geschickt, sein Vermögen zu vermehren, ohne unehrenhafte Methoden anzuwenden oder seine politische Stellung auszunützen. Bei seinem Tod hinterließ er Joseph ein Privatvermögen von etwa zwanzig Millionen Gulden.) Die inneren Zollschranken wurden nur zwischen Ungarn und den Erblanden aufrechterhalten, ohne Zweifel zum Schaden der Entwicklung in Ungarn, aber auch Tirol blieb durch eine innere Zollschranke abgeschieden, allerdings konnte dieses kleine Land den Nachteil infolge des durchgehenden Handelverkehrs ausgleichen. Am Ende dieser Epoche gab es in den Vororten von Wien allein fünfundsiebzig Manufakturen. Am stärksten war die Entwicklung in den böhmischen Ländern, wo die wirtschaftliche Lage auch früher schon günstiger war und wo es sich nach dem Verlust Schlesiens am ehesten lohnte, Industriepolitik zu betrieben. Natürlich aus rein wirtschaftlichen Überlegungen heraus.

Die Hebung des Handels war schon seit Karl VI. ein wichtiges Prinzip. Die mit dem Türkischen Reich geschlossenen Handelsabkommen begünstigten den Erwartungen entgegen die türkischen Händler, denn von dort wurden mehr Waren in die Monarchie eingeführt als aus der Monarchie in die Türkei exportiert. Darum ordnete Maria Theresia an, daß die aus dem Türkischen Reich stammenden Kaufleute sich endgültig im Donaustaat ansiedeln mußten, wenn sie ihre Tätigkeit im Schutz der bisherigen Privilegien weiter ausüben wollten. Für den Ausbau der Donauschiffahrt wurde eine eigene Direktion aufgestellt, ferner wurde die Karolinenstraße, die Ungarn mit Fiume verband, ausgebaut. Im Jahr 1769 konstituierte sich in Wien die Börse (in Triest bereits zur Zeit Karls VI.). Im Jahr 1771 wurde Papiergeld ausgegeben, im übrigen galten die Silbertaler in ganz Europa als gute Valuta. Infolge dieser Anordnungen zeigte sich in der Zeit nach dem Ende des Siebenjährigen Kriegs ein allgemeiner wirtschaftlicher Aufschwung. Als im Jahr 1778 ein neuer Krieg drohte, waren die Länder imstande, ohne irgendwelche Schwierigkeiten sechs Millionen für Ausgaben zur Verfügung zu stellen. Dieser wirtschaftliche Aufschwung bedeutete natürlich nicht, daß in jedem Land allgemeiner Wohlstand geherrscht hätte oder daß alle Schichten der Gesellschaft auch nur durchschnittlich gut gelebt hätten. Die Lage der wirtschaftlich zurückgebliebenen Länder blieb nach wie vor schwer, und die staatlichen Lasten waren drückend. Die Tendenz nach oben konnte aber nirgends geleugnet werden.

Der wirtschaftliche Aufschwung war einer der Programmpunkte der Vereinigten Böhmisch-Österreichischen Hofkanzlei. Aber Maria Theresia war auch persönlich aufrichtig davon überzeugt, daß es ihre Pflicht sei, den Wohlstand der Untertanen zu heben, wenn Gott sie ihr schon anvertraut hatte. Früher kannten die Habsburger (wie alle anderen Herrscher) nur die Pflichten der Untertanen. Karl VI. war seiner Sache schon nicht mehr sicher, und Maria Theresia empfand bereits, daß die Pflichten gegenseitig waren. Nur so wird ihre Bauernpolitik verständlich; in den einzelnen Ländern führte sie nämlich, den Widerstand der Stände überwindend, ja gegen die Stände, der Reihe nach die Urbarien ein, in denen die Frondienste der Bauern geregelt wurden: im Jahr 1755 in Kroatien, 1767 in Ungarn und erneut in Kroatien, 1771 im restlichen Schlesien, 1772 in Niederösterreich und im Jahr 1778 in der Steiermark und in Kärnten. Die Bestimmungen der Urbarien wiesen je nach dem Land Unterschiede auf, wie es der bisherigen Entwicklung und den Gegebenheiten des jeweiligen Landes entsprach. Im wesentlichen war es jedoch immer das gleiche: die Trennung der rechtlich den Bauern gehörenden Felder von dem im unbeschränkten Eigentum der Grundbesitzer befindlichen Land, das Verbot, den Bauern ihren Besitz – in Ungarn Urbarialbesitz genannt – zu rauben, und die allgemeine Regelung der bäuerlichen Frondienste, die Festsetzung eines gewissen Maximums, das der Grundherr nicht überschreiten durfte. Dieses beschränkte allerdings den Umfang des bäuerlichen Besitzes, so daß die an Zahl zunehmende Fronbauernschaft gezwungen war, auf immer kleineren Feldern und Feldparzellen zu wirtschaften. Nur wäre dem Ansturm der Grundbesitzer gegenüber ohne diese Maßnahme der bäuerliche Besitz noch mehr vermindert worden, wie das Beispiel einiger benachbarter Länder zeigt. Es besteht kein Zweifel, daß auch dies aus fiskalischen Gründen erfolgte, denn auf seinem sicheren Besitz wird der Fronbauer besser wirtschaften, also besser Steuern zahlen und gesunde Söhne haben, die für den Militärdienst geeignet sind. Aber auch darüber kann kein Zweifel bestehen, daß Maria Theresia subjektiv das Gefühl hatte, mit diesen Anordnungen selbst den niedrigsten ihrer Untertanen eine gütige Mutter zu sein. Unter ihren habsburgischen Ahnen gab es kaum einen, der – wenn auch von der Höhe des Thrones herab – bereit gewesen wäre, so tief hinunterzublicken.

Ein Wort muß noch über ihre Schulpolitik gesagt werden. Es handelt sich um die Reformen, die im Bereich des höheren Unterrichts angelaufen waren. Durch den Einfluß van Swietens wurde hier in erster Linie das praktische, wirtschaftliche Leben und der Unterricht in Fächern, die das Gesundheitswesen fördern konnten, in den Vordergrund gestellt: die Naturwissenschaften, besonders die Medizin und das Recht. Für den höheren Unterricht mußte aber erst eine Grundlage geschaffen werden, also mußten auch die niedrigeren Stufen ausgebaut werden. Dafür war schon bei Aufstellung des Direktoriums innerhalb desselben eine eigene Abteilung gegründet worden. Im Jahr 1773 brachte die Auflösung des Jesuitenordens den Staat in den Besitz eines riesigen Vermögens, das völlig der Entwicklung des Unterrichtswesens dienen sollte. Der aus Schlesien stammende Johann Ignaz von Felbiger stellte im Jahr 1774 einen Entwurf für die Organisation des Elementarunterrichts zusammen. Seine Vorschläge wurden als Experiment in einigen österreichischen Gebieten durchgeführt und im Jahr 1777 unter der Bezeichnung Ratio educationis in Ungarn obligatorisch. Im Wesen handelte es sich um den Aufbau einer Kette von sogenannten Normalschulen in den Städten und von Trivia in den Dörfern. In den Trivia wurden die elementarsten Kenntnisse gelehrt, die Normalschulen standen schon auf einem etwas höheren Niveau. In den Mittelschulen traten auf Kosten der griechisch-lateinischen Studien praktische Kenntnisse in den Vordergrund. Der ursprünglichen Idee entsprechend, sollte sogar das Zeitunglesen gelehrt werden. Alle Schulen waren staatlich, obwohl der kirchliche Einfluß blieb, ja die kirchlichen Schulen wurden auch weiter vom Staat unterstützt. Trotzdem war diese Reform ein wichtiger Schritt auf dem Weg der Laisierung des Unterrichtswesens. Auch der mittlere Unterricht wurde reformiert und im Jahr 1770 in Wien eine Handelsakademie gegründet.

Mit dem Erlaß der Ratio educationis war das Schulproblem noch nicht mit einem Schlag gelöst. Die Mehrheit der Bevölkerung blieb weiterhin des Lesens und Schreibens unkundig, in der Mehrzahl der Dörfer konnten keine Trivia aufgestellt werden, da es an Geld und entsprechend gebildeten Lehrern mangelte. Der Prozeß hatte aber begonnen und brachte später immer größere Ergebnisse.

Es ist sicher, daß die Donaumonarchie, verglichen mit den blühenden niederländischen oder italienischen Ländern, ganz besonders aber mit den französischen oder englischen Zuständen in jener Zeit, unterentwickelt war. Mit dem Türkischen Reich oder mit Rußland verglichen, war sie dagegen sicher einen Schritt voraus. (Und denken wir daran, daß es in diesen Jahrzehnten deutsche Fürsten gab, die mangels anderer Beschäftigung fünf Stunden am Tag beim Mittagessen verbrachten, und auch solche, die so lange unerledigte Akten aufeinanderhäuften, bis sie eine gewisse Höhe erreicht hatten, worauf sie aufs Geratewohl einige herausgriffen und durch Randbemerkungen ihren Willen zum Ausdruck brachten.) Zur selben Zeit verbrachte Maria Theresia einen Großteil ihres Tags in Konferenzen oder bei der Durchsicht von Akten und dem Studium diplomatischer Berichte und sah den Wohlstand der Fronbauern als eine Gewissensfrage an. Katharina II. schenkte ihren jeweiligen Liebhabern Zehntausende Fronbauern; Maria Theresia schenkte ihrem Mann, den sie aufrichtig liebte, sechzehn Kinder.

Die Ständeversammlungen der einzelnen Länder und Provinzen wurden nur dann zusammengerufen, wenn es sich wirklich nicht mehr vermeiden ließ, im allgemeinen aber liebte sie es nicht, mit ihnen zusammenzuarbeiten. Sie zog es vor, durch Verordnungen zu regieren, in dem sicheren Bewußtsein, selbst besser zu wissen, was richtig war. Katharina II. und Friedrich II. handelten ähnlich, und viele andere Herrscher in der zweiten Hälfte des 18. Jahrhunderts gingen genauso vor. Diese Regierungsform, bei der der Herrscher zwar im Interesse seiner Völker, aber unabhängig von deren Willen regierte und die sich damals in den zurückgebliebeneren, aber in Entwicklung begriffenen Randgebieten Europas ausbildete, pflegt die Geschichtschreibung aufgeklärten Absolutismus zu nennen. Wobei unvermeidlich vorausgesetzt wird, daß der betreffende Herrscher, der alles besser weiß als seine Untertanen, der allein weiß, wie man sie glücklich machen kann, und fähig ist, dies notfalls auch mit Gewalt durchzusetzen, sein Wissen und seine Überzeugung aus der Philosophie der Aufklärung schöpft.

Es ist erwähnt worden, daß Maria Theresia sich im Bereich der Wissenschaften nicht auszeichnete und die Schriftsteller der französischen Aufklärung sicher nicht kannte, sie hatte höchstens von ihnen gehört. Dies genügte aber, sie zu erschrecken. Sie sprach fließend Französisch, Italienisch, Spanisch, auch Latein verstand sie. Von Orthographie hatte sie aber keine Ahnung, über deren Regeln setzte sie sich mit königlichem Selbstbewußtsein hinweg. Sie war eine gute Familienmutter, die jeden Abend ihrer zahlreichen Familie den Tee einschenkte. Berühmt ist die Szene, als sie erfuhr, daß ihrem zweiten Sohn, Leopold, dem Großherzog von Toskana, ein Sohn geboren worden war. Die Nachfolge in männlicher Linie war also gesichert, denn von Joseph, der bereits zweimal verwitwet war, konnte sie nicht mehr erwartet werden. Die Kaiserin sprang sofort auf, eilte die Korridore entlang, stürzte in die Hofloge des Hoftheaters und rief dem Publikum während des Spiels in unverfälschtem Wiener Dialekt zu: „Der Le'pold hat an Buam." Das Publikum aber vergaß die Vorstellung und feierte begeistert diesen Zuwachs der kaiserlichen Familie.

Handelt so ein aufgeklärter Herrscher? Weder die Zeitgenossen noch die Nachkommen, die diese Erscheinung bereits mit diesem Begriff bezeichneten, konnten ihn sich so vorstellen. Kann jemand ein aufgeklärter Herrscher sein, der regelmäßig zur Beichte und zur Kommunion geht und – natürlich nur in geistlichen Dingen! – ein ergebener Anhänger der Kirche ist? Der nicht nur die Literatur der Aufklärung nicht liest, sondern sie sogar aus seinem Reich verbannt?

Und trotz alledem ist Maria Theresia doch eine Vertreterin des aufgeklärten Absolutismus. Sie ist es vor allem objektiv, unabhängig von ihrer Überzeugung und ihren Absichten. Denn ihre ganze Politik, das ganze System ihrer Regierung dienten im Grunde dem allgemeinen Ziel des aufgeklärten Absolutismus: Modernisierung und dadurch Kräftigung der rückständigen feudalen Gesellschaft und des Staats; das war unvermeidlich mit der Entwicklung des Handels und des Geldwesens verbunden und ermöglichte dadurch die ganze spätere kapitalistische Entwicklung. So ausgedrückt hätte es allerdings selbst ihr Sohn Joseph nicht verstanden, schon gar nicht aber Maria Theresia selbst. Dennoch war es objektiv so.

In gewissem Sinn ist es berechtigt, auch subjektiv von aufgeklärtem Absolutismus und von Aufklärung zu sprechen. Maria Theresia verstand es ausgezeichnet, sich mit den richtigen Ratgebern zu umgeben. Es gab zwar ungebildete und unwissende unter ihnen, von Kaunitz oder Haugwitz kann man das aber wohl nicht mehr sagen. Und noch weniger von van Swieten oder besonders von Joseph von Sonnenfels, der ebenfalls bei den Reformen Maria Theresias eine gewisse Rolle spielte, obwohl er bürgerlicher Abstammung war. Dem half Maria Theresia natürlich ab, indem sie ihm den Adelstitel verlieh. Dies ändert aber nichts an der Tatsache, daß Maria Theresia seit dem 16. Jahrhundert der erste Herrscher aus dem Hause Habsburg war, der Personen bürgerlicher Abstammung nicht mit Bedienten auf eine Stufe stellte, sondern in gewisser Beziehung als gleichwertige Partner betrachtete. Und die hier genannten Ratgeber von Kaunitz bis Sonnenfels kannten und verstanden alle die Aufklärung, wenn sie auch nicht bis zu den radikalen Positionen gelangten. Maria Theresia war also von einem aufgeklärten Kreis umgeben, und ihre Regierung kann daher auch subjektiv als Verwirklichung des aufgeklärten Absolutismus betrachtet werden.

Maria Theresia war es, die das Schloß Schönbrunn bauen ließ, und im Zusammenhang damit ist es vielleicht angebracht, ein Wort über die barocke Kunst des Habsburgerreichs zu sagen. Natürlich ist sie nicht unmittelbar an die Person Maria Theresias oder irgendeines anderen Habsburgers, ja nicht einmal an die Person Karls VI. gebunden, obwohl zu dessen Zeit die größten Werke Fischer von Erlachs und Hildebrandts entstanden. Und doch ist diese Kunst nicht ganz unabhängig von ihnen und ihrem Reich. Zur Zeit der letzten großen Kraftanstrengungen gegen die Türken entstanden in Prag und später in Wien, den zwei Zentren, die innere Sicherheit und Ausgeglichenheit versprachen, sowie in den Hauptstädten der anderen österreichischen Länder eine große Anzahl barocker Kirchen und Paläste sowie Schlösser auf dem Land. Deutsche und italienische Einflüsse mischten sich hier in eigenartiger Weise mit nicht eben barockem und doch würdevollem Maßhalten. Und gerade in der zweiten Hälfte des Jahrhunderts wurden in den Randgebieten des Reichs zahlreiche Schlösser und verträumte Dorfkirchen, Denkmäler und Statuen an Straßen und Plätzen errichtet und die Wände der Paläste mit Fresken und Gemälden geschmückt, die bald mythologische Szenen, bald Familienporträts darstellten. Die kurze geschichtliche Zeitspanne, die während und nach den Sturmjahren Ruhe ausgestrahlt hatte, ist in dieser barocken Kunst des Reichs vielleicht am besten verkörpert.

Und sie zeigte sich noch in einer anderen Erscheinung. Maria Theresia war in jungen Jahren am Hof in Opern aufgetreten, sie hatte damit das Erstaunen eines italienischen Künstlers erregt, der behauptete, daß sie eine gute Sängerin werden könnte, wenn sie nicht Erzherzogin wäre. Bei einem seiner Auftritte am Hof hatte sie den Knaben Mozart auf dem Schoß. Sie war kein Mäzen, sie unterstützte weder Haydn noch einen anderen der damals in dieser kosmopolitischen, gleichzeitig italienischen, deutschen, französischen und gerade deswegen österreichischen Atmosphäre am Hof oder in den Palästen der Aristokratie tätigen Musiker. Für sie war Musik nur Unterhaltung, selbst wenn sie von einem Mozart stammte. Vor die Wohnung Haydns stellten nicht die Habsburger eine Ehrenwache, wohl aber Napoleon, als er die Kaiserstadt besetzte. Und doch ist – wie das österreichische Barock – die Wiener Klassik, dieser Höhepunkt der Musikgeschichte, irgendwie in der Tiefe mit der Regierung der Habsburger, mit all dem, was diese vielfarbige österreichische Kultur als Rahmen bedeutete, verbunden.

Natürlich vergaß die gute Familienmutter auch nicht, ihre Töchter zu verheiraten, selbstverständlich ihrem Rang entsprechend, um auch auf diese Weise die alte Tradition des Hauses Habsburg fortzusetzen. Marie Karoline wurde die Gattin Ferdinands, des Königs von Neapel und jüngeren Sohns des Königs von Spanien, Maria Amalia ehelichte den Herzog von Parma. Der größte Erfolg war – wenigstens solange Maria Theresia lebte – das Glück der jüngsten Tochter, Marie-Antoinette, die im Jahr 1770 im Zeichen der noch anhaltenden österreichisch-französischen Eintracht und Zusammenarbeit den Dauphin ehelichte. (Damit schien der jahrhundertealte Gegensatz Frankreich–Habsburg wirklich ein Ende gefunden zu haben.) Bei ihrer Eheschließung war sie fünfzehn Jahre alt, mit dreiundzwanzig brachte sie ihr erstes Kind zur Welt. Aus dem heiteren Kind wurde bald eine unterhaltungssüchtige große Dame, die schrankenlos Geld verschwendete. Sie war der stärkere Partner und der böse Geist des Dauphins und späteren Königs Ludwig XVI., der die Rolle eines Ehemanns nur schwer erlernte. Mit ihrer Verschwendungssucht und ihren Extravaganzen trug sie viel dazu bei, den Ausbruch der Revolution zu fördern. Als sie einsam, auf ihre Hinrichtung wartend, im Kerker saß, verstand sie freilich noch immer nicht, wie das alles gekommen war.

Maria Theresia hatte ihre Kinder sehr sorgfältig erzogen bzw. erziehen lassen und den ins Ausland verheirateten Töchtern noch eigene Instruktionen mitgegeben. Sie legte ihnen ans Herz, sich nicht in die Innenpolitik ihrer neuen Heimat einzumischen, da dies die Pflicht des Gatten sei, aber dafür zu sorgen, daß das betreffende Land auch weiterhin gute Beziehungen zur Donaumonarchie unterhalte. Und wenn die betreffende Tochter nicht dem Ideal entsprach, das sich Maria Theresia von der Pflichterfüllung eines Herrschers machte, wie z. B. im Fall Maria Amalias, dann brach sie die Beziehung zu ihr einfach ab und wechselte jahrelang nicht einmal Briefe mit ihr, da sie sie ihres Vertrauens für unwürdig erachtete.

Diese ehelichen Verbindungen brachten den Habsburgern natürlich nicht mehr solchen Zuwachs wie seinerzeit die Ehen Maximilians oder Philipps des Schönen. Damit rechnete Maria Theresia auch gar nicht mehr, sie suchte nur nach außenpolitischer Unterstützung. Und gerade von diesem Gesichtspunkt aus war die französische Ehe gar kein so schlechter Gedanke. (Maria Theresia konnte nicht wissen, daß die Zeit bald vorbei war, in der nur Könige das Schicksal der Länder lenkten.)

Wichtiger waren die Sekundogenituren der Habsburger in Italien, das heißt Staaten, in denen jüngere Söhne der Familie regierten, wie Modena-Este, besonders aber das Großherzogtum Toskana, wo Leopold sich im Herrscherhandwerk übte. Von 1765 bis 1790 war Toskana ein wahrer Musterstaat des aufgeklärten Absolutismus. Dem Beispiel seiner Mutter (und ihrer Ratgeber) folgend, förderte Leopold vor allem den materiellen Wohlstand seines kleinen Landes. Er schaffte die städtischen Zölle ab und befreite so den Lebensmittelhandel, dann gab er den Tabakanbau und die Eisenverhüttung frei. Er ließ Straßen und Kanäle bauen und Sümpfe trockenlegen. Unter der Bezeichnung Academia Geophilorum gründete er eine Gesellschaft zur Entwicklung der Landwirtschaft. Er liquidierte die staatlichen Monopole und schaffte einige besonders die Bauern belastende Steuern sowie den Frondienst ab, wo dieser noch bestand. Und obwohl er für die Entwicklung der Wirtschaft und für die Verschönerung von Florenz und anderen Städten 30 Millionen Goldstücke ausgab, verwaltete er doch das Vermögen des Staats, das er noch durch die Mitgift seiner Frau ergänzte, so gut, daß es ihm gelang, im Verlauf von 27 Jahren die Staatsschulden von 87,5 Millionen auf 24 Millionen herabzudrücken.

Auch die Verwaltung verbesserte er in beispielgebender Weise. Er löste die überflüssigen Behörden auf und stellte Einheimische an die Spitze der Gemeindeverwaltungen. Auch im Bereich der Justiz führte er große Reformen ein, er schaffte die vielen lokalen Gesetze ab und förderte die Zusammenstellung eines einheitlichen bürgerlichen Gesetzbuchs. Er führte eine neue Gerichtsordnung ein. Er schaffte die Folter, die Majestätsbeleidigungsprozesse, die Vermögenskonfiskationen als Strafe, die Kammerprozesse (in denen die Angeklagten sich nicht verteidigen konnten), die geheimen Anzeigen ab, verbot, daß Kinder gegen ihre Eltern Zeugenschaft ablegten. An die Stelle der Todesstrafe setzte er die Zwangsarbeit. Er verminderte die Zahl der Richter und achtete sorgfältig darauf, wen er zum Richter ernannte. Aus den Strafgeldern schuf er einen Fonds zur Entschädigung unschuldig Verurteilter.

Er gründete zahlreiche neue Schulen und Armenhäuser. Der Kirche stand er kritisch gegenüber. Die kostspieligen religiösen Zeremonien, Prozessionen und Wallfahrten reduzierte er auf ein Minimum und führte die jansenistischen Prinzipien obligatorisch in der Kirche ein. Aber er ließ niemanden an der Macht teilhaben, nicht einmal die Aristokraten, sondern blieb ein absoluter Herrscher. Nur war er viel aufgeklärter als die anderen Herrscher dieser Zeit, von einigen kleinen deutschen Fürstentümern abgesehen.

Kehren wir zu den Ereignissen zurück. Im Jahr 1763 starb August III. Jede Änderung auf dem polnischen Thron hatte in den vergangenen Jahrzehnten immer die Möglichkeit politischer Konflikte in sich geborgen, obwohl es keine beneidenswerte Aufgabe war, König von Polen zu sein. Maria Theresia hätte es gern gesehen, wenn der Thron der sächsischen Dynastie erhalten geblieben wäre, und suchte dazu auch die Unterstützung ihres neuen französischen Verbündeten und sogar Preußens. Aber alles war umsonst – die Franzosen erinnerten sich an Leszczyński. Friedrich sah mit Freude, wie seinem sächsischen Kollegen die Krone verlorenging, und es war leicht zu erkennen, daß in der polnischen Angelegenheit bereits Rußland entschied. Auch Maria Theresia sah das. Den polnischen Thron bestieg tatsächlich der russische Kandidat, Stanislaus August Poniatowski.

Die polnische Frage verschwand aber noch nicht von der Tagesordnung, sie erschien jetzt in anderer Form und im Zusammenhang mit der türkischen Frage. Im Jahr 1768 brach der Russisch-Türkische Krieg aus. Schon damals konnte man aus den an die christliche Bevölkerung der Balkanhalbinsel gerichteten russischen Proklamationen sehen, daß Rußland sich auf Kosten der türkischen Gebiete am Balkan ausbreiten wollte. Die Donaumonarchie hatte für den Balkan – entgegen den Ratschlägen Eugen von Savoyens – bislang nur wenig Interesse gezeigt, vielleicht, weil sich sonst niemand dafür interessierte. Sobald es aber einen solchen Interessenten gab, mußte auch die Habsburgermonarchie hier auftreten. Damit wurden die ersten Anzeichen für die russisch-österreichische Rivalität auf dem Balkan sichtbar. Sowohl Kaunitz als auch Joseph wollten diesen Krieg zu territorialen Erwerbungen ausnützen. Im Jahr 1771 rieten sie der Herrscherin, die Donaumonarchie möge an der Seite der Türkei in den Krieg eintreten. Maria Theresia war entschieden dagegen und ließ sich nicht überzeugen. Die territoriale Kompensation bestand darin, daß nach Ende des Kriegs im Jahr 1775 die österreichische Regierung mit dem Fürsten der Moldau, Grigore Ghica, einen Vertrag schloß, durch den die Bukowina an Österreich fiel. Damit hatte die Monarchie ein neues Gebiet mit gemischter Bevölkerung erworben. Hier lebten hauptsächlich Ukrainer und Rumänen. Seiner Größe nach war es unbedeutend, aber vom strategischen Standpunkt aus war es wichtig.

Daß der Krieg vermieden wurde, hatte aber seinen Preis. Maria Theresia mußte dafür in anderer Hinsicht, nämlich in der polnischen Frage, Kaunitz und Joseph Zugeständnisse machen. Mit der Thronbesteigung Stanislaus Poniatowskis hatte zur allgemeinen und zur besonderen Überraschung Katharinas II. im polnisch-litauischen Königreich eine innere Reformbewegung eingesetzt, mit dem Ziel, das Land aus der Unsicherheit herauszuführen, in der es sich seit Beginn des Jahrhunderts befand: Die polnische Regierung bestand darauf, daß die vom ungarischen König Sigismund an Polen verpfändeten Zipser Städte zu Polen gehörten. Im Jahr 1770 besetzten österreichische Truppen drei polnische Starosteien (Bezirke), um die Polen an der Entsendung von Truppen in die Zipser Städte zu hindern. Aber dies war nur der erste, schüchterne Schritt. Joseph nahm den großzügigen Plan Katharinas II., einzelne Teile des allzugroßen polnisch-litauischen Staates abzutrennen, mit Begeisterung auf. Katharina konnte sich darauf berufen, daß sie russische (das heißt ukrainische und belorussische) Gebiete beanspruchte, Friedrich II., der ebenfalls in die Angelegenheit verwickelt war, konnte mit der deutschen Bevölkerung argumentieren. Wenn aber die beiden Nachbarn sich etwas aneigneten, konnte sich das Donaureich nicht ausschließen, ohne sein Prestige schwer zu gefährden. Kaunitz war für eine Beteiligung. Maria Theresia sah sich endlich gezwungen, einzuwilligen. Am 5. August 1772 wurde in Sankt Petersburg ein Vertrag geschlossen, der Galizien unter österreichische Oberhoheit stellte. Das galt schon als ansehnliche Gebietsbereicherung; freilich hatten die Verantwortlichen in der Regierung dabei kaum bedacht, daß Galizien eines der rückständigsten Gebiete des ohnehin unterentwickelten Landes war. Sie hatten vor allem den Umstand erwogen, daß der Hochadel nun zahlenmäßig gestärkt wurde durch die polnischen Aristokraten Galiziens, die später im Leben der Donaumonarchie keine unbedeutende Rolle spielen sollten. Gleichzeitig aber gestaltete sich die ethnische Zusammensetzung des Reichs durch die Ruthenen (Ukrainer) und den bedeutenden Anteil der polnischen Bevölkerung noch bunter.

Im Jahr 1778 kam es zu einem weiteren kriegerischen Konflikt. Joseph hatte bereits wiederholt vorgeschlagen, die Niederlande dem Kurfürsten von Bayern zu geben, Bayern dagegen an die Donaumonarchie anzuschließen. Jetzt suchte er die durch den Tod des bayrischen Kurfürsten entstandene Lage zur Erwerbung von Bayern auszunützen. Es war offenbar, daß Friedrich II. das nicht dulden konnte, aber Joseph schreckte auch vor einem Krieg nicht zurück. Wie schon so oft, marschierten preußische Truppen wieder in Böhmen ein. Maria Theresia wandte sich ohne Wissen Josephs an Friedrich, um einen Zusammenstoß zu vermeiden, und nahm dann französische und russische Vermittlung in Anspruch. Der Frieden wurde im Mai 1779 in Teschen geschlossen. Bayern blieb bestehen, nur ein kleiner Grenzstreifen kam an Österreich.

Anderthalb Jahre später, am 29. November 1780, starb Maria Theresia. Wir haben bereits ausgeführt, daß ihre Epoche trotz aller Anfangsschwierigkeiten für die Donaumonarchie eine Periode des Aufstiegs gewesen war. Die von Maria Theresia geförderte, wenn auch noch nicht genau umrissene Politik der Zentralisierung war auf die Entwicklung eines einheitlichen Staats gerichtet. Falls sie einen österreichisch-ungarischen Dualismus bezweckte, sollte dieser aber doch auf einer einheitlichen Donaumonarchie beruhen. Dies wurde durch die wirtschaftliche Entwicklung gefördert und auch vom Hochadel, der gesellschaftlichen Grundlage der Macht in den einzelnen Ländern, angenommen. Wenn früher die Zusammenarbeit der Stände ihre Position der Zentralmacht gegenüber gestärkt hatte, so unterstützte jetzt der Zusammenschluß der Aristokratie die zentrale Gewalt mit dem Überbau des zur Vereinheitlichung tendierenden Staatsapparats. Die Bindungen zwischen den einzelnen Ländern waren jetzt schon stark. Eine Reihe europäischer

Staaten, die ebenfalls eine gemischte ethnische Zusammensetzung aufwiesen, war schon früher auf ähnliche Weise entstanden. Bei dem späteren Prozeß des Zusammenwachsens der Donaumonarchie zu einer organischen Einheit konnten sogar die Kräfte der modernen wirtschaftlichen Entwicklung für diesen Prozeß ausgenutzt werden.

Vielleicht war die Regierungszeit Maria Theresias jene Periode der Donaumonarchie, in der es schien, als hätte sich hier entlang der Donau wirklich ein Reich gebildet. Diese Periode dauerte aber nur kurze Zeit. In den höheren Gesellschaftsschichten glaubte man noch lange an diese Einheit, und von diesem Glauben waren ihre Politik und ihre Lebensweise bestimmt. Man bemerkte aber nicht und wollte auch nicht bemerken, daß sich schon kurz nach dem Tod Maria Theresias jene Kräfte in ihren Keimen zeigten, die den Fortbestand der einheitlichen Donaumonarchie unmöglich machen sollten.

Die Ungeduld des Verstands

Als Joseph II. den Thron bestieg, war im Leben des Donaureichs keinerlei Änderung zu bemerken. Joseph war schon seit 1765 deutscher Kaiser – Maria Theresia war nur die Kaiserinwitwe. Mit welchen Plänen sich Joseph in bezug auf das Deutsche Reich trug, ist bereits erwähnt worden. Im Donaureich hatte sich natürlich Maria Theresia das letzte Wort vorbehalten, aber Joseph hatte auch schon früher ein Mitspracherecht gehabt. Jetzt lagen die Entscheidungen bei ihm. Bei all seinem Puritanismus und trotz aller abstrakten Volksfreundschaft war er völlig davon überzeugt, daß er alles am besten beurteilen könne, nicht kraft irgendeiner göttlichen Berufung, sondern einfach deshalb, weil er der Klügste war, und schon deshalb konnte er sich auch nicht von anderen in seine Angelegenheiten hineinreden lassen.

Seine nicht ganz zehnjährige Regierungszeit brachte weitere Reformen, wie sie schon unter Maria Theresia, ja sogar bereits unter Karl begonnen worden waren, nur jetzt in rascherer Folge, mit fast fieberhafter Eile, als ob Joseph das Gefühl gehabt hätte, etwas zu versäumen. Reformen in allen Bereichen der Staatsverwaltung, im Prinzip meist nützliche Reformen, die dem Fortschritt dienten. Nur gab es eben einen gewissen Unterschied zwischen der Höhe der Theorie und dem Leben, in dem diese Reformen verwirklicht werden sollten, und dieser Unterschied ist Joseph nie zu Bewußtsein gekommen beziehungsweise erst auf seinem Totenbett.

Der Staat war für Joseph das Wichtigste. Der Staat, das hieß vor allem die Staatsgewalt und ihre Organisation, natürlich wie er sie sich vorstellte. Ohne die Angelegenheiten des Reichs zu vernachlässigen, war er sich doch im klaren darüber, daß er einen modernen Staat mit gut funktionierendem Verwaltungsapparat, mit einer auf alle Lebensgebiete ausgedehnten Wirksamkeit trotz seines eigenen überragenden Wissens nur in seinen eigenen Ländern würde verwirklichen können; er wußte, daß das Deutsche Reich kein entsprechender Boden mehr dafür war. Für seinen Staat war aber der weitere Ausbau der zentralen Leitung und die Verwirklichung der oben gefällten Entscheidungen der wichtigste Gesichtspunkt. Diesem Konzept ordnete er selbst seine Person unter. Er betrachtete sich als den ersten Diener des Staats, wie das bewunderte, manchmal aber noch heftiger gehaßte Vorbild, Friedrich II. Diese vollkommene Unterordnung unter den Staat – der jetzt bereits ein abstrakter Begriff und kein mit der Person des Herrschers identifiziertes Gebilde mehr war – erwartete er von allen Untertanen des Reichs, besonders aber von den Staatsbeamten. Er verlangte von ihnen, daß sie ebenso puritanisch und diensteifrig arbeiteten wie er selbst, bemerkte aber nicht, daß sie viel zu schlecht bezahlt waren.

Die Vereinheitlichung und Zentralisierung hatte seines Erachtens in den Erblanden bereits einen gewissen Grad erreicht, und dieser Prozeß sollte jetzt vor allem auf die übrigen Länder und Provinzen ausgedehnt werden, dann konnten die weiteren Reformen oben in der Zentrale kommen. Auch hier hatte er schon gewisse Schritte unternommen, um die Hofkanzlei, die Hofkammer und die Bankodeputation, die die Staatsfinanzen verwaltete, zu einer dreizehn Abteilungen umfassenden Institution zusammenzuziehen. Wichtiger als diese Maßnahmen war vielleicht die Umorganisierung der Verwaltung in Ungarn im Jahr 1785 nach dem Muster der Erblande; das eigentliche Ungarn teilte er in zehn Provinzen, er liquidierte die Institution des Komitats und damit das wichtigste Organ des potentiellen Widerstands gegen den Herrscher. Das Komitat war seit dem 13. Jahrhundert mit gewählten Beamten das Selbstverwaltungsorgan der feudalen herrschenden Klasse, und da die Staatsgesetze und Verordnungen von der Komitatsverwaltung durchgeführt wurden, war die Staatsgewalt immer gezwungen, mit der Komitatsverwaltung zusammenzuarbeiten. Im Interesse einer größeren Wirksamkeit organisierte er die lombardische und im Jahr 1787 die niederländische Verwaltung neu. Ähnlich wie in Ungarn die Komitate, schaffte er hier die Einteilung in Provinzen, die Grundlage der Widerstandsbewegung der Stände, ab.

Im Jahr 1784 ordnete er in fast allen seinen Provinzen den obligatorischen Gebrauch der deutschen Sprache an. Dabei ließ er sich durchaus nicht von der Absicht leiten zu germanisieren, dies lag ihm fern, und er hätte es auch nicht verstanden. Er tat es einfach, um auch auf diese Weise die Einheit des Reichs zu fördern, und weil im gegebenen Moment das Deutsche, in seiner vielfach mit Latein durchsetzten, für den heutigen Leser nur noch schwer verständlichen Form, unter allen im Reich gesprochenen Sprachen am geeignetsten schien, diese Funktion zu erfüllen. Nur auf die niederländischen und lombardischen Provinzen dehnte er diese Verordnung nicht aus, weil er die französische und italienische Sprache für die Zwecke der Verwaltung ebenfalls als geeignet ansah. Wenn man bedenkt, daß man sich bei einzelnen Völkern der Monarchie, und bei weitem noch nicht bei allen, gerade erst mit Fragen der Spracherneuerung zu beschäftigen begann, um die Sprache den Anforderungen des modernen Lebens anzupassen, erscheint sofort klar, daß sich hinter der Anordnung Josephs nicht die Absicht verbarg, irgendeine Nation auszurotten. Daß dies so gedeutet wurde, ist ebenfalls eine wichtige geschichtliche Tatsache, ändert aber nichts am Zweck der Anordnung.

In seiner Wirtschaftspolitik setzte er die Politik der vorangegangenen Epoche fort. Genauer ausgedrückt, er ergänzte die die Bedeutung von Handwerk und Handel betonende merkantilistische Wirtschaftspolitik Karls VI. und Maria Theresias durch physiokratische Grundsätze, die ihren Ursprung in Frankreich hatten. Um die industrielle Entwicklung der Monarchie zu fördern, milderte er den Zunftzwang, den er am liebsten ganz abgeschafft hätte, doch schreckte er vor dem Widerstand zurück. Er schaffte die den Handel erschwerenden staatlichen Monopole ab. Die Einfuhr von Waren aus dem Ausland suchte er zu beschränken und ordnete für einige Artikel ein volles Einfuhrverbot an. Im allgemeinen ließ er Zölle in Höhe von 60 Prozent einheben, was die Entwicklung der heimischen Industrie förderte und dazu dem Staat noch Einnahmen brachte. Gleichzeitig tat er alles, um die Ausfuhr zu fördern. An der Küste schuf er Freihäfen, mit Rußland und mit dem Türkischen Reich schloß er Handelsverträge ab. Von den Verboten und Zöllen war nur Tirol ausgenommen, da sie dort den Durchgangshandel behindert hätten. Im Bereich der Industrie hielt übrigens auch er die Schaffung moderner Manufakturen für die wichtigste Aufgabe; auf dem Land förderte er die bäuerliche Heimindustrie.

Wie seine Wirtschaftspolitik eine logische Fortsetzung der Bestrebungen der vorangegangenen Epoche war, so kann dies auch von seiner Gesellschaftspolitik gesagt werden, nur daß er hier noch viel weiter ging als seine Mutter. Auch auf diesem Gebiet stellte er das Interesse des Staats über alles. Es ist nicht uninteressant, daß er ebendeshalb von seinen Untertanen verlangte, jeder von ihnen solle dem Staat Nutzen bringen. Darum schätzte er jene, die nach seiner Auffassung irgendeine Arbeit leisteten. So waren die Handwerker, die Eigentümer der Manufakturen, ja selbst die Finanziers seiner Unterstützung sicher, nicht aber die Aristokraten und Feudalherren, die nur vom Ertrag ihrer Güter lebten, und solche Mönche, die nicht an den alltäglichen Aufgaben der Kirche, an der Seelsorge, der Krankenpflege und dem Unterricht beteiligt waren, Beschäftigungen, die Joseph wieder im Staatsinteresse als wichtig erschienen. Fast ostentativ wandte er sich von den Nichtstuern ab und den Arbeitenden zu. Dies ändert natürlich nichts daran, daß seine Herrschaft grundlegend doch auf der Basis der feudalen Gesellschaft beruhte und in den höchsten Amtsstellen zum großen Teil Aristokraten saßen. Mit ihnen konnte er aber zusammengehen, da diese ja schließlich auch arbeiteten.

Vordringlich war natürlich noch immer die Bauernfrage. Die am 1. November 1781 für die Erblande erlassene und mit der Zeit auch in den übrigen Provinzen verwirklichte Verordnung über die Aufhebung der Erbuntertänigkeit rührte noch nicht an die bestehende feudale Ordnung, sicherte aber dem Fronbauern seine persönliche Freiheit und damit unter anderem das Recht, seine Tätigkeit frei zu wählen, so daß seine Kinder z. B. in die Industrie abwandern konnten. So diente diese Bauernpolitik wieder der Entwicklung der Industrie. Joseph gab den Fronbauern die Möglichkeit, gegen ihren Grundherrn bei den Behörden Klage zu erheben. Die Fronleistungen zur Bearbeitung des Landes, wie sie von Maria Theresia in den Urbarien festgesetzt worden waren, änderte er vorderhand nicht ab, er beschränkte nur (in einzelnen Provinzen) verschiedene Rechte der Grundbesitzer, die diesen zu Nebeneinkommen auf Kosten ihrer Bauern verhalfen. Im Jahr 1789 wollte er noch durchgreifendere Veränderungen einführen, die Leistungen der Fronbauern nur in Geld eintreiben, wobei 70 Prozent des in Geld umgerechneten Einkommens der Fronbauern diesen geblieben wären, während sich die Staatsgewalt und der Grundherr in die verbleibenden 30 Prozent geteilt hätten. Unter den gegebenen wirtschaftlichen Umständen wäre dies natürlich nur in den höher entwickelten Provinzen möglich gewesen. Der frühe Tod des Kaisers verhinderte aber die Durchführung, und später war davon nicht mehr die Rede. Auf die Lombardei und die Niederlande bezog sich die Verordnung über die Aufhebung der Erbuntertänigkeit des Jahres 1781 natürlich nicht, denn dort war sie schon früher aufgehoben worden. In den übrigen Ländern und Provinzen war es ein nicht unwesentlicher Schritt in Richtung auf die vollständige Bauernbefreiung.

Schon die Zeitgenossen sahen, von der staatlichen Zentralisation einmal abgesehen, die große Sensation seiner Regierungsführung in seiner Kirchenpolitik. Hier muß zwischen zwei Dingen unterschieden werden. Das eine ist der Bruch mit der Gegenreformation und der einseitigen Unterstützung der katholischen Kirche. Hier war es aus verschiedenen Gründen schon früher zu Kompromissen gekommen, denn in Ungarn und in Siebenbürgen war die Regierung seit langem gezwungen gewesen, sich mit der Existenz der protestantischen Konfessionen abzufinden. Die den Serben verliehenen Privilegien duldeten die orthodoxe Kirche und praktisch auch die orthodoxe kirchliche Organisation anderer Völker. Mit dem Erwerb Galiziens hatte sich die Bevölkerung mit orthodoxem Glauben im Reich weiter vermehrt, doch unterstützte die Regierung hier und bei den Rumänen in Ungarn und Siebenbürgen die unierten, griechisch-katholischen kirchlichen Organisationen, die sich im Lauf des Jahrhunderts der römischen Kirche angeschlossen hatten und die Oberhoheit des Papstes anerkannten. Mit seinem Toleranzedikt vom 13. Oktober 1781 machte Joseph einen großen Schritt in Richtung auf einen modernen, den Konfessionen gegenüber gleichgültigen Staat. Dieses Edikt ordnete die vollständige Gleichberechtigung sämtlicher protestantischer und orthodoxer Konfessionen mit den Katholiken in bürgerlicher, das heißt staatlicher Beziehung an, so daß Mitglieder dieser Konfessionen ebenso wie die Katholiken zu den Staatsämtern zugelassen und wegen ihrer Konfession keinerlei Diskriminierung ausgesetzt waren. Bei diesem Edikt spielten außer prinzipiellen Fragen der Aufklärung auch praktische Überlegungen eine Rolle, denn dadurch sicherte er ja die Freiheit der Händler und Handwerker anderer Konfessionen, ja er öffnete ihnen sogar die Tore des Reichs und traf Vorkehrungen zur Ansiedlung von Fremden, wobei die Abschaffung der religiösen Beschränkungen ein wesentlicher Faktor war. Es sei hinzugefügt, daß damals die bürgerliche Gleichberechtigung weder in den katholischen noch in den protestantischen Ländern allgemein war. Nur auf die mosaische Konfession dehnte sich diese Toleranz nicht aus, doch schaffte Joseph mehrere Bestimmungen ab, die die Tätigkeit der Juden beschränkten.

Der andere Aspekt der Kirchenpolitik war seine Haltung gegenüber der auch weiter die Funktion der Staatsreligion ausübenden katholischen Kirche. Diese Politik wurde schon von den Zeitgenossen zusammenfassend Josephinismus genannt.

Es handelte sich im Wesen darum, die Tätigkeit der Kirche streng auf die Seelsorge zu beschränken und damit vollständig der Staatsgewalt unterzuordnen. Diese Politik hatte schon Maria Theresia trotz ihrer persönlichen Religiosität betrieben. Auch Joseph brach persönlich nicht mit der Kirche, wollte aber den äußeren, das heißt päpstlichen Einfluß endgültig ausschalten. Er band jede Art von schriftlichem Verkehr mit dem Papst an eine staatliche Bewilligung. Der Tätigkeit der Kirche maß er vom staatlichen Standpunkt aus große Bedeutung bei und gründete neue Diözesen, um dadurch der Jurisdiktion deutscher Bischöfe in seinen Ländern ein Ende zu machen. Er versah aber die neuen Bischöfe nicht mit Benefizien, sondern betrachtete sie als Staatsbeamte und zeigte sich ihnen gegenüber ziemlich knauserig, ebenso verfuhr er mit den an vielen Orten neu eingerichteten Pfarreien. Zu Bischöfen ernannte er bald nur noch Geistliche, die früher schon in einem höheren staatlichen Amt tätig gewesen waren, unter Umständen auch solche, die in dem ebenfalls von Joseph zur Überwachung der Kirche geschaffenen Rat gedient hatten, einem Organ, das die Rolle einer Art Rats für Kirchenwesen spielte.

Zu seinen wesentlichen Anordnungen gehörte, daß er die meisten geistlichen Orden abschaffte. Er ließ nur jene zu, die im Unterricht oder in der Pflege der Armen und Kranken tätig waren. So wurde die Zahl der Mönche und Nonnen von fünfundsechzigtausend auf siebenundzwanzigtausend reduziert, siebenhundert Klöster wurden aufgehoben und die Gebäude in Spitäler und in Heime für Blinde und Taubstumme umgewandelt. Den Besitz der aufgehobenen Orden ließ er verkaufen. Das war zwar mit dem Verlust zahlreicher Kunstschätze verbunden, förderte aber unzweifelhaft den Laiencharakter des Staats und dämmte den kirchlichen Einfluß ein.

Die Politik Josephs erregte im Vatikan solche Besorgnis, daß Papst Pius VI. im Jahr 1782 den Kaiser in Wien persönlich aufsuchte, um ihn von der Fortsetzung dieser Politik abzubringen. Joseph empfing das Haupt der Kirche mit allen ihm gebührenden formellen Ehren, gab aber im wesentlichen nicht nach und zog keines seiner Edikte zurück. Als Antwort prophezeite der Papst Joseph schwere Schicksalsschläge und einen baldigen Tod, doch konnte er ihn auch damit nicht erschüttern. Ja der Kaiser ging noch weiter: er verbot die Prozessionen und die religiösen Vereinigungen. Auch verstaatlichte er die Priestererziehung und gründete staatliche Seminare, um für den Staat verläßliche und loyale Geistliche zu erziehen.

Untrennbar von dieser Kirchenpolitik war die Schulpolitik Josephs, denn hier blieb zwar die Rolle der Kirche unangetastet, wurde aber ebenfalls streng staatlicher Aufsicht untergeordnet. Die Klosterschulen und die anderen Privatschulen schaffte Joseph ab und war bestrebt, das in der Ratio educationis festgelegte Schulsystem auszubauen. Die Trivia und die Mittelschulen blieben in der Hand der Kirche, denn der Staat war nicht imstande, die notwendige Anzahl von ausgebildeten Lehrkräften bereitzustellen. Aber der Unterricht wurde von staatlichen Behörden überwacht, und der Ablauf des Unterrichts sowie die Lehrbücher wurden ebenfalls von der Staatsgewalt vorgeschrieben. Das Hauptziel war, den Untertanen die nötigen elementaren Kenntnisse zu vermitteln, aber vielleicht noch stärker die Erziehung zu verläßlichen Staatsbürgern. Das Lernen wurde ebenso als Pflicht dem Staat gegenüber betrachtet wie die nutzbringende Arbeit der Erwachsenen. Man war noch weit entfernt davon, daß alle Kinder Schulen besuchen konnten, und der Analphabetismus blieb auch weiterhin bestehen, besonders in den zurückgebliebeneren Gebieten. Aber sicher ist, daß um 1790 mehr Kinder im schulpflichtigen Alter die Schule besuchten als in irgendeinem anderen Land zu dieser Zeit. Für die an den Universitäten neben dem Unterricht geleistete wissenschaftliche Arbeit hatte Joseph keinen Sinn, auch hier begnügte er sich mit der weiteren Ausdehnung der staatlichen Aufsicht.

Im Rahmen der Hofkanzlei rief er eine eigene Kommission für die Zensur der – in erster Linie protestantischen – Bücher ins Leben. Präsident dieser Kommission wurde Gottfried van Swieten, der Sohn des bereits erwähnten aufgeklärten Ratgebers der Kaiserin Maria Theresia, der die geistigen Fesseln etwas lockerte. Aufgabe der Zensur war es, das Erscheinen von staatsfeindlichen und die Moral schädigenden Werken von Amts wegen zu verhindern. Dies war zwar reichlich allgemein gehalten, doch wurde unter der Präsidentschaft van Swietens die Zensur tatsächlich ziemlich liberal ausgeübt. Erst gegen Ende der Regierungszeit Josephs, bei Ausbruch der Französischen Revolution, war man gezwungen, sie strenger zu handhaben.

Die von oben geplanten Maßnahmen waren im Prinzip meist tatsächlich nutzbringend und dienten wirklich dem Fortschritt. Nur wo es nicht gelang, den Unterricht in staatliche Hände zu bringen, weil es nicht genügend ausgebildete Lehrkräfte gab, wurde die Wirksamkeit der staatlichen Reformen dadurch eingeschränkt, daß nicht die entsprechenden Kräfte zu ihrer Verwirklichung bereitstanden. Wie jedes Haupt einer absolutistischen Administration erwartete Joseph von der Überwachung eine höhere Wirksamkeit und begann deshalb eine Polizeiorganisation auszubauen. In den Hauptstädten der Länder wurden Polizeidirektionen aufgestellt, die alles überwachen und ständig Berichte schreiben sollten.

Auch im Justizwesen traf er wesentliche Maßnahmen. Auf höchster Ebene war die Trennung von Verwaltung und Rechtsprechung schon lange eine vollendete Tatsache. Die im Jahr 1781 eingeführte Organisation der Rechtspflege wollte er auch auf unterer Stufe verwirklichen, beließ aber auf unterster Stufe überall die ständischen Justizbehörden, also die Strafgewalt der Grundherren in erster Instanz, und ermöglichte nur die Berufung. Im Jahr 1786 führte er das Allgemeine Bürgerliche Gesetzbuch, im Jahr 1787 das Allgemeine Strafgesetzbuch ein. Das Bürgerliche Gesetzbuch änderte noch nicht viel an der bisherigen Rechtsprechung und deren grundlegend feudalem Charakter, aber das Strafgesetzbuch war schon moderner und verwirklichte die bereits von Sonnenfels empfohlenen zeitgenössischen liberalen Prinzipien. Auch die Vorstellungen des ausgezeichneten italienischen Strafrechtlers Cesare Beccaria sind schon darin aufgearbeitet. Die Folter war verboten, als Strafe wurden keine körperlichen Verstümmelungen mehr verordnet,

9. FERDINAND I.

10. MAXIMILIAN II.

MANEBIT
PROCESSIT
RVDOLPHVS II. ROMANORVM IMPERATOR AVGVSTVS: REX HVNGARIÆ, BOHE: ETC.
CONSTABIT.
A DOMINO
INSTAT.
MANSISSES.
POSSE DOCET
TIBI
S.C.Mtis pictor Iohan ab Ach Inuentor.
AVGVSTISSIMO, INVICTISSIMO, SAPIENTISS°, ET FELICISS° ROM: IMPERATORI, RVDOLPHO II. DNO SVO CLEMENTISSIMO, GRATVLATIONIS, FIDEI, ET SVBIECTIONIS SPECIMEN HVMILLIMÈ DICAT, CONSECRAT, PERPETVVS CLIENS ÆGIDIVS SADELER. ANNO M.D.CIII.

11. RUDOLF II.

12. MATTHIAS I.

13. FERDINAND II.

14. FERDINAND III.

LEOPOLDUS D. G. ROMAN: IMPERATOR
SEMPER AUGUSTUS, GERMANIÆ, HUNGARIÆ,
BOHEMIÆ, ETC. REX, ARCHIDUX AUSTRIÆ, DUX
BURGUNDIÆ.
J. Brouwer sculpsit.
W. Vaillant pinxit.

15. LEOPOLD I.

16 JOSEPH I. IN UNGARISCHER KRÖNUNGSTRACHT

und in Strafprozessen kam ständische Diskriminierung nicht mehr zur Geltung. Aber auch dieses Gesetzbuch behielt den geheimen Charakter der Verhandlung bei und kannte die Institution des Verteidigers nicht. Die Hinrichtung wurde für gewisse Fälle durch lebenslängliche Freiheitsstrafen ersetzt.

Wenn es bei Maria Theresia nötig erschien zu erklären, daß ihre Regierung eine Art des aufgeklärten Absolutismus war, so muß das bei Joseph II. nicht besonders betont werden. Schon die Zeitgenossen betrachteten ihn als typischen Vertreter des aufgeklärten Absolutismus, und seitdem ist die Geschichtsschreibung einstimmig dieser Ansicht. Die nüchternen Gesetze des Verstands bestimmten seine Stellung zum Zentralismus des Reichs, seine Kirchenpolitik, die Organisation der Verwaltung auf allen Stufen und das Gesundheitswesen. Diese Leistungen erheben ihn tatsächlich zum aufgeklärten Herrscher; es besteht kein Zweifel, daß seine Zeitgenossen ihn vor allem wegen seiner im Sinn der kirchlichen Toleranz erlassenen Verordnungen für aufgeklärt hielten. Anders als Maria Theresia, kannte er auch selbst die französischen und deutschen Schriftsteller des gemäßigten Flügels der Aufklärung, was übrigens in den höheren Kreisen damals fast schon obligatorisch war, und seine Reformen plante er wirklich unter ihrem Einfluß.

Wenn man die Sache aber näher betrachtet, muß man sich doch sagen, daß sein Absolutismus noch stärker war als seine Aufgeklärtheit. Denn seine Aufgeklärtheit hatte ihre Schranken, nicht nur solche, die sich aus seiner Stellung ergaben, denn ein Herrscher konnte doch nicht Anhänger der vollen Gleichheit sein, sondern auch subjektiv. Daß ein Zimmer jährlich durch Geistliche eingesegnet werden muß, läßt sich schon nicht mehr mit einem Rationalismus vereinbaren, der sich über religiöse und konfessionelle Schranken hinwegsetzt. Und es ist auch nicht sicher, daß er einfach der Gewohnheit und der Tradition ein Zugeständnis machte, an das er selbst nicht glaubte oder das er als überflüssig betrachtete. Sein Absolutismus dagegen war tatsächlich vollkommen schrankenlos. Daß er alles besser zu wissen glaubte, ist bereits erwähnt worden, auf Ratschläge hörte er nicht. Wer hätte ihm Ratschläge geben können? Trotz der Warnungen Kaunitz' ging Joseph in der Außenpolitik seine eigenen Wege, und in den zwei letzten Jahren sprachen sie kaum noch miteinander. Den Staat betrachtete er als eine Art unpersönlicher Institution, in Wirklichkeit konnte er sich doch nicht von ihm trennen. Er hat nie gesagt: „Der Staat bin ich", aber er handelte, als ob es wirklich so wäre.

Sein eigener Bruder, Leopold, soll gesagt haben, Joseph sei ein Mensch, den jedermann achte, aber niemand liebe. Er selbst fand nicht die Zeit, sich einzelnen Menschen liebevoll zu nähern. Eine Ausnahme bildete seine erste Frau, Isabella von Bourbon-Parma, die er aufrichtig liebte, doch starb sie bald. Seine zweite Ehe mit Maria Josepha von Bayern war eine konventionelle politische Angelegenheit, und Joseph leugnete nicht, daß er für seine Frau nichts übrig habe. Auch darin ahmte er Friedrich II. nach.

Er arbeitete viel, darum konnte er nicht verstehen, wenn andere nicht arbeiteten. Er reiste viel. Seit Karl V. hatte kein Habsburger seine Länder in allen ihren Teilen so bereist wie er. Im Jahr 1782 besuchte er sogar die Niederlande. (Philipp II. war der letzte Herrscher gewesen, der sich persönlich dort aufgehalten hatte, und zwar 1559.) Bei seinen Reisen war Joseph bereit, mit Menschen jeden Ranges und Standes ins Gespräch zu kommen. Kein Wunder, wenn sich unter den Bauern der Ruf verbreitete, er sei der gute Kaiser, der sich um das Wohl der Untertanen, der Armen kümmere, und daß man sich an ihn wenden könne, wenn einem von seiten der Herren Unrecht geschehen war. Auch die rumänischen Bauern Siebenbürgens glaubten dies, als sie unter der Führung von Horia, Cloşca und Crişan im Jahr 1784 rebellierten. Natürlich schickte auch Joseph Truppen gegen die Rebellen, daran erinnerte man sich aber viel weniger als an seine Achtung für den arbeitenden Bauern. Durch seine Tätigkeit gewann er viele Anhänger, besonders unter den Intellektuellen seines Reichs, die ihn allerdings nicht persönlich kannten und so von seiner Unduldsamkeit nicht enttäuscht werden konnten.

Während bei der Bewertung der Innenpolitik Josephs die positiven Züge überwiegen, waren seine Außenpolitik und seine Kriegsunternehmen verfehlt. Er war unfähig zu erkennen, daß ihm zur Durchführung seiner Pläne die nötigen Kräfte mangelten. Im Jahr 1782 schaffte er die Garnisonen in den niederländischen Festungen ab, die bereits seit Beginn des Jahrhunderts zur Abwehr eines möglichen französischen Angriffs dort lagen. Dieser Anordnung wagten die Vereinigten Provinzen nicht zu widersprechen. Als er aber Freiheit für die Scheldemündung verlangte, die in der Hand der Holländer war, wurde es ihnen zuviel, und sie wagten, ermutigt durch die Franzosen, den Krieg. Im Jahr 1785 wurde in Fontainebleau Frieden geschlossen. Zwar zahlten die Holländer zehn Millionen Taler Kriegsentschädigung, aber die Scheldemündung blieb in ihrer Hand. Dieses erste große und im Endergebnis mißglückte Abenteuer machte aber der Zusammenarbeit mit Frankreich ein Ende. England hatte sich schon früher von der Donaumonarchie abgewandt, von den deutschen Staaten war nicht viel zu erwarten, höchstens ein neuer Angriff der Preußen. So mußte man das Bündnis pflegen, das schon seiner Mutter großen Nutzen gebracht hatte: das russische. Im Jahr 1780 traf er in Mohilew, nahe der russisch-polnischen Grenze, zum ersten Male Katharina II. Er, der vor einem Jahrzehnt noch mit Unterstützung der Türken bereit gewesen wäre, sogar gegen Rußland zu kämpfen, kam mit der Zarin überein, gemeinsam sowohl gegen den polnischen wie den türkischen Staat aufzutreten. Dieses Übereinkommen verhalf Rußland zum Erwerb der Halbinsel Krim. Einige Jahre später begleitete Joseph Katharina, als diese zum erstenmal in Südrußland die neuerworbenen Territorien besuchte. Zu dieser Zeit entwickelte Joseph seine Eroberungspläne auf der Balkanhalbinsel weiter. Es handelte sich um eine neue Variante der österreichischen Politik, die später noch öfter auftauchte: die Teilung des Balkans zwischen der Donaumonarchie und Rußland. Österreich sollte die westliche Hälfte der Halbinsel, Rußland die östliche bekommen, an die Spitze des zu erneuernden byzantinischen Kaiserreiches könnte einer der Enkel Katharinas treten, der im Hinblick darauf Konstantin getauft wurde.

Diese russische Politik riß Joseph in einen neuen Krieg mit der Türkei. Als die Hohe Pforte Rußland den Krieg erklärte, mußte der Kaiser sich 1788 dem Bündnis entsprechend einmischen. Joseph hielt sich für einen ausgezeichneten Heerführer und befehligte selbst seine Armee gegen die Türken. Dank seiner Heerführer siegte er bei Focşani, erntete aber sonst nur Mißerfolg auf Mißerfolg. Er war nicht imstande, den Nachschub des Heers zu sichern, und zum Schluß holte er sich auf dem Kriegsschauplatz seine tödliche Krankheit.

Auch im Reich führten seine Bestrebungen zu Mißerfolgen. Auf das Recht der mittelalterlichen Kaiser pochend, verlangte er einen Teil der Einkommen der geistlichen Reichsfürsten, um seine Beamten zu bezahlen. Der Plan wurde von Friedrich II. vereitelt, der es wieder verstand, die Fürsten unter dem Vorwand der Verteidigung ihrer Freiheiten gegen den Kaiser aufzubringen: im Jahr 1785 initiierte er einen Fürstenbund. Ebenfalls am Widerstand Friedrichs scheiterte Josephs Plan, die südlichen Niederlande (im großen und ganzen das heutige Belgien) dem Kurfürsten von Bayern gegen Überlassung von Bayern zu übergeben. Dadurch wäre tatsächlich die Macht der Habsburger im Reich zu sehr gekräftigt worden, wenn es auch den Gang der Entwicklung nicht mehr hätte umkehren können.

Joseph hatte recht, wenn er sich der Niederlande entledigen wollte. Dort brach der erste allgemeine Widerstand gegen seine Herrschaft aus. Seine im Jahr 1787 eingeführten neuerlichen Verwaltungsreformen, die neuen Provinzgrenzen, die von den Ständen unabhängige zentrale Behörde und die Aufstellung des Allgemeinen Rats erregten den Widerstand der über die Autonomie der Provinzen eifersüchtig wachenden Stände. Als erste sprachen sich die Stände von Brabant für die Verweigerung der Steuerzahlung aus. Bald schlossen sich weitere Provinzen an. Die Opposition wurde von zwei Männern geführt, von Henri van der Noot und dem aufgeklärten François Vonck. Van der Noot trat für die Selbständigkeit der Provinzen ein und wurde von dem mit Josephs Kirchenpolitik unzufriedenen hohen Klerus finanziell unterstützt. Der Flügel des ständischen Widerstands, der sich später Staatistes nannte, das heißt Anhänger der Stände, war im allgemeinen gegen die Reformen Josephs, doch könnte dies auch so ausgedrückt werden, daß er sich im Interesse der Unabhängigkeit auch gegen den verhältnismäßigen Fortschritt wandte, den Joseph vertrat. Voncks Flügel dagegen hielt sich an das dem Fortschritt dienende Programm, verwarf aber den Absolutismus Josephs. In den Jahren 1788 und 1789 nahm der Widerstand bereits bedeutende Ausmaße an. Joseph verlangte im August 1787 vollständige Unterwerfung, stellte einen neuen Minister mit allen Vollmachten an die Spitze der Provinz und ließ die Universität von Löwen sperren, weil deren Studentenschaft sich dem Widerstand angeschlossen hatte. Zu Beginn des nächsten Jahres drohte er bereits, Brüssel zu zerstören. Die beiden Oppositionsführer flüchteten ins Ausland und leiteten von dort den weiteren Widerstand. Nach dem Ausbruch der Französischen Revolution drang eine aus dreitausend Emigranten bestehende Truppe in das Land ein, und im Dezember desselben Jahres räumten die österreichischen Truppen die Niederlande. Im Januar 1790 wurden die Vereinigten Staaten von Belgien ausgerufen. Doch wurden die Anhänger van der Noots die Vorkämpfer im Streit um die Unabhängigkeit, sie waren den Anhängern Voncks gegenüber in großer Überzahl. Ihr Sieg brachte also auch die religiöse Intoleranz, die Selbständigkeit der Provinzen und die Rückkehr zur konservativen Politik mit sich. Der Adel der Niederlande unterstützte diese Politik, für das Programm Voncks sprachen sich dagegen nur wenige aus.

Der Widerstand der Niederlande stand bereits im Zusammenhang mit der Französischen Revolution und dem allgemeinen Widerstand, der sich im Donaureich erhob. Er stand vor allem im Zeichen der Sonderstellung, ja Selbständigkeit der Provinzen und bedeutete gleichzeitig den Widerstand der Stände gegen die zentralistische Politik. Dieser ständische Widerstand bekam im Jahr des Ausbruchs der Französischen Revolution bereits unvermeidlich eine nationale Färbung. (So traten die ungarischen Stände mit dem König von Preußen in Verbindung, um auf diese Weise ihren Abfall vom Habsburgerreich zu versuchen.)

Die Intelligenzschicht – meist adliger, aber teilweise auch bürgerlicher oder anderer sozialer Herkunft –, die ein Jahrzehnt lang die Reformen Josephs unterstützt hatte, geriet nun in eine schwere Lage. Sie bejahte die Reformen, sie stimmte mit den rational ausgerichteten Maßnahmen überein und begeisterte sich auch für den Kampf gegen zahlreiche Äußerlichkeiten des Feudalismus. Im Licht der Ereignisse in Frankreich mußte ihr aber zu Bewußtsein kommen, daß irgendwo etwas in diesem ganzen System nicht in Ordnung war. Zwar geschah alles so, wie es der Herrscher wünschte, jedoch nicht deshalb, weil es so für die Welt am besten war, sondern einfach deshalb, weil er der Herrscher war. Da konnte man nicht länger zu ihm halten.

Wohin gehörten sie nun aber? Der ständische Widerstand war rückschrittlich, denn er wollte gerade das feudale System, das die Intelligenz ablehnte, in jeder Erscheinungsform stärken. Sollte man sich an die Seite der Nation stellen? Gegen Ende der Regierungszeit Josephs war dieser Begriff bereits gebräuchlich; alle Nachrichten aus Paris lauteten, daß dort die Nation die Macht an sich gerissen hatte. Aber was bedeutete Nation hier, im Donaureich? Hier war sie unvermeidlich identisch mit dem Adel, denn nur dieser war eine politische Kraft, mit der auch der Kaiser rechnen mußte, wenn er sich nicht ausschließlich auf seine eigene Einsicht stützen wollte. Eine Bewegung, die sich Josephs zentralistischen Bestrebungen gegenüber national nennen konnte, formierte sich nur innerhalb der Völker, die über einen eigenen Adel verfügten, und eine solche Bewegung mußte unvermeidlich einen ständischen Charakter erhalten. Am Ende der Regierungszeit Josephs tauchten auch bei Völkern nationale Bestrebungen auf, die keinen Adel besaßen. Nur lag in diesen Fällen, z. B. bei den Serben und Rumänen, die Leitung der Bewegung in den Händen dünner Schichten, die in irgendeiner Form, ganz oben, doch mit den Privilegierten in Berührung standen, entweder weil sie teilweise sogar dazugehörten oder weil ihre Bewegung in erster Linie darauf abzielte, sich selbst in den Stand der privilegierten Adligen zu erheben.

Im Jahr 1790 konnte man noch nicht sehen, daß diese Bewegung später auf weitere Massen übergreifen würde. Eines aber war sicher: die Ordnung der Monarchie, die sich unter Maria Theresia herausgebildet und sich im Bewußtsein der Epoche festgesetzt hatte, war vorüber. Die zusammenhaltenden Kräfte sind noch tätig, und sie haben noch lange die Oberhand, aber schon werden die Kräfte sichtbar, die sich gegen den Zusammenhalt wenden.

Auf seinem Totenbett widerrief Joseph II. alle seine Neuerungen, mit Ausnahme der Aufhebung der Erbuntertänigkeit und des Toleranzedikts. Er ordnete an, daß die nach Wien gebrachte ungarische Krone, das Symbol der ungarischen Sonderstellung, wieder den ungarischen Ständen übergeben werde. Damit hatte der aufgeklärte Absolutismus eigentlich vor den Ständen, vor der feudalen Uneinigkeit, und vor den Kräften, die sich dahinter verbargen, die Waffen gestreckt.

Der Kaiser vertrat immer die Ansicht, und andere pflichteten ihm darin bei, daß er zu früh gekommen war und daß dieser verhältnismäßig moderne, gut organisierte und verwaltete Staat, der sich um das Wohl der Bevölkerung und nicht um den Ruhm des Herrschers kümmerte, ein Staat, den er erträumt und an dessen Verwirklichung er gearbeitet hatte, erst in der Zukunft zustande kommen werde. Daran war etwas Wahres. Richtiger aber ist, daß Joseph zu spät gekommen war. Mit modernen Mitteln wollte er einen modernen einheitlichen Staat schaffen, aus Elementen, die zu verschieden waren, als daß dieses Experiment hätte glücken können. Es war die Epoche Josephs, die noch die Einheit ausbauen wollte, ein Versuch, nicht in letzter Stunde, wie viele meinten, sondern hoffnungslos zu spät. Aber sicher ist auch, daß die zusammenhaltenden Kräfte noch tätig waren, noch immer lebensfähig schienen und es vielleicht tatsächlich auch waren. Sonst könnte man es sich nicht erklären, daß die Donaumonarchie als Ganzes im nun folgenden stürmischen Vierteljahrhundert standgehalten hat.

Sturmjahre – die Französische Revolution

Beim Tod Josephs II. (20. Februar 1790) herrschten im Reich Unruhe und Ungewißheit, deren Ursache vor allem der Ausbruch der Französischen Revolution und ihre ersten, noch mäßigen Erfolge waren. Dazu kam, daß die verschiedenen Stände ihre Forderungen vertraten und gegen das absolutistische System protestierten und daß die Männer an der Spitze unsicher und unentschlossen waren.

Unter solchen Umständen kam der Nachfolger Josephs, Leopold II., bislang Großherzog von Toskana, dem Musterstaat des aufgeklärten Absolutismus, nach Wien. Wäre der Thronwechsel nicht unter so unsicheren Umständen vor sich gegangen, hätte man annehmen können, daß der neue Herrscher das System Josephs fortsetzte. Zu Anfang des Jahres 1790 war das aber unmöglich. Was sollte nun geschehen? Leopold regierte nur zwei Jahre, und diese Zeit genügte den Zeitgenossen nicht, sich eine Meinung über ihn zu bilden, ja selbst späteren Generationen gelang es nicht, seine rätselhafte Persönlichkeit voll zu erforschen. Denn was tat er? Er berief den ungarischen Reichstag nach Ofen, was Joseph nie getan hatte, ließ sich zum König von Ungarn krönen und schuf so eine Art von Ausgleich zwischen Herrscher und ungarischen Ständen. Er sanktionierte die ungarischen Gesetze, die bestimmten, daß die Länder der Heiligen Ungarischen Krone (also auch Siebenbürgen, Kroatien und die Militärgrenze) innerhalb des Reichs einen eigenen Körper bilden und nicht nach dem Muster anderer Länder regiert werden durften.

Im November und Dezember 1790 eroberten die österreichischen Truppen die Niederlande zurück, machten den Vereinigten Staaten von Belgien ein Ende und stellten die Ordnung wieder her, wie sie unter Maria Theresia bestanden hatte. In den übrigen Ländern der Donaumonarchie stärkte Leopold durch seine Anordnungen innerhalb des Staats die ständischen Vertretungen. Wenn man will, weist all dies darauf hin, daß er den Dualismus der Zentralgewalt und der Stände wiederherstellte, wie er einmal vor hundert Jahren noch recht und schlecht funktioniert hatte.

Gleichzeitig erlaubte er aber den Serben, in Temesvár einen Kirchenkongreß abzuhalten, der sich scharf gegen die ungarischen Stände und damit gegen die ungarische Oberhoheit wendete. Auf diesem Kongreß hörte man schon nationalistische Töne. Die Rumänen konnten ein Gesuch, den Supplex Libellus Valachorum, einreichen, in dem sie um Aufnahme in die Reihe der drei privilegierten siebenbürgischen Nationen – Ungarn, Székler und Sachsen – als vierte Nation baten. Und noch anderes mehr zeigt, daß Leopold eine Art konstitutioneller Monarchie vorschwebte. Man erzählte sich, daß er wirklich an eine Art von Verfassung denke, wie man sie eben in Paris auszuarbeiten begann.

Die Kirchenpolitik Josephs wurde unverändert fortgesetzt, und auch die Richtung der wirtschaftlichen und gesellschaftlichen Entwicklung wurde nicht abgeändert. Und endlich setzte Leopold in der tatsächlichen Leitung des Staats das absolutistische System Josephs fort. Das heißt, er war absoluter Herrscher wie in der Toskana, doch spielte die Aufklärung in alledem nur noch eine geringe Rolle. Den Polizeiapparat baute er weiter aus, es gab bald wesentlich mehr Geheimpolizisten und Denunzianten, deren Berichte er sehr intensiv studierte.

Leopold machte den Ständen Zugeständnisse, ließ aber gleichzeitig durch seinen Polizeiapparat und seine geheimen Beauftragten Flugblätter in den Dörfern verteilen, in denen die Bauern aufgefordert wurden, sich gegen ihre Herren zu erheben. Diese Flugblätter gaben zu verstehen, daß der Herrscher, der gute Kaiser, sie unterstützte. Der Zweck dieser Versuche war offenbar nicht, sich an die Spitze einer inneren gesellschaftlichen Revolution zu stellen. Die Bauern sollten nur gereizt werden, um ein Beschneiden der ständischen Privilegien möglich zu machen. Aber auch dies war nicht ganz eindeutig.

So konnte endlich jeder dieser rätselhaften Persönlichkeit das zuschreiben, was ihm am meisten am Herzen lag: die früheren Josephinisten den Ausbau der aufgeklärten Reformen, die Stände die Wiederkehr der guten alten Zeiten gegenüber der drohenden Volksbewegung, die höheren Beamten den vollkommenen Absolutismus mit der gewohnten zentralen Leitung und die Bauern sogar die vollständige Freiheit. Da jeder etwas hoffen konnte, gaben sich schließlich alle mit der Regierung Leopolds zufrieden; von ihm erwarteten sie die Erfüllung ihrer Ansprüche.

Vielleicht war dies fundamental der Grund, daß die Monarchie die inneren Unruhen, die zur Zeit des Todes Josephs II. aufgekommen waren, so leicht überstand. Auch einige glückliche außenpolitische Schritte Leopolds trugen dazu bei. Den in Anbetracht der Ereignisse in Frankreich zu zweitrangiger Bedeutung abgesunkenen Türkenkrieg beendete er schnell, auch die russische Regierung trat bereits für den Frieden ein. Im Vergleich mit dem unglücklichen Verlauf des Kriegs galt es als ganz großes Ergebnis, daß das Reich dieses unüberlegte Abenteuer Josephs ohne territoriale Verluste beenden konnte.

Der andere, auf kurze Sicht noch glücklichere und für die kommenden Jahrzehnte sehr bedeutende Schritt war die Aussöhnung mit dem jahrzehntelangen Feind, mit Preußen. Dieser Schritt war in erster Linie durch die innere Lage notwendig geworden: einerseits durch die preußische Orientierung eines Teils der ungarischen Stände, andererseits infolge der inneren Umwandlung des restlichen polnischen Königreichs in eine konstitutionelle Monarchie. Diese stellten sich die Politiker Polens unter preußischem Schutz vor, was wieder den polnischen Adel in

Galizien den Preußen angenähert hätte. Die Ende Juli 1790 abgeschlossene Reichenbacher Konvention bedeutete eine Art Ausgleich mit Preußen im Zeichen der Zusammenarbeit gegen die Drohung der Französischen Revolution. Jetzt hörte die preußische Regierung auf, mit den ungarischen, den polnischen und den niederländischen Ständen zu liebäugeln, und stellte sich eindeutig an die Seite Leopolds. Aber nicht nur, weil Leopold zum Kaiser gewählt und gekrönt worden war. Denn die Fiktion, daß er damit auch Herr des Königs in Preußen geworden sei, machte auf niemanden mehr Eindruck. Doch ein Bündnis mit der Donaumonarchie zur Abwehr der Französischen Revolution versprach größere Ergebnisse als die Unterstützung der an der Auflösung der Donaumonarchie tätigen Kräfte. Die Frage des Verhältnisses zwischen Österreich und Preußen konnte ja auch später entschieden werden, wenn die Herrscher einmal die größten Schwierigkeiten gemeistert haben würden.

Denn die Französische Revolution ging weiter, und wenn sie auch ihren Höhepunkt noch lange nicht erreicht hatte, so ließ das, was in Paris geschah, nicht viel Gutes ahnen. Ende August 1791 traf sich Leopold II. mit dem König in Preußen, Friedrich Wilhelm II., der schließlich als Partner viel eher akzeptiert werden konnte als seinerzeit Friedrich II. Bei der persönlichen Zusammenkunft sprach man zunächst nur in großen Zügen von der ungeheuren Gefahr, wie man damals schon allgemein die Französische Revolution nannte. Leopold hatte inzwischen aufgehört, mit der Bauernbewegung zu experimentieren, denn die Stände, die wußten, was sich in Paris ereignete, zeigten sich dem Absolutismus zugänglicher und spielten nicht mehr die Unnachgiebigen. Im Februar 1792 ging man einen Schritt weiter; Österreich und Preußen schlossen jetzt bereits einen formellen Vertrag gegen Frankreich. Einige Tage später richteten die beiden Mächte eine scharfe gemeinsame Note an die französische Regierung.

Die Note beschleunigte nur die Stellungnahme der französischen Regierung. Die Mehrzahl der Revolutionäre war für den Krieg, gerade gegen die Donaumonarchie, damit konnte die neue Ordnung, die Herrschaft des Bürgertums, mit Hilfe eines siegreichen auswärtigen Kriegs gefestigt werden. Ein Krieg gegen Österreich erschien als der geeignetste Vorwand. Eine jahrhundertelange Feindschaft konnte erneuert werden, und mit nationalen Parolen konnte man unter dem Vorwand der Unterstützung der unterdrückten Belgier auch noch Gebiete erwerben. Auch ließen sich die militärischen Rückschläge der letzten Jahrzehnte nun dem österreichischen Bündnispartner in die Schuhe schieben. Das wahre Ziel war natürlich die Ausbreitung der Revolution auf die deutschen Länder. Der ganz offenbar unglückliche Krieg der Donaumonarchie gegen die Türkei ließ einen leichten militärischen Sieg erhoffen. Marie-Antoinette aber begeisterte sich für den Krieg gegen ihren Bruder, weil sie im Gegenteil eine Niederlage der französischen Heere und den Zusammenbruch der Revolution in Frankreich und damit nach dem kurzen Fiebertraum der Revolution die Wiederherstellung der alten Ordnung erwartete. Nur die Linke, die Jakobiner, war gegen einen Eroberungskrieg. Sie war sich über die Ziele der französischen Seite im klaren, ob sie nun von der Rechten oder vom Hof betrieben wurden.

Dennoch erklärte die französische Regierung am 20. April 1792 Franz II., dem König von Ungarn und Böhmen, den Krieg. Leopold war nämlich am 1. März nach kurzer Krankheit unerwartet verschieden. Der rätselhafte Herrscher war abgetreten, und seine Stelle nahm sein erstgeborener Sohn ein, der überhaupt nicht rätselhaft, sondern eine sehr simple Natur war. Vom Herrschen hatte er dieselben Vorstellungen wie alle Habsburger vor Karl VI. Er war weder talentiert noch gebildet, und selbst in der Auswahl seiner Ratgeber hatte er nur selten und mehr zufällig eine glückliche Hand.

Die Kriegserklärung eröffnete eine Reihe von Kriegen, die zwei Jahrzehnte lang dauerten. Sie war an den König von Ungarn und Böhmen gerichtet, denn Franz wurde unter dem Namen Franz II. erst im Juli 1792 zum Kaiser gewählt. Dies war vielleicht die einfachste Kaiserwahl seit langen Zeiten; die Kurfürsten stellten keinerlei neue Forderungen. In so schweren Zeiten, da jeder Herrscher fürchten mußte, seinen Thron zu verlieren, konnte man keine zusätzlichen Forderungen stellen. Das mußte man für andere Gelegenheiten zurückstellen, wenn man wieder Kriege für Ruhm und Territorialgewinn führen konnte wie in den guten alten Zeiten. Im übrigen waren ja die Habsburger immer Kaiser gewesen. Im Jahr 1792 ahnte wohl noch niemand, daß dies die letzte Wahl eines römisch-deutschen Kaisers sein würde. (Wer es ahnte, der nahm auch an, daß überhaupt kein Kaiser mehr gewählt werden würde.)

Gleich nach dem Tod seines Vaters hatte sich Franz um Hilfe an Europa gewandt. Der Ausbruch des Kriegs unterstrich nur noch die Bedeutung dieser Hilfe. Im August war die französische königliche Familie in Gefangenschaft genommen worden, und Frankreich hatte sich in eine Republik verwandelt. Es war an der Zeit, daß die Monarchen diesem ungeheuerlichen Zustand ein Ende bereiteten, den König von Frankreich retteten und wieder auf den Thron setzten. Der Oberkommandant der preußischen Armee drohte mit der Zerstörung von Paris, wenn dem König oder seiner Familie auch nur ein Haar gekrümmt werden sollte.

In den ersten Monaten beschränkte sich der Krieg wegen der sabotierenden französischen Generäle und der Furcht der französischen Regierung vor dem Volk auf einige kleinere Zusammenstöße. Größere Kämpfe gab es erst nach der erwähnten Wendung im August in Paris. Bis dahin waren aber auch schon Preußen und das Königreich Sardinien, dann England, Spanien und Holland in den ersten Koalitionskrieg gegen die Französische Revolution eingetreten. Die österreichischen und preußischen Truppen griffen aus den Niederlanden an, die sich wieder in österreichischer Hand befanden. Franz übernahm die Macht persönlich, er war der letzte Herzog von Brabant, der in Brüssel den burgundischen Traditionen gemäß seinen Einzug hielt. Diese Herrlichkeit dauerte allerdings nur sehr kurze Zeit.

Unerwartet geschah etwas ganz Unglaubliches. Die französischen Truppen, diese zusammengewürfelten, von ihren royalistischen Offizieren im Stich gelassenen und schlecht ausgerüsteten Soldaten, schlugen in ihrer revolutionären Begeisterung am 20. September bei Valmy das preußische Heer. Johann Wolfgang von Goethe verließ das Schlachtfeld mit den Worten „Von hier und heute geht eine neue Epoche der Weltgeschichte aus...". Und tatsächlich, am nächsten Tag wurde die Französische Republik offiziell ausgerufen. Am 6. November unterlagen die Österreicher bei Jemappes. Der Kriegsschauplatz verlagerte sich auf niederländisches Gebiet und bald noch weiter östlich, auf deutsches Reichsgebiet. Die Herrschaft der Habsburger in den Niederlanden hatte endgültig ein Ende gefunden.

Und wenn es sich nur darum gehandelt hätte! Die Zusammenarbeit zwischen den österreichischen und preußischen Truppen, die den Rhein entlang standen, wurde nach dem ersten Mißerfolg immer schwieriger. Die Herrscher mußten zwar der Revolution gegenüber solidarisch zusammenhalten, doch konnte es nicht geduldet werden, daß die Preußen den Oberbefehl innehatten, der natürlich den Kaiserlichen gebührte. Die Preußen hielten die preußische Leitung für ebenso selbstverständlich. Auf beiden Seiten wurde unnachgiebig argumentiert, denn nach Valmy erlitten sie ja gleicherweise weitere Niederlagen.

Noch auf einem anderen Gebiet erfuhr die preußische Orientierung Leopolds einen Rückschlag. Die Regierungen von Preußen und Rußland hatten sich im Jahr 1793 von neuem geeinigt, Polen aufzuteilen, und nahmen dem polnischen Königreich bedeutende Territorien weg. Österreich wurde bei der Teilung übergangen. Die Situation wurde noch dadurch erschwert, daß der Rest Polens lebensunfähig war. Nach der zweiten Teilung konnte also nur noch an eine dritte, endgültige Teilung gedacht werden, die selbst Restpolen von der Karte verschwinden lassen würde. Sollte diese dritte Teilung wiederum nur von den Preußen und Russen durchgeführt werden, konnte dies für Österreich verhängnisvoll werden. Diese Frage war vielleicht noch wichtiger als der französische Krieg. Dort konnte sowieso nicht mehr geholfen werden. Der König war im Januar 1793 hingerichtet worden, seine Frau, Marie-Antoinette, die Tante des Kaisers, Mitte Oktober. Das kräftige Aufleben des österreichisch-preußischen Gegensatzes führte zu Änderungen in der Wiener Regierung. Das Amt eines Staatskanzlers hatte zwar immer noch der alte Kaunitz inne, doch besaß er keinen Einfluß mehr. Die äußeren Angelegenheiten lagen in Wahrheit in den Händen des Freiherrn Johann Amadeus Franz von Thugut, eines begeisterten Anhängers der Fortsetzung des Kriegs und Fürsprechers einer harten Politik gegenüber Preußen. Als Kaunitz im Jahr 1794 starb, gelangte Thugut, der bürgerlicher Herkunft war und von Maria Theresia geadelt wurde, an die Spitze der Staatskanzlei.

Thugut bediente sich den Preußen gegenüber der Hilfe der Russen. In einem Geheimvertrag sicherte er sich deren Unterstützung für den Fall einer neuen Teilung Polens. Diese Frage wurde immer dringlicher, da im Jahr 1794 in Rumpf-polen Aufständische jakobinische Parolen verkündeten und den Bauern Erleichterung ihrer Leistungen, ja sogar Grundbesitz versprachen, wenn sie für die Verteidigung ihrer Heimat kämpfen würden.

Das hätte noch gefehlt, daß die Revolution sich auch dort ausbreitete! Im Januar 1795 einigten sich die drei benachbarten Großmächte, Polen vollständig aufzuteilen. Der Aufstand war inzwischen von russischen Truppen unter Suworow niedergeworfen worden, und das ganze Territorium befand sich in der Hand der Russen. Katharina II. blickte aber weiter, sie sah bis nach Paris und bereitete sich auf den Krieg gegen die Revolution vor, darum überließ sie großmütig auch den beiden anderen Mächten Territorien Polens. Österreich bekam am wenigsten, es erreichte nur eine Erweiterung der alten galizischen Gebiete in nördlicher Richtung.

Dagegen war es gelungen, den gefährlichen revolutionären Herd zu zerstören. Das war noch wichtiger, denn es gab auch in der Donaumonarchie eine auf den Umsturz der bestehenden Verhältnisse gerichtete Bewegung, die dem französischen Beispiel folgte – besonders in Ungarn. Die Führer dieser Bewegung nannten sich Jakobiner, noch lange nachdem in Paris im Sommer 1794 die jakobinische Diktatur gestürzt worden war und das revolutionäre Paris die ersten Schritte in Richtung auf die Konsolidierung der Klassenherrschaft der Bourgeoisie unternommen hatte. Diese ersten Schritte waren freilich noch unsicher, sie führten manchmal nach rechts, manchmal aber auch nach links. An der Donau konnte man die große Veränderung in Paris noch nicht sehen. Diese wenigen hundert Männer, die in den verschiedenen Ländern der Monarchie und zum Teil in Wien selbst an der jakobinischen Verschwörung teilnahmen, waren meist ehemalige Josephinisten und unfähig, die Wandlung überhaupt zu bemerken. Das konnten sie schon deswegen nicht, weil sie in ihrer Mehrheit den Radikalismus der Jakobiner gar nicht verstanden und Anhänger einer sehr gemäßigten bürgerlichen Umgestaltung waren. Der Regierung des Kaisers Franz erschien aber selbst dies zu viel. Als der in seiner endgültigen Form im Jahr 1793 ausgebaute Polizeiapparat von dieser Organisationsarbeit der Ungarn und der Wiener erfuhr, griff er zu. Die Hinrichtung von Martinovics, Hajnóczy, Hebenstreit, und Genossen, die Verurteilung von Riedel und anderen war nur die auffallendste Station dieser Politik.

Die Regierung schritt natürlich deshalb so scharf ein, weil sie vor der Organisation viel mehr erschrak, als diese es verdiente. Sie hatte ja keine Massen hinter sich. Der Schwung des Jahres 1790 war bereits erlahmt, der jakobinische Terrorismus hatte schon früher viele Bürger erschreckt und sie in ihren Erwartungen von der Revolution enttäuscht. Und was noch bedeutend wichtiger war: zum gegebenen Zeitpunkt gab es im Donaureich noch nicht die Vorbedingungen für eine bürgerliche Umgestaltung. So war die Bewegung von Anfang an ein hoffnungsloses Unternehmen. Eigentümlich war dagegen, daß die Bewegung von 1790, die fast nationalen Charakter trug, durch eine andere abgelöst wurde, die im wesentlichen die gesellschaftlichen Probleme in den Vordergrund stellte und sich gegen die feudale Ordnung wandte. Im Gegensatz zu der ständischen Bewegung von 1790 wurden die anderen Probleme der Donaumonarchie nicht berührt: nicht die Unabhängigkeit der einzelnen Teile wurde betont, sondern gerade die Zusammenarbeit zwischen den Revolutionären. Das heißt, diese Verschwörung war eigentümlicherweise eine Art Versuch, die Donaumonarchie als Ganzes im bürgerlichen Sinn umzugestalten. Dies war ein neues Moment, ein nicht uninteressantes Vorspiel zu späteren Entwicklungslinien, wenn die Repräsentanten des gesellschaftlichen Fortschritts sich auch für die Erhaltung der Donaumonarchie einsetzen würden, und zwar gerade im Namen und im Interesse des Fortschritts.

Dies erschien um so zeitgemäßer, als Preußen immer halbherziger am Krieg teilnahm. Es maß der polnischen Frage größere Wichtigkeit zu und war auch im Inneren von keiner Jakobinerverschwörung bedroht. Schon längere Zeit wurden Geheimverhandlungen geführt, am Anfang noch mit den Jakobinern, dann mit der neuen französischen Regierung. Am 5. April 1795 schloß Preußen den Frieden von Basel. Damit schieden die nördlichen deutschen Staaten mit Ausnahme des mit England verbündeten Hannover aus dem Krieg aus, und dieser Kriegsschauplatz fiel weg. Die österreichischen Truppen standen den Franzosen noch am Rhein und in Italien gegenüber. Am Rhein konnte der begabte jüngere Bruder des Kaisers Franz II., Erzherzog Karl, noch kleinere Erfolge erzielen. Die Franzosen mußten hier angreifen, denn sie konnten damit rechnen, daß auch die kleineren süddeutschen Staaten nicht mehr gern am Krieg teilnahmen.

Beiden Teilen erschien der rheinische Kriegsschauplatz als der wichtigere und der italienische nur als nebensächlich. Dies war der Grund dafür, daß das Direktorium einen talentierten und ehrgeizigen jungen General des sich konsolidierenden bürgerlichen Regimes, Napoleon Bonaparte, an die Spitze der italienischen Armee stellte. Er erhielt dieses Amt weniger seines Talents als mehr seines Ehrgeizes wegen, vor dem sich alle fünf Mitglieder des Direktoriums fürchteten. Man rechnete damit, daß Bonaparte mit der dort stehenden, vernachlässigten und schlecht versorgten Armee nicht viel erreichen würde, unter Umständen konnte er sich sogar unmöglich machen und damit auch für die Innenpolitik ungefährlich werden.

Aber bald stellte sich heraus, daß der junge General mindestens ebenso talentiert wie ehrgeizig war. Die revolutionäre Begeisterung der Soldaten schürte er mit dem Versprechen, daß sie siegen und dann Herren des reichsten Landes werden würden, wenn sie nur ihre Kräfte anstrengten. Bei Lodi und in einigen weiteren Schlachten schlug er die österreichischen Truppen, eroberte bald Norditalien und gründete nacheinander die mit der Französischen Republik verbündeten kleinen Republiken. Überall trat er als Befreier von der Tyrannei auf; eine Zeitlang glaubten ihm die Anhänger des Fortschritts, begeisterten sich für ihn und gaben ihm die Unterstützung. Von Süden her drangen die französischen Truppen bereits in die Erblande ein. Die österreichische Regierung verfügte über keine neuen Reservearmeen und sah sich selbst gezwungen zu tun, was sie an den Preußen so scharf gerügt hatte. Sie schloß am 18. April 1797 den Präliminarfrieden von Leoben und am 17. Oktober in Campoformido den endgültigen Frieden. Bonaparte zeigte sich sehr gnädig. Österreich mußte auf Belgien – wie die früheren südlichen Niederlande jetzt schon öfter genannt wurden –, das ohnehin vor einiger Zeit verlorengegangen war, und auf die Lombardei verzichten. Dafür bekam Österreich aber das ganze Gebiet der venezianischen Republik mit Dalmatien. Seine italienischen Besitzungen waren von den Franzosen besetzt, aber diese begegneten hier keiner Begeisterung für das neue Regime und verzichteten daher gern auf sie. Eine Geheimklausel sprach Frankreich das linke Rheinufer zu; der Kaiser wollte auf der Friedenskonferenz mit dem Reich dafür eintreten. Für die so verlorenen österreichischen Besitzungen würde sich der Kaiser anderswo in Deutschland schadlos halten, doch brauchte dies in Campoformido noch nicht veröffentlicht zu werden.

Für die Regierung in Wien bedeutete dieser Frieden im Augenblick Ruhe, und sie konnte nun ihre etwas in Unordnung geratenen Angelegenheiten regeln. Es gab zwar keine inneren revolutionären Bewegungen, aber die Staatsfinanzen waren mehr als kläglich. War doch die Donaumonarchie fast unmittelbar nach Ende des unrühmlichen Türkenkriegs in einen neuen, fünf Jahre dauernden Krieg eingetreten. Thugut hatte schon im Jahr 1795 erklärt, Österreich wäre verloren, wenn seine Feinde um seine Schwierigkeiten wüßten. Vor Campoformido waren diese Schwierigkeiten fast offenkundig geworden. Der Frieden kam gerade zur rechten Zeit.

Doch war damit noch nicht viel gewonnen. Die Französische Republik bestand immer noch, ja sie hielt deutsches Reichsgebiet besetzt. Dies verursachte Kaiser Franz schwere Sorgen. Am 9. Dezember 1797 versammelte sich in Rastatt der obenerwähnte Reichsfriedenskongreß und entschädigte die ihres Landes verlustig gegangenen deutschen Fürsten aus Kirchenbesitz in anderen deutschen Ländern. Die Frage wurde damit als gelöst betrachtet: die Ansprüche der Herrscher waren befriedigt worden, alles andere zählte nicht.

Oder es käme jedenfalls nicht in Betracht, wenn da nicht die Französische Republik wäre mit den von ihr besetzten Gebieten, und wenn damit nicht die ständige Drohung existierte, daß die Regierung aus den Händen der dazu Berufenen in die von Schustern geriet, wie das Katharina II. vor einigen Jahren sehr scharf formuliert hatte. Diese Drohung mußte ein für alle Male beseitigt werden.

Thugut hatte wiederholt betont, Frankreich könne nur durch eine militärische Niederlage zu wirklichem Frieden und zum Rückzug gezwungen werden. (Diese Niederlage war aber leider bis jetzt ausgeblieben.) Zur prinzipiellen Empörung gesellte sich noch ein anderes Motiv. England, bislang die einzige bürgerliche Macht, sah den neuen bürgerlichen Konkurrenten nur ungern, bemühte sich also, die Koalition gegen die Franzosen zu erneuern. Es hatte konkrete Ziele: Holland und Belgien sollten in irgendeiner Form erworben werden. Österreich konnte sich also auf diese Gebiete keinerlei Hoffnungen mehr machen; die Niederlande mußten endgültig abgeschrieben werden. Die Wiedereroberung der Lombardei war ebenfalls ein wichtiges Ziel.

Im Jahr 1798 brachte England eine neue Koalition gegen die Republik zustande, an der außer Österreich auch Rußland, Neapel, Portugal (Englands folgsamer

Bundesgenosse) und wegen des Kriegszugs Frankreichs gegen Ägypten sogar das Türkische Reich teilnahmen.

Anfangs verlief der Krieg erfolgreich. Die Österreicher siegten in einigen Gefechten, die russischen Heere, die durch die Donaumonarchie marschierten, waren in Italien ebenfalls erfolgreich, ebenso die russische Flotte in der griechischen Inselwelt. Im Jahr 1799 schied aber der vor kurzem auf den Thron gelangte russische Zar, Paul I., aus dem Krieg aus, ja er plante sogar, sich mit Bonaparte zu verbünden und gegen Italien zu wenden. Im März des Jahres 1801 brach jedoch eine Palastrevolution gegen ihn aus – wie angenommen werden kann, mit Hilfe der englischen Diplomatie –, er wurde erwürgt, und an seine Stelle trat Alexander I. Es war jedoch zu spät, denn der Austritt Rußlands aus dem Krieg hatte eine wesentliche Änderung der Kräfteverhältnisse nach sich gezogen und so bewiesen, was für eine wichtige Rolle diese Macht in Europa spielte. Andererseits hatte Bonaparte seine Truppen in Ägypten zurückgelassen und war, nachdem er die Überwachung durch die englische Flotte geschickt ausgespielt hatte, in der Heimat eingetroffen. Hier riß er in einem Handstreich, wie es sie in der jungen Französischen Republik schon mehrere gegeben hatte, die Macht an sich und setzte an die Stelle des Direktoriums das Konsulat. Als erster Konsul verwirklichte er die Militärdiktatur, deren das französische bürgerliche Regime im Interesse seiner Kräftigung bedurfte. Damit war eine grundlegend neue Lage gegeben. Nur waren sich die Zeitgenossen dessen noch nicht bewußt. Sie sahen nur, daß Bonaparte kurz nach dem Staatsstreich in Italien erschien und den Österreichern bei Marengo eine neue schwere Niederlage zufügte. Am Rhein erlitten die Österreicher einen weiteren Mißerfolg. (Anstelle von Erfolgen also überall Mißerfolge.) Der Krieg verschlang weitere Millionen, und so mußte im Jahr 1801 in Lunéville Frieden geschlossen werden. Die Kriegspolitik Thuguts war gescheitert. Er mußte abdanken, und an seiner Stelle wurde Ludwig Graf von Cobenzl zum Staatskanzler ernannt. Nach Rußland schied auch Österreich aus der Koalition aus, und jetzt mußte sogar England seine Haltung revidieren und im Jahr 1802 in Amiens ebenfalls Frieden schließen. Nach zehn Jahren schwiegen endlich wieder die Waffen in ganz Europa.

Für ganz kurze Zeit schien es, als müsse man sich mit den Vorgängen in Frankreich abfinden. Die Verhältnisse machten eigentlich auch gar keinen so schreckenerregenden Eindruck mehr. Menschen wurden nicht mehr zu Dutzenden geköpft, das Vermögen der Reichen blieb unangetastet, die Armen wurden von der Polizei ebenso an die Kandare genommen wie in jedem anderen geordneten europäischen Staat. Die Probleme schienen gar nicht mehr so schwer, wenn man in Wien nicht daran dachte, daß die inneren Schwierigkeiten des Reichs noch immer anhielten.

Aber das hatte es ja schon einige Male gegeben, sogar zur Zeit Maria Theresias, die wirklich eine große Herrscherin gewesen war. Man mußte also ihrem Beispiel folgen. Wenn die Donaumonarchie einen Rückschlag erfuhr und Gebiete verlor, mußte man sich wieder auf die inneren Reformen konzentrieren. Nach diesem Prinzip handelte nun auch Franz. Im August 1801 stellte er für die zentrale Leitung des Reichs das Staats- und Konferenzministerium auf, das nach dem Muster der früheren zentralen Behörden die oberste Aufsicht ausübte, dem Kaiser neue Gesetzesvorschläge unterbreitete und sogar die Durchführung derselben übernahm. Die Geheimgesellschaften wurden wieder verboten und die Zensur weiter verschärft. Die Steuern wurden angehoben, um den Staat wenigstens in die Lage zu setzen, die Zinsen seiner kriegsbedingten Anleihen auszuzahlen.

Die Aufgaben erstreckten sich auch auf das Deutsche Reich. Im Anschluß an die Bestimmungen von Rastatt sollten im Jahr 1803 die Angelegenheiten der Fürsten, die ihrer Länder verlustig gegangen waren und deren Zahl sich noch vermehrt hatte, nunmehr endgültig geordnet werden (so stellte man es sich jedenfalls vor). Wieder war es der kirchliche Besitz, der dafür am geeignetsten schien und für die Entschädigung verwendet wurde; der Großherzog von Toskana erhielt das Erzbistum Salzburg.

Die Konsolidierung der Verhältnisse in Frankreich wurde dadurch noch offenkundiger, daß Napoleon Bonaparte am 18. Mai 1804 durch ein Senatsdekret den Kaisertitel annahm, ja am 2. Dezember ließ er sich vom Papst krönen (das heißt, im letzten Moment ergriff er die Krone und setzte sie sich selbst aufs Haupt). Er wurde erblicher Kaiser. Da durfte Franz nicht zurückbleiben. Das deutsche Kaisertum stand nur noch auf sehr schwachen Füßen, der Kaiser, seinem Titel „zu allzeit Mehrer des Reichs“ zum Trotz, mußte immer wieder nur Gebietsverluste zur Kenntnis nehmen. Auch war es nur ein Wahlkaisertum. Und was wichtiger war: es schien notwendig, die Einheit der Donaumonarchie erneut zu dokumentieren. Darum nahm Franz den erblichen Kaisertitel unter dem Namen Franz I. an. Unabhängig vom französischen Kaisertum war schon im Lauf der bereits früher begonnenen Vorbereitungen für die Veränderungen in Deutschland die Idee aufgetaucht, er solle den Titel Kaiser von Pannonien oder Kaiser von Ungarn und Galizien annehmen, wobei in beiden Fällen die Unabhängigkeit des Donaureichs vom Heiligen Römischen Reich Deutscher Nation betont worden wäre. Auch der Titel Kaiser von Ungarn und Böhmen kam zur Sprache. Endlich entschied man sich doch für den Titel Kaiser von Österreich, mit der Erklärung, daß dies die bisherige Verfassung der zum Reich gehörenden Länder nicht verändere (was in erster Linie an die Adresse des ungarischen Adels gerichtet war). Die österreichische Kaiserkrone wurde angefertigt, aber Franz ließ sich dann doch nicht mit ihr zum Kaiser krönen, schon um sich dadurch von Napoleon zu unterscheiden. Mit der Annahme des österreichischen Kaisertitels wurde die Benennung Österreich, das inoffiziell schon seit langer Zeit so genannt zu werden pflegte, für das ganze Reich offiziell. An der inneren Struktur der Donaumonarchie änderte der neue Titel momentan nichts. Es wäre für solche Veränderungen auch keine Zeit gewesen, da neue Ereignisse auf den neuen Kaiser einstürmten.

England befand sich seit 1803 wieder im Kriegszustand mit Frankreich und kämpfte allein. Da England aber eine Seemacht und Frankreich eine Landmacht war, kam es zunächst zu keinen kriegerischen Auseinandersetzungen. Deshalb brachte England die dritte Koalition zustande, diesmal mit der Teilnahme Österreichs und Rußlands. Napoleon befand sich eben an der Küste, wo er sich auf die Landung in England vorbereitete, als ihm die Kriegserklärung der Koalition übermittelt wurde. Mit einem blitzschnellen Manöver umschloß er im Oktober 1803 die an der oberen Donau stehende österreichische Armee, deren Kommandant, Feldmarschalleutnant von Mack, die Waffen streckte. Die Franzosen zogen donauabwärts, es kam zu einem Gefecht bei Dürnstein. Am 14. November traf Napoleon vor Wien ein und nahm in Schloß Schönbrunn Quartier. Inzwischen marschierten die russischen Truppen durch Ungarn, um Österreich zu unterstützen. Der russische Oberbefehlshaber, Feldmarschall Kutusow, war gegen eine sofortige Schlacht, doch Zar Alexander I. trieb ihn dazu an. Am 2. Dezember 1805 wurde bei Austerlitz in Mähren die Schlacht in Anwesenheit der drei Kaiser geschlagen, sie endete mit einem überlegenen Sieg der Franzosen. Österreich beeilte sich, um Frieden nachzusuchen, der noch im selben Monat, am Tag nach Weihnachten, in Preßburg geschlossen wurde. Österreich verlor Venedig mit Istrien und Dalmatien, ebenso Tirol, bekam dafür aber Salzburg. Der Großherzog von Toskana mußte sich wieder ein Land weiter begeben, er bekam Würzburg.

Die Verluste von 1805 wogen schon schwerer als die von Campoformido. Im nächsten Jahr schuf Napoleon unter seinem Protektorat aus den kleinen westlichen deutschen Staaten den Rheinbund. Unter diesen Umständen war das Römisch-Deutsche Reich offensichtlich nur noch eine Illusion. Im Jahr 1806 verzichtete Franz auf den deutschen Kaisertitel, unter Berufung darauf, daß er das Reich nicht mehr schützen, geschweige denn mehren könne. Damit endete das Heilige Römische Reich Deutscher Nation, ohne daß die Zeitgenossen sein Verschwinden einer besonderen Aufmerksamkeit gewürdigt hätten.

Das Kaisertum Österreich geriet damit aber in eine eigentümliche Lage. Jede Verbindung zu den anderen deutschsprachigen Staaten war damit aufgelöst. Die Mehrheit seiner Bewohner war nicht deutsch. Deutsch waren aber doch die österreichischen Länder, die dem Reich den Namen gegeben hatten, und auch die Dynastie galt als deutsch, schon weil sie jahrhundertelang den deutschen Kaisertitel getragen hatte. Also existierte hier gerade in der Zeit, in der die nationale Zugehörigkeit eine Rolle zu spielen begann, eine Großmacht, die von diesem Gesichtspunkt aus sehr schwer einzuordnen war. Und dies zu einem Zeitpunkt, da es nach wiederholten Niederlagen notwendig war, den Zusammenhalt des Reichs im Inneren zu stärken. Selbst die Regierung erkannte diese Notwendigkeit. Welche Kraft sollte aber das Reich zusammenhalten? Die Zugehörigkeit zu einer Nationalität? Das hätte am sichersten zur Auflösung des Reichs geführt, also kam es nicht in Frage. Ein anderer talentierter jüngerer Bruder des Kaisers Franz, Erzherzog Johann, versuchte es mit einer Art von volkstümlichem Patriotismus, einer Identifizierung mit der großen gemeinsamen Heimat als zusammenhaltender Kraft, und er wurde darin auch von dem neuen Kanzler, Philipp Graf von Stadion, unterstützt.

Franz war dies nicht ganz geheuer, es roch nach Revolution, außerdem hatte es einer seiner Brüder vorgeschlagen. (Seine jüngeren Brüder waren ihm alle verdächtig, und da sie mit Ausnahme des jüngsten, Ludwig, alle begabter waren als er, verbrauchte er viel Energie mit diesem Argwohn.) Er war aber doch gezwungen, gewisse vorsichtige Schritte zu tun, so die Gründung der Landwehr, die im Gegensatz zur bisherigen Tradition nicht gezwungen war, in anderen Ländern des Reichs Dienst zu tun, sondern im Kriegsfall nur das eigene Land zu verteidigen hatte, sowie die Gründung einer Zeitschrift, die eine Art österreichischen Patriotismus für das Gesamtreich propagieren sollte.

Franz hatte diesmal ausnahmsweise recht: Ein Patriotismus für das Gesamtreich konnte sich trotz aller amtlichen Unterstützung nicht entwickeln; die Versuche blieben erfolglos. Unabhängig von der amtlichen Unterstützung verstärkte sich aber in den von Deutschen bewohnten Gebieten eine Art deutsches Nationalgefühl, das die Erniedrigungen, die Deutschland erfahren hatte, und die Niederlage Preußens im Jahr 1807 als nationales Unrecht betrachtete. Die österreichische Regierung registrierte diese Tatsache mit Argwohn, obwohl sie das Erwachen des deutschen Nationalgefühls in anderen deutschen Staaten gern sah, konnte es doch in einem eventuellen neuen Krieg ausgenützt werden.

Und der Krieg begann bald, als es England im Jahr 1808 nämlich gelang, Österreich von neuem zur Teilnahme an einer weiteren Koalition zu überreden. Die deutschen Länder wurden von einer großen Gefühlswelle überschwemmt: Abrechnung mit dem Unterdrücker des Deutschtums, mit Napoleon, Abrechnung mit dem Erbfeind der Deutschen, mit Frankreich. Die Regierung war von dieser nationalen Begeisterung etwas beunruhigt, mußte sie aber hinnehmen. Als in Tirol unter der Leitung Andreas Hofers ein Aufstand ausbrach, unterstützte sie diesen im geheimen und nach dem Ausbruch des Kriegs auch offen propagandistisch. Wirkliche Hilfe konnte Wien jedoch nicht leisten, und Hofer wurde von den Franzosen in Mantua erschossen.

Damit war aber die nationale Begeisterung auch schon verraucht. Erzherzog Karl war von Anfang an gegen den Krieg, da das Reich ihn sich wirtschaftlich gar nicht leisten konnte, mußte aber doch den Oberbefehl über die Armee übernehmen. Er eröffnete den Krieg, der am 9. April 1809 erklärt wurde, mit einem Angriff, erlitt eine Niederlage und war zum Rückzug gezwungen. Bei Aspern gelang es ihm am 22. Mai, den Übergang Napoleons über die Donau für kurze Zeit zu verhindern, doch verlor er bei Deutsch Wagram am 6. Juli die Entscheidungsschlacht. Die Schlacht ging verloren, Karl schloß einen Waffenstillstand und gab Tirol auf. Daraufhin wurde er des Oberbefehls enthoben. Der Kanzler Stadion dankte ab wie seinerzeit Thugut, denn die Kriegspolitik hatte sich erneut als Fehlschlag erwiesen. Im Frieden von Wien, am 14. Oktober 1809, verlor Österreich weitere Gebiete, vor allem im Süden, die südlich der Save gelegenen Teile Kroatiens und einen großen Teil von Krain und Kärnten. Damit war Österreich vom Meer vollkommen abgeschnitten. Aus diesen Gebieten schuf Napoleon die Illyrischen Provinzen als Teil des französischen Kaiserreichs. Auch auf Salzburg und einen großen Teil Galiziens mußte Wien verzichten; letzterer wurde von Napoleon dem an die Stelle Polens tretenden Großherzogtum Warschau angegliedert.

Mit der nun schon erblichen Hartnäckigkeit der Habsburger hielt Franz aus. Anstelle Stadions ernannte er seinen bisherigen Gesandten in Paris, den Fürsten Klemens Lothar Wenzel von Metternich, zum Staatskanzler, das heißt zum Außenminister. Dieser rheinländische Aristokrat, auf Grund seiner ersten Ehe Schwiegersohn des Fürsten Kaunitz, war schon früh in österreichische Dienste getreten und mit verschiedenen diplomatischen Missionen betraut worden. Als Gesandter in Paris hatte er es verstanden, mit den leitenden Männern der französischen Regierung gute Beziehungen anzuknüpfen. Aber weder damals noch anläßlich seiner Ernennung zum Staatskanzler konnte jemand ahnen, was für eine bedeutende Rolle er in der Geschichte des Reichs, ja in der Entwicklung ganz Europas spielen sollte. Er war nur als geschickter Diplomat bekannt, und darum wurde er von Franz in der verzweifelten Lage, die nach der Schlacht bei Deutsch Wagram entstanden war, ausgewählt.

Metternich war sich damals über die inneren Zustände im Kaiserreich schon so ziemlich im klaren, besonders über die katastrophale finanzielle Lage. Die Regierung mußte im Jahr 1811 den Wert des Geldes auf ein Fünftel abwerten, was – wenn auch in unterschiedlichem Maß – sämtliche Klassen und Schichten berührte. (Die Abwertung mußte im Jahr 1816, wenn auch nicht in gleicher Höhe, wiederholt werden.) Die erste Aufgabe Metternichs war es also, das Reich aus allen Kriegsabenteuern herauszuhalten. Damals schätzte er die Position Napoleons als sehr stark ein und vertrat die Auffassung, Napoleon werde einige Zeit lang der Herr Europas bleiben. Darum trat er für den von Napoleon entwickelten Plan ein, dem Kaiser der Franzosen die Tochter des Kaisers Franz, Marie Louise, zur Frau zu geben. Napoleon wollte sich vermählen, um eine Dynastie zu gründen. Und wenn er sich schon von seiner ersten Frau trennen mußte, die er sehr liebte, dann wollte er wenigstens eine Ehe schließen, die ihm erlaubte, unter den anderen Herrschern Europas seinen Platz auch durch Familienverbindungen und nicht nur durch die militärische Stärke Frankreichs zu behaupten. Die Habsburger galten als die älteste regierende Dynastie Europas. Die Verbindung mit ihnen würde die niedere Abkunft der Bonaparte wettmachen.

Franz willigte nur schwer in diese Ehe ein. Metternich hatte Mitgefühl mit dem Opfer des Kaisers, und um die Zustimmung des Herrschers zu erreichen, ließ er vor dessen Augen alle Vorteile erstehen, die sich aus dieser Verbindung für die Habsburger ergeben würden.

Im Jahr 1812 begann Napoleon seinen Feldzug gegen Rußland, um die letzte Lücke in der gegen England gerichteten Kontinentalsperre zu schließen. Metternich vertrat den Standpunkt, Österreich dürfe dem Krieg nicht fernbleiben, um im Fall eines Sieges Napoleons nicht leer auszugehen. Es dürfe aber auch keine allzugroße Armee an die Seite Napoleons stellen, um am Ende des Kriegs seine Handlungsfreiheit behalten zu können.

Der Feldzug wurde ein Mißerfolg, von der mehr als eine halbe Million Mann starken Großen Armee kehrten nur einige Zehntausend zurück. Und die russischen Truppen hatten schon die Grenze überschritten, um die Franzosen und ihre Verbündeten weiter zu verfolgen. Zar Alexander I. forderte Franz I. auf, sich an die Spitze des europäischen Freiheitskampfes zu stellen. Preußen und die kleineren deutschen Staaten wurden wieder von einer Woge nationaler Begeisterung überschwemmt, und es schien, als ob die Zeit gekommen wäre, das französische Joch abzuschütteln. (Daß dieses Joch auch gleichbedeutend war mit der modernen bürgerlichen Entwicklung, daran dachte in diesem Moment noch niemand.)

Metternich schloß sich der neuen Koalition vorderhand nicht an, er berief sich auf dynastische Verbindungen. In Wahrheit ließ er sich von anderen Überlegungen leiten. Für ihn bestand der natürliche Zustand Europas darin, daß unter den führenden Mächten kraft ihrer militärischen Stärke eine Art von Gleichgewicht herrschte und daß keine von ihnen das Übergewicht einer beliebigen Großmacht duldete. Von diesem Gesichtspunkt aus war auch die Herrschaft Napoleons kein normaler Zustand, aber die französische Hegemonie hatte jetzt ein Ende gefunden. Dagegen konnte im Kampf gegen Napoleon Rußland eine solche Überlegenheit erreichen, daß das von Metternich für ideal gehaltene Gleichgewicht gefährdet werden konnte. Darum hielt er an der Neutralität Österreichs fest und versuchte zwischen Napoleon und den Verbündeten zu vermitteln. Es begann ein Schachspiel, das Wochen, ja Monate dauerte und in dem Metternich in erster Linie Napoleon zur Nachgiebigkeit drängte. Wenn Frankreich auf seine Eroberungen verzichtete, blieb es doch noch immer eine Großmacht und konnte Rußland gegenüber als entsprechendes Gegengewicht dienen. Der Krieg ging inzwischen mit kleineren Scharmützeln weiter. Doch wenn Napoleon siegte, war er zu keinen Zugeständnissen bereit, und wenn er von Niederlagen dazu gezwungen wurde, waren es die Bundesgenossen, die sich nicht mit seiner Herrschaft abfinden wollten. Die Lage Metternichs wurde immer schwieriger. Wenn er noch lange der Koalition fernblieb, würde deren Sieg das Ende der Großmachtstellung Österreichs bedeuten. Wenn er sich zu eilig anschloß, beschleunigte er den Sturz Napoleons, aber auch das Anwachsen der Macht Rußlands, was er gerade vermeiden wollte. Am Hof spielte die Kriegspartei eine immer größere Rolle, ein weiteres Zaudern Metternichs hätte seine Stellung innerhalb des Reichs gefährdet. Im Sommer 1813 sammelten sich in Böhmen schon österreichische Truppen. Napoleon ließ Metternich nach Dresden rufen, um ihn zu weiterer Neutralität zu bewegen. Dies war ihr letztes persönliches Zusammentreffen. Sechs Stunden lang versuchte Metternich Napoleon zur Nachgiebigkeit zu überreden. Der Kaiser der Franzosen war aber nur zu einem kurzen Waffenstillstand bereit. Metternich schloß sich in Reichenbach der Koalition unter der Bedingung an, daß Österreich in den Krieg eintrete, wenn Napoleon die Friedensbedingungen der Verbündeten nicht annahm. Der Waffenstillstand lief am 10. August ab. Napoleon äußerte sich nicht, und Franz I.

kündigte seinen Beitritt in den Krieg an. In der Völkerschlacht bei Leipzig im Oktober kämpften auch österreichische Truppen.

Es folgten noch einige Schlachten. Die Verbündeten standen bald auf französischem Boden und rückten in Paris ein. Am 6. April 1814 dankte Napoleon ab. Der erste Pariser Frieden am 30. Mai brachte Frankreich wieder die alten Grenzen von 1792. Es wurde zwar wieder ein Königreich, und der jüngere Bruder des hingerichteten Königs, Ludwig XVIII., sein König, aber es war nun eine konstitutionelle Monarchie.

Der revolutionäre Alptraum war vorüber und die Ordnung wiederhergestellt. So beurteilten Franz I. und Metternich einmütig die Geschehnisse. Nur hatten die fast ein Vierteljahrhundert dauernden Kriege zahllose Veränderungen mit sich gebracht, und es war unmöglich, zu der Lage vor 1789 zurückzukehren. Die Angelegenheiten Europas mußten geordnet werden; was nicht mehr zu korrigieren war, mußte unverändert bleiben, und überall dort, wo sich nur die kleinste Möglichkeit bot, mußte man zur alten Ordnung zurückkehren. Dies konnte nur auf einem großen europäischen Kongreß geschehen, bei dem jedes Land, genauer gesagt, jeder Herrscher vertreten sein würde.

Man war sich allgemein darüber im klaren, welch wichtige Rolle Metternich in den drei letzten Jahren gespielt hatte. Es erschien also natürlich, diesen Kongreß in Wien abzuhalten. Metternich würde die Leitung in der Hand haben. Im englischen Außenminister Castlereagh hatte Metternich einen Partner gefunden, dessen Ansichten über das europäische Gleichgewicht mit den seinen fast genau übereinstimmten. Und tatsächlich beherrschten diese beiden Männer den Wiener Kongreß; kurze Zeit später kam Talleyrand als dritter hinzu. Talleyrand hatte rechtzeitig den Weg aus dem Dienst Napoleons zu den Bourbonen gefunden. Freilich glaubte Zar Alexander I., in Wien die höchste Autorität zu sein.

Als Ergebnis der österreichisch-englisch-französischen Zusammenarbeit gelang es, die Einverleibung ganz Sachsens durch Preußen zu verhindern – Sachsen hatte nämlich als letztes Land an der Seite Napoleons ausgehalten. Preußen bekam nur die Hälfte, und auch Rußland wurde nur der größere Teil Polens zugesprochen. Den Rest teilten sich Österreich und Preußen. Aus dem ehemaligen Deutschen Reich entstand der Deutsche Bund, eine eigenartige, aus 38 selbständigen Staaten bestehende Formation mit Österreich an der Spitze. (Österreich gehörte nur mit seinen deutschen und böhmischen Ländern zu diesem Bund, die ungarischen, polnischen und italienischen Gebiete waren nicht mit eingeschlossen.) Die Herrscher von Bayern, Sachsen und Württemberg durften ihre Königstitel, die sie Napoleon verdankten, behalten und nahmen das Verschwinden der vielen selbständigen deutschen Kleinstaaten zur Kenntnis. Der Kongreß hatte also sicherlich grundlegende Änderungen anerkannt. Sonst stellte er aber ein konservatives, feudales oder halbfeudales Europa wieder her.

Der Versuch Napoleons, im Jahr 1815 von neuem die Macht zu ergreifen, brachte nur eine engere Zusammenarbeit des restaurierten Europa zur Niederschlagung dieses Experiments. Im September 1815 gab die ursprünglich zwischen dem österreichischen und dem russischen Kaiser sowie dem preußischen König geschlossene Heilige Allianz diesem restaurierten Europa einen gewissen Rahmen, dem sich später fast alle anderen europäischen Staaten anschlossen. Die Idee stammte von Alexander I. (selbst Franz I. sagte, nachdem er die Gründungsurkunde zum erstenmal gelesen hatte, er wisse nicht, ob er beten oder lachen solle; am Ende tat er keins von beiden). Die Heilige Allianz wurde unterzeichnet, um in Zukunft jede revolutionäre Bewegung zu unterdrücken und um zu verhindern, daß Europa wieder in eine ein Vierteljahrhundert lange kriegerische Epoche versinke wie vor 1815.

Die Donaumonarchie, die im Jahr 1809 auf einem Tiefpunkt angelangt und fast zur zweitrangigen Macht herabgesunken war, wurde 1815 eine der führenden Großmächte Europas. Ihr Schicksal war in Wien entschieden worden, und für einige Jahrzehnte hatte Österreich ein gewichtiges Wort in europäischen Angelegenheiten zu sagen. Wie kann man rational erklären, daß diese Donaumonarchie, die im Jahr 1790 fast schon zerfiel, ein Vierteljahrhundert später trotz aller Mißerfolge, Verluste und Erniedrigungen wieder zu einer so bedeutenden Rolle gelangte?

In der Persönlichkeit des Kaisers kann die Erklärung nicht gesucht werden, dazu war Franz I. zu kleinlich und zu phantasielos. Mehr, wenn auch bei weitem nicht alles, erklärt eher die Geschicklichkeit und Findigkeit Metternichs.

Es ist darauf hingewiesen worden, daß in der erwähnten Zeitspanne die Vorbedingungen für eine bürgerliche Umwandlung noch nicht gegeben waren. Die Macht befand sich in den Händen der feudalen herrschenden Klasse, die sich zwar im Jahr 1790 noch heftig gegen den Absolutismus wehrte, sich aber der bürgerlichen Revolution gegenüber doch mit der bestehenden Staatsgewalt solidarisch fühlte, da diese ja im Grunde genommen ihre eigene Staatsgewalt war. (Die Truppen Napoleons standen im Jahr 1809 auch auf ungarischem Gebiet, und der Kaiser hatte die Ungarn aufgefordert, sich zu versammeln und einen König zu wählen. Seit Jahrhunderten war der ungarische Adel immer geneigt, sich mit den Franzosen gegen die Habsburger zu verbünden, selbst in Lagen, wo dies für ihn viel ungünstiger und weniger vielversprechend war. Aber jetzt, wo der ihm gegenüberstehende andere Teil des Reichs auf eine Hälfte zusammengeschlmolzen und Ungarn der Schwerpunkt der Donaumonarchie war, blieb diese Aufforderung ohne Widerhall. Napoleon vertrat noch immer, auch im Jahr 1809, die bürgerliche Revolution, und davon wollte der ungarische Adel ebensowenig hören wie die Aristokratie der anderen Länder. Selbst das Bürgertum schreckte ja noch immer vor der Revolution zurück.)

Dies ist der Grund, warum die Donaumonarchie während dieses gefährlichen Vierteljahrhunderts zusammenhielt und warum sie den Sturm überdauerte. Die

Umstände brachten es mit sich, daß es wieder eine äußere Drohung gab, die die innere Kohäsion in den Vordergrund rückte. Die zentrifugalen Kräfte verschwanden vorübergehend in der Tiefe. Franz I. hoffte, daß diese Verhältnisse ewig dauerten, aber Metternich war klüger und wußte, daß dieser Zustand vorübergehen würde, allerdings schätzte auch er die Zeitdauer dieser Periode falsch ein. Sie ging in Wirklichkeit rascher zu Ende, als er erwartet hatte.

Die Ruhe vor dem Sturm

„Den Metternich und mich wird es schon noch aushalten", sagte Franz I. über das System, das sich nach dem Ende der revolutionären Epoche in Österreich herausgebildet hatte und das schon die Zeitgenossen das Metternichsche System nannten. Sie bezogen das nicht nur auf die Donaumonarchie. Schon damals hatte der Begriff meist einen verurteilenden Unterton, und das ist bis heute so geblieben. Es waren vielleicht nur die ersten Jahre, in denen das Gefühl vorherrschte, endlich sei Ruhe; es gab keinen Umsturz mehr, keine territorialen Änderungen, keine ständige Bewegung. Dieser Advokatensohn aus Korsika, Napoleon, konnte nicht mehr ständig ganz Europa um- und umkehren.

Verglichen mit der Lage vor 1789 war die Donaumonarchie in ihrem territorialen Besitzstand zwar geschmälert aus diesem stürmischen Jahrhundert hervorgegangen, aber dieses Territorium besaß einen engeren Zusammenhang als früher. Es gab keine weit entfernten, schwer oder überhaupt nicht zu verteidigenden Gebiete mehr, wie es früher die Niederlande gewesen waren. Das im Inneren noch immer bestehende feudale Zerstückelt-Sein wurde nach außen durch den einfachen Umstand verdeckt, daß, ähnlich wie bei modernen Staaten, die Donaumonarchie ein einheitliches Gebiet darstellte und über eine zusammenhängende Grenzlinie verfügte, die sich von Galizien im Osten bis zur Bucht von Cattaro im Süden und zur Schweiz im Westen hinzog.

Das Reich lag in der Mitte Europas, schon an sich ein beliebter Gleichgewichtsfaktor der zeitgenössischen Diplomatie. Aber da es an der Spitze des Deutschen Bundes stand, erstreckte sich sein Einfluß zumindest im Prinzip bis zur Nordsee und bis zur Ostsee. In Italien gehörten die nördlichen Gebiete, jetzt Lombardisch-Venezianisches Königreich genannt, unmittelbar zum Reich, und im Großherzogtum Toskana herrschte der jüngere Bruder des Kaisers, Ferdinand. In Modena-Este war ein Vetter des Kaisers, Franz IV., Herzog, und Parma gehörte der Tochter des Kaisers, Marie Louise, die damit vom Wiener Kongreß für den Verlust des französischen Throns entschädigt worden war. Ihr Sohn, dieser halbe Napoleonide und halbe Habsburger, der Held so vieler romantisch-rührseliger Geschichten, wuchs in Wien auf. Man versuchte ihn zu einem guten Habsburger zu erziehen, doch konnte dies das Andenken an seinen Vater doch nicht ganz auslöschen, so sehr sich auch seine Erzieher bemühten. Er hätte Kaiser der Franzosen werden können, wurde aber nicht einmal ein echt habsburgischer Erzherzog und mußte sich mit dem Titel eines Herzogs von Reichstadt begnügen, bis die Krankheit des Jahrhunderts, die Lungenschwindsucht, die auch vor Königsthronen nicht zurückscheute, durch einen frühen Tod seiner ungewissen und erniedrigenden Lage ein Ende machte.

Fast halb Italien befand sich in der Hand der Habsburger, und auch die übrigen Staaten der Halbinsel waren gezwungen, sich mit einer Art österreichischer Hegemonie abzufinden. Metternich hätte gern nach dem Muster des Deutschen Bunds einen ähnlichen Italienischen Bund geschaffen, natürlich ebenfalls unter der Ägide Österreichs, doch der Papst protestierte dagegen, und so mußte der schöne Plan fallengelassen werden. Ohne alle Vereinbarungen und Gesetze beherrschte dennoch Österreich Italien in Wirklichkeit wirksamer als Deutschland.

Das Wesen dieser Herrschaft lag zweifellos, den Prinzipien der Heiligen Allianz entsprechend, in der Erhaltung des vom Wiener Kongreß restaurierten Systems und der Erhaltung der bestehenden Ordnung, was jede Veränderung ausschloß. Wenn man die Dinge bei ihrem Namen nennt, so bedeutete dies die strenge, konsequente Beschränkung der bürgerlichen Entwicklung auf Frankreich und die Konservierung der feudalen Verhältnisse. Es ist viel darüber gestritten worden, ob dieses ganze System das Werk des Kaisers Franz war, der es mit seiner phantasielosen Hartnäckigkeit und seinem Festklammern an das Alte, das Überlieferte geschaffen hat, und Metternich nur folgsam den Willen seines Herrn ausführte, oder aber ob Metternich der eigentliche geistige Vater dieser Konstruktion war. Das letztere darf als wahrscheinlicher gelten, wenn es auch nicht eindeutig entschieden werden kann.

Metternich betrachtete sich – ein wenig wie Joseph II. – als den klügsten Menschen seiner Zeit und hielt das, was er machte, gerade in dieser Form für notwendig. Manchmal legte er sich Rechenschaft darüber ab, daß man auch daran denken könnte, einer Revolution zuvorzukommen, also in der inneren Struktur des Reichs einige Änderungen vornehmen, den Ständen in Richtung der durch die Aristokratie vertretenen Konstitutionalität einige Zugeständnisse machen könnte. Er war dem wirtschaftlichen Fortschritt im ganzen auch nicht abgeneigt, doch verstand er gerade das nicht, daß es hier nicht um kleine Reformen, nicht einfach um Banken und Eisenbahnen ging, sondern um eine durchgreifende Umwandlung. Das verstand er nicht, weil ihm jedes Gefühl dafür fehlte.

Im Gegensatz dazu bewies er in der Außenpolitik sehr viel Feingefühl. Dadurch gelangte er auf diesem Gebiet innerhalb des Reichs, ja eine Zeitlang auch in Europa zu einer herrschenden Stellung. Schon seit 1812 setzte er sich mit beträchtlichem Erfolg für die traditionelle, auf dem Gleichgewicht beruhende Außenpolitik ein. Das europäische System, das auf dem Wiener Kongreß zustande gekommen war, konsolidierte im Inneren jedes einzelnen Landes die Herrschaft der Reaktion, aber gleichzeitig schuf es auch eine europäische Gesamtlage, die mehrere Jahrzehnte lang solche militärischen Konflikte, wie sie Europa während der napoleonischen

Epoche durchlebt hatte, vermied. Nur am südöstlichen Rand Europas wurde die lange Friedensepoche durch einen Krieg gestört. Es war eine Epoche des Friedens, die es erlaubte, daß sich das wirtschaftliche Leben überall entwickeln konnte. Andererseits führte dies freilich zur Revolution, zum Entstehen des strukturellen Rahmens der bürgerlichen Umwälzung.

Metternich ging davon aus, daß Europa aus gleichberechtigten Staaten besteht und daß die internationale Ordnung auf der Zusammenarbeit der einzelnen Staaten beruhen muß. Es mußte Pflicht der Staaten sein, einander zu unterstützen, vor allem gegen die innere Revolution, aber auch gegen jede Absicht, das bestehende Gleichgewicht zu verändern. In Metternichs Denkweise spielten die Staaten die entscheidende Rolle, und darin spiegelte sich auch die Tatsache wider, daß die Donaumonarchie gerade infolge der Entwicklung des vorangegangenen Jahrhunderts auch wirklich zu einem Staat im modernen Sinn herangewachsen war. Und es zeigte sich daran auch, daß Metternich in der Außenpolitik im Grund an den Begriffen des 18. Jahrhunderts festhielt. Er dachte in Staaten und nicht in Nationen. Er spürte natürlich, daß die Nation, die nationale Bewegung und das Nationalgefühl wichtige geschichtliche Faktoren geworden waren. Er konstatierte es, wenn auch mit Bedauern. Er konnte deshalb innerhalb des Reichs nie die Uniformisierung der einzelnen Länder und Provinzen gutheißen, die sich z. B. darin ausdrückte, daß die Stände eine nichtdeutsche Bevölkerung vertraten. Doch die Nation spielte für ihn dem Staat gegenüber eine untergeordnete Rolle. Der Staat war nicht identisch mit der Nation, das heißt, der Nationalstaat erschien ihm nicht als die einzig mögliche Staatsform. Seine eigentliche Heimat war Europa, deswegen kann er nach heutigen Begriffen ruhig Kosmopolit genannt werden. Nur lag damals noch etwas von der Erhabenheit der Aufklärung darin.

Es klingt eigentümlich, so etwas von dem Repräsentanten der Reaktion zu sagen, aber es war so. Metternich gehörte auch insofern dem 18. Jahrhundert an, als er eigentlich fortfuhr, eine Art aufgeklärten Absolutismus für das geeignetste Regierungssystem zu halten, in der Überzeugung, daß die Menschen im allgemeinen nicht den Wunsch haben, an der Politik teilzunehmen, sondern nur an ihrem materiellen Wohl interessiert sind. Wenn er die Wiener Bürger betrachtete, mochte er wohl teilweise im Recht sein. Im Grunde genommen aber irrte er auch hier wie in so vielem anderen. Es darf nicht vergessen werden, daß er immer älter wurde. Den Höhepunkt seiner politischen Laufbahn hatten seine Zweikämpfe mit Napoleon und Alexander I. gebildet, die Jahre zwischen 1810 und 1820. Im Alter kehrte er gern immer wieder zu jener Zeit zurück, in der er seine Größe fühlen konnte. Er sprach immer mehr und erklärte seinen Besuchern immer ausführlicher seine Philosophie und seine Staatstheorie, die immer mehr veralteten. Doch er war unendlich eitel und nicht bereit, dies zuzugeben, ebenso wie er seine fortschreitende Taubheit nicht zur Kenntnis nahm. In den vierziger Jahren war er schon ein verknöcherter alter Mann, der durchaus nicht verstehen konnte, was in der Welt vor sich ging.

Und dieser alte Mann war in diesen Jahrzehnten, umgeben von einer guten Anzahl anderer alter Männer, durch die er sich eingeschränkt fühlte, einer der führenden Köpfe des Reichs. Franz I. lebte bis zum Jahr 1835. Als er starb, war er erst 67 Jahre alt, doch betrachtete ihn damals jeder bereits als Greis. Es wurde schon erwähnt, daß sein Geist nicht an den Josephs II. heranreichte. Da Joseph sich auch darüber im klaren war, daß Franz früher oder später sein Nachfolger werden würde, beschäftigte er sich mit dessen Erziehung, er ärgerte sich oft über dessen Langsamkeit und die Unbeweglichkeit seines Intellekts.

Wenn Franz in jüngeren Jahren das Vergnügen dem Regieren vorzog, gewöhnte er sich im Alter doch an systematische Arbeit. Sein Nachfolger aber war ein schwaches, geistig unreifes Kind, Ferdinand (als Kaiser von Österreich der I., als König von Ungarn und Böhmen der V.), von dem man noch zu Lebzeiten des Kaisers Franz hätte wissen müssen, daß er nicht regieren konnte. Er kannte keine Zornausbrüche wie seinerzeit Don Carlos, im Gegenteil, er war äußerst gutmütig, aber in seiner Kindlichkeit entsprach er nicht den Anforderungen eines Reichs, ja nicht einmal denen eines Familienvaters. In der Volkssprache hieß er der „Gütige“, denn anders hätte man wirklich ohne Majestätsbeleidigung nicht von ihm sprechen können. Es wurde auch die Überlegung angestellt, lieber den jüngeren Bruder, Franz Karl, zum Nachfolger zu machen, der zumindest dem geistigen Niveau seines Vaters entsprach. Franz und Metternich hielten aber im Geist der Legitimität am Erstgeborenen fest. Um sich in der Zukunft einen unbeschränkten Einfluß zu sichern, ließ Metternich Kaiser Franz auf dessen Totenbett eine wahrscheinlich von ihm selbst verfaßte Mahnung an den Thronfolger unterschreiben, in der empfohlen wurde, den Ratschlägen Metternichs gemäß zu regieren.

Noch zu Lebzeiten des Kaisers Franz wurde entschieden, daß die Regierung von seinem jüngsten Bruder, Ludwig, geleitet werden sollte. Ludwig besaß im großen und ganzen das gleiche intellektuelle Niveau wie Franz. Auf ihn war Franz nicht eifersüchtig, er hatte sogar Vertrauen zu ihm. Von den übrigen, klügeren Brüdern fiel Alexander Leopold, eine kurze Zeit lang Palatin von Ungarn, einem Unfall zum Opfer, Ferdinand regierte die Toskana, Karl kam nicht in Frage, da er als guter Feldherr gebraucht wurde, und Joseph, der Nachfolger Alexander Leopolds im Palatinat in Ungarn, nahm sein Amt so ernst, daß er (der sich unter anderem Verdienste um die Entwicklung von Ofen und Pest erworben hatte) in Wien als rebellischer Kurutze galt. Er erwarb Landbesitz in Ungarn, und auch seine Nachkommen lebten größtenteils dort; sein Sohn Erzherzog Joseph schrieb später eine Grammatik der Zigeunersprache. Mit der Zeit wurde diese Linie der Familie auch die ungarische genannt, und die Statue Josephs steht noch heute auf einem Platz in der Budapester Innenstadt, der seinen Namen trägt. Erzherzog Johann war in der Steiermark und in Tirol beim Volk beliebt, weil er sich um die Entwicklung dieser Länder kümmerte. Außerdem hatte er liberale Neigungen wie Erzherzog Rainer. Als verläßlich galten daher nur Ludwig und später Franz Karl.

Diese beiden Erzherzöge vertraten die Dynastie in der Regierung des Staats, und Metternich mußte immer auf ihren Willen Rücksicht nehmen. In bezug auf Franz Karl war vor allem mit dessen Gattin Sophie zu rechnen, die ihre eigenen Ambitionen hatte und – wie man 1848 sagte – der einzige Mann in der Familie war. Solange in der Regierung alles glatt lief, konnte Metternich auf sie und ihren Mann rechnen. Schwieriger hatte er es mit Franz Anton Graf von Kolowrat-Liebsteinsky, einem böhmischen Aristokraten, der neben Metternich das bedeutendste Mitglied der Staatskonferenz war und sich mit den inneren und finanziellen Angelegenheiten beschäftigte. Kolowrat war keineswegs fortschrittlicher als Metternich, im Grunde seiner Seele vielleicht noch konservativer, nur wußten alle um seinen Gegensatz zu Metternich, und deswegen galt er fast als Liberaler. Seine politische Tätigkeit erschöpfte sich meist darin, daß er bestrebt war, alles zu verhindern, was Metternich vorgeschlagen hatte. Später konnte sich Metternich eher auf das andere Mitglied der Konferenz, den Freiherrn Karl Friedrich von Kübeck, stützen. Dieser war bürgerlicher Abstammung und leitete als Sachverständiger die Finanzen. Von 1840 an war er Präsident der Hofkammer und nahm als solcher an den Arbeiten der Staatskonferenz teil. Er war vielleicht der Jüngste in diesem Ensemble, doch besaß er gerade darum und wegen seiner bürgerlichen Abstammung keinen bedeutenden Einfluß.

Diese wenigen Männer führten die Geschäfte des Reichs auf höchster Ebene. Zu Lebzeiten des Kaisers Franz I. hatte diese Tätigkeit noch einige Wirksamkeit, denn es gab ja einen Allerhöchsten Willen, von dem man Entscheidungen erwarten konnte (obwohl auch Franz es vorzog, Entscheidungen hinauszuschieben). Nach 1835 aber stand an der Spitze eines absolutistisch regierten Reichs, einer europäischen Großmacht nur noch eine Puppenfigur, in deren Namen einige Männer entschieden. Diese Männer waren sich nur in den Prinzipien, in der Anschauungsweise einig, im übrigen waren sie stets unterschiedlicher Auffassung, oder genauer gesagt, sie standen immer in Opposition zu den Ansichten der anderen. Das führte oft dazu, daß Entscheidungen gar nicht mehr getroffen werden konnten oder jedenfalls noch länger aufgeschoben wurden.

Zu Beginn der Epoche war die Lage noch nicht so katastrophal. Die Großmachtstellung Österreichs war dank der Geschicklichkeit Metternichs noch unbestritten; er betrachtete sich sozusagen als Ministerpräsidenten von ganz Europa. Mit Hilfe des Systems der Heiligen Allianz versuchte er jede revolutionäre Bewegung in Europa zu unterdrücken. Im Jahr 1819 veranlaßte er die Staaten des Deutschen Bundes, die Karlsbader Beschlüsse anzunehmen. Danach kam es überall zu einer Verschärfung der Zensur, die Universitäten wurden unter strengere Überwachung gestellt, da die Studentenschaft sich mit gefährlichen Gedanken trug: sogar die Idee eines einheitlichen Deutschland war aufgetaucht.

Noch im selben Jahr berief die Heilige Allianz in Aachen einen Kongreß ein. Auch dies war eine Art europäisches Spitzentreffen wie der Wiener Kongreß, und Metternich betrachtete es hier als seine wichtigste Aufgabe, Zar Alexander I. von der Schädlichkeit seiner liberalen Neigungen zu überzeugen. Der nächste Kongreß versammelte sich im Jahr 1820 in Troppau; es waren Nachrichten über bedeutend gefährlichere Bewegungen eingetroffen, als es die deutschen Studentenbestrebungen gewesen waren: in Spanien, Portugal, Neapel und später auch in Piemont brachen Revolutionen aus. Metternich sprach sich für ein sofortiges Eingreifen aus. Der Kongreß wurde auf den Beginn des nächsten Jahres in die Hauptstadt des Herzogtums Krain, nach Laibach, verlegt, das Neapel geographisch näher lag. Österreich bekam ein Mandat, militärisch zu intervenieren, und die österreichischen Truppen stellten zuerst in Neapel, dann auch in Piemont die Herrschaft des Absolutismus wieder her.

England und Frankreich ließen sich am Troppauer Kongreß gar nicht mehr vertreten. Anläßlich des letzten Spitzentreffens, im Jahr 1822 in Verona, ließ der neue englische Außenminister, George Canning, durch Wellington Metternich persönlich mitteilen, daß er gegen weitere Interventionen protestiere und die Zusammenarbeit, wie sie mit Castlereagh bestanden habe, zu Ende sei. Gegen den griechischen Freiheitskampf, der im Jahr 1821 ausbrach, gelang es nicht mehr, eine europäische Koalition zusammenzubringen. Als sich Europa tatsächlich doch noch einmischte – am offenkundigsten in der Seeschlacht von Navarino im Jahr 1827, in der die türkische und die ägyptische Flotte vernichtet wurden –, trat es auf die Seite der Aufständischen. Rußland und England waren hier gleichermaßen interessiert; jede der beiden Mächte wollte durch die Unterstützung der griechischen Aufständischen den eigenen Einfluß stärken. Daran scheiterte die ursprüngliche Idee. Die Spitzentreffen nahmen ein Ende. Als im Jahr 1830 in Paris und dann an mehreren anderen Orten eine neue Revolution ausbrach und Erfolg hatte, konnte auch Metternich nicht mehr an eine bewaffnete Einmischung denken. Und Kolowrat war nicht nur deswegen dagegen, weil Metternich dafür war, sondern weil die Finanzen des Reichs ein neues Abenteuer nicht möglich gemacht hätten. Metternich konnte jetzt nur noch durch zweiseitige Verhandlungen versuchen, die europäische Stellung Österreichs im besten Fall aufrechtzuerhalten. Die bedeutendste Einigung erfolgte im Jahr 1833 in Münchengrätz in Böhmen anläßlich einer persönlichen Zusammenkunft zwischen Franz I. und dem russischen Zaren Nikolaus I. Zur Sprache kamen das Türkische Reich und die weitere österreichisch-russische Zusammenarbeit auf dem Balkan, also eine Teilung der Halbinsel durch die Großmächte. Noch wichtiger war freilich, daß Nikolaus sich eidlich verpflichtete, Ferdinand gegen jede Gefahr zu verteidigen. Die Einigung der beiden konservativen Großmächte konnte allerdings kein Ersatz für die konservative Herrschaft über Europa sein. Diese aber war zu Ende.

Das Reich hatte, gerade in den eben verstrichenen Jahrzehnten, mehr als einmal solche Veränderungen erlebt. Es schwankte zwischen Wellental und Wellenkamm. Diese Änderungen schlugen sich hier und da auf kulturellem Gebiet nieder und müssen kurz beleuchtet werden. Joseph Haydn überlebte zwei französische Besetzungen. Damals wirkte auch bereits der Titan Ludwig van Beethoven, in dessen Musik Aufklärung und Revolution brausen, Humanismus und persönliche

Tragödie und der ganze Sinn des menschlichen Lebens. Franz Schubert brachte das Hinausschreiten über die stürmischen Ideen sanfter und in schmerzlich zu Gemüte dringender Weise zum Ausdruck. Die Zeitgenossen kannten ihn in erster Linie als Meister des romantischen Lieds und des intimen, familiären Musizierens. Diese und die verschlossene, familiäre Kunst des Biedermeier, die ja eigentlich die Kunst des von der Revolution erschreckten Bürgertums war, stehen wiederum in engem Zusammenhang mit dem Wiener Hof. Der Hof durchlitt noch schlimmere Ängste, denn er wußte, welche Gefahr ihm drohte. Diese eigentümliche kulturelle Atmosphäre, genährt von Schrecken und von Innigkeit, orientierte sich wieder nach oben, nach dem spießbürgerlichen Hof der späten Jahrzehnte des Kaisers Franz.

Aber kehren wir zu prosaischeren Fragen zurück. Die Regierung des Reichs blieb, auch in ihrer inneren Einrichtung, dort stehen, wo sie sich im Jahr 1815 befunden hatte. Vom aufgeklärten Absolutismus war eher der Absolutismus geblieben, mit etwas Josephinismus gewürzt und durch zeitweise Einberufung der ständischen Vertretungen der Länder konstitutionell getarnt. Und wie oben an der Spitze die Regierung der sich kreuzenden Interessen wegen lahmgelegt war, so wurde nach unten das ganze bürokratische Ämtersystem, das seinerzeit ein Zeichen des Fortschritts war, jetzt immer schwerfälliger und arbeitsunfähiger. (Eine Angelegenheit, in der es um sechs Gulden ging, gelangte am Ende bis vor den Kaiser, und bis zu ihrer Erledigung ging sie durch die Hände von genau achtundvierzig Behörden und Beamten. Wie schnell das vor sich ging, läßt sich leicht vorstellen.) Österreich trat auf der Stelle und wollte nicht zur Kenntnis nehmen, daß sich inzwischen im Reich und in ganz Europa große Veränderungen vollzogen hatten. Der Machtapparat, der im Jahr 1815 noch den tatsächlich bestehenden Machtverhältnissen entsprach, hing ein, zwei Jahrzehnte später schon in der Luft, denn er hatte den Boden unter den Füßen verloren.

Das krasseste Zeichen für diese Verschiebung war der Aufstand der galizischen Bauern im Jahr 1846. Krakau war formell ein selbständiger Stadtstaat. Die Stadt bildete den einen Mittelpunkt der revolutionären polnischen Organisation für die Wiederherstellung der Selbständigkeit (der andere war die Emigration nach der Niederwerfung des Aufstands von 1830/31). Die österreichischen Behörden erfuhren von diesen Vorbereitungen wahrscheinlich im letzten Moment. Die österreichische Verwaltung ließ die Bauern wissen, sie könnten sich gegen ihre Herren, die sie ausnützten, an den Kaiser wenden, der ihnen helfen werde. Ob diese Maßnahme auf Anordnung der Zentralregierung erfolgte oder nicht, kann bis heute nicht sicher entschieden werden. Die Bauern der ärmsten Bezirke Galiziens standen daher gegen ihre Grundherren auf, die unter der Wirkung des Aufstands eben als ersten Schritt die Befreiung der Fronbauern und die Zuteilung von Grund und Boden verkünden wollten. Die Bauern griffen die Grundherren an, töteten sie und brachten dem Bezirksvorsteher die abgeschnittenen Köpfe, um sich ihren Lohn zu holen. Der blieb auch nicht aus. Das Militär schlug den Aufstand blutig nieder.

Die Klassensolidarität der Regierung mit dem Adel hatte sich letzten Endes doch als stärker erwiesen.

Der Fall erregte ungeheures Aufsehen, im Reich und außerhalb desselben. Er stärkte die Oppositionslust des Adels, der nun auch anderswo befürchten mußte, daß die Regierung die Bauern gegen ihn aufwiegeln könnte, und diese Befürchtung wurde allgemeine Überzeugung. Die Zentralregierung mußte dem Ereignis ihre Aufmerksamkeit zuwenden. Indes wurde lediglich ein Gesetz eingebracht, wonach die Dienstleistungen der Fronbauern durch Geld ersetzt, gegebenenfalls durch eine Gesamtsumme ganz abgelöst werden konnten. Da dies nicht obligatorisch angeordnet wurde, ist die Ablösung nicht durchgeführt worden. Die feudalen Verhältnisse hielten sich auf dem Land noch zwei Jahre lang.

Daß aber der Boden in Bewegung geraten war, zeigten auch zahlreiche andere Zeichen, nur nicht so eindeutig und so explosiv. Eines dieser Zeichen, ja eine ganze Reihe von Signalen waren die Änderungen im wirtschaftlichen Leben. In den westlichen Gebieten des zu Beginn des Jahrhunderts noch stark agrarischen Reichs war in diesen Jahrzehnten eine verhältnismäßig schnelle Entwicklung eingetreten. Die industrielle Revolution in England hatte entsprechende Wirkung auf das österreichische Reich. Im Jahr 1816 tauchten die ersten Dampfmaschinen auf. In dem Vierteljahrhundert vor 1848 war die Kohlenproduktion um das Neunfache, die Produktion der Textilindustrie um das Sechsfache gestiegen. Auf der Donau sah man die ersten Dampfschiffe, und im Jahr 1829 wurde die Donau-Dampfschiffahrtsgesellschaft gegründet. Man begann Eisenbahnen zu bauen.

Die Regierung nahm einen zweideutigen Standpunkt ein. Teilweise verhielt sie sich positiv zu der wirtschaftlichen Entwicklung, diente diese ja doch der Stärkung des Staats. Deshalb finanzierte sie den Ausbau der Schiffahrt und den Eisenbahnbau zum großen Teil aus staatlichen Mitteln und unterstützte auch die Industrie. Natürlich konzentrierte sich die Finanzhilfe auf die Erblande, die von Anfang an einen höheren Entwicklungsstand aufwiesen. Mit Berufung auf die Steuerfreiheit des Adels gewährte die Regierung in Ungarn keine Subventionen, so daß man sich hier auf die eigenen, geringen Mittel stützen mußte.

Aber selbst in den Erblanden schreckte die Regierung noch vor den gesellschaftlichen und politischen Konsequenzen der wirtschaftlichen Entwicklung zurück. Im Jahr 1841 beschloß sie, sich nicht dem deutschen Zollverein anzuschließen, womit sie sich von einem riesigen Markt, der große Möglichkeiten bot, selbst ausschloß. Die Fabriken waren so lange eine nützliche Einrichtung, als man sie besteuern konnte, hörten aber auf, es zu sein, als sich herausstellte, daß sie die Geburtsstätte einer neuen Klasse, des Proletariats, waren, und daß diese Klasse unerhörte Forderungen stellte, die sie womöglich mit Gewalt, wie im Aufstand der Prager Kattundrucker im Jahr 1844, zur Geltung bringen wollte. Engels hatte ein Jahr vor der Revolution in einem seiner Artikel geschrieben, das Auftauchen der Dampfmaschine werde Österreich bald sprengen. Und auch Kaiser Franz befürchtete seinerzeit, daß die Eisenbahnen die Revolution bringen würden und man deshalb lieber keine bauen sollte. Nur konnte man sich schon aus fiskalischen Gründen nicht ganz vor dem Neuen verschließen, und in Österreich, wo die Bezahlung der Zinsen der Staatsschuld das gesamte Einkommen aus den direkten Steuern aufzehrte, spielte der finanzielle Standpunkt eine große Rolle. Das Jahr 1830 war das einzige, in dem der Staatshaushalt kein Defizit aufwies, dann mußte man immer wieder zu neuen Anleihen Zuflucht nehmen, um den brennendsten Bedürfnissen zu begegnen. Der wirtschaftliche Fortschritt war notwendig, gleichzeitig aber fürchtete man ihn. Da die Regierung das Geld benötigte, bremste sie ihn also nicht so stark, daß ein völliger Stillstand eingetreten wäre, unterstützte ihn aber auch nicht in dem Maße, daß er bedeutende Ergebnisse bringen konnte. Eine solche halbherzige Politik konnte natürlich nur dahin führen, daß früher oder später ein gewaltsamer Ausbruch die Wendung und den eindeutigen Sieg des Kapitalismus über das feudale System bringen würde.

Auch in anderer Beziehung wankte der Boden. Nach und nach wurde es immer bedeutsamer, daß in der Monarchie eine Vielheit von Völkern lebte, nicht nur solche mit eigenem Adel, die schon früher eine Rolle in der Politik gespielt hatten, sondern auch Völker, die bloß aus Bauern und kleinbürgerlichen Schichten mit einer Handvoll Intellektuellen bestanden. Bei diesen Völkern begann sich nun gerade infolge der Tätigkeit dieser Intellektuellen eine Art Selbstbewußtsein, eine Bewegung der nationalen Erneuerung zu regen. Bei den meisten kleinen Völkern, die bis jetzt keine Rolle gespielt hatten, bei Ukrainern, Slowaken, Slowenen, Serben und Rumänen, ja sogar bei den Tschechen und Kroaten trat diese Bewegung anfangs nur mit kulturellen Ansprüchen auf, mit der Bitte um Anerkennung oder wenigstens Duldung der nationalen Sprache, um Gründung von Schulen, Theatern, wissenschaftlichen Vereinigungen, manchmal auch schon um Anerkennung der nationalen Existenz. In Wien waren dies ungewohnte Neuigkeiten, erregten aber vorderhand noch keine Bestürzung.

Es ergaben sich aber auch weitergehende Forderungen. Die Italiener träumten von einem vereinigten Italien, wollten also aus der Donaumonarchie, die ihnen immer fremd war, ausscheiden. Die Deutschen in den Erblanden kamen wie im Jahr 1809 wieder stärker zum Bewußtsein ihres Deutschtums. Der Gedanke eines einheitlichen Deutschland begann Fuß zu fassen. Wenn sie in ihrer Mehrheit auch noch keine klaren Vorstellungen hatten, drängten sie doch auf eine konstitutionelle Umwandlung der Donaumonarchie, auf Rechtsgleichheit und liberale Freiheitsrechte.

Ein Teil des ungarischen Adels verkörperte beide Bewegungen. Auch er stellte nationale Ansprüche, die bald über die kulturellen hinauswuchsen, und betrieb die Aufrechterhaltung der seit 1815 immer weniger wahrnehmbaren ungarischen Sonderstellung, ja deren Erweiterung. Gleichzeitig verlangte der Adel – wie die Deutschen – den Ausbau des Konstitutionalismus und die Verwirklichung der Prinzipien des Liberalismus. Und noch eins: von den vierziger Jahren an war der ungarische Adel der bewußteste Fürsprecher der bürgerlichen Umwandlung, verlangte also auch auf wirtschaftlichem Gebiet zahlreiche Änderungen, in erster Linie die Abschaffung des den Fortschritt behindernden Systems der Fronherrschaft. Da er auch zahlenmäßig stark war, konnte die Regierung seine ständischen Einrichtungen auch nicht so sehr in den Hintergrund drängen wie bei anderen Völkern. Von den dreißiger Jahren an war er das treibende Element des Prozesses, jedenfalls soweit die Regierung überhaupt bereit war, nationale Kräfte zur Kenntnis zu nehmen.

In den dreißiger Jahren umschrieb István Graf Széchenyi, was im Interesse des bürgerlichen Fortschritts zu tun war. Er tat vieles, diese Aufgaben zu erfüllen, und erregte damit sowohl Begeisterung wie auch Haß. Nur das Verhältnis zum Gesamtreich wollte er nicht berühren. Doch war in den vierziger Jahren bereits der aus dem Kleinadel stammende Lajos Kossuth die führende Gestalt der Bewegung geworden, und Kossuth wollte dieses Verhältnis ändern.

Überall in der Donaumonarchie entstanden wissenschaftliche Institutionen und wirtschaftsfördernde Gesellschaften mit nationalem Charakter, die in der politischen Bewußtseinsbildung eine Rolle spielten. Sie erhoben ihre Stimmen immer lauter und warfen immer mehr Probleme auf. Wenn sie sich innerhalb des Reichs nicht äußern konnten, dann wurden ihre Schriften im Ausland herausgegeben. Die Wirksamkeit der Zensur und der Polizei nahm rapid ab. Jeder wollte etwas ändern, und selbst die Regierung bemerkte nur von Zeit zu Zeit, daß die verschiedenen Forderungen sich mehr als einmal widersprachen, man hätte sie also gegeneinander ausspielen und neutralisieren können. Das Programm der Regierung blieb weiter ein Programm des Erhaltens, nur waren die wenigen alten Männer in Wien nicht mehr stark genug, um das Bestehende wirksam zu erhalten, da sie in mancher Beziehung gezwungen waren, die Änderungen zu dulden, ja selbst zu unterstützen.

Ruhe vor dem Sturm? Um das Jahr 1847 gehörte diese Ruhe bereits der Vergangenheit an. Die Unruhe im Inneren verlangte eine Änderung. Daß dies letztlich eine bürgerliche Wandlung sein würde, wurde von vielen nicht zu Ende gedacht, doch in Wirklichkeit waren sich alle darüber einig. Niemand war fähig vorauszusehen, was diese Änderung dem Reich bringen würde: Umwandlung, Auflösung oder Kräftigung. Aber es mußte jedenfalls etwas anderes kommen. Auf jeden Fall würde es das Ende des bisherigen bewahrenden, reaktionären Systems bedeuten. Die Greise in Wien klammerten sich hartnäckig an das Bestehende, sie waren unfähig, sich etwas anderes vorzustellen. Sie glaubten, das Reich nur auf diese Weise erhalten zu können. Dies erschien ihnen als die vordringlichste Aufgabe, der alles andere untergeordnet werden müsse. Die Politik des Erhaltens aber spitzte die Situation noch mehr zu und schuf eine explosive Lage. Nur der Funke fehlte noch, der das Ganze entzünden sollte.

1848

Wie schon in den vergangenen Jahrzehnten, so zündete der Funke auch im Februar 1848 wieder in Paris. Nicht ganz ohne Vorspiel, denn im Januar hatte es in einzelnen Ländern Italiens, ja sogar in dessen habsburgischen Provinzen revolutionäre Bewegungen gegeben. Das auslösende Moment war aber die Revolution Ende Februar in Frankreich, die dem Bürgerkönigtum Louis Philippes ein Ende machte. Frankreich wurde wieder Republik. Die Vorzeichen waren noch unheilverkündender als im Jahr 1792, denn diesmal forderte die Arbeiterklasse bereits ihren Anteil an der politischen Macht.

Metternich war einer der ersten, der von den Geschehnissen erfuhr (durch die Pariser Rothschilds); die Nachricht wirkte auf ihn wie seinerzeit jene von der Landung Napoleons in Frankreich im Jahr 1815. Allerdings hatte sich seitdem etliches geändert. Jetzt erfuhren nicht nur Metternich und einige Regierungsmitglieder von den Ereignissen, sondern auch viele andere Leute. Man war ja schon in der Zeit des Telegraphen und der Presse, in einer sich modernisierenden Gesellschaft. Was in Paris geschehen war, bot auf einmal die Möglichkeit, daß jetzt jeder nach seinem Geschmack Veränderungen vornehmen konnte. Der Polizeiminister, Joseph Graf Sedlnitzky, meldete zwar, die Lage sei ruhig und die Regierung habe die Macht fest in der Hand, doch stellte sich einige Tage später heraus, daß davon keine Rede sein konnte.

Auf dem ungarischen Reichstag in Preßburg forderte Lajos Kossuth, damals bereits der einflußreichste Führer der für Reformen eintretenden ungarischen Opposition, in einer großen Rede am 3. März die Annahme der auf der Tagesordnung befindlichen Reformgesetze, die Einführung der parlamentarischen Vertretung und die Ernennung eines dem Reichstag verantwortlichen ungarischen Ministeriums. Am 6. März wandte sich der Niederösterreichische Gewerbeverein mit einer Petition an die Regierung und stellte Forderungen wirtschaftlicher Art, dann kamen weitere Petitionen; die Arbeiter forderten Lohnerhöhungen und die Einführung des zehnstündigen Arbeitstags. Am 11. März trat in Prag eine Volksversammlung zusammen, die außer der böhmischen Autonomie auch ein Gesetz über das Recht auf Arbeit verlangte. Für den 13. März wurde die niederösterreichische Ständeversammlung nach Wien einberufen. Die Studentenschaft der Universität plante bei dieser Gelegenheit eine Demonstration. Das Volk rottete sich vor dem Haus der Stände zusammen, und der Text der Rede Kossuths vom 3. März wurde verlesen. Die Menge forderte eine Verfassung, und eine Deputation der Stände begab sich in die Burg, um dem Kaiser ihre Forderungen zu übergeben. Inzwischen kam es zu Zusammenstößen zwischen Militär und Demonstranten; das Militär griff zu den Waffen. Die Empörung der Massen wuchs derart, daß das Militär zurückgezogen werden mußte. (Dazu hatte sogar Ferdinand etwas zu sagen: er erlaube nicht, daß man auf seine lieben Wiener schieße.) Hauptforderung war die Entlassung Metternichs, dessen Name das Symbol der alten Ordnung war. Metternich war lange nicht bereit zu gehen, aber endlich gelang es den nervösen Erzherzögen doch, ihn zur Demission zu bewegen. Sie bedankten sich bei ihm für das Opfer, das er gebracht hatte, um die Dynastie zu retten, und entließen ihn. Er hatte gerade nur etwas Bargeld bei sich. Es bedurfte einer freundschaftlichen Anleihe der Wiener Rothschilds, damit er aus Wien und dem Reich flüchten konnte.

Das Ergebnis der Wiener Revolution war die Verkündigung der Pressefreiheit, das Versprechen einer Verfassung, die Aufstellung einer Nationalgarde aus den Reihen der Aufständischen und einer Akademischen Legion aus den Studenten der Universität. Aus den Vertretern der beiden Korporationen konstituierte sich ein Zentralkomitee, das praktisch die Macht in Händen hatte. Eine neue Regierung trat ihr Amt an. Ministerpräsident wurde Kolowrat, selbstverständlich weil er im Vergleich zu Metternich als Liberaler galt, jedenfalls in der naiven Vorstellung der Wiener Revolutionäre.

Am 15. März brach in Pest die Revolution aus, im April wurden Gesetze beschlossen, die die revolutionären Reformen, unter ihnen die Bildung einer verantwortlichen Regierung und die Bauernbefreiung, beinhalteten. In Galizien gab der österreichische Statthalter selbst die Aufhebung der Fronherrschaft bekannt, um dem polnischen Adel zuvorzukommen. Der Ban von Kroatien, Jellačić, verkündete die Bauernbefreiung unabhängig von den ungarischen Gesetzen und stellte Kroatien im allgemeinen unmittelbar unter die Oberhoheit Wiens. Am selben Tag, am 25. April, wurde in Wien nach belgischem Muster eine Verfassung oktroyiert, mit einem aus einer Kammer bestehenden Reichstag und einer dem Parlament verantwortlichen Regierung. Diese Verfassung galt nur für die Erblande, denn Ungarn hatte ja schon seine verantwortliche Regierung. Im Lombardisch-Venezianischen Königreich war inzwischen die Macht schon überall in der Hand der Revolutionäre; die österreichischen Truppen standen nur in dem Festungsviereck Peschiera, Mantua, Legnano und Verona. Piemont erklärte den Krieg, um bei der Befreiung Norditaliens von der österreichischen Tyrannei mitzuhelfen. Selbst der Großherzog von Toskana, Leopold II., entdeckte den italienischen Patrioten in sich, trat mit seinem Staat in den Krieg gegen Österreich ein und verzichtete auf seinen Titel als Erzherzog. In Frankfurt am Main hielt das sogenannte Vorparlament in der Zeit zwischen dem 31. März und dem 4. April eine Sitzung ab, auf der Vorbereitungen für die Wahl einer einheitlichen deutschen Nationalversammlung getroffen und Einladungen an die bekannten politischen Persönlichkeiten in allen Ländern des ehemaligen Deutschen Reichs versendet wurden.

Auf die Fülle der Ereignisse kann hier im einzelnen nicht eingegangen werden. Was war bisher im wesentlichen geschehen? In der Donaumonarchie war die bürgerliche Revolution ausgebrochen und hatte die erste Runde gewonnen. Die gesellschaftlichen Kräfte, die diese Revolution initiiert hatten und weiter für sie kämpften, waren recht bunt zusammengewürfelt, sie unterschieden sich meist je nach den einzelnen Völkern, die man jetzt schon besser Nationen nennen kann. Sicher ist aber, daß hinter der bürgerlichen Revolution keineswegs nur das Bürgertum stand. Selbstverständlich spielte es eine wichtige Rolle in der Revolution, besonders in den entwickelteren Gebieten des Reichs, in den Erblanden und in den italienischen Provinzen. Aber schon beteiligte sich auch die neue Klasse, das Proletariat, an den revolutionären Kämpfen, ja es meldete sich bereits mit seinen eigenen Klassenforderungen. Und in den rückständigeren Gebieten schlossen sich die Lohnarbeiter des Zunftwesens, die Gesellen und Lehrlinge, an. Schließlich standen hinter den gesellschaftlichen Forderungen der Revolution auch die Bauernschaft, die noch immer den größten Teil der Bevölkerung bildete, und die Intellektuellen. Selbst wenn man also von den nationalen Unterschieden absieht, stützte sich die Revolution auf eine vielfältig zusammengesetzte gesellschaftliche Basis. Dementsprechend unterschieden sich auch die Ideen und die Forderungen. In entwickelteren Gebieten lag die Führung in den Händen des Bürgertums, in weniger entwickelten in denen des Adels, bei den Nationen aber, die keinen eigenen Adel hatten, spielte die bürgerliche, ja kleinbürgerliche Intelligenz die führende Rolle.

Die Forderungen, oder wenn man so will das Programm der Revolution, bestanden teilweise aus den Erfordernissen der bürgerlichen Umwandlung, in erster Linie der Bauernbefreiung und der Zuteilung von Grundbesitz an die Bauern. In Ungarn – Siebenbürgen und Kroatien inbegriffen – ebenso wie in Galizien wurden diese Forderungen, wenigstens in ihren wesentlichen Punkten, erfüllt; die Fesseln der Fronherrschaft waren gelöst worden, und der größere Teil der Bauern gelangte zu bürgerlichem Eigentum an Grund und Boden. In der Praxis wurde das bebaute Land zwischen den früheren Fronbauern und ihren früheren Grundherren aufgeteilt. In Italien stellte sich die Frage in anderer Form, und in den Erblanden würde sie – wie man sehen wird – erst später gelöst werden. Die anderen Forderungen, die die freie Entwicklung des Kapitalismus sicherten, die Gewerbefreiheit und anderes, wurden ziemlich bald im ganzen Reich ebenfalls gesetzlich geregelt.

Die grundlegenden Probleme der bürgerlichen Reformen waren also, man könnte sagen im ersten Ansturm, durch die Revolution verwirklicht worden. Dies hatte mehrere Ursachen. In den westlichen Provinzen des Reichs war die Lage in der wirtschaftlichen Entwicklung schon entsprechend herangereift, und gewisse Vorbedingungen waren gegeben, in den weniger entwickelten östlichen Ländern existierten aber ebenfalls gewisse Vorbedingungen, die im Laufe der ganzen revolutionären Bewegung die Lösung ermöglichten. Die andere Ursache bestand darin, daß die überwiegende Mehrheit der Bevölkerung sich die genannten Forderungen zu eigen machte und sich ohne jede Vorbereitungsphase eine spontane Einheit gebildet hatte. Nur die Aristokratie, der höhere Klerus und die höhere Beamtenschicht wollten von Anfang an keine derartige Änderungen, nachdem sie aber verwirklicht waren, suchte man sie den eigenen Interessen entsprechend zu modifizieren, ohne sie eindeutig abzulehnen. Auch muß berücksichtigt werden, daß diese Probleme im Lauf der vorangegangenen Jahre und Jahrzehnte in den nationalen Bewegungen innerhalb des Ganzen der nationalen Forderungen immer nur eine zweitrangige Rolle gespielt hatten.

Der andere Punkt des Programms war die Einführung des konstitutionellen Systems und die Sicherung der liberalen bürgerlichen Freiheitsrechte. Zusammengenommen war dies ebenfalls eine wichtige Vorbedingung der weiteren Entfaltung der bürgerlichen Umwandlung. Wenn auch nicht mehr so eindeutig wie in bezug auf die Abschaffung der Fronherrschaft, stimmte man im großen und ganzen überall auch hierin rasch überein. Diese Forderungen hatten aber bei den früheren nationalen Bestrebungen schon oft eine erstrangige Rolle gespielt, im Gegensatz zum ersten Punkt, und auch daraus ergab sich, daß es hier zu keiner vollständigen Übereinstimmung mehr kam. Im ersten Ansturm machten die bisherigen Vertreter der Macht auch auf diesem Gebiet Zugeständnisse – und zwar sehr wesentliche –, so daß dieser Punkt ebenfalls geregelt war. Österreich hatte sich in eine konstitutionelle Monarchie verwandelt, mit Volksvertretungen in Parlamenten und mit Regierungen, die dem Parlament verantwortlich waren. In der ersten Begeisterung gab es nur wenige Menschen, am wenigsten unter den Anhängern der Revolution, die gewahr wurden, daß die konstitutionelle Reform die innere Struktur der Donaumonarchie erschüttert hatte. Die bisherige tatsächlich zentrale Regierung, die dem Reich nach innen und außen ein einheitliches Aussehen gab, hatte am 13. März bereits aufgehört zu bestehen, und es war völlig ungewiß, was an ihre Stelle treten sollte.

Denn der überwiegende Teil der in Punkte gefaßten, in Petitionen umschriebenen, in Proklamationen und Aufrufen verbreiteten Forderungen, die auch besonderes Aufsehen erregten, bezog sich auf die nationalen Ansprüche. Die meisten forderten die Anerkennung der nationalen Selbständigkeit und die Gleichberechtigung mit den anderen Nationen, die Vereinigung des national besiedelten Gebiets, wenn es unter verschiedene Länder aufgeteilt war; wenn es bisher keine feudal-ständische Eigenstellung genossen hatte, dann territoriale Absonderung, und wenn eine gewisse Sonderstellung bestand, dann Erweiterung und Ausbau derselben. Im Reich lebten mehrere Nationalitäten, ihre Mehrheit unmittelbar jenseits der Staatsgrenzen in benachbarten Staaten (Polen, Ruthenen, Rumänen, Serben, Italiener). Aber zunächst traten nur die Italiener mit dem Anspruch auf vollständigen Abfall und mit dem Programm des Anschlusses an das entstehende einheitliche Italien auf. Sie reichten keine Gesuche ein, sie forderten nicht – sie sprachen diesen Anschluß einfach aus. Andere Nationalitäten taten dies nicht. Es gab auch mehrere Nationalitäten, die völlig innerhalb der Donaumonarchie lebten, deren nationale Forderungen also bis zu einem gewissen Grad auch innerhalb des Reichs erfüllt werden konnten.

Die österreichische Verfassung vom 25. April 1848 sprach die vollständige Gleichheit aller in den Erblanden lebenden Nationalitäten aus.

Es blieb aber noch ein heikles Problem: die Zukunft der Deutschen, genauer der in den österreichischen und böhmischen Ländern lebenden Deutschen. An den Häusern Wiens und am Turm des Stephansdoms flatterten die die deutsche Einheit symbolisierenden schwarzrotgoldenen Fahnen im Wind. Wenn sich diese deutsche Bevölkerung auch nicht völlig einig war, so wählte sie doch ihre Abgeordneten zu dem nach Frankfurt einberufenen deutschen Parlament. Das heißt, sie wollte teilhaben an der Schöpfung des einheitlichen deutschen Staats.

Aber was sollte dann aus der Donaumonarchie werden? Die deutschen Revolutionäre, das heißt die deutschen Revolutionäre der Donaumonarchie, regte diese Frage nicht übermäßig auf. Für die Linke war es wichtig, die Lösung der gesellschaftlichen Probleme voranzutreiben und ein einheitliches Deutschland zu schaffen, in dem Österreich natürlich aufgehen würde. Ob mit den Habsburgern oder noch besser ohne diese, war unwichtig. Die Gemäßigten, die Bürgerlichen hielten die deutsche Einheit ebenfalls für natürlich, doch dachten sie sich diese unter Beibehaltung der führenden Rolle Österreichs. Dabei rechneten sie mit der Beibehaltung der Habsburgerherrschaft, da ihnen ja eigentlich eine modernisierte Erneuerung der Lage vorschwebte, die bis zum Jahr 1806 bestanden hatte, eine deutsche Monarchie, offenbar ein Kaisertum, in dem wieder die Habsburger das Amt des Kaisers ausüben würden. Dies war seit Jahrhunderten so gewesen, und man konnte es sich anders gar nicht vorstellen. Aber was für ein Österreich? Die ganze Donaumonarchie, von Lemberg bis Cattaro, in der die Deutschen die Minderheit bildeten? Schon damals schien es kaum wahrscheinlich, daß das Frankfurter Parlament seine Zustimmung dazu geben würde. Also wie vor 1806 nur die Erblande? Auch dies hielt man für vorstellbar, ja sogar für berechtigt.

Die Mitglieder der neuernannten ungarischen Regierung, die führenden Persönlichkeiten des ungarischen politischen Lebens, die auf dem ungarischen Reichstag ihre Rechte forderten, bejahten diese Lösung ebenfalls. An ihrer Spitze stand Lajos Graf Batthyány, der Ministerpräsident, der bis dahin die Opposition der Magnatentafel, das heißt des Oberhauses des Reichstags, angeführt hatte. Die deutschen Länder der Donaumonarchie sollten sich dem geeinten Deutschland anschließen, die übrigen, Galizien, die Länder der ungarischen Krone, Dalmatien, gegebenenfalls die italienischen Provinzen (sollte es gelingen, sie zurückzuerobern), würden diesem Schritt nicht folgen. Das Reich würde so in zwei Teile zerfallen, es bliebe nur der gemeinsame Herrscher, die beiden Teile würden eine Personalunion bilden. In den Teilen, die nicht dem geeinten Deutschen Reich angehören sollten, fiel ohne Zweifel der ungarische Adel politisch am stärksten ins Gewicht. Die Unabhängigkeit Ungarns wäre so praktisch verwirklicht worden. Sollten die Habsburger nicht an die Spitze des Deutschen Reichs gelangen (für den ungarischen Adel war diese Lösung nicht so selbstverständlich wie für die Bürger der westlichen Reichshälfte), würden sie im richtig verstandenen eigenen Interesse nach Ungarn übersiedeln, wo sie souverän und vom Deutschen Reich unabhängig wären. Der Mittelpunkt der Donaumonarchie würde also Ungarn werden.

Wie sahen die Habsburger dieses Problem? Wir denken nicht an Ferdinand, der kaum in der Lage war, das Problem zu erfassen, noch an die anderen erschrockenen Erzherzöge, sondern an die kleine höfische Gruppe, die auch bisher die Macht im Donaureich in der Hand gehabt hatte. Natürlich hielten diese Männer es für die vordringlichste Aufgabe, die Einheit der Donaumonarchie zu erhalten, dieser Aufgabe mußte alles andere untergeordnet werden. Wenn die geeinte Donaumonarchie es verstand, ihre führende Rolle innerhalb Deutschlands zu erhalten, dann gut, wenn nicht, dann mußte sie sich vom Reich trennen. (Die Fahnen der deutschen Einheit würde man schon von den Hausdächern herunterholen.) Voraussetzung war natürlich, daß diese kleine Gruppe wieder in den Besitz der Macht gelangte. Im Augenblick – wir stehen jetzt im März/April 1848 – erschien eine solche Möglichkeit noch recht gering. In der Frage der Einheit konnte man aber auch auf die Regierung rechnen, die zwischen Revolution und Hof in eine schwierige Lage geraten war. Der Hof nahm die Verfassung vom 25. April an, die zwar die Einheit der Monarchie nicht sanktionierte, da ja die Lage Ungarns unbereinigt blieb, aber gerade durch ihr Bestehen für die Erblande eine gewisse Einheit schuf. Und was die Hauptsache war, diese Verfassung war da, sie existierte, und sie besaß damit der erst zu schaffenden Verfassung des geeinten Deutschland gegenüber einen nicht zu unterschätzenden Vorteil.

Wenn man die Dinge sehr vereinfacht (was eigentlich unrichtig ist, denn in der geschichtlichen Wirklichkeit sind die Dinge nie einfach und eindeutig, doch sind Vereinfachungen für die Analyse immer notwendig), dann könnte man auch sagen, daß die Deutschen sich an das geeinte Deutschland anschließen und dabei möglichst viel vom Gebiet der Donaumonarchie behalten wollten, doch ordneten sie dieses Problem eindeutig dem des Anschlusses unter. Die Ungarn aber erwarteten vom Erfolg der deutschen Einheitsbestrebungen die Unabhängigkeit Ungarns, wobei sie vom Gebiet der Donaumonarchie ebenfalls soviel wie möglich behalten, aber ihre Monarchie um die ungarische Hauptstadt als Mittelpunkt anordnen wollten.

Es gab aber noch einen anderen Teil, der an der Zukunft der Donaumonarchie interessiert war: die anderen Nationen der Monarchie. Und hier müssen wir feststellen, daß diese – mit Ausnahme der Italiener – damals gerade für die Aufrechterhaltung der Donaumonarchie eintraten und ihre nationalen Ansprüche ausschließlich innerhalb derselben zu verwirklichen wünschten. Genauer: es gab natürlich vielerorts radikale Revolutionäre, vor allem im späteren Verlauf der Revolution, die nicht am Bestand der Donaumonarchie hingen, ja im Gegenteil, die sie sogar zerstören wollten. Die nationalen Forderungen wurden aber nicht von den Radikalen formuliert, sondern von der gemäßigten bürgerlichen Mehrheit.

Der tschechische Historiker František Palacký hat den Standpunkt dieser Mehrheit in seiner offenen Antwort auf den Einladungsbrief zum Frankfurter Vorparlament in klassischer Form zu Papier gebracht. Er führte darin aus, daß er kein Deutscher sei, also nicht nach Frankfurt gehen könne: die kleinen Nationen in dem Raum zwischen Deutschen und Russen seien unfähig, ihre Unabhängigkeit zu behaupten, die universale Monarchie der Zaren würde sie annektieren. Gegen diese Drohung müßten sie sich zusammenschließen, und der geeignetste Rahmen dafür sei die Donaumonarchie. Allerdings nicht eine Donaumonarchie, die die Rechte der Nationen mißachte wie bisher, sondern die zu schaffende, die auf der Gleichberechtigung der kleinen Völker aufgebaut sei. Wenn es Österreich nicht gäbe, müßte man es im Namen der Menschheit erfinden. (Diese Fassung ist zwar nicht das Werk Palackýs, denn ein Journalist namens Hans von Perthaler hatte sie bereits am 23. März in der *Wiener Zeitung* veröffentlicht, aber Palacký machte sie sich damals zweifellos zu eigen.)

Palacký umschrieb den tschechischen Standpunkt. Aber die Kroaten klammerten sich, wie man gesehen hat, ausgesprochen an die Herrschaft der Habsburger; sie hofften, die ungarische Oberherrschaft loszuwerden. Die Slowenen dachten nicht einen Augenblick daran, nach Verwirklichung ihres Lieblingsplans, eines Groß-Slowenien, aus dem Donaureich auszuscheiden. Die Polen und die Ukrainer Galiziens waren zwar nicht so begeisterte Anhänger der Habsburger wie die Tschechen und die Kroaten, da aber der größte Teil des polnischen und ukrainischen Territoriums unter russischer Oberherrschaft stand, rechneten sie nüchtern damit, daß sie nach Auflösung der Donaumonarchie ebenfalls unter russische Herrschaft geraten würden. Die Nationalitäten Ungarns nahmen etwas später Stellung, es kann aber schon hier festgestellt werden, daß, was immer auch ihr Standpunkt bezüglich ihres Verhältnisses zu Ungarn war – sei es, daß sie wie die Slowaken innerhalb desselben eine Sonderstellung einnehmen wollten, sei es, daß sie wie die Kroaten unmittelbar der Zentralregierung unterstehen wollten, sei es, daß sie wie die Serben eine autonome Woiwodschaft oder wie die Rumänen ein selbständiges Siebenbürgen wünschten –, sie den Abfall von der Monarchie nicht in ihr Programm aufgenommen hatten. Sie verzichteten darauf nicht nur, weil sie dann nicht auf die Unterstützung des Hofs hätten rechnen können, sondern auch weil sie die Vereinigung mit den anderen Gruppen ihrer Nationalität jenseits der Grenzen damals noch für nicht durchführbar hielten, wenn sie auch in ferner Sicht darauf hinsteuerten. Die Gefahr, in einem geeinten großen Deutschland aufzugehen oder unter die Herrschaft des zaristischen Absolutismus zu gelangen, stärkte sie in ihrer Anhänglichkeit an das Reich.

Die Nationalitäten, oder sagen wir eher die kleineren Nationen, stellten sich gerade zu einer Zeit an die Seite des Donaureichs, als dieses seine größte Krise erlebte und selbst an höchster Stelle niemand fest davon überzeugt war, daß die Monarchie die Revolution überleben werde.

In der Zwischenzeit überstürzten sich die Ereignisse. In Wien unternahm die

Regierung einen Versuch, den Wirkungsbereich der revolutionären Organe, der Nationalgarde und der Akademischen Legion, beziehungsweise des Zentralkomitees zu beschränken. Dies führte am 15. und 26. Mai zu erneuten bewaffneten Zusammenstößen. Der Hof verließ Wien. Ferdinand I. unternahm am 17. Mai eine Spazierfahrt durch Wien (seit dem Ausbruch der Revolution liebte er es, sich unter seinen braven Wiener Untertanen zu zeigen, die ihn immer hochleben ließen), doch bemerkte er plötzlich, daß er die Stadt schon lange verlassen hatte und daß der Wagen noch immer nicht umkehrte. Da teilte man ihm mit, daß er auf dem Weg nach Innsbruck sei. Nach dem Aufstand vom 26. Mai geriet die Macht in die Hände des Zentralkomitees (Sicherheitsausschusses), und die in Wien verbliebene Regierung übte die Macht nur noch auf dem Lande aus, wo Truppen standen. Diese waren schon früher aus Wien abgezogen worden.

Im Mai meldeten sich die Nationalitäten Ungarns mit ihren Forderungen, die Slowaken hielten eine Versammlung in Liptószentmiklós, die Rumänen in Blasendorf, die Serben in Karlowitz ab. Sie verlangten territoriale Autonomie. Die Revolution dezentralisierte sich, und nachdem man sich anfangs einig gewesen war, traten jetzt die verschiedenen Gegensätze hervor. Entgegen der österreichischen Verfassung, die außer den persönlichen Freiheitsrechten auch die Gleichberechtigung der Völker versprach, war die ungarische Regierung nur bereit, persönliche Freiheitsrechte anzuerkennen, für die Rechte der Nationen hatte sie kein Verständnis. Sie betrachtete die nationalen Forderungen als Angriff gegen die territoriale Integrität, ja gegen die Ergebnisse der ungarischen Revolution.

Die nationalen Gegensätze führten auch an anderen Stellen zu Uneinigkeit unter den Revolutionären. Besonders scharf zeigte sich dies in den böhmischen Ländern. Die dortigen Deutschen waren begeisterte Anhänger der Frankfurter Nationalversammlung. Sie nahmen mit großer Genugtuung zur Kenntnis, daß am 18. Mai in Frankfurt in der Paulskirche das erste Deutsche Parlament feierlich eröffnet worden war. Dagegen betonten die Tschechen gerade ihre Zugehörigkeit zu Österreich. In den Organisationen, die in den ersten Tagen der Revolution zustande gekommen waren, hatten Tschechen und Deutsche zusammengearbeitet. Das hatte nun ein Ende gefunden.

Für Anfang Juni beriefen die Führer der tschechischen nationalen Bewegung den Slawenkongreß nach Prag ein. Die Initiative war von den Slowaken und den Kroaten ausgegangen. Die Führer der Slowaken flüchteten vor einem ungarischen Haftbefehl und suchten bei den anderen slawischen Völkern der Monarchie Hilfe. Zum Slawenkongreß waren offiziell die Vertreter der slawischen Nationen des Donaureichs eingeladen, um im Sinn der Erklärungen Palackýs ihre Treue zum Habsburgerreich zu dokumentieren, natürlich im Zeichen der Gleichberechtigung und ohne zu verhehlen, daß die Slawen eigentlich die Mehrheit in der Monarchie bildeten. Die Eröffnungs- und Begrüßungsreden betonten, daß bisher die romanischen und germanischen Nationen Geschichte gemacht hätten und daß es nun für die Slawen an der Zeit sei, auf die Bühne zu treten. Auf dem Kongreß waren außer den Slawen der Monarchie auch die außerhalb der Grenzen lebenden Slawen durch Abgeordnete vertreten, unter anderen durch Michail Bakunin, der damals der hervorragendste und in ganz Europa bekannte Vertreter der russischen revolutionären Bewegung war. Er und einige andere linksstehende Abgeordnete wollten den Slawenkongreß dazu benützen, um die Revolution in radikaler Richtung mit dem Endziel Republik weiterzuentwickeln. Dieser Weg hätte das Ende der Monarchie und völlige Unsicherheit über die Zukunft der Völker des Reichs in der kommenden europäischen Neuordnung bedeutet. Die polnischen Abgesandten wollten aus praktischen Überlegungen heraus eine Verständigung der Ungarn mit den Slawen Ungarns im Zeichen der gegen die Habsburger gerichteten revolutionären Einheit zustande bringen. Die überwiegende Mehrheit der Abgesandten lehnte weitere radikale Schritte ebenso wie den Gedanken der Zerstörung der Monarchie entschieden ab.

Die Leitung des Kongresses hatte beabsichtigt, in Sachen der Slawen eine Proklamation an die Völker Europas zu richten, doch kam es nicht mehr zur letzten Sitzung und zum Abschluß des Kongresses, da infolge des provozierenden Auftretens der Prager Garnison am 12. Juni ein bewaffneter Aufstand losbrach. Die Mehrzahl der Aufständischen bestand aus Prager Arbeitern und Studenten. Sie konnten sich einige Tage lang behaupten und hielten sogar den Statthalter als Geisel gefangen. Dann legten sie auf den verzweifelten Einspruch der gemäßigten bürgerlichen Richtung die Waffen nieder. Der Oberkommandant der Truppen, Fürst Windischgraetz, „stellte die Ordnung" mit Waffengewalt „wieder her". Die gemäßigten Abgesandten zum Slawenkongreß hatten Prag erschrocken verlassen. Dies war nicht das einzige Anzeichen dafür, daß die Revolution in einem großen Teil des Territoriums der Monarchie bereits im Abklingen war.

Auch in Paris brach die Revolution von 1848, eine europäische Erscheinung, mit der Niederschlagung des bewaffneten Arbeiteraufstands zusammen. Damit hatten die revolutionären Initiativen, die über den bürgerlichen Charakter hinausgingen, ein Ende gefunden. Im Bürgertum herrschte große Freude, daß es gelungen war, den gefährlichen Feind, das Proletariat, zu vernichten. Mit seiner Freude verbarg es nur seine innere Unsicherheit und seine Furcht. Das Kommunistische Manifest, das einige Wochen vor der Revolution erschienen war, erklärte nicht nur den feudalen Herrschern den Krieg, ja nicht einmal in erster Linie ihnen, sondern der gegen die Macht anstürmenden Bourgeoisie. Zu deren Glück wurde jetzt nichts daraus, und sie hoffte, daß dies auch in Zukunft so bleiben würde, aber die Angst saß ihr im Nacken, in Frankreich ebenso wie in Deutschland und in der Donaumonarchie.

Dies ist der Grund, warum immer mehr aus dem Lager der Revolution flüchteten und der Gegenrevolution eine gewisse gesellschaftliche Basis verschafften. Diejenigen, die im März und April noch Schulter an Schulter gekämpft hatten, trennten sich voneinander, nachdem der Absolutismus vernichtet war, ja sie sammelten sich in verschiedenen Lagern. Genauer gesagt: im westlichen, höher entwickelten

Teil des Reichs war die Mehrheit des Bürgertums, Deutsche und Nichtdeutsche gleichermaßen, der Revolution schon überdrüssig, wollte sie so bald wie möglich beenden und die Ordnung wiederherstellen. Nur in Wien, wo es einen entsprechenden proletarischen Hintergrund gab, hielten einige wenige die Revolution keineswegs für beendet. Die Mehrheit stand aber auf seiten der Regierung, bemühte sich, die bisherigen Errungenschaften der Revolution, so vor allem die Verfassungsmäßigkeit, beizubehalten und gleichzeitig zu „normalen" Verhältnissen, zur Ordnung zurückzukehren. Franz Freiherr von Pillersdorf, der schon früher Kolowrat als Ministerpräsident abgelöst hatte und an dessen Namen sich die Verfassung vom 25. April knüpfte, reichte am 8. Juli seine Demission ein. Den Kaiser vertrat damals bereits ein als liberal bekanntes Mitglied der Dynastie, Erzherzog Johann. Dieser ernannte am 19. Juli eine neue Regierung mit Anton Freiherr von Doblhoff an der Spitze, Außenminister wurde Johann Philipp Freiherr von Wessenberg, Innenminister der Advokat Alexander Bach. (Alles Männer, die im März noch auf der anderen Seite der Barrikade dem Absolutismus gegenübergestanden hatten, sich aber jetzt irgendwo in der Mitte zwischen den radikalen Revolutionären und der höfischen Gegenrevolution befanden. Sie verfügten eigentlich über eine ziemlich breite bürgerliche Basis, die ebenso zur Mitte tendierte und die sich in ihrem Herzen nach Ordnung sehnte, während die neue Regierung sich in Worten noch zur Revolution bekannte.)

Nicht nur in gesellschaftlicher Hinsicht versuchte die Regierung den unmöglichen Mittelweg einzuschlagen, auch in der deutschen Frage verhielt sie sich so. Inzwischen hatte in Frankfurt die Nationalversammlung begonnen, über die grundlegenden Rechte des deutschen Volks zu verhandeln. Es wurde eine langwierige Angelegenheit (die Debatte wurde erst am 27. Dezember abgeschlossen). Schon über die ersten Worte, „jeder Deutsche", gab es eine tagelange Diskussion. Trotzdem war aber hier von den grundlegenden Fragen der deutschen nationalen Entwicklung die Rede. Während im Vorparlament ursprünglich nur ein österreichisches Mitglied, auch das ein politischer Emigrant, gesessen hatte, nahmen an der Frankfurter Nationalversammlung schon zahlreiche österreichische Politiker teil. Die Nationalversammlung rechnete weiterhin damit, daß sich Österreich einem geeinten Deutschland anschließen werde. Bereits am 24. Juni wurde Erzherzog Johann zum „Reichsverweser" gewählt, derselbe Johann, der zu Hause Kaiser Ferdinand vertrat. Die Blicke der Österreicher deutscher Zunge waren auch weiterhin auf Frankfurt gerichtet. Der Hof versuchte natürlich eine Form zu finden, in der Österreich seine führende Rolle wie vor 1848 behalten konnte, aber zugleich auch seine Selbständigkeit, was offenbar absurd war. Die Regierung versuchte so aufzutreten, als sei sie die Regierung eines völlig souveränen Staats, der mit Frankfurt und der Nationalversammlung nichts zu tun habe, ohne deswegen das Deutschtum Österreichs zu leugnen. Damit aber entfremdete sie sich immer mehr all jene Kräfte, die in Wahrheit für Österreich waren, nämlich die kleineren Nationen der Monarchie.

Der Grad des Interesses für Frankfurt wird durch nichts besser bewiesen als durch die Tatsache, daß die Beteiligung an den Wahlen für den österreichischen Reichstag sehr schwach war und es Bezirke gab, in denen nur wenige Männer ihre Stimme abgaben. Die anderen Nationen waren viel rühriger, so daß letztlich ihre Vertreter die Mehrheit bildeten, als Erzherzog Johann am 22. Juli die erste Session des konstituierenden Reichstags eröffnete.

Das Wiener Parlament unterschied sich vom Frankfurter nicht nur in seiner nationalen Zusammensetzung, es hatte vom gesellschaftlichen Standpunkt aus auch eine verschiedene Struktur. Während in Frankfurt von den 830 Mitgliedern und Ersatzmitgliedern der Versammlung mehr als 700 der Intelligenz angehörten, waren im Wiener Reichsrat vor allem aus den Gebieten der Nationalitäten sehr viele Bauern vertreten. (Es gab Abgeordnete, die weder lesen noch schreiben, geschweige denn Deutsch sprechen konnten.) Dementsprechend konnte sich der Reichsrat nicht einmal auf eine Verhandlungssprache einigen. Die ungarische Volksvertretung (oder Reichstag, wie sie sich nannte) war schon früher als der österreichische Reichstag zusammengetreten, und zwar vollkommen im Zeichen der ungarischen Sonderstellung. Diese Sonderstellung betrachtete übrigens der Wiener Reichstag damals als natürlich, und seine Sitzungen verliefen in diesem Sinn: auf die Länder der ungarischen Krone erstreckte sich sein Wirkungsbereich nicht. Diese Trennung der beiden Teile des Reichs bedeutete damals, als die Einheit des Reichs nur noch auf der Dynastie und auf der Armee, also auf der drohenden oder doch potentiellen Gegenrevolution beruhte, eigentlich das Weiterleben der Revolution. Dies zeigte sich auf beiden Seiten. Der Reichstag schlug einen immer radikaleren Ton an, besonders als die in den westlichen Ländern noch immer unerledigte Bauernfrage auf Grund eines Vorschlags des jüngsten Abgeordneten, Hans Kudlich, auf die Tagesordnung gesetzt wurde. Der ungarische Reichstag aber bereitete sich auf die Verteidigung vor, konkret gegen den Angriff der Serben in Südungarn, aber auch mit weitergehenden Perspektiven. Der ungarische Reichstag begrüßte die Tätigkeit der Frankfurter Nationalversammlung und entsandte Delegierte, der Reichstag hingegen, mit seinem tschechischen Präsidenten, seinem polnischen Vizepräsidenten und seiner Nationalitätenmehrheit, grenzte sich von der Frage der deutschen Einheit ab. Womit er wiederum seine eigene revolutionäre Stellung schwächte, da die deutschen Revolutionäre gleichzeitig auch Anhänger der deutschen Einheit waren.

Revolution und Gegenrevolution, deutsche Einheit und österreichische Sonderstellung, österreichische Reichseinheit und ungarische Sonderstellung, deutsch-ungarischer Zusammenschluß und Zusammenschluß der kleinen Nationen, das waren vielfach Gegensätze, und die Frontlinien verwirrten sich immer mehr. Denn Kräfte, die in der einen widersprüchlichen Frage gegebenenfalls einen gemeinsamen Standpunkt einnahmen, waren in der anderen verschiedener Meinung oder lehnten beide Lösungen zugleich ab, um sich bei einer dritten Frage wieder zu treffen.

Der Hof war inzwischen nach Wien zurückgekehrt, auch Ferdinand I., der sich über die Huldigungen seiner Wiener Untertanen freute. (Er begriff natürlich nicht, daß die lange Abwesenheit des Hofs und der Aristokratie einen bedeutenden Teil der Wiener Bevölkerung seiner Arbeitsgelegenheiten und seines Lebensunterhalts beraubt hatte.) Dann brach am 21. August der Aufstand von neuem los, wenn auch in kleinerem Ausmaß. Es handelte sich um eine Bewegung der Arbeiter, die gegen die Herabsetzung der Löhne kämpften. Die Wiener Stadtgarde stellte die Ruhe wieder her, ohne daß das Militär eingreifen mußte (es gab dennoch Tote und Verletzte).

Den Hof allerdings bewegte nur ein Gedanke: die Wiederergreifung der Macht. Sie war in ihrem Inneren so verfault, daß sie im März den Herrschenden ganz leicht aus den Händen geglitten war. Jetzt war sie zersplittert, und im Interesse der Rettung des Reichs mußten diejenigen sie zurückholen, die sie bis dahin in Händen gehalten hatten. Freilich erinnerte sich niemand mehr gern daran, wie leicht man sie fallengelassen hatte.

Und wer waren eigentlich die Männer, die die Macht „zurückholen wollten"? Ferdinand der Gütige, der nicht einmal verstand, daß sie je in seinen Händen war? Erzherzog Ludwig? Metternich, der sich auf Schloß Johannisberg im Rheingau zurückgezogen hatte und von dort die Geschehnisse beobachtete, betonend, daß er bis jetzt Spieler auf der Bühne gewesen war, sich nun aber nur noch auf die Rolle des Zuschauers beschränken wolle? Man könnte noch einige andere, weniger wirklichkeitsferne Namen nennen. Windischgraetz, der die Prager Salven kommandiert hatte, oder Radetzky, der alte Heerführer, der am 6. August Mailand wiedererobert und am 8. August Piemont zu einem Waffenstillstand gezwungen hatte, womit praktisch ganz Norditalien wiedergewonnen war? Später wurde auch der Name des Herzogs Felix von Schwarzenberg in Erwägung gezogen. Oder sollte von den Alten wieder auf Kübeck zurückgegriffen werden? Aber im Grunde handelte es sich nicht darum. Persönlich waren sie alle Anhänger der Gegenrevolution und wären am liebsten zu der Lage vor 1848 zurückgekehrt. Aber eine Handvoll Männer ist der Revolution gegenüber ohnmächtig, selbst wenn es sich um Aristokraten mit großem Vermögen handelt. Allerdings stand die Armee hinter ihnen, die im großen und ganzen noch intakt war und die sich in Italien bei Custozza gegen Piemont und die Revolutionäre sogar noch Kampfruhm erworben hatte. Hinter ihnen standen auch die alte Beamtengarde sowie die kleineren Nationen, die auf dem Fortleben der Monarchie bestanden. Und in den Sommermonaten scharte sich auch das Bürgertum immer stärker um sie, das im März noch die Revolution unterstützt hatte.

Es ist sicher richtig, daß die Armee noch für eine volle Rückkehr zu den Zuständen vor der Revolution eingesetzt werden konnte. Für die wahre Klassenbasis; für die Nationalitäten, das Bürgertum und für den eigentlich noch unsicheren Faktor, die Bauernschaft, galt dies nicht mehr. Ohne diese Kräfte ließ sich aber die Gegenrevolution, die bisher auf jede bürgerliche Revolution gefolgt war und deren Wesen nicht mehr die Wiederherstellung der feudalen Ordnung, sondern die Konsolidierung der bürgerlichen, der kapitalistischen Ordnung war, nicht verwirklichen. Bei den gegebenen Kräfteverhältnissen der Klassen natürlich eine Konsolidierung, die noch bedeutende Positionen in den Händen der feudalen Kräfte beließ. Aber eine Konsolidierung, die in der wichtigsten Frage, der Abschaffung der Fronherrschaft, keine Rückkehr mehr zu den Zuständen vor 1848 erlaubte.

Es war dies eine Frage, die in einem bedeutenden Teil des Reichs bereits gelöst war, die vom Reichstag forciert wurde und die im übrigen selbst die in immer größeren Gegensatz zur Revolution geratende Regierung für unaufschiebbar hielt. Der Reichstag verhandelte wochenlang über das Problem der Aufhebung der Fronherrschaft – vor allem die Ukrainer fanden scharfe Worte der Kritik an diesem System – und beschloß endlich ihre Abschaffung. Der in der Hand der Bauern befindliche Boden wurde – anders als in Ungarn – diesen als Eigentum übergeben, doch ein bedeutender Teil der den früheren Grundherren zu zahlenden Ablöse mußte unmittelbar von den Bauern beglichen werden (anders als im ungarischen Verfahren, das Ablöse durch den Staat vorschrieb). Am 9. September bestätigte eine Proklamation Ferdinands vor der Bevölkerung des Reichs die am 7. September im Reichstag beschlossene Aufhebung der Fronherrschaft und die Entlastung des bäuerlichen Besitzes. Damit schied das Bauerntum der westlichen Provinzen als Hilfstruppe und Rückendeckung der Revolution aus. Die Forderungen der Bauern waren erfüllt, der Gang der Revolution in Wien interessierte sie nicht mehr. Die gegenrevolutionäre Konsolidierung hatte einen großen Schritt vorwärts getan.

Es wurden aber auch konkretere Schritte unternommen. Windischgraetz bekam eine vom 25. August datierte Bevollmächtigung, kraft derer er unbeschränkt über die Armee, ja über die Zivilbevölkerung verfügen konnte. Im August mußte dies aber noch geheimgehalten werden. Die Gegenrevolution fühlte sich noch nicht stark genug.

Der Reichstag gab nichts von seinem Radikalismus auf und erklärte sich am 11. September in Permanenz. Er folgte darin dem Muster der zentralen Organe der Französischen Revolution. Gleich wie der Reichstag nach links, wendete sich die Regierung nach rechts. Bach berief sich auf die Notwendigkeit, Ordnung und Gesetz zu schützen, sie bedeuteten die wahre Freiheit. (Wenn man sich recht erinnert, hat Metternich, den Bach seinerzeit so bekämpft hatte, mehr als einmal etwas Ähnliches gesagt.)

In der östlichen Hälfte des Reichs hatte sich die Lage noch mehr zugespitzt, in Südungarn standen die Serben bereits in offenem Kampf mit den Ungarn. Jellačić war nicht geneigt, von der ungarischen Regierung Anweisungen entgegenzunehmen, und bereitete sich an der Grenze auf einen Angriff gegen Ungarn vor. Nachdem die ungarische Regierung einen vergeblichen Versuch unternommen hatte, mit dem Banus zur einer Einigung zu kommen, reichte sie ihre Demission ein. Der Hof ernannte eine neue Regierung und stellte Ende September einen bevollmächtigten Stellvertreter des Kaisers, den Grafen Franz Philipp Lamberg, an die Spitze des

Landes. Auf dem Weg nach Ofen ermordete die revolutionäre Menge den königlichen Stellvertreter. Unter der Leitung Kossuths konstituierte sich der Landesverteidigungsausschuß als leitendes Organ der Revolution. In Ungarn ging die Revolution weiter, in erster Linie im Zeichen der Sonderstellung, die infolge der Schwächung der Frankfurter Nationalversammlung innerhalb des österreichischen Reichs gar nicht mehr so sicher erschien wie früher. Aber gerade im Interesse der Sonderstellung – die bald mit den Waffen in der Hand verteidigt werden mußte – machte auch der ungarische Reichstag, mit den Märzgesetzen verglichen, einige Schritte vorwärts. Im Gegensatz zu den westlichen Ländern hatte der besitzende ungarische Adel vom Proletariat nichts zu befürchten, da es infolge der wirtschaftlichen Rückständigkeit als Kraftfaktor nicht in Betracht kam, auch von den Bauern drohte – so glaubte man – keine Gefahr, denn in deren Interesse war vieles geschehen, und von den Nationalitäten fürchtete man schon gar nichts, lebte man doch noch immer in der Illusion, daß hinter deren Forderungen nur einige Geistliche und Advokaten standen. Darum wagte man weiterzugehen, und darum nahm man den Kampf mit den Waffen auf, als Jellačić mit seiner Armee in Westungarn einbrach. Der erste Zusammenstoß, das Gefecht von Pákozd, endete mit einem Sieg der Ungarn, und Jellačić flüchtete mit seinen Truppen in Richtung Wien.

Die Ereignisse in Ungarn beschleunigten auch in der westlichen Hälfte des Reichs die Polarisierung, die Zahl der Revolutionäre nahm weiter ab. Am 6. Oktober wollte man aus Wien Truppen senden, um Jellačić beizustehen und die ungarische Revolution zu unterdrücken. Das Grenadierbataillon weigerte sich, die Nationalgarde schloß sich den meuternden Soldaten an, es kam zu Kämpfen. Der Kriegsminister Theodor Graf Latour wurde in seinem Ministerium gelyncht. Der Kaiser floh mit dem Hof nach Olmütz, nur Finanzminister Kraus blieb in der Hauptstadt. Die gemäßigteren Mitglieder des Reichstags verließen ebenfalls schleunigst das Zentrum der Revolution. Allein die Radikalen blieben und übernahmen die Macht. Windischgraetz konnte sich auf seine Vollmacht berufen und gegen Wien marschieren.

Außer auf ihre eigenen Kräfte konnte die revolutionäre Hauptstadt auf die Unterstützung durch die ungarische Revolution und die Frankfurter Nationalversammlung rechnen. Letztere entsandte auch einen Vertreter, Robert Blum. Die Nationalversammlung hielt noch immer fleißig ihre Sitzungen ab und hatte gerade Ende September und Anfang Oktober die ersten Punkte der neuen Verfassung eines geeinten Deutschland beschlossen, unter anderem, daß diesem Deutschland nur deutsche Staaten angehören und daß die nichtdeutschen Länder eines deutschen Herrschers mit seinen deutschen Ländern nur in Personalunion vereinigt sein könnten. Tatsächlich war dies die Lösung, die von vielen erwartet wurde und mit der auch die ungarische Regierung im Frühsommer rechnete. Aber dies fiel jetzt nur noch wenig ins Gewicht. In erster Linie deswegen, weil hinter der Frankfurter Versammlung keine tatsächliche Macht stand. Die Nationalversammlung hatte sich noch im Sommer in die prinzipielle Unterstützung eines Kriegs gegen Dänemark eingelassen. Dieser Krieg war aus den Streitigkeiten über die mit Dänemark in Personalunion verbundenen deutschen Herzogtümer entstanden, doch mußte Preußen, das diesen Krieg im Auftrag der Frankfurter Nationalversammlung tatsächlich führte, Ende August unter dem Druck der russischen und englischen Regierung einen Waffenstillstand schließen und sich praktisch mit dem Verlust dieser Herzogtümer abfinden. Im September stimmte auch die Frankfurter Nationalversammlung zu. Damit wurde allgemein klar, was eigentlich auch vorher kein Geheimnis gewesen war, daß Frankfurt nur dann Bedeutung hatte, wenn es über eine tatsächliche militärische Macht verfügte. Die innere Schwäche Österreichs, genauer gesagt des revolutionären Österreich, erschien von Frankfurt aus gesehen nicht so fatal, wie sie es in Wirklichkeit war. Nach dem 6. Oktober änderte sich die Lage auch in dieser Beziehung. Das Österreich, das Frankfurt interessieren konnte, war auf Wien beschränkt.

Windischgraetz und Jellačić hatten mit ihren Truppen Wien eingeschlossen, und bald begann die Belagerung. An der Grenze, nicht weit von Wien, stand die ungarische Honvédarmee, doch zögerte die ungarische revolutionäre Regierung im Interesse der Gesetzlichkeit lange, sich in Wien einzumischen. Als sie endlich ihre Zweifel überwand, war es bereits zu spät. Die ungarischen Truppen überschritten die Grenze, wurden bei Schwechat geschlagen, und am nächsten Tag ergab sich Wien.

Jetzt hielten sich nur noch Ungarn und Venedig – ein Faktor, der vernachlässigt werden konnte. Die militärische Niederschlagung Ungarns schien keine so schwere Aufgabe, besonders wenn es gelang, die anderen Nationalitäten noch besser und wirksamer miteinzubeziehen. Die gegenrevolutionäre Konsolidierung hatte in vollem Umfang begonnen, und der erste Schritt war die Abrechnung mit den Führern der Wiener Revolution. Der ehemalige kaiserliche Leutnant Wenzel Messenhauser, die Journalisten Becher und Jellinek sowie Robert Blum, der Abgesandte des Frankfurter Parlaments, wurden hingerichtet.

Die radikale Wiener Revolution war tatsächlich eine isolierte Erscheinung gewesen, die große Mehrheit der Bevölkerung der westlichen Länder der Donaumonarchie lehnte sie ab. Ebenso aber hätte diese Bevölkerung die vollkommene Reaktion, die Rückkehr zu den Zuständen vor 1848 abgelehnt. Eine neue Regierung konnte nur dann auf eine Mehrheit in der Bevölkerung hoffen, wenn sie die gegenrevolutionäre Konsolidierung mit den gemäßigten Lösungen der Revolution durchführte. Die Regierung Doblhoff hatte in den Augen des Hofs nach den Oktoberereignissen ihren Kredit verloren, nicht wegen ihrer persönlichen Zusammensetzung, sondern dadurch, daß sie noch im Sommer an die Spitze des Reichs gelangt war (zu behaupten, an die Macht gelangt, wäre eine Übertreibung, die war damals schon in ganz anderen Händen), das heißt, sie spielte letzten Endes noch eine zu revolutionäre Rolle. Für die Bürgerschaft, die die Konsolidierung herbeisehnte, aber war sie zu schwach, um wirklich Ordnung zu schaffen. Man brauchte also eine neue Regierung. Die Handvoll Männer, die sich von selbst, fast spontan anbot, die Einheit des Reichs wiederherzustellen (mit den entsprechenden gesellschaftlichen und politischen Kräften rechnend), unter anderen Windischgraetz, hielten dessen Schwager, den Fürsten Felix Schwarzenberg, für den geeignetsten Mann. Schwarzenberg war ein hochmütiger Aristokrat vom Typ Metternichs und im Grunde seiner Seele Anhänger des alten Systems aus der Zeit vor 1848. Nur war er – ebenso wie Metternich – auch ein sehr kluger Mann; er wußte, innerhalb welcher Grenzen die Macht der Habsburger wiederhergestellt werden konnte und daß diese Macht auf der Mitarbeit der Aristokratie beruhte. Aber er wußte gleichzeitig auch, daß es unter den Aristokraten wenige gab, denen man damals wichtige staatsmännische Funktionen anvertrauen konnte. Er sah ein, daß eine der wichtigsten Vorbedingungen der Konsolidierung die Neutralisierung des Bauernstandes war und daß deshalb an der Gesetz gewordenen und verkündeten Befreiung der Fronbauern nicht gerüttelt werden durfte. Auch war er sich darüber im klaren, daß er im gegebenen Augenblick weder auf die konstitutionellen Losungen noch auf das Bündnis mit den kleinen Nationen verzichten konnte. (Die konstitutionellen Losungen brauchte er, um das Bürgertum zu gewinnen.) Als er am 27. November vor dem in die mährische Kleinstadt Kremsier verlegten Reichstag seine erste Rede hielt, wandte er sich im Namen der wahren Verfassungsmäßigkeit und der wahren Freiheit gegen die Übertreibungen der Revolution. Er entrollte vor den Abgeordneten das Bild eines verfassungsmäßigen Reichs mit liberalen Freiheitsrechten, mit Gleichberechtigung der Nationen und mit freier Entfaltung des Kapitalismus, letzteres wurde freilich nicht in dieser Form ausgedrückt, doch der Begriff liberale Verfassung bedeutete natürlich nichts anderes. Da er bei der Abschaffung der Fronherrschaft blieb, sicherte er sich die Unterstützung der Bauern, mit der Verfassung gewann er das von der Revolution erschreckte Bürgertum, mit der Gleichberechtigung der Völker die kleineren Nationen der Monarchie.

Aber was sollte aus den nationalen Bestrebungen der deutschen Bürger, aus der Frage der deutschen Einheit werden? Neben der Frankfurter Nationalversammlung gab es eine alldeutsche Regierung, deren Wirkungsbereich sich zwar nicht einmal auf die Stadt Frankfurt erstreckte, die aber wenigstens in ihren Ansprüchen die Fiktion des geeinten Deutschland aufrechterhielt. An der Spitze dieser Regierung stand aber gerade damals ein österreichischer Politiker, Anton Ritter von Schmerling, und Erzherzog Johann war noch immer Reichsverweser, er übte das Amt nur nicht aus, da dies ohne Reich unmöglich war.

In seiner ersten Rede ließ Schwarzenberg keinen Zweifel dann, daß Österreich auf keinen Fall einem geeinten Deutschland beitreten würde, das Österreich in irgendeiner Form in seiner Souveränität beschränkte. Selbst dann nicht, wenn es an die Spitze dieses Deutschland gelangen sollte. In seiner Rede stellte er die unbeschränkte Souveränität und Großmachtstellung Österreichs als europäisches Interesse hin, wobei er sich auf die Stellungnahme der europäischen Großmächte berufen konnte. Ebenso sei dies auch ein deutsches Interesse. Die freie Entwicklung der Deutschen könne am besten durch ein starkes Österreich gewährleistet werden.

Von diesem Gesichtspunkt aus kam die Rede einer Kriegserklärung an Frankfurt gleich. (Schmerling gab auch einige Wochen später seine Demission bekannt, und die übrigen österreichischen Abgesandten verließen ebenfalls bald die Nationalversammlung.) Innerhalb der Donaumonarchie machte die Nationalversammlung dem deutschen Bürgertum doch das Zugeständnis, die Fiktion eines deutschen Österreich aufrechtzuerhalten. Ein starkes Österreich war deutsches Interesse, weil Österreich der stärkste deutsche Staat war. Das von den Stürmen der Revolution erschreckte deutsche Bürgertum gab sich mit einem solchen Zugeständnis an sein nationales Gefühl durchaus zufrieden. Schon deswegen, weil ein starkes Österreich die bürgerliche Ordnung und das Heiligtum des Privateigentums verteidigen konnte, wozu die Philosophen der Frankfurter Nationalversammlung nie fähig sein würden. Österreich war also deutsch, blieb aber außerhalb Deutschlands, beziehungsweise es würde mit den übrigen deutschen Staaten in keinem engen Zusammenhang stehen.

Wer noch immer von einer deutschen Einheit träumte, mußte sich nach alledem nach einer anderen Lösung umsehen. Die deutsche Einheit mit Einbeziehung Österreichs – die großdeutsche Lösung, wie man es später nannte – war also nicht zu verwirklichen. Blieb nur die kleindeutsche Lösung: das geeinte Deutschland ohne Österreich. Darüber konnten weiter Pläne gesponnen werden, bis die Frankfurter Nationalversammlung – oder was von ihr verblieben war – mit militärischer Gewalt zerstreut wurde.

Die Betonung des deutschen Charakters Österreichs sollte die Bourgeoisie und das Kleinbürgertum gewinnen. Österreich, als Reich gleichberechtigter Völker, sollte die kleineren Nationen der Monarchie ansprechen. Das war zugegebenermaßen wirksam. Das tschechische Bürgertum, nicht zu reden von der Handvoll slowenischer Intellektueller, hatte schon lange zu verstehen gegeben, daß eben ein solches Österreich notwendig war, das verfassungsmäßig regiert wurde und auch die Ordnung aufrechterhielt, das geeint war, aber auch die einzelnen Nationen beschützte. Hatte doch schon Palacký im April betont, daß Österreich stark sein müsse, um seine Aufgabe zu erfüllen. Die polnische Aristokratie und der Adel in Galizien hatten zur Kenntnis genommen, daß der ersehnte große polnische Nationalaufstand auch diesmal nicht ausgebrochen und der polnische Staat nicht wiedererstanden war, daß es also für die Polen Galiziens am klügsten wäre, auch weiterhin zu versuchen, sich innerhalb des Rahmens der Donaumonarchie eine möglichst günstige Position zu sichern. Für ihre Aristokratie boten sich dazu auch Möglichkeiten. Allerdings versuchten die Ukrainer im November einen bewaffneten Aufstand. (Die Ukrainer – das heißt die wenigen städtischen Intellektuellen und Arbeiter, die an der Revolution noch interessiert waren. Der ukrainische Bauer begnügte sich mit dem Grund und Boden, den er erhalten hatte.)

Für die Ungarn und Italiener enthielt die erste Rede Schwarzenbergs noch eindeutigere Drohungen als für die Träumer der deutschen Einheit in Frankfurt. Sie standen noch im Kampf gegen das sich entfaltende neue Reich. Aber auch sie würden sich mit diesem neuen Reich abfinden müssen, und wenn nicht freiwillig, dann würden sie mit Waffengewalt dazu gezwungen werden.

Dazu konnte und mußte man aber – was allerdings in der Rede verschwiegen wurde – die Nationalitäten in Ungarn heranziehen. Die Kroaten hatten schon seit Monaten praktisch jedes Band mit der ungarischen Regierung zerrissen, und ihre Truppen hatten auch schon vorher unter den kaiserlichen Feldzeichen gegen die ungarische Revolution gekämpft. Dasselbe galt von den Serben. Im Herbst standen auch die rumänischen Bauern gegen ihre ungarischen Grundherren auf und begannen einen blutigen Ausrottungskrieg. Es war ein Klassenkampf, eine soziale Bewegung, doch konnte man ihr auch einen nationalen Anstrich geben, um sie für den Hof akzeptabel zu machen. Man versuchte, die Slowaken ebenfalls gegen die Revolution aufzuhetzen. Wiederholt brachen unter der Leitung kaiserlicher Offiziere kleinere Freischaren in das Land ein, und in ihren Reihen befanden sich auch die Führer der slowakischen nationalen Bewegung.

Abgesehen von den Slowaken, bei denen die Zusammenstöße nicht zu größeren antiungarischen Bewegungen führten, wandte sich die Mehrheit der kleinen Nationen Ungarns längere Zeit gegen die ungarische Revolution. Wo dies größere Ausmaße annahm, spielten gesellschaftliche Gesichtspunkte und Beweggründe eine entscheidende Rolle. Die Nationalitäten beziehungsweise die politischen Führer der kleinen Nationen handelten aber nicht aus diesen Beweggründen, sondern wandten sich gegen die ungarische Revolution, um ihre eigenen nationalen Ziele zu verwirklichen. Gewöhnlich wird das so eingeschätzt, daß sie damit objektiv tatsächlich die Gegenrevolution unterstützten, obwohl sie subjektiv nicht der Reaktion dienen wollten. Subjektiv wandten sie sich ohne Zweifel gegen die ungarische Regierung, da sie meinten, ihre nationalen Interessen erforderten es. Die kleinen Nationen Ungarns waren rückständiger als die der westlichen Länder, und sie hatten keinen europäischen Horizont. Sie sahen nur die Klassenherrschaft des ungarischen Adels vor 1848, und die Kroaten kritisierten die durchaus unbegründeten Vorrechte eines ihnen gleichrangigen ungarischen Adels. Was die gesellschaftlichen und verfassungsmäßigen Errungenschaften der Revolution anbelangte, stimmten sie mit der ungarischen Regierung überein. Nur führte die Nationalitätenpolitik dieser Regierung dazu, daß die Führer der kleinen Nationen nicht zwischen Revolution und Gegenrevolution zu wählen hatten, sondern zwischen einer revolutionären Regierung, die individuelle Freiheitsrechte großmütig verteilte, aber von den Rechten der Nationen (mit Ausnahme der Kroaten) nichts hören wollte, da sie diese gar nicht verstand, und einer Regierung, die außer den individuellen Freiheitsrechten auch der Gleichberechtigung der Völker zustimmte. Subjektiv konnte der Entscheid im Sommer 1848 oder sogar noch im Oktober nichts Zweifelhaftes an sich haben. Objektiv unterstützte dieser natürlich die Gegenrevolution, die die Konsolidierung der bürgerlichen Revolution verwirklichte, aber – wie von neuem betont werden muß – unter Beibehaltung zahlreicher feudaler Reste. Daß diese Regierung die Gleichberechtigung der Völker nicht ernst nehmen, ja selbst die Verfassung abschaffen würde, konnte man im Jahr 1848 nicht voraussehen. Setzte doch der Reichstag seine Beratungen in Kremsier fort und begann gerade erst, sich mit den nationalen Problemen des Reichs zu beschäftigen.

In den Regierungskreisen traten im November natürlich bereits andere Fragen in den Vordergrund. Im März und in den folgenden Monaten hatte schon die vollständige Auflösung des Reichs gedroht. Alle oder fast alle gesellschaftlichen Kräfte wandten sich gegen dasselbe. Im Lauf der Ereignisse, als eine Zeitlang nur die Gewohnheit das Reich aufrechterhielt und nicht die tatsächlichen Kräfte, begann das revolutionäre Lager sich aufzulösen, und ein Teil nach dem anderen trat in das Lager der Gegenrevolution und der Konsolidierung über. Der Kampf ging noch weiter, doch erschien im November sein Ausgang schon ziemlich klar. Die Donaumonarchie hatte von neuem eine Krise, die unmittelbare Gefahr der Auflösung, überstanden. Das heißt, es gab Kräfte und Beweggründe, die für die Erhaltung des Reichs sprachen. Wir haben sie schon angedeutet. Hier muß zusammenfassend auf sie hingewiesen werden: Österreichs Rolle im europäischen Gleichgewicht, das heißt, im Interesse der Großmächte die Absonderung von den übrigen deutschen Staaten, um die Verwirklichung eines zu starken Deutschland im Zentrum Europas zu verhindern; die Anhänglichkeit der kleinen Nationen an das Reich als Folge ihrer Furcht vor den stärkeren benachbarten Nationen; dann im Grunde doch die Anhänglichkeit des deutschen Bürgertums an das Reich, das fähig war, dem Proletariat gegenüber den nötigen Schutz zu gewähren, wozu das geeinte Deutschland nicht fähig war, da es sich gar nicht konstituieren konnte; gewisse gesellschaftliche Kräfte, wie die Aristokratie, der hohe Klerus und die Armee, hatten das Reich ja von Anfang an gestützt. All dies genügte, um bis zum Spätherbst 1848 die Beibehaltung der Einheit der Monarchie wieder in den Bereich der Möglichkeiten, ja der Tatsachen zu erheben. Es schien sogar, als sei das Reich stärker als zu Beginn des Jahres, als das bisherige System in wenigen Minuten zusammenbrach.

Natürlich hatte dieser schnelle Zusammenbruch den höchsten Regierungskreisen einige Lehren erteilt. Sie hatten z. B. begriffen, daß das Territorium und die Einheit des Reichs nur aufrechterhalten werden konnten, wenn auf der Ebene der Verwaltung, des Staatsapparats auch eine innere Einheit hergestellt werden konnte. Wenn schon der Feudalismus nicht zu halten war, mußten daraus wenigstens gewisse Vorteile gezogen werden: die Gliederung nach Ländern und Provinzen mußte beseitigt und die Selbständigkeit Ungarns liquidiert werden. Wenn dies vorderhand aus taktischen Gründen in verfassungsmäßiger Form erfolgte, so konnte das nicht schaden. Das Wesentliche war jedoch, die Politik der Vereinheitlichung fortzusetzen, die schon Maria Theresia, ja Karl VI. begonnen hatten. Also das um einen Mittelpunkt geordnete Reich. Dieser Mittelpunkt konnte nur Wien sein, denn die Kräfte, auf denen das Reich aufgebaut war, verkehrten ja in deutscher Sprache miteinander, so daß also ein deutschsprachiger, zentralisierter Reichsapparat ausgebaut werden mußte. Die deutsche Bürgerschaft, die von der deutschen Einheit enttäuscht worden war, würde diese Politik ebenfalls unterstützen. Windischgraetz wäre zwar lieber zur Sonderstellung der Länder auf vollkommen feudaler Grundlage zurückgekehrt, aber Schwarzenberg war viel klüger und wußte, daß dies nicht mehr möglich war.

Wenn aber das Reich einen Mittelpunkt hatte, so mußte es – selbst wenn die Verfassungsmäßigkeit weiterbestand – doch auch ein Haupt geben, das fähig war, die Geschäfte zu führen. Ferdinand I. konnte dies nicht sein. Die Gattin Ferdinands, Maria Anna von Savoyen, war schon im Jahr 1848 mit Metternich übereingekommen, daß Franz Joseph, der älteste Sohn von Franz Karl, jüngerer Bruder Ferdinands, am 18. August 1848, wenn er achtzehn Jahre alt würde, die Führung des Reichs übernehmen sollte. Die revolutionäre Epoche war aber für diese Machtübernahme nicht geeignet. Jetzt war jedoch die Zeit gekommen. Dieser stattliche Jüngling mußte an die Spitze des Reichs gestellt werden. An seinen Namen knüpfte sich noch keinerlei unangenehme Erinnerung, er war eine Zeitlang Statthalter in Prag gewesen, hatte sich dann an der italienischen Front umgetan, war aber noch in keiner Weise aufgefallen. Er erschien verständig und klug. Metternich selbst hatte sich viel mit seiner Erziehung beschäftigt, er war also am besten geeignet, als unbeschriebenes Blatt das sich neu organisierende Reich zu übernehmen.

Es gab noch einige Schwierigkeiten. Denn Ferdinand I. hatte Spaß am Regieren gefunden, es gab neuerdings eine Menge Abwechslung, man ließ ihn hochleben, er reiste oft, es war also der Mühe wert, Kaiser zu sein. Dann gelang es doch, ihn zu überreden. Auch Franz Karl verzichtete zugunsten seines Sohnes auf den Thronanspruch.

Der Thronwechsel vollzog sich am 2. Dezember 1848 im erzbischöflichen Palais im Kremsier bei Olmütz. Die Abdankungen Ferdinands und Franz Karls wurden verlesen, der junge Erzherzog fiel vor Ferdinand aufs Knie, der ihn mit den Worten „Es is' gern g'schehen, sei brav...“ zu sich aufhob. Franz Joseph I. wurde Kaiser des Österreichischen Reichs. Jetzt konnte man sich an die Klärung der noch anstehenden Probleme machen.

Gegenrevolution und Neoabsolutismus

Mit der Thronbesteigung des achtzehnjährigen Erzherzogs begann ein neues Kapitel in der Behandlung der Reichsangelegenheiten. Vom ersten Augenblick an war es dadurch belastet, daß der junge Herrscher sozusagen von seiner Mutter, Erzherzogin Sophie, auf den Thron gesetzt worden war. Das war nicht gerade ein günstiger Empfehlungsbrief, denn es gab in Wien kaum jemand, der weniger beliebt war als die Kaiserinmutter. Auch gab es im neuen Programm einige problematische Punkte. Im Herbst 1848 hatte im Kampf zwischen Revolution und Absolutismus letztlich wegen der geschichtlich begründeten verhältnismäßigen Schwäche des Bürgertums der Absolutismus nicht nur militärisch, sondern auch politisch den Sieg davongetragen, und dieses System mußte nun – anstelle der Revolution – die Umorganisierung des Reichs durchführen und seine aus den neuen wirtschaftlichen und gesellschaftlichen Anforderungen sich ergebenden Aufgaben lösen. Zu diesen Aufgaben gehörte in erster Linie die volle militärische Konsolidierung des ganzen Reichs, nämlich die Liquidierung des ungarischen Freiheitskampfes mit allen zur Verfügung stehenden Mitteln. Darüber hinaus mußte der Zusammenhalt der verschiedenen Völker im Reich gesichert werden. Es mußte also im Reich eine Lage geschaffen werden, in der die wirtschaftlichen Erfordernisse unabhängig von den nationalen Bestrebungen, ja unter Umgehung und Ausschaltung dieser Kräfte befriedigt werden konnten. Innerhalb der Habsburgermonarchie mußte auf dem feudalistisch übernationalen und universalistisch politischen Nährboden des Absolutismus eine moderne bürgerliche Entwicklung zustande gebracht werden. Die Lösung dieser verwickelten Aufgabe war an zwei Vorbedingungen gebunden: In erster Linie an die Diktatur, welche die gegensätzlichen Richtungen im Zaum halten sollte. In zweiter Linie an eine großbürgerliche und bürgerliche Schicht, die – auf die Aristokratie gestützt – bereit war, dem absolut regierten Österreich eine neuere gesellschaftliche Grundlage zu geben. Die hervorstechendsten Charakterzüge dieses Großbürgertums waren: Furcht vor einer Wiederholung der Wiener Revolution und jeder klassenkämpferischen gesellschaftlichen Bewegung; deutsches Stammesbewußtsein, das in Österreich den Slawen, Ungarn und anderen Nationen gegenüber „alle Rechte der nationalen und staatlichen Entwicklung für sich beansprucht". Ferner betrachtete es Österreich als einen deutschen Staat, der absolut unentbehrlich war für die Sicherung der Position des ganzen Deutschtums in Europa.

Dieses Österreich wurde nach der Niederschlagung der Revolution in Wien und in Prag durch Alfred Fürst Windischgraetz, Felix Fürst Schwarzenberg, Franz Graf Stadion, Karl Freiherr von Bruck und Alexander Bach repräsentiert. Stadion, Bruck und Bach vertraten die Interessen des Großbürgertums. Sie schufen die notwendigen Formen der bürgerlichen Entwicklung, auf Grund derer das Reich der Habsburger aufrechterhalten werden konnte. Grundlage ihrer Ideen war die Schaffung einer Großraumwirtschaft, das heißt, sie wollten einen über das Reich der Habsburger hinausgehenden und den ganzen deutschen Sprachraum umfassenden einheitlichen Markt begründen. In bezug auf die Habsburgermonarchie bedeutete dies – wenigstens in der Anfangsphase des Kapitalismus – übernationale Neutralität des regierenden Systems. Diese Entwicklungsphase überlebte sich allerdings in Österreich rasch, denn die Bewegungen der Völker innerhalb der Monarchie nahmen trotz der Niederschlagung des ungarischen Freiheitskampfes bald wieder einen neuen Aufschwung und stellten den Charakter Österreichs als einheitlichen Staat in Frage. Dagegen ist es eine Tatsache, daß Stadion und Bruck mit ihrer Wirtschaftspolitik tatsächlich einen großbürgerlichen Einheitsstaat schaffen wollten, der in seinem Charakter zwar deutsch, innenpolitisch aber der übernationalen Stellung der Habsburger verpflichtet war; dies schützte fast mit Sicherheit gegen jede nichtdeutsche, zentrifugale nationale Bestrebung. Zumindest solange die Woge des Nationalismus das Bürgertum der verschiedenen Nationen des Reichs – einschließlich die Deutschen – nicht mit sich riß.

In die Abdankungsurkunde Ferdinands I. und in die Thronproklamation des neuen Herrschers wurde anstelle der Verurteilung der Revolution und der Verweigerung der Zugeständnisse das Versprechen des jungen Erzherzogs Franz aufgenommen, er gedenke als verfassungsmäßiger Kaiser zu regieren. (Um dieses Versprechen stimmungsmäßig zu untermalen und sozusagen seine fortschrittlichen Absichten zu betonen, nahm der neue Herrscher den Namen des „Volkskaisers" Joseph II. an.) Mit dieser Abänderung der Abdankungsurkunde und der Thronproklamation kam Schwarzenberg tatsächlich mit dem von Windischgraetz der Kaiserin Maria Anna gegebenen Versprechen in Konflikt, doch war er gezwungen, auf die Stimmung der Wiener Bevölkerung, welche der neuen Lage feindselig gegenüberstand, Rücksicht zu nehmen. Allerdings geriet mit diesem Versprechen die österreichische Gegenrevolution im Wesen ebendorthin, wo sie vor der Abdankung des Kaisers gewesen war: zu dem Bekenntnis zur bürgerlichen Demokratie. Schwarzenberg nahm dies aber keinen Augenblick ernst: sein Vorgehen diente ausschließlich der Irreführung des Volkes und des damals noch tätigen Reichstags. Obwohl seine Handlungsweise im wesentlichen tatsächlich ein „Zugeständnis" an die österreichische Demokratie war, brachte dieses Zugeständnis – wenn auch nur für kurze Zeit – doch etwas in Bewegung: zum Beispiel den Reichstag. Schwarzenberg spielte aber von Anfang an ein falsches Spiel. Wenn er den jungen Kaiser im Augenblick seiner Thronbesteigung zu einer bewußten Lüge anhielt, so hat dies weder ihn noch Franz Joseph, der zu seinem Schüler geworden war, je gestört. Und doch wäre es verfehlt anzunehmen, daß dieses Moment der Thronbesteigung, das für die Methoden der Gegenrevolution um die Mitte des 19. Jahrhunderts so charakteristisch war, keinen Einfluß auf die spätere geschichtliche Rolle des Throns ausgeübt hätte.

Kaiser Franz Joseph I. saß fast drei Menschenalter als Herrscher auf dem Thron der Monarchie und führte sein Reich durch zwei geschichtliche Epochen – vom Frühkapitalismus bis zur ersten Phase des Imperialismus, die in den Ersten Weltkrieg mündete. Eine ebenso bewegte Laufbahn durchmaß er in seinem Privatleben. Man kann nicht behaupten, daß diese Laufbahn glücklich und frei von tragischen Wendungen war. Und doch kann nicht geleugnet werden, daß Franz Joseph der logische Erbe einer seit Jahrhunderten herrschenden Dynastie war, die keine außerordentlichen Talente hervorbrachte, sondern höchstens fleißige Staatsbeamte, die einfach durch ihre Geburt für die höchste kaiserliche Würde qualifiziert waren.

Franz Joseph war ein exemplarischer Vertreter dieses Typs. In seiner Kindheit erhielt er die übliche Erziehung eines Erzherzogs, die sowohl im Lehrstoff als auch in der Vielfalt der für das Regierungsamt notwendigen Kenntnisse über der gewöhnlichen aristokratischen Erziehung stand. In die militärischen Kenntnisse – und zwar eher in deren disziplinäre als in die kriegswissenschaftliche Seite – wurde er von 1836 an von dem späteren Feldmarschalleutnant Johann Baptist Alexander Graf Coronini eingeführt. Im Mittelpunkt seiner Erziehung stand aber doch die Religion, nicht nur weil sein hauptsächlicher Erzieher, Heinrich Graf Bombelles, und seine Mutter, Erzherzogin Sophie, tief religiös waren, sondern weil die Verbindung mit der Kirche seit Jahrhunderten die politische Grundlage der Regierung der Habsburger bildete.

Erzherzog Franz war von Jugend an eine verschlossene Persönlichkeit, die sich nur schwer gelöst geben konnte. Seine Erziehung kam diesen Anlagen noch entgegen und verstärkte damit das Bewußtsein der Überlegenheit des Herrschers. So wurde er selbst für seine Umgebung unzugänglich. Sein Fleiß und seine Selbstdisziplin verliehen ihm etwas Statuarisches. Seine Unempfindlichkeit menschlichen Bindungen gegenüber schwand erst im letzten Jahrzehnt seines Lebens unter dem Gewicht der Schicksalsschläge, die seiner Familie widerfuhren.

Felix Fürst Schwarzenberg, einer der Schöpfer des neuen Systems, der nicht nur die Habsburgermonarchie, sondern auch den Charakter und das politische Antlitz des jungen Kaisers ganz zielbewußt formte, hätte für sein System kaum einen geeigneteren Partner finden können als Franz Joseph I. Der junge Kaiser schritt auch später genau auf dem Weg fort, den ihm sein Lehrmeister – den er zeit seines Lebens als sein Vorbild betrachtete – gewiesen hatte. Und doch waren sie – und dies muß zugunsten des Kaisers festgestellt werden – ganz verschiedene Naturen. Die Starrheit Franz Josephs verbarg einen geraden Sinn, der frei von allen Hintergedanken und Ausflüchten war. Für den eine Generation älteren (im Jahr 1800 geborenen) Schwarzenberg war dies nun ganz und gar nicht kennzeichnend. Wenn ein solches Verhalten in der ersten Hälfte des Jahrhunderts als „diplomatische" Veranlagung galt, so war in diesem Sinn der Abkömmling der ältesten aristokratischen Familie Österreichs seiner Natur und seiner Beschäftigung nach ein Diplomat par excellence. Er sah sich zwar in erster Linie als Soldat – als Feldmarschalleutnant in der gegen die norditalienischen Unabhängigkeitsbestrebungen kämpfenden österreichischen Armee –, verbrachte aber doch einen Großteil seines Lebens im diplomatischen Dienst. Trotz alledem konnte man aber doch nicht die damals für die Soldatendiplomaten gebrauchte Redensart auf ihn anwenden, er „sei in der Armee Diplomat gewesen und habe in der Diplomatie Soldat gespielt". Schwarzenberg stellte auf beiden Gebieten seinen Mann. Seine Bildungsmängel in den Staatswissenschaften berührten ihn nur dann unangenehm, wenn zur Zeit seiner Ministerpräsidentschaft der Staatsrat und Freiherr bürgerlicher Abstammung, Karl Friedrich Kübeck – vielleicht als einziger –, ihn dies fühlen ließ.

Die politische Konzeption Schwarzenbergs war darauf begründet, daß er von Anfang an Gegner jeder Freiheitsidee oder jedes fortschrittlichen Systems war. Sein Ideal war das auf absoluter kaiserlicher Gewalt beruhende einheitliche Österreich, dem den deutschen Staaten, auch Preußen, gegenüber der Vorrang gebührt. Dieses Primat war – seiner Ansicht nach – gleichzeitig Vorbedingung für das Überleben des gegenrevolutionären konservativen europäischen Staatensystems. Er machte sich die durch die Revolution aufgeworfene Forderung der Aufhebung der Fronherrschaft zu eigen und unternahm wichtige Schritte, um den Einfluß der politisch handelsunfähig gewordenen großgrundbesitzenden Aristokratie zurückzudrängen. Dieses Ziel wollte er natürlich nicht auf dem Weg der juristischen und politischen Liquidierung erreichen, sondern mit Hilfe der Armee, der Bürokratie und der Kirche, die die Einheit der absolutistischen Kaisermacht repräsentierten, und des Großbürgertums, das die materiellen beziehungsweise die wirtschaftlichen Vorbedingungen geschaffen hätte. In diesem Sinn entwickelte sich ein wesentlicher gesellschaftlicher Unterschied zwischen Metternichs – in der gegebenen Lage durch Windischgraetz vertretenem – patriarchalischem Absolutismus und dem von Schwarzenberg geschaffenen und später von Kübeck weiterentwickelten sogenannten Neoabsolutismus; während der feudale Absolutismus tatsächlich die unbeschränkte Herrschaft der großgrundbesitzenden Aristokratie über sämtliche anderen Klassen war, mußte sich der Absolutismus in der Habsburgermonarchie nach den niedergeworfenen Revolutionen von 1848/49 bereits auf die im Vordringen begriffene Bourgeoisie stützen. Das System, das Schwarzenberg und seine Mitarbeiter, Stadion, Bruck und Bach, auszubauen hatten, mußte also die Vorbedingungen für eine freie Entfaltung des Kapitalismus schaffen. Sehr bemerkenswert ist ein bisher wenig bewertetes Moment der inneren Gegensätze in Hofkreisen, da sich gerade an dieser Frage der sehr scharfe Gegensatz zwischen Windischgraetz und Schwarzenberg entwickelte. Während ersterer bestrebt war, den feudalen Absolutismus restlos wiederherzustellen, wollte letzterer eine fortgeschrittenere Form von kaiserlicher Willkürherrschaft errichten. Der Grund dafür war in erster Linie, daß er sich über die endgültige Aktionsunfähigkeit der Aristokratie vom Standpunkt der künftigen Entwicklung aus vollständig im klaren war. Daß in diesem Gegensatz nicht Windischgraetz mit seiner Forderung nach diktatorischer Gewalt, sondern Schwarzenberg der Stärkere blieb, kann über die geschichtliche Gesetzmäßigkeit hinaus hauptsächlich zwei Umständen zugeschrieben werden: Einesteils der Tatsache, daß die Gattin Ferdinands I., Maria Anna, und Erzherzogin Sophie, die Mutter des zukünftigen Kaisers, mehr an der glatten Abwicklung des Thronwechsels als an dessen politischen Begleiterscheinungen interessiert waren. Die politischen Schachzüge Schwarzenbergs – wie unaufrichtig sie auch waren – sicherten die Veränderungen besser ab als die reaktionären Grobheiten Windischgraetz', die in der noch recht unsicheren Lage die ganze Innenpolitik des Reichs leicht ins Wanken bringen konnten. Gleichzeitig ist es ebenfalls Tatsache, daß Schwarzenberg die Liquidierung der feudalen Bindungen der Bauern einkalkulierte, daß er diese Maßnahme gewissermaßen aus dem revolutionären Programm herausnahm und in die durch ihn interpretierte Struktur des Absolutismus einbaute; damit wurde seine Richtung auch für das Bürgertum und hauptsächlich das Großbürgertum annehmbar. So ist leicht zu verstehen, wie es Schwarzenberg gelang, ohne größere Erschütterungen den Sieg über Windischgraetz davonzutragen. Dadurch, daß Windischgraetz die volle Kontrolle auf sämtlichen Gebieten des staatlichen Lebens beanspruchte, schob er sich zwischen die kaiserliche Macht und die Regierung, er schuf damit eine unerträgliche Lage für Schwarzenberg und behinderte den Ministerpräsidenten mit seiner ultrareaktionären Haltung auch in dessen Tätigkeit. Trotzdem richtete sich die Diktatur Schwarzenbergs gegen die Teilnahme immer breiterer Bevölkerungskreise und der verschiedenen Nationalitäten an der Leitung des Staats. In der Geschichte der folgenden Jahrzehnte des Reichs hat sich dann erwiesen, daß die zwei Richtungen der demokratischen Entwicklung, die Teilnahme immer breiterer Volksschichten und die Durchsetzung der Rechte der Nationen, nicht zusätzliche Elemente, sondern erstrangige Erfordernisse der modernen Entwicklung sind. Dadurch, daß Schwarzenberg und seine Regierung nur die Notwendigkeit der Stärkung eines Teils der gesellschaftlichen Kräfte, des österreichischen Großbürgertums, in Betracht zog, während er die modernen gesellschaftlichen Errungenschaften der Revolution rücksichtslos abbaute und unterdrückte, riß er das Reich in unabsehbare Krisen innenpolitischer wie außenpolitischer Art.

Der Demokratisierungsprozeß, der in Österreich im Sommer 1848 begonnen hatte, fand – auf bisher nicht genügend aufmerksam verfolgte Weise – mit der militärischen Niederschlagung der Aufstände in Wien und Prag noch kein Ende. Der im Mai 1848 gewählte Reichstag, dessen Zusammensetzung sowohl vom Klassen – als auch vom nationalen Standpunkt aus sehr demokratisch war, setzte eigentlich in der Zeit vom August 1848 bis zum 7. März 1849 seine verfassunggebende Arbeit fort. Es ist kennzeichnend, daß dem Reichstag zweiunddreißig des Schreibens unkundige slawische Bauern angehörten, und es ist auch interessant, daß Schwarzenberg seinem bäuerlichen Gegenkandidaten gegenüber durchfiel. Parteimäßig waren die Abgeordneten wie folgt verteilt: der rechts im Parlament sitzende, aus Tschechen, Ukrainern und Südslawen bestehende Österreichisch-Slawische Bund zählte hundertzwanzig Mitglieder. In der Mitte umfaßte der Verein der Österreichdeutschen vierzig Mitglieder und der Deutsche Zentrale Klub sechzig. Diese Gruppen lehnten im allgemeinen die Teilnahme an der Frankfurter Nationalversammlung ab, nur der Zentrale Klub wünschte engere Beziehungen zu den deutschen Staaten. Die eigentliche Opposition vertraten der linksgerichtete Klub der deutschen Liberalen sowie die Polen und die Italiener, zusammen etwa hundertdreiundsechzig Abgeordnete. Sie verloren zwar im Reichstag, der infolge der Oktoberrevolution von Wien in die mährische Kleinstadt Kremsier verlegt worden war, viel von ihrem ursprünglichen Radikalismus, blieben aber Föderalisten und Anhänger der Autonomie mit eigener Volksvertretung. Für die Durchführung der verfassunggebenden Arbeit wurde ein Komitee von dreißig Mitgliedern ernannt, dessen „ehrenvolle" Aufgabe es war, die einander widersprechenden, wenn nicht geradezu einander ausschließenden Interessen des Reichs in einer für die Donaumonarchie lebensfähigen Verfassung zu vereinigen. Infolge der strukturellen Gegebenheiten des Reichs konnte es sozusagen nur eine einzige Lösung geben: die Anwendung einer konsequenten Demokratie. Die innere Logik der geplanten Maßnahmen konnte bei der Abstimmung der verschiedenen Interessen zu einer Institution führen, die selbst gemäßigt denkende Abgeordnete zu radikalen Maßnahmen mitriß.

Einer der wichtigsten Ausgangspunkte der inneren verfassungsrechtlichen Probleme Österreichs war die Tatsache, daß die Interessen der verschiedenen, verstreut lebenden Volksgruppen nicht nur das Problem der Teilnahme der einzelnen Klassen an der Macht in den Mittelpunkt stellten, sondern noch viel stärker die Aufrechterhaltung der Existenz der Monarchie, wenigstens in dem Sinn, ob es gelingen würde, die verschiedenen Interessen vom Standpunkt der Sicherung der Entwicklung des Reichs und des europäischen Zusammenlebens in Übereinstimmung zu bringen. Es ist kennzeichnend, daß das „Unregelmäßige" der Entwicklung im österreichischen Reich gerade von den tschechischen Abgeordneten zuerst gespürt wurde. Das deutschösterreichische Bürgertum war im Bewußtsein des Besitzes des Staats und des Reichs unfähig, die wahren Lebensfragen der Monarchie zu erfassen, denn wie immer sich auch sein Verhältnis zu den verschiedenen Formen der deutschen Einheit gestaltete, stand diese als letzte Lösung oder sogar als Flucht Österreich immer offen. Und das Wiener Proletariat hatte durch seinen revolutionären Klassenkampf die von ihm vertretenen Prinzipien und Methoden der Umwandlung Österreichs zum Ausdruck gebracht. So kann der Schluß gezogen werden, daß die Haupttriebkräfte einer demokratischen Umwandlung Österreichs sich unter den Nationen fanden, deren Interessen mit der Aufrechterhaltung der Monarchie verbunden waren und die deshalb nach den günstigsten Formen des Zusammenlebens der innerhalb der Reichsgrenzen lebenden Völker suchten.

Ziel und Aufgabe des Reichstags in Kremsier war es, eine Verfassung zu schaffen, die das Zusammenleben der verschiedenen Völker in einem Staat gewährleistete. Deshalb war es die Hauptaufgabe des fertigen Verfassungsentwurfs, den Charakter des Reichs beziehungsweise des österreichischen Kaisertums als unteilbare, verfassungsmäßige und erbliche Monarchie festzulegen.

Einer der interessiertesten Mitarbeiter an der Verfassungsarbeit war František Palacký. In seiner Tätigkeit als Abgeordneter des Reichstags und in seinen politischen Schriften formulierte er zum erstenmal ein „österreichisches" Programm, das die dynastische Staatsidee unmittelbar auf den Rechten und Bedürfnissen der in Österreich vereinigten Völker aufbaute. Daß dieser Gedanke von einem Slawen niedergeschrieben wurde, konnte einzelne Deutschösterreicher nicht daran hindern, sich diese Ansichten zu eigen zu machen, wobei die von Palacký für die Slawen und Nichtdeutschen der Monarchie geforderten Prinzipien über die Rechte der Nationalitäten als zukünftige Grundlage der Monarchie sie in der praktischen Anwendung nicht daran hinderten, den Anschluß an Deutschland zu versuchen. In diesem Fall bedeutete das Aufrechterhalten Österreichs nichts anderes, als daß die slawischen Völker dem deutschen Gesamtinteresse untergeordnet würden. Darin zeigte sich also der grundlegende Gegensatz, den das Nationalitätenprinzip zwischen den zwei großen Partnern Österreichs, den Slawen und den Deutschen, bedeutete, in seiner vollen Schärfe: die von Palacký konzipierte Idee Österreichs beruhte auf dem Prinzip der Gleichberechtigung sämtlicher Völker. Gleichzeitig bemühte sich die deutsche Idee Österreichs, die von der Dynastie und ihrem Autoritätsstaat zwei Jahrhunderte lang aufgebaute politische Alleinherrschaft widerspruchslos aufrechtzuerhalten. Palacký kam zu dem Schluß, daß Österreich, entsprechend seinen wichtigsten nationalen Bestandteilen auf föderalistischer Grundlage, als verfassungsmäßige Monarchie organisiert werden und in vier große nationale Gruppen aufgeteilt werden müsse. Diese waren: 1. die polnischen Territorien: Krakau, Galizien und die Bukowina; 2. die tschechischen Territorien: Böhmen, Mähren und Schlesien; 3. die deutschösterreichischen Territorien: Nieder- und Oberösterreich, Salzburg, Tirol mit Vorarlberg und Steiermark, und 4. die illyrischen Territorien: Kärnten, das Küstenland und Dalmatien.

Allen diesen Territorien sollte Autonomie gewährt werden, und sie sollten in ihrer Unabhängigkeit nur so weit durch die Zentralgewalt beschränkt sein, als dies für einen nach innen und nach außen starken Einheitsstaat unbedingt erforderlich war. Die volle Souveränität verkörpert sich in der Einheit des Reichs, nach innen aber wird sie durch die Unverantwortlichkeit des Herrschers sowie durch die Autonomie des Reichstags, der Landtage beziehungsweise der Gemeinden beschränkt. Nach Palacký wird die Regierung im Namen des Kaisers von verantwortlichen Ministern geleitet, an deren Spitze der Ministerpräsident steht. Eine der wichtigsten Aufgaben, die in die Zuständigkeit des Reichstags fallen, ist es, die Gleichberechtigung aller Nationalitäten des Staats zu wahren und darüber zu wachen, daß kein Staat einem anderen gegenüber zu Vorteilen gelange.

Palacký hatte drei Entwürfe für die Umwandlung der Struktur des Reichs ausgearbeitet, und jeder von ihnen stieß bei den Deutschen auf Widerstand. Sie meinten, der Föderalismus sei stark tschechisch gefärbt und dränge die deutschen Volksgruppen in den Hintergrund. Gleichzeitig wurden auch von deutscher Seite föderalistische Pläne vorgelegt; die Entwürfe von Ludwig von Löhner und Kajetan Mayer waren jedoch liberal gefärbt und stießen auf großen Widerstand. Es war ein allgemein anerkanntes Erfordernis, das Reich in autonome Nationalitätengebiete aufzuteilen, und es schien, daß dies in den österreichischen Provinzen der Habsburgermonarchie auch ein gangbarer Weg war, das Problem zu lösen. So urteilten nicht nur Nichtdeutsche, sondern auch deutsche liberale Kreise. Es ist jedenfalls bemerkenswert, daß die Abgeordneten des österreichischen Reichstags um die Wende 1848/49 bereits bei der wesentlichsten Frage des Reichs, dem Verhältnis zwischen Zentralgewalt und nichtdeutschen Völkern, angelangt waren. Damit hatten die Gesetzgeber von Kremsier trotz der bestehenden Schwierigkeiten eine sehr wichtige Arbeit vollbracht und waren weiter fortgeschritten als die Parlamente der nach ihnen folgenden Jahrzehnte.

Der Geist und die Arbeit der Gesetzgebung von Kremsier waren sowohl bei den Deutschen als auch bei den Slawen – hauptsächlich durch ihr Bürgertum und durch ihre Intelligenz – von der nationalen Idee durchdrungen und bewegt. Die Intensität dieser Idee war zwar in beiden Fällen gleich stark, ihre Wirkung kam jedoch in entgegengesetzter Richtung zur Geltung. Dasselbe kann von den revolutionären geistigen Kräften gesagt werden, die bei Deutschen und Slawen gleicherweise auf den Sturz des Absolutismus gerichtet waren. Darüber hinaus aber dienten sie vollständig abweichenden Zwecken. Bei den Deutschösterreichern beinhaltete die nationale Idee einerseits den Gedanken des deutschen Charakters, der kulturellen und wirtschaftlichen Unteilbarkeit der geeinten österreichischen Monarchie, und von hier aus gelangten sie am frühesten zu der Idee eines von der Dynastie zusammengehaltenen, konservativen habsburgischen „Einheitsstaats" als der für die Deutschösterreicher einzig möglichen Lebensform den slawischen Bestrebungen gegenüber. Die andere Form der deutschen Bestrebungen zielte auf die Vereinigung mit dem Deutschtum, die liberaleren oder radikaleren Elemente unter ihnen versuchten in Frankfurt eine Staatsform zu finden, die auch für die Deutschösterreicher angemessener war als der Absolutismus, eine Staatsform, in der man nicht mit fremden Völkern, sondern mit den übrigen Teilen der deutschen Nation auf einer gemeinsamen Geschichte und einer gemeinsamen Heimat aufbauen konnte. Auch in dieser Form der deutschnationalen Bestrebungen kann ein gewisser Grad von Absonderung gefunden werden, der darin zum Ausdruck kam, daß das österreichische Reich nicht als geschichtliche Formel und gemeinsame Baustätte verschiedener Völker betrachtet wurde, sondern daß die Auflösung des Reichs der Zusammenarbeit mit den übrigen Völkern vorgezogen wurde. Mit dieser Ansicht kann aber – wenigstens in der revolutionären Epoche – noch immer eine gewisse liberale Auffassung in Übereinstimmung gebracht werden; erst später ging sie in jene großdeutsche Geisteshaltung über, die über den

„geschichtlichen" Konservativismus hinaus zum Ausgangspunkt eines ganz neuen deutschen Nationalismus wurde.

Die österreichischen Slawen gingen einen anderen Weg. Ihre grundlegende Situation wurde 1848, im Jahr der Revolution, durch zwei widersprüchliche Tatsachen bestimmt: zum einen die tschechische Charta Ferdinands I. vom 8. April 1848, in der er im wesentlichen eine tschechische Staatlichkeit anerkannte. Zum anderen einige Wochen später die Niederwerfung des Juni-Aufstands in Prag, der die erworbenen Rechte zunichte machte und die Tschechen zwang, auf ihre geplante selbständige Landesversammlung zu verzichten und ihre gesetzgebende Tätigkeit im „gemeinsamen" Reichstag auszuüben. Obwohl es keinen Zweifel geben kann, daß dies – wenigstens formell – eine Rückkehr zu den früheren Zuständen – wie sie nach der Schlacht am Weißen Berg für die Lage Böhmens innerhalb des Reichs charakteristisch waren – bedeutete, so war im wesentlichen doch die Lage der tschechischen und der übrigen slawischen Fraktionen im neuen Parlament eine andere als im alten Reich. Die Tschechen – und auch die anderen Slawen – traten in den neuen Reichstag, wenn auch dem Zwang der Geschehnisse folgend, ganz bewußt ein und brachten ihre geschichtlichen Ansprüche auf ein selbständiges Staatswesen und auf Selbstbestimmung mit. Die Anerkennung des Einheitsstaats war von dem Bestreben geleitet, ihn den Möglichkeiten entsprechend ihren nationalen Ansprüchen anzupassen und im Notfall sich mit den deutschen Zielsetzungen auszugleichen. Nach solchen Überlegungen gelangten die tschechischen Abgeordneten zur Anerkennung des habsburgischen Gesamtstaats, innerhalb dessen gegensätzliche Bestrebungen natürlich auf der Grundlage einer liberalen Weltanschauung auch unter dem Zepter der Habsburger in Einklang gebracht werden konnten. Es besteht kein Zweifel, daß diese Anschauungsweise und diese Konzeption die Vorbedingungen für die verfassunggebende Arbeit des Reichstags im Kremsier geschaffen haben. Dies bedeutete damals auch die Anerkennung des Habsburgerreichs und der Dynastie, in der Absicht, die verschiedenen Völker in einem Staat zusammenzufassen, in dem jedes dieser Völker sich eine Heimat schaffen könnte.

Die verfassunggebende Tätigkeit des Reichstags in Kremsier wäre aber eine Konzeption in luftleerem Raum geblieben, wenn sie nicht gleichzeitig die grundlegenden Formen des Zusammenlebens der verschiedenen Völker konzipiert hätte, jene Einheiten, durch die eine alle Völker umfassende gemeinsame Staatlichkeit erst verwirklicht werden könnte. Diese grundlegende Einheit aber war die lokale oder nationale Autonomie beziehungsweise die die Grundlage des gesellschaftlichen Lebens bildende „freie Gemeinde". Daß diese Frage sich in Österreich schon sehr früh gestellt hat, ergab sich eben aus der mosaikartigen Zusammensetzung der Nationalitäten und den besonderen verwaltungsmäßigen Problemen. Und doch gibt es einen großen Unterschied zwischen der deutschen und der tschechischen Beurteilung des Charakters, hauptsächlich jedoch der Funktion dieser Autonomie. Während sie für die im Besitz der Staatsgewalt befindlichen

Deutschen hauptsächlich die Verwaltung zu übernehmen hatte, bedeutete sie für die Tschechen die Grundeinheit und den unteren Grad der zu erringenden und zu verwirklichenden Selbständigkeit, auf der das ganze Reich nicht nur weiter aufgebaut, sondern auch umgeformt werden konnte. Für die Deutschen hatte die Grundeinheit der Autonomie einen territorialen Charakter, also den eines Reichsteils, eines Bezirks, einer Gemeinde. Bei den Slawen handelte es sich um eine auf geschichtliche Rechtsansprüche gestützte staatsrechtliche Autonomie, letztlich um ein eigenständiges nationales Leben. Diese inhaltlichen Gegensätze verhinderten aber nicht, daß die Idee der freien Autonomie, die auch unter amerikanischem und belgischem Einfluß stand, zu einem charakteristischen österreichischen Begriff wurde, dessen Entstehen man in Kremsier beobachten kann, dessen Wirkung aber bis zum Ende des Bestehens des Reichs spürbar blieb. Zweck des Experiments war, auf Grund der Selbstbestimmung der Einheiten mit gegensätzlichen Bestrebungen diese in einen Gesamtstaat zu integrieren, dessen europäische Großmachtstellung nicht auf dem System des verknöcherten Absolutismus, sondern auf einer modernen verfassungsmäßigen Staatsidee aufgebaut war. „Dem absolutistischen Einheitsstaat als Träger des dynastischen Staatsgedankens Österreichs tritt der Gedanke der freien Einigung der durch historisches Recht oder nationale Einheit gebildeten Völkergruppen und territorialen Einheiten, die Idee des Föderalismus werbend gegenüber." (J. Redlich: Das österreichische Staats- und Reichsproblem. Leipzig 1920, Band I. S. 269–270.)

Diese Feststellung des österreichischen Historikers Joseph Redlich trifft vollkommen zu auf das, was die Gesetzgeber in Kremsier versuchten und was das Wesen des österreichischen Problems war; es handelte sich um eine Aufgabe, wie sie die Geschichte bis 1848 nur hier gestellt hatte. Die Aufgabe nämlich, ein aus zahlreichen geschichtlichen Territorien und verschiedenen Völkern bestehendes, bis dahin nur durch das Machtwort einer Dynastie zusammengehaltenes Reich in eine organische Einheit der Teile zu verwandeln und den „Staat" trotz Dekonzentration und Dezentralisation nicht nur aufrechtzuerhalten, sondern der Gesamtheit der Länder nach außen die Großmachtstellung, nach innen aber durch die ungestörte Tätigkeit als Zentralgewalt die volle nationale Geltung zu sichern. Die Deutschen in Österreich und Böhmen waren sich über die Lage soweit im klaren, daß dies den Verlust ihres Einflusses in diesen Reichsteilen bedeutet hätte. Das ist die Ursache dafür – und auch darin ist die Beobachtung Joseph Redlichs zutreffend –, daß der Kampf um die Verwirklichung der Autonomie, als eine Art der Lösung der nationalen Frage Österreichs, sich letztlich in eine Machtfrage verwandelte. Dieses Moment wurde schon recht früh offenbar; die deutschen Abgeordneten im Kremsier, so Brestel, Hein, Lasser und Mayer, näherten sich nämlich rasch immer mehr dem Standpunkt, daß weder die neue Verfassung noch die Autonomie den Rechtsbereich des österreichischen Staats und der kaiserlichen Macht beeinträchtigen dürfen. Zu diesem historischen Zeitpunkt kam es zu einem sehr scharfen Gegensatz zwischen dem slawischen und dem deutschen Standpunkt in der Frage, ob die Priorität den Nationen und den Provinzen oder aber dem Staat und der zentralen kaiserlichen Gewalt zukomme. Den einen Standpunkt vertraten Palacký und Rieger, den anderen die deutschen Abgeordneten.

Aus all dem ergab sich für die Organisierung der gesetzgebenden Macht noch ein weiteres Problem: die Trennung der Reichsgesetzgebung von der gesetzgebenden Gewalt der Reichsteile. Für Österreich war das eine Frage der Zweiten Gesetzgebenden Kammer: hier sollten die Kronländer autonom vertreten sein, was ebenfalls zu einem Kompromiß zwischen Föderalismus und der Auffassung vom Einheitsstaat führen mußte. Das Wichtigste war, daß die Erste Kammer den föderativen Charakter der neuen österreichischen Verfassung bestimmte, die Zweite, die sogenannte Volkskammer, dagegen den Zusammenschluß sämtlicher Völker zu einem einzigen „Reichsvolk" zum Ausdruck brachte und damit die tatsächliche Grundlage der Zentralgewalt schuf. Es gab eine noch schwierigere Aufgabe, die die österreichischen Gesetzgeber lösen mußten: die Aufstellung einer regierungsfähigen und administrativen Zentralgewalt. Hier war es noch viel schwieriger, ein Gleichgewicht zwischen Föderalismus und Zentralgewalt zu finden, und dies ist eigentlich auch nie gelungen. Es kann nicht geleugnet werden, daß die Vertreter der in Österreich lebenden Völker es als ihre wichtigste Forderung ansahen, daß die Gesetzgebung über die Volksvertretung tatsächlich in die Hand des Volkes gelangen und daß die Zentralgewalt unter Einhaltung des Mehrheitsprinzips und der ministeriellen Verantwortlichkeit vom Volkswillen abhängig sein müsse.

Die Kremsierer Epoche des österreichischen Reichstags, die außer bei den obigen Problemen noch in zahllosen anderen Fragen die Anschauungsweise des zeitgenössischen Freidenkertums zeigte – so zum Beispiel in den Fragen der sprachlichen und der religiösen Gleichberechtigung –, konnte sich in einer Atmosphäre, die durch den baldigen vollständigen Sieg des dynastischen Absolutismus gekennzeichnet war, kaum Hoffnungen auf den Sieg ihrer Ideen machen. In dieser Zeit – nach der Niederschlagung der Revolution am 6. Oktober 1848 – standen keinerlei militärische Kräfte mehr zur Verfügung, mit denen den Forderungen des Reichstags hätte Nachdruck verliehen werden können. So verflüchtigten sich alle diese Debatten und Verhandlungen, die bis zum 6. März 1849 stattfanden, sozusagen im luftleeren Raum, und jede Hoffnung auf Widerhall ging verloren. Und doch waren sie ein tragisches Gegenstück zum ungarischen Freiheitskampf, der auch dann noch bedeutende ideelle Unterstützung genoß, als der Reichstag den Empfang einer ungarischen Abordnung zurückgewiesen hatte. Daß zwischen der halbjährigen Tätigkeit dieser Körperschaft, die die Völker der österreichischen Reichshälfte vertrat, und dem militärischen Kampf des ungarischen Volkes eine gewisse Parallele bestand, kann nur schwer geleugnet werden, auch wenn kein so unmittelbarer Zusammenhang existierte, wie er eben nur auf Grund einer abgeklärteren revolutionären Konzeption hätte zustande kommen können.

Der Teil des Verfassungsentwurfs, der von den staatsbürgerlichen Grundrechten handelt, gehört zu den fortschrittlichsten politischen Deklarationen des damaligen

Europa. Der „Entwurf der Grundrechte des österreichischen Volkes" – so wurde das Kapitel benannt – spiegelte ohne jeden Zweifel den Geist der Menschenrechtserklärungen wider, wie sie im vorigen Jahrhundert in Frankreich und in Amerika verkündet worden waren, und versuchte diese den Verhältnissen der Donaumonarchie anzupassen. In dem „Entwurf der Grundrechte des österreichischen Volkes nach den Beschlüssen der zweiten Lesung im Konstitutionsausschuß" hieß es unter anderem: § 1: „Alle Gewalt geht vom Volke aus..." § 5: „Der Adel und die Standesvorrechte sind abgeschafft..." § 6: „Die Todesstrafe für politische Verbrechen wird abgeschafft..." (Dr. Alfred Fischel: Die Protokolle des Verfassungsausschusses über die Grundrechte. Wien und Leipzig 1912, S. 187–189.)

Dann bestimmte der Entwurf die bekannten bürgerlichen Freiheitsrechte, inbegriffen nicht nur das Recht der freien Religionsausübung, sondern auch die Bestimmung, daß keine einzige Konfession innerhalb des Staats Privilegien genießen dürfe, was im Staat der Habsburger von besonderer Bedeutung war. Auch die Freiheit der Wissenschaft und des Unterrichts wollte man in das Gesetz aufnehmen sowie die Bestimmung, daß der allgemeine Unterricht auf Staatskosten, unentgeltlich, zu erteilen sei. Doch dürfe in keiner Schule eine Konfession einen leitenden Einfluß ausüben. Von vorrangiger Bedeutung für die Zustände in der Donaumonarchie war der § 21 des Entwurfs: „Alle Volksstämme des Reichs sind gleichberechtigt. Jeder Volksstamm hat ein unverletzliches Recht auf Wahrung und Pflege seiner Nationalität überhaupt und seiner Sprache insbesondere..." § 25: „Jeder Staatsbürger und jedes Grundstück muß seinem Gemeindeverband angehören. Die Grundrechte der Gemeinde sind: a) Die freie Wahl ihrer Vorsteher und Vertreter..." (Dr. Alfred Fischel: a. a. O.)

Der Verfassungsentwurf des österreichischen Reichstags von Kremsier, der die Grundrechte der in Österreich lebenden Völker sichern sollte, ist eine für das 19. Jahrhundert charakteristische Sammlung nationaler Rechte, die die politischen Bestrebungen der zum Reich gehörenden Völker beinhaltete.

Mit dem Erstarken der absolutistischen Gewalten wurde das Nebeneinanderbestehen von Regierung – die die Restauration betrieb – und Reichstag – der den bürgerlichen Demokratismus vertrat – immer unhaltbarer. Die radikalen Prinzipien, die der Reichstag in der neuen Verfassung im Kapitel „Grundrechte" zur Geltung bringen wollte, vor allem die These, daß „alle Gewalt vom Volke ausgeht", waren für eine Regierung unannehmbar, in der selbst die liberaleren Mitglieder – wie Stadion und Bruck– den Absolutismus als ihre Grundlage ansahen, obwohl ihr Standpunkt nicht von den Interessen der Aristokratie, sondern von jenen des Großbürgertums bestimmt war. Diese unhaltbare Lage hatte zur Folge, daß in der Sitzung des Ministerrats vom 26. Dezember 1848 in der Debatte über die „Grundrechte" die Unzufriedenheit der Minister offen zum Ausbruch kam und daß vor allem der Gedanke, den Reichstag aufzulösen, immer konkretere Formen annahm. Wenn man hinzufügt, daß Bruck in der Sitzung des Ministerrats vom 6. Januar 1849 die sofortige Auflösung beantragte, nachdem Stadion bereits in der Sitzung vom 4. Januar 1849 verkündet hatte, daß der mit dem monarchischen Prinzip unvereinbare § 1 aus dem Verfassungsentwurf gestrichen werden müsse, dann ist es – alles zusammengenommen – wahrhaftig nicht überraschend, daß die Existenz des jeder Macht beraubten Reichstags vollkommen illusorisch geworden war.

Der Prozeß, der in den Jahren 1848 und 1849 im Habsburgerreich vor sich ging, hatte letzten Endes einen ganz anderen Inhalt und eine andere Bestimmung als die Prozesse im übrigen Europa: er sollte bürgerliche, wirtschaftliche und gesellschaftliche Verhältnisse schaffen, aber darüber hinaus mußte das gegenseitige Verhältnis der das Reich bildenden und durch die kapitalistische Entwicklung zu eigenem Bewußtsein gelangten Nationen geregelt und stabilisiert werden. Und gerade in diesem Punkt offenbarten sich die Schwächen der Revolution, die durch das herrschende System geschickt vertieft werden konnten: Die Hofpartei übernahm die wichtigsten Forderungen der bürgerlichen Entwicklung und fügte sie ihrem eigenen Herrschaftssystem ein. Einerseits verwirklichte die Regierung die wesentlichsten Forderungen zur Entlastung des Bauernstands. Andererseits verschmolz sie die großbürgerlichen Vereinheitlichungspläne von Bruck, Stadion, Bach und anderen mit dem Restaurationsprozeß der Habsburgermonarchie, wodurch sie ein doppeltes Ziel erreichte: Der Revolution wurden die wichtigsten Triebkräfte entzogen und in die „modernisierte“ Struktur der eigenen Macht eingeführt. Das war für die revolutionären Kräfte ein um so schwererer Schlag, als gerade die verhältnismäßige Schwäche der bürgerlichen Kräfte ein Abnehmen der Durchschlagskraft des Entwicklungsvorgangs verursachte. Das führte dazu, daß der revolutionäre Prozeß selbst eine innere Wandlung durchmachte, in der die Unabhängigkeitskämpfe der Nationen die Intensität der Klassenablösung schwächten, wodurch beide Bestrebungen zum Mißerfolg verurteilt waren. Die nationalen Kämpfe waren nämlich ebenso auf die aktive Unterstützung der bürgerlichen demokratischen Kräfte angewiesen, wie umgekehrt auch die österreichischen revolutionären Kräfte mit Recht politische und – nicht zuletzt – militärische Hilfe fordern konnten, ein Zusammenwirken, wie es zwischen der österreichischen Revolution und dem ungarischen Freiheitskampf seinerzeit schon begonnen hatte.

Und hier ergeben sich zwei Probleme, die sich vom Standpunkt der inneren Entwicklung des Habsburgerreichs entscheidend und schließlich auch verhängnisvoll auswirkten. Das eine war das widersprüchliche und ziemlich ungeklärte Problem der inneren Einheit und Kohäsion des Reichs. Das andere war – wenn auch nicht unmittelbar – eine organische Funktion des ersten: die Unsicherheit und die unterschiedlichen strategischen Konzeptionen und Vorkehrungen der revolutionären Kräfte.

Das erste Problem, der Widerspruch der inneren Einheit der Habsburgermonarchie, bestand darin, daß die Entwicklung der kapitalistischen Kräfte zwar das Zustandekommen großer territorialer Einheiten förderte, daß aber dieselben Kräfte auch die Selbständigkeitsbestrebungen der sich national und sprachlich differenzierenden Einheiten stärkten. Es besteht kein Zweifel, daß auf lange Sicht diese politischen Bestrebungen trotz der wirtschaftlichen Kohäsion sich als stärker erwiesen hätten und das Reich zu sprengen drohten. In diesem Sinn kann also der Prozeß der Desintegration – der Abfall nationaler Einheiten – auch für die damalige Zeit als positiv betrachtet werden. Zur Komplizierung des Prozesses trug bei, daß die Tendenz zur Desintegration, die damals hauptsächlich von den Ungarn repräsentiert wurde und deren entschiedenste Erscheinungsform der ungarische Freiheitskampf war, noch nicht über die Kraftquellen verfügte, die eine Konsolidierung und Entfaltung der neuen nationalen Einheiten hätten sichern können: nämlich eine durch den Kapitalismus geschaffene starke bürgerliche Klasse. Daher brachen die nationalen Bestrebungen, in erster Linie die ungarischen, eine ganze Entwicklungsperiode zu früh aus und waren damit zu Erfolglosigkeit verurteilt. Zu dieser Zeit war das Habsburgerreich als wirtschaftliche Einheit stärker als seine einzelnen Bestandteile, die, allein auf sich gestellt, kaum ihre Existenz hätten sichern können und ausgesprochen aufeinander angewiesen waren. Und zwar nicht nur Ungarn auf Österreich, sondern auch Österreich auf Ungarn, Böhmen und die übrigen Teileinheiten des Reichs. Es ist kein Zufall, daß die österreichische Presse damals wiederholt schrieb, daß Österreich ohne Ungarn nicht bestehen könne, worunter natürlich der Verlust der ausnutzbaren Territorien verstanden werden muß, denn in gewisser Beziehung stimmte das auch. Auch die ungarische Entwicklung war auf die Errungenschaften der österreichisch-deutschen Zusammenarbeit angewiesen, selbst wenn sich diese damals noch sehr spärlich in dieser Richtung bemerkbar machten. Es ist eine Tatsache – die damals sehr deutlich spürbar wurde –, daß die von der Pragmatischen Sanktion geschaffene Einheit des Reichs nicht nur das Thronrecht der Habsburger in weiblicher Linie zu sichern hatte, sondern auch die wirtschaftlich-politische Einheit des Reichs, die in dieser Phase der ostmitteleuropäischen Entwicklung, im Zeitalter des unter dem „Patronat" des Absolutismus entstehenden Frühkapitalismus, fast die einzige Existenzform der hier lebenden Völker war. Die bereits wiederholt erwähnte Tatsache, daß die Ungarn 1848 bestrebt waren, aus dem Habsburgerreich auszuscheiden, selbst wenn der Zusammenhang mit der Dynastie in Form einer Personalunion hätte aufrechterhalten werden können, weist darauf hin, daß die damals noch nicht klar erkennbaren, objektiv aber zur Geltung kommenden geschichtlichen Gegebenheiten während des heftigen Freiheitskampfes in den Hintergrund verdrängt wurden. Gleichzeitig spielte wahrscheinlich die Notwendigkeit, die Einheit des Reichs zu wahren, gerade den reaktionärsten militärischen Kreisen der Hofpartei in die Hände und bedeutete ihnen die größte Hilfe, um so mehr, als die politisch reifen und aktionsfähigen, aber schwachen bürgerlichen Gruppen des Reichs den Weg einer revolutionären Umwandlung durch Abschaffung des Absolutismus in einer anderen Richtung suchten.

Die verschiedenen bürgerlichen Gruppen der Habsburgermonarchie versuchten tatsächlich den Absolutismus auf verschiedenste, oft einander widersprechende Art zu liquidieren; die Aufrechterhaltung des Reichs als Einheit gehörte jedoch nicht unbedingt zu ihren Forderungen. So sah ein bedeutender Teil der deutschösterreichischen Bürgerschaft – und gerade der demokratischste – die Möglichkeit einer demokratischen Entwicklung in dem Anschluß Österreichs an die deutsche Einheit, die gerade mit den an der Frankfurter Nationalversammlung teilnehmenden Staaten zu schaffen gewesen wäre. Von den nichtdeutschen Nationen des Habsburgerreiches sprachen sich in erster Linie die Vertreter der ungarischen Revolution mit größter Sympathie für das Aufgehen Österreichs in der großdeutschen Einheit aus, weil dies den Weg zur vollen nationalen Unabhängigkeit für Ungarn eröffnet und den weiteren Kampf bedeutend erleichtert hätte. Eine vollkommen entgegengesetzte Richtung wurde von den Tschechen vertreten, die – nicht ohne Grund – befürchteten, daß die Auflösung Österreichs in der großdeutschen Einheit ihre Nation dem deutschen Übergewicht vollkommen ausliefern und in ihrer Existenz bedrohen könnte. So gelangten sie – wie man gesehen hat – zu dem Gedanken einer föderativen Entwicklung Österreichs. Es besteht kein Zweifel, daß diese Konzeption auch die Möglichkeit in sich barg, Österreich könnte unter ihrem Einfluß zu einem tschechisch-slawischen Reich umgewandelt werden, doch war das damals noch keine unmittelbare Gefahr. Um so gefährlicher waren aber zwei andere sehr wichtige Elemente. Einerseits gerieten die Tschechen mit ihren Bestrebungen, das Reich unbedingt aufrechtzuerhalten, trotz ihrer ursprünglich demokratischen Einstellung in einen gefährlichen Zusammenhang mit den reaktionärsten Gruppen der habsburgischen Hofpartei; von dieser Verbindung konnten sie höchstens erwarten, daß nicht die Deutschen, sondern der restaurierte Absolutismus der Habsburger sie weiter unter Druck halten würde. Andererseits ergab sich aus den tschechischen Bestrebungen, die habsburgische Reichseinheit unbedingt aufrechtzuerhalten, auch das gefährliche Moment, daß infolge des tragischen Verlaufs der ostmitteleuropäischen Entwicklung die zwei bedeutendsten Nationen der Habsburgermonarchie, die Ungarn und die Tschechen, im Verlauf ihres Kampfes um nationale Entwicklung und Freiheit unabwendbar in einen unüberbrückbaren Gegensatz gerieten, denn was der einen als Hindernis des weiteren historischen Aufbaus erschien – die Zugehörigkeit zum Habsburgerreich –, gab der anderen der noch mächtiger drohenden deutschen Unterdrückung gegenüber bedeutenden Schutz. Darauf beruht in erster Linie der Mißerfolg beider Nationen. Hinzu kam die Tatsache, daß der Inhalt dieser Gegensätze den gleichzeitig kämpfenden Teilen nicht bewußt war und daß der Kampf um ihre nationale Entwicklung auf Wegen verlief, die sich kreuzten. Dies war einer der Hauptgründe dafür, daß unter den Völkern des Habsburgerreichs keine föderative Verbindung zustande kommen konnte, um so weniger, als die bürgerlichen Klassen wegen ihrer zahlenmäßigen Unterlegenheit eine Entwicklung dieser Art nicht gewährleisten konnten, ganz zu schweigen davon, daß sie auch damals schon eher Triebkräfte der Desintegration blieben. Es ist sehr bezeichnend, in der gegebenen Lage aber natürlich, daß der einzige damals zustande gekommene, von Palacký verfaßte Föderationsentwurf nicht die Teilnahme Ungarns beinhalten konnte. Wahrscheinlich kann dies kaum als positives Moment bewertet werden. Allerdings wäre auf seiten der Ungarn damals jede solche Kombination für unvereinbar mit der ungarischen Staatlichkeit gehalten worden. Der ungarische Staat betrachtete seine Staatsbürger „fremder Sprache" damals als Teile der ungarischen „Nation des heiligen Stephan" (wie sie als unabhängiger Staat im Mittelalter bestanden hatte), die keinerlei Anspruch auf „nationale Gleichberechtigung" stellen konnten. Dieser ungarische Staat betrachtete sich damals wirklich als eine Macht, die nicht Österreich, sondern auch allen anderen Mächten Europas gegenüber vollkommen gleichrangig war. Zwei Momente dürfen aber nicht außer acht gelassen werden. Ein Zusammenschluß der Völker des Habsburgerreichs auf föderativer Grundlage hätte ausschließlich auf der Höhe der revolutionären Ereignisse von 1848 zustande kommen können, wenn die Führer der gegen den Absolutismus kämpfenden Völker sich über eine solche Lösung hätten einigen können und den demokratischen Charakter dieses Wegs erkannt hätten. Nach der Niederlage der Revolutionen und der grundlegenden Umwandlung der europäischen Verhältnisse waren solche Konzeptionen bereits verspätet. Es ist eine der großen Tragödien der ungarischen Geschichte, daß Lajos Kossuth erst anderthalb Jahrzehnte später auf den Gedanken der Donaukonföderation kam, als er nicht mehr imstande war, zu ihrer Verwirklichung beizutragen. Daß er aber – besonders in bezug auf die im Karpatenbecken lebenden Völker – in den sechziger Jahren des 19. Jahrhunderts zu dieser Konzeption gelangte, beweist, daß dies auch eine Möglicheit des Zusammenlebens der mitteleuropäischen Völker gewesen wäre. Sehr charakteristisch sind in diesem Zusammenhang die einleitenden Zeilen des am 1. Mai 1862 zur Veröffentlichung gelangten Textes.

„Da die durchaus eigenartigen Verhältnisse der Länder, die zwischen den Karpaten und der Donau, zwischen dem Schwarzen Meer und dem Adriatischen Meer liegen, das Entstehen eines einheitlichen Staats sehr erschweren, ist es wünschenswert, daß die in diesen Gebieten bestehenden alten geschichtlichen Staaten einen Bund schließen, den man Donaukonföderation nennen könnte. Außer den Angelegenheiten gemeinsamen Interesses, die von einer zentralen Behörde behandelt würden, sollte jeder Staat über eine vollständig unabhängige Gesetzgebung, Gerichtsbarkeit und Verwaltung verfügen." Dann heißt es bei Kossuth weiter: „Die Grundlage der neuen öffentlich-rechtlichen Ordnung in den Donauprovinzen wäre die freie Einwilligung der Völker... Den Bundesvertrag würde eine gesetzgebende Versammlung unter Berücksichtigung bestimmter Prinzipien schließen, von denen ich einige anführe:

1. Gemeinsame Angelegenheiten wären die Verteidigung des gemeinsamen Gebiets, die Außenpolitik und die außenpolitische Vertretung, das Handelssystem, einbegriffen die Handelsgesetzgebung, die Zölle, die Hauptverkehrslinien, die Maße und Gewichte...

5. Die Gesetzgebende Versammlung wird entscheiden, ob die Bundesversammlung (das Parlament), dem die ausführende Gewalt obliegt, aus einer oder aus

zwei Kammern bestehen soll wie in den Vereinigten Staaten von Amerika. In letzterem Fall würde das Abgeordnetenhaus den nationalen Verhältniszahlen der Völker entsprechend gewählt werden, im Senat wären alle Völker, unabhängig von ihrer Größe, durch eine gleiche Anzahl von Mitgliedern vertreten, für die kleineren Staaten liegt darin eine ausgezeichnete Garantie...

7. Über die Amtssprache des Bunds wird die Gesetzgebende Versammlung entscheiden. In der Praxis kann jedes Mitglied sowohl in der Verwaltung als in der Gesetzgebung seine eigene Muttersprache benutzen.

8. Der Sitz der Bundesbehörde wird abwechselnd in Pest, Bukarest, Agram und Belgrad sein. Und endlich werden: Einheit, Einvernehmen und Brüderlichkeit zwischen Ungarn, Slawen und Rumänen... postuliert."

Dies waren die Grundlagen für den Konföderationsplan Kossuths, wozu man bemerken kann: in dieser Konzeption werden weder die in den gegebenen Gebieten lebenden Deutschen noch die außerhalb dieses Gebiets, jedoch zu dessen wirtschaftlich-politischer Einheit gehörenden deutschen und tschechischen Elemente erwähnt. Daß Österreich damit unausgesprochen den deutschen Staaten überliefert wird, ist zwar offenbar, war aber in der gegebenen Epoche der deutschen Entwicklung kaum mehr zu verwirklichen. Für die Tschechen war die Lage noch schwieriger: ihre Auslieferung an das deutsche Übergewicht hätte zu einer neuen Krise geführt, die gerade im Hinblick auf ihre wirtschaftlich-politische Entwicklung und das Niveau ihrer nationalen Ansprüche sehr gefährlich gewesen wäre und auch vom Standpunkt der „Donaukonföderation" Gefahren in sich geborgen hätte. Anderseits zeigt die feindselige Aufnahme dieser Konzeption in Ungarn, daß den politisch führenden Gruppen der ungarischen Gesellschaft eine solche Lösung kaum noch wünschenswert erschienen wäre. Die „Donaukonföderation" hätte nur als Lösung der Revolution in Frage kommen können. Aber in Ungarn und überhaupt in Europa stand eine Revolution nicht mehr auf der Tagesordnung.

Die Gegensätze, die sich im Hinblick auf die Zukunft der Habsburgermonarchie zwischen den führenden Persönlichkeiten der um ihre Freiheit kämpfenden Nationen nach dem Sturz des Absolutismus zeigten, wurden auch hinsichtlich der Bestimmtheit und Folgerichtigkeit ihrer revolutionären Tätigkeit deutlich spürbar. Sie waren im Verhältnis zwischen Österreichern und Ungarn ziemlich offenbar und führten in militärischer Beziehung geradewegs zur Katastrophe.

Drei sehr wesentliche Momente spiegeln diesen Dualismus wider, der auf österreichischer und ungarischer Seite den Ablauf des Kampfs gegen den Absolutismus kennzeichnet, einen Kampf, dessen Erfolg in erster Linie von der Zusammenarbeit der beiden Teile abhing. Die ersten zwei Momente zeigten sich auf österreichischer Seite, das dritte bei der ungarischen Heerführung, doch muß betont werden, daß es sich dabei nur um besonders auffällige Beispiele handelt.

Da ist zunächst das Schreiben des ungarischen Reichstags an den Wiener Reichstag zu erwähnen sowie der Empfang der Abordnung, die dieses Schreiben am 18. September 1848 übergab. Es enthielt den Vorschlag, Schritte zur gemeinsamen Verteidigung der konstitutionellen Freiheit vorzubereiten, „einen Bund gegen die sowohl für Wien als für Pest gefährlichen Kabalen der höfischen Reaktion". Der Reichstag empfing die Abordnung aber nicht. Obwohl ein großer Teil der deutschösterreichischen Abgeordneten, vor allem die Radikalen, für die Teilnahme der ungarischen Abordnung am Reichstag war, stellten sich die Regierungsparteien und die Tschechen gegen diese Teilnahme, weil die Ungarn für die vom Frankfurter Parlament repräsentierte deutsche Einheit waren, und dies hätte nach Auffassung der Tschechen ihr eigenes Aufgehen im deutschen Einheitsstaat bedeutet. Darüber hinaus hatten sie auch ihre Zweifel am demokratischen Charakter des ungarischen Staats, denn sie sahen in der ungarischen Aristokratie einen Feind der österreichischen demokratischen Bestrebungen. Tatsache bleibt, daß die Weigerung, die ungarische Abordnung zu empfangen, nicht nur in Österreich politische Gegensätze auslöste, sondern auch ein schwerer Schlag für den Kampf gegen den Absolutismus war. All dies war keineswegs eine Folge irgendeines Mißverständnisses oder eines zufällig begangenen politischen Irrtums, sondern Ausdruck der inneren Gegensätze der österreichischen Revolution.

Zweifellos war der Standpunkt der Vertreter der tschechischen Nation sehr kompliziert und konnte damals noch nicht in jeder Beziehung analysiert werden (auch Engels verurteilte ihn in erster Linie wegen seiner Manifestationen gegen den ungarischen Freiheitskampf). Daß im Hintergrund dieses Verhaltens im allgemeinen die durchaus nicht unbegründete Furcht der Tschechen stand, wenn sie an die für sie gefährlichen Folgen der deutschen Einheit dachten, das konnten damals selbst unter den fortschrittlichsten Geistern nur wenige überschauen.

Dieses Moment war aber nicht die einzige Erkenntnis dieses Prozesses. Nach dem Ausbruch der österreichischen Revolution bot der ungarische Reichstag wiederholt an, die Wiener Revolution in militärischer Beziehung zu unterstützen. Die ungarischen Truppen seien bereit, die österreichische Grenze zu überschreiten und die Verfolgung der Truppen von Jellačić auf österreichischem Boden fortzusetzen, wenn der Reichstag damit einverstanden sei. Der Reichstag zögerte aber, eine Erklärung abzugeben, und ließ damit General Auersperg und den Hofkreisen Zeit, ihre Truppen zu ergänzen. Dieses Versäumnis führte nicht nur zur Zerschlagung der österreichischen Revolution, sondern auch zur Niederlage der ungarischen Truppen bei Schwechat am 28. Oktober 1848.

Meinungsverschiedenheiten über die Zukunft des Habsburgerreichs bestanden aber nicht nur auf österreichischer, sondern auch auf ungarischer Seite. Allerdings nicht in der Kossuth-Regierung und nicht nur zwischen der Regierung und der sogenannten Friedenspartei, sondern auch zwischen der Regierung und der Heeresleitung unter Görgey. Über den Gegensatz zwischen Görgey und Kossuth und die Meinungsverschiedenheiten zwischen Heeresleitung und Offizierskorps einerseits und zwischen Regierung und Heeresleitung andererseits hinaus wurde immer mehr offenbar, daß die Gegensätze in der Beurteilung des Verhältnisses zum

Habsburgerreich ebenfalls zunahmen. Sie spitzten sich besonders im Frühjahr 1849 zu, als die ungarische Heeresleitung ein solches Übergewicht über die Österreicher gewann, daß diese im Interesse der Aufrechterhaltung ihrer Machtstellung gezwungen waren, den Zaren um Hilfe zu bitten. In dieser Lage entstand ein eigenartiges Dilemma für die militärischen Führer. Sollte die siegreiche Nordarmee die Verfolgung der österreichischen Truppen über Komorn hinaus und bis zur vollkommenen Vernichtung über die österreichischen Grenzen fortsetzen? In diesem Fall wäre Ofen eine Zeitlang in österreichischen Händen geblieben, bis seine Eroberung nach dem vollständigen Sieg mit kleineren Opfern erfolgt wäre. Oder sollte die Reihenfolge umgekehrt sein, die Eroberung Ofens forciert und nach diesem spektakulären Sieg die Kriegshandlungen gegen die kaiserlichen Truppen fortgesetzt werden? Görgey entschloß sich im Mai 1849 für letzteres Verfahren. Welche Rolle dabei die Tatsache spielte, daß die Aufgabe, Ofen einzunehmen, unterschätzt wurde, ist vom Standpunkt der späteren Ereignisse nicht allzu bedeutend. Die Folgen aber wirkten sich tragisch aus. Die wochenlange Belagerung Ofens ermöglichte es den österreichischen Truppen, mit Hilfe der damals in Ungarn einrückenden russischen Truppen, der Kriegslage eine andere Wendung zu geben und die ungarische Armee zu zwingen, die Waffen zu strecken.

Die Frage ist nun, ob die Niederlage des ungarischen Freiheitskampfes tatsächlich eine Folge der falschen strategischen Beurteilung der Belagerung Ofens war, wie damals und auch später oft behauptet wurde. Die Frage kann auch hier nicht entschieden werden, wir können nur einige Momente hervorheben. Die fehlerhafte Beurteilung der Belagerung von Ofen als taktische Aufgabe war tatsächlich ein schwerer Fehler, wenn wir es aber so beurteilen, war die Strategie, Ofen einzunehmen, um nichts weniger falsch. Der Gedanke, daß Görgey durch den Umweg über die Belagerung Ofens – von der Kossuth übrigens ebenfalls unterrichtet war – den österreichischen Truppen absichtlich Zeit gelassen habe, kommt der Anklage des Verrats gleich. Aber nur zwei Probleme scheinen klar zu sein: erstens, daß selbst die Befürworter der Strategie nicht darauf antworten können, ob ein Erfolg ihrerseits den Einmarsch der zaristischen Truppen rechtzeitig verhindert oder ob er den Zusammenschluß der reaktionären Kräfte gestärkt hätte. In der gegebenen Lage könnte man sich vorstellen, daß ein vollständiger ungarischer Sieg auch eine russische und preußische Einmischung ausgelöst hätte, mit dem Ziel, die Habsburgermonarchie zu retten. Wahrscheinlich mag sein, daß der Fehler Görgeys nicht auf militärische, sondern auf politische Überlegungen zurückzuführen ist. Im Ruhmesglanz der Einnahme Ofens wollte er Kossuth gegenüber ein Übergewicht erreichen. Damit aber hätte er – wenn es ihm möglich gewesen wäre – die politische Richtung Kossuths abändern können, die am 14. April dazu führte, daß das Haus Habsburg-Lothringen der ungarischen Krone für verlustig erklärt wurde. So spielten die gegensätzlichen Stellungnahmen hinsichtlich der Zukunft des Habsburgerreichs beim Mißerfolg der Revolutionen von 1848 und 1849 und im ungarischen Freiheitskampf ihre Rolle.

Als die Regierung Schwarzenberg, gestützt auf ein kaiserliches Manifest, den Reichstag in Kremsier mit Polizeigewalt auseinandertreiben ließ, war eigentlich nur die „natürliche“ Ordnung der Dinge wiederhergestellt, die durch die Niederlage der Revolutionen ermöglicht worden war und den konservativen Kräften wieder zu ungeteilter politischer Macht verholfen hatte.

Der wichtigste Grund für die Auflösung des Reichstags bestand darin, daß die Regierung Schwarzenberg, deren Ziel die konsequente Durchführung der Vereinigung des Reichs war, trotz der noch andauernden Kämpfe auch Ungarn in den Prozeß der „Vereinheitlichung“ mit einbeziehen wollte. Dies war auf Grund des vom Parlament in Kremsier vorgeschlagenen Verfassungsentwurfs nicht möglich. In dieser Beziehung war Schwarzenberg einer Meinung mit seinen Ministerkollegen, nur Graf Stadion hatte Bedenken wegen der Auflösung des Parlaments.

Die rücksichtslos durchgeführte Auflösung des Parlaments war – seit der Niederlage der österreichischen Revolutionen – der erste offene und unmißverständliche Schritt, dessen Ziel die Liquidierung der Errungenschaften und Folgen der 1848 begonnenen liberalen Entwicklung war.

Anläßlich der Auflösung des Parlaments wurde mit Datum vom 4. März 1849 eine dem Reich von oben oktroyierte Verfassung veröffentlicht. Bei ihrer Ausarbeitung hatte Franz Graf Stadion-Warthausen eine bedeutende Rolle gespielt. Ungeachtet seines Sprachfehlers zeigte sich seine für die österreichische Aristokratie ungewöhnliche Bildung und Intelligenz schon sehr früh. Er studierte Rechtswissenschaft und trat in den Staatsdienst ein. 1841 wurde er Statthalter der österreichischen Küstengebiete; seine dortige Tätigkeit machte diese Provinz zur „grünen Basis“ des Habsburgerreichs. Als man ihm 1847 – nach dem Bauernaufstand – die Regierung Galiziens anvertraute, versuchte er die Ordnung mit liberalen Mitteln wiederherzustellen. Im April 1848 setzte er in Wien die Aufhebung der Fronherrschaft in Galizien durch, was in Kreisen des Adels große Unzufriedenheit auslöste. Am 21. November 1848 übernahm er provisorisch das Portefeuille des Inneren in der Regierung Schwarzenberg und war als Innenminister am Reichstag in Kremsier anwesend. Der Mißerfolg seiner liberalen Bestrebungen zerrüttete sein Nervensystem, und nach mehrjähriger Arbeitsunfähigkeit starb er am 8. Juni 1853.

Stadion war eine bedeutende Persönlichkeit der österreichischen Geschichte des 19. Jahrhunderts, doch werden seine liberalen Bestrebungen stark von der Tatsache überschattet, daß er Mitglied der Regierung Schwarzenberg war, und das nicht zufällig. Sein unbezweifelbarer Liberalismus stand auf der Grundlage des monarchischen Prinzips, das er nicht umstürzen, sondern dessen gesellschaftliche Basis er erweitern wollte. Dies erklärt seinen empörten Protest gegen das Prinzip „alle Gewalt geht vom Volk aus“, mit dem er während der Debatte im Reichstag seiner Meinung so unverblümt Ausdruck gab. Aber auch seine Politik in Galizien und Triest ist darauf zurückzuführen. Sein hauptsächliches Bestreben war nicht, die nationale Entwicklung der Völker zu fördern, sondern die übernationale Einheit der Habsburgermonarchie zu sichern. Und diese konnte er sich nur in der Form des kaiserlichen Absolutismus vorstellen.

Was Schwarzenberg von den Ideen Stadions für seine eigene Konzeption übernehmen konnte, war in erster Linie die Forderung, Österreich in einen einheitlichen Staat umzugestalten. Dies fand in der Verfassung vom 4. März 1849 in den folgenden Worten Ausdruck: „§ 7: Das ganze Reich ist ein Zoll- und Handelsgebiet. Binnenzölle dürfen unter keinem Titel eingeführt werden, und wo solche zwischen einzelnen Gebietsteilen des Reichs gegenwärtig bestehen, hat deren Aufhebung so bald als möglich zu erfolgen." (Reichsverfassung für das Kaisertum Österreich, S. 151.) Dieser Paragraph bezog sich auch auf Ungarn. Stadions Konzeption war zweifellos Ausdruck der „Großraumwirtschaft" und der großstaatlichen Bestrebungen des Großbürgertums. Das System von Autonomien, das Stadion zusammenfassen und auch auf Ungarn ausdehnen wollte, blieb – trotz des Scheinliberalismus – irreal. Gleichzeitig trägt der Verfassungsentwurf gewisse Züge des Kremsierer Entwurfs. Stadion hat die demokratischen Schärfen jenes Entwurfs so weit als möglich abgefeilt. Anstelle des allgemeinen Wahlrechts schlug er den Zensus vor. Das für kurze Zeit gültige Vetorecht des Kaisers wollte er in ein zeitlich unbegrenztes verwandeln. Die Mehrheit der Oberhausmitglieder wählte er aus Bürgern des Reichs aus, die mehr als 500 Gulden direkte Steuern zahlten, ebenfalls eine bedeutende Abweichung von dem in Kremsier formulierten Verfassungsentwurf, nach dem der größere Teil der Mitglieder des Oberhauses zu wählen gewesen wäre. Die Verfassung Stadions bezüglich des Verhältnisses der Gesetzgebung zu Krone und Exekutivgewalt war tatsächlich absolutistisch, denn sie räumte dem Kaiser das Recht ein, Notverordnungen zu erlassen, und das barg nicht nur den Keim der politischen Methoden der folgenden Jahre in sich, sondern auch den Grund für die Verfassungskrisen der gesamten Epoche.

Auch die Stadionsche Verfassung anerkannte die vom Verfassungsausschuß des Reichstags vorgeschlagene Selbständigkeit der Provinzen, das heißt das Grundprinzip der Autonomie der Kronprovinzen. In der Praxis wurde diese Autonomie aber doch wieder von der Stadionschen Verfassung eingeschränkt, und sie beließ das Budget zusammen mit einigen anderen wichtigen Aufgaben in der Verantwortung des Reichstags, womit die wirtschaftlichen Grundlagen zugunsten der Parlamente, die größere Einheiten repräsentierten, geschmälert wurden. Das Recht, für die Provinzen gültige Notverordnungen zu erlassen, wurde so geregelt, daß diese nachträglich dem Reichstag vorzulegen waren.

Die neue Verfassung – die nie zum Tragen kam – ließ das deutsche Problem vollkommen offen. Die Tatsache, daß die Habsburger kraft ihrer historischen Ansprüche und – nach der Niederwerfung der Revolutionen – auch auf Grund ihrer militärischen Stärke eine ausgezeichnete Basis unter den deutschen Staaten erobern konnten, ermöglichte es Schwarzenberg, diese Macht innerhalb des Deutschen Bunds in zwei Richtungen geltend zu machen: einesteils die demokratischen Errungenschaften der Revolution zu vernichten und anderenteils Österreich den ersten

Platz unter den deutschen Staaten zu sichern. Wie er am 13. Dezember 1848 in einem an die preußische Regierung gerichteten Memorandum erklärte, bestand die Grundlage seiner Konzeption darin, daß Österreich an der Schaffung eines einheitlichen und starken deutschen Staats mit seinem vollen Besitzstand beteiligt sein müsse. Bei der Schaffung eines neuen deutschen Staats, in dem auch Preußen eine führende Rolle zukommen würde, sei es das Ziel der Zusammenarbeit zwischen den beiden Herrscherhäusern, nach Beseitigung der Frankfurter Verfassung eine neue Zentralgewalt zustande zu bringen und die von der Revolution geschaffene Verfassung durch die übrigen deutschen Staaten verwerfen zu lassen. Deutschland solle möglichst in voller Übereinstimmung umorganisiert werden, und zwar nicht als Bundesstaat, sondern in Form eines Staatenbundes, dessen oberste Leitung über eine große Exekutivgewalt verfügen sollte. Außerdem war eine Körperschaft vorgesehen, die sich in erster Linie aus Vertretern der deutschen Herrscher sowie aus einigen gewählten Persönlichkeiten zusammensetzen sollte.

Einige Momente der Konzeption Schwarzenbergs, mit denen er zu einer Zusammenarbeit mit dem preußischen Hof kommen wollte, waren in der frühen Form seiner Konzeption enthalten. Der österreichische Ministerrat vom 12. Dezember 1848 entwickelte diese Konzeption weiter. Die wichtigste Forderung war, daß sämtliche Gebiete der österreichischen Monarchie zum Reich gehören sollten. Es konnte also keine Rede davon sein, daß nur die deutschen und die tschechischen Gebiete sich mit Deutschland vereinigen sollten, wie dies vor 1848 gefordert wurde, denn das hätte zur Zerstückelung Österreichs geführt. Österreich mußte sich als Ganzes, als europäische Großmacht auch im richtig aufgefaßten Interesse Deutschlands dem deutschen Staatenbund anschließen. Österreich mußte sich das Recht vorbehalten, sich unter Bewahrung seiner Integrität und seiner Selbständigkeit anzuschließen, es konnte nicht zulassen, daß über seine Interessen anderswo und nach anderen Gesetzen entschieden werde als durch seinen eigenen Reichstag. Was die kleineren Fürstentümer beträfe, so müßten sie in sechs bis acht größere Einheiten, Reichsbezirke, vereinigt und unter dem Einfluß Österreichs in engeren Zusammenhang untereinander gebracht werden.

Am 25. Dezember 1848 stand im österreichischen Ministerrat die Antwort der preußischen Regierung auf das Memorandum Schwarzenbergs vom 12. Dezember zur Debatte. Das Interessante in der preußischen Antwort verbarg sich in dem Vorschlag, neben dem Frankfurter Abgeordnetenhaus (das man damals nicht mehr auflösen konnte) ein aus neunzig Mitgliedern bestehendes „Haus der Staaten" als Vertretung der Regierungen zu errichten. Außerdem war die Stärkung der Zentralgewalt und die Konzentration der Bundesarmee beabsichtigt. Das Wesen dieser Idee war es, Österreich zwar als engen Verbündeten, aber als unabhängig von den anderen deutschen Staaten zu sehen, Preußen dagegen sollte mit den übrigen Teilen Deutschlands vereinigt werden. Es kann kein Zweifel bestehen, daß diese Konzeption eine frühe Form des Ausschlusses Österreichs aus

Deutschland und die Hegemonie Preußens über die anderen deutschen Staaten bedeutete. Damit aber wurde ein Interessengegensatz zwischen Österreich und Preußen ausgesprochen, der für das Schicksal Deutschlands, ja des ganzen Kontinents die Weichen neu stellte.

Die Habsburgermonarchie mit ihren vielen Nationalitäten hätte tatsächlich nicht dem Deutschen Bund eingefügt werden können, auch nicht in der von der Frankfurter Nationalversammlung vertretenen demokratischen Form. Man kann nicht behaupten, daß die Interessen Preußens und der Frankfurter Nationalversammlung übereingestimmt hätten. Preußen hatte aber ein erstrangiges Interesse daran, zu verhindern, daß Schwarzenberg das buntscheckige Reich des jungen Franz Joseph einem zukünftigen vereinten Staat der deutschen Nation einverleibte. Beim Zustandekommen der Paragraphen 2 und 3 des am 27. Oktober mit großer Mehrheit votierten Verfassungsentwurfs, die bestimmten, daß dem geeinten Deutschland nur deutsche Staaten angehören dürften, spielten aber auch die beiden Abgesandten der unabhängigen ungarischen Regierung, László Szalay und Dénes Pázmándy, eine wesentliche Rolle. So war Preußen mittelbar Nutznießer der demokratischen und nationalen Haltung des Frankfurter Parlaments, das die deutsche Einheit „rein" von fremden Völkern bewahren wollte. Allerdings löste dieses Bestreben bei den in der Paulskirche (dem Schauplatz der Frankfurter Nationalversammlung) vertretenen österreichischen Abgesandten verschiedener Parteizugehörigkeit auch Bedenken über die zukünftige Entwicklung der Deutschösterreicher aus. Ihre Lage wäre bei einem eventuellen Auseinanderfallen Österreichs ebenfalls auf die Tagesordnung gerückt. Es besteht kein Zweifel, daß die preußische Regierung die Richtung einer ihr günstigen nationalen Einheit bevorzugte, die sie mit der Betonung der nationalen Einheit zur Tarnung ihrer deutschen Machtbestrebungen benützen konnte. Die in der deutschen Frage verborgenen Machtgegensätze waren bis zum äußersten gespannt. Die energische Wendung, die die Geschehnisse beschleunigte und in eine neue Richtung drängte, erfolgte im Verhalten Österreichs Anfang März 1849, im Verhalten Preußens Ende desselben Monats.

Die österreichische Regierung wurde durch ein Moment zum Handeln bewogen, das an sich von ziemlich zweifelhaftem Wert war. Es handelte sich um die Schlacht von Kápolna am 26. Februar 1849, von der die österreichische Regierung die Niederschlagung des ungarischen Freiheitskampfes erwartet hatte. Diese Erwartungen erfüllten sich aber nicht. Ungeachtet dessen ergriff Ministerpräsident Schwarzenberg Maßnahmen, wie sie sich aus der Lage einer siegreichen Macht ergeben hätten. In der Innenpolitik der Monarchie liquidierte er – wie bereits erwähnt – die wichtigsten Einrichtungen der Revolution und zwang das Reich in den Zustand politischer Rechtlosigkeit zurück. Was aber die Machtposition Österreichs und sein Verhältnis zu den deutschen Staaten anbelangte, legte er am 9. März 1849 der deutschen Nationalversammlung einen neuen Entwurf vor.

Daraus ergab sich, daß Österreich weder bereit war, sich der Frankfurter Nationalversammlung zu unterwerfen, noch aus dem Verband der deutschen Staaten auszuscheiden. Im Gegenteil: Österreich wollte mit seinem vollständigen Besitzstand, also auch mit seinen italienischen und polnischen Territorien, in den Deutschen Bund eintreten. An dessen Spitze sollte ein Direktorium von neun Mitgliedern stehen, von denen je zwei das Habsburgerreich und Preußen, eines Bayern und vier sämtliche übrigen deutschen Staaten vertreten würden. Das Direktorium wäre lediglich befugt, in der Frage von Krieg oder Frieden zu entscheiden.

Diese Konzeption, wonach die deutschen Staaten sich ohne Österreich unter preußischer Führung vereinigt und sich in dieser Form mit Österreich zusammengeschlossen hätten, war schon früher zur Sprache gekommen und wurde nicht nur von den Preußen, sondern auch in österreichischen Kreisen unterstützt. Diesem Plan stimmte auch ein großer Teil der Frankfurter Nationalversammlung zu. Eigenartigerweise kamen die Schwierigkeiten gerade von seiten König Friedrich Wilhelms IV., dessen reaktionäre und romantische Hochachtung vor der Kaiseridee und Sympathien für Österreich immer weniger mit der österreichfeindlichen politischen Richtung der Regierung des Grafen Brandenburg vereinbar waren. Brandenburg schreckte nicht davor zurück, die von der Frankfurter Nationalversammlung gebotenen Möglichkeiten auszubeuten. Gerade in diesem Punkt ergaben sich Gegensätze zwischen der preußischen Regierung und dem König, der von österreichischer Seite fast schon dazu gebracht worden war, die Frankfurter Nationalversammlung fallenzulassen, von der ja ohnehin allgemein bekannt war, daß sie mit keinem einzigen Herrscher sympathisierte. Die preußische Regierung hatte aber andere Pläne, mit denen sich die Ansichten des Königs durchaus nicht vereinbaren ließen. In seiner Abscheu vor Demokratie und Revolution war der König sogar bereit, die Interessen seines eigenen Landes zurückzustellen. In einem am 4. Januar 1849 verfaßten Memorandum äußerte er sich über die Wiedererrichtung des römisch-deutschen Kaisertums, und es fehlte nur, daß er dem jungen Kaiser von Österreich die Kaiserwürde angeboten hätte. Es folgte ein langer und schwerer Kampf zwischen der preußischen Regierung und dem König, der endlich nachgeben mußte. Die preußische Regierung konnte am 23. Januar ein Rundschreiben an die deutschen Regierungen erlassen, in dem sie der Bildung eines Staatenbunds unter preußischer Führung zustimmte. In bezug auf die kaiserliche Krone nahm sie keinen Standpunkt ein, sondern überließ die Lösung den Fürsten.

Ohne Zweifel war damit klar, daß die Regierung Brandenburg nicht beabsichtigte, bei der Auflösung der Frankfurter Nationalversammlung mit Schwarzenberg zusammenzuarbeiten, ja es wurde sogar immer zweifelhafter, ob die preußische Regierung die Vorrangstellung Österreichs überhaupt anerkannte. Die Wahl des preußischen Königs zum deutschen Kaiser kam jedenfalls seit dem Ende des Monats Januar immer häufiger zur Sprache. Die in Frankfurt tätigen österreichischen Abgesandten – Anhänger der sogenannten großdeutschen Richtung, die die Einbeziehung der Deutschösterreicher in die deutsche Einheit anstrebten – waren zwar bemüht, in der Frage der deutschen Zentralgewalt und des unmittelbar zu wählenden Abgeordnetenhauses gewisse Zugeständnisse von der Wiener Regierung zu erreichen, doch wies sie Schwarzenberg entschieden ab, obwohl auch Anton Ritter von Schmerling, der Führer der Großdeutschen, diese Aktion unterstützte. Schmerling hatte nämlich sehr früh erkannt, daß die deutsche Einheit ohne Österreich zustande kommen könnte, falls sich die österreichische Regierung der Mehrheit der deutschen Staaten entgegenstellen würde. Als Schmerling mit seinem neuen Verfassungsentwurf im Februar einen Mißerfolg erzielte und das Schreiben Schwarzenbergs vom 9. März über die Teilnahme des Gesamtreichs im deutschen Einheitsstaat erfolgte, verzichtete er auf sein Amt in der Regierung des Deutschen Bunds und als Vertreter Österreichs.

In Frankfurt geschah dann wirklich, was zu erwarten war: Die Einsicht setzte sich durch, daß die Einheit Deutschlands nur durch ein gemeinsames Staatsoberhaupt gewährleistet werden könne. Und nachdem die republikanisch Gesinnten in der Minderheit waren, konnte das zu wählende Staatsoberhaupt nur den Rang eines erblichen Kaisers erhalten. In diesem Sinn entschied die Nationalversammlung am 27. März mit 267 gegen 263 Stimmen. Am nächsten Tag wählte die Frankfurter Nationalversammlung den preußischen König Friedrich Wilhelm IV. mit 290 gegen 243 Stimmen zum deutschen Kaiser. Damit gelangte die preußische Regierung der österreichischen gegenüber zu einem bedeutenden taktischen Vorteil, den sie auch nicht ungenutzt ließ. Dem österreichischen Herrscher gegenüber war Friedrich Wilhelm IV. in einen Mißstand geraten, und er begann sich seiner Wahl zum Kaiser fast zu schämen. Am liebsten hätte er die Wahl zurückgewiesen. So kam – nach langen Verhandlungen zwischen dem preußischen König und seinen Ministern – eine Lösung zustande, nach welcher der König in einer Erklärung vom 3. April 1849 tatsächlich auf die Kaiserkrone verzichtete, aber zu verstehen gab, daß er bereit wäre, sie dennoch anzunehmen, wenn sie ihm von den Regierungen der deutschen Staaten angeboten werde.

Diese Formel war trotz ihres reaktionären Inhalts zweifellos sehr geistreich. Sie anerkannte das Ergebnis der Kaiserwahl, entkleidete es aber seines demokratischen Charakters. Dies lag auch dem prinzipiellen Standpunkt der Regierung Brandenburg näher und konnte nicht als Zugeständnis an Schwarzenberg aufgefaßt werden, blieb aber dabei eines der wichtigsten Momente, die den preußisch-österreichischen Gegensatz zum Ausbruch brachten. Die Lage wurde weitgehend dadurch erschwert, daß infolge des Ausscheidens der österreichischen Abgesandten die Frankfurter Nationalversammlung lebensunfähig wurde. Das nach Stuttgart übergesiedelte Rumpfparlament war vollkommen ungeeignet, gesamtdeutsche Interessen auszudrücken oder innere Gegensätze zu überbrücken.

Der Kampf zwischen Österreich und Preußen war somit in ein neues Stadium getreten. Die deutschösterreichische Bourgeoisie war durch die Last der nichtdeutschen Territorien Österreichs in ihren Möglichkeiten stark eingeengt. Die Kriege in Italien und Ungarn zehrten lange Jahre an ihren Kraftquellen. Preußen hingegen war durch keinerlei sich aus seiner Großmachtstellung ergebende Ausgaben belastet. So kam es, daß das Habsburgerreich die Regelung des österreichisch-preußischen Gegensatzes schwungvoll beginnen, Preußen dagegen sie unter voller Ausnützung seiner Kraftquellen energischer beenden konnte.

Die „Oktroyierung“ der Märzverfassung von 1849 war nur eine Einleitung zu dem, was danach kommen sollte: die Suspendierung der oktroyierten und noch gar nicht ins Leben getretenen Verfassung. Sie enthielt nämlich zahlreiche Elemente, die dem zu schaffenden System unangenehm und unbequem waren; das wichtigste Machtorgan des zukünftigen Absolutismus war jedoch auch darin schon enthalten. Es handelt sich um den von Kübeck geschaffenen „Reichsrat“, der zur Grundlage des Aufbaus einer gegenrevolutionären Staatsordnung wurde. Ursprünglich – wenigstens im Sinn der Verfassung vom März 1849 – handelte es sich darum, den Reichsrat in bestimmten Fällen zu einem beratenden Organ für den Herrscher und die Regierung zu machen. Als solches hätte er eigentlich das Kremsierer Parlament in einigen seiner Funktionen ersetzen sollen. Wenn es auch nicht gelang, der ursprünglichen Absicht Kübecks entsprechend eine mit gesetzgebender Gewalt ausgerüstete und dem Ministerrat übergeordnete Körperschaft zu bilden, wurde diese doch ein charakteristisches und eigenartiges Organ des kaiserlichen Absolutismus, das geeignet war, aus dem gesellschaftlichen Leben Österreichs und der dazugehörenden Länder jede Spur von Freiheitsrechten auszumerzen.

In dem neuen Organ konnte man auch das andere kennzeichnende Merkmal des absolutistischen Regimes erkennen: den Gegensatz zur eigenartig bürgerlichen ministeriellen Regierungsmethode. Das Ministerialsystem setzte nämlich durch seine Verantwortlichkeit – sei es dem Herrscher, sei es dem Parlament gegenüber – eine Art von Verfassungsmäßigkeit voraus, was im Gegensatz zu dem von Kübeck vertretenen kaiserlichen Absolutismus stand.

Am 4. Oktober 1851 stellte Kaiser Franz Joseph eine Kommission auf, um die Suspendierung der Verfassung vom März 1849 zu überprüfen. Präsident der Kommission wurde Kübeck. Am 27. November legte er seinen Bericht vor, der im Lauf des Dezember vom Ministerrat in acht Sitzungen eingehend erörtert wurde. So kam – im wesentlichen in dem von Kübeck vertretenen Sinn (und unter Beteiligung von Metternich, der im September 1851 zurückgekehrt war) – das sogenannte Sylvesterpatent vom 31. Dezember 1851 zustande. Es beinhaltete alle Prinzipien und Maßnahmen, die in der absolutistischen Interpretation der kaiserlichen Souveränität und der Reichseinheit die Ordnung des Reichs sichern konnten. Das an Schwarzenberg gerichtete Dokument enthielt in der Anlage eine Reihe von Zusätzen, die außer der Gleichberechtigung aller Staatsbürger und der Aufhebung der feudalen Lasten alle Errungenschaften der Revolution von 1848, die bürgerlichen Freiheitsrechte und jene inbegriffen, die noch in der Stadionschen Verfassung enthalten waren, aufhoben. Ein weiteres Ziel dieser Maßnahmen war die Wiederherstellung der Reichseinheit und die Abschaffung der Eigenstaatlichkeit Ungarns. Diese beiden Maßnahmen entsprachen ohne Zweifel einem objektiven Prozeß, der für reaktionäre Ziele und mit erzwungenen Mitteln, die sich gegen die Entwicklung richteten, letztlich unhaltbar war.

Die Machtbasis des Regimes war das Offizierskorps der Armee, das Revolution und Freiheitskampf niedergeworfen hatte. Mit den Beamten zusammen sollte es den Schutzgürtel um die Dynastie bilden, der berufen war, in der Zukunft die Herrschaft gegen die Erschütterungen der Gesellschaft zu verteidigen. Alle Begleiterscheinungen der Willkürherrschaft, vom Kniefall bis zum Kadavergehorsam des Militärs, wurden im gesellschaftlichen Umgang vorherrschend und drängten die bürgerlichen Formen völlig in den Hintergrund.

Der Kübecksche Absolutismus erhielt von Bach seine endgültige Form, der – von der Armee abgesehen – wie nur wenige unermüdlich für die Aufrechterhaltung der Macht der Habsburger mit ihren absolutistischen Methoden tätig war. Im Sommer 1848 war Bach bereits Justizminister der Regierung Wessenberg, was nicht nur die fachwissenschaftlichen Kenntnisse des fünfunddreißigjährigen Advokaten, sondern auch seine politische Orientierung kennzeichnete. Zweifellos hat er als „revolutionärer" Justizminister für die Befreiung der Bauern gegen Entschädigung gewirkt, sich im Interesse der Sanktionierung der Bestimmungen der verfassunggebenden Versammlung für das kaiserliche Vetorecht ausgesprochen und gegen die ungarischen separatistischen Tendenzen Stellung genommen. Trotz all dieser Aktivitäten gelang es ihm in seiner späteren gegenrevolutionären Umgebung, seine „revolutionäre" Vergangenheit vergessen zu machen, indem er immer neue Beweise für sein Talent lieferte, das System weiterzuentwickeln.

So kam es zur Ausarbeitung von wirksameren und „entwickelteren" Formen und Methoden des Kübeckschen Absolutismus. Der Umstand, daß er im Lauf seiner Arbeit in Widerspruch zu den ursprünglichen Grundsätzen des „Werkes" geriet, beweist nur, daß die Bachsche Konzeption moderner war und ihre Ideen dem österreichischen Bürgertum in jeder Beziehung besser entsprachen. Er schuf ein Verwaltungssystem, in dem ein bescheiden bezahltes, aber gut organisiertes Beamtentum, das guten Kontakt mit allen Bevölkerungsschichten hatte, den unbeschränkten ministeriellen Absolutismus verwirklichte. In fast einem Jahrhundert hatte sich ein Beamtentyp entwickelt, der fähig war, die komplizierten Angelegenheiten der Zentralregierung – die wirtschaftlichen Aufgaben inbegriffen – zu bewältigen. Das grundlegende Prinzip der Staatsreform Bachs war es, daß das Weiterbestehen Österreichs nur durch die wieder ins Leben gerufene kaiserliche Macht gesichert werden könne, die auf der absoluten Autorität des Militärs und der bürgerlichen Bürokratie beruhe. Der am 1. Januar 1852 wiederhergestellte Absolutismus machte aus der Habsburgerdynastie wieder einen Machtfaktor, der den übrigen Großmächten Europas gleichrangig war.

Die Liquidierung der letzten Spuren der Revolutionen schuf einen Zustand innenpolitischer Ruhe, in der der Kaiser, vor allem aber seine ewig tatendurstige Mutter, sich angenehmeren Aufgaben zuwenden konnte, als die Völker im Zaum zu halten. Man konnte nun an die zukünftigen Erben des gesicherten Throns denken, und wann sollte dies geschehen, wenn nicht am 23. Geburtstag des Kaisers, der bis jetzt trotz seiner Jugend immer nur mit düster-ernsten Staatsgeschäften befaßt gewesen war und dem die beklemmenden Aktenstöße der Ministerratssitzungen die heitereren Seiten des Lebens verborgen hatten.

Nach der Sicherung des Throns wollte Erzherzogin Sophie ihrem Sohn auch häusliches Glück bereiten. Da aber in ihren Augen niemand gut und verläßlich genug war, wandte sie sich an ihre eigene zahlreiche Familie, an die bayrischen Wittelsbacher, unter denen sie leicht eine Braut zu finden hoffte, um sie an der Seite ihres Sohnes zur österreichischen Kaiserin erziehen zu können. In erster Linie dachte sie an die Tochter ihrer Schwester Luise, die zwar nicht schön war, in deren stolzem Charakter und in deren Energie sie sich aber selbst wiederzuerkennen glaubte. (Daß Helene, die auserkorene junge Dame, die Kusine ersten Grades ihres Sohnes war, erregte keine Bedenken, da genetische Probleme damals die Heiratspläne der Herrscherhäuser noch nicht interessieren und stören konnten.) Die erste Überraschung erfuhr die Mutter Franz Josephs auch nicht von dieser Seite: Ihr Sohn hatte sich nicht von der ausgewählten Kusine, sondern von deren jüngerer und viel schönerer und reizenderer Schwester, Prinzessin Elisabeth, gefangennehmen lassen.

Die Wahl des jungen Kaisers berührte außer Prinzessin Helene Erzherzogin Sophie am peinlichsten, weil sie gegen diese Wahl nichts tun konnte, war doch Elisabeth genauso ihre Nichte wie Helene. Zwischen den beiden Schwestern bestand aber ein großer Unterschied: in Elisabeth hatten sich die heitereren und hauptsächlich in Maximilian II., König von Bayern, ausgeprägten intellektuelleren Eigenschaften ihrer Familie vererbt, die im bayrischen Herrscherhaus nicht selten waren.

In dem jungen Herrscher erweckte anscheinend das weibliche Wesen Elisabeths einen größeren Widerhall als die zum Herrschen geschaffene Entschlossenheit der Schwester Helene. Dagegen war aber selbst die Erzherzogin machtlos, und so war sie gezwungen, daran mitzuwirken, daß ihr Sohn, der Kaiser, am 24. April 1854 in Wien die damals kaum sechzehneinhalb Jahre alte Elisabeth zum Traualtar führte.

Die erste Phase dieser Ehe war für die junge, fast noch im Kindesalter stehende Kaiserin sehr schwer. Sie wurde von ihrer Familie getrennt, und die frühere Tante und jetzige Schwiegermutter wählte ihre Hofdamen aus. Die ältere Gräfin Esterházy-Liechtenstein, die Gräfinnen Karoline Lamberg und Paula Bellegarde waren mehr damit beschäftigt, auf jeden ihrer Schritte und jede ihrer Regungen aufzupassen, als ihr allgemeines Wohlbehagen zu sichern. Elisabeth blieb allein, denn ihr kaiserlicher Gemahl war durch die Herrschaftsgeschäfte zu sehr in Anspruch genommen, um – außer am Abend – sich seiner Frau widmen zu können. Die Einsamkeit trieb sie in verzweifelte Stimmungen, die sich in Gedichten offenbarten. Es waren sehr traurig gestimmte Reime, deren Geheimnis – der Vogel in der Gefangenschaft – sie vor ihren Bewacherinnen sorgsamst verbergen mußte.

Die Lage änderte sich auch nicht, als Elisabeth am 5. März 1855 ihre erste Toch-

17. KARL VI.

18. MARIA THERESIA

19. WENZEL ANTON GRAF KAUNITZ

20. JOSEPH II.

21. LEOPOLD II.

22. FRANZ I.

23. FERDINAND V.

24. KLEMENS FÜRST VON METTERNICH

ter, Sophie, zur Welt brachte, der am 15. Juli 1856 ein zweites Mädchen, Gisela, folgte. Die Kinder wurden von der Schwiegermutter übernommen. Die Gegensätze zwischen den kaiserlichen Damen begannen sich zu verschärfen. Die Mutter von zwei Kindern konnte es offensichtlich kaum ertragen, von ihrer Schwiegermutter als minderjährig betrachtet zu werden und in der Erziehung ihrer Kinder ihrer Handlungsfreiheit beraubt zu sein. Der Ehemann aber war der Puffer zwischen seiner geliebten Frau und seiner Mutter, der er seinen Thron verdankte und die er in allen Lebensfragen, selbst in der Reichspolitik, als allererste Ratgeberin betrachtete.

Die Stimmung in der kaiserlichen Familie wurde immer schlechter. Die junge Kaiserin entwickelte eine ganze eigenartige Form des Protests und des Widerstands: die Leidenschaft des Reitens. Das Reiten war ihr früher Unterhaltung gewesen, zur Leidenschaft wurde ihr aber dieser Sport, als sie im Dahinstürmen die Energien entfesseln konnte, die sie auf anderen Gebieten nicht ausleben durfte. Der Gegensatz zwischen Elisabeth und ihrer Umgebung wurde immer tiefer und unüberbrückbarer.

Eine gewisse Steigerung der Autorität Elisabeths war unvermeidlich, denn die Repräsentationspflicht des Kaisers erforderte die Anwesenheit seiner Gemahlin. Dazu kam noch ein anderes Moment. In der zweiten Hälfte der fünfziger Jahre begann es das System – vor allem nach den anfänglichen Mißerfolgen – als notwendig zu erachten, den unterworfenen Völkern, Italienern, Tschechen und Ungarn, gewisse Gesten der Versöhnung zu zeigen. Die beste Möglichkeit dafür sah man in Besuchen des Herrscherpaars, und dabei wurde dem persönlichen Reiz der sympathischen jungen Kaiserin besondere Bedeutung beigemessen. Der erste Besuch erfolgte im Winter 1856/57 in Italien. Der Empfang, der in Triest und Venedig, in Verona, in Brescia, in Mailand und endlich in Cremona dem jungen Herrscherpaar zuteil wurde, war kühl, ja ablehnend. Nur ein kleiner Teil der eingeladenen lokalen Aristokratie erschien zu den Empfängen und Galavorstellungen, und in vielen Fällen saßen anstelle der Würdenträger Angestellte untergeordneten Rangs in den Logen. An einigen Orten – zum Beispiel in Brescia, dem Schauplatz der blutigen Tätigkeit Haynaus – gab das italienische Volk dem Kaiser von Österreich sehr unfreundlich zu verstehen, daß es beleidigt worden war. Die Italiener ließen sich durch den Reiz und die Schönheit der jungen Kaiserin nicht erweichen. Der Liebreiz Elisabeths konnte vielleicht einen gewissen Schutz vor Attentaten und Insulten bieten, änderte aber nichts an dem grundsätzlichen Verhältnis der Italiener zur österreichischen Unterdrückung. Das junge Herrscherpaar verließ eilig Italien, ohne etwas erreicht zu haben.

Auch die folgende Reise nach Ungarn konnte dort keine Veränderungen herbeiführen, obwohl hier der Empfang wesentlich herzlicher war. Das Kaiserpaar hatte auch seine beiden Kinder mitgebracht. Der tragische Umstand, daß das ältere, die kleine Erzherzogin Sophie, erkrankte und starb, nahm Elisabeth arg mit.

So wie Privatleben und Politik selbst in den verhältnismäßig ruhigen Jahren miteinander verquickt waren, so ähnlich gestaltete sich das Verhältnis zwischen Kirche und Staat.

Gegen Ende des 18. Jahrhunderts war Joseph II. der einzige in der langen Reihe der Herrscher aus dem Hause Habsburg, der in Erkenntnis der modernen Bedürfnisse und Interessen der Gesellschaft und des Reichs zu der Auffassung kam, daß beide Aufgabenkreise am besten zu bewältigen seien, wenn sie in der Hand des Herrschers selbst liegen. Indem er die gesellschaftlich notwendigen Funktionen der Kirche zu einer Aufgabe des Staats erklärte, wollte er eine lange geschichtliche Epoche beenden, während der die Kirche diese Aufgabe selbständig ausgefüllt hatte: die Verbreitung der Kultur und die Aufrechterhaltung der moralischen Normen des menschlichen Zusammenlebens. Der Josephinismus war eine eigenartige geschichtliche Form der Aufklärung der im Bereich des Habsburgerreichs lebenden Völker, die ihre geistige Entwicklung ein halbes Jahrhundert lang bestimmt und angeregt hat.

Nach der Niederschlagung der Revolutionen von 1848/49 schlug aber für Österreich eine schwere Stunde der Entscheidung, die die Entwicklung tatsächlich nachdrücklich beeinflußte. (Vielleicht hat dazu wesentlich beigetragen, daß Josephs aufgeklärter Absolutismus sich immer klarer als eine Politik erwies, deren Wurzeln viel tiefer und markanter waren als die aufklärerischen Züge.) In dem Neoabsolutismus Schwarzenbergs, Kübecks und Bachs wurde das aufgeklärte Element sehr rasch ausgeschaltet, und zwar so gründlich, daß es im System keinerlei Spuren hinterließ.

Zweifellos traten nach der Niederlage der Revolutionen an die Stelle der in den Hintergrund gedrängten Ideen andere Ideologien, die dem siegreichen System entsprachen. Eine Hauptrolle spielte dabei der kämpferische Katholizismus. Der Josephinismus schuf auch gewisse Entfaltungsmöglichkeiten für den katholischen Humanismus. In Klemens Maria Hofbauer, Antonio Rosmini, Anton Günther, Johann Emanuel Veith und dem Fürsterzbischof Vinzenz Eduard Milde sowie in zahlreichen von wahrer christlicher Nächstenliebe durchdrungenen Priestern hat er Beispiele für eine aufgeklärte Religiosität hervorgebracht. Der Neoabsolutismus hatte aber keine Verwendung für diesen Typ, sondern brauchte Zeloten, die in ihrer Unduldsamkeit die alten religiösen Gegensätze schürten; am 12. Januar 1837 wurden mit kaiserlicher Zustimmung die Protestanten des Zillertals ausgewiesen und mit ihren Familien zum Auswandern gezwungen, wenn sie sich nicht bereit erklärten, zum Katholizismus überzutreten. (Bei der Vertreibung von hundert Familien spielte Kardinal Friedrich Fürst Schwarzenberg, der Bruder des späteren Ministerpräsidenten, die Rolle des Hauptorganisators.) Dieser Geist forderte für sich freie Möglichkeiten der Verbreitung und wurde nach der Verkündigung der Verfassung vom 4. März 1849 zur ideologischen Ausdrucksform des Neoabsolutismus.

Der erste Schritt war die Einberufung der Bischofssynode. Dies stand an sich schon im Gegensatz zu den Gebräuchen und den Verwaltungsprinzipien des Josephinismus, in dem das Episkopat als Teil des Staats keine selbständige Körperschaft bilden durfte. Graf Stadion verweigerte auch seine Zustimmung zu den Vorbereitungen, er erlaubte nur – wogegen kein prinzipieller Einwand vorgebracht werden konnte –, daß einige Bischöfe gebeten wurden, ihre Ansichten zu äußern. Den Prälaten Schwarzenberg und Joseph Othmar von Rauscher gelang es aber, unter Umgehung Stadions ihren Willen durchzusetzen. Am 31. März 1849 wurden die Einladungsbriefe zur österreichischen Reichsbischofskonferenz abgeschickt.

Die Synode begann am 30. April 1849 unter feierlichem Gepränge und Glockengeläute und dauerte bis zum 17. Juni. Bei der Eröffnung brachte die Regierung den Mitgliedern zur Kenntnis, daß es sich nicht um eine Konferenz, sondern nur um einen Meinungsaustausch handelte. Für den Staat verbindliche Beschlüsse durften nicht gefaßt werden. Bei den Beratungen präsidierte Kardinal Schwarzenberg.

Die von Rauscher unterbreiteten Vorschläge bezweckten im wesentlichen eine Liquidierung der josephinistischen Maßnahmen, das heißt freien Verkehr der Bischöfe mit dem Heiligen Stuhl, Wiederherstellung des kirchlichen Charakters des Eherechts, die Unterordnung der aufgelösten Klosterbesitze unter die kirchliche Verwaltung sowie den freien Verkehr der Orden mit ihren im Ausland residierenden Ordensoberen. Nicht zuletzt wurde das Unterrichtswesen unter kirchliche Aufsicht gestellt. Gleichzeitig wünschte die Bischofsversammlung nicht, die Bischofsgewalt der zentralen päpstlichen Macht unterzuordnen, und sie hütete sich vor jeder Maßnahme, die ihre Rechte dem Heiligen Stuhl gegenüber hätte schmälern können. Diese Vorsichtsmaßregel hing in erster Linie mit der Besorgnis zusammen, daß die römische Kirche unter Pius IX. mit den italienischen nationalen Bewegungen in Verbindung stehen könnte, deshalb wollten sie die österreichische Kirche vor diesem Einfluß schützen. Eine Kommission von fünf Mitgliedern wurde gewählt und setzte die Verhandlungen mit der Regierung fort. Der seiner humanistischen Haltung wegen bekannte Fürsterzbischof von Wien, Milde, war nicht Mitglied dieser Kommission.

Die Verhandlungen zogen sich hin. (Allerdings heißt das nicht, daß die Staatsführung plötzlich um den Geist der Aufklärung besorgt gewesen wäre.) Der Widerstand hatte andere Gründe: Einesteils war die hohe Bürokratie wirklich besorgt, sie könnte einen bestimmten Teil ihres Wirkungsbereichs und gewisse Gebiete der Staatsverwaltung verlieren. Andernteils hielt sie den Klerus nicht für verläßlich genug, hatte doch ein bedeutender Teil in den verschiedenen Gebieten des Reichs selbst an der Revolution teilgenommen. Es besteht kein Zweifel, daß die offizielle Staatsführung und das Offizierskorps, ja sogar der Generalstab gegen die Stärkung des kirchlichen Einflusses waren.

Über all dies hinaus wurde aber die innenpolitische Lage immer labiler. Franz Joseph gab im März 1850 endlich dem Druck nach. Der Unterrichts- und Kultusminister Graf Thun unterbreitete gegen den Rat seiner Ministerkollegen auf Anordnung des Herrschers Vorschläge, die den Forderungen der Bischöfe entsprachen. Der Kaiser akzeptierte sie, und in den Sitzungen vom 18. und 23. März wurden sie vom Ministerrat gutgeheißen.

Diesen Maßnahmen entsprechend, konnten jetzt päpstliche Bullen und Hirtenbriefe sowie ähnliche kirchliche Schreiben uneingeschränkt verkündet werden. Der Staat verlor jedes Recht, die kirchliche Jurisdiktion über den Klerus zu beschränken oder kirchliche Strafen und Exkommunikationen zu beeinflussen. Der Bischof übte die volle Gewalt über den Klerus aus und konnte Freiheits- und Geldstrafen verhängen. Bei der Durchführung der Strafe konnte der Bischof auch die Hilfe der staatlichen Organe in Anspruch nehmen, wenn er nachwies, daß beim gerichtlichen Verfahren die kanonischen Formen eingehalten worden waren. Der Geistliche geriet unter den doppelten Druck der staatlichen und der bischöflichen Gewalt. Es ist kein Zufall, daß der Klerus von diesen Maßnahmen nicht begeistert war.

Diese neuen Verordnungen machten auch dem Recht des Staats ein Ende, sich in den Gang des Gottesdienstes einzumischen. Dies hatte aber recht eigenartige Folgen. Die Bestimmungen Josephs II. vom Jahr 1783 hatten in den meisten Fällen bezweckt, abergläubische Gebräuche, Pilgerfahrten zu wundertätigen Gegenständen an Wallfahrtsorten und ähnliche dem Geist der Aufklärung zuwiderlaufende Manifestation abzuschaffen. Die Verordnungen vom März 1850 hoben diese Verbote auf, so daß die Heiligenbilder und die Wallfahrtsorte erneut ihre Wunder wirken konnten und der Exorzismus wieder erlaubt war.

Das Niveau des theologischen und Religionsunterrichts sank, da er vollkommen in die Hände der Kirche, in erster Linie der Bischöfe, gelangte und die staatliche Aufsicht und der Prüfungszwang aufhörten.

Die im März 1850 getroffenen kirchenpolitischen Maßnahmen kamen nicht auf Wunsch des Heiligen Stuhls, sondern durch die Initiative, ja die heftige Forderung der österreichischen Bischöfe, besonders der Kardinäle Rauscher und Schwarzenberg, zustande. Es kann kein Zweifel bestehen, daß die notwendige Machtbasis für diesen Vorstoß in den anderthalb Millionen Joch Landbesitz der österreichischen Kirche lag, deren Wert damals mehr als zweihundert Millionen Gulden betrug, was in Europa fast den größten Kirchenbesitz darstellte. Die politische Aktivierung dieses Vermögens übte auf die österreichische Gesellschaft eine sehr schwere Wirkung aus.

Und diese Wirkung war von Dauer, wenn sie auch nicht immer mit der gleichen Intensität zum Tragen kam. Schon beim Ausbau des strukturellen Systems des Absolutismus spielten diese Kräfte offenbar eine Rolle, den Gipfel ihrer Macht erreichten sie aber gegen die Mitte der fünfziger Jahre durch das am 18. August 1855 mit dem Heiligen Stuhl geschlossene Konkordat. Die österreichischen Bischöfe, d. h. die Kardinäle Schwarzenberg und Rauscher, rissen innerhalb des österreichischen Absolutismus die politische Macht an sich und zwangen die weltliche Staatsführung auf zahlreichen Verwaltungsgebieten zum Nachgeben: in erster

Linie im Schulwesen und in der Ehegesetzgebung. Es besteht kein Zweifel, daß der junge Kaiser Franz Joseph der hervorstechendste Vertreter dieser Richtung in Österreich war. Nachdem seine Mutter dafür gesorgt hatte, daß er unter den Einfluß des Kardinals Rauscher geriet, brachte er für eine Zeitlang wieder die Herrschaft der klerikalen Reaktion des 18. Jahrhunderts nach Österreich zurück. Das Konkordat war die spektakuläre Krönung dieses Prozesses. Die österreichischen Bischöfe waren durchaus nicht bereit, einzelne Elemente ihrer Macht dem Papst in Rom zu überlassen, sie wollten nur die Allerhöchste Sanktion organisieren, die auch der „weltliche" österreichische Absolutismus bei der Schaffung der Reichseinheit brauchte. Darum stieß das Konkordat in der weltlichen Staatsführung kaum auf Opposition. Und darauf kann zurückgeführt werden, daß die kirchenpolitischen Maßnahmen, die Schwarzenberg und Rauscher im Namen der Religionsfreiheit dem fünfundzwanzigjährigen Kaiser aufgezwungen hatten, im geistigen Leben der ganzen österreichischen Gesellschaft und im Reich für Jahrzehnte schwere Spuren hinterließen, als nach achtzehnjährigem Bestehen das Konkordat als Staatsvertrag gekündigt werden konnte. Und wenn die österreichische Kultur in diesen Jahren in allen Bereichen doch Bedeutendes leisten konnte, so ist das den in erster Linie im 18. Jahrhundert entwickelten materiellen und geistigen Kräften, nicht zuletzt der Aufklärung und den hartnäckigen Bemühungen Josephs II. zu danken, deren Ergebnisse nicht mehr rückgängig gemacht werden konnten.

Irrungen der habsburgischen Diplomatie

Das Werk des Absolutismus war gekrönt, doch die folgende Stille in der Innenpolitik sprach nicht für die Stellung des Reichs in Europa. Mit dem Abschluß der revolutionären Epoche begann es im Verhältnis der Großmächte zu gären, ein Prozeß, dessen Richtung und Charakter man vorderhand noch nicht erkennen konnte. Die Ähnlichkeiten der vier absolutistisch-diktatorischen Großmächte – Frankreich und die Habsburgermacht, das zaristische Reich und Preußen – schienen anzudeuten, daß ihre Außenpolitik auf einen Nenner gebracht werden könnte. Obwohl der Pariser Botschafter der Wiener Regierung, Joseph Alexander Graf Hübner, wirklich glaubte, daß Napoleon III. sich mit den konservativen Regierungen verbünden wolle, war diese Annahme nicht vollkommen gerechtfertigt, denn was den Kaiser der Franzosen am wenigsten leitete, waren ideologische Gesichtspunkte. Dies ahnte man in Wien und Berlin und war wegen seiner Eroberungspläne beunruhigt. Dieses Mißtrauen zeigte sich in den sehr seltsamen und widersprüchlichen Anweisungen des neuen österreichischen Außenministers, Karl Ferdinand Graf von Buol-Schauenstein, die nicht nur Hübner, sondern auch die preußische und die zaristische Regierung irremachten.

Die Politik Schwarzenbergs brachte Österreich in ein gespanntes Verhältnis zu Preußen. Im Kurfürstentum Hessen waren Unruhen ausgebrochen, und Kurfürst Friedrich Wilhelm I. wandte sich an den Deutschen Bund um Hilfe. Preußen wollte aber die Angelegenheit allein, ohne Mitwirkung des Deutschen Bunds, ordnen und verstieß damit gegen das Prestige Österreichs. In diesem Gegensatz spielten natürlich die Unionsbestrebungen Preußens, mit denen es die nichtösterreichischen Staaten Deutschlands unter seinen Einfluß bringen wollte, eine größere Rolle als die Unruhen in Hessen, die Preußen nur als Vorwand dienten, um die Gegensätze zu seinem Rivalen zu verschärfen. Ein österreichisch-preußischer Krieg drohte, doch nahm der Zar im Oktober 1850 für Österreich Stellung und schlug Verhandlungen vor. So wurde am 29. November in Olmütz ein Übereinkommen getroffen, demzufolge die Ruhe in Hessen nicht durch preußische, sondern durch bayrische Truppen wiederhergestellt wurde. Dieses Übereinkommen, „Olmützer Punktation“ genannt, war eine schwere Demütigung Preußens.

Um die führende Rolle des Reichs in Deutschland zu betonen, entstand der Plan, Österreich solle mit seinen sämtlichen Territorien in den Deutschen Bund eintreten.

Damit würde das ganze Gebiet des Reichs mit Ungarn, Galizien und Dalmatien der Deutschen Zollunion angehören. Eine große wirtschaftliche Einheit mit einer Bevölkerung von siebzig Millionen wäre für die wirtschaftliche Entwicklung sicherlich von großem Nutzen gewesen. Preußen machte aber seine Zustimmung davon abhängig, daß Österreich sich mit ihm in das Präsidium des Deutschen Bunds teilte, das bisher Österreich allein innegehabt hatte. Diesen Preis hielt die österreichische Regierung für zu hoch, deshalb wurde der Vorschlag zurückgezogen. Schließlich nahm Österreich, seiner früheren Lage entsprechend, nur mit seinen deutschen und böhmischen Territorien das Präsidium im Deutschen Bund ein.

Durch die Intervention in Ungarn im Jahr 1849 und die diplomatische Unterstützung im Jahr 1850 war Rußland zum ersten Partner Österreichs geworden. Für diese Hilfe erwartete die russische Regierung ähnliche Unterstützung durch Österreich. Von 1853 an unternahm der Zar entschiedene Schritte, in der Absicht, den Balkan, hauptsächlich aber Konstantinopel, zu erwerben. Er setzte voraus, daß Außenminister Buol einer russischen Besetzung der Moldau und der Walachei zustimmen würde, obwohl Buol sich, ebenso wie der Zar, daran erinnern mußte, daß Schwarzenberg schon einmal zum Ausdruck gebracht hatte, daß Österreich selbst dann die Besetzung der Donaufürstentümer durch die Russen nicht dulden könne, wenn es sich um den Schutz der christlichen Untertanen des Türkischen Reichs handle – womit jetzt die russische Diplomatie ihr Vorgehen rechtfertigte. Die Hohe Pforte erklärte Rußland den Krieg, England und Frankreich schlossen am 14. März 1854 ein Schutz- und Trutzbündnis mit der Türkei. Unter dem Kommando von Paskewitsch entsandte Rußland eine Armee von 140 000 Mann, um den Balkan zu erobern.

Durch die Krise auf dem Balkan bildeten die Verantwortlichen für die habsburgische Außenpolitik bald unterschiedliche Gruppen. In der einen standen Windischgraetz, Radetzky und die Generäle. In Memoranden legte Radetzky dem Kaiser seine Ansichten dar, daß man sich mit den Russen über die Aufteilung der Türkei einigen müsse. Serbien, Bosnien und Albanien, also die adriatische und die Westküste des Balkans, die den Besitz der italienischen Territorien militärisch sichern würden, müßten erworben werden, ohne jedoch das gute Verhältnis zu Preußen und Rußland – eine Vorbedingung des Besitzes der besetzten Gebiete – zu beeinträchtigen. In der anderen scharten sich Bach, Buol, Hübner und die zu ihrem Kreis gehörenden Politiker bürgerlicher Anschauung, deren Russenfeindlichkeit von Tag zu Tag zunahm. Ihrer Ansicht nach sollte ein Bund mit Frankreich geschlossen werden, wodurch man ein doppeltes Ziel erreichen könne. Einesteils könnte die Monarchie mit dieser Rückendeckung weitere Eroberungen Rußlands verhindern, anderenteils könnte Österreich in Napoleon III. einen Bundesgenossen bei der Verteidigung des italienischen Besitzes gewinnen. Damit könnte ein Bund sowohl der sich dort sammelnden italienischen Kräfte Mazzinis als auch der ungarischen nationalen Kräfte Kossuths mit den Franzosen gegen die österreichische Herrschaft verhindert werden. Es gelang, den Kaiser dazu zu bringen, den An-

DAS HABSBURGERREICH 1809–1918
UND SEINE ADMINISTRATIVE
GLIEDERUNG NACH 1867
ZEICHENERKLÄRUNG
die Grenzen des Habsburgerreichs von 1809 bis 1815
die Grenzen des Habsburgerreichs von 1867 bis 1878
die Grenze zwischen dem Kaiserreich Österreich und dem Königreich Ungarn
die Grenzen der österreichischen Kronländer, Kroatiens und Slawoniens beziehungsweise der habsburgischen Gebietsverluste und -gewinne vor 1867 und nach 1878 sowie der Sekundogenituren in Italien
die Grenze des bis 1882 stufenweise verbürgerlichten Militärgrenzgebiets 1867
Elbe
Prag
Königgrätz
BÖHMEN
MÄH
Brün
NIEDER-
ÖSTERREICH
Linz
Wien
OBER-
ÖSTERREICH
Salzburg
VORARLBERG
Inn
Innsbruck
SALZBURG
STEIERMARK
Graz
TIROL
KÄRNTEN
Klagenfurt
LOMBARDISCH
VENEZIANISCHES
KÖNIGREICH
Mailand
Solferino
Po
KÜSTENLAND
Triest
Venedig
Laibach
KRAIN
Agram
Fiume
KROATIEN
PARMA
Parma
MODENA
Modena
MASSA UND
CARRARA
LUCCA
Florenz
TOSKANA
LIGURISCHES
MEER
ADRIA
DALMATIEN
Zara
HE

Weichsel
Krakau
Lemberg
GALIZIEN
Kaschau
Theiss
Cernowitz
BUKOWINA
Donau
Budapest
Grosswardein
Klausenburg
N G A R N
Szeged
Marosch
Fünfkirchen
Drau
Kronstadt
Temeschburg
SLAWONIEN
Save
Donau
Sarajevo
ZEICHENERKLÄRUNG
die Grenzen der habsburgischen Sekundogeniturengebiete in Italien von 1815 bis 1829
das 1829 verlorene Gebiet
das habsburgische Sekundogenituren-gebiet in Italien von 1847 bis 1860
die 1859 dem Königreich Sardinien angeschlossene Lombardei
das 1866 an Italien angeschlossene Gebiet
die 1847 an Österreich (Galizien) angeschlossene Republik Krakau
1878 an Österreich angeschlossenes Gebiet
Bosnien und Herzegowina wurden 1878 besetzt
der Sandschak Novi Pazar von 1878 bis 1908 unter österreichisch–ungarischer Besetzung
der letzte Gebietsgewinn der Habsburger, der im Frieden von Bukarest 1918 einverleibte rumänische Grenzstreifen

sichten Buols und Bachs beizupflichten. Franz Joseph war die allzu intensive Freundschaft mit dem Zaren schon seit längerer Zeit lästig, und er stimmte gern den auf die Lockerung der Beziehungen abzielenden Bestrebungen zu. Darauf läßt auch der Umstand schließen, daß er schon im Februar 1854 vor dem außerordentlichen Gesandten des Zaren Nikolaus I. sehr entschieden ausführte, weshalb er die Balkanpläne ablehne. Der Zar war über diese Stellungnahme und die Undankbarkeit des jungen Habsburgers außerordentlich empört, konnte aber nicht verhindern, daß Buol am 8. August 1854 einen Vertrag mit den Westmächten schloß. Im Punkt 4 dieses Vertrags stellte sich die Habsburgermonarchie sozusagen vollständig auf die Seite der Franzosen und Engländer. Es galt nicht nur, den russischen Einfluß von der Balkanhalbinsel zu verdrängen – worin österreichische Interessen berücksichtigt wurden –, sondern es gab auch eine Klausel, die beinhaltete, daß die Dardanellen gegen einen von See her gerichteten Angriff jedweder außenstehenden Macht zu verteidigen seien, und das hieß im Klartext die Festlegung der englischen und französischen Interessen.

Vom Standpunkt seines Reichs hielten Franz Joseph und seine Umgebung das Vordringen der Russen auf dem Balkan wirklich für lebensgefährlich. Die Konzeption der dritten, von Bruck vertretenen Gruppe war ebenfalls nur sehr schwer zu verwirklichen. Das Wesen dieser Konzeption bestand darin, daß Österreich von West und Ost gleicherweise unabhängig gemacht werden müsse. Nicht nur die russische Expansion, sondern auch die Ausbreitung Englands im Mittelmeer müsse verhindert werden, wozu eine der wichtigsten Vorbedingungen eine enge Zusammenarbeit mit der preußischen Regierung sei. Bruck wollte, auf Preußen und den Deutschen Bund gestützt, die Position der Habsburgermonarchie in Europa festigen.

Buol, Bach und die Generäle waren sich in der Ansicht einig, Rußland müsse aus den rumänischen Fürstentümern verdrängt werden, damit sie von der Habsburgermonarchie besetzt werden konnten. Damit würde die Monarchie nicht nur sich selbst schützen, sondern auch die Russen von den Türken trennen, ja sogar die englischen und französischen Bundesgenossen der Türkei von den Fürstentümern fernhalten. Im August 1854 erfolgte tatsächlich die Besetzung dieser Gebiete. Franz Joseph mobilisierte seine ganze Armee und hinderte so Nikolaus I., seine bereits in der Krim konzentrierte Streitmacht einzusetzen. Und obwohl auf Brucks und Feldmarschall Heß' Einschreiten die österreichische Mobilisierung einen Monat später eingestellt wurde, änderte dies nichts mehr am Gang des Kriegs.

Als den französischen und englischen Regierungskreisen das russenfeindliche Auftreten der Habsburger verdächtig wurde, drohten sie der österreichischen Regierung mit dem Abbruch der diplomatischen Beziehungen. Um Österreich aus der Isolation herauszuführen, schloß Buol am 2. Dezember 1854 mit der englischen und der französischen Regierung einen Vertrag, wonach im Fall, daß der Friedensschluß bis zum 1. Januar 1855 nicht zustande kam, die drei Regierungen eine neue Abmachung treffen würden.

Die mobilisierte Armee erschöpfte jedoch die Finanzen der Monarchie ebenso, als wenn sie tatsächlich Krieg geführt hätte. Es ist kennzeichnend für den finanziellen Zustand, daß ein Teil der Staatsbahnen verkauft werden mußte. Eine schwerer wiegende Maßnahme war, daß im Juni 1854 die Zeichnung der aufgenommenen Staatsanleihe beziehungweise deren proportionale Verteilung auf das Vermögen für obligatorisch erklärt und im Notfall eingetrieben wurde. All dies genügte nicht, die Lasten des Staats wesentlich zu erleichtern, so daß im Juni 1855 die Armee – ohne etwas erreicht zu haben – auf Friedensstärke reduziert werden mußte. Nur die Besetzung der rumänischen Fürstentümer wurde in der Überzeugung aufrechterhalten, diese Gebiete behalten zu können. Für die Verwaltung und Erschließung der neuen Provinzen hatten die Wiener Regierungskreise fertige Pläne, zu denen vom Straßen- und Eisenbahnbau bis zur Entlastung der Bauernschaft zahlreiche sehr nützliche Maßnahmen gehörten – doch kam es nicht zu alledem. Die Engländer und die Franzosen siegten im Spätsommer 1855 im Krimkrieg. Dies geschah nicht einmal unter passiver österreichischer Assistenz, sondern nach der österreichischen Abrüstung, die Franz Joseph schließlich teuer zu stehen gekommen war.

Am 30. März 1856 begann der Pariser Kongreß. Er verbot Rußland, im Raum des Schwarzen Meeres Kriegsschiffe und Befestigungen zu unterhalten. Auf österreichischen Antrag wurde Bessarabien an die Moldau angeschlossen, um Rußland von der Donaumündung fernzuhalten. Österreich zählte auf dem Pariser Kongreß durchaus nicht als Siegermacht – so mußten die österreichischen Truppen die Moldau und die Walachei räumen, diese Territorien gewannen unter der Herrschaft des Sultans ihre Autonomie zurück. Die Zukunft kündigte sich an, als sich bei den Verhandlungen des Pariser Kongresses die Abgesandten von Piemont als Belohnung für die Teilnahme ihrer Truppen an den Kämpfen auf der Krim an der Seite der Engländer und Franzosen den Österreichern gegenüber ein Mitspracherecht erwarben.

Im April 1857 ließ Napoleon III. Bismarck wissen, daß er die österreichfeindliche Bewegung der Italiener, die auf die Befreiung der Lombardei gerichtet war, mit Waffen unterstützen werde. Das Habsburgerreich sah sich also von 1857 an einer starken Gruppe von Großmächten gegenüber, deren gefährlichster Vertreter nicht Frankreich, ja nicht einmal Rußland, sondern Preußen werden sollte. Die von Bismarck vertretene Gruppe hatte am ehesten erkannt, daß Österreich auf den Weg des Verfalls geraten war und daß nur Preußen das Erbe der führenden Rolle in Mitteleuropa an sich reißen könne.

Als am 1. Januar 1859 Napoleon III. beim Neujahrsempfang der Diplomaten dem österreichischen Botschafter Hübner vor aller Öffentlichkeit mitteilte, das Verhältnis ihrer beider Regierungen sei „nicht mehr so gut wie es in der Vergangenheit war", kam dies einer Kriegserklärung gleich. Der bewaffnete Zusammenstoß, den auch der Kaiser betrieb, rückte immer näher. Die österreichische Staatsführung meinte, dies sei die einzige Möglichkeit, den vollen wirtschaftlichen Bankrott hinauszuschieben.

Franz Joseph, der damals bereits – wenigstens im Prinzip – seine Außenpolitik selbst leitete, richtete am 29. April 1859 ein Ultimatum nach Turin an Viktor Emanuel, König von Piemont und Sardinien, das von Ministerpräsident Cavour sofort zurückgewiesen wurde. Dieser Schritt bedeutete nicht nur den Kriegszustand, sondern hatte auch zwei wichtige Nebenwirkungen. Die eine war, daß Buol, dessen Vorstellungen auf Hilfe von seiten der Engländer und der Preußen sich nicht verwirklicht hatten, abdankte. Die andere war, daß das österreichische Ultimatum Franz Joseph als Angreifer des Verbündeten beraubte, der sich einem Angegriffenen eher anbot. In diesem Fall war es die Hilfe Englands, der einzigen Macht, deren Interessen denen des Habsburgerreichs nicht entgegenstanden, die er damit verspielte. Ja er verlor selbst die Unterstützung des Deutschen Bunds. (Da war es auf alle Fälle leichter, Buol zu ersetzen, an dessen Stelle Bernhard Graf Rechberg trat.)

Der Krieg brach aus, aber die militärische Führung wurde nicht Radetzkys Mitarbeiter und Nachfolger, dem begabten und erfahrenen Heinrich von Heß, anvertraut, sondern dem Grafen Franz Gyulay. Engels hat einige Monate später die wirkliche Lage richtig beschrieben: „Heß ist von bürgerlicher Abkunft und der reaktionären und jesuitenfreundlichen Adelsclique abgeneigt, die Franz Josephs Kamarilla bildet. Das Triumvirat Grünne–Thun–Bach hetzte den schwachen Franz Joseph, der mit Grünne zusammen einen wunderlichen und von Heß bitter kritisierten Operationsplan ausgearbeitet hatte, gegen den alten Strategiker; so blieb der hochadlige Schwachkopf Gyulay Obergeneral und sein Operationsplan – Einfall in Piemont – wurde angenommen." (Marx–Engels, Werke. Berlin 1961, Band 13, S. 429.) Das Ergebnis zeigte sich bald.

Nach der Niederlage übernahm Franz Joseph persönlich den Oberbefehl über das Heer. Dieser Entschluß war zwar sehr romantisch, zeugte aber in erster Linie von seiner Verantwortungslosigkeit, denn er verstand nichts von der Leitung eines Heeres, wie sich bald zeigte. Am 24. Juni 1859 kam es zur Schlacht bei Solferino, in der die österreichische Armee ebenfalls eine Niederlage erlitt. Eine Woche später, am 30. Juni, beschrieb Engels fast mit der Anschaulichkeit eines Augenzeugen die Geschehnisse wie folgt: „Aber so brillant die Truppen sich der Übermacht gegenüber benehmen, so erbärmlich ist wieder die Führung. Unentschlossenheit, Wankelmut, widersprechende Befehle, als sollten die Truppen recht absichtlich demoralisiert werden – das ist, wodurch Franz Joseph sich in 3 Tagen vor den Augen seiner Armee unwiederbringlich ruiniert hat. Etwas Kläglicheres ist gar nicht zu denken als dieser arrogante Junge, der sich unterfängt, eine Armee kommandieren zu wollen, und der wie ein Rohr im Winde den widersprechendsten Einflüssen nachgibt, heute dem alten Heß folgt, um morgen wieder auf Herrn Grünnes entgegengesetzten Rat zu hören, der heute sich zurückzieht und morgen plötzlich angreift und überhaupt nie selbst weiß, was er will." (Marx–Engels, Werke, a. a. O. S. 403–404.)

Das Schicksal der Monarchie hat sich nicht bei Solferino erfüllt, aber der Bankrott des absolutistischen Systems wurde hier allgemein offenbar. Übrigens ist auch die Feststellung Engels' stichhaltig, daß Solferino nur wenig an den Aussichten des Kriegs geändert hat. Die österreichische Armeeorganisation hatte zwar versagt, der österreichische Soldat hungerte oft, bei den Militärlieferungen kam man schweren Korruptionsfällen auf die Spur, und doch wurde die österreichische Armee nicht durch die strategische Überlegenheit der Franzosen, sondern durch ihre eigene innere militärische und politische Schwäche, den Dilettantismus der Führung besiegt. Für Franz Joseph war es eine besonders glückliche Wendung, daß kurz nach der Schlacht bei Solferino Napoleon III. sich mit dem Vorschlag an ihn wandte, Waffenstillstand zu schließen.

Der Kaiser von Österreich konnte nicht lange darüber nachdenken, ob er das Angebot annehmen solle. Eigentlich befand sich auch sein Gegner in einer Zwangslage, als er das Angebot unterbreitete. Franz Joseph war enttäuscht und schwer davon getroffen, daß die Preußen und die deutschen Staaten ihn in seinem Kampf gegen den „Erzfeind" im Stich gelassen hatten.

Auch der siegreiche Napoleon III. befand sich in keiner viel besseren Lage. Schwerwiegende Gründe veranlaßten ihn, kurz nach Solferino so schnell einen Friedensvorschlag zu machen: unter ihrem Einfluß wurden das Programm der nationalen Befreiung, der Vereinigung Italiens ebenso wie die Ausführung der Pläne der ungarischen Emigranten in wenigen Augenblicken zu einem leeren Versprechen und einem überholten Dokument. Die Niederlage Österreichs schuf aber nicht nur in Ungarn, sondern auch bei den Südslawen einen geeigneten Boden für revolutionäre Initiativen. So kann es nicht überraschen, daß von französischer Seite, nachdem man die Maßregelung Österreichs erreicht hatte, die Besorgnisse über eine allzugroße Niederlage des Reichs und die zu befürchtenden radikalen Folgen ebenfalls zum Ausdruck kamen.

Aber eine noch unmittelbarere Gefahr bedrohte den Kaiser der Franzosen von deutscher Seite. Hier waren nach der Niederlage Franz Josephs auf dem italienischen Kriegsschauplatz die Lage und die Bedeutung Österreichs eine andere geworden. Seine Bedeutung als ernster Gegner im Kampf um die Alleinherrschaft unter den deutschen Staaten hatte sich verringert, gleichzeitig konnte man es aber den deutschfeindlichen Bestrebungen Napoleons nicht aufopfern. So kam es zu der Mobilisierung von sechs Divisionen Preußens und des Deutschen Bunds am Rhein, die eine Fortsetzung des Kriegs für die Franzosen immer drohender und gefährlicher werden ließ. (Auch darf nicht außer acht gelassen werden, daß damals für Napoleon III. weder die Vereinigung der italienischen Nation noch die ungarische nationale Unabhängigkeit eine Existenzfrage war.)

In der gegebenen Lage wurde die Lösung durch unmittelbare Verhandlungen gefördert. Die Zusammenkunft der beiden Kaiser fand am 11. Juli 1859 unter recht eigenartigen Umständen statt. Napoleon III. erpreßte seinen Gegner mit der Lüge, daß zwischen ihm sowie der englischen und der preußischen Regierung eine Verabredung bestünde, nach der Österreich Mailand und Venedig den Franzosen überlassen solle. Franz Joseph ließ sich durch das Manöver täuschen und setzte die Verhandlungen in diesem Sinn fort. Die Erpressung änderte nicht viel an den Ergebnissen, sie zeigte eher den wahren Charakter der Verhandlungspartner.

Österreich verlor die Lombardei. Die italienische nationale Bewegung hatte einen bedeutenden Erfolg erzielt, selbst wenn man bedenkt, daß Venedig und das Festungsviereck (Peschiera, Legnano, Mantua und Verona) in österreichischen Händen blieben. Das wiederum war für Franz Joseph ein großer Erfolg, auch wenn seine Wünsche, daß die verschiedenen mittelitalienischen Dynastien auf ihren Thron zurückkehren sollten, nicht in Erfüllung gehen konnten. Der Krieg hatte nämlich die italienischen Sekundogenituren der Habsburger verschlungen. Toskana war noch im Jahr 1850 von österreichischen Truppen besetzt und die durch die Revolution errungene Verfassung suspendiert worden, ja im Jahr 1852 wurde auch formell die absolutistische Herrschaft Leopolds II. wiederhergestellt. Bei Ausbruch des Kriegs war der Erzherzog nach Österreich geflohen, und eine provisorische Regierung hatte sich gebildet, die sich an Viktor Emanuel um Hilfe wandte. Im Sinn der wiederhergestellten Verfassung wurde eine Nationalversammlung gewählt, die am 16. August 1859 die Dynastie des Throns verlustig erklärte. Im März des folgenden Jahres schloß sich das Großherzogtum auf dem Weg einer Volksabstimmung an das Königreich Piemont an.

In Modena hatte sich Franz V. nach der Schlacht bei Magenta mit seinen Truppen zwar der österreichischen Armee angeschlossen, doch sprach auch hier am 19. August die Nationalversammlung den Thronverlust aus. Außer der patriotischen Begeisterung der Italiener spielte hier die Unbeliebtheit des Vaters des Herzogs, Franz IV., eine wesentliche Rolle: er hatte wegen seines grausamen und rachsüchtigen Absolutismus in den Jahren 1814 bis 1846 diese Nebenlinie der Habsburger in dem kleinen Herzogtum besonders verhaßt gemacht. Nach Verlust der Lombardei und der zwei anderen Staaten war die habsburgische Herrschaft über Italien bereits unmöglich geworden.

Experimente – der Ausgleich

In seinem Manifest vom 15. Juli 1859 schrieb Franz Joseph: „Leider ist es unvermeidlich gewesen, den grössten Teil der Lombardei von der Gesamtheit des Kaiserreiches auszuscheiden. Dagegen muss es meinem Herzen wohlthun, meinen geliebten Völkern die Segnungen des Friedens wieder gesichert zu sehen und sind mir diese doppelt wertvoll, weil sie mir die nötige Musse gönnen werden, meine ganze Aufmerksamkeit und Sorgfalt nunmehr ungestört der erfolgreichen Lösung der mir gestellten Aufgabe zu widmen: Oesterreichs innere Wohlfahrt und äussere Macht durch zweckmässige Entwicklung seiner reichen geistigen und materiellen Kraft, wie durch zeitgemässe Verbesserungen in Gesetzgebung und Verwaltung dauernd zu begründen." (Joseph Redlich: Das österreichische Staats- und Reichsproblem. Leipzig 1920, Band 1, 2. Teil, S. 173–174.)

Die durch die Niederlage in Italien eingeleitete Entwicklung, in deren Verlauf sich die inneren Kräfteverhältnisse der Monarchie mit dem Vorwärtsdrängen der ungarischen nationalen Bestrebungen gerade zu Lasten der absolutistischen Zentralgewalt vollkommen verändern sollten, ging nicht im Rahmen eines umfassenden Reformplans vor sich, sondern nur dort, wo das System die Konsolidierung und später die für die Stärkung der eigenen Machtpositionen notwendige ruhige Lage mit den geringsten Opfern verwirklichen konnte. Gesellschaftlich gesehen erschien die Festigung der Herrschaft der Aristokratie als vordringlich, vom Standpunkt der Wiederherstellung des Gleichgewichts im ganzen Reich aber ging es in erster Linie um die Wiederherstellung der Ruhe in Ungarn. Wie man sehen konnte, hat das neoabsolutistische System die Aristokratie ziemlich in den Hintergrund gedrängt; das erschien berechtigt, da diese Klasse den bürgerlichen Bestrebungen durchaus im Weg stand. Jetzt hingegen wandte sich die Regierung der Aristokratie zu, besonders deren ungarischer, altkonservativ genannter Gruppe. Die ungarischen nationalen Unabhängigkeitsbestrebungen waren nämlich unter allen Bewegungen ähnlicher Art auf dem Gebiet der Habsburgermonarchie zweifellos die stärksten. Ihre Forderungen konnten nicht außer acht gelassen werden, und ihre Befriedigung durch entsprechende Opfer ließ in bezug auf die Wiederherstellung des Gleichgewichts im Reich am ehesten auf Erfolg hoffen. Die gegen den Absolutismus kämpfende ungarische Bewegung war der Kampf einer Nation mit entwickelter Staatlichkeit um ihre Unabhängigkeit. Wenn dieser Kampf auch in gewisser Beziehung den anderen um ihre nationale Emanzipation ringenden Völkern als Beispiel dienen konnte, unterschied er sich in anderer Beziehung stark von ihnen und grenzte sich deutlich ab. Die ungarische Unabhängigkeitsbewegung verband sich nämlich nicht einmal im Ringen gegen den gemeinsamen Feind mit dem Kampf für die Emanzipation der Völker, und so spielte der Widerstand der ungarischen Gesellschaft gegen die österreichische Macht fast bis zum Jahr 1867 nicht so sehr die Rolle eines Vorbilds als die eines beneideten Rivalen.

Aber gerade dies war der Punkt, an dem die Selbständigkeitsbestrebungen der ungarischen herrschenden Klasse sich mit den Interessen des Fortbestands der Habsburgerherrschaft treffen oder sich ihnen doch wenigstens nähern konnten. Gleichzeitig entfernte sich natürlich die ungarische Unabhängigkeitsbewegung immer weiter von den Emanzipationsbestrebungen der anderen Völker. Die unmittelbare Wirkung der ersten Niederlage des österreichischen Neoabsolutismus auf das Verhältnis der Völker des Reichs bestand darin, daß die ungarische Entwicklung sich vom weiteren Schicksal der anderen unterdrückten Völker trennte und Ungarn unter der Leitung der alten herrschenden Klassen in die Reihe der tatsächlich herrschenden Nationen zurückzukehren begann. Die Initiative dazu ging vom Herrscher aus.

Franz Joseph war über die innere Lage Ungarns besorgt, weil die Emigration und ihre Anhänger nicht ganz erfolglose Anstrengungen unternahmen, die innere Unzufriedenheit zu schüren. Andererseits gab es in der ungarischen Gesellschaft eine – im Neoabsolutismus allerdings politisch in den Hintergrund gedrängte – hochadlige Klasse, die – aktiviert – der Dynastie jederzeit als Vermittlerin dienen konnte. Franz Joseph hatte sich zwar noch im Jahr 1857 ziemlich abfällig über die ungarischen Magnaten geäußert, die ihn in der ungarischen Frage mit Adressen belästigten, doch mußte er in der veränderten Lage seine von Schwarzenberg übernommene Antipathie gegen die Aristokraten unterdrücken. Er mußte erreichen, daß durch ihre Vermittlung ein Versuch unternommen wurde, Ungarn in die Einheit der Habsburgermonarchie einzufügen. Die ungarische Aristokratie war davon überzeugt, daß sie dazu fähig sei, da sie sich zusammen mit der inzwischen neuerstandenen Gruppe der österreichischen Aristokraten als bedeutender politischer Faktor empfand.

Es besteht kein Zweifel, daß bei den ersten Schritten dieses Übergangs unter den ungarischen Magnaten Antal Graf Szécsen und Moritz Graf Esterházy die bedeutendste Rolle spielten. Diese Rolle kann aus zwei Gründen als positiv angesehen werden. Erstens sicherte sie die Abkehr vom Neoabsolutismus, zweitens konnte der Übergang nur in konstitutioneller Form, hauptsächlich durch die Neubelebung der ungarischen Verfassung vor sich gehen. Die Entwicklung erfolgte in den nächsten zwei Jahre in drei Phasen: die erste war die Umbildung des sogenannten Reichsrats, die zweite das Oktoberdiplom und die dritte das Februarpatent. Die Mitglieder des wiederhergestellten Reichsrats wurden unter den Abgesandten der im Bachschen Geist geschaffenen Provinzversammlungen ausgewählt. Mit den vom

Kaiser ernannten prominenten Persönlichkeiten zählte die aus Aristokraten, hohem Klerus und hohen Beamten zusammengestellte Körperschaft insgesamt achtunddreißig Mitglieder, doch gab es unter ihnen auch einige Kaufleute und Großindustrielle.

Mit dieser Körperschaft war der erste Schritt zur Abwendung vom Neoabsolutismus getan, und von seiten Österreichs wäre auch die ganze „Reform" damit beendet gewesen, hätte die in Ungarn begonnene und damals noch von den Magnaten geförderte Bewegung den Entwicklungsprozeß nicht vorwärtsgetrieben. Der Herrscher sah sich gezwungen, die begonnene „Reformtätigkeit" fortzusetzen.

Das Oktoberdiplom war ein Werk des „verstärkten Reichsrats", der vom 31. Mai bis zum 27. September 1860 tagte, und der gleichzeitigen Beratungen des österreichischen Ministerrats. Vor allem auf den Rat und das Betreiben der ungarischen Altkonservativen wurde das Diplom am 20. Oktober erlassen und mit zahlreichen ergänzenden Verfügungen zugleich als ständiges und unveränderliches Grundgesetz des Reichs verkündet. Das Diplom setzte an die Stelle des bisherigen Absolutismus ein konstitutionelles System, obwohl sich der Kaiser stillschweigend das ausschließliche Recht über die auswärtigen Angelegenheiten und das Militärwesen vorbehielt. In den anderen Angelegenheiten wollte die Regierung von nun an die Gesetzgebung mit den Parlamenten der einzelnen Provinzen und dem Reichsrat teilen. Die Befugnisse des Reichsrats erstreckten sich auf die Angelegenheiten der ganzen Monarchie, auf Maße und Gewichte, Zölle, Handel, Verkehr, Ergänzung der Armee (mit Ausnahme des Rekrutenkontingents), auf Steuer- und Kreditwesen. Alles andere gehörte in die Kompetenz der Landtage. Was Ungarn anbelangt, wurde die zur Zeit des Absolutismus eingeführte Bezirkseinteilung abgeschafft und der ungarische, der siebenbürgische und der kroatische Landtag wiederhergestellt. Die Zahl der Mitglieder des Reichsrats wurde mit hundert festgelegt, die einzelnen Provinzen waren proportional zu ihrer Bevölkerungszahl vertreten. Im Fall Ungarns wurde also im großen und ganzen die Lage wiederhergestellt, wie sie vor der Revolution bestanden hatte. Die ungarische und die siebenbürgische Hofkanzlei nahmen ihre Tätigkeit wieder auf. Das Reichsinnenministerium und das Kultusministerium wurden abgeschafft, da deren Angelegenheiten der Kompetenz der Provinzen übergeben wurden. Anstelle der bisherigen zentralisierten und auf dem Großbürgertum beruhenden Reichsstruktur begannen sich die Umrisse einer föderalistischen Entwicklung abzuzeichnen, die sich anstelle des Bürgertums auf die habsburgtreue Aristokratie stützte.

Aufgabe des Oktoberdiploms war es, das verknöchernde System des Neoabsolutismus, der das Reich in den politischen und wirtschaftlichen Bankrott stieß, vom toten Punkt wegzubewegen. Diese seine Aufgabe erfüllte das Diplom auf seine ihm eigene konservative Weise. Innerhalb der Scheineinheit von Bürokratie und Bourgeoisie löste es einen gewissen föderalistischen Desintegrationsprozeß aus. Diese „Desintegration" bedeutete in der Habsburgermonarchie in erster Linie die Herauslösung Ungarns aus der „Reichseinheit" des Neoabsolutismus und wies in diesem Sinn in die Richtung einer dualistischen Entwicklung. Da dies in Wirklichkeit eine Folge des Kampfs zwischen dem bürokratisch-bürgerlichen Neoabsolutismus und der feudalen Aristokratie war, und da in diesem Kampf in Österreich die Kräfte der Bürokratie und des Großkapitals, in Ungarn dagegen der hohe und mittlere Adel das Übergewicht erlangten, kamen im Dualismus auch unterschiedliche Klasseninteressen zum Ausdruck. Es ist bezeichnend, daß dieser Dualismus im österreichisch-ungarischen Verhältnis bis zum Ende bestehen blieb. In diesem Sinn war der Dualismus wirklich die Verkörperung einer künstlichen Staatsstruktur, die von verschieden gearteten und zusammengesetzten widersprüchlichen Interessen hervorgebracht worden war.

Die bestimmte und sofortige Ablehnung des Oktoberdiploms durch die Vertreter der ungarischen Nation trieb die absolutistische österreichische Staatsführung in eine neue Krise. Wenn das Reich während der Regierung des Grafen Agenor Gołuchowski Anzeichen feudaler Desintegration aufwies und die ungarischen Aristokraten Hauptvertreter dieser Richtung waren – die aber keineswegs die absolutistische Interpretation der Reichseinheit aufgaben –, so tauchen in der folgenden Entwicklungsphase Momente auf, die dazu in Widerspruch stehen. Der Schwerpunkt der inneren Macht verlagerte sich auch nach dem Mißerfolg des feudalaristokratischen Experiments wieder zu den bürokratisch-bürgerlichen Gruppen, die diesmal im Gegensatz zum übernationalen Neoabsolutismus Schwarzenberg–Stadion–Bachscher Prägung bewußt deutschen Charakter trugen. Dieses Moment läßt aber ohne Zweifel auf eine Stärkung der österreichischen Bourgeoisie schließen.

Im Dezember 1860 ließ der Kaiser Gołuchowski fallen und ernannte Anton Ritter von Schmerling zum Staatsminister. Damit wurde die innenpolitische Wendung offenbar. Schmerling war in der Leitung des österreichischen Staats kein Neuling. Schon in der Regierung Schwarzenberg hatte er eine bedeutende Rolle gespielt, und wenn er 1851 aus dieser Regierung ausgetreten war, dann wegen seines bürgerlichen Liberalismus, den das damalige System noch nicht ertragen konnte, obwohl er sich in seinen zentralistischen Ansichten kaum von den Vertretern des herrschenden Systems unterschied. Der damals 56 Jahre alte Staatsminister vermochte seine adlige Abstammung sehr gut mit den immer kraftvolleren Machtbestrebungen der Bourgeoisie in Einklang und in seiner späteren Politik auch zur Geltung zu bringen.

Kaum zwei Monate nach seiner Regierungsbildung legte Schmerling gemeinsam mit dem Rechtsgelehrten Hans von Perthaler die neue Verfassung vor. Diese kann formell zwar als Fortsetzung oder Abschluß des Oktoberdiploms betrachtet werden, vertritt aber in Absicht und Inhalt eine genau entgegengesetzte Richtung. Es kann nicht geleugnet werden, daß diese plötzliche Wendung, die nicht zufälligerweise hauptsächlich im Verhältnis der Zentralgewalt zu Ungarn sichtbar wurde, in erster Linie vor dem Hintergrund der verhältnismäßig ruhigen politischen Lage vor sich ging, die in der italienischen Frage und im Machtspiel mit den Preußen eingetreten war. Vom Standpunkt der allgemeinen Entwicklung im weiteren Sinn führte diese Ruhe zu sehr wichtigen Resultaten.

Es soll hier nur darauf hingewiesen werden, daß in den Jahren der Umwandlung der Habsburgermonarchie dieser Prozeß von den Ereignissen nicht unbeeinflußt blieb, die die inneren Wirrungen in Rußland, wie zum Beispiel die Abschaffung der Leibeigenschaft und die Niederschlagung der polnischen Revolution im Jahr 1863, ausgelöst hatten. Auch von den außereuropäischen Verhältnissen ging eine fühlbare Wirkung aus. Da wäre der amerikanische Bürgerkrieg zu nennen, in dem es über die Abschaffung der Sklaverei hinaus um die Schaffung eines modernen und einheitlichen amerikanischen Staats ging. Aber es blieb auch nicht ganz ohne Einfluß auf die mitteleuropäische Lage, daß Frankreich in diesen Jahren seine Kolonialmacht auf den nördlichen und mittleren Teil Indochinas ausdehnte, und daß China gerade damals gezwungen war, England seine Tore zu öffnen. Schließlich – aber nicht zuletzt – müssen wir darauf hinweisen, daß auch die Arbeiterbewegung in ganz Europa einen großen Aufschwung erlebte, als deren Folge bald die Erste Internationale gegründet wurde.

Die Unzufriedenheit mit dem Oktoberdiplom führte in der österreichischen Regierung zu entgegengesetzten Maßnahmen: sie förderte die Rückkehr zu den zentralistischen Methoden. Aus dem Aufeinanderprallen zweier – zwar gegensätzlichen Quellen entsprungener – Illusionen entstand eine seltsame Lage: auf ungarischer Seite folgerte man aus dem Oktoberdiplom auf die Schwäche des herrschenden Systems und auf die Möglichkeit, die ungarische nationale Selbständigkeit wiederherstellen zu können; auf österreichischer Seite glaubte man jedoch, daß die im ersten Schrecken nach der Niederlage in Italien gemachten Zugeständnisse unbegründet und so bald als möglich zurückzuziehen seien. Die durch diese beiden Illusionen angeregten Absichten und Handlungen spiegelten sich im Februarpatent wider. Das Februarpatent kann nicht als unmittelbare Fortsetzung des Wegs zum Dualismus betrachtet werden, da dieser Prozeß mit dem Sturz des Oktoberdiploms in Wirklichkeit abgebrochen worden war. Die dualistische Richtung kam in den Jahren 1860 und 1861 in erster Linie deswegen zum Erliegen, weil die Interessengemeinschaft des Herrschers und der zentralistischen deutschen Bürokratie und Bourgeoisie sich in der gegebenen Lage nicht gezwungen sah, ihre Macht mit den Ungarn zu teilen, ja sich sogar stark genug glaubte, die einst gemachten Zugeständnisse schrittweise wieder abzubauen. Auch daraus geht hervor, daß die dualistische Konzeption keine aus der Krise des Neoabsolutismus organisch gewachsene neue Reichsidee, sondern in Wirklichkeit eine aus dem Kampf der widerstrebenden Mächte entstandene Zwangslösung war, und daß jede einzelne Phase ihrer Entstehung das Ergebnis eines harten Kampfs entgegengesetzter Interessen bedeutete.

Das Februarpatent ist mit dem 26. Februar 1861 datiert, nicht nur, weil es an jenem Tag fertig geworden war, sondern um durch seine beschleunigte Veröffentlichung die Erinnerung an die Märzverfassung üblen Angedenkens zu verwischen. In mancher Beziehung wiederholt sich der Text des Oktoberdiploms. Es wird festgestellt, daß das betreffende Patent als Staatsgrundgesetz anzusehen ist, zugleich wird die Absicht bestätigt, die alte Verfassung von Ungarn, Kroatien und Siebenbürgen aufrechtzuerhalten.

Die erste dokumentarische Beilage des Patents ist das Grundgesetz über die Reichsvertretung. Im ersten Punkt wird die Berechtigung des Reichsrats festgelegt, das Reich zu vertreten. Es besteht aus dem Herrenhaus und dem Abgeordnetenhaus. Mitglieder des ersteren sind die großjährigen Mitglieder des Herrscherhauses und die Mitglieder der über Großgrundbesitz verfügenden Aristokratie, denen der Herrscher dieses Recht erblich verleiht. Mitglieder sind ferner die kirchlichen Würdenträger, die sich in staatlichen, kirchlichen, wissenschaftlichen und künstlerischen Belangen bedeutende Verdienste erworben haben.

Die Mitgliederzahl des Abgeordnetenhauses wurde auf 343 festgesetzt. Davon entfielen auf Ungarn 85, auf Böhmen 45, auf das Lombardisch-Venezianische Königreich 20, auf Kroatien und Slawonien 9, auf Siebenbürgen 25, auf Niederösterreich 18, auf Oberösterreich 10, auf die Steiermark 13 Sitze.

Die Verwaltungsorganisation der Provinzländer wurde durch das Februarpatent weitgehend vereinheitlicht. Diese verwaltungsmäßige Vereinheitlichung bestand darin, daß die Landtage überall aus „Virilisten", die von Amts wegen Mitglieder waren (ihre Anzahl wechselte zwischen 20 und 241), und aus gewählten Mitgliedern bestanden. Die Wählbarkeit war überall an einen Zensus gebunden, die Wähler waren in vier Kategorien eingeteilt: in die Grundbesitzer, in die Handels- und Industriekammern sowie in die übrige wahlberechtigte städtische und ländliche Bevölkerung, die ihre Vertreter gesondert wählte. Da die wenigeren Wähler der beiden ersten Kategorien dieselbe Zahl von Abgeordneten entsandten wie die beiden anderen, war das Übergewicht der herrschenden Klassen gesichert.

Für das Reich schuf das Februarpatent einen „erweiterten Reichsrat", für das zisleithanische Österreich aber einen aus 203 Mitgliedern bestehenden „engeren Reichsrat". Für die einzelnen Länder wurden Landtage (für Triest ein „Stadtrat") vorgesehen, für Ungarn aber blieb die durch das Oktoberdiplom erneuerte Verfassung in der Form gültig, wie sie vor 1848 bestanden hatte. An die Stelle des ungarischen Ministeriums trat allerdings eine dem Parlament nicht verantwortliche Hofkanzlei, was eine flagrante Verletzung der ungarischen Verfassung von 1848 bedeutete.

Dadurch, daß das Februarpatent das Herrenhaus und das Abgeordnetenhaus schuf, löste es den alten ständigen Reichsrat und den erweiterten Reichsrat auf und setzte an deren Stelle einen Staatsrat als ausschließlich beratendes Organ, dessen Präsidenten im Ministerrang der Kaiser ernannte. Die letzten Verfügungen des Februarpatents regelten die Einberufung der verschiedenen Reichstage, das heißt des ungarischen Reichs- beziehungsweise des kroatischen Landtags, sowie die damit zusammenhängenden Agenden.

Die verfassungsrechtliche Schöpfung des Februarpatents war eine durchdachte und gut konzipierte Arbeit, deren Zweck es war, die in der Außenpolitik eingetretene Atempause für die Regeneration der absolutistischen Herrschaft auszunützen.

Das Wahlsystem sicherte der Großbourgeoisie und dem Bürgertum im allgemeinen einen bedeutenden Platz im Parlament, ganz unabhängig davon, welcher Einfluß damit auf die tatsächliche Gesetzgebung verbunden war. Im Abgeordnetenhaus gehörten nämlich zwei Kurien – die städtische Bevölkerung, die auf Grund des Zensus gewählt wurde, und die Handels- und Industriekammern – den bürgerlichen Kräften. Der Zensus dieser Kurien war – je nach Wohnort – eine direkte Steuer von zwanzig beziehungsweise zehn Gulden. Die städtische Bevölkerung beziehungsweise deren regelmäßig Steuer zahlender Teil war in Österreich wie auch in den übrigen Teilen des Reichs deutsch. Das Gewicht der deutschen Bourgeoisie kam also nicht nur mittelbar, durch ihren wirtschaftlichen Einfluß, immer mehr zur Geltung, sondern wurde auch innerhalb des durch das Patent „korrigierten" Neoabsolutismus politisch immer fühlbarer. Dieses Moment gewann infolge des täglichen Zusammenlebens und der Reibungen der in der Monarchie lebenden verschiedenen Nationen dadurch eine eigenartige Färbung, daß diese Verschiedenheiten, verglichen mit der vorhergehenden absolutistischen Periode, bewußt wurden und sich zuspitzten. Diese Richtung wurde Schwarzenberg und Stadion gegenüber schon von Schmerling bewußt im deutschen Sinn vertreten – fern von jeder übernationalen Illusion. Praktisch war eine der wesentlichsten Auswirkungen dieses Zustands, daß von den 203 Abgeordneten des engeren Reichsrats (das heißt der Abgeordnetenkammer) 130 Schmerling folgten. Dem Wesen nach waren sie Zentralisten. Die Föderalisten bildeten eine Minderheit aus Tschechen, Polen, Slowenen und deutschen Konservativen.

Die von Schmerling vertretene Richtung brachte also nicht nur ein neues Element in die österreichische Innenpolitik, sondern eröffnete auch eine neue Entwicklungsphase: die bewußte wirtschaftliche und politische Expansion des deutschen Bürgertums. Dies zeigte sich auch darin, daß den Wahlkörperschaften der Großgrundbesitzer die Vertreter der Städte und ländlichen Gemeinden an die Seite gestellt wurden und daß versucht wurde, hier durch hohen Zensus und geschickte Einteilung der Wahlbezirke die Tschechen, Slawen und Italiener den Deutschen gegenüber zu benachteiligen. Die Reichstage beschäftigte man einerseits mit lokalen Angelegenheiten, andererseits organisierte man sie durch geschickte Schachzüge in der Weise, daß der Zentralregierung immer eine feste deutsche Mehrheit zur Verfügung stand. So lernte Franz Joseph in Schmerling tatsächlich zum erstenmal einen großzügigen deutschösterreichischen Parteipolitiker kennen, der – als zentralistischer Vertreter der Reichseinheit auch gegenüber den ungarischen föderalistischen Bestrebungen – bald das Vertrauen des Herrschers gewann.

Ihre Opposition und ihre Ablehnung des Schmerlingschen Systems brachten die einzelnen Völker auf verschiedene Weise zum Ausdruck. Die Tschechen, die Polen, die Kroaten, ja sogar die Tiroler waren entschieden oppositionell gesinnt, die Venezianer aber sandten ihre Vertreter gar nicht erst in den Reichsrat. Die Tschechen zogen ihre Vertreter später zurück. All dies aber hätte die Lage des Schmerlingschen Zentralismus nicht erschüttert. Die Kraftprobe des Regimes begann, als sich der ungarische Widerstand zu regen anfing.

Der Kampf für die ungarische Unabhängigkeit trat am 13. Mai 1861 mit der Rede Ferenc Deáks vor dem Abgeordnetenhaus des ungarischen Reichstags in eine neue Phase. Ihre Bedeutung bestand darin, daß sie die Einseitigkeiten des Neoabsolutismus und des Februarpatents, die der geschichtlichen Entwicklung widersprachen, nachwies und den Kampf gegen sie aufnahm. Deák erwarb sich mit der Rede vom 13. Mai 1861 sowie mit der auf das ebenfalls stark absolutistische Reskript gehaltenen Antwort vom 8. August ein grundlegendes geschichtliches Verdienst, indem er die Rolle Ungarns in dem durch den Habsburger Herrscher repräsentierten Reich von neuem bestimmte. Deák stellte sich auf die Grundlage der Pragmatischen Sanktion und betonte, daß Ungarn in der vom Haus Habsburg anerkannten Form innerhalb des Reichs ein Österreich gleichrangiger Machtfaktor sei, ohne dessen Kraft und ohne dessen Mitwirkung dieses Reich nicht aufrechterhalten werden könne; jedes andersgerichtete Experiment werde auf den Widerstand der Ungarn stoßen.

Der Standpunkt Deáks beruhte auf dem – nicht nur vom ungarischen Standpunkt aus, sondern auch im Verhältnis zum Reich – legalen, konstitutionellen Weg der Entwicklung. Schmerling aber kehrte Ungarn gegenüber zum Absolutismus zurück, indem er von diesem Weg wieder abwich. Dadurch trat der merkwürdige Fall ein, daß in Österreich und in den Erblanden die verhältnismäßige und sehr beschränkte Konstitutionalität des Februarpatents zur Geltung kam, in Ungarn aber mit der Auflösung des ungarischen Reichstags die Erfüllung des Versprechens der Verfassungsmäßigkeit aufgeschoben wurde. Es besteht kein Zweifel, daß die von Deák vorgebrachten ungarischen Forderungen die prinzipielle Verurteilung aller absolutistischen Handlungen in sich bargen, die Franz Joseph von seiner Thronbesteigung bis zum Sturz des Bachschen Systems veranlaßt hatte. Schmerling wärmte das Prinzip der „Rechtsverwirkung" der Ungarn wieder auf und schickte Regierungskommissare in die Komitate.

Schmerling und seine Partei verkannten die Lage in zweierlei Hinsicht. Einerseits unterschätzten oder verkannten sie die Lage und die tatsächliche Rolle Ungarns innerhalb der Habsburgermonarchie. Andererseits – und dies war noch schwerwiegender – waren sie nicht in der Lage, die Absichten und Herrscherprinzipien des Kaisers zu erkennen, ganz zu schweigen davon, daß Schmerling Franz Josephs Charakter nicht kannte. So maß er der Tatsache keine Bedeutung bei, daß der Herrscher selbst im Augenblick der Auflösung des Reichstags das Land nicht ganz fallenließ, daß er die Gültigkeit des Oktoberdiploms und des Februarpatents auch für Ungarn aufrechterhielt, Antal Graf Forgách zum Hofkanzler, Moritz Graf Esterházy zum Minister ohne Portefeuille ernannte, Männer, die beide bemüht waren, die schädlichen Auswirkungen der neuen absolutistischen Welle etwas abzuschwächen. Franz Joseph hat dies offensichtlich nicht aus Sympathie für die Ungarn getan, sondern weil er aus seinen Niederlagen im Interesse der Erhaltung seines Reichs und seiner dynastischen Macht gewisse Schlußfolgerungen gezogen hatte. Die Deutschliberalen verkannten aber auch die übrigen Absichten und Ansichten des Herrschers. Sie verstanden nicht, daß er für das ganze Parlamentsspiel nur Verachtung hegte und es mit größtem Argwohn betrachtete. Wichtig war für ihn nur, daß der neue Reichsrat die Steuern ebenso verabschieden werde wie der vorhergehende und daß er die Aufnahme auswärtiger Anleihen erleichterte. Außerdem hatte er mehr Vertrauen in die Pressezensur und in andere willkürherrschaftliche Maßnahmen Schmerlings als in die – in seinen Augen unbefugte – Einmischung der Abgeordneten in die Angelegenheiten des Staats. (Die eigentümliche Einschätzung des österreichischen Reichsparlaments zeigte sich übrigens auch äußerlich: es hielt seine Sitzungen in einem improvisierten, zusammengezimmerten Holzgebäude ab, und zwar offenbar nicht deswegen, weil sich unter den Palästen Wiens nicht ein geeigneteres Gebäude gefunden hätte. Der Wiener Volksmund irrte auch nicht, wenn er es „Schmerling-Theater" nannte.) Die Lage erwies sich als immer unhaltbarer. Darin spielte nicht nur der ungarische Widerstand eine Rolle, sondern auch die Opposition der Slawen, deren Vertreter ebenfalls bald das Parlament verließen. Auch die deutsche Verfassungspartei wandte sich immer mehr gegen die Methoden der Regierung Schmerling. In der österreichischen Innenpolitik begann wieder ein Auflösungsprozeß, der noch dadurch verstärkt wurde, daß Schmerling in seinen Handlungen immer unsicherer wurde und der Kaiser außerhalb der Regierung eine „zweite Linie" ausbaute und für äußere Einflüsse empfänglicher wurde. Diesmal wandte er sich an den übrigens recht talentierten Moritz Esterházy um Rat, der seine Aufmerksamkeit geschickt auf die immer notwendigere und unvermeidbarere Regelung der ungarischen Frage lenkte. Esterházy versuchte den Kaiser gegen die „Abwartepolitik" Schmerlings einzunehmen, die bei der steigenden Unruhe in der Außenpolitik ohnehin immer fragwürdiger wurde. Sowohl in der italienischen als auch in der deutschen Frage hatte sich eine Entwicklung angebahnt, die die Mitglieder des Herrscherhauses veranlaßte, sich um Stabilisierung der inneren Verhältnisse der Monarchie zu bemühen, bevor sich auf diesen so außerordentlich wichtigen außenpolitischen Gebieten die Krise ihrem Ausbruch nähern konnte.

Diesmal zeigte Erzherzog Albrecht, der Onkel des Kaisers, eine nüchterne Betrachtungsweise. Er hatte am frühesten erkannt, daß die Wiederherstellung des Gleichgewichts nur durch die Regelung der ungarischen Frage erreicht werden konnte. Der erste Schritt der Annäherung an Ungarn, die Aufnahme der Verbindung mit Ferenc Deák, erfolgte gegen Ende des Jahres 1864, also noch unter der Regierung Schmerling. Allerdings handelte es sich nicht um einen offiziellen Schritt, sondern um eine private Initiative, aber wie auch immer, es war eine Kontaktaufnahme. Sie erfolgte über den Abteilungsleiter im Rat der Statthalterei, Anton Baron Augusz, der auf höhere Weisung Deák aufsuchte, um sich eingehend über dessen Ansichten betreffs des Verhältnisses zwischen Ungarn und dem Reich zu informieren. Deák legte seine Ansichten im Lauf mehrerer Gespräche eingehend dar. Seinen Standpunkt und gleichzeitig seine Ablehnung des Systems Schmerling faßte er dahingehend zusammen, daß für den Staatsminister die Februarverfassung die Grundlage sei, der alle Grundgesetze des kaiserlichen österreichischen Staats, also auch die Ungarns, anzupassen seien, er selbst, Deák, halte aber die Pragmatische Sanktion für die „politische Bibel", die auch in Österreich „für ewige Zeiten" als Grundlage dienen müsse. In ihr seien die Garantien der Einheit und der Großmachtstellung der Monarchie enthalten. Man solle also nicht die Pragmatische Sanktion dem Februarpatent, sondern dieses der Pragmatischen Sanktion unterordnen. Zu einer Abweichung von diesem Grundprinzip könne er nie seine Zustimmung geben. Die konkreten Punkte des Inhalts der Neuordnung bezeichnete er in der Verteidigung der gemeinsamen Interessen, d. h. in der gemeinsamen Landesverteidigung sowie in der Aufteilung der Staatsschulden. Für die Durchführung dieser gemeinsamen Angelegenheiten entwarf er den Gedanken, Delegationen zu bilden; er betonte die Notwendigkeit der Krönung und einer Thronrede beziehungsweise eines kaiserlichen Diploms, das alles beinhaltete, was auf der Basis der Pragmatischen Sanktion als unerläßliche Grundlage der Reichsinteressen galt.

Diese Erklärungen Deáks bilden den Ausgangspunkt für den einige Monate später erschienenen Osterartikel und stellen eine wichtige Voraussetzung für den Ausgleich dar. Das Erscheinen dieses Artikels machte die Lage Schmerlings unhaltbar. Man begann zu erkennen, daß der ungarische Standpunkt Deáks dem Reich mehr Sicherheit versprach als der erzwungene Zentralismus und die Selbständigkeitsbestrebungen der nichtdeutschen Nationen. Der Dualismus mit den Ungarn stellte sich in der gegebenen außen- und innenpolitischen Lage als annehmbarste Lösung heraus.

Franz Joseph zeigte in der Behandlung seiner Mitarbeiter keine besondere Sentimentalität. Was immer er für Hoffnungen an die Pläne Schmerlings geknüpft hatte, als er ihn zum Staatsminister berief, trennte er sich sofort von ihm, als er erkannte, daß dessen Konzeption und Methoden nicht zum erwünschten Ziel führten. Das Wichtigste war für Franz Joseph die Aufrechterhaltung seiner Macht, die Förderung seiner außenpolitischen und militärischen Interessen. Wie nahe ihm auch die neoabsolutistischen Methoden der Lehrer seiner Jugend, besonders Schwarzenbergs, standen, so klammerte er sich weder an diese noch an seine zentralistischen Ansichten in einem Ausmaß, daß er dadurch die Einheit und den Bestand seines Reichs aufs Spiel gesetzt hätte. Im Fall Schmerlings aber drohte dieselbe Gefahr wie fünf Jahre früher beim Bankrott des Bachschen Systems: vollständige außenpolitische und militärische Niederlage. Und obwohl dies einige Jahre nach 1859 in viel schwererer Form erfolgte, kann man doch nicht sagen, daß der Kaiser nicht alles versucht hätte, um einen solchen Mißerfolg abzuwenden. Zweifellos hätte Schmerling die Fähigkeit gehabt, sich zu einem Staatsmann zu entwickeln, der Bismarck ebenbürtig gewesen wäre. Es lag an der Stellung und der Struktur der Habsburgermonarchie, daß er diese Rolle nicht spielen konnte.

Zum neuen Ministerpräsidenten wurde der Statthalter von Böhmen, Richard

Graf Belcredi, ernannt. In der Entwicklung der Monarchie vertrat er sozusagen die fällige Antithese, eine neue Variante des feudalen Föderalismus, der die Macht wieder in die Hand der Aristokraten gab. Der Gegensatz zu der durch das Oktoberdiplom geschaffenen Lage bestand darin, daß es nun im Jahr 1864 bereits einen von Deák konzipierten entschiedenen ungarischen Standpunkt gab, an dem abgemessen werden konnte, unter welchen Bedingungen Ungarn bereit war, im Interesse der Erhaltung des Gesamtreichs mit den übrigen Reichsteilen zusammenzuarbeiten. Darüber zu entscheiden war Aufgabe des Reichstags, dessen Einberufung der Herrscher in Aussicht stellte. Auf Grund der Beschlüsse dieses Reichstags sollte das Verhältnis zwischen Herrscher und ungarischer Nation entsprechend der Deákschen Konzeption geregelt und damit die beiden Machtfaktoren in Übereinstimmung gebracht werden. Wesen des Übereinkommens war es, die Interessen des ungarischen Staats und des Gesamtreichs auf gesetzlicher Grundlage zu vereinen. Vom konstitutionellen Standpunkt bot sich als einfachster Ausgangspunkt gerade die Suspendierung der Februarverfassung an. Diese erfolgte am 20. September 1865 durch ein kaiserliches Manifest. Zu den charakteristischsten Punkten des Manifests gehörte die Feststellung, daß die Absicht des Kaisers – die Interessen des Gesamtstaats durch konstitutionelle Rechtsakte sicherzustellen – unerfüllt geblieben war. Ein großer Teil des Reichs, die Tschechen und Polen, blieben ständig der gemeinsamen gesetzgebenden Arbeit fern und rechtfertigten ihre Rechtsideen mit den verschiedenen Bestimmungen der Grundgesetze. Die Herrscherpflicht des Kaisers erlaubte ihm nicht, sich einer Tatsache zu verschließen, die den zu einem freien konstitutionellen Leben führenden Absichten im Weg stand und die Rechte der Völker in ihren Grundlagen bedrohte. Darum wurden das Oktoberdiplom des Jahres 1860 und das Februarpatent des Jahres 1861 dem ungarischen Reichstag und dem kroatischen Landtag zur Annahme unterbreitet. Da es aber rechtlich unhaltbar war, daß über ein Gesetz, das in der einen Hälfte des Reichs bindend war, in der anderen Hälfte verhandelt wurde, erwies es sich als notwendig, die Gültigkeit des Gesetzes über die Reichsvertretung zu suspendieren. Das gleichzeitig erlassene kaiserliche Patent enthielt dieselben Verfügungen in Gesetzesform.

In dieser Maßnahme war nicht nur die Anerkennung Ungarns als eine der hauptsächlichen Stützpfeiler der Monarchie, sondern auch seine Gleichrangigkeit mit Österreich enthalten. Das Bewußtwerden und die Sanktionierung des dualistischen Charakters der Habsburgermonarchie waren ein bedeutender Schritt vorwärts, und das wurde auch dadurch hervorgehoben, daß diese Maßnahme eine Regelung der beiden Teile des Reichs in Aussicht stellte, die nicht durch eine unmittelbare gegenseitige Verbindung, sondern nur durch Vermittlung des Herrschers verwirklicht werden konnte. Dies war übrigens auch der Sieg der Konzeption Deáks.

Die ungarische nationale Bewegung, deren höchstes Ziel damals noch ein Übereinkommen mit dem Kaiser über die Schaffung einer dualistischen Monarchie war, konnte das Auftauchen neuer Kräfte nicht dulden, die die Grundlagen des Reichs weiter ausgebaut hätten. Die Habsburgermonarchie selbst überlebte den Übergang von der österreichischen Grundlage zur österreichisch-ungarischen Struktur nur um den Preis schwerer Krisen. Im Verlauf des Prozesses kehrten nicht nur die Österreicher von bürgerlich-bürokratischen Verhältnissen zur konservativ-feudalen Klassenherrschaft zurück, die ungarischen Bestrebungen gerieten auch in Gegensatz zu den ähnlichen Wünschen der übrigen Völker des Reichs. Obwohl unter den gegebenen Umständen zweifellos nur die feudalen Kräfte imstande waren, über den toten Punkt des Absolutismus in der inneren Lage der Habsburgermonarchie hinwegzukommen, bleibt es eine Tatsache, daß dieses Moment in der weiteren ungarischen Entwicklung bleibendere Spuren hinterließ als in der österreichischen, wo die bürgerliche Klasse in vielen Beziehungen die konservativen, adligen Einwirkungen schneller überwand.

Bis zur endgültigen Regelung des Verhältnisses zwischen Herrscher und ungarischer Nation mußten aber noch einige Schritte getan werden. Der Herrscher berief den ungarischen Reichstag für den 10. Dezember 1865 nach Pest ein und zog auf den Rat des Hofkanzlers György Majláth für vier Monate mit seiner Gemahlin nach Ofen. Er eröffnete den Reichstag mit einer Thronrede, in der er vor allem feststellte, daß er den Gegensatz zwischen „Rechtsauflösung“ und „Rechtskontinuität“, der einer Übereinstimmung der beiden Teile im Weg stand, auf alle Fälle beseitigen werde. Der Verwaltung und der Gesetzgebung Ungarns sicherte das neue Staatsgrundgesetz Selbständigkeit zu, verband das Land aber gleichzeitig mit den übrigen Königreichen und Ländern in ihrer Gesamtheit unter der Leitung der kaiserlichen Regierung zu einer Großmacht. In ähnlicher Weise beabsichtigte der Herrscher alle jene Bestimmungen der Pragmatischen Sanktion ohne Beschränkung aufrechtzuerhalten, die sich auf die Integrität der ungarischen Krone bezogen. Deswegen habe er auch den Reichstag des Fürstentums Siebenbürgen einberufen, um im Sinn des Gesetzesartikels 1848/I über die Vereinigung mit Ungarn zu verhandeln. Zum gleichen Zweck habe er auch den kroatischen Landtag (Sabor) einberufen. Obwohl die Thronrede sich der Auffassung des ungarischen Standpunkts näherte, blieb in wesentlichen Punkten doch noch der Widerstand gegen grundlegende ungarische Forderungen fühlbar. In der Thronrede kam weder die Ernennung einer verantwortlichen ungarischen Regierung noch die Neubelebung der Komitatsverwaltung zur Sprache. Bei Deák und seiner Partei erregte die Thronrede Enttäuschung. Sie zeigte, daß der volle Ausgleich mit der ungarischen Nation beziehungsweise mit ihren Vertretern – soweit der Herrscher auch seine Notwendigkeit oder Unvermeidlichkeit erkannt hatte – nur Schritt für Schritt unter dem gleichzeitigen Druck äußerer und innerer Umstände zustande kommen konnte.

Die Prozesse innerhalb des Habsburgerreichs wurden immer stärker von dessen auswärtigen Beziehungen, in erster Linie vom preußisch-österreichischen Verhältnis bestimmt. Zweifellos waren sich die Ungarn und vor allem Deák darüber völlig im klaren. Am 13. Mai 1861 sprach Deák in seiner Rede vor dem Reichstag unter anderem von dem Verhältnis zwischen den österreichischen Erblanden und dem Deutschen Bund. In dieser Rede sagte er: „Deutschland kann im eigenen Interesse einen Krieg führen, seine Grenzen können angegriffen werden, und Österreich ist dann verpflichtet, an diesem Krieg teilzunehmen und die angegriffenen Grenzen zu verteidigen. Ihr Krieg ist aber nicht unser Krieg; ihre Interessen sind nicht unsere Interessen... Wie würde uns dieser Reichstag, der in seiner übergroßen Mehrheit dem Deutschen Bund eben kraft dieses Bündnisses verpflichtet ist, gewährleisten, daß im Fall eines Gegensatzes zwischen unseren Interessen und denen des Deutschen Bunds unsere Rechte gewahrt und unsere Interessen berücksichtigt werden würden? Ein engerer Zusammenschluß ordnet uns der deutschen Mehrheit unter, ja er ordnet uns sogar der Politik des uns vollkommen fremden Deutschen Bunds unter, von dem wir als Gegenleistung gar nichts zu verlangen haben." Aus diesen Worten ergeben sich organisch die Erklärungen Deáks im Juni 1866, in den Tagen des Ausbruchs des preußisch-österreichischen Kriegs, als davon die Rede war, ob der Reichstag vertagt werden solle oder nicht. Deák war für die Vertagung, denn er konnte und wollte nicht verhindern, daß die Rekrutierung für den Krieg als gesetzwidrig angegriffen wurde. „...Ich kann nicht dafür bürgen, daß eine neue Rekrutierung, sofern sie erfolgt, nicht als gesetzwidrig angegriffen werden wird; verteidigen könnte ich sie nicht. Wenn jemand vorbringt, daß dieser Krieg kein ungarischer Krieg ist, daß ihn Seine Majestät als Mitglied des Deutschen Bunds führt und daß wir diesen Krieg auf Grund der Pragmatischen Sanktion auch nicht zu führen verpflichtet sind, ja im Gegenteil, daß es, wie wir im Jahr 1861 erklärt haben, ein Krieg des Deutschen Bunds und nicht unser Krieg sei: wer könnte dem widersprechen? Was wird geschehen, wenn die österreichischen Truppen geschlagen werden? Werden sie auch dann verlangen, daß wir dafür einstehen? Ich kann dafür nicht einstehen, und wenn ein Angriff auf die gesetzwidrige Rekrutierung erfolgt, werde ich sie weder verteidigen können noch verteidigen wollen..." Später faßte István Gorove die Feststellungen Deáks zusammen: „Was wird mit der Richtung, die du uns als unser Führer gewiesen hast, die die Nation angenommen und sich zu eigen gemacht hat: was wird während des Kriegs und danach und durch alle sich daraus ergebenden Möglichkeiten aus dieser Richtung? Wenn Österreich siegt, erringt die Militärpartei den Sieg, dann wird man nicht mit uns verhandeln; wenn Österreich geschlagen wird, gewinnt die revolutionäre Politik an Raum..."

Die Regierung Belcredi und Deák waren in der Angelegenheit des österreichisch-ungarischen Ausgleichs betreffs der Entscheidung dieser Frage vor dem Ausgang des Kriegs völlig entgegengesetzter Meinung. Von österreichischer Seite versuchte mansie hinauszuschieben, Deák hingegen war bestrebt, die als Grundlage des Ausgleichs dienenden gemeinsamen Vorbereitungen und hauptsächlich deren prinzipiellen Inhalt so weit zu entwickeln, daß beide Teile für alle Möglichkeiten des Kriegs gewappnet waren. Was er für die größere Gefahr hielt, den Sieg oder die Niederlage Österreichs – das hätte er damals wohl selbst nicht entscheiden können. Daß er an den Sieg Österreichs glaubte, ist zweifelhaft, die möglichen Folgen aber sah er bereits voraus.

Schmerling setzte die Verwirklichung der deutschen Alleinherrschaftspläne des

Habsburgerherrschers fort. Grundlage bildete diesmal ein Memorandum Julius Fröbels, der in der Revolution von 1848 zum Tod verurteilt und dann begnadigt worden war. Demgemäß würde eine Versammlung der deutschen Fürsten unter dem Vorsitz Franz Josephs nach Frankfurt einberufen werden. Diese würde die deutsche Einheit repräsentieren und die Geschäfte mit Hilfe einer aus Vertretern der Landesversammlungen bestehenden Kammer führen. Franz Joseph gefiel dieser Plan außerordentlich, und er machte sich sofort an dessen Verwirklichung. Außenminister Rechberg, der absichtlich erst nach Beginn der Vorbereitungen von dem Plan unterrichtet worden war, erklärte diesen für aussichtslos und lehnte ihn entschieden ab. Als der Kaiser aber seine Demission zurückwies, konnte Rechberg trotzdem erreichen, daß er anstelle Schmerlings den Kaiser nach Frankfurt begleitete. Dies war offensichtlich eine Zurücksetzung Schmerlings. Rechbergs Verhalten war nicht von Eitelkeit diktiert. Er wollte die Illusionen Schmerlings zerstreuen, der glaubte, das ganze deutsche Volk warte glücklich darauf, Franz Joseph zum Kaiser wählen zu können. Der von Franz Joseph im Jahr 1863 unterbreitete Verfassungsentwurf bot aber viel weniger als die auf dem allgemeinen Wahlrecht beruhende Volksvertretung, die nach 1866 in Deutschland eingeführt wurde. Trotzdem schlossen sich sehr viele deutsche Fürsten Franz Joseph an, so daß im August 1863 der Plan Schmerlings fast erfolgreich schien. (Tatsache ist auch, daß der Kaiser die Verhandlungen sehr geschickt leitete.) Die Vorschläge wurden von der Mehrheit angenommen. Der preußische Herrscher blieb dieser Fürstenzusammenkunft jedoch fern.

Bismarck war auf das entschiedenste dagegen, daß der König von Preußen an einer Bundessitzung teilnahm, in der er überstimmt werden könnte. Damit war der ganze Plan in eine Sackgasse geraten. Rechberg plante zwar noch eine Konferenz, in der unter Ausschluß Preußens ein enger Bund unter österreichischer Leitung hätte zustande kommen können, doch die bisher habsburgtreuen Staaten wollten einer solchen Lösung nicht zustimmen. Dies hätte sie nämlich den Habsburgern zu stark ausgeliefert, während sie zur Zeit des österreichisch-preußischen Gleichgewichts mit einer gewissen Schaukelpolitik zwischen den beiden Mächten sehr gut lavieren konnten. Der Versuch, die österreichische Alleinherrschaft zu erreichen, war jedenfalls gescheitert, und dies erschütterte Schmerlings Stellung.

Nach der Frankfurter Zusammenkunft änderte Bismarck für kurze Zeit seine Taktik gegenüber Österreich. Er bemühte sich, in einigen Fragen zu einer Zusammenarbeit zu kommen. Er strebte nach einer Lage, in der er Österreich die Verantwortung für die Verschärfung der Gegensätze in die Schuhe schieben konnte. Gelegenheit dazu gaben die neuen Wirren in Schleswig-Holstein. Die dänische Regierung wollte nämlich (im Widerspruch zu den Londoner Vereinbarungen des Jahres 1852) Schleswig annektieren, und Friedrich VIII., Herzog von Augustenburg, meldete seine Ansprüche auf beide Herzogtümer an, doch wollten auch die Preußen diese Gebiete annektieren. Unter Umgehung des Deutschen Bunds schloß Bismarck ein Abkommen mit Rechberg, in dem eine militärische Aktion beschlossen wurde.

Im Januar 1864 rückten beide Armeen in Schleswig beziehungsweise Holstein ein; die Dänen wurden besiegt. Dänemark war gezwungen, am 30. Oktober 1864 den Frieden von Wien zu schließen, in dem es zugunsten des preußischen und des österreichischen Herrschers auf Schleswig-Holstein verzichtete. Aber nun begann der Streit um den Besitz des Herzogtums. Wilhelm I. wäre geneigt gewesen, Schleswig-Holstein dem Herzog von Augustenburg zu überlassen, wenn dieser seine Armee unter preußischem Oberbefehl beließ. Doch Rechberg war dagegen, und es wäre darüber fast zum Bruch gekommen. Endlich wurde am 14. August 1865 in Gastein ein Abkommen getroffen: Schleswig sollte unter preußischer, Holstein unter österreichischer Verwaltung bleiben, Lauenburg aber würde für zweieinhalb Millionen Taler von Österreich an Preußen übergeben werden.

Alexander Graf von Mensdorff-Pouilly, der zur Zeit der Gasteiner Konvention der neue österreichische Außenminister war, gehörte zu den Diplomaten, die den kommenden Krieg für viel riskanter hielten als die Soldaten, und der aus diesem Grund bemüht war, ihn hinauszuschieben oder ganz zu vermeiden. Dies hing aber weder von Franz Joseph noch von ihm ab, da Bismarck den Preis für den Frieden schon sehr hochgeschraubt hatte und erklärte, ein solcher sei nur möglich, wenn „Österreich Preußen Platz mache". Inzwischen begann Bismarck seine Verhandlungen mit Napoleon III., um die französische Neutralität zu sichern. Darüber hinaus übernahm keiner der beiden Partner irgendwelche Verpflichtungen. Bismarck holte nur die Ansicht des Kaisers der Franzosen darüber ein, ob Preußen einen Bund mit Italien – gegen Österreich – schließen solle. Napoleon III. stimmte dem vollkommen bei. So wurde am 8. April 1866 ein für drei Monate gültiges preußisch-italienisches Bündnis geschlossen, das zwar der Verfassung des Deutschen Bunds widersprach, aber gut in die politische Linie Bismarcks paßte. Dieses Bündnis war außerordentlich einseitig, da es nur Italien verpflichtete, an der Seite Preußens in den Krieg einzutreten, wenn es von Österreich angegriffen werde. Sollte aber Österreich italienisches Gebiet angreifen, waren die Preußen nicht verpflichtet, Hilfe zu leisten. Das Bündnis war ein Zeugnis der Schwäche Italiens.

Auch Franz Joseph schloß ein Abkommen mit Napoleon III. Er wollte ihm Venedig übergeben, falls es zu einer Erweiterung seines Gebiets käme und die Italiener im Krieg neutral blieben. Darauf bestand indes wenig Aussicht, denn der König von Italien wollte nicht mit Hilfe der Franzosen Venedig erwerben, sondern auf Grund seiner eigenen Rechte.

Einer der wesentlichsten Punkte dieses Abkommens war, daß Franz Joseph einwilligte, für jede Erweiterung österreichischen Gebiets einer entsprechenden französischen Gebietserweiterung in Deutschland zuzustimmen. Damit verletzte der Habsburgerherrscher aber grundlegende deutsche Interessen. Und dadurch, daß er Napoleon III. Gelegenheit gab, sich in die inneren territorialen Veränderungen des Deutschen Bunds einzumischen, schob er die Lösung des Problems der deutschen Einheit hinaus.

Im übrigen wäre es schon schwierig gewesen, den Frieden zu retten. Das österreichische Armeeoberkommando hatte nämlich in einem Memorandum vom 20. April 1866 den sofortigen Kriegszustand gefordert, um der Gefahr einer Bedrohung von zwei Seiten zuvorzukommen. Als Antwort auf die italienischen Vorbereitungen wurde am 21. April die Südarmee mobilisiert, am 27. die Nordarmee. Die Preußen mobilisierten am 3. Mai. Sehr gelegen kam ihnen, daß der österreichische Statthalter im Herzogtum Holstein sich wieder mit der Aufforderung an die Stände wandte, sie sollten sich über ihre Wünsche äußern, was offenbar eine österreichfreundliche Lösung bedeutet hätte, geradeso wie der Umstand, daß die österreichische Regierung die Frage der Herzogtümer der Deutschen Bundesversammlung zur Entscheidung überweisen wollte. Beides bezeichneten die Preußen als Verletzung der Gasteiner Konvention vom 14. August 1865 und marschierten in Holstein ein. Am 14. Juni mobilisierten auf bayrischen Antrag vier deutsche Mittelstaaten vier Armeekorps, worauf Preußen aus dem Deutschen Bund austrat. Damit trat im wesentlichen der Kriegszustand zwischen Preußen einerseits und Österreich und seinen Verbündeten – Bayern, Württemberg, Baden, Sachsen, den beiden Hessen, Nassau und Hannover – anderseits ein.

Für die Habsburger begann ein Zweifrontenkrieg gegen Italien und Preußen. Militärisch waren die gegen Italien angelaufenen Kriegsoperationen wesentlich leichter als im österreichisch-italienischen Krieg des Jahres 1859, praktisch hatten sie aber doch die Wirkung, die österreichischen Streitkräfte zu zersplittern, die an der Südfront 75 000 Mann, im Norden an der böhmischen Front gegen die Preußen aber 238 000 Mann stehen hatten, zu denen noch 23 000 Sachsen kamen.

Die Frage, wer zum Armeeoberbefehlshaber ernannt werden sollte, konnte Franz Joseph nicht meistern, obwohl gesagt werden muß, daß er im politischen Bereich – vielleicht von seiner ersten Wahl, dem Außenminister Buol-Schauenstein, der Schwarzenberg folgte, abgesehen – im allgemeinen die Minister fand, die seiner Konzeption entsprachen. Franz Joseph sah sich in erster Linie als Soldat, bewies aber weder im italienischen Krieg 1859 noch im Preußisch-Österreichischen Krieg 1866 mit seiner Wahl eine glückliche Hand. Wiederum konnte er keinen Armeeführer finden, dem er nicht nur seine Armee, sondern auch das Geschick seines Reichs hätte anvertrauen können. Ebenso wie General Gyulay war auch Ludwig August von Benedek auf dem italienischen Kriegsschauplatz unter der Hand Radetzkys zu einem begabten Heerführer herangewachsen. Aber beide mußten die Aufgabe auf den ausgesprochenen Wunsch des Kaisers, gegen ihren Willen, übernehmen. (Ludwig August von Benedek berief sich darauf, daß er das Terrain nicht ausreichend kenne.)

Das zweite wesentliche Moment im Preußisch-Österreichischen Krieg des Jahres 1866 war die entschiedene Überlegenheit der Preußen über die Österreicher in bezug auf Organisation und Technik. Zahlreiche Anzeichen dafür gab es bereits im „Probekrieg“ von 1864. Wichtig war vor allem, was u. a. Engels betonte: die Überlegenheit des Hinterladers und des Zündnadelgewehrs dem österreichischen Vorderlader gegenüber. Mit den neuen Gewehren konnten ganze angreifende Linien niedergemäht werden. Die preußische Kriegsorganisation, besonders die überlegene Ausbildung der Unteroffiziere, konnte auf eine jahrhundertelange Tradition zurückblicken. Und schließlich war die strukturelle Entwicklung des preußischen Generalstabs der Grund für den Qualitätsunterschied zwischen den beiden Armeen. Das waren an sich bereits wesentliche Vorteile, zusammengenommen aber waren es Momente, die auf grundlegende strukturelle gesellschaftliche Unterschiede hinwiesen und die den Gang der Ereignisse nicht nur nachträglich erklären, sondern von Anbeginn bestimmt haben. Als solche Momente können in erster Linie die geordneten Finanzen Preußens, die zielbewußte Außenpolitik, die auf jedes Experiment verzichtete, und die in vielen Belangen zwar reaktionären, aber doch geordneten Staatsangelegenheiten betrachtet werden.

In Italien errangen die österreichischen Truppen unter dem Befehl von Erzherzog Albrecht und Franz Freiherr von John schon am 24. Juni einen großen Sieg bei Custoza. Gegen Ende des Kriegs, am 20. Juli, besiegte Admiral Wilhelm von Tegetthoff bei der Insel Lissa die italienische Flotte. Doch hatten diese Ereignisse nur einen peripheren Charakter und konnten so weder für den Ausgang des Kriegs noch für das weitere Schicksal Österreichs von größerer Wirkung sein.

Am 18. Juni 1866 besetzten die Preußen Sachsen, die Hauptstädte von Hannover und Kurhessen und drangen in Böhmen, also in das Gebiet des österreichischen Reichs, ein. Die österreichischen Truppen erlitten nacheinander eine Reihe kleinerer Niederlagen, nicht nur, weil Benedek und die ihm untergeordneten Generäle unterschiedliche strategische Ansichten vertraten, sondern weil sich unter ihnen auch Mißverständnisse ergaben. Benedek erkannte die Gefahr der Lage und befürwortete einen Frieden „um jeden Preis". Franz Joseph wies dies am 1. Juli entschieden zurück und bemängelte, daß noch keine Entscheidungsschlacht geschlagen worden war. Diese erfolgte am 3. Juli bei Königgrätz. Die Truppenanzahl war auf beiden Seiten ungefähr gleich – 215 000 Österreicher standen 220 000 Preußen gegenüber. Das Unheil lag – unter anderem – darin begründet, daß der rechte österreichische Flügel sich aus dem Schutzbereich der Artillerie hervorwagte und zum Sturm antrat. Jetzt zeigte sich die Überlegenheit des schnell feuernden preußischen Zündnadelgewehrs, das in den Reihen der Österreicher große Verluste verursachte. Die Entscheidung fiel durch die Truppen des preußischen Thronfolgers Friedrich, die später ankamen, den Österreichern in den Rücken fielen und sie in die Flucht schlugen. Die österreichische Artillerie konnte nur einem Teil der eigenen Truppen einen geordneten Rückzug sichern.

Der Kaiser vermochte die Niederlage von Königgrätz nicht hinzunehmen. Er schob die volle Verantwortung für die schwere Niederlage Benedek zu. Franz Joseph zog nicht einmal in Betracht, daß Benedek zwei Tage vor der Niederlage dringend den Friedensschluß empfohlen hatte. Der Kaiser hatte abgelehnt, weil er fürchtete, das Zurückweichen vor den Preußen könnte das Ende der Dynastie und des Reichs bedeuten. Nach Königgrätz war diese Perspektive jedenfalls bedeutend näher gerückt.

Überraschend für Franz Joseph und seine Umgebung bot Bismarck Österreich einen vorteilhaften Frieden an, wenn Franz Joseph bereit wäre, aus dem Deutschen Bund auszutreten und die Umorganisation Deutschlands Preußen zu überlassen. Im Gegensatz zu seinem König und zum preußischen Armeekommando wünschte Bismarck keine weiteren Siege, nicht einmal die Besetzung von Wien. Er wollte das Habsburgerreich nicht sprengen, schon deswegen nicht, weil er wußte, daß ein Zerfall Österreichs nicht nur Frankreich, sondern auch anderen europäischen Mächten unerwünscht war. Sein Manövrieren mit der Klapka-Legion der ungarischen Emigranten und deren Einfall in Nordungarn sollte die österreichische Staatsführung nur erschrecken. In Wirklichkeit wollte er die außenpolitische Tätigkeit der Habsburgermonarchie von der großdeutschen Richtung ablenken und auf den Balkan orientieren.

Am 23. August 1866 wurde in Prag der Frieden zwischen Österreich und Preußen geschlossen. Territoriale Verluste erlitt das Habsburgerreich keine, es mußte nur 20 Millionen Taler als Kriegsentschädigung zahlen.

Die politischen Folgen des Kriegs waren entscheidend. Preußen annektierte Hannover, Kurhessen, Nassau, Frankfurt am Main und Schleswig-Holstein, womit es ihm gelang, ein geographisch einheitliches und abgeschlossenes Territorium zu schaffen. Die Habsburger mußten einer Vereinigung der norddeutschen Staaten unter preußischer Führung zustimmen. Obwohl auf Wunsch Napoleons III. als Teil des Prager Friedens ein Süddeutscher Bund zustande kam, verfügte doch ein Geheimvertrag zwischen Baden, Württemberg, Bayern und Preußen, daß im Fall eines Kriegs diese Staaten unter preußischem Oberbefehl zu kämpfen hätten. So wurde 1866 die deutsche Einheit im wesentlichen geschaffen und im Krieg von 1870/71 nur bedeutend ergänzt.

Um den Krieg zu beenden, mußte Österreich noch mit Italien Frieden schließen. Dieser Schritt erfolgte am 3. Oktober in Wien. Die Italiener erhielten Venetien. Auf die von ihnen geforderten Tiroler Gebiete mußten sie verzichten. Nach der Schlacht von Königgrätz verlangte Bismarck, der preußische Ministerpräsident, mehr als der König und die Heeresleitung in ihren kühnsten Träumen gehofft und in ihren Ansprüchen zum Ausdruck gebracht hatten: Es ging nicht um Gebietsannexionen oder Kriegsentschädigungen, sondern um eine strukturelle Wandlung des Verlierers, deren organische Folge das Ausscheiden der Habsburgermonarchie aus dem politischen Wirkungskreis Preußens war. Das wurde deutlich, als Bismarck am 9. Juli 1866 in einem Telegramm an den preußischen Botschafter in Paris, Robert von der Goltz, mitteilte, daß bei den Friedensverhandlungen mit den Österreichern „...wir im Interesse unserer künftigen Stellung zu Österreich die Erfüllung der nationalen Forderungen Ungarns und Sicherstellung der ungarischen Verfassung verlangen werden". Da die Verdrängung Österreichs aus dem Deutschen Reich ebenso im Interesse der Preußen bei der Verwirklichung der kleindeutschen Einheit lag wie der Ungarn bei der den Umständen entsprechenden Wiederherstellung ihrer Verfassung, trat eine Verflechtung dieser beiden Prozesse ein.

Nach dem Krieg mit Preußen erfolgte eine Wendung in der österreichischen Staatsführung. Diese Wendung brachte sehr scharfe innere Widersprüche zutage. Ministerpräsident Belcredi wollte den nunmehr unausweichlichen Ausgleich mit den Ungarn fast sofort durch eine mit Hilfe der Slawen durchgeführte föderative Umwandlung des Reichs ausgleichen. (Es kann nicht überraschen, daß die Deutschösterreicher diesen Plan sofort zu Fall brachten.) Belcredi löste die Landtage auf, da er mit ihrer deutschen Mehrheit nichts anzufangen wußte, er wollte neue Landtage und, darauf aufbauend, einen „außerordentlichen Reichsrat" einberufen, der eine Entscheidung über das Verhältnis zwischen Österreich und Ungarn treffen sollte. Belcredi wollte eine aus der Großgrundbesitzer-Aristokratie der böhmischen, mährischen, galizischen und Krainer Landtage bestehende und seinen Zielen entsprechende föderalistische Mehrheit zustande bringen, womit er nicht nur die mit den Ungarn zu schließende Vereinbarung gefährdete, sondern auch den deutschen Liberalen in den Rücken fiel. Durch seine Tätigkeit entwickelte sich zwischen den deutschen Liberalen Österreichs und den Ungarn eine eigentümliche Schicksalsgemeinschaft gegenüber der von Belcredi initiierten feudalen und slawischen föderalistischen Koalition.

Der Kaiser von Österreich ernannte den ehemaligen sächsischen Außenminister und späteren Ministerpräsidenten Friedrich Ferdinand Freiherr von Beust zum österreichischen Außenminister mit dem Titel eines Reichskanzlers. Beusts politische Richtung war nicht frei von schweren Widersprüchen. Franz Joseph erwartete nämlich von den preußenfeindlichen Revanchegefühlen und den Fähigkeiten des sächsischen Diplomaten, was ihm seine eigenen Staatsmänner gegen Bismarck nicht hatten bieten können. Beust war in vielen Belangen für diese Rolle geeignet, obwohl er die inneren Angelegenheiten des Habsburgerreichs nicht völlig durchschaute. Jedenfalls erkannte er bald, daß die Wiederherstellung der innenpolitischen Sicherheit ausschließlich auf dem Weg von Verhandlungen mit den Ungarn möglich war. Allerdings wollte er, um dieses Ziel zu fördern, zuerst auch enge Verbindungen zu den deutschliberalen Kreisen Österreichs knüpfen, was ihm durch die Wiederherstellung der Schmerlingschen Verfassung auch gelang. Das Verhältnis zu den Ungarn stellte er erst danach auf eine festere Grundlage. Der Ausgleich mit den Ungarn bedeutete eine Verstärkung der Stellung der Monarchie außerhalb der deutschen Einheit. Daß Beust in der dualistischen Konzeption bald die einzig mögliche Grundlage der neuen Machtposition Österreichs erkannte, läßt zweifellos auf sein Gefühl für Realpolitik schließen. Er erkannte, daß im Gegensatz zu Belcredis aristokratisch-slawischer Richtung die neue Habsburgermonarchie ausschließlich durch die Erfüllung der Wünsche der Deutschliberalen und der Ungarn aufgebaut werden konnte, die Deák und Andrássy formuliert hatten. Der Herrscher zog die Lehren aus dieser Erkenntnis: Er entließ Belcredi und ernannte am 7. Februar 1867 Beust zum Ministerpräsidenten. Die Warnungen Belcredis, die Vernachlässigung der Slawen im neu zu schaffenden Organismus der Monarchie könnte das Reich in schwere Gefahr bringen, waren zwar vollkommen berechtigt, doch war anderseits auch nicht zu bezweifeln, daß Österreich nicht mehr gegen das deutsche Großbürgertum regiert werden konnte. Für Beust war der Ausgleich mit den Ungarn die vordringlichste Aufgabe. Nach Königgrätz erklärten Deák und Andrássy dem Kaiser auf Befragen einmütig, daß ihre Forderungen im Namen der ungarischen Nation sich auch nach dem Krieg nicht geändert hätten. Am 17. Februar 1867 setzte der Kaiser die ungarische Verfassung wieder in Kraft und ernannte ein verantwortliches ungarisches Ministerium, nachdem am 4. Februar mit Allerhöchster Entschließung der „außerordentliche Reichsrat" für verfassungsmäßig erklärt und mit der Behandlung der auf Ungarn bezüglichen Gesetzentwürfe betraut worden war. Damit waren die Vorarbeiten für den Ausgleich mit Ungarn eigentlich beendet. Als der ordentliche Reichsrat am 22. Mai zusammentrat, fand er den Ausgleich mit den Ungarn bereits fertig vor, der so auch in der Praxis ein Abkommen zwischen dem Herrscher und der ungarischen Nation darstellte.

Sieben Gesetze bildeten die verfassungsmäßige Grundlage für das Abkommen mit dem Herrscher. Im wesentlichen stellen diese Gesetze ein auf die Pragmatische Sanktion begründetes neues Abkommen zwischen Herrscher und Nation dar, das die abgeänderten Gesetze vom April 1848 erneuert und den neuen Erfordernissen anpaßt. In diesen Gesetzen ist ein wichtiges geschichtliches Moment bewußt ausgedrückt: Ungarn ist ein organischer Bestandteil des Habsburgerreichs, der lediglich durch die unmittelbar mit seinem Herrscher zustande gebrachte Verbindung und den Ausgleich verpflichtet ist, gewisse Elemente der Souveränität im Interesse der Zusammenarbeit mit dem anderen Staat des Herrschers zu teilen. Es kann nicht geleugnet werden, daß dieser „kodifizierte" Dualismus ein geschichtliches Vorspiel und eine Wurzel in der Pragmatischen Sanktion hatte, die diese Form des Reichs unter den gegebenen Umständen als einzig mögliches Staatensystem hervorgebracht hat. Dies erkannt und folgerichtig durchgeführt zu haben, ist das Verdienst Ferenc Deáks. So entstand um die Mitte des 19. Jahrhunderts dieses recht widersprüchliche gesellschaftsorganisatorische Prinzip der Völker dieses Raums, innerhalb dessen ihre Entwicklung zur Nation erfolgte. Sie wuchsen dabei zu einer selbständigen Staatlichkeit heran, wodurch aber die Position der beiden führenden Nationen immer mehr bedroht wurde. Die bisherige geschichtliche Vergangenheit Ungarns trug dazu bei, daß in den leitenden Kreisen der österreichischen und der anderen Nationen dieses Raums sich die Anschauung vom ungarischen Übergewicht entwickelte, eine künstlich gezüchtete Ansicht, die in den folgenden Jahrzehnten zur Verschärfung der Gegensätze zwischen den Völkern dieses Raums beitrug.

Ungarn war vom staatsrechtlichen und innenpolitischen Gesichtspunkt aus selbständig geworden. Die gemeinsame Sicherheit schrieb aber eine gemeinsame Verteidigungspflicht vor. So entstanden die gemeinsame Außenpolitik und zur Dekkung der gemeinsamen Verteidigungskosten ein gemeinsames Finanzwesen. Die Ausgaben für die ungarische königliche Hofhaltung wurden vom Reichstag gesondert bewilligt. Alles, was sich auf die ganze Armee, also das Kommando und die Organisation der ungarischen Armee bezieht, wird als „in den Wirkungskreis Seiner Majestät gehörig anerkannt“. Das Recht der Festsetzung des Rekrutenkontingents, „die Dauer der Wehrpflicht, die Maßnahmen der Dislokation und Ernährung des Militärs behält sich die ungarische Gesetzgebung vor“. Die Finanzen sind so weit gemeinsam, als auch gewisse Ausgaben gemeinsam sind, aber alle anderen ungarischen Staatsausgaben werden auf Vorschlag des verantwortlichen Ministeriums vom Reichstag bewilligt. Die Steuern werden vom ungarischen Ministerium unter Ausschluß jeglichen fremden Einflusses auf eigene Verantwortung festgesetzt, eingetrieben und verwendet. Das Verhältnis, in dem die Länder der ungarischen Krone die Lasten und Ausgaben der von der Pragmatischen Sanktion als gemeinsam anerkannten Angelegenheiten tragen, ist Gegenstand gemeinsamer Verhandlungen. Die Verhandlungen werden durch je eine von dem ungarischen Reichstag und von der Versammlung der anderen Länder des Herrschers zu gleichen Teilen gewählten Delegation geführt, in zweiter Instanz entscheiden die Landtage, in letzter Instanz – wenn es zu keiner Einigung kommt – entscheidet der Herrscher. In jedem Land und in jeder Provinz muß die vollständige Verfassungsmäßigkeit eingeführt werden. Bei der Behandlung der gemeinsamen Angelegenheiten ist zwischen den beiden Partnern „volle Parität eine unerläßliche Bedingung“. Darum wählen das ungarische Parlament und die anderen Parlamente je eine Delegation mit bestimmter Mitgliederzahl, die aber die Sechzig nicht überschreiten darf und jedes Jahr oder jede Sitzungsperiode neu gewählt werden muß. Es ist der Wunsch der ungarischen Gesetzgebung, daß die Sitzungen abwechselnd in Pest und in Wien abgehalten werden, die Verhandlungen getrennt vor sich gehen und jeder Beschluß mit absoluter Mehrheit gefaßt werden muß. Die Delegationen dürfen nur gemeinsame Angelegenheiten verhandeln, und die Bewilligung des gemeinsamen Budgets wird dabei der wichtigste Teil der sich jährlich wiederholenden Aufgabe sein. Das so bewilligte Budget kann von den einzelnen Ländern nicht mehr diskutiert werden. Staatsschulden, die ohne die gesetzliche Bewilligung des Landes zustande gekommen sind, können nicht zu Lasten Ungarns gehen. Das Land ist aber aus Billigkeitsgründen bereit, einen Teil der bestehenden Staatsschulden zu übernehmen. Das Parlament ist außerdem bereit, zwischen Ungarn und den Erblanden einen Zoll- und Handelsvertrag abzuschließen, und übernimmt es, die mit dem Ausland bereits abgeschlossenen Handelsverträge auch auf Ungarn auszudehnen.

Die Ausgaben des gemeinsamen Staatshaushalts sind von der ungarischen Krone beziehungsweise von den anderen Ländern im Verhältnis 30:70 zu bestreiten. Dieses Verhältnis ist zehn Jahre lang, das heißt bis 1877, gültig. Mit diesen Gesetzen ist die ungarische Verfassungsmäßigkeit nach dem Muster vom April 1848 – obzwar mit den durch die neuen Umstände erforderten Abänderungen und mit den neuen Maßnahmen, die die veränderte Machtlage widerspiegeln – wenigstens formell ins Leben getreten. Der Ministerratsbeschluß vom 17. März 1867 band jede wesentliche und wichtige Entscheidung an die vorhergehende Zustimmung des Herrschers. Es ist unzweifelhaft, daß dieses Moment nicht nur ein Rest der absolutistischen Macht, sondern auch eine virulente Manifestation derselben war, die bis zur Auflösung der dualistischen Monarchie Gültigkeit hatte. Der einzige „entlastende Umstand", der diese Lage erklärt, wenn er sie auch nicht entschuldigt, ist, daß eine entsprechende Regelung auch in Österreich galt.

Den ungarischen Ausgleichgesetzen entspricht in der österreichischen Gesetzgebung die vom 21. Dezember datierte beziehungsweise am 22. veröffentlichte, aus fünf Gesetzen bestehende sogenannte Dezemberverfassung. Die einzelnen Gesetze sind folgende: Gesetz, das das Grundgesetz vom 26. Februar 1861 über eine Reichsvertretung abändert; Staatsgrundgesetz über die allgemeinen Rechte der Staatsbürger der im Reichsrat vertretenen Königreiche und Länder; Staatsgrundgesetz über die Bildung des Reichsgerichts; Staatsgrundgesetz über die Regierung und die exekutive Gewalt; schließlich ein Gesetz ohne den Charakter eines Staatsgrundgesetzes, das sich auf die gemeinsamen Angelegenheiten aller Länder der österreichischen Monarchie bezieht und deren Behandlung regelt. Die österreichischen Gebiete wurden in der Umgangssprache häufig auch Zisleithanien genannt – wobei der Fluß Leitha als Grenze zwischen Österreich und Ungarn figuriert –, während die Länder der ungarischen Krone in ihrer Gesamtheit die Bezeichnung Transleithanien erhielten.

Die dem österreichischen Ausgleich zugrunde liegenden Gesetze unterscheiden sich also grundlegend von den ungarischen. Die Dezemberverfassung ist nämlich eine auf das ganze gesellschaftliche Leben bezügliche Regelung, innerhalb derer auch für die „gemeinsamen Angelegenheiten aller Länder der Monarchie" nur ein Gesetz besteht. Zweifellos haben mehrere der „Staatsgrundgesetze" einen sehr liberalen Charakter und sind positiv, was für das österreichische Großbürgertum, das sie hervorgebracht hat, charakteristisch ist. Dies bezieht sich auf die Gleichheit vor dem Gesetz, auf die Religions- und Gewissensfreiheit, auf die Freiheit der Wissenschaften und des Unterrichts und auf die Verkündigung der Gleichheit aller Völker. Als fortschrittlich kann gleichzeitig das Grundgesetz über den Obersten Gerichtshof betrachtet werden, das – unter anderem – wenigstens im Prinzip die richterliche und die exekutive Gewalt trennte und bei Verletzung der verfassungsmäßig gesicherten politischen Rechte der Staatsbürger auf deren Klagen Rechtshilfe in Aussicht stellte.

Das neue Gesetz enthielt in jedem Fall auch Notverordnungen, wenn der Reichsrat an der Ausübung seiner gesetzgebenden Gewalt verhindert war. Obwohl dies an zahlreiche beschränkende Bedingungen gebunden und auch zeitlich (auf ein Jahr) beschränkt war, sicherte der § 14 doch das Recht des Herrschers, die Verfassung zu umgehen, um unter bestimmten Bedingungen ohne Befragung des Parlaments Entscheidungen zu treffen. Diese Bestimmung sicherte letztlich die konservative Grundlage der Habsburgermonarchie. Es spiegelte sich im Ausgleich 1867 aber auch noch anderes, das Joseph Redlich folgendermaßen ausgedrückt hat: „Die Art und Weise, wie er bis dahin ‚Regierungssysteme' angenommen und wieder verworfen, Verfassungen verkündet und wieder sistiert hatte, läßt die Annahme nicht ganz ungerechtfertigt erscheinen, daß er seinen Pakt mit den Ungarn im Jänner 1867 auch nur mit dem innerlichen Vorbehalte schloß, unter künftigen günstigeren Umständen wieder zur zentralistischen Idee zurückzukehren und dann das volle Maß seiner Kaiserlichen Prärogative auch hinsichtlich Ungarns wieder herzustellen. Denn im letzten Grunde beruhte die Selbstbeschränkung, die er sich jetzt zu Gunsten der Magyaren auferlegte, doch wohl ausschließlich auf seiner Beurteilung der durch den Krieg mit Preußen und Italien so sehr zu Ungunsten des Hauses Habsburg veränderten europäischen Machtverhältnisse... Von diesem Gesichtspunkte betrachtet ist der Dualismus als Reichsverfassung erst zwei Jahre später in ‚voller Rechtskraft' erwachsen, als in den Monaten August und September 1870 zugleich mit dem Zusammenbruche des zweiten Kaiserreiches in Frankreich für den Kaiser Franz Joseph jede Hoffnung auf mögliche Wiedervergeltung der ihm durch die siegreiche Dynastie der Hohenzollern zugefügten Niederlage für immer erlosch." (Joseph Redlich: Das Österreichische Staats- und Reichsproblem. Leipzig 1926, II. Band, S. 676–677.)

Die Reihe von Ereignissen, die in der neueren Geschichte Mitteleuropas als Ausgleich zwischen dem Habsburgerherrscher und der ungarischen Nation bekannt wurde, ist das Ergebnis des Gegen- und Miteinander und der Verflechtung zahlreicher Kräfte und Faktoren. Die österreichische Geschichtsschreibung – die zeitgenössische und die moderne gleicherweise (von Friedjung über Redlich bis zu Hugo Hantsch) – ist sozusagen einheitlich der Auffassung, daß das Zustandekommen des Ausgleichs ausschließlich dem preußisch-österreichischen Gegensatz beziehungsweise dem preußischen Sieg zuzuschreiben sei. Dieser Ansicht nach konnten die politischen Kreise in Ungarn die Wiederherstellung ihrer geschichtlichen Verfassung nur als Folge eines preußischen Siegs erwarten, weshalb zwischen der Wiederherstellung der ungarischen Staatlichkeit und den politischen Zielen Preußens ein innerer – wenn auch nicht auf Personen beruhender – politischer Zusammenhang bestand. Das heißt, daß die Wiederherstellung der ungarischen Staatlichkeit im Einvernehmen mit dem österreichischen Herrscher in Wahrheit eine Parallelerscheinung der preußischen Lösung der deutschen Einheit ist und sämtliche Begleiterscheinungen dieses Ereignisses ebenfalls teilt.

Die Umwandlung der geschichtlichen und europäischen Großmachtstellung der Habsburgermacht erschütterte in erster Linie die Deutschösterreicher. Der Niedergang der österreichischen Institutionen und der ganzen Struktur des Systems führte vollkommen berechtigt zu der Annahme, daß der Zerfall Österreichs bevorstehe. Die „Zweiteilung" des Reichs, die die Macht zwischen den beiden hauptsächlichen Nationen, den Deutschösterreichern und den Ungarn, so teilte, daß alle anderen Völker innerhalb der durch den Ausgleich bestimmten Grenzen deren Untertanen blieben, bedeutete doch den bisherigen Zuständen gegenüber einen großen Fortschritt. Die Anerkennung der ungarischen Verfassungsmäßigkeit enthielt nämlich nicht nur, weil der Gesetzesartikel 1867/XII es so bestimmte, sondern auch, weil darin das Prinzip des verantwortlichen Ministeriums formuliert war, gewisse Formen des Parlamentarismus und setzte dies auch in Österreich voraus. Es war ein großes Zugeständnis Franz Josephs, dieses Prinzip angenommen zu haben.

Beust konnte dieses Zugeständnis nur auf das deutsche Großbürgertum gestützt erreichen. In der Verfassungspartei organisiert, war dieser unter dem Druck der schweren Niederlagen und unter dem Einfluß der weiteren Perspektiven des mit den Ungarn zu schließenden Ausgleichs geneigt, in den Dienst des neuen Systems zu treten. Der Inhalt der neuen Lage war die Alleinherrschaft über die in Österreich lebenden nichtdeutschen Nationen. Eine entsprechende Version desse lben Problems galt auch für Ungarn: Der Widerstand der ungarischen Nationalitäten der ungarischen Herrschaft gegenüber zwang die Ungarn ebenso, im dualistischen System Schutz zu suchen, wie sie dadurch den Deutschösterreichern Hilfe gegen die Tschechen und die Südslawen leisteten. Nebenbei erkannten die deutschösterreichischen Industriellen auch die Vorteile der gemeinsamen Großraumwirtschaft, die mit den Methoden Schwarzenbergs und Brucks nicht zu verwirklichen waren.

All dies zwang die Verfassungspartei, in vielen Richtungen zu kämpfen. Ihre Lage war dadurch erschwert, daß sie den Slawen, der klerikalen Bauernschaft der Alpen, dem antiliberalen Hof und der Heeresleitung zugleich standhalten mußte. Unter solchen Umständen war sie gezwungen, den „siegreichen Ungarn“ das Ideal des habsburgischen Gesamtreichs aufzuopfern. Die Erklärungen der Verfassungspartei machten klar, daß „...die nun anhebende deutsch-magyarische Kooperation für das österreichische Deutschtum nur eine mit großer Selbstüberwindung und sehr saurer Miene abgeschlossene Vernunftehe bedeutete“. (Redlich, a. a. O., S. 649.) Vom österreichischen Standpunkt aus war der Ausgleich auf alle Fälle ein „ungarischer Sieg“, der als geschichtliches „grundlegendes Erlebnis“ die politische öffentliche Meinung und die Geschichtsschreibung gleichermaßen schwer belastet.

In den Augen Deáks dagegen bestand die Bedeutung von 1867 hauptsächlich darin, daß der Ausgleich keine direkte Fortsetzung von 1848, sondern eine auf Grund gegenseitiger Zugeständnisse, aus Opportunität zustande gekommene Schöpfung war. Von den tatsächlich wirksamen und auf realem Boden stehenden politischen Kräften vertrat zweifellos Deák die Variante des Liberalismus, die, auf nationaler Grundlage stehend, nicht eine Politik der Klagen und Beschwerden, sondern unter den gegebenen Umständen die Richtung der konstruktiven Zusammenarbeit vertrat. In dieser Beziehung gab es keine einzige österreichische Partei, Richtung oder führende Persönlichkeit, die sich dazu hätte aufschwingen können. Gleichzeitig ist es eine Tatsache, daß auch unter den ungarischen Verhältnissen die Konzeption Deáks nicht lange gehalten werden konnte. Das unter Mitwirkung von Menyhért Graf Lónyay zustande gekommene Prinzip der vorhergehenden

Sanktion durch den Herrscher hatte von Anfang an das von Deák vertretene parlamentarische Prinzip untergraben. Noch schwerer wogen die Einflüsse, die durch Gyula Graf Andrássy immer kraftvoller in den Vordergrund traten und deren Perspektiven von der den ungarischen „Sieg" betrauernden österreichischen und von der die ungarische „Niederlage" beklagenden Kossuthschen politischen Literatur nicht nur mit gleicher Schärfe, sondern – eigenartigerweise – auch mit recht verwandtem Wahrheitsgehalt beschrieben wurde. Und obwohl die im Geist Deáks konzipierten Gesetzesartikel 1868/XXX über den ungarisch-kroatischen Ausgleich und 1868/XLIV über die Gleichheit der Nationalitäten die fortschrittlichsten ihrer Zeit waren und den in den Ländern der Heiligen Stephanskrone lebenden Völkern die weitestgehenden staatlichen und staatsbürgerlichen Rechte sicherten, wurden sie doch durch die Gesetzmäßigkeiten der bürgerlichen Entwicklung in ihrer Wirkung rasch zurückgedrängt. Die Umsetzung der Gesetzesschöpfungen, die in dem großen liberalen Aufschwung der wiedergewonnenen ungarischen Verfassungsmäßigkeit zustande gekommen waren, in die Praxis verlangsamte sich innerhalb einiger Jahre stark, und nur die durch Machtmittel gesicherte Wirksamkeit des kroatischen Ausgleichs blieb bis zum Ende der Epoche verhältnismäßig unversehrt. Die ständig wachsende Furcht der von Andrássy vertretenen ungarischen Führungsschicht vor den vorwärtsdrängenden Gleichberechtigungsbestrebungen der nichtungarischen Völker führte bald zur ersten strukturellen Krise des dualistischen Systems. Nach deren Liquidierung konnte die Monarchie endlich ungestört den Weg der Großmachtpolitik beschreiten, auf dem Franz Joseph sich Entschädigung für den Schiffbruch versprach, den seine Hoffnungen im Jahr 1870 in Deutschland auf ewig erlitten hatten; vielleicht war das auch eine Rechtfertigung dafür, daß er dem bankrotten absolutistischen Nachlaß Schwarzenbergs und Bachs „untreu" geworden war.

Um den mit dem Ausgleich abgeschlossenen geschichtlichen Prozeß genau beschreiben zu können, müssen noch zwei kennzeichnende Momente der Epoche erwähnt werden. Das eine ist das Schicksal der Kossuth-Emigration in den Jahrzehnten zwischen Freiheitskampf und Ausgleich. Das andere ist eine Familientragödie der Habsburger, das Abenteuer des mexikanischen „Kaiserreichs".

Die aus den verantwortlichen Führern sowie den Offizieren und Soldaten der Armee des Freiheitskampfes von 1848 bestehende ungarische Emigration spielte in den zwei Jahrzehnten zwischen der militärischen Niederlage und dem späteren Ausgleich eine sehr vielfältige Rolle. Ein Teil der früheren leitenden Persönlichkeiten war der Meinung, daß es keine Aussicht auf eine Wiederbelebung der Revolution in Mitteleuropa gab, und kehrte – mit Hilfe heimischer Verbindungen – amnestiert nach Hause zurück. Ein anderer Teil ging in alle Welt und schuf sich eine bürgerliche Existenz. Am kennzeichnendsten war jedoch die Rolle und das Schicksal der früheren Offiziere und Soldaten. Es muß gesagt werden, daß sie eigentlich die späten Fahnenträger des gestürzten Freiheitskampfes waren und nach der endgültigen Ansiedlung Kossuths in Italien die Vertreter seiner weiteren politischen Pläne wurden. Sie verliehen den Worten und Handlungen des Führers der Emigration Gewicht. Wie Kossuth selbst, kämpfte diese kleine Armee von etwa 1300–2000 Mann in den fünfziger und sechziger Jahren des vorigen Jahrhunderts in allen Bewegungen mit, die auf die Veränderung Europas und besonders Italiens gerichtet waren, Kossuth auf hoher Ebene, die Soldaten aber auf den verschiedenen italienischen Kriegsschauplätzen, wo sie teilweise an der Seite Garibaldis bemüht waren, weiter der Sache der ungarischen Unabhängigkeit zu dienen. Und sie taten dies so lange, bis nach dem Zustandekommen der deutschen und italienischen Einheit die konservative Stabilisierung in Europa eintrat, die nicht nur den Kampf mit den Waffen, sondern auch die diplomatischen und politischen Aktionen in der Sphäre der nationalen Unabhängigkeitskämpfe beendete.

Eine eigenartige Episode innerhalb dieser Epoche bildete das mexikanische Kaisertum Maximilians, des jüngeren Bruders von Franz Joseph. Der zwei Jahre jüngere Erzherzog war eine ziemlich widersprüchliche Natur, nachgiebiger, liberaler und wesentlich intellektueller als Franz Joseph. (Nach seinem Tod wurden seine Reisebeschreibungen, Gedichte und Aphorismen in mehreren Bänden herausgegeben.) Im Jahr 1857 wurde er aus diesem Grund zum Generalgouverneur des Lombardisch-Venezianischen Königreichs ernannt, um dort ein milderes Regime einzuführen. Seine liberalen Neigungen veranlaßten Napoleon III., ihn als Mittel für seine mexikanische Intervention zu benützen, damit wollte er auch das Andenken an den Krieg von 1859 auslöschen.

Gegen die von der bürgerlich-demokratischen Revolution in Mexiko errichtete Republik begannen sich die Grundbesitzer und die Kirche zur Gegenrevolution zu organisieren. Diese Lage wollte der Kaiser von Frankreich benutzen, um auf dem amerikanischen Kontinent Einfluß zu gewinnen, mit Unterstützung der katholischen Kirche seine häusliche Kirchenpolitik zu stärken und seine erschütterte Position durch außenpolitische Erfolge zu festigen. Er sandte Truppen nach Mexiko und regte die Einführung der monarchistischen Staatsform an. Die gegenrevolutionären Kräfte, die mit Hilfe einer großen französischen Armee einen Teil des Landes besetzten, boten 1863 Maximilian den Kaiserthron an. Maximilian verzichtete im April 1864 auf seine österreichischen Thronansprüche, landete am 28. Mai in Veracruz und zog am 12. Juni in seine Residenz Mexiko, heute Mexico City, ein. Marschall Bazaine sicherte seinen Weg mit einer Armee von 25 000 Mann.

Maximilian ahnte offenbar nicht, auf welch unsicheres Terrain er sich begeben hatte. Der überwiegende Teil der Bevölkerung war ihm feindselig gesinnt und kämpfte unter der Führung von Benito Juárez gegen die französischen Besatzungstruppen. Das unentschlossene und schwankende Verhalten Maximilians war nicht geeignet, die außerordentlich schmale gesellschaftliche Basis seiner Anhänger, auf die er sich stützen konnte, zu erweitern. Seine Herrschaft war dort gesichert, wo sich die französischen Truppen gerade befanden. In den Vereinigten Staaten tobte zu dieser Zeit der Bürgerkrieg, und die Regierung der Union war handlungsunfähig. Sobald der Bürgerkrieg zu Ende war, änderte sich die Lage. Unter dem Druck der Regierung der Vereinigten Staaten zog Napoleon im Jahr 1866 seine Truppen zurück. Damit war die Stellung Maximilians aussichtslos geworden, und die republikanischen Truppen gewannen die Oberhand. Im Februar 1867 flüchtete Maximilian mit einigen Söldnern in die Festung Querétaro, die ihm allein von seinem ganzen Kaisertum geblieben war. Am 15. Mai ergab sich die Festung, Maximilian wurde gefangengenommen, einen Monat später vor Gericht gestellt und am 19. Juni erschossen. Das geschah elf Tage nach der Krönung Franz Josephs zum König von Ungarn. Es war ein mißlungener, ruhmloser Versuch, das Weltreich der Habsburger des 16. Jahrhunderts zu erneuern.

Die Konsolidierung des Regimes

Der Ausgleich brachte Österreich noch lange keine Ruhe. Am 1. Januar 1868 bildete sich das „Bürger- und Doktorenministerium" unter dem Präsidium des Fürsten Carlos Auersperg. Es bestand in seiner Mehrheit tatsächlich aus Ministern bürgerlicher Abstammung und schuf in einem aufgeklärten Geist einige sehr wichtige Gesetze, wie das über die Zivilehe, die Verstaatlichung des Schulwesens und die freie Religionswahl vom 14. Lebensjahr an; die österreichische Innenpolitik war jedoch durch die konservative Opposition gegen die Gesetze und auch durch die berechtigten Ansprüche der Slawen auf gleiche verfassungsrechtliche Behandlung, wie die Ungarn sie erhalten hatten, stark belastet. Im September 1868 trat Eduard Graf von Taaffe an die Stelle Auerspergs, aber auch er war den Aufgaben nicht gewachsen, so daß der Herrscher am 12. April 1870 den Grafen Alfred Potocki mit der Regierungsbildung betraute. Nun begann man mit einer weitergehenden Autonomie der Länder zu experimentieren, um so mehr, als in den neugewählten Landtagen eine bedeutende konservative Minorität die freie Bewegung der deutschen Liberalen behinderte, ja im böhmischen Landtag waren die Tschechen den Deutschen gegenüber sogar in der Mehrzahl. Dazu kam das vom I. Vatikanischen Konzil beschlossene Dogma von der Unfehlbarkeit (Infallibilität) des Papstes, das in der österreichischen Innenpolitik ebenfalls große Schwierigkeiten verursachte. Die Kardinäle Rauscher, Schwarzenberg und Bischof Stroßmayer lehnten das Dogma nämlich entschieden ab (offenbar weil es ihre bisherige unbeschränkte kirchliche Macht einschränkte), außerdem sah sich die Regierung veranlaßt, das Konkordat zu kündigen, und zwar nicht so sehr aus kirchlichen als aus außenpolitischen Gründen. Die Kündigung sollte es Beust ermöglichen, mit dem liberalen Frankreich und mit Italien leichter zu einem preußenfeindlichen Dreibund zu gelangen. In diese Konzeption paßte die weitere Verstärkung des konservativen Föderalismus, die sich schon in der Tätigkeit der Regierung Potocki geltend gemacht hatte und sich dann in den folgenden Monaten weiter entfaltete. Der Kaiser war von Anfang an von heftiger Antipathie gegen alle liberalen Ideen erfüllt und benutzte die erstbeste Gelegenheit, um einen von liberalen Ansichten freien konservativen Aristokraten an die Spitze der österreichischen Regierung zu stellen, selbst auf die Gefahr hin, daß dann mit politisch wesentlich problematischeren Mitteln versucht werden würde, die Grundlagen seiner Macht zu erweitern.

Als sich 1870 das Verhältnis zwischen Frankreich und Preußen zuspitzte, schien Franz Joseph der Zeitpunkt geeignet, an der durch den Ausgleich stabilisierten Lage wieder zu rütteln. In seinen Bemühungen mischten sich Illusionen und Hasardspiel mit weitgehenden Forderungen einer slawisch-nationalen Demokratie und mit antiliberal-konservativem Föderalismus. Die Annahme dieses eklektischen Regierungsprogramms durch Franz Joseph kann nur durch den Wunsch erklärt werden, für die Zeit einer Veränderung infolge einer möglichen Lockerung des Ausgleichs – aber auch darüber hinaus – die Grundlagen der Macht in Österreich in Richtung auf die Slawen, in erster Linie aber auf die Tschechen, zu erweitern. Karl Siegmund Graf von Hohenwart unternahm den Versuch, dieses Programm zu verwirklichen. Als Anhänger des Föderalismus brachte er auch eine in ihrer persönlichen Zusammensetzung sehr breite Koalition zustande. So nahm er Professor Albert Schäffle, den Vertreter der deutschen Theorie des Föderalismus, und Professor Josef Jireček, einen tschechischen Historiker und Linguisten, in sein Kabinett auf. Das Paar Hohenwart–Jireček war eine der eigenartigsten Erscheinungen in der modernen österreichischen Geschichte. Der konservativ-aristokratische Föderalismus Hohenwarts entsprang seinem übernationalen Kosmopolitismus, während der Föderalismus Jirečeks aus der slawischen nationalen Idee hervorging. So vertraten Hohenwart und Jireček einander vollständig entgegengesetzte Tendenzen, deren Ideen und Ziele, die sich gegenseitig ausschlossen, der österreichische Ministerpräsident nicht erkannte. Darüber hinaus aber war es momentan wichtiger, die politischen Grundlagen der Regierung zu erweitern, als die späteren Auswirkungen der Entwicklung der slawischen nationalen Bestrebungen zu erwägen.

Ende Februar 1871 ernannte Franz Joseph Hohenwart ohne Wissen Beusts zum österreichischen Ministerpräsidenten. Zu den ersten Maßnahmen der Regierung gehörten eine Herabsetzung des Wahlzensus und die Erweiterung der Rechtsbefugnisse der Landtage. Die Slawen, vor allem die Tschechen, erhielten bedeutende Zugeständnisse. Um ihre weiteren Pläne ungestört ausführen zu können, löste die Regierung den Reichsrat und einige Landtage mit deutscher Mehrheit auf und sorgte für solche Mehrheiten in den neugewählten Landtagen, aus denen ein föderalistisch zusammengesetzter Reichsrat hervorgehen konnte.

Dann legte die Regierung dem böhmischen Landtag den neuen Entwurf zum Nationalitätengesetz vor, der Tschechen und Deutschen gleicherweise vollständige, auch auf den Sprachgebrauch ausgedehnte Rechtsgleichheit gewährte. Um die Minoritäten zu schützen und um zu vermeiden, daß die Majoritäten sie niederstimmten, wurden nationale Kurien geschaffen. Albert Schäffle, Minister für Handel und Landwirtschaft, arbeitete dann mit den Tschechen eine neue Landesordnung, die achtzehn „Fundamentalartikel", aus, die Böhmen in den Rang eines selbständigen Staats erhoben. Auf den Thron des so geschaffenen Königreichs sollte Franz Joseph gesetzt und in Prag gekrönt werden. Es muß nicht besonders betont werden, daß die Versprechungen der Regierung Hohenwart und vor allem die „Fundamentalartikel“ in kurzer Zeit sämtliche Slawen der Monarchie in revolutionären Aufruhr versetzt hätten.

Die Regierung Hohenwart-Jireček-Schäffle hat zweifellos in verhältnismäßig kurzer Zeit sehr wichtige und weitgehende Reformen in Angriff genommen. Das Tempo des Vorgehens hing mit der politischen Lage zusammen, der Inhalt der Reformen gründete sich auf die gesellschaftlichen Ansprüche, die durch die Forderungen der Tschechen, die sich nunmehr auf dem gleichen gesellschaftlichen Niveau mit den Deutschen fühlten, gerechtfertigt erschienen.

Als die Habsburger den Dualismus als allein mögliche Form ihres Fortbestehens annehmen mußten, verloren sie die Berechtigung, die Einheit des Reichs auf „übernationaler“ Grundlage aufrechtzuerhalten. Mit den Thesen seiner „Fundamentalartikel“, in denen die Existenz einer tschechischen Nation anerkannt wird, zerriß Hohenwart trotz seines Konservativismus sozusagen die letzten Fetzen seines Glaubens an die Übernationalität der Habsburger. Die tschechische Nation erhielt die Anerkennung und Rechtfertigung ihrer geschichtlichen Existenz. Durch dieses Moment wurden die modernen tschechischen Bestrebungen eigentlich zu einem zersetzenden Element in der Habsburgermonarchie, die fünf Jahrzehnte später bei ihrem Sturz die wichtigste unmittelbare Rolle spielten. Noch wichtiger sind aber die Faktoren, die das Fiasko des Hohenwartschen Versuchs herbeiführten: der ablehnende Standpunkt, den die diesseits und jenseits der Grenzen der Monarchie lebenden Deutschen einerseits und die führenden ungarischen Klassen anderseits der Geburt einer neuen „historischen“ Nation gegenüber einnahmen. Für die deutsche Einheit Bismarcks war die dualistische Monarchie ein fast prädestinierter Bundesgenosse, und jede politische Ordnung, die diese Konzeption störte, mußte auf den Widerstand des Deutschen Reichs stoßen. Die Einfügung der tschechischen Nation in das staatliche System der Habsburgermonarchie hätte einen Prozeß auslösen können, dessen Ende unabsehbar war. Vergeblich verschanzte Hohenwart die „Fundamentalartikel“ mit verschiedenen Beschränkungen und rettete den Deutschen gewisse Privilegien: die starre Konzeption des Dualismus wäre auf jeden Fall in solchem Maß durchbrochen worden, daß weder der volle Ausbau der tschechischen nationalen Gleichberechtigung noch die Unabhängigkeitsbewegung der anderen Nationen der Monarchie weiter zu verhindern gewesen wären. Die neuere Umbildung der Habsburgermonarchie vom Dualismus zum Föderalismus aber provozierte nicht nur die ungarischen herrschenden Klassen, sondern gefährdete die ganze in Mitteleuropa entstandene neue politische und Machtordnung. Die föderative Umbildung der Monarchie auf Grund der Gleichberechtigung der beteiligten Nationen wäre eine Form der Demokratie gewesen, die die herrschenden Machtsysteme nicht annehmen konnten.

So erregte es keine Verwunderung, daß der Herrscher am 30. Oktober 1871 die Regierung Hohenwart entließ. Überraschend wirkte dagegen, daß auch Beust sein Amt als Außenminister niederlegen mußte. Die Politik Beusts war nach der Proklamation des deutschen Kaiserreichs im Januar 1871 unhaltbar geworden, weil mit der Reichsgründung nicht nur die preußenfeindlichen Revanchepläne Österreichs, sondern auch die der übrigen süddeutschen Staaten zu Fall gekommen waren. Die Stelle Beusts nahm Gyula Graf Andrássy ein, der als Vertreter einer Richtung, die nunmehr mit der Konzeption Beusts unvereinbar geworden war, nicht die Wiedereroberung der Alleinherrschaft Österreichs in Deutschland, sondern den Ausbau der neuen dualistischen Großmachtpolitik als seine Aufgabe ansah. Mit der Ernennung Andrássys nahmen auch die Versuche ein Ende, das dualistische System mit Allerhöchster Genehmigung der preußenfeindlichen Revanchepolitik ganz oder wenigstens teilweise aufzuopfern oder wenigstens durch – im übrigen gerechtfertigte – Zugeständnisse an die Slawen die Vorzugsrechte der Ungarn auszugleichen. Damals nahm die Rivalitätspolitik zwischen Habsburgern und Hohenzollern ein Ende, gleichzeitig auch die Epoche der mit Allerhöchster Billigung veranlaßten dualismusfeindlichen Experimente (um einige Jahrzehnte später auf neuer Ebene wieder von vorn zu beginnen). Es stimmt aber, daß diese Ereignisse in der öffentlichen Meinung Deutschösterreichs zur Entwicklung einer gewissen preußenfeindlichen Tendenz beitrugen, was jedoch auf das Weiterleben der großdeutschen Gefühle keinen Einfluß hatte.

Nach dem Scheitern des Hohenwartschen Versuchs begannen erst eigentlich die Umorganisation in der Monarchie und die praktische Entwicklung der Formen des dualistischen Regimes. Die beiden Hauptprobleme bestanden darin, die sich aus dem Verhältnis zwischen Österreich und Ungarn ergebenden alltäglichen Reibungen beizulegen und sich in die neue europäische Lage einzufügen. Beide Problemkreise waren sehr kompliziert. Die neue Regierung unter der Leitung des Fürsten Adolf Auersperg, die Franz Joseph trotz ihrer rein liberalen Zusammensetzung ernennen mußte, startete – indem sie den eigentümlichen dialektischen Bewegungsgesetzen der österreichischen Entwicklung folgte – einen entgegengesetzten Prozeß: sie löste die Landtage auf und führte nach Einsetzung neuer Statthalter eine Wahlreform durch, die sämtliche Elemente und jede Manifestation des Föderalismus ausschloß. Diesem Ziel diente die Maßnahme, den Reichsrat in der Zukunft nicht mehr aus den Mitgliedern der Landtage, sondern aus den Wahlkurien auszuwählen. Dies zog natürlich die Wiederherstellung der Macht der Deutschliberalen beziehungsweise den Ausschluß der Tschechen und Polen nach sich.

Das andere wichtige innere Problem war die Entwicklung des Verhältnisses zwischen dem österreichischen und dem ungarischen Staat. Von ungarischer Seite wurde der Charakter dieses Verhältnisses weitgehend durch den Umstand beeinflußt, daß die Parteienverhältnisse außer durch ihre Klassenbestimmtheit von ihrer Stellungnahme zu den Existenzfragen der Nation, so in erster Linie von ihrem Verhältnis zum Ausgleich, bestimmt waren. Die Deutung der nationalen Interessen erfolgte fast ausschließlich von diesem Blickpunkt aus. Um Deák und um den in der Emigration lebenden Kossuth hatten sich zwei große Gruppen gebildet. Es muß aber betont werden, daß die beiden ungarischen Staatsmänner in Wahrheit nur die Kristallisationspunkte der den Ausgleich bejahenden und vertretenden Tendenzen einerseits und der ablehnenden Richtung andererseits waren. Aber auch innerhalb der den Ausgleich bejahenden Gruppierung entwickelten sich zahlreiche Schattierungen, so wie auch die Unabhängigkeitspolitik Kossuths die Gegebenheiten der Lage und ihre grundlegenden Fakten bis zu einem gewissen Grade zur Kenntnis nehmen mußte. Diese dauernde und bis zum Ende der Epoche mit unterschiedlicher Intensität wirkende Opposition spielte in der Entwicklung der kommenden Jahrzehnte eine entscheidende Rolle. Abgesehen davon, daß die ungarischen herrschenden Klassen bei der Verteidigung ihrer materiellen Interessen in einem dauernden Kampf mit den österreichischen herrschenden Klassen standen, war der Ausgleich selbst eine Vorbedingung für ihre Existenz und ihren steigenden Wohlstand. In diesem Sinn waren alle Gegensätze, die sich im konkreten materiellen Bereich des Ausgleichs, in den Handels- und Zollvereinsfragen, in der Frage der selbständigen ungarischen oder gemeinsamen österreichisch-ungarischen Bank zwischen den ungarischen herrschenden Klassen und ihren österreichischen Partnern ergaben, Elemente der Konsolidierung des dualistischen Systems, und zwar selbst dann, wenn die gegenseitigen Zugeständnisse und Vorteile in den Augen der einander gegenüberstehenden Partner immer dnu bis zum Ende gegensätzlich eingeschätzt wurden. Mit der Regierungsbildung Kálmán Tiszas im Jahr 1875 erfolgte aber doch die Stabilisierung in der ungarischen Innenpolitik, die endlich jener Großmachtpolitik freien Raum gab, die das eigentliche Ziel und der Sinn der Bildung der dualistischen Monarchie gewesen war.

Der Herbst 1871 war der Wendepunkt in der Geschichte der Habsburgermonarchie, von dem an eine ihrer neuen Struktur und Machtposition entsprechende außenpolitische Richtung zur Geltung kommen konnte. Die neue Richtung war ein Ergebnis verschiedener Versuche. Ihre erste Reform war das Dreikaiserbündnis, dessen Realität eher im reaktionären ideologischen Gehalt als in den außenpolitischen Interessen des Deutschen Reichs, der Habsburger und der russischen zaristischen Macht lag. Anlaß zu dieser Interessengemeinschaft gab die revolutionierende Wirkung des ersten großen Aufschwungs der europäischen Arbeiterbewegung, die Pariser Kommune. Vom Standpunkt der Monarchie war dies deshalb besonders wichtig, weil es ihr die erste Gelegenheit bot, sich nach Verlust ihrer europäischen außenpolitischen Bedeutung und ihres Einflusses wieder in die „große Politik" einzuschalten. Es war sozusagen ein Sprungbrett aus der Isolation in die diplomatische Aktivität. Im Herbst 1871 übernahm Gyula Graf Andrássy das Portefeuille des Außenministers von Beust und begann sich sofort auf die neue Lage einzustellen, das heißt das Verhältnis zwischen der Monarchie und dem neuen Deutschen Reich Bismarcks zu regeln, ja zu einem guten Verhältnis zu gestalten. So besuchte im September 1872 Franz Joseph Kaiser Wilhelm I. in Berlin, wohin zur gleichen Zeit auch Zar Alexander II. reiste. Hier wurden die Grundlagen für das Dreikaiserbündnis geschaffen. Im Jahr 1873 besuchten anläßlich der Wiener Weltausstellung der deutsche Kaiser und der russische Zar Wien, und selbst der König von Italien, Viktor Emanuel, erschien, womit scheinbar die mittel- und osteuropäische Machteinheit wiederhergestellt war. Dazu muß noch gesagt werden, daß Franz Joseph im Juli 1876 in Reichstadt in Böhmen erneut mit Zar Alexander II. zusammentraf, wo sie unmittelbar nach Ausbruch des serbisch-türkischen Kriegs übereinkamen, daß im Fall einer türkischen Niederlage die Monarchie einen großen Teil von Bosnien und der Herzegowina bekommen sollte, um so das Gleichgewicht auf dem Balkan weiter aufrechtzuerhalten.

Letzteres Ziel erwies sich aber als viel komplizierter, als dies die in diesem Bündnis vereinigten Herrscher geplant hatten. Das sogenannte Dreikaiserbündnis wurde zwar im Jahr 1881, dann im Jahr 1884 erneuert, doch änderte dies nichts an der Tatsache, daß sich an der Oberfläche der Interessengemeinschaft sehr bald ernsthafte Risse zeigten, die Ausdruck der wirklichen Machtinteressen waren. Im Jahr 1876 brach der serbisch-türkische Krieg aus, in dem die Serben eben die von der habsburgischen Außenpolitik geforderten zwei südslawischen Provinzen erobern wollten, dabei aber in eine so gefährliche Lage gerieten, daß die Russen gezwungen waren, ihnen zu Hilfe zu eilen. In geheimen Vereinbarungen vom Januar und März 1877 versprach der Zar die beiden Provinzen zwar erneut der Monarchie, doch wurde die Erfüllung dieses Versprechens infolge des russischen Sieges über die Türken immer schwieriger. Der Frieden von San Stefano vom 3. März 1878 brachte den Balkanstaaten, so auch Serbien, bedeutenden Gebietszuwachs. Andrássy, der die neue habsburgische Außenpolitik gestaltete, konnte weder das Zustandekommen eines großserbischen Staats noch eine bedeutende Verstärkung des russischen Einflusses auf dem Balkan dulden. Die Machtgegensätze zwischen der Monarchie und Rußland auf dem Balkan gewannen selbst im Vergleich zu den fünfziger Jahren erhöhte Bedeutung. Da aber die rußlandfeindliche Einstellung Englands und Frankreichs wegen der Gegensätze in bezug auf die Meerengen auch weiter bestand, gestaltete sich die Zusammenarbeit mit ihnen günstiger als zur Zeit des Krimkriegs. So kam es, daß der Zar infolge des einmütigen Auftretens der europäischen Mächte gezwungen war, der Eröffnung des Berliner Kongresses am 13. Juni 1878 zuzustimmen, wo die von Andrássy geleitete habsburgische Diplomatie seit Jahrzehnten den ersten bedeutenden Sieg davontrug. Dieser Kongreß modifizierte nämlich wichtige Punkte des russisch-türkischen Friedens von San Stefano und verhinderte nicht nur die territoriale Ausdehnung der Balkanstaaten, sondern beschränkte auch den Einfluß des Zaren auf dem Balkan. Da der Kongreß unter dem Vorsitz Bismarcks, des „ehrlichen Maklers", Österreich-Ungarn bevollmächtigte, Bosnien und die Herzegowina sowie den Sandschak Novi Pazar (Provinz zwischen Serbien und Montenegro) – wenn auch unter Aufrechterhaltung der türkischen Souveränität – zu besetzen, konnte die habsburgische Macht das erste Ergebnis ihrer Ausbreitung nach Südosten verbuchen. Franz Joseph trat so in die Reihe der „Reichserweiterer", wenn dieser Eroberung auch zahlreiche Schönheitsfehler anhafteten. Besonders schmerzlich berührte ihn, daß sie nicht das Ergebnis eines militärischen Siegs, sondern eines internationalen Mandats war, was er nicht als gleichwertig und wegen der Aufrechterhaltung der Souveränität des Sultans auch nicht als vollständig ansah.

Mit der Okkupation von 1878 waren aber auch schwierigere Probleme verbunden. Vor allem konnte die Besetzung der Provinzen wegen des heftigen Widerstands der muselmanischen und orthodoxen serbischen Bevölkerung nur durch sehr energische militärische Schritte erzwungen werden. So ging die Hoffnung Andrássys, das Ergebnis des großen diplomatischen Siegs leicht einstreichen zu können, nicht in Erfüllung, und die Aktion erwies sich als schwere Belastung für das Budget der Monarchie. Auch die österreichischen und ungarischen Parteien mißbilligten den „riesigen" Sieg, die österreichischen, weil sie das ganze Werk für sinnlos hielten, die ungarischen aber, weil sie fürchteten, daß der wachsende slawische Einfluß das innere Gleichgewicht der Monarchie stören könnte. Überdies war auch die rechtliche Zugehörigkeit der Provinzen umstritten. Dieses Problem wurde später so gelöst, daß die zwei Provinzen in den Machtbereich des gemeinsamen Finanzministers einbezogen wurden. Die Delegationen stimmten der Okkupation zu und votierten die notwendigen Ausgaben.

Nach einem kurzen freundschaftlichen Zwischenspiel geriet die Habsburgermonarchie wegen der gleichgerichteten Interessen auf dem Balkan – genau wie im Jahr 1854 – wieder in Gegensatz zum Zarenreich. Der Unterschied war nur, daß sie jetzt nicht mehr allein stand, denn sie wußte das Deutsche Reich Bismarcks hinter sich. Die Habsburgermonarchie „war es Bismarck schon wert", im Endergebnis die Zarenmacht aufzugeben, die so lange Verbündeter des ehemaligen preußischen Staats gewesen war und unter ihren Flügeln auch das Deutsche Reich „erzogen" hatte.

Bismarck trug also den später auch verwirklichten Zweibund zwischen Deutschland und Österreich-Ungarn an, der nicht nur vertragsmäßig, sondern auch verfassungsmäßig ein enges Zusammenarbeiten der beiden Mächte sicherte. Dieser am 7. Oktober 1879 in Wien geschlossene Bund gewährleistete der Monarchie die Integrität ihres Besitzbestands, dem Deutschen Reich aber Schutz gegen die Einkreisung. Damit kam jedoch ein Dualismus neuer Form zwischen den beiden sich einander ergänzenden, unter deutscher Führung stehenden mitteleuropäischen Mächten zustande, der von innenpolitischen Änderungen sozusagen unabhängig den mitteleuropäischen Status quo garantierte. An das Bündnis schlossen sich im Jahr 1882 Italien, das damals in schroffem Gegensatz zu Frankreich stand, und später in einem Geheimvertrag auch Rumänien an.

Oft wird die Frage gestellt: Wieweit und worin war die Außenpolitik Andrássys „ungarisch"? Sie war es soweit, als der Ausgleich ebenfalls „ungarisch" war. Zweifellos waren mit dem Ausgleich ein neues Reich und eine neue Macht zustande gekommen, die inhaltsmäßig anders geartet waren als die frühere. Es ist also natürlich, daß sie andere außenpolitische Ziele verfolgte. Tatsache ist ferner, daß die Außenpolitik der neuen Macht, wie der Ausgleich selbst, mit bedeutender ungarischer Mitwirkung zustande gekommen ist. Und doch unterliegt es keinem Zweifel, daß die neue dualistische Monarchie keine „ungarische" Macht war und ihre Außenpolitik die Machtbestrebungen der herrschenden Klassen des neuen habsburgischen Reichs ausdrückte, die sich unter den Bedingungen der nachrevolutionären europäischen Machtverhältnisse entwickelt hatten. Daß sich der Schwerpunkt innerhalb der Monarchie bedeutend verschoben hatte, kam auch in ihrer Außenpolitik zum Ausdruck. Die dualistische Monarchie war kein deutscher Staat mehr, obwohl es Tendenzen gab, die sie in diese Richtung zurückdrängen wollten. Ihre neue Außenpolitik und ihre Expansionsrichtung wandten sich vom Westen Südosteuropa zu. Das lag nicht daran, daß Andrássy sie gestaltete, sondern ergab sich organisch aus den Gegebenheiten dieser Macht. Als Folge geriet sie schicksalhaft in einen Gegensatz zu der Außenpolitik des zaristischen Rußland und dessen Expansionsrichtung. Ob Andrássy beziehungsweise die habsburgische Außenpolitik dabei eine „positive Rolle" gespielt haben – wie man dies früher zu wissen glaubte –, darüber ließe sich streiten.

Die Außenpolitik Andrássys war die einzig mögliche Handlungsrichtung der österreichisch-ungarischen Monarchie, in der die Interessen der ungarischen führenden Klassen vertreten waren, die aber letztlich die Expansionsbestrebungen des Gesamtreichs zum Ausdruck brachte und kraft der in ihr wirkenden inneren Kräfte ein halbes Jahrhundert später auch zur Katastrophe führte.

Der Dualismus im Alltag

Die Aufnahme der Tschechen unter die regierenden Nationen und im Zusammenhang damit die Weiterentwicklung des Systems von 1867 in der Richtung auf die Gleichberechtigung der übrigen Nationen erwies sich als unmöglich. Die peinlichst ausgewogene Struktur des Dualismus, die sozusagen immer auf des Messers Schneide stand, vertrug weder damals noch später irgendwelche Änderungen. Der Herrscher, die Politiker und die Nationen hatten sich für ihr künftiges Leben in diesem Rahmen einzurichten.

Lange Zeit, man könnte sagen, während der ganzen Periode, war dieser Rahmen gar nicht so schlecht. Die wirtschaftliche Entwicklung wurde gefördert. Die Zollgrenze zwischen den zisleithanischen Ländern und Ungarn war schon zur Zeit des Absolutismus abgeschafft worden. Um die Jahrhundertwende bot das österreichisch-ungarische Reich mit seiner Bevölkerung von fünfzig Millionen, mit seiner nur von Rußland übertroffenen Ausdehnung günstige Bedingungen für die kapitalistische Entwicklung. Das riesengroße Gebiet hätte mit einer einheitlichen Wirtschaft, einem einheitlichen Markt und mit seinen günstigen wirtschaftlich-territorialen Vorbedingungen im Fall einer freien kapitalistischen Entwicklung einer schnellen Blütezeit entgegengehen können. Die halbherzige Beendigung der bürgerlichen Revolution, die überall sorgfältig erhaltenen feudalen Überbleibsel gewährleisteten natürlich keinen unbeschränkten Aufschwung. Der österreichische Teil der Monarchie mit seiner gut ausgebauten Kreditorganisation erforderte für Investitionen bereits immer weniger ausländische Kredite und konnte außer den bis dahin am höchsten entwickelten österreichischen und böhmischen Ländern auch andere Gebiete der Monarchie, so Ungarn, Kredite gewähren. Nach dem ersten großen Aufschwung wurde auch in den rückständigeren Gebieten eine Kreditorganisation aufgebaut, und ein immer größer werdender Teil der Investitionen konnte aus heimischen Quellen gedeckt werden. Nachdem fast ein Jahrzehnt lang experimentiert worden war, schuf der Ausgleich jene politische Ruhe und Sicherheit, die im In- und Ausland gleicherweise zur Anlage von Kapitalien anregte.

Schon in den ersten Jahren entstanden neue Unternehmen und Aktiengesellschaften, und die Firmen – weniger die industriellen Betriebe – schossen wie Pilze aus dem Boden. Der große Börsenkrach des Jahres 1873 und die darauffolgende

Stagnation bremsten zwar die Entwicklung, eliminierten aber auch die unproduktiven Unternehmen, was letztlich zur Bildung großer, solider Betriebe führte.

Wenn Engels einmal gesagt hatte, daß der Dampf das österreichische Reich sprengen werde, so konnte er jetzt – unter wesentlich veränderten Verhältnissen – Zeuge sein, daß die Dampfkraft, die Eisenbahn, besonders in Ungarn und in den anderen, rückständigeren Gebieten geradezu zum Motor der wirtschaftlichen Entwicklung wurde. Die achtziger Jahre sind die Periode der schnellsten wirtschaftlichen Entwicklung; Ungarn – das von einem niedrigeren Niveau gestartet war – erreichte sogar ein etwas rascheres Tempo als Österreich, wobei aber beide zusammen einen vorderen Platz im Europa dieser Zeit einnahmen.

Eisenbahnlinien und Häfen wurden angelegt, Fabrikschlote wuchsen in die Höhe, und auch die landwirtschaftliche Produktion stieg an. Das verhältnismäßig schnelle Wachstum brachte einige Länder der Monarchie schon damals in die Nähe der höchsten westeuropäischen Entwicklungsstufe. Die Landbevölkerung strömte in die Städte. Selbst wer sich heute in irgendeiner Stadt der ehemaligen Monarchie umsieht, wird eine große Zahl öffentlicher Gebäude, Fabriken, Brükken und Paläste finden, die in jener Zeit gebaut wurden. Die schnellste Entwicklung wiesen natürlich die beiden Hauptstädte auf. Eifersüchtig beobachteten sie einander, keine wollte hinter der anderen zurückbleiben. Wien baute anstelle der ehemaligen Basteien eine Ringstraße, da konnte Pest bzw. – nach der Vereinigung mit Ofen und Altofen im Jahr 1873 – Budapest nicht zurückbleiben, es entstanden der Kleine und der Große Ring. Wien baute eine Oper? Budapest durfte nicht zurückbleiben. Ein klassizistisches Parlament erhob sich an der Ringstraße in Wien? Da brauchte Budapest ein gotisches, aber am Donauufer! Und um es noch ansehnlicher zu gestalten, erhielt es eine Kuppel. Budapest ahmte aber nicht nur nach, es war auch bahnbrechend: es baute die erste Untergrundbahn des Kontinents.

In den entwickelten westlichen Ländern der Monarchie blühten in erster Linie die Textilindustrie und der Maschinenbau, in Ungarn der Bergbau, das Hüttenwesen und die Lebensmittelindustrie. Jahrelang war Budapest das Zentrum der Mühlenindustrie nicht nur Europas, sondern der ganzen Welt, die durch ungarische Erfindungen verbesserten Dampfmühlen mahlten das Mehl für fast die ganze Monarchie. Die Millenniumsausstellung zur Feier des tausendjährigen Bestehens Ungarns (mit ihren heute noch vorhandenen Nachbildungen von Kunstdenkmälern) konnte die spektakuläre Entwicklung vor Augen führen, so wie zwei Jahre später das fünfzigjährige Regierungsjubiläum Franz Josephs in der westlichen Reichshälfte Gelegenheit zu einer pompösen Selbstdarstellung bot. Natürlich entwickelten sich die fortgeschritteneren Länder am stärksten, doch führte auch der Weg der ärmeren nach oben. Die ungarische Landwirtschaft litt unter der Agrarkrise der beiden letzten Jahrzehnte des Jahrhunderts viel weniger als andere europäische Länder, denn sie war durch die Zollgrenzen der Monarchie, die ihr einen sicheren Markt boten, geschützt. Die Industrieartikel der westlichen Länder der Monarchie konnten die Entwicklung der bis dahin in Ungarn fehlenden Industriezweige nur eine Zeitlang aufhalten, einige Jahrzehnte später trat auch auf diesem Gebiet eine Änderung ein. Dann konnte eine Arbeitsteilung und Spezialisierung einsetzen, die früher oder später allen Ländern der Monarchie Vorteile brachte.

Ist das Bild tatsächlich so glanzvoll, so vertrauenerweckend? Neben viel Licht fand sich offenbar auch viel Schatten. Der Bauer in Galizien, im Karpatenland oder in Siebenbürgen zog noch recht wenig Nutzen aus den Vorteilen der wirtschaftlichen Entwicklung. Die neu vom Land gekommenen unerfahrenen und leicht auszubeutenden Hilfsarbeiter der großen Fabriken beugten sich den ganzen Tag für einen wirklich geringen Lohn über die Werkbänke. Imposante Straßenzüge, städtische Straßenbahnen, aber nicht weit von ihnen Elendsquartiere. Brausende Schnellzüge und in wegelosem Lehm sich mühende elende Karren. Die höchstentwickelte Technik der Zeit und abergläubische Unwissenheit. Man könnte die Aufzählung der Gegensätze noch beträchtlich erweitern. Die Tendenz ist aber eindeutig: die Entfaltung des Kapitalismus formte das gesamte wirtschaftliche Leben immer stärker nach seinem eigenen Bild um.

Nur das wirtschaftliche Leben? Es war unvermeidlich, daß sich auch das Bild der Gesellschaft veränderte, nur ging das viel langsamer vor sich, denn hier gab es mehr Faktoren, die die Entwicklung abbremsten. Der Großgrundbesitz und die Aristokratie, die nun auch an anderen Zweigen des wirtschaftlichen Lebens beteiligt waren, und das Großbürgertum mit seinen Unternehmen und Banken standen auch weiterhin an der Spitze der gesellschaftlichen Hierarchie, sie waren miteinander verbunden durch Familienbeziehungen und die Adelstitel, die den Großkapitalisten verliehen wurden. Danach folgte der Mittelstand, der in den westlichen Provinzen tatsächlich bürgerlich war, vom Eigentümer kleinerer Betriebe bis hinunter zum Krämer und zum Hausmeister, in Ungarn war es der verarmte Adel, der seinen Besitz verloren hatte. Dann folgten die arbeitenden Klassen, zahlenmäßig am stärksten noch immer der Bauernstand, obwohl er zusammengeschmolzen und sein Anteil an der Bevölkerung verhältnismäßig zurückgegangen war. Die Arbeiterklasse aber entwickelte sich zunehmend zu einem wirklich modernen Fabrikproletariat. Die schnelle wirtschaftliche Entwicklung und die halbfeudale gesellschaftliche Hierarchie waren nur einer der grundlegenden Gegensätze in der Entwicklung der Monarchie.

Aber es gab noch weitere Gegensätze. Das gemeinsame Zollgebiet spielte für die wirtschaftliche Entwicklung des ganzen Reichs eine große Rolle, die Monarchie konnte mit ihrer Zollpolitik zur Sicherung dieser Entwicklung beitragen. Der wesentlichste Schritt in dieser bis zu einem gewissen Grad gemeinsamen Art von Wirtschaftspolitik war die große Valutareform in der ersten Hälfte der neunziger Jahre. Die großen kapitalistischen Mächte waren schon der Reihe nach zur Goldwährung übergegangen, die Monarchie aber prägte noch immer Silbergeld, obwohl der Wert des Silbers im Vergleich zum Gold fortwährend sank. Im Sinn der im Jahr 1892 festgelegten Reform ging auch Österreich-Ungarn zur Goldbasis über, an die Stelle des Guldens trat im Verhältnis 1 : 2 die Krone, die bis zum Ersten Weltkrieg eine der beständigsten Valuten Europas war.

Das Zoll- und Handelsbündnis mußte im Sinn des Ausgleichs alle zehn Jahre erneuert werden. Das bot den beiden Reichshälften jedesmal von neuem Gelegenheit zu politischen Absprachen, aber auch zu Krisen und gegenseitigen Vorwürfen. Die Vorteile erschienen jedermann selbstverständlich, man dachte nicht darüber nach, und selbst die Fachleute waren sich nicht ganz im klaren darüber, worin diese Vorteile eigentlich bestanden. Die Nachteile waren um so besser bekannt, sie wurden in Wort und Schrift, bei Regierungsverhandlungen, in parlamentarischen Rededuellen, in sensationslüsternen Zeitungsartikeln und in langatmigen Studien immer wieder vorgebracht. Die Meinungsverschiedenheiten zwischen den beiden Reichshälften wurden immer größer, die Bande lockerten sich, damit nahmen die der Würdigung nicht für wert befundenen Vorteile ab, die tatsächlichen Nachteile wuchsen, und die Entfremdung nahm zu.

Denn der Dualismus, die Gleichberechtigung der beiden Staatsteile, wie dies vielfach interpretiert wurde, erforderte die Manifestierung dieser Gleichheit auf wirtschaftlichem Gebiet ebenso wie in anderen, weniger wesentlichen, ja sogar auch in unwesentlichen Fragen. Das Verhältnis zwischen Österreich und Ungarn war der andere große Gegensatz der Monarchie. Jeder der beiden Teile glaubte und verkündete lautstark, er habe in dieser Zwangsehe den kürzeren gezogen. Die österreichische Regierung betrachtete Ungarn als Hindernis für die eigene Entwicklung und vergaß dabei, daß hier die österreichischen Industrieartikel einen sicheren Markt fanden. Die ungarische Regierung und hinter ihr noch lauter die ungarische (adlige) öffentliche Meinung beklagten sich über den Mangel an staatlicher Unabhängigkeit und erinnerten an die österreichische Unterdrückung, so oft dies nur möglich war. (Es sollte eine Zeit kommen, in der István Graf Tisza, ungarischer Ministerpräsident, seinen österreichischen Kollegen Ernst von Koerber einen „distinguished foreigner" nannte, der ebensowenig Mitspracherecht in den Angelegenheiten Ungarns habe wie etwa der dänische Ministerpräsident.) Wenn es beim Städtebau oder im allgemeinen in der Wirtschaft einen Wettbewerb gab, so konnte das noch Nutzen bringen, weiteres Grübeln über Gemeinsamkeiten konnte eher nur Schaden anrichten.

Die Gleichberechtigung zwischen den beiden Staatsteilen führte zu einer zur Schau getragenen Unterschiedlichkeit. In Österreich war alles kaiserlich-königlich, mit anderem Wappen, anderer Fahne, in Ungarn dagegen ungarisch-königlich, den König Kaiser zu nennen galt fast als Vaterlandsverrat.

In diesem großen Wettstreit und in dieser ständigen Abgrenzung voneinander vergaß man am liebsten gerade die Tatsache, daß das ganze System seinerzeit doch in der Absicht zustande gebracht worden war, die Stellung des Gesamtreichs zu festigen, und daß es darum gegangen war, dem in den Stürmen der sechziger Jahre so schwer erschütterten Bau die innere Stabilität zu geben.

Der nächste große Gegensatz lag eben hier, handelte es sich doch nicht einfach um einen österreichisch-ungarischen Gegensatz oder um das österreichisch-ungarische Verhältnis, sondern um den Gegensatz und das Verhältnis zwischen dem gesamten Reich und den beiden Reichshälften. (In den meisten Fällen wagte man selbst in den höchsten Kreisen nicht, sich mit dieser Frage zu beschäftigen.) Nach außen galt das Reich, wenigstens lange Zeit, als einheitlich. Der Ausgleich bestimmte nüchtern, was Reichsangelegenheit, was daher gemeinsam war. Nur war in der Praxis die Sache nicht mehr so einfach. Wien war der Ansicht, daß die Einheit des Reichs weiterbestand, nur daß es eben zwei Mittelpunkte gab, von denen offenbar nur der eine, nämlich Wien, der echte Mittelpunkt war, wo der Herrscher und die gemeinsamen Minister residierten. War aber Wien der echte Mittelpunkt – und jeder Staat kann doch schließlich nur einen Mittelpunkt haben –, so bestanden das Reich und die dazugehörenden Territorien in Wirklichkeit aus Wien und den dazugehörenden Territorien, und die gesonderte Existenz Ungarns war eine Abweichung von der Ordnung, die eben geduldet werden mußte. Ministerpräsident des Reichs war der, der in Wien residierte.

Natürlich wurden in Budapest sofort Einwände gegen solche Ansichten erhoben. Das Reich habe keinen Ministerpräsidenten, nur die beiden Teile. Das Reich habe nur gemeinsame Minister und gemeinsame Ministerien sowie (leider) eine gemeinsame Armee. Von Budapest aus gesehen erschien dies nun wieder als Abweichung von der Ordnung, als Anomalie, die früher oder später geregelt werden mußte. Dem österreichischen Übergewicht, stärker ausgedrückt (und zur Zeit des Dualismus liebte man es, sich in diesen Fragen stärker auszudrücken) der österreichischen Unterdrückung mußte früher oder später ein Ende gemacht und dem Geist des Ausgleichs zur Wirklichkeit verholfen werden.

Ein Ende muß gemacht werden, klang es aus Wien zurück – aber dem ungarischen Übergewicht. Ungarn genieße alle Vorteile der Großmachtstellung der Monarchie, sei aber nicht bereit, dafür Opfer zu bringen, und wolle von den Staatsschulden und den gemeinsamen Ausgaben sogar nur 30 Prozent übernehmen.

Budapest behauptete darauf sofort, daß Ungarn an den gemeinsamen Lasten über seine Kräfte beteiligt sei. Sein wirtschaftliches Leben sei dem österreichischen untergeordnet, das gemeinsame Zollgebiet mache es unmöglich, die ungarische Industrie zu entwickeln. Es gab sozusagen kein Jahrzehnt, in dem die ungarische Regierung kein neues industrieförderndes Gesetz hätte votieren lassen, teils im Sinn der allgemeinen zeitgenössischen Wirtschaftspolitik, teils wirklich und mit Erfolg, um das Übergewicht der stärkeren österreichischen Industrie auszugleichen. Bei solcher Disproportion sei trotz der großen materiellen Opfer der ungarische Anteil an den gemeinsamen Ministerien und Institutionen doch unerhört, ja geradezu beschämend gering.

Das gab Wien wieder Veranlassung, sich zu empören: War nicht der gemeinsame Außenminister ein Ungar (des öfteren war er es wirklich, wenigstens seiner Staatsbürgerschaft nach), der gemeinsame Finanzminister ein Ungar (einmal war er es wirklich, und zwar lange Zeit), vertraten nicht ungarische Aristokraten als Botschafter das Reich (auch das stimmte), und richtete sich die Außenpolitik der Monarchie nicht letzten Endes nach den ungarischen Interessen?

Nach den ungarischen Interessen? Dieses Reich, das mit Rußland, dem Unterdrücker der ungarischen Freiheit, liebäugelte? Das Erlebnis von 1848 war nicht mehr so frisch, doch konnte es künstlich genährt werden, denn der öffentlichen Meinung Ungarns war nicht so sehr die Russenfeindlichkeit wichtig als der Umstand, daß man sich auch auf diese Weise über das österreichische Übergewicht entrüsten konnte.

Jawohl, nach den ungarischen Interessen, lautete die Antwort aus Wien, denn so könne das Reich keine deutsche Politik machen. Freilich unterließ man es hinzuzufügen, daß man gar keine deutsche Politik machen wollte, ganz abgesehen davon, daß eine solche gar nicht mehr möglich gewesen wäre.

Im übrigen war das gemeinsame Heer mit seiner deutschen Kommandosprache das handgreiflichste Zeichen der österreichischen Unterdrückung. Das gemeinsame Heer, dessen Garnisonen überall in den ungarischen Städten zu finden waren, mit fremdem Offizierskorps, fremdem Geist, mit Treue zum Kaiser (!), sie waren keine Untertanen des verfassungsmäßigen Königs von Ungarn. (Dabei wurde am liebsten vergessen, daß Kaiser und König, wie sehr auch immer man auf beiden Seiten manövrieren mochte, doch ein und dieselbe Person war.) In bezug auf das gemeinsame Heer war die Antwort Wiens nie so lautstark wie in den übrigen Fragen. Einesteils wäre es wirklich schwer gewesen, die Tatsachen zu leugnen: der gemeinsame Kriegsminister war nie ein Ungar, nicht einmal der Generalstabschef oder der Heeresoberinspekteur (dieses Amt wurde entweder meist einem Erzherzog vorbehalten oder überhaupt vakant gelassen). Wahr ist auch, daß die gemeinsame Armee wirklich ein Fremdkörper in Ungarn war. (Aber konnten die Tschechen oder die Polen nicht die gleiche Auffassung vertreten?) Es ist wahr, daß die Armee zur Treue zum Reich und zum höchsten Kriegsherrn verpflichtet war und nicht der ungarischen Verfassung (und dem König). Wenn sie natürlich in letzter Not gegen aufständische Bauern eingesetzt werden mußte, war die im übrigen so geteilte ungarische Meinung der Vornehmen nicht mehr so empfindlich, nur pflegte sie diese Fälle lieber zu vergessen.

Die deutsche Kommandosprache des gemeinsamen Heeres war ebenfalls ein Stein des Anstoßes. Abgesehen davon, daß es auch später keinen multinationalen Staat gegeben hat, der sich den Luxus verschiedener Kommandosprachen hätte erlauben können, gab es im gemeinsamen Heer außer der Kommandosprache auch eine bei der Ausbildung gebrauchte Sprache, und die war im allgemeinen die Muttersprache der zum Regiment eingeteilten Mannschaft. Wien hätte auch antworten können (doch tat es dies nicht oft, denn in dieser Frage war sein Gewissen nicht ganz rein), daß Ungarn ja seine eigene Armee, die Honvédarmee, habe, mit ungarischer Kommandosprache, was in Wien gern betont wurde (allerdings vergaß man dort immer, daß es in Kroatien kroatische Regimenter im Verband der ungarischen

Honvédarmee gab). Natürlich hatte auch Zisleithanien eine ähnliche Armee, die Landwehr, nur war diese deutschsprachig und wurde auch nicht mit großer Begeisterung entwickelt, sie fiel also nicht auf.

Das Hauptübel dieser gemeinsamen Armee war, daß sie, selbst im Sinn des ungarischen Ausgleichsgesetzes, dem Allerhöchsten Kriegsherrn, also dem Herrscher, rechtlich unterstellt war. Mit Hilfe eines ziemlich komplizierten Verfahrens konnten die beiden Parlamente zwar das Budget des Heeres und das Rekrutenkontingent votieren und so einigen Einfluß ausüben, aber darüber hinaus hatten sie nichts mehr damit zu tun. Hier stößt man auf einen neuen Widerspruch. Die beiden Teile der Monarchie waren verfassungsmäßige Länder, mit gewählten Parlamenten, in Ungarn sogar noch mit einer dem Reichstag verantwortlichen Regierung, doch mußte auch in der österreichischen Reichshälfte die Regierung die Mehrheitsverhältnisse im Parlament berücksichtigen, wenn sie eine sachliche Arbeit leisten wollte. Zur Zeit des Ausgleichs standen an der Spitze der beiden Reichshälften Regierungen, die den Prinzipien des Liberalismus folgten.

Wenn zwei Reichshälften verfassungsmäßig und liberal sind, so ist die Summe der beiden, also das Reich, ebenfalls liberal... Oder? Wieder die alte Frage und der alte Gegensatz: Ist das Reich einfach die Summe der beiden Reichshälften oder nicht? So viel konnte wenigstens eindeutig gesagt werden, daß eine einfache Summierung nicht der Wirklichkeit entsprochen hätte. Es wäre schon schwieriger gewesen zu entscheiden, ob sie mehr oder weniger zutreffend war. Franz Joseph schloß den Ausgleich in der Überzeugung ab, daß diese Frage zu bejahen war. Die Regierungen der beiden Reichshälften walteten ihres Amtes, als ob sie mit Sicherheit das Gegenteil annehmen könnten. Reichsgesetze konnten gar nicht geschaffen werden, denn in einem verfassungsmäßigen Staat gehört zur Gesetzgebung eine gesetzgebende Körperschaft. Das System der Delegationen zählte nicht dazu. Wenn es keine Reichsgesetze gibt, so gibt es auch kein Reich. Aber trotzdem hat es drei Minister, einen Generalstab, diplomatische Vertretungen und den Hof! Damit sind wir wieder beim Ausgangspunkt angelangt: Wenn es doch ein Reich gibt, so ist das verfassungsmäßig. Natürlich in dem Sinn, daß der Herrscher nicht absolutistisch regieren kann, sondern nur durch seine Regierung oder mangels einer solchen durch seine Minister. Diese Minister werden dann von den Delegationen überwacht. Wenn dies auch nicht wirkliche Verfassungsmäßigkeit ist, so haftet der ganzen Einrichtung doch ein verfassungsmäßiger Anstrich an. Nur war das Überwachungsrecht der Delegationen ziemlich ungewiß, die Minister waren nicht den Delegationen verpflichtet, sondern nur dem Herrscher. (Und hier konnte man wieder überlegen: dem Kaiser oder dem König?) Im ganzen System der österreichisch-ungarischen Monarchie zeigte sich hier ein Vakuum, der Herrscher hatte tatsächlich ein sehr großes Mitspracherecht bei den gemeinsamen Angelegenheiten, in Wirklichkeit schob sich hier ein halb absolutistisches, halb verfassungsmäßiges System zwischen die beiden Reichshälften, und es lag wahrscheinlich am politischen Druck beider Teile und am erlahmenden Widerstand Franz Josephs, daß bei Bewahrung des verfassungsmäßigen Äußeren auch die alltägliche Praxis die Politik eher in die Richtung der Verfassungsmäßigkeit trieb.

Also verfassungsmäßige Länder, ganz oben – mit halb absolutistischer Regierung. Es dürfte nicht leicht gewesen sein, das Reich zu regieren. Und es kamen auch noch weitere erschwerende Momente hinzu. In Zisleithanien gab es außer dem Reichstag als zentralem Parlament auch die verschiedenen Länder mit ihren eigenen Parlamenten, die in einem bestimmten, gar nicht so engen Kreis auch gesetzgebende Gewalt besaßen. In der transleithanischen Reichshälfte gab es nur eine solche Institution, den kroatischen Landtag (Sabor). Das erleichterte hier das Regieren, um so mehr, als im Sinn des ungarisch-kroatischen Ausgleichs von 1868 Vertreter des Sabor einen Platz im ungarischen Parlament hatten, wenn es sich um Gesetze handelte, die sich auf das gesamte transleithanische Staatsgebiet bezogen. (Bei diesen Gelegenheiten wurde auf dem Parlamentsgebäude neben der ungarischen auch die kroatische Nationalfahne gehißt.) Die zisleithanischen Länder hatten keine solche Befugnis, allerdings wählten anfangs die Landtage die Abgeordneten des Reichsrats, doch ging man bald zur direkten Wahl der Abgeordneten über. An der Spitze der Länder stand der von der Zentralregierung ernannte Vertreter, dessen Person im allgemeinen den zentralen Willen verkörperte, sei es unter dem Titel Banus (in Kroatien), sei es als Statthalter oder Landespräsident.

Die Amtsführung war in diesem System nicht leicht, ob nun jemand von unten um etwas ersuchte oder ob von oben angeordnet wurde. Der ungarische Schriftsteller Kálmán Mikszáth wollte einmal einen Roman darüber schreiben, wie ein amtlicher Vorgang aus Kroatien über Agram und Budapest nach Wien gelangt. Er konnte es aber nur bis zu einem Fragment bringen...

Daß im alltäglichen Leben die Dinge doch nicht so kompliziert waren, das lag wenigstens in der westlichen Hälfte des Reichs daran, daß das zur Zeit des Frühabsolutismus ausgebaute moderne und von Personen unabhängig gemachte Verwaltungssystem in den meisten Fällen über eine sachkundige und der Staatsgewalt gegenüber unbedingt loyale Beamtenschaft verfügte, die im allgemeinen ihren Pflichten wirksam nachkam. (So wirksam, daß im Herbst 1918 auch die Auflösung der Monarchie vielerorts infolge der Verläßlichkeit der Beamten glatt vor sich ging.)

Aber so weit sind wir noch nicht, wenn auch nicht mehr weit davon entfernt. Die Aufzählung der Gegensätze könnte fortgesetzt werden, doch werfen wir zuerst einen Blick darauf, wie dieser Mechanismus in den beiden Reichshälften auf der Ebene der hohen Politik funktionierte.

Der Ausgleich, genauer gesagt die Dezemberverfassung, schloß auch in der zisleithanischen Reichshälfte den Prozeß der bürgerlichen Entwicklung ab. Der Rahmen war dadurch gegeben, und wir haben bereits gesehen, daß er durch die wirtschaftliche Entwicklung im großen und ganzen gut ausgefüllt werden konnte. Was konnte nun innerhalb des gegebenen Rahmens noch getan werden, wenn an ihn selbst nicht gerührt werden durfte? Nach Abschluß des tschechischen Experiments blieben die Liberalen in Österreich auch weiterhin an der Regierung; zwischen 1872 und 1879 war es der Bruder des Ministerpräsidenten Carlos Fürst Auersperg, Adolf Fürst Auersperg, ein vornehmer Aristokrat, mit einigen bürgerlichen Ministern in seinem Kabinett und mit einer Gruppe hinter sich, die ihm auch eine parlamentarische Mehrheit sicherte (nennen wir sie vielleicht nicht Partei), die aus dem österreichischen Großbürgertum und der mit ihm verbündeten Aristokratie stammte. Diese eigentlich zentralistische Gruppe nahm den Ausgleich notgedrungen zur Kenntnis und versuchte in der verbliebenen Reichshälfte, die sie fast als das Reich betrachtete, nicht so sehr den Zentralismus, als vielmehr ihre alten und in Wirklichkeit schon lange abgenützten liberalen Prinzipien im einzelnen zu verwirklichen. Die sieben Jahre der Regierung Auersperg pflegt man mit Recht als den Gipfel der liberalen Ära in Österreich und als die Periode zu betrachten, in der die Regierung sich noch auf eine verläßliche parlamentarische Mehrheit stützen konnte. Diese Regierung schuf das bereits erwähnte Reformgesetz, in dessen Sinn – entsprechend den vier Kurien – die Reichsratsabgeordneten unmittelbar von den einzelnen Ländern gewählt wurden. Die Wahlbezirke und die Zahl der Abgeordneten der einzelnen Länder in den vier Kurien wurden sorgfältig bestimmt, damit die Mehrheit der liberalen, bürgerlichen und deutschsprachigen Elemente gesichert war. Das geschah aus der Überlegung heraus (in der auch die Erinnerung an den Reichsrat von 1848 geisterte), daß die Gesetzgebung eine ernste Angelegenheit sei, Verständnis und Fachwissen erfordere und nicht Unmündigen, das heißt einer Mehrheit, der die notwendige Bildung und das entsprechende Vermögen fehlte, anvertraut werden könne. (Alle liberalen Regierungen dieser Epoche in ganz Europa vertraten die Auffassung, daß die Leitung und Überwachung der Staatsgewalt nur Wohlhabenden und Gebildeten anvertraut werden dürfe.)

Die Regierung nahm ihren Liberalismus auch insofern ernst, als sie die Gleichberechtigung der Religionsbekenntnisse gesetzmäßig verankerte. Das heißt, sie sicherte nicht nur die volle Freiheit der protestantischen Kirchen, sondern anerkannte auch die Gleichberechtigung der mosaischen Religion und befreite alle Mitglieder dieser Religion für die Zukunft von jeder Beschränkung bei Amtsanstellungen und bei der Berufswahl. Das liberale, auf dem Zensus basierende und verfassungsmäßige Österreich stand fertig da. (Es blieb nichts mehr zu tun.)

Die Regierung Auersperg stürzte, allerdings nicht, weil sie nichts fand, was sie hätte tun können. Hierbei spielten viele Faktoren eine wichtige Rolle, so z. B. die Geschäftsleute, die in die Umgebung der Regierung eindrangen, und die Korruption der liberalen hohen Staatsbeamten. Für die Krise von 1873 lag die Schuld auch an der Wirtschaftspolitik der Liberalen oder eher am Fehlen einer solchen Politik. Die ehemaligen Bundesgenossen von 1848, die Demokraten, wandten sich von der Regierung nicht so sehr wegen des Korruptionismus des Systems, als wegen dessen Antidemokratie ab. Ihre Zahl war allerdings nur noch gering, und ihre Stellungnahme besaß keine entscheidende Bedeutung. Die Regierung Auersperg wurde durch ihre eigenen verfassungsmäßig-liberalen Illusionen gestürzt. Sie war der Ansicht – wir sind gerade mitten in der orientalischen Krise –, daß auch die Regierung bei der Stellungnahme der Monarchie und bei der Frage der Okkupation der zwei türkischen Provinzen ein Mitspracherecht haben sollte. So ernst nahm aber Franz Joseph den verfassungsmäßigen Schein nun wieder nicht. Die Regierung mußte gehen, weil sie von den liberalen Abgeordneten nicht genügend unterstützt wurde und weil ihr der Kaiser sein Vertrauen entzog. Danach sind die Liberalen als Partei oder Gruppe nie mehr in der Regierung an die Macht gelangt, wenn auch einige ihrer – oft recht vornehmen – Vertreter an dieser oder jener Regierung teilnahmen.

Die neue Regierung wurde von einem typischen Vertreter der Aristokratie gebildet, von Eduard Graf von Taaffe. Seine Ahnen waren einst aus Irland in das Aristokraten und Fachleuten immer offenstehende Österreich gekommen. Taaffe übernahm die neue Aufgabe aus Loyalität dem Herrscher gegenüber und betrachtete sich immer als Beamten des Kaisers, nie als Bevollmächtigten irgendeiner parlamentarischen Mehrheit. Obwohl er vierzehn Jahre lang eine parlamentarische Mehrheit aufrechterhalten konnte, suchte er sie, wo er sie eben fand. Die Liberalen unterstützten die neue Regierung natürlich nicht mehr, an ihre Stelle traten Aristokraten, Klerikale und einzelne Vertreter der Nationalitäten. Die Aristokraten unterstützten sie, da der Staat ja ihren Interessen diente und die wichtigsten Positionen unter ihnen verteilte. Sie unterstützten die Regierung aus Loyalität dem Haus Habsburg gegenüber. Loyalität war nun schon seit Jahrhunderten die höchste politische Idee dieser von ihrem Ursprung her so gemischten Aristokratie. Von dieser Idee der Loyalität gegenüber dem Kaiser ließen sich auch der katholische Klerus und die von ihm beeinflußten Bauernwähler (in der vierten Kurie) leiten, als sie die Regierung ebenfalls unterstützten. Die Unterstützung durch die Nationalitäten wird auch verständlich, wenn wir noch einige Bemerkungen zu den beiden erstgenannten Gruppen machen.

Die Aristokraten unterschieden sich von den Liberalen darin, daß sie nicht Anhänger des Zentralismus waren, sondern – wieder im Sinn ihrer alten Tradition – eine größere Selbständigkeit für die Länder anstrebten. Wir kennen sie bereits aus der früheren österreichischen Geschichte und wissen auch, daß man sie Föderalisten nannte und daß sie diese Bezeichnung nicht ablehnten. Dieser Föderalismus, der die Rechte der Länder gegenüber der Zentrale verteidigte oder wenigstens betonte, beinhaltete natürlich weder in der Auffassung der Aristokraten noch des Klerus irgendeine nationale Abgrenzung. Aber er bedeutete eben doch einen Bruch mit dem Zentralismus und dessen deutschem Charakter, und das war der Hauptgrund, weshalb er von mehreren Nationalitätenpolitikern unterstützt wurde.

Auf diese außerordentlich heterogene, viele kleine Parteien und Gruppierungen umfassende, veränderliche und formbare Mehrheit gründete Taaffe seine parlamentarische Regierung. Den Ausdruck „fortwursteln" hat nicht er für dieses System erfunden, sondern ein liberaler Politiker, Eduard Herbst, aber Taaffe verstand sich wirklich darauf, ohne größere Erschütterungen weiterzukommen. Er war ein Meister der provisorischen Lösungen und Kompromisse, so daß mit der Zeit bei Betrachtung der Dinge jeder davon überzeugt war, in Österreich seien die provisorischen Lösungen die dauerhaftesten.

Die Regierung Taaffe war keine Regierung großer Worte und weitblickender Programme. Sie strebte nach Aufrechterhaltung der liberalen Errungenschaften, war aber insofern konservativ, als sie nicht beabsichtigte, wesentlich Neues zu leisten. Die Regierung wollte tatsächlich die Folgerungen aus der Tatsache ziehen, daß die Monarchie ein multinationales Reich war. Darin lag ihre Bedeutung (und das wurde von den Zeitgenossen nicht so recht bemerkt). Sie wollte daher nicht die ausschließliche Regierung dieser oder jener Nation sein. In der Praxis war sie ein wenig eine Koalitionsregierung der Nationalitäten, aber das wollte sie nicht zugeben. Sie wollte übernational beziehungsweise eigentlich kaiserlich sein. (Franz Joseph war damit zufrieden.) Nur war das im Europa der Nationalstaaten nicht mehr zeitgemäß. Aber selbst diesen Standpunkt konnte sie nicht vollständig zur Geltung bringen, denn sie änderte nichts an der Position der Deutschen als der herrschenden Nation der österreichischen Reichshälfte, ja sie machte nicht einmal den Versuch, daran zu rütteln. Es war eine kaiserliche Regierung über die Köpfe der Deutschösterreicher hinweg, aber nicht gegen sie. Dies erklärt einerseits ihre verhältnismäßig lange Amtszeit, andererseits aber auch, warum sie keine endgültigen Lösungen durchsetzen konnte.

Sie war konservativ, aber nicht deutschnational. Doch war sie nicht konservativ genug, um alle rechtsgerichteten Kräfte um sich zu versammeln. Beides war sie gerade so weit, daß sie die Deutschnationalen und die Nichtkonservativen gegen sich hatte. Ihre deutschnationalen Gegner waren zwar nicht sehr zahlreich, doch unter dem zweiten Sammelbegriff kamen sehr viele zusammen: Liberale, Demokraten, alle, die rechts oder links sich der gesellschaftlichen Mißstände bewußt waren – es war eine weite regierungsfeindliche Koalition, die auf kurze Sicht nur deswegen nicht gefährlich war, weil sie meist aus Elementen bestand, die dem Parlament ferngehalten worden waren. Elemente, die nur einen sehr kurzen geschichtlichen Moment lang miteinander zusammen arbeiten konnten.

Dieser Moment schien zu Beginn der achtziger Jahre gekommen. Und es waren gerade die unerledigten gesellschaftlichen Probleme, die als ein sehr wesentlicher Faktor auf eine kurzzeitige Zusammenführung der unterschiedlichen Kräfte wirkten. Die wirtschaftliche Entwicklung hatte zahlreiche Opfer gefordert, die modernen Proletarier waren ihr ebenso ausgeliefert wie die Schichten, die von der alten Struktur übriggeblieben waren. Die Staatsgewalt, ganz gleich, ob sie nun liberal oder konservativ war, unterstützte die Erfolgreichen (um ihnen noch mehr Gelegenheit zum Erfolg zu geben) und die Starken, die Kapitalisten. Diese Verhaltensweise entsprach der allgemeinen Auffassung im ganzen damaligen Europa, rief aber eine Gegenwirkung hervor. Sie wurde nicht nur von denen abgelehnt, die das Schicksal des Fabrikarbeiters kennengelernt hatten, sondern auch von denen, die den Kleinbürger betrauerten, der dem Kapital ausgeliefert war, oder die den Bauern gegen Wucherer und Banken schützen wollten.

Einen weiteren zusammenführenden Faktor stellte das verletzte nationale Selbstbewußtsein, diesmal der Deutschen, dar. Die deutsch denkende und sprechende Bevölkerung Zisleithaniens hatte 1848, die Möglichkeit einer großdeutschen Einheit, noch nicht vergessen und empfand 1866 als bitteren Bruderkampf, als Ausschluß Österreichs aus dem einheitlich gewordenen Kleindeutschland. Sie begeisterte sich für den phänomenalen Aufschwung des neuen Deutschen Reichs und dessen europäischen Ruf und ließ Bismarck selbst nach seinem Sturz noch hochleben, als er Österreich besuchte. Ihre Loyalität den Habsburgern gegenüber hatte sie noch nicht aufgegeben, wenigstens in ihrer Mehrheit nicht, und so fügte sie sich in die nach 1866 entstandene Lage. Auch mit dem Ausgleich fand sie sich ab, mit den Deutschen in Ungarn rechnete sie gar nicht mehr, die waren in der Zwischenzeit begeisterte ungarische Patrioten geworden oder auf dem besten Weg dazu und dachten schon daran, ihre Namen zu magyarisieren. Aber hier, in Zisleithanien, bildeten doch die Deutschen die Oberschicht, sie waren die Träger von Kultur und Zivilisation. Mochte die Hälfte oder sogar die Mehrheit der Bevölkerung des Reichs slawisch und nicht deutsch sein, was zählte das angesichts der deutschen Kultur. Und diese deutsche Kultur – oder beim richtigen Namen genannt dieses deutsche Übergewicht – war durch die Regierung gefährdet. Sie war nicht bereit, sich deutsch zu nennen, obwohl sie das doch ihrer Sprache nach war, ja etwas anderes konnte sie doch gar nicht sein.

Gesellschaftliche Unzufriedenheit, Streben nach Reformen und deutsches nationales Selbstbewußtsein vereinigten sich im Jahr 1881 im Linzer Programm. (Dieses Programm verkörperte den kurzen geschichtlichen Moment, von dem oben die Rede war.) Auch dieses Programm wagte keinen Bruch mit der Regierung der Habsburger. Und zwar nicht nur im Hinblick auf die Zensur, sondern einfach auch deswegen, weil man bei einem großen Teil der Bevölkerung noch mit der Loyalität zur Dynastie rechnen mußte. Das Linzer Programm wollte also die Einheit der Monarchie aufrechterhalten, jedoch ohne jeden realen Zusammenhang, lediglich in der Form einer Personalunion, auf die Person des Herrschers, das heißt auf die Dynastie beschränkt. Innerhalb dieses Rahmens sah das Programm die Neuerung vor, daß Galizien und Dalmatien zur anderen Reichshälfte gehören sollten; damit wäre den übriggebliebenen österreichischen und tschechischen Ländern ein stärkerer deutscher Charakter gegeben und unzweifelhaft ein deutsches Übergewicht gesichert worden. Dieses – nunmehr deutsche – Österreich hätte sich in einem günstigen Augenblick leicht an Deutschland anschließen können. Darüber wurde aber im Linzer Programm nicht mehr gesprochen, denn nicht alle seine Mitarbeiter hätten diese Lösung gern gesehen. Für viele waren aber gerade die weiteren Punkte des Programms besonders wichtig. Der Plan stellte soziale Reformen in Aussicht, z. B. Maßnahmen gegen die Verelendung unter dem Kapitalismus und die Einführung einer progressiven Steuer, um die großen Einkommen stärker zu belasten. Auch das allgemeine Wahlrecht spielte in dem Programm eine Rolle, ebenso die Überführung der wichtigsten wirtschaftlichen Institutionen in die Hand des Staats, um die Allmacht des Privatkapitals zu liquidieren. Ferner wollten die Autoren des Manifests die Arbeiter in den Gewerkschaften organisieren, die Mitgliedschaft sollte sogar obligatorisch sein.

Es war ein sehr gemischtes Programm, wenn man es ein wenig überdenkt, demokratische Anschauungen vermengen sich hier mit solchen nationalistischer Färbung, ja manches erinnert sogar schon an die späteren obligatorischen Arbeiterorganisationen rechtsgerichteter Diktaturen. Daran haben die Verfasser des Manifests sicher nicht gedacht, es beschäftigte sie vielmehr, wie sie das Klassenbewußtsein der unter kirchlichem oder bürgerlichem Einfluß stehenden Arbeitermassen wecken könnten. Wie gemischt dieses Programm war, wird scharf beleuchtet, wenn man drei Namen aus der Reihe der Unterzeichner hervorhebt: Georg von Schönerer, Karl Lueger und Viktor Adler. Den beiden letzteren Namen werden wir bald an anderem Ort begegnen. Denn nach dem kurzen geschichtlichen Augenblick, der sie vereinigt hatte, gingen sie alle drei wieder verschiedene Wege. Einer wählte den Weg zu den Arbeitern, auf internationalistischer Grundlage gegen das Kapital, einer den zu den Kleinbürgern, auf antisemitischer Grundlage gegen das Kapital, und einer zum deutschen Nationalismus, gegen das Kapital, höchstens mit antisemitischer Demagogie.

Bei letzterem handelt es sich um Georg Ritter von Schönerer, über den hier noch einige Worte gesagt werden sollen. Schon seit 1873 war er als entschlossener Anhänger der nationalistischen deutschen Richtung Abgeordneter im Reichsrat. Als die zeitweilige Einmütigkeit des Linzer Programms schwand, verkündete er immer extremer das deutsche Programm. Wenn er im Jahr 1881 noch auf die Habsburg-Loyalität vieler Menschen Rücksicht nahm, so brach er später auch damit und stellte aus sozialen Schlagworten ein antisemitisches Programm zusammen, in dem er behauptete, daß die Vertreter des Großkapitals aus der Fremde eingewanderte Juden seien. Er wandte sich gleichzeitig gegen Dynastie und Kirche und betrachtete als Fürsprecher der „Los von Rom"-Bewegung die Trennung von der katholischen Kirche direkt als deutschnationale Aufgabe.

Er war wirklich ein konsequenter, überlegter Vertreter des deutschen Reichsnationalismus. Nur schreckte er mit seinem Deutschnationalismus ganz natürlich die Nichtdeutschen ab. Mit seiner Kirchenfeindlichkeit wußten die großen Massen der österreichischen Bauern und Kleinbürger nichts anzufangen. Die gleiche Wirkung hatte seine Feindseligkeit gegen die Habsburger. Seine antikapitalistisch-antisemitische Demagogie hatte einen hohlen Ton, denn er vermochte sie nicht mit positiven Programmpunkten zu verschmelzen wie später Lueger, sein Nationalismus hielt ihm das Proletariat fern, das den Internationalismus Tag für Tag praktizierte. Seine Bewegung lebte bis zum Ende der Monarchie, fand aber außer einer dünnen Schicht von Bürgern und Intellektuellen keine Anhänger; bei den Wahlen erreichte er nie irgendwelche spektakulären Ergebnisse. Den Hauptstrom der Entwicklung hat er ebensowenig verstanden wie seine Bewegung. Nur seine späten Nachkommen und Verehrer werden dereinst seiner Bewegung wegen ihres Nationalismus und Antisemitismus eine zentrale Bedeutung zuschreiben. Übrigens rekrutierten sich die meisten seiner Anhänger aus der deutschen Bevölkerung der böhmischen Provinzen.

Die soziale Unzufriedenheit zwang die Regierung Taaffe jedoch zu Taten. 1882 entschloß sie sich zunächst zu einem politischen Schritt. Sie setzte den Wahlzensus herab und erweiterte so die Reihen der Wähler der dritten und vierten Kurie. Dann folgten Maßnahmen sozialer Art, das Industriegesetz, dann im Jahr 1885 das Arbeiterschutzgesetz, das die tägliche Arbeitszeit auf höchstens elf Stunden festlegte; zwei Jahre später wurde die obligatorische Unfallversicherung eingeführt. Die Regierung war bemüht, die Arbeitergesetzgebung des Deutschen Reichs nachzuahmen. Sie änderte damit etwas an dem bisher vollständigen Ausgeliefertsein des Arbeiters und trug auf ihre Weise zur Entwicklung seines Selbstbewußtseins bei.

Es gab noch sehr viel zu tun. Aber zu jedem einzelnen Gesetz brauchte man eine parlamentarische Mehrheit, und die gemischte Gesellschaft, die Taaffe unterstützte, war gerade auf diesen Gebieten sehr schwer zu mobilisieren.

Die Konservativen und die Liberalen Österreichs organisierten sich nicht mehr danach, ob sie für das Bestehende eintreten oder den Weg des Fortschritts beschreiten sollten. Trennend wirkte, daß sie dieser oder jener Nationalität des Reichs angehörten, und dieses Band erwies sich als stärker als das politische Glaubensbekenntnis. Konservative, Klerikale und Liberale gab es in allen Nationen, ihre Loyalität zog sie aber stärker zu ihrer Nation hin. Die nationalen Gegensätze traten in den Vordergrund.

Im Jahr 1893 verlor Franz Joseph nach Kálmán Tisza auch seinen zweiten starken Mann: Taaffe reichte seine Demission ein. Die der Reihe nach folgenden Regierungen blieben manchmal nur ein Vierteljahr an der Macht; bevor sie mit einem größeren Programm an die Öffentlichkeit treten konnten, waren sie schon wieder gestürzt. Mehrmals erwies sich der Reichsrat wegen der Obstruktion der nationalen und anderer Parteien als arbeitsunfähig. Und doch standen in diesen Regierungen begabte Männer an der Spitze der einzelnen Ministerien. In der ersten Regierung Gautsch war Eugen Böhm-Bawerk, einer der bekanntesten bürgerlichen Wirtschaftsexperten, Finanzminister. Doch konnte es passieren, daß z. B. die Regierung Alfred Windischgraetz im Jahr 1895 wegen der Frage stürzte, ob in der slowenischen Kleinstadt Cilli ein slowenisches Gymnasium mit vier Klassen errichtet werden solle oder nicht. Das war keine Kardinalfrage, wegen der die Regierung einer Großmacht – oder der einen Hälfte einer Großmacht, um die Budapester Einwände nicht zu vergessen – hätte stürzen müssen.

Gerade die Nationalitätenfrage führte immer häufiger zum Regierungswechsel. Zum gegenwärtigen Zeitpunkt verursachte die tschechische Nation die meisten Probleme. In den drei böhmischen Provinzen bildeten die Deutschen nämlich fast die Hälfte der Bevölkerung, sie lebten nicht nur getrennt von den Tschechen in den Randgebieten, sondern überall in den Städten. Schon Taaffe hatte eine Sprachverordnung erlassen, die das Deutsche als Sprache der inneren Verwaltung beließ, im Verkehr mit der Bevölkerung aber die Gleichberechtigung der tschechischen Sprache sicherte. Im weiteren Verlauf experimentierten die verschiedenen Regierungen im großen und ganzen mit ähnlichen Lösungen und betrauten manchmal die Gemeindeautonomie mit der Festlegung der Amtssprache. Die Zweisprachigkeit wurde in allen Fällen für wichtig und obligatorisch gehalten, was natürlich die Tschechen begünstigte, die ja sehr häufig Deutsch sprachen, die Deutschen wären dagegen gezwungen gewesen, Tschechisch zu lernen. Wenn also die Regierung die Zweisprachigkeit einführen wollte, empörten sich die Deutschen in den böhmischen und in anderen Provinzen und verhinderten durch Obstruktion die Abänderung des Gesetzes; sobald aber die Regierung die Verordnung zurückzog, begannen die tschechischen Abgeordneten eine nicht minder heftige und nicht minder wirksame Obstruktion. (Ein Abgeordneter sprach während einer solchen Obstruktionskampagne einmal vierzehn Stunden ohne Unterbrechung, wobei es offenbar vollkommen gleichgültig war, was er überhaupt sagte.) Die politische Atmosphäre wurde immer unsicherer. Der an sich schon schwach entwickelte österreichische Konstitutionalismus hatte mit neuen Schwierigkeiten zu kämpfen.

Bevor wir uns der anderen Hälfte des Reichs zuwenden, wollen wir einen Blick auf die Familienprobleme der Herrscherfamilie werfen, die sozusagen zwischen den beiden Hälften stand.

Die Geburt eines Thronfolgers ist in jedem Reich ein großes Fest. Sie sichert die Kontinuität der Herrschaft und schützt das System gegen innere Erschütterungen.

In der Monarchie der Habsburger war aber auch dies nicht so einfach. Nicht nur, weil der Herrscher am Geburtstag seines ersten Sohnes Rudolf, am 21. August 1858, achtundzwanzig Jahre und drei Tage alt war und der Thronfolger – sollte seinem Vater ein langes Leben beschieden sein – wohl den Zenit seines Lebens überschritten haben dürfte, wenn er auf den Thron gelangte. Die lange Wartezeit konnte an sich schon Schwierigkeiten bereiten, wenn der Herrscher in weiser Überlegung nicht dafür sorgte, seinen Nachfolger nach Erlangung der nötigen Altersreife nach und nach in die verwickelten Probleme des Regierens einzuweihen und mit ihm Sorgen und Geheimnisse zu teilen.

In der Habsburgermonarchie sah das anders aus. Der junge Kronprinz Rudolf erhielt zwar eine ausgezeichnete Erziehung, die ihn für sein künftiges Herrscheramt vorbereitete, doch wurden in gewisser Beziehung auch Fehler begangen. Das Kind wurde von seiner Mutter isoliert und ihrem geistigen Einfluß vollkommen entzogen. Dies konnte in Rudolf die Entwicklung zahlreicher Eigenschaften nicht verhindern, die auffallend an die freiere Lebensauffassung seiner Mutter erinnerten. Die Annäherung und geistige Begegnung des heranwachsenden Rudolf mit seiner

Mutter ist dann später auch eingetreten. Es war mehr als ein pädagogischer Fehler, daß einer der Erzieher, Graf Gondrecourt, den sechsjährigen, ziemlich schwachen und nervösen Knaben zu militärischen Übungen zwang, die für den jungen Thronfolger schwere Gefahren in sich bargen. Es bedurfte des sehr energischen Eintretens Elisabeths, um die Entlassung des Erziehers und die Ernennung des Grafen Joseph Latour von Thurmburg zu erreichen, der im Jahr 1865 die Erziehung des Thronfolgers übernahm und mit ausgezeichnetem pädagogischem Gefühl bald Erfolge erzielte. Zu den Erziehern des Kronprinzen gehörte auch Jácint Rónay.

Bald stellte sich heraus, daß der Kronprinz Freidenker war und eine ausgezeichnete Feder führte, was eine besondere Seltenheit unter den Habsburgern war. Auf seinen Reisen – hauptsächlich nach England – eignete er sich vornehmlich wirtschaftliche Kenntnisse an und erweiterte sein Blickfeld. All dies trug dazu bei, daß er sich bald eine selbständige Meinung über die inneren Probleme der Monarchie bilden konnte. Rudolf lehnte Taaffes Konservativismus ab, akzeptierte aber auch die Methoden Kálmán Tiszas nicht, obwohl er große Sympathien für die Ungarn empfand. Seine Freundschaften waren ebenfalls bemerkenswert und – sie überraschen: Er wurde von dem Soziologen Carl von Menger und von dem Naturwissenschaftler Alfred Brehm beeinflußt, das war für ihn von besonderer Bedeutung, weil sein Vater ihm das Studium an einer Universität verwehrte und er sich die seinen Neigungen entsprechenden Kenntnisse sozusagen nur durch seinen gesellschaftlichen Umgang verschaffen konnte. Unter dem geistigen Einfluß Brehms unternahm Rudolf die Herausgabe der Reihe „Die österreichisch-ungarische Monarchie in Wort und Bild", bei der er nicht nur die Rolle des Initiators spielte, sondern auch als Autor selbst in Erscheinung trat. Besondere Bedeutung gewinnt dieses Werk dadurch, daß es durch die Beschreibung der Völker und Länder der Monarchie die Zusammengehörigkeit und Gleichwertigkeit des multinationalen Reichs beweisen wollte.

Die Jahre vergingen aber, und mit der endgültigen Formung der Individualität und der Fähigkeiten des Kronprinzen fiel es ihm immer schwerer, sich in die Leitung der Reichsangelegenheiten einzufügen. Franz Joseph zeigte weder als Vater noch als Herrscher die geringste Neigung, seine Macht irgendwie zu teilen. Dies hatte offenbar viele Gründe. Einesteils fühlte er sich nach einer Herrschaft von fünfunddreißig bis vierzig Jahren noch zu jung und gesund, um seine Macht mit seinem Sohn zu teilen, anderenteils bestanden zwischen ihnen auch starke Unterschiede in der Auffassungsweise; Rudolf verhehlte seinem Vater nie seine kritische Meinung über die Tätigkeit der österreichischen oder ungarischen Regierung Seiner Majestät. Wenn auch dieser Umstand sehr zum Mißtrauen der leitenden Regierungskreise der Monarchie gegenüber dem liberal gesinnten Kronprinzen beitrug (weswegen sie ihn sozusagen dauernd beobachten ließen), ist es doch Tatsache, daß Franz Joseph viele Jahre später auch dem konservativen Franz Ferdinand gegenüber streng über die Unteilbarkeit seiner Macht wachte. Es war also die Unteilbarkeit der Herrschergewalt, auf die es dem Kaiser nicht nur seinen politischen Gegnern gegenüber, sondern auch innerhalb seiner Familie sehr genau ankam, nicht zuletzt zum Schaden der kommenden Generation.

Die bewußte Zurückdrängung des Kronprinzen veranlaßte Rudolf, sich neu zu orientieren. Dabei half ihm seine fast freundschaftliche Verbindung mit dem Redakteur des Neuen Wiener Tagblatts, Moritz Szeps. Sie gab dem Kronprinzen Gelegenheit zu publizistischer Tätigkeit, und zwar im Sinn der deutschen Liberalen, was sich damals gerade gegen die Regierung Taaffe richten mußte.

Der Kronprinz und der Redakteur hatten es nicht leicht, die Probleme der „Konspiration" zu umgehen. Die Quelle und die Formulierung einzelner Informationen mußten abgeändert werden, um die Person des Informanten nicht zu verraten. Ein charakteristischer Zug für diese publizistische Tätigkeit war der Gegensatz zum „feudalistisch-klerikalen" System und zu Rußland.

Die familiäre Tragödie des Kronprinzen begann, als die kompetenten Kreise des Hofs ihn im Jahr 1881 mit Prinzessin Stephanie von Belgien verheirateten, da man in anderen katholischen Herrscherhäusern keine entsprechende Braut fand. Die Kaiserin war von dieser Vereinigung nicht begeistert; es war keine gewöhnliche mütterliche Eifersucht, sondern sie hielt die ausgewählte Dame für zu unbedeutend, als daß sie fähig gewesen wäre, den geistigen Ansprüchen ihres so vielseitigen Sohnes zu genügen. Trotzdem schien die Ehe in den ersten Jahren nicht unglücklich zu sein. Bald stellte sich aber heraus, daß Rudolf durch seine Ehe und sein Familienleben nicht gefesselt und daß seine Aufmerksamkeit nicht von den Problemen abgelenkt werden konnten, die sich aus seiner Zurücksetzung als Kronprinz, aus seiner Antipathie gegen den Hof und die regierenden Kreise ergaben. Die ihm übertragenen unbedeutenden Repräsentationspflichten fand er langweilig, wenn nicht verletzend. Das führte auch dazu, daß er – wie seine Mutter – einen bedeutenden Teil seiner Zeit mit Jagen und Reiten verbrachte; für den zeitgenössischen Klatsch, er habe sich in der letzten Periode seines jungen Lebens auch dem Trunk ergeben, gibt es keinen Beweis.

Die letzte Periode der Tragödie des Kronprinzen Rudolf begann gegen Ende 1888, als er – wohl durch Vermittlung der Gräfin Larisch – die junge und sehr hübsche Mary Freiin von Vetsera kennenlernte. Der Zweck dieser Vermittlung ist im dunkeln geblieben, ihre Folgen führten aber zur Katastrophe. Es ist Tatsache, daß in der Wiener Gesellschaft viele Damen für den jungen Kronprinzen schwärmten, doch konnte es keinen Augenblick außer Frage stehen, daß eine Beziehung nicht nur wegen der Ehe des Kronprinzen, sondern auch aus anderen Gründen den Rahmen eines erzherzoglichen Flirts nicht überschreiten durfte. Daß aus dieser Verbindung doch viel mehr wurde, ergab sich aus dem Nerven- und Seelenzustand des Kronprinzen, aber auch aus den romantischen Träumen der jungen Dame, die hoffte, sich den Mann ganz zu eigen machen zu können. Es ist Tatsache, daß Rudolf sich bald direkt an den Papst wandte mit der Bitte, seine Ehe aufzulösen. Es kam zu einer Auseinandersetzung zwischen Franz Joseph und seinem Sohn; der Herrscher verbot den Plan der Scheidung und wies Rudolf an, das

Verhältnis sofort abzubrechen. Der Kronprinz konnte und wollte das offenbar nicht und wählte deshalb unter dem Eindruck der immer mehr zunehmenden Verletzungen und Kränkungen als einzige Möglichkeit den Doppelselbstmord. Am 30. Januar 1889 führte er im Jagdschloß Mayerling bei Baden seinen Plan aus.

Die Bedeutung der Tragödie des Kronprinzen darf nicht übertrieben werden. Es unterliegt aber keinem Zweifel, daß die beiden Vertreter einer heitereren und freundlicheren Lebensform, Elisabeth und ihr Sohn, sich in der abgeschlossenen Atmosphäre einer geradezu spanischen Etikette nicht behaupten konnten und eine freiere Denkart nicht in die höchsten Herrscherkreise eindringen konnte. Rudolf ist letztlich einem Absolutismus zum Opfer gefallen, der in die Familie zurückgedrängt war; dies weist auf bestimmte atmosphärische Erscheinungen der Monarchie hin. Elisabeth hat diese Atmosphäre immer als unerträglich empfunden. Als der Anarchist Lucheni am 10. September 1898 die Kaiserin mit einem Stilett ermordete, hatte sie nicht nur keinen Anteil mehr an der Ausübung der Macht, sondern sie war auch nur noch durch schwache Fäden ans Leben gebunden. Sie selbst hatte seit Jahren daran gearbeitet, diese Fäden immer lockerer zu gestalten. Das bezieht sich in erster Linie auf die Beziehung zu ihrem Mann, dem sie selbst, um sich entbehrlich zu machen, eine „Stellvertreterin" zuführte, damit er in ihrer Abwesenheit Trost finden konnte. Das Seelenleben Elisabeths – wir sind im Jahr 1885 – könnte durch nichts besser beleuchtet werden als durch diese Handlungsweise, es charakterisiert aber auch die Mentalität Franz Josephs, daß er diese merkwürdige Form der Fürsorge annahm; wahrscheinlich verstand er deren Motive und Inhalt gar nicht. Übrigens bewies die stets gutgelaunte und gutherzige Schauspielerin Katharina Schratt nicht erst nach dem Tod der Kaiserin, sondern schon vorher, in den letzten dreizehn Jahren von Elisabeths Leben, die Fähigkeit, ihre Aufgabe zu erfüllen. Von dieser Zeit an überhäufte Franz Joseph seine Gattin mit Zeichen tiefer Verehrung, die an ihre Stelle getretene Gefährtin aber mit reichen Beweisen seiner ritterlichen Aufmerksamkeit.

Kehren wir jetzt nach Transleithanien zurück. Es ist nicht unsere Aufgabe, die politische Geschichte Ungarns während des Dualismus zu skizzieren. Es sollen nur einige Gedanken dazu vorgetragen werden.

Die Partei Deáks, die den Ausgleich zustande gebracht hatte, konnte sich im Reichstag nur für kurze Zeit die Mehrheit sichern. Im Jahr 1875 fusionierte sie mit der in der linken Mitte stehenden Partei Kálmán Tiszas unter dem Namen Liberale Partei und sicherte unter der Leitung Tiszas in der Zeit von 1875 bis 1890 eine ähnlich ruhige Lage wie fast zur gleichen Zeit Taaffe in Zisleithanien. Dann beschleunigten sich auch hier die Ereignisse, nur hatten die ungarischen Regierungen eine etwas längere Lebenszeit als die österreichischen. Es gab jedoch auch einen wesentlichen Unterschied: Regierungen lösten einander ab, Ministerpräsidenten und Minister kamen und gingen – die Regierungspartei jedoch blieb dieselbe. Der hohe Zensus des Wahlgesetzes ließ nur einen kleinen Teil der Bevölkerung des Landes zu den Urnen, und die Regierungen verstanden es nicht nur unter der starken Hand Tiszas, sondern auch bei anderen Gelegenheiten, die Wahlen so zu leiten, daß sie die Mehrheit behielten. Die Nationalitätenfrage war hier nicht so zugespitzt, höchstens mit den Kroaten ergaben sich hie und da Konflikte. Aber auch die ließen sich vermeiden, sobald ein Banus an die Spitze der kroatischen Regierung kam, der die Politik der ungarischen Regierung verwirklichte. Manchmal erforderte das nicht geringe verfassungswidrige Anstrengungen, aber es war letztlich erfolgreich, wenigstens auf kurze Sicht.

Es gab noch einen anderen Unterschied, der den Gegensatz zur westlichen Reichshälfte noch stärker hervortreten ließ. Im Westen verursachten die Regierungskrisen Bergstürze und öffneten Abgründe, hier kratzten sie nur an der Oberfläche. Im Westen mußte man immer wieder den § 14 in Anspruch nehmen, der die Regierung ermächtigte, Notverordnungen zu erlassen. In Transleithanien brauchte man einen solchen Paragraphen nicht (und im übrigen war auch nichts vorgesehen, was mit dem § 14 in der österreichischen Dezemberverfassung vergleichbar gewesen wäre).

Da die östliche Reichshälfte die weitere Entwicklung der liberalen Ordnung durch solide Verfassungsmäßigkeit sichern konnte und hier nicht fortwährend Unsicherheit herrschte wie in der westlichen Reichshälfte, führte dies notgedrungen zur Erstarkung der östlichen Reichshälfte. Es schien fast, als bereitete Ungarn Franz Joseph viel weniger Sorgen als Österreich, als sei seine Herrschaft dort wesentlich gefestigter als hier. (Fast glaubte Franz Joseph manchmal selbst daran.)

Diese Kraft, Solidarität und Sicherheit existierten aber nur dem äußeren Anschein nach. Der Hauptgrund dieser Festigkeit war nämlich, daß das ungarische System – im Gegensatz zur Verfassung Zisleithaniens, die im Prinzip die Gleichberechtigung der Nationen beinhaltete (und davon in der Praxis auch manches verwirklichte) – im Nationalitätengesetz zwar im Prinzip ebenfalls die individuelle Gleichberechtigung der nichtungarischen Staatsbürger, ja im Rahmen der einheitlichen ungarischen politischen Nation die Gleichberechtigung sämtlicher Nationalitäten anerkannte. In Wirklichkeit aber sicherte sie den anderen Nationalitäten, mit Ausnahme der Kroaten, die Gleichberechtigung nur in bezug auf die individuellen Freiheitsrechte und setzte sich im übrigen souverän über die Rechte der Nationalitäten hinweg, in der Hoffnung, daß sie früher oder später doch Vernunft annehmen und sich magyarisieren ließen.

Heute wissen wir, wie engherzig und engstirnig diese Politik war. Von ungarischer Seite erkannten dies nur sehr wenige Zeitgenossen. Wenn jemand darauf hinwies, der einer Nationalität angehörte, konnte man ihn einfach als Landesverräter brandmarken (wenn dies in der Mehrheit der Fälle auch nicht Gerichtsurteil oder Kerker bedeutete). Und wenn ein Ausländer dies tat, so erklärte man ihn für irregeführt oder bestochen.

Franz Joseph dagegen war beunruhigt, weil die Ungarn, bei aller deklarativen Königstreue, mit der österreichischen Herrschaft unzufrieden waren. (In jeder

Behörde hing ein Bild des Königs Franz Joseph in ungarischer Husarenuniform, das sollte den Gedanken daran, daß er auch Kaiser war, verdrängen.) In den Augen Franz Josephs bedeutete dies – nicht ohne Grund – Unzufriedenheit mit dem Reich. Und wenn er auch nicht wahrnahm, daß die von Ungarn bewohnten Gebiete im allgemeinen oppositionelle Abgeordnete in den Reichstag entsandten, so entging es doch seiner Aufmerksamkeit nicht, daß die Opposition immer wieder auf den nationalen Problemen herumritt, bald die Quote, bald die Zahl der Rekruten für zu hoch hielt, bald zur Abwechslung die den Ungarn zugestandenen Rechte unzureichend fand. Die Opposition strebte eine Erweiterung des Rahmens des Dualismus an, eine immer größere Selbständigkeit für Ungarn, und wenn Deák auch ein Grabmal bekam (für Kossuth wurde ein viel größeres aufgestellt), so zeigte sie doch überhaupt keine Rücksichtnahme auf die Reichsinteressen, die dem Herrscher verständlicherweise viel wichtiger waren.

Die fortwährende Diskussion über das österreichisch-ungarische Verhältnis stand im Mittelpunkt, die viel wichtigeren gesellschaftlichen Probleme und die Nationalitätenfrage wurden beiseite geschoben.

Wie oben angedeutet wurde, verbargen sich hinter und unter den nationalen Gegensätzen wesentlich bedeutendere soziale Probleme. Die stürmische Entwicklung des Kapitalismus brachte die Handwerker und die kleinbürgerlichen Kreise der alten Gesellschaft in eine schwere Lage und zwang sie zur Selbstverteidigung. Der instinktive Antikapitalismus dieser besonders in den deutschsprachigen Ländern Österreichs gar nicht so unbedeutenden Schichten, die noch aus der Vergangenheit heraus, von der alten Ordnung her sich gegen das siegreiche Neue wandten, sahen ihren Feind im Großkapitalisten; es war leicht, diesen Großkapitalisten mit dem Juden gleichzustellen. Die Unzufriedenheit des Kleinbürgertums traf sich aber mit dem christlich inspirierten Reformismus einiger Vertreter der ebenfalls antikapitalistischen Aristokratie. Diese aristokratische „Sorge um das Volk“, hinter der sich bei aller subjektiven Gutgläubigkeit und bei allem aufrichtigen Willen zu helfen doch eigentlich die Furcht vor den Massen verbarg und der Wunsch, diese Unzufriedenheit durch Reformen zu beheben, das waren Ideen, die zunächst noch nicht unter die Massen gelangen konnten, für die sie bestimmt waren.

Ein führender Vertreter dieser Richtung war ein norddeutscher Protestant, Karl Freiherr von Vogelsang, der eine Zeitlang preußischer Offizier war, später zum katholischen Glauben übertrat und sich nach dem Ausgleich in Österreich niederließ. Hier begann er im Jahr 1875 katholische Zeitungen zu redigieren, in denen er sein Programm, den christlichen Sozialismus, verkündete. Dieses Programm war erklärtermaßen antimarxistisch und wollte die Arbeitermassen (und natürlich die eben erwähnten Massen von Kleinbürgern, obwohl diese weniger im Vordergrund standen) auf religiöser Grundlage davor zurückhalten, sich an die internationale sozialistische Bewegung anzuschließen. Er verkündete eigentlich sehr früh den politischen Katholizismus, der die Massen mit sozialen Schlagwörtern zu gewinnen versuchte und der später, im Jahr 1891, durch Papst Leo XIII. in der Enzyklika Rerum Novarum die allerhöchste kirchliche Sanktion empfing. Der Boden für die Tätigkeit Vogelsangs in Österreich war deshalb günstig, weil gerade in den österreichischen Ländern die Positionen der katholischen Kirche noch sehr stark waren, nicht nur auf dem Land, sondern auch bei den niederen Schichten in den Städten, und weil diese katholischen und daher auch habsburgtreuen Schichten es gerade in den siebziger Jahren, den Jahren der liberalen Regierung, für notwendig hielten, ihre Stimme gegen eine Regierung zu erheben, die die Gleichberechtigung der Konfessionen und andere unerhörte Dinge zur Gesetzeskraft erhob. Im Jahr 1877 wurde diese Stimme der Massen auf der ersten katholischen Großkundgebung laut.

In der zweiten Hälfte der achtziger Jahre gewann die dann nur noch in der Presseagitation Vogelsangs lebendige Bewegung neue Kräfte, und 1887 wurde die Christlich-Soziale Partei gegründet, die das bereits bekannte Reformprogramm zu ihrer Aufgabe machte. Damals schaltete sich der andere aristokratische Leiter, Alois Prinz von und zu Liechtenstein, in die Bewegung ein. Er verkündete 1891 im Reichsrat ein detailliertes christlichsoziales Programm: Beschränkung der Macht des Privatkapitals, Übergabe einzelner Betriebe in die Hände des Staats oder der Gemeinden, Schutz des Kleinvermögens und Institutionalisierung der sozialen Fürsorge. Dieses Programm war offen dazu bestimmt, ein Gegengewicht zur sozialistischen Arbeiterbewegung zu bilden.

Das christlichsoziale Reformprogramm fand seinen Widerhall in den Massen aber erst, als ein ausgezeichneter Redner und guter Organisator an die Spitze der Bewegung trat, der aus dem frommen Mitleid der Aristokraten wirklich eine Massenbewegung zu machen verstand. Dieser Mann war Karl Lueger, einer der Unterzeichner des Linzer Programms. Um 1888 begann er sich der Christlich-Sozialen Partei zu nähern und trug soziale Ansprüche und den Antisemitismus in sie hinein; bald gelangte er zu einer führenden Rolle. Die Bewegung gewann in erster Linie die vom Wahlrecht ausgeschlossenen Massen, sie konnte daher im Reichsrat oder in den einzelnen Landtagen nicht vertreten sein, auch dann noch nicht, als im Jahr 1897 die Regierung Kasimir Badeni unter dem Druck von Massenkämpfen eine Wahlreform unterbreitete. Danach wurde außer den bisherigen vier Kurien eine fünfte aufgestellt, in der alle wählen konnten, die in den ersten vier Kurien kein Wahlrecht besaßen, aber eine gewisse Zeitlang am gleichen Ort wohnten. (Die Durchführung dieses Gesetzes blieb der Regierung Gautsch überlassen.) Diese Reform war ein vorsichtiger Schritt in Richtung auf das allgemeine Wahlrecht und brachte noch keine wesentliche Änderung, da ja die Anzahl der in der fünften Kurie wählbaren Abgeordneten wesentlich geringer war als in den ersten vier Kurien. In den Gemeindevertretungen aber konnten auch diese kleinbürgerlichen Schichten ihre Stimme erheben. Vor allem in Wien war ihr Einfluß stark, so daß nach dem Beitritt Luegers die Christlichsozialen in der Wiener Gemeindevertretung bereits über eine absolute Mehrheit verfügten. Es war klar, daß den Mehrheitsverhältnissen entsprechend der neue Bürgermeister dieser Partei angehören mußte, und dies konnte dann niemand anders sein als Lueger selbst. Da es sich um die Hauptstadt handelte, berührten die Wahlergebnisse in erheblichem Maß die Interessen des Hofs und der Regierung. Nach dem ersten Wahlsieg konnte Franz Joseph an Stelle Luegers noch eine andere Kandidatur durchsetzen, doch im Jahr 1895 konnte er ihm nicht mehr ausweichen. Trotzdem zögerte er noch zwei Jahre lang, Luegers Wahl zu bestätigen; erst 1897 war er dazu bereit.

Warum und wieso dieses Widerstreben? Derselbe Franz Joseph, der jeden Gründonnerstag im Stephansdom nach dem Beispiel Jesu Christi zwölf alten Männern die Füße wusch – wie es sich für einen katholischen Herrscher geziemte –, und der sich immer bewußt war, daß er dereinst einer über Kaisern und Königen stehenden Macht Rechenschaft abzulegen habe, warum schreckte dieser gläubige Monarch vor dem ebenfalls gläubigen Lueger zurück? Nun, Franz Joseph war zwar gläubig und klerikal, in erster Linie fühlte er sich aber doch als Herrscher, in seiner Umgebung wollte er es nur mit Aristokraten zu tun haben, während ihm in Lueger ein Volkstribun entgegentrat.

Endlich stimmte Franz Joseph der Wahl zu. Lueger blieb bis zu seinem Tod im Jahr 1910 Bürgermeister und konnte seiner Partei die Mehrheit sichern. Seine Tätigkeit hat bleibende Spuren hinterlassen. Die weitere Stadtplanung, die Übernahme der verschiedenen Dienstleistungsbetriebe durch die Stadt, eine Art sozialer Steuerpolitik, der Ausbau der kommunalen Betriebe und der Ausbau und die Sanierung der von den ärmeren Schichten der Bevölkerung bewohnten Stadtteile waren zweifellos positive Leistungen Luegers. Nach der Einführung des allgemeinen Wahlrechts spielte die Partei auch im Reichsrat eine bedeutende Rolle, allerdings nur, solange Lueger lebte. Nach seinem Tod verlor seine Partei ihre Anziehungskraft, und die Zahl ihrer Wähler nahm ab.

Die ganze Bewegung kam trotz ihrer teilweise positiven Züge doch aus der Vergangenheit und sprach die Vergangenheit an. Die Zukunft gehörte dem Proletariat, den Arbeitern der Tag für Tag entstehenden Fabriken, den Eisen-, den Textil- und den Bauarbeitern. Sie befanden sich von vornherein in einem fundamentalen Gegensatz zu dem Bestehenden, dem Kapitalismus, der Klassengesellschaft, der Unterdrückung durch die Staatsgewalt, der Herrschaft der Habsburger, dem Reich. Traten sie all dem wirklich so einmütig und eindeutig gegenüber? (Wir wollen der Antwort nicht vorgreifen und später noch darauf zurückkommen.) Daß aber die Arbeiterklasse dem ganzen kapitalistischen System gegenüberstand, auch wenn einzelne Arbeiter sich dessen nicht ganz klar bewußt waren, stand fest.

Mit der Arbeiterklasse und der bald aus ihr hervorgehenden Arbeiterbewegung trat ein neuer Gegensatz auf, der letztlich antagonistische Gegensatz zwischen Proletariat und kapitalistischer Ordnung. Im Moment des Ausgleichs erschien dies noch nicht so deutlich. Um die Jahrhundertwende war es eindeutig klar und beunruhigte selbst diejenigen, die es sich selbst nicht eingestehen wollten.

Zum Zeitpunkt des Ausgleichs bestand bereits die erste politische Organisation des Proletariats, die Erste Internationale, und in einigen Zentren der Großindustrie der Monarchie bildeten sich lokale Sektionen. Begeisterte, auslandserfahrene und selbstbewußte Arbeiter korrespondierten mit der Internationale, baten um ihre Aufnahme und berichteten über die Lage der Arbeiterklasse. Zweifellos erstreckte sich diese Organisationstätigkeit nur auf einen ganz kleinen Teil der Arbeiterklasse. Die meisten Arbeiter, selbst innerhalb der Großindustrie, gründeten – soweit sie sich überhaupt organisierten – Bildungsvereine oder traten Reformvereinen bei, die oft unter kirchlichem Einfluß standen.

Am 15. Dezember 1867 konstituierte sich der erste Arbeiterbildungsverein. Von bürgerlicher Seite sah man dies anfangs gar nicht ungern, in der Hoffnung, damit würden die Arbeiter von den politischen Problemen abgelenkt. Bald stellte sich heraus, daß davon keine Rede sein konnte. Die Bewegung entfaltete sich in Deutschland unter dem Einfluß von Ferdinand Lassalle, der Marxisten Bebel und Liebknecht. Die anderen deutschsprachigen Arbeiter betrachteten sie noch lange eigentlich als Teil der deutschen Arbeiterbewegung. Es war auch Ausdruck des deutschen Einflusses, daß die Schultze-Delitzsch-Bewegung, die die Selbsthilfe der Arbeiter propagierte und den politischen Kampf verwarf, noch lange Zeit Anhänger fand.

Die Pariser Kommune und der ihr in ganz Europa folgende antisozialistische Terror übten ihre Wirkung auch in der Monarchie aus. Nur war die Existenz der Arbeiterklasse ein objektiver Faktor, und ein ebenso objektiver Faktor war das dauernde Anwachsen dieser Arbeiterklasse. Ja die Eigenheiten der kapitalistischen Entwicklung führten dazu, daß gerade in den größeren Zentren Fabriken und Betriebe entstanden, die Tausende von Arbeitern beschäftigten. Die niedrigen Löhne und die unbeschränkte Arbeitszeit führten schon in den siebziger Jahren zu Streiks. Es war zuerst nur ein Aufbegehren gegen die augenblickliche Lage, und das Ziel war eine Verbesserung ihres schweren Lebens, aber in diesen alltäglichen Kämpfen, die meist gar kein Aufsehen mehr erregten, entfaltete sich Schritt für Schritt das Klassenbewußtsein der Arbeiter. Die Lehren des Sozialismus breiteten sich in den industriellen Zentren des Reichs aus, sie wurden von Arbeitern und von Intellektuellen verbreitet.

An die Spitze der Bewegung trat ein energischer und organisatorisch begabter Mann, einer der Unterzeichner des Linzer Programms, der Wiener Arzt Viktor Adler. In seiner beruflichen Tätigkeit kam er in unmittelbare Berührung mit den Arbeitern, er sah ihr Elend und ihre Schwierigkeiten, und diese persönlichen Erlebnisse bewirkten, daß er mit ganzem Herzen auf die Seite der Arbeiterbewegung trat. Es gab für ihn keinen Zweifel, daß die Organisierung der Arbeiter in eine Klassenpartei nur auf Grund einer Theorie, eines politischen Programms möglich war: das von Marx.

Die Organisationstätigkeit Adlers erstreckte sich zunächst auf die Wiener Arbeiter, dann weiter auf das Proletariat des industriell ebenfalls entwickelten Landes

Niederösterreich. In den böhmischen Ländern, noch später in Galizien und Dalmatien entfalteten sich unabhängig von der Wiener Bewegung ebenfalls Arbeiterorganisationen. Auch der ungarische Teil der Monarchie blieb nicht unberührt, die Organisationstätigkeit begann zuerst in der Hauptstadt und in einigen Provinzstädten, später auch in Kroatien. Und überall bildeten sich früher oder später neben den Vereinen auch Parteien, die sich bald sozialistisch, bald Arbeiterparteien nannten. In Ungarn gaben sie sich vorübergehend den dem Schein nach neutralen und gesetzmäßigen Namen Partei der Nichtwähler. Eins ist sicher: unter welchem Namen und mit welchen Programmen und Ideen auch immer sie auftraten, im Grunde standen sie doch alle auf der Grundlage des Sozialismus von Marx.

Eine neue Entwicklung in der Organisationstätigkeit trat um die Wende von 1888 zu 1889 zunächst in der westlichen Reichshälfte ein. Zu dieser Zeit gründeten die Vertreter der österreichischen sozialistischen Parteien und Gruppierungen die Sozialdemokratische Partei Österreichs. Die letzten Sitzungen der Versammlung mußten wegen der Verfolgung durch die österreichische Polizei bereits auf ungarischem Boden abgehalten werden. Auf diesem ersten Kongreß in Hainfeld wurde das politische Programm der Partei ausgearbeitet. Von vielen Gesichtspunkten aus konnte sie nur ein Vorbild haben, nach dem sie ihr Programm gestalten konnte, die Sozialdemokratische Partei Deutschlands. Das ergab sich schon aus der Tatsache, daß die österreichische Partei in bedeutendem Ausmaß aus deutschen oder wenigstens deutsch sprechenden Arbeitern bestand. Noch stärker trug dazu bei, daß die deutsche Partei damals in Europa das größte Ansehen besaß, sie genoß die persönliche Unterstützung von Engels, unter dem Ausnahmegesetz hatte sie zähen, heldischen Widerstand geleistet, und sie wurde von den meisten marxistischen Denkern der Epoche unterstützt, die ihr ganzes Wissen der Partei zur Verfügung stellten.

Das Programm der österreichischen Sozialisten bekannte sich in seinem prinzipiellen Teil zu den Grundsätzen der deutschen Partei, mit der klassenlosen Gesellschaft und dem Sieg des Sozialismus als Endziel. Als nächste Aufgaben wurden der Ausbau des Arbeiterschutzes, also weitere Forderungen dem Staat gegenüber, und die Ablösung des ständigen Heeres durch das bewaffnete Volk in das Programm aufgenommen. Im Interesse der nächstliegenden, noch unter dem bestehenden gesellschaftlichen System zu verwirklichenden Ziele wurde die gesetzliche Einführung des allgemeinen Wahlrechts gefordert. Wenn man das Programm genau studiert, so war dies eigentlich die wichtigste politische Forderung, die in der weiteren Entwicklung die ganze Politik der Partei bestimmte.

Nach dem Kongreß nahm 1890 auch die Partei in Ungarn den Namen Sozialdemokratische Partei an, und einige Jahre später konstituierten sich sozialdemokratische Parteien auch in Galizien (1892) und in Kroatien (1894). Überall wurde mit kleineren Abänderungen, die sich aus der besonderen Lage des betreffenden

Landes ergaben, das Programm von Hainfeld übernommen. Die Frage des allgemeinen Wahlrechts wurde überall stark betont, ebenso wie die Internationalität der Proletarier. Verweilen wir einen Augenblick bei dieser Frage.

Bis jetzt haben wir über die Gründung von vier Parteien berichtet, jede nannte sich sozialdemokratisch und dementsprechend internationalistisch, wovon ihre Führer tatsächlich aufrichtig überzeugt waren. Sie behaupteten immer, daß sich die Arbeiter ohne Rücksicht auf religiöse, rassische und nationale Unterschiede zum Kampf gegen das Kapital vereinigen müßten. Das war ihre aufrichtige Überzeugung. Warum also vier Parteien? Existierte doch bereits seit 1889 die neue Organisation des internationalen Proletariats, die Zweite Internationale, in der es keine Frage mehr sein konnte, daß sich die Arbeiter nur auf Grund der marxistischen Lehren organisieren konnten, und die deutlich aussprach, daß in jedem Staat eine einzige einheitliche Arbeiterpartei gegründet werden mußte.

Nun freilich, in jedem Staat eine Partei. Aber waren nicht Österreich und Ungarn zwei Staaten, und waren also nicht zwei Parteien berechtigt? Ihr Programm und ihre Ideologie waren ja dieselben, auch hatten sie einen gemeinsamen Feind, es konnte also kein Hindernis für eine Zusammenarbeit geben, die die Einheit der Arbeiterklasse zu sichern hatte. Die ungarische Partei hielt sich tatsächlich an den Internationalismus, sie war bestrebt, alle Arbeiter des Landes in sich zu vereinigen, und organisierte später Sektionen für Arbeiter anderer Nationalität. Für die Arbeiter, die nicht Ungarisch oder Deutsch sprachen, gab sie Blätter in ihrer eigenen Sprache heraus. Kroatien genoß allerdings eine gewisse Selbständigkeit innerhalb des ungarischen Reichs, also war es berechtigt, eine eigene Partei zu gründen, die die Arbeiter auf derselben internationalistischen Grundlage organisieren würde wie die ungarische.

Auch die österreichischen Parteiführer hielten sich an den Internationalismus und die einheitliche Partei. In Galizien herrschten allerdings besondere Umstände, es genoß eine größere Autonomie und gehörte nicht so eng zu den österreichischen Ländern. Der Unterschied zwischen der ganzen politischen Struktur der beiden Reichshälften, die Gleichberechtigung der Nationen in Zisleithanien konnten aber doch nicht ohne Spuren bleiben. Die österreichische Partei war von Anfang an aus unterschiedlicher nationaler Umgebung hervorgegangen, wenn sie sich auch nicht aus national organisierten Gruppierungen zusammensetzte, so mußte sie diese Unterschiede doch zur Kenntnis nehmen. Man hielt das Ganze eine Zeitlang nur für eine Übergangslösung, das Wichtigste schien das allgemeine Wahlrecht und die darauffolgende Demokratisierung, womöglich eine Änderung in der inneren Struktur der Monarchie, dann würden die nationalen Unterschiede ohnehin ihre Bedeutung verlieren. Dieser Optimismus war im Hinblick auf das Endziel vollkommen verständlich, in der tatsächlichen politischen Lage aber nicht gerechtfertigt. Die Partei, die aus praktischen Gründen schon um die Mitte der neunziger Jahre zum obersten Verbindungsorgan der auf nationaler Grundlage organisierten Parteien geworden war, wobei diese Praxis mit den Sprachschwierigkeiten erklärt werden konnte, war früher oder später gezwungen, sich mit der ganzen Kompliziertheit der Nationalitätenproblematik auseinanderzusetzen.

Denn das war der nächste Widerspruch in diesem Reich, daß die Österreicher und die Ungarn in der österreichisch-ungarischen Monarchie eigentlich den Nationalitäten oder – um uns nicht an den zeitgenössischen ungarischen Sprachgebrauch zu halten – den anderen Nationen gegenüber in der Minderheit waren. Um die Jahrhundertwende machten sie zusammen immerhin noch fast die Hälfte der Bevölkerung aus. Aber durfte man zusammen mit ihnen rechnen? Aus dem bisher Gesagten erhellt, daß dies immer weniger möglich war. Aber es ist auch wahr, daß den Österreichern bzw. den Ungarn für sich genommen jeweils nur kleine Nationen gegenüberstanden. Der Gedanke der slawischen Einheit war nicht mehr stark genug, um wenigstens die Slawen der Monarchie in einen einzigen Block zusammenzufassen, dazu waren ihre inneren Gegensätze zu stark. Und doch bildeten sie die Mehrheit, und wer wußte, ob sie in gewissen Fragen nicht gemeinsam auftreten würden?

War dies eine neue Erscheinung in der Geschichte des Reichs? Aus dem Bisherigen geht klar hervor, daß davon keine Rede sein kann. Die Tatsache war von den Habsburgern von Anfang an zur Kenntnis genommen worden, ja es gab Zeiten, wo die gemischte Zusammensetzung geradezu gefördert wurde. Bis spätestens 1848 waren sämtliche Nationen oder wenigstens jeweils eine Schicht derselben zum Bewußtsein ihrer Eigenart gekommen und hatten auch ihre Forderungen vorgebracht, die dann bis zum Abschluß der bürgerlichen Entwicklung auf der Tagesordnung blieben; die verfassungsrechtliche Anerkennung der Multinationalität des Reichs, folgerichtig in der Form einer Art föderalistischen Lösung, schien auch nicht in den Bereich der Unmöglichkeiten zu gehören. Erst der Ausgleich machte dem ein Ende. Die neue Ordnung nahm – wie man gesehen hat – dies mehr oder weniger im Prinzip, ja teilweise selbst in der Praxis zur Kenntnis. Franz Joseph betrachtete sich noch immer als Herrn eines multinationalen Reichs, die österreichischen Regierungen schwankten, und die Ungarn glaubten im Begriff der einheitlichen politischen Nation den Schlüssel zur Lösung zu finden. Aber was sagten die Nationen dazu?

Unter den Nationen müssen zwei Gruppen unterschieden werden. Die Gruppierung ist identisch mit der Situation der beiden führenden Nationen. Die Österreicher, das heißt Deutschen, wohnten nicht nur in der Monarchie, sondern auch außerhalb des Reichs, ja sie lebten auch in dem sich dynamisch entwickelnden anderen Reich. Die Ungarn lebten nur innerhalb des Reichs. Die übrigen Nationen gehörten entweder zu dem einen oder zu dem anderen Typ.

Die nichtherrschenden Nationen, die nur innerhalb des Reichs lebten, waren der anderen Gruppe gegenüber leicht in der Minderheit. Das Verhältnis war 4:5.

In der ersten Gruppe war die tschechische Nation weitaus die stärkste. Die Tschechen waren neben den Deutschösterreichern die höchstentwickelte, am stärksten bürgerliche Nation, mit einer starken und selbstbewußten Bourgeoisie, einer recht zahlreichen Arbeiterklasse (in Budweis waren drei Viertel der Bevölkerung

Arbeiter oder deren Familienangehörige), mit einer verhältnismäßig wohlhabenden Bauernschicht, mit einem Nationalbewußtsein, das in den breitesten Kreisen des Volkes verwurzelt war, mit der geschichtlichen Tradition des staatsgründenden heiligen Wenzel und den kulturellen Ergebnissen des Prozesses der nationalen Wiedergeburt. (Allerdings waren die Tschechen gezwungen, mit den nicht weniger selbstbewußten und nicht weniger bürgerlichen Deutschen der böhmischen Länder zusammenzuleben.) Neben den zwei herrschenden mochte diese dritte Nation mit Recht nach 1867 mit dem Anspruch auf volle Gleichberechtigung auftreten. Der Ausgleich hatte die Tschechen erbittert, sie blieben lange vollständig passiv und sandten ihre Vertreter weder in den Reichsrat noch in die Landtage. Solange Palacký lebte, zwang seine Autorität zur Einhaltung dieser Passivität. Allerdings erwies sie sich als immer nachteiliger, denn die Deutschen konnten im Landtag Gesetze einbringen, die die wirtschaftliche Entwicklung der deutschen Gebiete begünstigten, während die Tschechen den kürzeren zogen. Das kapitalistische Bürgertum ertrug dieses wirtschaftliche Zölibat immer schwerer, die tschechische Nationalpartei spaltete sich auch über dieser Frage, und die Palacký folgenden orthodoxen Alttschechen verloren ihre führende Rolle an die Jungtschechen. Um die Jahrhundertwende wäre die ganze Nation bereits in deren Hand gewesen, wenn sich bis dahin nicht andere Parteien gebildet hätten. Die Passivität wurde aufgegeben, die Tschechen zogen zuerst in den Landtag, nach dem Tod Palackýs (1876) auch in den Reichsrat ein. Sie führten einen heftigen Kampf für ihre Sprachrechte. Und wie stellten sie sich zur Monarchie, die sie um ihr Erstgeburtsrecht gebracht hatte? Bei allem starken Nationalitätsgefühl hatte das tschechische Bürgertum erkannt, welch riesige Vorteile die Monarchie der tschechischen Industrie bot. Ob sie nun passiv ihrer Unzufriedenheit Ausdruck gaben oder aktiv für die Gleichberechtigung der tschechischen Sprache obstruierten, so fanden die Tschechen ihren Platz im allgemeinen doch innerhalb der Monarchie. Und was noch wichtiger war, auch außenpolitische Betrachtungen, die Furcht vor dem starken Deutschland, drängten sie in diese Richtung.

Aus anderen Überlegungen kamen die Kroaten zu den gleichen Schlußfolgerungen. Sie waren bei weitem nicht eine so entwickelte Nation wie die Tschechen, verfügten aber über einen bedeutenden Adel mit einigen Hocharistokraten, über ein wohlhabendes Bürgertum, endlich – aber nicht zuletzt – über Berufsoffiziere adliger oder bürgerlicher Abstammung, die in der gemeinsamen Armee recht wichtige Stellungen innehatten. Und noch etwas: Unter den Nationen Ungarns waren die Kroaten die einzigen, die ein eigenes Parlament, eine Art eigener Regierung hatten, wo die Straßenschilder kroatisch waren und wo es bald in Agram auch eine Universität gab. Die Offiziere, das Bürgertum und der katholische Klerus waren den Habsburgern in traditioneller Treue verbunden, wenn auch das Verhältnis zwischen Agram und Wien durch das unvermeidliche Budapest überschattet wurde. Wenn die Tschechen aus Furcht vor dem Deutschen Reich und aus nüchterner Berechnung heraus der Monarchie verbunden waren, so bereitete den kroatischen Politikern die Verwirklichung der italienischen Einheit gewisse Sorgen, denn Dalmatien, das für jeden kroatischen Politiker ohne Zweifel zu Kroatien gehörte, hatte wegen seiner abnehmenden italienischen Bevölkerung die Aufmerksamkeit Italiens erregt. Was dann Kroatien nach dem Abfall von Ungarn innerhalb der Monarchie für eine Stellung einnehmen und wie sich das Verhältnis zur übrigen südslawischen Bevölkerung der Monarchie gestalten sollte, darüber konnte man unter sich streiten, auch innerhalb des Sabors, wenn der gerade zusammentrat, aber an der grundlegenden Tendenz konnte das nichts ändern.

Die Tschechen waren in ihrer Mehrheit Katholiken, die Kroaten waren es ausnahmslos, und dies war auch ein Faktor, den man nicht außer acht lassen konnte, denn die Monarchie war die letzte europäische Großmacht, die noch auf allerhöchster Ebene für eine Gemeinsamkeit mit der katholischen Kirche eintrat. Dieses Moment war auch bei den Slowenen von ausschlaggebender Bedeutung. Sie lebten im südlichen Teil der österreichischen Länder, verhältnismäßig gering an Zahl, mit einem kleinen, der Germanisierung offenen Bürgertum, wenigen Bauern und noch weniger Arbeitern, einem patriotischen und politisch sehr konservativen Klerus, so konnten die Slowenen an nichts anderes denken, als unter den Fittichen des Kaisers ihr Glück zu suchen. Würden ihre sprachlichen Ansprüche einmal erfüllt, wollten sie auch nichts anderes sein als ehrfurchtsvolle Untertanen Franz Josephs. Auch sie mochten Furcht vor den Italienern haben, da ja Italien auch vor den von den Slowenen besiedelten Gebieten nicht haltgemacht hätte. Die Slowenen hatten aber auch Grund, sich vor den Kroaten zu fürchten, denn es gab eine Tendenz, sämtliche Südslawen unter kroatischer Führung zusammenzufassen.

Auch die Slowaken waren, ähnlich wie die Slowenen, eine zahlenmäßig kleine Gruppe, mit einem kleinen Bürgertum und mit einem ebenso loyalen Klerus, hier allerdings neben dem katholischen auch noch mit einem evangelischen. Ihre Lage war dagegen insoweit schlechter, als sie in Ungarn nicht einmal auf so viel Entgegenkommen rechnen durften wie die Slowenen in Zisleithanien. Auch wirtschaftlich waren sie in einer schwierigen Lage, und die aus den slowakisch besiedelten Gegenden in andere, sich schneller entwickelnde Teile Ungarns abwandernden Slowaken verfielen bald der Magyarisierung. Auf einen Ausgleich mit der ungarischen Regierung bestand keine Hoffnung, dem König von Ungarn konnten sie nicht vertrauen, an den Kaiser von Österreich konnten sie sich nicht wenden. Hatte er sie nicht ohnehin im Jahr 1848 mit Versprechungen hingehalten und dann doch die Ungarn ins Herz geschlossen? Die Handvoll Politiker, zum Teil Geistliche, die sich um das Los ihres Volkes sorgten, wählten wie die übrigen Nationen Ungarns die politische Passivität. Sie hatten wenig Grund, sich für die Monarchie zu begeistern. Ihre Verbindungen zu den Tschechen lockerten sich noch mehr, seit sie zu zwei verschiedenen Reichshälften gehörten. Außerhalb der Monarchie gab es nichts, was sie hätte anziehen können, die Pflege der Beziehungen zu Rußland fand nur in den Kreisen der evangelischen Geistlichen Unterstützung, die in der Mehrheit befindlichen Katholiken konnten sich dafür nicht begeistern. Die Passivität gab ihnen wenigstens das Bewußtsein des verletzten Nationalgefühls, darüber hinaus wagten nur wenige – und erst am Ende des Jahrhunderts – gewisse politische Aktivitäten.

Die Situation der Slowaken ist vielleicht das typische Anzeichen dafür, daß in Europa am Jahrhundertende die Monarchie für die innerhalb der Monarchie lebenden Nationen im Augenblick die einzig annehmbare Lösung war.

In den Fällen jedoch, wo der größere Teil der Nation außerhalb der Grenzen des Reichs lebte, erschien die Monarchie offenbar als der Völkerkerker, der lieber früher als später vernichtet werden mußte. Wenn man diese Einstellung ganz objektiv näher betrachtet, erscheint sie nicht so sehr berechtigt.

Die stärkste Nation dieser Gruppe waren die Polen, und zwar offenbar nicht wegen ihres wirtschaftlichen Gewichts, sondern kraft ihrer starken führenden Klasse, ihrer geschichtlichen Traditionen und ihres in weiten Kreisen verbreiteten nationalen Selbstbewußtseins. Die Arbeiterklasse war klein, Galizien gehörte ja zu den rückständigsten Gebieten der Monarchie, mit einer armen Bauernklasse und einem unbedeutenden Bürgertum. Ihre Aristokraten spielten aber eine fast ebenso große Rolle im auswärtigen Dienst der Monarchie wie die ungarischen Aristokraten, es gab immer Minister unter ihnen, die Verwaltung Galiziens war fest in ihrer Hand, und in den gemeinsamen Ministerien waren sie ebenfalls vertreten. All dies ersetzte natürlich nicht den ehemaligen selbständigen polnischen Staat, dessen Wiederherstellung im Grunde das Hauptziel blieb. Nur hatten einige erfolglose Aufstände in diesem Jahrhundert die Polen belehrt, daß sie den drei mächtigen Eroberern nicht gewachsen waren, solange diese in irgendeiner Weise wirklich gemeinsame Wege gingen, und gerade dies taten sie, um die polnische Beute behalten zu können. Die Polen richteten sich überall auf eine lange Dauer der Teilung ein. Und bis dahin war es in Galizien mit seiner polnischen Amtssprache, der uralten Krakauer Universität, zu der neuerdings auch die Lemberger kam, mit der Polnischen Akademie der Wissenschaften und dem blühenden polnischen Kulturleben immer noch erträglicher zu leben als in den preußisch besetzten Gebieten, wo man den Polen den Boden wegnahm, oder wie in Rußland, wo nicht einmal in den Schulpausen polnisch gesprochen werden durfte und wo man selbst die Geschäftsbücher russisch führen mußte. Franz Joseph, der die Polnische Akademie gegründet hatte, war einer der besten „polnischen“ Könige, für die Polen bot also, wenigstens solange es keinen polnischen Staat gab, die Monarchie Sicherheit.

Was bei der Loyalität den Habsburgern gegenüber nicht wenig in die Waagschale fiel, war eben, daß sich ganz Galizien in den Händen der Polen befand. Standen vielleicht die Ukrainer, die selbst von den Polen unterdrückt wurden und die Österreich Steuern zahlen und Soldaten liefern mußten, der Monarchie feindlich gegenüber? Nun, sie waren ein wenig in der gleichen Lage wie die Polen; den Ukrainern außerhalb der Monarchie erging es noch schlechter, sie zählten als Kleinrussen, ihre Sprache galt als ein Dialekt der russischen Sprache, in dem weder Bücher noch Zeitungen gedruckt werden durften. Hier dagegen hatten sie wenigstens eine wissenschaftliche Vereinigung, wenn auch keine Universität, sie hatten politische

Rechte, sowohl als Individuen wie auch als Nation. Die Lage in der österreichisch-ungarischen Monarchie war nicht ideal, aber sie war anderswo noch schlimmer, und schließlich konnte nicht jeder nach Übersee auswandern.

In den Italienern finden wir endlich die Nation, die wirklich aus der Monarchie herausstrebte, die nicht zu fürchten brauchte, durch den Abfall in eine noch schwierigere Lage zu geraten, denn sie konnte sich an den benachbarten italienischen Staat anschließen. Das Bürgertum und die Intellektuellen waren stark genug und erhielten Unterstützung vom Mutterland. (Allerdings wurde diese Unterstützung mit Vorsicht gewährt, denn man mußte ja auf das Bündnisverhältnis Rücksicht nehmen.) Aber auch die österreichischen Behörden nahmen Rücksicht darauf; das ging so weit, daß ein österreichischer Gendarm bestraft wurde, weil er während der Anwesenheit eines italienischen nationalen Agitators im Dorf in seiner eigenen Wohnung die österreichische Hymne gesungen hatte. (All dies trug sich tatsächlich auf österreichischem Gebiet zu, unter der Oberhoheit des Kaisers von Österreich, den die Hymne hochleben läßt!) Die Italiener wollten tatsächlich nicht in der Monarchie bleiben, aber gerade sie waren zahlenmäßig die kleinste Gruppe, ihr Siedlungsgebiet war, von einem Teil Südtirols abgesehen, ziemlich verstreut und in slawische Gebiete eingekeilt (was natürlich noch mehr für den Anschluß an Italien sprach).

Ziemlich ähnlich war die Lage der Serben. Auch sie hatten, wenn sie nicht in der Monarchie bleiben wollten, als Alternative die Möglichkeit, sich einem bestehenden selbständigen nationalen Staat, nämlich Serbien, anzuschließen. Natürlich war dies kein so großes Land wie Italien, und es war wirtschaftlich rückständiger als die Monarchie. Der serbische Bauer und der serbische Bürger konnte dagegen innerhalb der Monarchie nicht auf die Vorteile rechnen wie zum Beispiel die Tschechen, er brauchte sich weder vor den Deutschen noch vor den Italienern zu fürchten, und wenn die serbischen Gebiete der Monarchie sich irgendwie unter serbischer Oberherrschaft hätten vereinigen können, woran man manchmal auf serbischer Seite dachte, würden sich die wirtschaftlichen Nachteile schon ausgleichen. Der nationale Standpunkt der Serben war also unsicher, und die vollständige Ablehnung der Monarchie wurde lange Zeit nur dadurch verhindert, daß der serbische Staat selbst sich unter die schützenden Fittiche der Monarchie begeben hatte und nicht daran denken konnte, die Landsleute zum Abfall von der Monarchie zu bewegen.

Genauso war die Lage der Rumänen. Auch sie mochten sich nach Vereinigung mit dem Königreich Rumänien sehnen, ihre politischen Führer waren nach 1867 ebenso zur Passivität übergegangen wie – sagen wir – die Slowaken, ihr zahlenmäßig geringes Bürgertum und ihre Intelligenz hätten für die nationalen Forderungen nur Bauernmassen mobilisieren können. Sie wurden zwar von Rumänien stärker unterstützt als die Serben von ihrem Staat, aber eine offene Unterstützung kam auch hier wegen des Bündnisverhältnisses nicht in Frage. Aber es kam noch etwas anderes hinzu: Außerhalb der Monarchie hätten sie sich wieder davor fürchten müssen, daß das Reich der Zaren sich des schwachen Rumänien bemächtigte, wenn dieses nicht unter dem Schutz des Dreibunds stand. Diesen Schutz konnte aber unmittelbar nur die Monarchie gewähren, darum durfte sie durch den Anschluß der Rumänen an Rumänien nicht geschwächt werden.

So viel mag genügen, um die Gegensätze zu erklären, die vielleicht auf kurze Sicht, jeder für sich genommen, gar nicht so gefährlich erschienen. Insgesamt aber machten sie es dem Herrscher recht schwer, die Monarchie zu regieren; er sollte, wie viele von ihm erhofften, als oberster gerechter Schiedsrichter über allem stehen und das jeden Augenblick gefährdete Gleichgewicht bewahren.

In dieser von so vielen Gegensätzen zerrissenen Monarchie blühte in ihrer letzten Zeit doch ein kulturelles Leben auf, wie es einem Reich selten gegeben ist. Die Wiener Universität zog nicht nur die hervorragendsten Gelehrten der Monarchie an, die Wiener medizinische Schule war weltberühmt, auch kam von hier der Arzt, der nach der Jahrhundertwende so vielseitige geistige Anregungen vermittelte: Sigmund Freud. Einer der Höhepunkte dieser Kultur war die Musik, von den romantischen Werken eines Brahms über Richard Strauss mit seiner orchestralen Farbenpracht und Gustav Mahler bis zu Arnold Schönberg und Alban Berg, die fundamental Neues zu bieten hatten. Wenn vor Zeiten der Barock der ganzen Monarchie einen eigenen Stil aufgeprägt hatte, so war es jetzt die Wiener Sezession, die den modernen Menschen noch vielseitiger erfaßte als seinerzeit die barocke Kirche, nur stand der Ruhe von damals die Unruhe des modernen Lebens gegenüber, die mit einer den Verfall geradezu genießenden Leidenschaftslosigkeit verschmolz. Hugo von Hofmannsthal und Rainer Maria Rilke gossen dieses eigentümliche, fast unaussprechliche Lebensgefühl in Wort und Satz von klassischer Prägung.

Zweifellos nahmen weder Franz Joseph noch das amtliche Österreich-Ungarn Kenntnis von alledem. Auch war diese Kultur nicht entschlossen, dieses Reich zu verewigen wie einstmals der Barock. Ja sie stand meist in Opposition zum Staat, sie sah klar die Fehler des Regimes, und ihre Kritik trug zu ihrer Entfaltung bei. Wenn der Kaiserwalzer eines Johann Strauß wirklich eine Art Ehrfurcht dem Kaiser gegenüber ausdrückte, so war dies bei weitem nicht alles, was diese vielseitige Kultur kennzeichnete, die sich bewußt so übertrieben schillernd gab. Und doch: diese ganze Kultur, so oppositionell und modern sie war, so sehr sie sich von dem archaischen Gebäude der Monarchie unterschied, lebte und gedieh in einem Reich, das gerade durch seine Existenz die Vielseitigkeit dieser Kultur natürlich erscheinen ließ, durch seine Widersprüche ihre Opposition hervorrief, durch seinen Liberalismus Wirkungsmöglichkeiten zuließ, durch seinen materiellen Aufschwung ihre Existenz sicherte und durch seine geschichtliche Tradition Autorität verlieh. Und all dies, Vorteile und Nachteile des Reichs, Glanz und tiefer Schatten, war um die Jahrhundertwende bereits im Allgemeinbewußstein in einem einzigen Menschen verkörpert, in Franz Joseph I. Jeder wußte, daß er keine große Persönlichkeit war, noch weniger ein großer Herrscher, viele kannten seine Fehler, noch mehr glaubten an Fehler, die er gar nicht hatte, vielleicht vertrauten ihm auch viele als einem strengen, aber fürsorglichen Vater, aber jedermann wußte, daß er die Monarchie war. Daß die Erscheinungen der Geschichte nicht einfach nur positiv oder negativ sind, daß das Leben immer komplizierter ist als die Theorie, das zeigte sich in der um die Jahrhundertwende von Franz Joseph I. symbolisierten Monarchie drohend und mit großer Schärfe.

Die Krise des Dualismus

Der Glanz der Millenniumsfeierlichkeiten in Ungarn und des Regierungsjubiläums in Österreich überstrahlte die Jahrhundertwende. Aber die Monarchie stand an der Schwelle des neuen Jahrhunderts nicht nur im Zeichen dieser Feierlichkeiten. Nationale Streitigkeiten, wachsende soziale Unzufriedenheit, Sorge um die weitere Entwicklung der Monarchie oder vielleicht besser gesagt das Fehlen jeder Perspektive gehörten mindestens ebenso zu dieser Jahrhundertwende, die in ganz Europa Unruhe und heftige Kämpfe zwischen Alt und Neu ankündigte.

Der Rhythmus der wirtschaftlichen Entwicklung hatte sich im Vergleich zu den vorangegangenen Jahrzehnten etwas verlangsamt, dazu kam die Dauerkrise in den ersten Jahren des Jahrhunderts. Diese Verlangsamung war andererseits aber auch ein Zeichen der Reife, der vollendeten Entwicklung, denn im ganzen war ja das Nationaleinkommen des Reichs viel höher als zur Zeit des Ausgleichs, und die niedrigere Zuwachsrate bedeutete absolut gesehen noch immer ein größeres Wachstum. Und was noch wichtiger war: Dieses Wirtschaftswachstum begann nun auch in den rückständigeren Gebieten der Monarchie wirksam zu werden, und selbst in den eigentlich noch immer provisorisch besetzten Ländern Bosnien und Herzegowina konnte das System einige Erfolge und eine Art angehender Industrialisierung erreichen.

Noch offenbarer waren die sozialen Veränderungen. Im westlichen Teil der Monarchie hatte die Agrarbevölkerung bereits ihre absolute Mehrheit verloren, wenn sie auch die relative Mehrheit behielt, in der östlichen Hälfte machte sie gerade noch knapp die absolute Mehrheit aus. Die kapitalistische Entwicklung formte die Gesellschaft immer mehr nach ihrem Bild. Die Zahl der Handwerker und Kleinbürger nahm zwar nicht in dem Maß ab, wie die Bauern in die Stadt abwanderten oder nach Übersee gingen, aber Stagnation bedeutete hier schon Rückschritt. Das Großbürgertum wuchs zwar zahlenmäßig nicht so stark, um so mehr aber nahm seine wirtschaftliche Kraft zu. Die Mehrzahl der Investitionen in der Monarchie wurde bereits aus eigenem Kapital bestritten, während das ausländische stark in den Hintergrund trat. Und wenn dieser inländische Kapitalzuwachs auch nicht ausreichte, um einen großen Kapitalexport zu ermöglichen, so reichte er doch aus, um den benachbarten Balkanländern Kapital zur Verfügung zu stellen.

Das Fabrikproletariat wuchs in einem geradezu phänomenalen Tempo. Auch die wachsende Zahl der in den Dienstleistungszweigen Beschäftigten wies auf die wirtschaftliche Reife hin. Die Intelligenzberufe mehrten sich, man brauchte immer mehr Menschen mit technischer Ausbildung und Angestellte für die in Privatbesitz befindlichen Unternehmen. Die modernen gesellschaftlichen Ansprüche erforderten ein höheres allgemeines Kulturniveau und die Bekämpfung des Analphabetismus, wobei ebenfalls gute Ergebnisse erzielt wurden, wenn auch nicht in allen Ländern des Reichs in gleichem Maß. Natürlich mußte dazu ein modernes Unterrichtswesen ausgebaut werden; die schon früher gesetzlich angeordnete allgemeine Sechs- beziehungsweise Achtklassenschulpflicht war tatsächlich imstande, der Mehrheit der Bevölkerung das nötigste Wissen zu vermitteln.

Besonders augenfällige Veränderungen brachte die soziale Entwicklung, wenn man nicht den Landes- oder Reichsdurchschnitt zugrunde legt, sondern sie im Verhältnis der Nationen der Monarchie zu untersuchen versucht. Neben den Deutschösterreichern und den Tschechen nahmen die ungarische, die italienische, ja sogar die slowenische und slowakische Gesellschaft bürgerlicheren Charakter an. Bei den Ungarn und Slowaken wuchs das Verhältnis der Lohnarbeiter zur Beschäftigtenzahl sprunghaft, obwohl hier ein bedeutender Teil der Lohnarbeiter noch zu den landwirtschaftlichen Arbeitern und den Bauarbeitern gehörte. In beschränkterem Maß gingen ähnliche Veränderungen bei den Ukrainern und den Kroaten vor sich. In Zisleithanien bewahrte die polnische Gesellschaft mit ihrem zahlenmäßig stark vertretenen Adel noch am ehesten ihren halbfeudalen Charakter, doch ließ in den letzten Jahren die beginnende Ausbeutung der galizischen Ölfelder auch hier schon eine Wende ahnen. Die serbische Gesellschaft in Ungarn war schon früher überdurchschnittlich bürgerlich gewesen, mit einem großen städtischen Handelsbürgertum, nur die rumänische Bevölkerung bewahrte noch weitgehend ihren bäuerlichen Charakter, und allein die gesellschaftliche Zusammensetzung der ukrainischen Bevölkerung in Karpathorußland war noch archaischer. Aber sowohl hier wie noch mehr bei den übrigen Nationen Ungarns war vom Standpunkt der nationalen Bewegungen die anwachsende Zahl der Intellektuellen von Bedeutung; so schlug vor allem ein bedeutender Teil der rumänischen und der slowakischen Intellektuellen Laufbahnen in der Wirtschaft ein und spielte oft eine führende Rolle in den Geldinstituten.

Die von unten her sich immer stärker verbürgerlichende und modernisierende Gesellschaft mußte sich aber doch in das starre System der aus der vorhergehenden Epoche ererbten Hierarchie pressen lassen, in ein System, das schon eine Generation früher rückständig und unzeitgemäß gewesen war. Die gesellschaftlichen Werturteile richteten sich nicht nach den Maßstäben der kapitalistischen Ordnung, sondern nach der vom Feudalismus übernommenen Tradition. Auch das große bürgerliche Vermögen konnte sich den Zutritt zu den höchsten Kreisen nur dann sichern, wenn es wenigstens mit einem adligen, besser aber mit einem hochadligen Titel verbunden war, und der Verkauf dieser Titel sicherte dem Staat in beiden Teilen der Monarchie ein nicht geringes Einkommen. Wissen allein genügte noch weniger für das gesellschaftliche Fortkommen, wenn nicht mindestens im gleichen Maß Vermögenszuwachs und letzten Endes doch wieder der Aufstieg in den Adelsstand hinzukamen. Nur die Spitzen der intellektuellen Hierarchie, zum Beispiel die Universitätsprofessoren, die bei ihrer Ernennung immer von Franz Joseph persönlich empfangen wurden, konnten es sich leisten, nicht um einen Adelstitel zu kämpfen, sie fanden auch anderweitig Anerkennung, zum Beispiel in Form der Mitgliedschaft des Reichsrats, wie Jaroslav Goll, der vielleicht bedeutendste tschechische Historiker der Epoche. Wer sich aus seiner ursprünglichen gesellschaftlichen Stellung emporarbeiten wollte, dem stand die politische Laufbahn offen. In Zisleithanien gab es diese Möglichkeit eigentlich für Staatsbürger jeglicher Nationalität, in Transleithanien stand sie nur sehr wenigen offen, da hier die Magyarisierung grundlegende Vorbedingung für den gesellschaftlichen Aufstieg war.

In diesem Zusammenhang sollen wenigstens einige Worte über die Assimilierung gesagt werden. In einer kapitalistischen Gesellschaft ist die Assimilierung infolge der viel häufigeren Änderung des Wohnsitzes, besonders in multinationaler Umgebung, eine natürliche Erscheinung. So wurde dies auch von den Führern der zeitgenössischen Arbeiterbewegung eingeschätzt. In der zisleithanischen Reichshälfte kam es ebenfalls zur Assimilierung, und zwar nicht einmal eindeutig in eine Richtung. In den österreichischen Ländern, besonders in Wien, das Menschen aus allen Reichsteilen an sich zog, profitierte das Deutschtum von der Assimilierung, in Böhmen jedoch assimilierten sich Deutsche viel eher an die Tschechen. (Prag war zu Beginn der Periode noch zur Hälfte eine deutsche Stadt, im Ersten Weltkrieg war sie in ihrer Mehrheit schon tschechisch.) In Galizien führte die Autorität des polnischen Adels zur Polonisierung. In Kroatien und Dalmatien verlief die wirtschaftliche Entwicklung nicht so rasch, als daß sie in territorialen Ansiedlungsfragen und damit im Rhythmus der Assimilierung größere Veränderungen bewirkt hätte, doch war diese Erscheinung auch hier nicht unbekannt, sie wirkte sich hauptsächlich auf die noch verbliebene deutsche Bevölkerung aus. Sicher ist, daß sich die Assimilierung am stärksten und nur in einer Richtung in Ungarn durchsetzte. Etwas anderes als ein Aufgehen in der ungarischen Nation war überhaupt nicht vorstellbar, es war der einzig mögliche vielbeschrittene Weg. Dies wurde durch die sich aus der Fiktion der einheitlichen politischen Nation ergebenden eigenartigen politischen Umstände ebenso gefördert wie durch die wirtschaftliche Entwicklung und die daraus resultierende größere Mobilität. Die führenden Klassen Ungarns förderten diesen Prozeß, ja nach der Jahrhundertwende versuchten sie ihn stärker als früher selbst dort zu erzwingen, wo er auf natürliche Weise nicht zustande kam. Dies blieb aber vollkommen wirkungslos, ja es führte im Gegenteil zu einem erstarkenden Nationalbewußtsein der anderen Nationen.

Über der in großen Zügen modernen, sich rasch entwickelnden kapitalistischen Gesellschaft erhob sich die Herrengesellschaft der Aristokratie und des Großbürgertums, das sich ihr anpaßte; sie waren die wirklichen Herren der Monarchie, die ständigen Reserven der herrschenden Elite, die Träger der höchsten staatlichen Würden, besonders im Osten. Und wenn auch die Zahl derer wuchs, die diese aristokratisch-großkapitalistische Gesellschaft verabscheuten, gab es wahrscheinlich noch mehr, die aus traditioneller, angeborener Ehrfurcht zu ihr aufblickten, obwohl diese Ehrfurcht, von Ausnahmen abgesehen, keine reale Grundlage mehr besaß.

Ähnliche Verhältnisse herrschten auch bei den Politikern. Der Reichsrat war berüchtigt wegen der Szenen, die sich dort im Zeichen des Kampfes um die Rechte der Nationen abspielten. Ernst von Koerber, der um die Jahrhundertwende österreichischer Ministerpräsident war, versuchte erst gar nicht, sich auf die Mitglieder des Parlaments zu stützen, er hatte mit gutem Gespür die Bedeutung der Presse erkannt und versuchte sein Programm durch die halbamtliche und aus Staatsmitteln erhaltene Presse populär zu machen: die Nationalitätenfrage in den Hintergrund zu drängen, die umfangreichen Pläne für die weitere wirtschaftliche Entwicklung zu realisieren und die Monarchie in eine wirklich moderne Großmacht mit zeitgemäßer wirtschaftlicher Struktur zu verwandeln. Aber auch dieses nüchterne und zugleich ambitiöse Programm konnte die Gemüter nicht beschwichtigen und die streitenden Parteien wenigstens in solchen Fragen auf einen gemeinsamen Nenner bringen, deren Lösung im allgemeinen Interesse gelegen hätte. Während in Zisleithanien die Nationen seit langem in Widerstreit lagen, stiegen nun auch in der anderen Reichshälfte die nationalen Forderungen immer höher. Gegen die mühsam zusammengehaltene Regierungsmehrheit kämpften nun schon mehrere Parteien, die alle in irgendeiner Form die österreichische Willkür für die Mißstände verantwortlich machten. Als sichtbarer Ausdruck für diese Willkür galt auch weiterhin das gemeinsame Heer, das im ganzen Land immer mehr Konflikte hervorrief. Das war vielleicht der Punkt, an dem man das ganze System aus den Angeln heben konnte. Die ungarische Kommandosprache müßte auch in den in Ungarn stehenden Regimentern des gemeinsamen Heers eingeführt werden, und diese Parität (auch das war ein Zauberwort der Epoche), die Ungarn rechtmäßig zukomme, innerhalb des ganzen Heers verwirklicht werden.

Die gewohnten Herbstmanöver des gemeinsamen Heers wurden 1903 in Galizien abgehalten. In seinem in Chłopy anläßlich der Manöver erlassenen Armeebefehl lehnte Franz Joseph eindeutig die Forderungen der ungarischen Opposition ab. Die Armee sei Sache des Herrschers, das Pfand der Großmachtstellung der Monarchie und die Gewähr für die gemeinsame Blüte und die Entwicklung der Eigenheiten sämtlicher Volksstämme des Reichs.

Das ungarische Nationalbewußtsein geriet in höchste Aufregung. Das fehlte nur noch, daß die Ungarn als ein Volksstamm des Reichs betrachtet wurden! Gab es kein Österreich-Ungarn, sondern nur wieder ein neoabsolutistisches österreichisches Reich? Mit größtem Eifer nahm die Opposition im Parlament alle Mittel der Obstruktion zu Hilfe.

In Ungarn ein durch die Obstruktion arbeitsunfähiges oder wenigstens mit Arbeitsunfähigkeit drohendes Parlament mit einer dem Ansturm der Opposition gegenüber in der Defensive befindlichen machtlosen Regierung; in Zisleithanien eine ähnliche Lage, nur mit anderen nationalen Farben – die Lage der Regierung war wirklich nicht leicht. Und zu alledem kamen im Jahr 1905 aus Rußland beängstigende Nachrichten von einer Volkserhebung, von Demonstrationen, in Brand gesteckten Herrenhäusern, von Forderungen nach radikalen Veränderungen, ja selbst Herren aus der besten Gesellschaft scheuten sich nicht, Forderungen zu stellen. Was geschah, wenn hier im Reich eine ähnliche Lage entstand? Was geschah, wenn das Volk unruhig wurde? Die Zahl der Streiks nahm ohnehin gefährlich zu, und alle waren unzufrieden.

Franz Joseph hatte sein siebzigstes Jahr überschritten, ein Alter, in dem seine Minister bereits in Pension gingen, wenn sie es in Amt und Würden erreichten. Die Politiker seiner ersten Jahrzehnte, seine guten oder schlechten Ratgeber waren schon lang gestorben, er war allein und sah sich manchmal selbst als Überbleibsel einer längst vergangenen Epoche. Und mehr als einmal spielte er mit dem Gedanken, sich zurückzuziehen. Es gab zu viel Mißstände, und die Klagen und die Unzufriedenheit wollten kein Ende nehmen.

Aber er spielte nur mit dem Gedanken. In Wahrheit nahm er ihn nicht ernst, er war auch jetzt noch immer von seiner göttlichen Berufung so überzeugt wie vor einem halben Jahrhundert in Olmütz, als er den Thron bestiegen hatte. Überdies hatte er das Gefühl, nur er halte das Reich noch zusammen. Schließlich erlaubte ihm auch die damals bereits sprichwörtliche Zähigkeit der Habsburger nicht, diesem Gedanken nachzugeben.

Aber konnte man eigentlich nicht gerade die Übel zur Heilung benutzen? In dem Gedanken steckte zu viel Raffinesse, als daß er von Franz Joseph stammen konnte. Ein österreichischer Politiker namens Emil Steinbach nannte zum erstenmal das Wundermittel, das die Übel Zisleithaniens heilen sollte: das allgemeine Wahlrecht mußte eingeführt werden. Dies würde die immer unruhigeren Massen besänftigen, unter anderen die Sozialdemokraten, die am gefährlichsten waren; es würde die Zusammensetzung des Reichsrats verändern, zu den bisherigen Politikern oder an ihre Stelle würden Abgeordnete kommen, die bereit waren, die konstruktiven wirtschaftlichen Aufgaben zu erfüllen. Mit einer bei ihm ungewohnten Elastizität befreundete sich Franz Joseph immer mehr mit der Idee. Er sah, daß in ganz Europa der Kampf um das allgemeine Wahlrecht tobte, vielleicht konnte es wirklich zu einer Lösung führen. Paul Gautsch Freiherr von Frankenthurn, der gerade als Ministerpräsident amtierte, war dem Gedanken ebenfalls nicht abgeneigt. Am 3. November 1905 entschied sich der Kaiser endlich für das Wahlrecht. Die weitere Arbeit oblag bereits der parlamentarischen Prozedur. Die Abgeordneten des Reichstags waren sich im klaren darüber, was dieser Schritt bedeutete, was für Folgen er haben konnte und wie sehr ihre bisherigen friedlichen Streitigkeiten dadurch relativiert wurden. Es war nicht leicht, das Gesetz durchzubringen, und Gautsch stürzte darüber. Er überließ die Erbschaft dem neuen Ministerpräsidenten, Max

Freiherrn von Beck (der übrigens ebenso wie Gautsch zum Kreis um den Thronfolger Franz Ferdinand gehörte). Beck brachte das Gesetz dann durch, nicht ohne die Wahlgeometrie sorgfältig zu berücksichtigen: das heißt die Einteilung der Wahlkreise, die dem deutschen Element doch eine größere Vertretung sicherte, als ihrem natürlichen Verhältnis entsprochen hätte. Im Jahr 1907 wurden die Abgeordneten des Reichsrats zum ersten Mal auf Grund des allgemeinen Wahlrechts gewählt. Von den fünfhundertsechzehn Mitgliedern waren zweihunderteinunddreißig Deutsche und zweihundertvierundfünfzig Slawen, der Rest verteilte sich auf die übrigen Nationen (Italiener und Rumänen aus der Bukowina). Das stürmische Eindringen neuer Abgeordneter brachte tatsächlich große Veränderungen mit sich, die größte Zahl von Abgeordneten stellten die bisher ausgeschlossenen Gruppen, an erster Stelle die Christlichsozialen, an zweiter Stelle schon die Sozialdemokraten.

Bevor sich noch herausstellen konnte, ob die Reform die an sie geknüpften Hoffnungen erfüllen würde, schien auch in der anderen Reichshälfte eine Wandlung im Bereich der Möglichkeiten. Zu Beginn des Jahrs 1905 war hier ein Dammbruch erfolgt, die Liberale Partei erlitt zum ersten und letzten Mal während der ganzen dualistischen Periode eine Wahlniederlage, sie verlor die Mehrheit, die an die unter nationalen Schlagworten auftretenden Oppositionsparteien ging, die in ihren amtlichen Erklärungen immer das dualistische System kritisiert hatten, die dessen Auflockerung bis zur Personalunion wünschten und die jetzt konkret, anderthalb Jahre nach Chłopy, die ungarische Kommandosprache forderten. Franz Joseph konnte eine Opposition mit einem solchen Programm nicht mit der Regierungsbildung betrauen. Einen Moment lang sah die Lage einfach aus. Man brauchte auch hier nur dem bewährten österreichischen Beispiel zu folgen: Es mußte unabhängig von der parlamentarischen Mehrheit eine Beamtenregierung ernannt werden, alles Weitere würde sich finden. Diese Aufgabe wurde dem früheren Landesverteidigungsminister, Géza Baron Fejérváry, übertragen.

Bald stellte sich heraus, daß die österreichische Methode hier versagte. Gegen das von Königs Gnaden ernannte Kabinett erhob sich in den unteren staatlichen Behörden ein nationaler Widerstand riesigen Ausmaßes. Die Losungen lauteten: passiver Widerstand, Verweigerung der Steuerzahlung und Nichtbeachtung der Anordnungen der Regierung. Die Regierung Fejérváry war machtlos. Sollte man das allgemeine Wahlrecht hier ebenfalls einführen? Viele forderten es auch in Ungarn, nicht zuletzt die Sozialdemokraten. Man müßte also mit den Sozialdemokraten Hand in Hand gehen, und sie schienen auch dazu bereit. Innenminister József Kristóffy begann mit ihnen zu verhandeln. Das allgemeine Wahlrecht konnte in der Innenpolitik einen Wendepunkt bedeuten und der Alleinherrschaft der Gentry im Parlament ein Ende bereiten.

Allerdings konnte das allgemeine Wahlrecht in Ungarn auch andere Folgen haben als nur den Einzug der bisher aus Klassengründen Ausgeschlossenen ins Parlament. Die oppositionellen Politiker fürchteten viel mehr, daß die Ausdehnung des Wahlrechts den ungarischen Charakter des Parlaments verändern könnte. Wenn die Massen der Nationalitäten abstimmten, konnte es dazu kommen, daß sie die Zahl der Ungarn fast erreichten. Ungarn würde aufhören, ein ungarisches Land zu sein!

Während die Opposition vor dieser Möglichkeit zurückschreckte, empfand Franz Joseph Furcht vor den verdächtigen Verbündeten, die sich im Fall des allgemeinen Wahlrechts hätten ergeben können, und vor dem konstitutionellen Vakuum, das in Ungarn viel mehr Störungen verursachen könnte als in Österreich, wo es den § 14 nicht gab. So kamen die beiden erschrockenen Partner zu einer Art neuen Ausgleichs. Der Herrscher empfing die Führer der Opposition, Ferenc Kossuth und den jüngeren Grafen Gyula Andrássy, und teilte ihnen die Bedingungen mit, unter denen er auf Grund der parlamentarischen Mehrheit bereit sei, eine Regierung zu ernennen. Die wesentlichste Forderung war der Verzicht auf die ungarische Kommandosprache, die gerade die oppositionellen Parteien so lautstark gefordert hatten. Der Lohn für das Zugeständnis auf nationaler Ebene war der Verzicht auf die Drohung mit dem allgemeinen Wahlrecht. All dies spielte sich in fünf Minuten ab, und die Politiker kamen überhaupt nicht zu Wort. Diese Audienz war natürlich eine erneute nationale Kränkung, es wurde viel darüber in den Zeitungen geschrieben, meist mit Empörung, manchmal mit etwas Schadenfreude vermischt, in allen Fällen aber wurde Franz Joseph verurteilt. Das Wesentliche wurde jedoch überall zur Kenntnis genommen. Im April 1906 konstituierte sich die Koalitionsregierung unter der Leitung von Sándor Wekerle, einem alten Politiker der Liberalen Partei und bedeutenden Verwaltungsfachmann.

Am bisherigen System änderte sich im Grunde genommen gar nichts. Die jetzt in den Ministerfauteuils sitzenden Politiker der früheren Oppositionsparteien sprachen gelegentlich über eine Reform des Wahlrechts und vergeudeten viel Scharfsinn auf die Frage, wie man im Fall eines allgemeinen Wahlrechts (man konnte ja hinter Österreich nicht zurückbleiben) die Hegemonie der Ungarn über die Nationalitäten und der herrschenden Klassen über das Volk aufrechterhalten könnte. (Es wäre schwer zu entscheiden, welche Frage ihnen wichtiger war.) Letztlich taten sie auf diesem Gebiet gar nichts, sondern begnügten sich damit, die Tätigkeit der vorhergehenden Regierungen fortzusetzen und die Anpassung des Systems an die kapitalistischen Verhältnisse weiterzuführen. Sie machten auch weitere Magyarisierungsversuche und erregten dabei wieder nur größeres Aufsehen und noch größeren Widerstand, als das Ergebnis rechtfertigte. Die echten Leistungen, wie zum Beispiel der weitere Ausbau der Industrie und die soziale Gesetzgebung, konnten aber die inneren Widersprüche (ja genauer: den Scheincharakter) des ganzen Koalitionsregimes nicht verbergen. Denn die Parteien der Koalition (also die frühere Opposition) griffen weiter das dualistische System an, wenn auch nicht mehr mit gleicher Heftigkeit und nicht mit den gleichen Zielen. Diese Angriffe und das nationale Mäntelchen dieser Politik hatten auch früher schon bei den Wahlen ihre Wirkung getan, wobei betont werden muß, daß dies in erster Linie in den ungarisch besiedelten Gebieten der Fall war. Ein besonders heftiger Ausbruch des Nationalgefühls hatte ihnen die Mehrheit im Parlament gebracht. Gut und schön: aber selbst der streitbarste oppositionelle Achtundvierziger, selbst wenn es sich um Ferenc Kossuth, den Sohn von Lajos Kossuth, handelte, konnte nicht ernstlich versuchen, das dualistische System zu beseitigen. Er konnte nicht einmal daran denken, denn gerade dieses System sicherte die Hegemonie der Ungarn und der Herrenschicht, vom Klassenstandpunkt aus war das System also dringend notwendig und vom Standpunkt der Erhaltung der ungarischen Oberherrschaft, vom Standpunkt der Erhaltung der ungarischen territorialen Integrität geradezu unentbehrlich.

Doch mit antidualistischer Leidenschaft dualistische Politik zu machen und obendrein die Wähler dafür zu gewinnen, geht selbst auf kurze Sicht nicht. Darum gründete István Graf Tisza, ein Sohn des früheren Führers der Liberalen, Kálmán Tisza, eine neue Partei, die Nationale Arbeitspartei, die nach dem Sturz der Koalitionsregierung die Politik dort fortsetzte, wo sie ihr Vorgänger abbrechen mußte. Die parlamentarischen Verhältnisse in der östlichen Reichshälfte konsolidierten sich wieder. Das war zwar nicht ohne große Opfer vor sich gegangen, doch nun konnte bei dem westlichen Partner wieder der Eindruck von Stabilität entstehen.

Bei dem westlichen Partner hatte sich nämlich herausgestellt, daß das allgemeine Wahlrecht im Grunde genommen keine wesentliche Wandlung gebracht, keine Übereinstimmung betreffs der wirtschaftlichen und sozialen Reformen geschaffen und auch keine Änderung im parlamentarischen Mechanismus zur Folge gehabt hatte. Umsonst stieg die Zahl der Sozialdemokraten im Reichsrat höher, sie blieben eine Minderheit und hätten selbst dann den Konflikten zwischen den Nationalitäten kein Ende bereiten können, wenn sie alle ihre Kräfte dafür eingesetzt hätten. Beck, der das Wahlrecht durchgebracht hatte, stürzte, denn nicht nur der Reichsrat, auch Franz Ferdinand entzog ihm seine Unterstützung. Das Wiener Parlament wurde 1909 Schauplatz der wüstesten Szenen, die parlamentarische Obstruktion machte – wieder im Zeichen der nationalen Gegensätze – endgültig jeder normalen gesetzgeberischen Tätigkeit ein Ende. Franz Joseph versuchte es wieder mit Gautsch, und 1911 ernannte er den Statthalter der Steiermark, Karl Graf von Stürgkh, zum Ministerpräsidenten. Auch das neue Haupt der Regierung konnte kein Programm erarbeiten, das im Parlament auch nur auf die mindeste Unterstützung hätte rechnen können. Im März 1914 wurden die Sitzungen des Reichsrats vertagt. Damals ahnte freilich noch niemand, daß die Pause Jahre dauern und der Reichsrat in Friedenszeiten nicht mehr zusammenkommen sollte.

Friedenszeiten? Die Zeitgenossen kannten diesen Begriff noch nicht, sie waren zu sehr daran gewöhnt, daß im Reich immer Krieg herrschte, der Krieg der Nationen untereinander. Der Kampf der österreichischen Nationen um den Staat – so formulierte dies im Titel eines seiner Bücher der Sozialdemokrat Karl Renner, ein bedeutender Theoretiker der Sozialdemokratie. Der Titel deutete an, daß die Nationen dafür kämpften, den Staat auch zu ihrem Staat, also zum Staat jeder einzelnen Nation, zu machen, bei tatsächlicher Verwirklichung der in der Verfassung gewährleisteten Gleichberechtigung. War dieser Optimismus berechtigt? Wollten die Nationen nach der Jahrhundertwende noch im Reich der Habsburger verbleiben?

Man pflegt es als absoluten Beweis der Loyalität anzusehen, daß mitten in der bosnisch-herzegowinischen Krise die Monarchie eine Staatsanleihe von 200 Millionen Kronen aufnahm und die Papiere dieser Anleihe dreizehnfach überzeichnet wurden. (Ob die dreizehnfache Summe auch tatsächlich eingezahlt wurde, läßt sich dagegen nicht so genau sagen. Und noch ungewisser ist natürlich, wie sich die Zahlungen auf die einzelnen Nationalitäten verteilten.) Die Zeichnung der Anleihe konnte natürlich ebenso eine patriotische Tat wie eine gut überlegte Investition sein. Wer den Kauf von Staatspapieren als sichere Einkommensquelle ansah, mußte aber offensichtlich auch davon überzeugt sein, daß der Staat, der sein Schuldner wurde, in absehbarer Zeit auch noch existieren würde.

Und davon mochten zur Jahrhundertwende noch sehr viele Menschen in der Monarchie überzeugt sein. Der Professor der Philosophie an der Prager Universität (sie war 1882 in eine tschechische und eine deutsche geteilt worden) und Abgeordneter im Reichsrat, Tomáš G. Masaryk, erklärte im Jahr 1913 im Wiener Parlament noch, daß Österreich nicht zerfallen werde, darum sei es notwendig, seine innere Struktur zu verbessern. In seinem Werk über die Entwicklung der russischen Ideologie weist er auch darauf hin, wie man „bei uns in Österreich" gewisse Probleme zu betrachten pflege. Sein späterer Kampfgefährte Eduard Beneš aber verteidigte im Jahr 1908 an der Sorbonne seine Dissertation, in der er ebenfalls vom weiteren Bestand der Monarchie ausging und innerhalb derselben Änderungen befürwortete.

Die Argumente und Überlegungen, die im vorhergehenden Kapitel angeführt wurden, waren im Grunde auch weiter gültig. Nur brachten die Veränderungen in der gesellschaftlichen Zusammensetzung der einzelnen Nationen auch Änderungen im System und in der Bedeutung der Argumente. Die weiteren Perspektiven hatten sich geändert, und neben den nationalen Fragen traten vielleicht sogar noch stärker auch andere Überlegungen in den Vordergrund. Und was das Wichtigste war: die Entwicklung der bürgerlichen Gesellschaft gab den nationalen Bewegungen unvermeidlich einen größeren Schwung. Dies zeigte sich natürlich wegen der voneinander abweichenden Struktur der beiden Staatshälften in verschiedener Weise und mit verschiedener Intensität. Wenn man in Zisleithanien mit Forderungen hervortreten konnte, die über die sprachliche Gleichberechtigung hinausgingen, so war es bei den Nationen in Transleithanien schon eine große Wandlung, wenn sie die Passivität aufgaben und aktiv zu politisieren begannen.

Bereits in den ersten Jahrzehnten nach dem Ausgleich waren die österreichischen Parteienverhältnisse schwer zu überblicken, da sich hier nationale, weltanschauliche und klassenmäßige Parteigründungen kreuzten. Die Lage wurde um die Jahrhundertwende noch komplizierter. Früher sammelten sich die Politiker einer Nation meist in einer Partei, die liberaler gesinnt sein mochte wie bei den Tschechen oder konservativer wie bei den Polen und Slowenen, die sich aber in jedem Fall als einheitliche Vertretung der bürgerlichen Nation betrachtete. Der Gegensatz zwischen Alttschechen und Jungtschechen erschien lange Zeit nur wie eine innere Teilung der einheitlichen nationalen Partei in taktischen Fragen.

In den neunziger Jahren erfolgte aber gerade bei den Tschechen die größte Differenzierung. Das war die natürliche Folge der Tatsache, daß die Tschechen neben den Deutschösterreichern die entwickeltste und am stärksten bürgerliche Nation waren. Die Differenzierung geschah aus vielen Gründen und hatte zahlreiche Schlagworte. Die Agrarpartei suchte die tschechischen Bauern zu gewinnen, wobei sie sich darauf berief, daß die Jungtschechen (dem vom Kapital ausgesaugten Bauerntum gegenüber) engstirnige bürgerliche Interessen verträten. Die Bauernbewegungen gingen auch bei den anderen Nationen eigene Wege. Ebenfalls in Vertretung bäuerlicher und kleinbürgerlicher Interessen trat die Tschechische Volkspartei auf, doch war sie von kirchlicher Seite inspiriert, und katholische Geistliche standen an ihrer Spitze. Ein Teil des Bürgertums versuchte, auch noch nachdem die Arbeiterbewegung an Raum gewonnen hatte, die Proletarier dem Einfluß der Sozialdemokratie zu entziehen und die Arbeiter in nationalem Sinn zusammenzufassen. Dabei wurden viele Punkte des eindeutig reformistischen Programms der Sozialdemokraten übernommen. Dieses Programm wurde schon unter dem Namen Nationalsozialistische Partei verkündet. (Damals konnte noch niemand ahnen, was für einen verhängnisvollen Klang dieser Name einige Jahrzehnte später bekommen würde.) Die Staatsrechtliche Partei berief sich schon mit ihrem Namen auf das historische böhmische Staatsrecht, das viel älter war als die Monarchie der Habsburger. Sie war die einzige tschechische Partei, die entschieden gegen die Monarchie auftrat und von Rußland die Befreiung der tschechischen Nation erwartete. Ihr Führer, Karel Kramář, heiratete in eine reiche Kaufmannsfamilie in Kiew ein und pflegte auch auf diese Weise seine Verbindungen zu Rußland. Selbst Masaryk gründete eine eigene Partei – er nannte sie Realistische Partei – und trat ebenfalls für die Aufrechterhaltung der bürgerlichen Ordnung ein. Der internationalen Arbeiterbewegung stand er fremd gegenüber, nur war er klüger als die meisten Gegner der Sozialdemokraten und verlangte mit tiefem Gefühl für die sozialen Probleme soziale Reformen, eine zufriedenstellende Lösung des nationalen Problems innerhalb der Grenzen des Reichs. Er fand sich selbst mit den Äußerlichkeiten des Dualismus ab. Eine großzügige Sozialpolitik würde seiner Auffassung nach die nationalen Ansprüche auf sprachlichem und kulturellem Gebiet abschwächen und wieder zum normalen politischen Leben zurückführen. Innerhalb der Monarchie war sein Programm vom bürgerlichen Standpunkt aus zweifellos das nüchternste und realste, darum fand es auch mit Abstand die wenigsten Wähler und übte nur auf die Intellektuellen und einzelne slawische Nationen der Monarchie Einfluß aus.

Bei den Polen änderte sich die Lage insoweit, als sich nach der Revolution von 1905 im Russischen Reich verschiedene polnische Parteien konstituieren konnten. Dies war früher nur in der Emigration möglich gewesen. Jetzt durften sie mit ihren unterschiedlichen politischen Programmen in gesetzlichem Rahmen an die Öffentlichkeit treten. Dies übte seine Wirkung auch auf Galizien aus, wo sich Parteien oder wenigstens Gruppierungen bildeten, die meist die russisch-polnischen Parteien nachahmten, ja selbst ihre Namen annahmen. Die Polnische Sozialistische Partei vertrat von Anfang an ein nationales Programm. Sie kritisierte scharf die nationale Gleichgültigkeit der polnischen Sozialdemokratie und ihre Politik der Einheit mit der russischen revolutionären Bewegung; damit erzielte sie auch in Galizien Wirkung. Den größten Feind der Wiederherstellung der polnischen Unabhängigkeit sah sie auch weiterhin in Rußland. Darum betrachtete sie Galizien noch immer als die wahre Heimat der polnischen Bewegung und plante die Wiederherstellung Polens im Bündnis mit der Monarchie. Auf kurze Sicht trat sie also offenbar für die Monarchie ein. Dies bedeutete nach der Jahrhundertwende aus außenpolitischen Überlegungen heraus nur noch eine sehr kurze, leicht zu überblickende Periode, weil das gute Verhältnis zwischen den Mächten, die Polen einst aufgeteilt hatten, damals schon sehr gefährdet schien. Natürlich konnte man in dieser Lage auch für die Gegenseite argumentieren. Die führende bürgerliche Partei des polnischen Königreichs, die Nationale Demokratie, suchte in der neuen Lage die polnische Unabhängigkeit tatsächlich bereits im Bund mit Rußland zu verwirklichen, etwa wie es nach 1815 der Fall gewesen war. Und wenn die herrschenden Kreise der Polen in Galizien auch kein rechtes Vertrauen in eine solche Lösung hatten, betrachteten sie doch die Bindung an die Monarchie nur noch als eine Frage der Zeit, für die Möglichkeiten einer inneren Reform des Reichs interessierten sie sich kaum noch.

Auch für die Ukrainer in der Monarchie hatten die Veränderungen in Rußland, die jetzt ein politisches Leben ermöglichten, eine neue Lage geschaffen. Die Revolutionäre dachten an eine Zusammenarbeit mit der russischen revolutionären Bewegung, wenn sie dies auch nicht offen verkünden konnten. Dementsprechend dachten sie auch nicht mehr in dem perspektivischen Rahmen der Monarchie, die sie mit ihrer antidemokratischen gesellschaftlichen und politischen Struktur ohnehin nur abstoßen konnte. Die Vertreter des Bürgertums sahen demgegenüber, daß das russische Bürgertum die Existenz einer ukrainischen Nation ebensowenig zur Kenntnis nehmen wollte wie der zaristische Absolutismus, so daß sie auch im verfassungsmäßigen Rußland keine Perspektive für sich sahen, höchstens wenn die Revolution weiter um sich griff, was ihnen aber auch nicht wünschenswert schien. So klammerten sie sich zwischen Rußland und den immer mehr über die Grenzen der Monarchie hinausblickenden Polen zunehmend stärker an die Monarchie, die ihnen den sozial niedrigeren Schichten gegenüber ihren gesellschaftlichen Platz sicherte und die auch im nationalen Bereich so viel gewährte oder wenigstens im Prinzip hätte gewähren können.

Wenn zu Beginn der Periode die tschechische Frage das größte Problem war, so wurde es nach der Jahrhundertwende die südslawische, die beide Reichshälften gleicherweise berührte. Besonders seitdem im Jahr 1903 in Serbien infolge eines Staatsstreichs eine neue Dynastie an die Macht gekommen war und der neue König, Peter Karageorgewitsch, eine aktive südslawische Politik gegen die Monarchie betrieb, mit dem gar nicht verschleierten Ziel, alle Südslawen der Monarchie in einem unabhängigen großen südslawischen Staat zu vereinigen. Kroaten, Serben und Slowenen mußten in dieser Frage Stellung nehmen. Die südslawischen Vertreter Zisleithaniens, die für Istrien und Dalmatien sprachen, traten im Jahr 1904 – nicht zufällig, sondern im Gegenteil mit ganz besonderer Absicht – in der zu Ungarn gehörenden Stadt Fiume zusammen. Dort verfaßten sie eine Resolution, die mit den Kroaten und den Serben Kroatiens verwirklicht werden sollte. Sie versicherten die damaligen ungarischen Oppositionsparteien ihrer Unterstützung sogar bei deren nationalen Forderungen Österreich gegenüber. Wenn sie offiziell auch kein Mitspracherecht in den Angelegenheiten des Königreichs Kroatien und noch weniger Bosniens und der Herzegowina hatten, unterlag es doch keinem Zweifel, daß sie auch mit der Bevölkerung dieser Territorien rechneten. Aber mit wem und gegen wen sollte die Freiheit der Nation gesichert werden? Gehen wir über die Einzelheiten der verschiedenen Parteiprogramme hinweg, in Wahrheit konnte es ja nur die eine oder die andere Antwort geben: für die Monarchie oder gegen die Monarchie. Nun, die Antworten waren geteilt, schon wegen der unterschiedlichen gesellschaftlichen Zielstellungen der einzelnen Parteien, der verschiedenen Standpunkte zu den sozialen Fragen, aus außenpolitischen Überlegungen heraus und noch aus vielen anderen Gründen. Sicher ist, daß die eine der beiden Möglichkeiten eine positive Haltung zur Monarchie bedeutete, daß also die südslawischen Territorien unter einem Herrscher aus dem Haus Habsburg vereinigt werden sollten, wobei die Frage eines selbständigen Serbien für weitere Verhandlungen offenblieb. Der größte Teil der von Südslawen bewohnten Gebiete befand sich zu dieser Zeit unter der Herrschaft der Monarchie. Da tauchte die Idee auf, diese Länder in eine größere Einheit zu verschmelzen, und zwar ohne Rücksicht auf die Zugehörigkeit zu Zis- oder zu Transleithanien, ja gerade mit der Absicht, diese Konstellation zu sprengen. Letzten Endes also ein Eingriff in das System, ein Trialismus anstelle des Dualismus, in dem die Österreicher, die Ungarn und die Südslawen gleichberechtigt nebeneinander gestanden hätten. Wirtschaftliche Überlegungen sprachen eindeutig für eine Lösung dieser Art, doch gingen nicht alle Politiker von solchen Erwägungen aus. Aber fast die gesamte slowenische Bourgeoisie – schon wegen des Gegensatzes zu den prawoslawischen Serben – und ein großer Teil der Kroaten, selbst in Dalmatien, hielten diese Lösung für einen gangbaren Weg. Auch in Bosnien und der Herzegowina fand sie unter den wenigen, die sich überhaupt mit solchen Problemen beschäftigten, Zustimmung.

Es ist klar, daß für die Serben die andere Lösung der einzig mögliche Weg schien. Das heißt: Vereinigung aller Südslawen unter Führung eines serbischen Königreichs und Abfall von der Monarchie. Das Schicksal der übrigen Monarchie interessierte sie dann nicht mehr. An diese Lösung dachten die Serben in Ungarn und Kroatien, aber auch ein Teil der Kroaten. Letztere gingen mit den serbischen Parteien in Kroatien die serbisch-kroatische Koalition ein. Das Eigentümliche dabei war, daß entgegen den für die trialistische Lösung kämpfenden Kroaten, die jede

Abhängigkeit von Ungarn für unerträglich hielten und deswegen nicht bereit waren, mit den ungarischen Regierungen irgendwelche Absprachen zu treffen, die serbisch-kroatische Koalition eine solche Möglichkeit nicht zurückwies; da sie ja das ganze bestehende System ohnehin nur als einen provisorischen Zustand betrachtete, war sie bereit, mit den Ungarn zusammenzuarbeiten. Daraus folgte, daß die ungarische Regierung in dieser Parteiengruppierung einen Partner fand, der von der Monarchie abfallen wollte, auf den sie sich aber in ihrer kroatischen Politik stützte. Damit stieß sie gerade die Parteien immer mehr von sich, die sich für die Monarchie erklärt hatten. Der politische Alltag in Agram lief natürlich leichter, und wenn die serbisch-kroatische Koalition im Sabor in der Mehrheit war, konnte man dieses Parlamentsspiel sogar erlauben.

Die beiden Länder Bosnien und Herzegowina, die seit der Okkupation im Jahr 1878 besetzt waren, gehörten seit der Annexion im Jahr 1908 völkerrechtlich bereits zur Monarchie. Die Regierung unternahm hier eine Art gesellschaftlicher Reform, vor der sie bis jetzt zurückgeschreckt war. Die noch bestehenden feudalen Verhältnisse wurden liquidiert. Im Jahr 1910 gewährte sie eine Autonomie, die an jene der österreichischen Länder erinnerte, mit einem teilweise gewählten Landtag. Das Ganze begünstigte eigentlich die trialistische Lösung. Andererseits trug der im Jahr 1909 in Agram abgehaltene Hochverratsprozeß, in dem führende südslawische Politiker des Hochverrats bezichtigt und verurteilt wurden, begreiflicherweise dazu bei, die Zahl der Anhänger der Monarchie zu vermindern, obwohl die Berufungsverhandlung mit einem Freispruch endete. Einige Monate später stellte sich im sogenannten Friedjung-Prozeß obendrein heraus, daß die Anklage auf Dokumenten beruht hatte, deren Echtheit sehr zweifelhaft war. (Heinrich Friedjung, der als Historiker damals schon einen guten Namen besaß, hatte kroatische und serbische Abgeordnete des Hochverrats bezichtigt, und zwar auf Grund von Angaben, die er vom Außenministerium erhalten hatte; doch als die Abgeordneten gegen ihn prozessierten, stellte sich heraus, daß zahlreiche vertrauliche Berichte, die als Grundlage der Anklage dienten, gefälscht waren.) Die Monarchie hatte Stärke zeigen wollen, aber nur ihre eigene Schwäche bewiesen.

Die Aktivitäten der Nationalitäten in Ungarn hatten einen viel geringeren Umfang, aber die Tendenz verstärkte sich auch hier. Bei den Rumänen reichten sie bis in die neunziger Jahre zurück. Damals hatten die rumänischen Studenten ihre Vorwürfe in einem Manifest niedergelegt; als die ungarischen Studenten darauf antworteten, konkretisierten sie ihre Anklagen noch weiter. Die Autoren des Manifests wurden vor Gericht gestellt und verurteilt. Dasselbe Los traf die Verfasser eines Memorandums, das die allgemeinen Beschwerden des rumänischen Volks enthielt. Mit der Begründung, daß von der ungarischen Regierung keine Hilfe zu erwarten sei, suchte eine Deputation von dreihundert Mitgliedern den Herrscher auf. Franz Joseph zeigte sich von seiner Seite als König von Ungarn, übersandte das Memorandum ungeöffnet der ungarischen Regierung, die es an die lokalen Behörden weiterleitete; dort blieb es stecken. Formell konnte man daher gar nicht wissen, was für aufrührerische Ideen es waren, für die die Verfasser des Memorandums zu Gefängnisstrafen verurteilt wurden.

Die Angelegenheit fand auch im Ausland Widerhall, die Nationalitäten in Ungarn setzten ihre Bemühungen fort und kamen von Zeit zu Zeit zusammen, um ihre Forderungen einander anzugleichen. Auf alle Fälle brachen sie mit der politischen Passivität; die Serben und die Siebenbürger Sachsen waren schon früher aktiv geworden und nahmen seit dem Ausgleich am politischen und parlamentarischen Leben teil. Jetzt regte sich das politische Interesse auch unter den Deutschen Ungarns; hinter ihnen standen einflußreiche Kreise in Deutschland. Die gewählten Vertreter der Nationalitäten gingen in den Reichstag, unter den gegebenen Umständen in fast überraschend großer Zahl. Anders als die großteils evangelischen Führer der Slowakischen Nationalpartei wandten sich die Katholiken der ungarischen Volkspartei zu, von der sie mit kirchlicher Hilfe die Erfüllung ihrer Wünsche erhofften. Diese Aktivität war übrigens nicht einfach eine Frage der politischen Taktik, sondern es handelte sich hier auch um den Gegensatz zwischen der bloß in nationalen Formeln denkenden und im Grunde genommen konservativen älteren und der demokratischer gesinnten jüngeren Generation, die sich an den Lehren Masaryks orientierte und auch für gesellschaftliche Probleme aufgeschlossener war.

In Zisleithanien gelang es wenigstens übergangsweise und in bescheidenem Umfang, sozusagen auf den Nebenkriegsschauplätzen, durch Übereinkommen den nationalen Fragen die Spitze zu nehmen und zu provisorischen Lösungen zu kommen. Im Jahr 1905 gelang es in Mähren, für die Gleichberechtigung der tschechischen Sprache eine Lösung zu finden, die auch von den dort ansässigen Deutschen respektiert wurde. Auch in der weit abgelegenen Bukowina, wo deutsche, polnische, ukrainische und rumänische Bewohner im großen und ganzen gleich stark vertreten waren, wurde 1910 in der Frage des Sprachgebrauchs eine Lösung gefunden. Im Juli 1914 gelang es sogar, die polnisch-ukrainische Streitfrage in Galizien beizulegen, doch wurde dieses Übereinkommen praktisch nicht mehr wirksam. Es ist müßig, nachträglich darüber nachzudenken, ob dies die ersten Schritte waren, die zu weiteren hätten führen können, oder ob es sich lediglich um Ausnahmen, individuelle Fälle, um die Folgen lokaler Gegebenheiten oder augenblicklicher Kräfteverhältnisse handelte. Tatsache ist, daß diese Maßnahmen erfolgten und daß sie sogar einigen Mitgliedern der ungarischen führenden Schicht zu denken gaben. Nach der in der Nationalitätenfrage sehr starren Haltung der Koalitionsregierung begann die Regierung der Nationalen Arbeitspartei, die gerade von István Tisza geführt wurde, nach einigen früheren Versuchen nun ernsthafter den Gedanken zu erwägen, ob mit den Rumänen, als der stärksten Nationalität, die wegen der Nachbarschaft Rumäniens auch am gefährlichsten waren, irgendeine Lösung gefunden werden könnte. (Tisza befürchtete den Verlust Siebenbürgens und der übrigen von einer rumänischen Mehrheit bewohnten Gebiete Ungarns.) Wiederholt kam es zu Verhandlungen, doch waren die Standpunkte noch zu weit voneinander entfernt, als daß sie annehmbar gewesen wären.

Zu Beginn des Jahrhunderts war es aber nicht mehr die nationale Frage allein, die unvergleichlich heftigere Emotionen auslöste und gesellschaftlich größere Resonanz hervorrief. Obwohl der Anteil der Bauern an der Bevölkerung zurückging, gab es noch immer Bauernmassen in nicht zu verachtender Anzahl, und jetzt traten sie plötzlich mit ihren Ansprüchen auf, grundbesitzende Bauern ebenso wie Agrarproletarier, wenn auch meist nicht gemeinsam. Von der tschechischen Agrarpartei ist bereits gesprochen worden, jetzt gärte es auch unter den Bauern der deutschösterreichischen Länder. Hier war der kirchliche Einfluß noch stark, und die Ansprüche der begüterten Bauernschaft standen im Vordergrund (ein nennenswertes Agrarproletariat gab es nicht). Auch in Galizien hatte sich das begüterte Bauerntum schon lange unter kirchlicher Führung organisiert, und nach der Jahrhundertwende waren die wenigen Agrarproletarier und die viel zahlreicheren Kleinbauern schon in einer eigenen Partei vereinigt. Die agrarsozialistischen Bewegungen der ungarischen Landarbeiter hatten in den neunziger Jahren unter den Grundbesitzern (das heißt der politisch herrschenden Schicht) Bestürzung ausgelöst, und bald organisierten auch die begüterten Bauern ihre Parteien. Die in Kroatien konstituierte Bauernpartei setzte sich schon die Republik als Ziel. Und wenn die Organisationstätigkeit der slowakischen Volkspartei auch noch weit von solchem Radikalismus entfernt war, so war dies im wesentlichen doch ebenfalls eine Bauernbewegung. Und ob sich nun landwirtschaftliche Arbeiter oder begüterte Bauern organisierten, ihre Ideen waren mit der Vergangenheit nicht einmal so locker verbunden wie – sagen wir – die Pläne der österreichischen Christlichsozialen. Wenn das begüterte Bauerntum auch durchaus vor sozialistischen Perspektiven zurückschreckte und auch das Agrarproletariat nicht eindeutig und überall solche Ideen aufgriff, so vertrat doch jede Richtung in ihrer Art irgendeine Demokratisierung des bestehenden Systems bei gleichzeitiger Forderung nach Erfüllung ihrer nationalen Ansprüche. Die aufgeputschten nationalen Gegensätze der letzten Jahrzehnte waren nicht spurlos über die Köpfe der Bauern hinweggegangen. Und die Arbeiterklasse, deren Parteien alle auf dem Boden des Internationalismus standen? Da es gleich von Anfang an um Parteien und nicht um eine einzige Partei ging, kann schon daraus entnommen werden, daß diese Frage hier ebenfalls zur Sprache kommen mußte.

Wir haben gesehen, daß gegen Ende des Jahrhunderts die Sozialdemokratische Partei Österreichs sich in ein Ensemble auf nationaler Grundlage organisierter Parteien umwandelte. Auf dem Brünner Parteitag im Jahr 1899 stellte die Partei sieben Sektionen auf; die Bezeichnung Sektion sollte die tatsächliche Lage, den Mangel an Einheit, nach Möglichkeit verschleiern. Die Mitglieder der zentralen Parteileitung, d. h. Adler, Renner und Otto Bauer, traten alle für den internationalistischen Zusammenschluß der Arbeiterklasse ein. Daran konnte die Öffentlichkeit auch nicht zweifeln, gehörten doch diese sozialistischen Führer gleichzeitig – neben den deutschen – zu den führenden Theoretikern der Zweiten Internationale, sie galten bei Freund und Feind gleicherweise als treue Hüter der Ideen des Marxismus.

Gerade aus ihrer theoretischen Überzeugung folgte, daß sie sich bei aller allge-

25. PALATIN JOSEPH

26. ERZHERZOG KARL

27. ERZHERZOG JOHANN

28. FRANZ JOSEPH I.

29. KAISERIN ELISABETH

30. ERZHERZOG RUDOLF

31. ERZHERZOG FRANZ FERDINAND

32. KARL I.

meinen Kritik an den Institutionen und Einrichtungen der Monarchie – der sie sich in starkem Maß anschlossen – doch darüber im klaren waren, wie wesentlich gerade das Nationalitätenproblem war. Sie wußten am besten, daß sie bei Marx und Engels zahlreiche Hinweise auf nationale Probleme finden konnten, sie mußten nur deren Werke über die polnischen Probleme studieren; sehr wichtige Ideen fanden sie dort auch über die deutsche Einheit, und dies rührte bereits an die Frage der Monarchie. Was aber in dieser Monarchie, in der die Nationen in einem so schlechten Verhältnis zueinander standen, nun konkret zu tun war, dafür konnten sie auch in dem reichen Lebenswerk dieser beiden Klassiker kein Rezept finden. Sie selbst mußten eine Lösung ausarbeiten, um die Frage übergangsweise bis zum Sieg des Sozialismus zu klären, bis das Problem – ihrer Ansicht nach – sich von selbst lösen würde.

Den bestehenden Rahmen, das heißt die Monarchie als Ganzes, praktisch natürlich nur deren zisleithanischen Teil, mußten sie als gegeben betrachten. Wenn man aber diesen Rahmen einmal als gegeben voraussetzte, mußte man zwangsläufig noch einige andere Dinge zur Kenntnis nehmen, in erster Linie die einfache Tatsache, daß in der Monarchie elf Nationen ziemlich gemischt nebeneinander lebten und daß die bestehenden Verwaltungsgrenzen durchaus nicht mit den ethnischen Grenzen zusammenfielen. Wer in Wien lebte, konnte Tag für Tag sehen, wie die Hauptstadt die Multinationalität des Staats im kleinen widerspiegelte und wie schwer es war, hier Grenzen zu ziehen. Als Karl Renner, der in der Partei als Autorität auf diesem Gebiet betrachtet wurde, eine Lösung des Problems vorschlug, ging er von diesen Gegebenheiten aus. Wenn die Nationen nicht voneinander getrennt leben, wenn ihre nationalen Ansprüche sich auf Probleme der Sprache, der Kultur und der Selbstverwaltung erstrecken, und wenn ihnen die Selbstverwaltung in erster Linie von sprachlichen, unterrichtsmäßigen und kulturellen Gesichtspunkten aus wichtig ist, dann ist nur eins möglich: die Organisation und die Einrichtungen der nationalen Autonomie müssen von der territorialen Aufteilung unabhängig gemacht werden. Jedes Mitglied einer Nation gehört zur Gemeinschaft dieser Nation, ganz unabhängig davon, in welchem Winkel der Monarchie es lebt. Die Institutionen dieser kulturellen Gemeinschaft beziehen sich auf jeden einzelnen, ihnen ist er unterworfen, und durch sie ist er an den Staat gebunden. In diesem Rahmen kann er seine Muttersprache frei gebrauchen, seine Kinder in ihrer Muttersprache unterrichten lassen und seine kulturellen Institutionen unterstützen. Im übrigen ist er ein gleichberechtigter Staatsbürger des Reichs.

Von marxistischer Seite wurde die ganze Idee gerade von diesem Gesichtspunkt aus kritisiert. Lenin erklärte zum Beispiel mit großer Scharfsicht: der Arbeiter wird auf diese Weise ein Mitglied seiner eigenen nationalen Gemeinschaft, er befindet sich in einem Lager mit seinem eigenen Bürgertum und wird so unvermeidlich von den Proletariern anderer nationaler Gemeinschaften getrennt. Wie soll der Klassenkampf auf internationalistischer Grundlage gegen die ganze Bourgeoisie geführt werden, wenn die Interessen des tschechischen Arbeiters in vielen Belangen mit denen des tschechischen Kapitalisten übereinstimmen und der tschechische Arbeiter infolgedessen mit den Interessen des deutschen Arbeiters bald in Gegensatz gerät? Die ganze Konstruktion kann nur dazu dienen, den Klassenkampf abzuschwächen, anstatt die Arbeiter zum Kampf für ihre Hauptaufgabe, die klassenlose Gesellschaft, zu begeistern.

Die Kritik war berechtigt und von grundlegender Bedeutung. Wenn der Klassenkampf im Vordergrund stand, wenn es nicht nur um die kleinen alltäglichen wirtschaftlichen Ziele, sondern um die Erreichung der großen Ziele ging, dann konnte diese Lösung nur hinderlich sein. Die Frage war natürlich, ob die österreichischen Sozialdemokraten wirklich den Klassenkampf, die Vorbereitung auf die soziale Revolution, für ihre wichtigste Aufgabe ansahen, die bereits auf der Tagesordnung stand. Wenn dies der Fall war, konnten sie dieser Lösung nicht zustimmen. Hielten sie diese Lösung jedoch für gut, dann verzichteten sie eigentlich von Anfang an auf die Revolution (und dies hat ihnen Lenin oft vorgeworfen). Dann betrachteten sie die Revolution nur als ein fernes Ziel, und die politische Vorbereitung darauf stand für sie nicht auf der Tagesordnung.

Damit war die Lage genau beschrieben. Nach der Jahrhundertwende waren die Führer der österreichischen Sozialdemokratie, ähnlich einem großen Teil der deutschen Theoretiker, ganz zu schweigen von den Praktikern in der deutschen Partei, der Ansicht, daß noch ein langer Weg bis zur Revolution zurückzulegen sei und daß vorher das kapitalistische System voll ausgebaut, die feudalen Überbleibsel konsequent ausgeräumt, die Arbeiterklasse zahlenmäßig gestärkt und ihr Selbstvertrauen gehoben werden müsse. Wenn sich dereinst die Arbeiter einer Handvoll Kapitalisten gegenüber in großer Mehrheit befanden, war die Zeit für den großen, letzten Zusammenstoß gekommen. Mit der Rechtfertigung dieser reformistischen Idee, um die Dinge bei ihrem Namen zu nennen, standen die österreichischen Sozialisten nicht allein, noch größere Autoritäten der Zweiten Internationale verkündeten Ähnliches. Natürlich vergaßen sie in ihren Äußerungen nicht das Endziel, die Revolution. Aber auch Adler und Renner vergaßen das nicht.

Auf dem Brünner Parteitag gab es große Debatten über diese Frage. Die Lösung wurde wegen ihrer theoretischen Grundlage und ihrer praktischen Verwirklichung von vielen Seiten kritisiert, auch in bezug auf die Stellungnahme der bestehenden Staatsgewalt. Nicht wenige sahen zwar die Vorteile dieser Lösung auf kurze Sicht, doch im Ergebnis der Debatten nahm die Mehrheit die traditionellere Haltung ein und erwartete die Lösung der nationalen Frage von einer Umwandlung der Monarchie in einen föderativen Staat. Zu dieser Lösung bekannte sich die Partei. Das heißt, sie verwarf die innerhalb des Systems zweifellos größere Vorteile bietende Lösung und machte gleichzeitig doch Zugeständnisse an den Gedanken der nationalen Eigenständigkeit. Damit sprach sie sich für die Weiterführung der nationalen Kämpfe aus.

Die Dinge haben ihre eigene Logik. Wenn die sozialistische Partei der nationalen Frage eine erstrangige Bedeutung zusprach, wenn sie erlaubte, daß sich die Partei praktisch auf dieser Grundlage teilte, dann gab es kein Stehenbleiben mehr. Die Gewerkschaften, die alltäglichen Kampforgane der Arbeiterklasse, die hier wie in Transleithanien nur schwer von der Partei getrennt werden konnten, aber sich in elementarer Form schon früher konstituiert hatten, bestanden lange Zeit noch auf Grund des Fachprinzips, unabhängig von nationaler Zugehörigkeit. Im Jahr 1907 trennten sich die Gewerkschaften jedoch auf nationaler Grundlage, die tschechischen Eisenarbeiter gründeten ihre eigene Gewerkschaft, ebenso die deutschen Eisenarbeiter und so weiter. Dies ging sogar den Führern der Zweiten Internationale zu weit, sie verurteilten diese Spaltung und forderten die österreichische Partei auf, wenigstens in den Gewerkschaften die Einheit zu bewahren. Ein entsprechender Beschluß wurde gefaßt, hatte aber keine Folgen. Wo der Bruch eingetreten war, wurde er nicht wieder rückgängig gemacht, er wurde höchstens nicht überall durchgeführt und nicht in bezug auf jede Nation. Fügen wir hinzu: wenn der Plan Renners angenommen worden und zum Parteiprogramm erhoben worden wäre, hätte er möglicherweise zu ähnlichen Resultaten geführt.

Zum Glück standen der alltägliche Klassenkampf der Arbeiter und die Streikbewegungen nicht im Zeichen der nationalen Sonderstellung, sondern wurden auf der Basis der internationalistischen Solidarität geführt.

Die Sozialisten Ungarns waren nicht von solchen Sorgen geplagt. Kroatien nahm zwar mit seiner sozialdemokratischen Partei eine Sonderstellung ein, doch wurzelte dies in einer Art staatlicher Eigenständigkeit. Im übrigen war die Partei einheitlich aufgebaut, die Sektionen der Nationalitäten bildeten keine eigenen Parteien, sondern eine Form der inneren Organisation. Im Jahr 1905 unternahmen die Slowaken einen Versuch, eine eigene Slowakische Sozialdemokratische Partei zu gründen, aber nicht ganz zwei Jahre später, als die politische Krise in Ungarn beigelegt war, liquidierte die slowakische Parteiführung selbst diesen Versuch. Es ist eine eigenartige Analogie: wie die ungarische politische Lage dem österreichischen parlamentarischen Wirrwarr gegenüber sicherer erschien, so erschien auch die ungarische Sozialdemokratie mit ihrer Einheit fester als die geteilte österreichische. Die ungarische Partei protestierte übrigens immer gegen die Zwangsmagyarisierung, betonte die Rechte der Nationalitäten und tat innerhalb der Partei nichts, um die Magyarisierung zu fördern. Allerdings tat sie auch nichts dagegen, im Grunde war sie für die natürliche Magyarisierung, denn die Einheit der Arbeiterklasse konnte ihrer Überzeugung nach dadurch gefestigt werden. Die Parteileitung wurde übrigens deswegen innerhalb der Partei nie kritisiert. Um so mehr geschah dies von seiten der revolutionären Opposition, die viel stärker als die österreichischen Kritiker den wirklich existierenden Reformismus der Partei, ihren Opportunismus den gegebenen Umständen gegenüber, ihren wenigstens auf kurze Sicht geltenden Verzicht auf eine grundlegende gesellschaftliche Umwandlung sowie den Verzicht auf Agitation unter der Landbevölkerung angriff. Aber auf diese Einzelheiten brauchen wir nicht einzugehen.

Vom Blickpunkt unseres Themas kommt nämlich der ganzen Arbeiterbewegung und der sozialdemokratischen Partei in beiden Staatsteilen die Bedeutung zu, daß sie im Grunde die eine große Kraft darstellten, die dieses ganze eigentümliche Staatsgebilde erhalten wollte. Die Führer der Zweiten Internationale haben mehr als einmal erklärt, daß ein möglichst großes Staatsgebiet mit dementsprechend möglichst großer wirtschaftlicher Einheit vom Standpunkt der Arbeiterklasse sich sehr günstig auswirkt. Kurzfristig gesehen verläuft bei einem größeren inneren Markt die wirtschaftliche Entwicklung schneller, dementsprechend kann sich auch die materielle Lage der Arbeiterschaft rascher verbessern, denn wenn die Arbeiterklasse auch in abnehmendem Verhältnis am Nationaleinkommen beteiligt wird, so bekommt sie doch jedenfalls mehr, wenn es schnell ansteigt. Noch günstiger aber wirkt sich ein großes Staatsgebiet auf lange Sicht aus, denn die wirtschaftliche Entwicklung führt früher oder später dazu, daß die Expropriation der Expropriateure auf die Tagesordnung kommt. Die Vorteile eines großen Reichs für die Arbeiterbewegung hat auch Lenin bei jeder Gelegenheit betont. Für die Lösung der nationalen Frage hat er übrigens das Prinzip der nationalen Selbstbestimmung vorgeschlagen, für das sich auf einem ihrer früheren Kongresse auch die Internationale eingesetzt hatte.

Die internationalistisch gesinnte Arbeiterklasse, der tödliche Feind der bürgerlichen Klassenordnung, ganz zu schweigen vom monarchischen System, für das selbst der reformistischste Arbeiterführer nicht gewagt hätte, seine Stimme zu erheben – diese Kraft, die das bestehende System in seinen Grundlagen angriff –, diese Kraft sollte ein Faktor der Aufrechterhaltung der Monarchie sein? Es ist sehr eigenartig, aber die Antwort muß – wie oben dargelegt – ja heißen.

Es gab noch einige andere Faktoren, die ebenfalls für den Zusammenhalt der Monarchie, das heißt des bestehenden österreichisch-ungarischen Staatsgebiets in Frage kommen konnten. So das gemeinsame Heer, mit seinem aus allen Nationen stammenden Offizierskorps, das auch weiterhin in Ehrfurcht vor dem höchsten Kriegsherrn erzogen wurde und in diesem Sinn handelte. In dieser Periode war die Haltung des Heers nicht gerade bedeutungslos, aber sie war auch nicht so entscheidend wie später in anderen Fällen in Europa und auch außerhalb des Kontinents.

Ein nicht unbedeutender Faktor neben dem gemeinsamen Heer war, zumindest in der zisleithanischen Reichshälfte und auch in Bosnien und der Herzegowina, der Staatsapparat der Monarchie, diese staatliche Bürokratie, die unabhängig von ihrer nationalen Zugehörigkeit im Zeichen des unbedingten Gehorsams dem Staat, der Monarchie und dem Kaiser gegenüber handelte. Wie sehr dieser Apparat auch wegen Unpünktlichkeit, Langsamkeit, Unselbständigkeit und Phantasielosigkeit (man könnte noch viele andere Negativa aufzählen) kritisiert wurde, so funktionierte er doch, und zwar gar nicht so schlecht, wie man ihm vorzuwerfen pflegte, hielt er doch diese verwickelte Struktur am Leben, in der sich der Außenstehende wirklich nur schwer auskennen konnte. Wenn Engels schon in der ersten Hälfte des 19. Jahrhunderts sagen konnte, diese Beamtengarde sei eigentlich die österreichische Nation selbst, so galt diese Bestimmung auch jetzt noch, wenn nicht noch viel stärker. Nicht nur Deutschösterreicher, auch Tschechen, Ukrainer, Slowenen und selbst Polen gab es in diesem Apparat, und alle traten für die Monarchie ein. Man könnte darauf antworten, dies sei ganz natürlich, lebten sie doch von der Monarchie. Die Dinge sind aber nie so einfach, und außer den letztlich zur Geltung kommenden materiellen Interessen gibt es auch andere Motive im Bewußtsein der Menschen, auch im Bewußtsein dieser Beamtengarde, die Tag für Tag unter dem Bild des Kaiser-Königs ebenso ihren Pflichten nachkam wie das Offizierskorps, das dem Kaiser-König Treue geschworen hatte.

Gerade in den Spitzenpositionen des Großbürgertums, in den Leitungen der größeren Betriebe, Unternehmen und Banken war man sich im klaren über die größeren Möglichkeiten der wirtschaftlichen Entwicklung in einem geeinten Reich und dachte im eigenen materiellen Interesse nicht an die Auflösung der Monarchie. Welchen Nutzen hätte die Zerstörung dieser großen Einheit bringen können, die so glänzende Profitmöglichkeiten bot? Selbst wenn einzelne aus den höchsten bürgerlichen Schichten gelegentlich für die eine oder die andere Nation (meist war es dann das deutsche Österreich) Partei ergriffen, so hielten sie die nationalen Probleme nicht für gefährlich und nicht für unlösbar.

Hinter der Haltung des Großbürgertums steckte eine große materielle Kraft. Eine ebensolche Macht stellten die Aristokraten dar, dank ihres Vermögens, ihres Landbesitzes und ihrer politischen Positionen. An der Spitze standen die Erzherzöge der kaiserlichen Dynastie, deren Grundbesitz sich über das ganze Gebiet der Monarchie erstreckte und die natürlich für das Fortleben der Monarchie waren. Dann die österreichischen, tschechischen, polnischen, kroatischen und sonstigen Aristokraten; dem Iren Taaffe sind wir schon begegnet, es gab aber auch Italiener und Portugiesen unter ihnen. Badeni, der ehemalige Ministerpräsident, war italienischer Abstammung, doch lebte seine Familie schon so lange Zeit in Polen, daß er als Vertreter der polnischen Aristokratie galt. Alle diese hoffähigen, das heißt ständig zu allen Hofempfängen geladenen Träger von Hofämtern, die Minister und Generäle, die Statthalter und Mitglieder des Herrenhauses waren eigentlich nicht mehr Österreicher, sondern bildeten eine Art habsburgischer Nationalität, sie waren die Säulen der Monarchie. (Die ungarischen Aristokraten, und mit ihnen die Nachkommen des ehemaligen Palatins Joseph, dessen Sohn eine Grammatik der Zigeunersprache schrieb, die von seinen Kindern in ungarischer Sprache veröffentlicht wurde, die „ungarischen" Habsburger, haben wir nur deswegen bisher nicht erwähnt, weil sie trotz aller Loyalität doch den Zusammenhalt mit dem Ungarn der Gentry pflegten, das eine Sonderstellung besaß; an den König waren sie in erster Linie durch die Bande der Loyalität gebunden, freilich ebenso stark wie die Aristokraten anderer Nationalität an den Kaiser.)

Und schließlich war da noch die katholische Kirche, ein verläßlicher Verbündeter des katholischen Herrschers; selbst wenn dieser sich im Interesse des Staats ni das Verhältnis zwischen Papst und kirchlichen Großen einmischte, waren dies doch nur vorübergehende Erscheinungen, während die göttliche Berufung des Herrschers zum Schutzherrn der Kirche für ewig galt. Die Kirche, die die Macht des Monarchen mit himmlischer Glorie umgab, war nicht nur als Großgrundbesitzer ein wirtschaftlicher Faktor, sondern hatte auch Macht über die Seelen. Religiöses Gefühl bewegte noch große Massen, die auch damit an das Herrscherhaus und an den Staat gebunden waren. Die übrigen Konfessionen konnten sich keiner so intimen Einheit mit dem Herrscher rühmen wie die katholische, aber vielleicht hielten sie etwas kühler, aus etwas größerer Distanz, zum Kaiser, nach dem Grundsatz, man müsse dem Kaiser geben, was des Kaisers sei, und das bedeutete hier im Reich Treue und Gehorsam. Diesem Grundsatz huldigten alle und impften ihn ihren Gläubigen ein.

Natürlich kann der Leser hier mit Recht die Frage stellen, wie es möglich war, daß die Monarchie, die von so starken Kräften getragen wurde, kaum zwei Jahrzehnte nach der Jahrhundertwende sozusagen in einem einzigen Augenblick auseinanderfiel? Wo waren jetzt die Kräfte, die die Monarchie stützten?

In den bisherigen Ausführungen haben wir eine grundlegende Frage ausgeschaltet, wenn auch hier und da auf sie angespielt wurde. Die Frage nämlich, was für eine Monarchie wollten diese Kräfte erhalten? Denn hier liegt der Kern der Dinge. Die Erzherzöge, die Aristokratie, das Offizierskorps und die Kirchen dachten offenbar an die bestehende Monarchie, möglicherweise mit gewissen, die Einheit des Reichs stärker betonenden Veränderungen, vielleicht mit einer Stärkung der ungarischen Sonderstellung – die Unterschiede in den Auffassungen waren nur theoretisch interessant. In der Praxis wollten diese Mächte den bestehenden Zustand erhalten, besonders was die gesellschaftlichen Kräfteverhältnisse anbetraf.

Es liegt auf der Hand, daß die Sozialdemokratie nicht dasselbe wollte. Wie immer man auch von ihren weiteren Zielsetzungen, ihrer revolutionären oder reformistischen Einstellung denken mag, für die Aufrechterhaltung der Monarchie trat sie nur insoweit ein, als sie die große wirtschaftliche Einheit erhalten wollte. Auf kurze Sicht aber hielt sie eine weitgehende Demokratisierung, die Abschaffung der bestehenden Privilegien, die tatsächliche Volksvertretung im politischen Leben, eine echte Verfassungsmäßigkeit und die wahre Gleichberechtigung aller Nationen nicht nur auf dem Papier, sondern auch in der Wirklichkeit für notwendig. Die Alternativfrage Monarchie oder Republik stellte sie nicht, und zwar nicht nur aus reinem Opportunismus, sondern weil sie auf kurze Sicht die Entscheidung darüber nicht als Kardinalfrage betrachtete.

Die Nationen, und das bedeutet das jeweilige nationale Bürgertum, wollten das Bestehende auch nicht total erhalten, sondern wünschten sehr wesentliche Reformen. Hier gingen die Ideen schon weitgehend auseinander. Die Bauernparteien wollten ebenfalls eine Art demokratisiertes System, die ausgesprochen bürgerlichen Parteien verlangten in erster Linie eine Neuregelung der Nationalitätenfrage oder die Aufrechterhaltung, ja Stärkung des Bestehenden. Die Deutschösterreicher hatten schon im Jahr 1899 für den deutschen Charakter des Reichs Stellung genommen. Über die trialistischen Ideen der Südslawen ist bereits gesprochen worden, aber auch eine föderative Umbildung der Monarchie hatte viele Anhänger. Zur Lösung des rumänischen und serbischen Problems gab es ebenfalls Vorschläge, diese beiden Länder enger an die Monarchie anzuschließen, etwa wie es im Deutschen Reich außer dem Kaiser noch einige Könige und Großherzöge gab – warum sollte es hier außer dem Kaiser nicht noch einen serbischen und rumänischen König geben? Im Ausland fanden sich ebenfalls Ratgeber, die meist für irgendeine Form von Konföderation Stellung nahmen. Bei allen diesen Plänen spielte der neue Thronfolger, Franz Ferdinand, eine große Rolle.

Die österreichisch-ungarische Monarchie hatte im Jahr 1896 einen neuen Thronfolger bekommen. Er war ein Neffe Franz Josephs, der ältere Sohn seines Bruders Karl Ludwig und dessen zweiter Frau, Maria Annunziata, Prinzessin von Bourbon-Neapel. Er wurde am 18. Dezember 1863 geboren. Nach dem Tod seines Vaters fiel ihm dieses Amt zu. Die Frage der Erbfolge war damit formell gelöst, doch tauchte das alte Problem wieder auf: das Verhältnis zwischen dem Herrscher und seinem zukünftigen Nachfolger. Daß Franz Joseph nach einer Regierung von fast einem halben Jahrhundert zugunsten seines jungen Nachfolgers abdanken könnte, stand überhaupt nicht zur Debatte. Die Notwendigkeit, die Macht zu teilen, blieb auch in familiärer Beziehung bis zum Ende ein ungelöstes Problem der Herrschaft Franz Josephs. Die Macht Franz Josephs und dazu sein langes Leben waren eine wichtige „Institution" des Weiterbestehens der Monarchie, ja fast sogar ihre Vorbedingung, was immer auch für Familientragödien daraus erwuchsen. Es besteht kein Zweifel, daß dieses Moment eine wesentliche Erscheinung der inneren Schwäche der Monarchie war.

Franz Ferdinand war ein schwieriger Charakter, seine Jugendkrankheiten hatten ihn mißtrauisch und unverträglich gemacht. Franz Joseph gehörte nicht zu den Menschen, die diese Eigenschaften hätten mildern können, im Gegenteil, sie reizten ihn und vertieften sich so noch mehr. Das Verhältnis wurde noch komplizierter, als Franz Ferdinand im Jahr 1898 seine Heiratsabsichten anmeldete, doch wollte er sich nicht mit der mit Zustimmung des Kaisers ausgewählten Persönlichkeit verbinden, sondern mit der Gräfin Sophie Chotek, einer gebürtigen Tschechin und Hofdame der Gattin des Erzherzogs Friedrich. Nach zweijährigem Zögern gab Franz Joseph seine Einwilligung unter der Bedingung, daß Franz Ferdinand vor der Versammlung des Hofs und der Geheimräte mit einem feierlichen Eid auf das Nachfolgerecht seiner aus dieser Ehe stammenden Kinder verzichtete. Die Eidesleistung fand am 28. Juni 1900 statt, der Thronfolger empfand diesen Vorgang als eine tiefe seelische Wunde, die auch dadurch nicht geheilt werden konnte, daß der Herrscher die Gattin Franz Ferdinands später mit dem Titel Herzogin von Hohenberg auszeichnete. Die ungarische Gesetzgebung, die die morganatische Ehe nicht kannte, mußte im Jahr 1900 in einem eigenen Gesetz den Eid des Thronfolgers der ungarischen Verfassung einfügen, was aber nicht das Recht der Gattin

Franz Ferdinands berührte, dereinst als Königin von Ungarn anerkannt zu werden.

Die politischen Anschauungen Franz Ferdinands unterschieden sich grundlegend von den Ansichten seines Vorgängers, des Kronprinzen Rudolf. Erst jetzt zeigte es sich so recht, wie düster die Aussichten der Monarchie in der Frage der Thronfolge waren. Wenn Rudolfs Persönlichkeit durch Liebenswürdigkeit, seine politischen Ansichten durch Liberalismus gekennzeichnet waren, so empfand der neue Thronfolger wärmere Gefühle höchstens für seine Familie, in seinen Ansichten aber war er das vollkommene Gegenteil seines Vorgängers. Die drei Angelpunkte seiner politischen Überzeugung waren Klerikalismus, Antidemokratie und seine ungarnfeindliche Einstellung. Grundlage seiner Weltanschauung waren Ansichten, die schon im 17. und 18. Jahrhundert überholt waren: daß die Politik Sache des Herrschers sei, die Völker und Massen aber zu gehorchen hätten. Dementsprechend haßte er die Arbeiterbewegung und die Sozialdemokratie. Dagegen stand ihm Lueger wegen seiner klerikalen und antisemitischen Anschauungen sehr nahe. Den Ausgleich und das darauf aufgebaute dualistische System, und damit das ganze System Franz Josephs, verwarf er, denn er betrachtete es bloß als Mittel des Vordringens der ungarischen Übermacht. Am liebsten hätte er die Verfassung des Februarpatents wiederhergestellt. Gyula Andrássy jun. und István Tisza hielt er sich als Vertreter der auch mit militärischer Macht zu zerstörenden ungarischen Unabhängigkeit so weit als möglich vom Leib.

Die Tätigkeit Franz Ferdinands begann im Jahr 1898 bestimmtere Formen anzunehmen. Im Jahr 1913 wurde er zum Generalinspekteur des Heers ernannt. Vorläufig mußte er sich Schritt für Schritt die neuen Aufgaben vom Kaiser erzwingen. Bald fand der Thronfolger ernste Hilfe bei Männern, die sich vom kommenden Herrscher einen Aufschwung ihrer Karriere erhofften. Zu ihnen gehörte ein ausgezeichneter Organisator, der junge Major Alexander Brosch von Aarenau, der an die Spitze der im Jahr 1906 aufgestellten „Kleinen Militärkanzlei“ kam. Aus der bescheidenen Institution entwickelte er sehr bald eine neue politische Zentrale, die mit ihrer guten Organisation und ihrem Nachrichtendienst zu einem gefährlichen Gegenpol der amtlichen Zentralgewalt wurde und deren bedeutende Mitarbeiter aus der Opposition der Monarchie, hauptsächlich aber aus den Gegnern der führenden Kräfte in Ungarn kamen. Zu ihnen gehörten der rumänische Politiker Alexandru Vajda-Voevod, der slowakische Politiker Milan Hodža, der tschechische Aristokrat Ottokar Graf Czernin, ja selbst der ungarische Vorkämpfer für das allgemeine Wahlrecht, der frühere ungarische Innenminister József Kristóffy, dem es damals noch nicht bewußt war, daß seine Anwesenheit in der Umgebung des Thronfolgers nicht einer Billigung seiner demokratischen Bestrebungen zuzuschreiben war. Als Franz Ferdinand den Entwurf der Einführung des allgemeinen Wahlrechts in Ungarn billigte, wollte er damit nicht die Entwicklung der ungarischen Demokratie fördern, sondern durch die Inanspruchnahme demagogischer Mittel lediglich die Lage der für die Unabhängigkeit eintretenden herrschenden Klassen erschüttern. (Sehr bezeichnend ist übrigens, daß bei der Ausarbeitung des österreichischen Wahlrechts der Entwurf Kristóffys benutzt wurde.)

Franz Ferdinand beziehungsweise die von ihm vertretene Gruppe spielte mit gewissen trialistischen Plänen, wobei nur nicht entschieden werden konnte, ob die Südslawen, die Tschechen oder die Polen den dritten Schwerpunkt des dreizuteilenden Reichs bilden sollten. Für die Gruppe um Franz Ferdinand bedeutete das Problem der südslawischen Frage die serbische beziehungsweise die kroatische Frage: die katholischen Kroaten, die im Jahr 1848 den Habsburgern unschätzbare Dienste geleistet hatten, erfreuten sich in der Umgebung des Thronfolgers besonderer Vorliebe. Allerdings schürte er dadurch die Eifersucht der Serben, was später einer der Beweggründe für seine tragische Ermordung war.

Den innenpolitischen Ansichten Franz Ferdinands entsprachen vollkommen seine außenpolitischen Erwägungen. Teil dieser Konzeption war die Verbesserung des Verhältnisses zu Rußland und die Wiederherstellung des Dreikaiserbündnisses der siebziger Jahre des 19. Jahrhunderts. Eine nicht zu unterschätzende Rolle bei der Entwicklung seiner außenpolitischen Anschauungen spielte die Freundschaft, die ihn mit Kaiser Wilhelm II. verband. Der Ursprung dieser Freundschaft lag in der besonderen Aufmerksamkeit, die der deutsche Herrscher der Gattin des Thronfolgers gegenüber bezeugte und die viel zu deren Hoffähigkeit beitrug. Wilhelm verpflichtete so mit feinem Gefühl den kommenden Herrscher zu Dank dem Deutschen Reich gegenüber. Wenn man hinzufügt, daß der militärische Teil dieser innen- und außenpolitische Auffassungen von einem der größten Feinde der nichtdeutschen Nationen der Monarchie, von Franz Conrad von Hötzendorf, konzipiert wurde, der auf den Rat Franz Ferdinands zum Generalstabschef ernannt worden war, dann zeichnen sich die Umrisse der politischen Entwicklung schon klarer ab, der sich der Thronfolger während seiner Herrschaft gegenübergestellt sehen würde.

In diesem kurz skizzierten Bild Franz Ferdinands darf ein weiterer Zug nicht fehlen: seine geringen intellektuellen Interessen, verglichen mit denen seines Vorgängers Rudolf. Dies war der einzige Charakterzug, in dem er Franz Joseph glich. Bücher las er kaum, im Theater interessierten ihn vornehmlich das Ballett und das Lustspiel, denn seiner Auffassung nach gehörten die Probleme des Lebens nicht auf die Bühne.

Das war der Anwärter auf die Herrscherwürde, von dem die Entfaltung der Monarchie im 20. Jahrhundert erwartet werden sollte.

Der fällige Thronwechsel erweckte sowohl Befürchtungen als auch Erwartungen. Jeder wollte etwas, und wenn es das bereits Bestehende war, so wollte er auch dann etwas anderes als andere. Wie war das 1848 gewesen? Vertreter desselben Standpunkts in der einen Frage wollten in einer anderen, ebenso wesentlichen Frage eventuell genau das Gegenteil.

Nur eins war im neuen Jahrhundert noch sicherer als im vorhergehenden und wurde mit jedem Jahr gewisser: solange der alte Herrscher dort in Wien, in der

Burg oder in Schönbrunn, saß, solange gab es die Monarchie. Wenn die Wahrscheinlichkeit einer großen Wandlung zu seinen Lebzeiten auch gering schien, so war sie doch nicht ausgeschlossen. Das allgemeine Wahlrecht war eine große Neuerung, und doch konnte es nur mit seinem Einverständnis durchgeführt werden, das wußte jeder. Und aus der Geschichte konnte auch jeder lernen, daß Franz Joseph einst, vor langer Zeit, mit den verschiedensten Lösungen experimentiert hatte. Auch jetzt war das nicht ausgeschlossen. Aber auch dann blieb die Monarchie bestehen, denn jetzt war sie völlig identisch mit Franz Joseph. Selbst die ältesten Leute konnten sich nur an ihn als Herrscher erinnern, und auch die Kinder sahen nur sein Bild in der Schule. „Mich und den Metternich hält sie noch aus", hatte Kaiser Franz einmal vor sehr langer Zeit gesagt. Franz Joseph konnte nur noch an sich denken. Und das tat er auch, mehr als einmal hat er gesagt, er müsse vielleicht deshalb so lange leben, weil dies ein Pfand für die Aufrechterhaltung der Monarchie sei. So sahen es viele, im Reich und in ganz Europa, verantwortliche Staatsmänner und Führer der Arbeiterbewegung, Minister und Botschafter. Auch in internationaler Beziehung waren die Monarchie und Franz Joseph ein und dasselbe.

Der Weg zur Katastrophe

Wenn gesagt wurde, daß auch das Ausland die Monarchie mit Franz Joseph gleichsetzte, so bezog sich dies nicht nur auf die politische öffentliche Meinung Europas, sondern auch auf das offizielle Europa, auf die Regierungen. Auch sie blickten mit steigendem Mißtrauen auf eine Großmacht, die mit so vielen inneren Problemen kämpfte, daß man allgemein ihre Zukunft gefährdet sah. Es gab Regierungen, die die innere Schwäche der Monarchie mit Besorgnis betrachteten. Es gab aber auch andere (zu Beginn des Jahrhunderts bildeten sie bereits die Mehrheit), die voll Hoffnung der Auflösung des verfallenden Reichs entgegensahen. Besonders die Nachbarländer versprachen sich daraus Vorteile: Italien, das Anspruch auf die von Italienern bewohnten Gebiete der Monarchie erhob, wobei es diesen Begriff recht weitherzig auslegte, Serbien wollte dem Reich nach 1903 die Gebiete für einen großen südslawischen Staat auf dem Balkan abnehmen und Rumänien die von Rumänen bewohnten Gebiete. Die Regierungen hatten diese Ansprüche zwar noch nicht in ihr offizielles Programm aufgenommen, sie sahen aber über Äußerungen dieser Art in der öffentlichen Meinung hinweg, ja förderten sie sogar im geheimen.

Es mag auch noch andere Gründe dafür gegeben haben, daß die eine oder andere Regierung die Schwächung der Monarchie und ihr Ende als Großmacht nicht ungern sah. Auch Italien blickte nach dem Balkan und hätte gern wenigstens in dessen westlicher Hälfte Fuß gefaßt; daher unterstützte es die albanische Bewegung, besonders die der Katholiken, genau wie die Monarchie. Der russischen Regierung erschien dies aber noch immer als günstigere Lösung, als sich mit der Monarchie den Einfluß auf dem Balkan teilen zu müssen. So sahen fast alle Nachbarn der Monarchie im Grunde genommen ihrem Ende mit Befriedigung entgegen.

Nur ein Nachbar machte eine Ausnahme, und zwar der wichtigste: Deutschland. Das Deutsche Reich war über die Schwächung der österreichisch-ungarischen Monarchie besorgt, sie war ja sein wichtigster Bundesgenosse. Um die Jahrhundertwende sah sich Deutschland seiner imperialistischen Politik wegen nicht nur mit Frankreich konfrontiert, sondern hatte wegen des enormen Ausbaus der deutschen Flotte auch das Mißtrauen Englands erregt. Das gute Verhältnis zu Rußland, das zu Zeiten Bismarcks noch ein Grundpfeiler der deutschen Außenpolitik war, verschlechterte sich seit 1890 ebenfalls, ja die Regierungen Rußlands und Frankreichs hatten schon ein Militärbündnis geschlossen, um im Fall eines Kriegs Deutschland von zwei Seiten angreifen zu können.

So war der Dreibund (die erste große europäische Koalition mit dauerhaftem Charakter nach 1871) für Deutschland und die Monarchie gleich wichtig. Im Grunde war es dieses Bündnisverhältnis, das die Großmachtstellung der österreichisch-ungarischen Monarchie gewährleistete und das Gegengewicht zum Bündnis der beiden Randmächte des Kontinents, zum russisch-französischen Zusammenschluß, bildete.

Der dritte Partner, Italien, stimmte zwar bei jeder fälligen Gelegenheit der Erneuerung des Bündnisses zu, da es zur Unterstützung seiner Großmachtstellung der Hilfe der beiden anderen Partner noch mehr bedurfte, blickte aber schon lange heimlich aus dem Haus des Bunds nach außen und überlegte, wo es einen neuen, verläßlichen Bundesgenossen finden könnte. Denn Italien betrachtete einzelne Gebiete der Monarchie als eine ihm zukommende Erbschaft und hätte auch gern den Einfluß der Monarchie auf dem Balkan übernommen. Im Jahr 1902 glich es sich mit der französischen Regierung aus und machte dem Zollkrieg zwischen den beiden Ländern ein Ende, so daß die Gründe, die früher für das Bündnis mit Deutschland und Österreich-Ungarn sprachen, wegfielen.

Aber weder die amtlichen noch die freundschaftlichen, dem Bündnisverhältnis entsprechenden Gesten konnten vergessen lassen, worin der Standpunkt der italienischen Regierung in Wirklichkeit bestand. Das wußte man auch in Wien sehr gut, nicht nur im Außenministerium, auch im Generalstab. Der starke Mann des Generalstabs zu Beginn des Jahrhunderts, Conrad von Hötzendorf, forderte wiederholt, daß den italienischen Ambitionen entgegengetreten und die Frage durch einen Präventivkrieg entschieden werden müsse. Daß es sich dabei um einen Krieg gegen einen Bundesgenossen handeln würde, spielte für den Rat keine Rolle, solche Überlegungen waren den Regierungen Europas ohnehin schon lange fremd.

Conrad von Hötzendorf wollte nicht nur gegen Italien Krieg führen. Zumindest ebenso oft betonte er die Notwendigkeit eines Kriegs gegen Serbien. Die im Jahr 1903 dort an die Macht gelangte Dynastie stellte sich eindeutig an die Seite Rußlands. Das heißt, bis zu diesem Zeitpunkt hatte sich die serbische Außenpolitik, einem Geheimabkommen gemäß, den außenpolitischen Bedürfnissen der österreichisch-ungarischen Monarchie angepaßt, während sie sich nun direkt gegen sie wandte und Ansprüche auf sämtliche südslawischen Gebiete der Monarchie, Bosnien und die Herzegowina inbegriffen, erhob. Dies war ein mächtiger Gebietskomplex, und es bestand die Gefahr, daß die Monarchie damit vom Meer abgeschnitten werden könnte. (Zu dieser Zeit herrschte allgemein die Auffassung, daß ein Staat ohne Zugang zum Meer kein richtiger Staat sei.) Diese Entwicklung könnte durch die Niederschlagung Serbiens verhindert werden. Es müsse zu einem raschen Schritt kommen, bevor das russisch-serbische Verhältnis sich so weit entwickelt habe, daß ein Auftreten gegen Serbien auch Rußland in den Kampf miteinbeziehen könnte. Für einen solchen Krieg sei die Monarchie endgültig zu schwach geworden.

Die Vernichtung oder wenigstens Maßregelung Serbiens wäre auch deshalb nützlich, weil dies die Interessen des Reichs auf dem Balkan fördern würde. Die Monarchie könnte sich bis zum Hafen von Saloniki ausdehnen. Bulgarien, dessen Herrscher ohnehin der österreichisch-ungarischen Monarchie freundlich gegenüberstand, käme dann auch unter ihren Einfluß, Rumänien würde sich unterwerfen müssen, auch mit Albanien ließe sich vieles regeln, und die Italiener könnten von der Halbinsel ferngehalten werden.

Es gab Persönlichkeiten auf verantwortungsvollen Posten der Monarchie, die diese Perspektiven für ganz real hielten. Die Herren der Großbanken erwarteten davon neue wirtschaftliche Möglichkeiten, die Männer des Auswärtigen Amts rechneten mit diplomatischen Erfolgen, die endlich handgreiflich beweisen würden, daß Österreich-Ungarn schließlich doch eine Großmacht war; es mußte auch zu einer Verminderung des russischen Einflusses führen, wodurch das Wohlwollen Englands zu gewinnen war. Also Erfolge, Eroberungen, territorialer Zuwachs.

Wenn man von der Irrealität dieser Ideen absieht (die im imperialistischen Europa von damals vielleicht gar nicht völlig illusorisch waren), so kommt man zu folgenden Feststellungen: der Kaiser aus dem Haus Habsburg, dessen Ahnen früher in Kontinenten dachten, die im Mittelpunkt der Entwicklung ganz Europas standen, dieser Kaiser könnte es jetzt als großen Erfolg verbuchen, wenn es ihm gelänge, irgendwo auf dem Balkan einige tausend Quadratkilometer Territorium zu erwerben! Im Lauf der letzten Jahrhunderte hatte sich die europäische Lage der Dynastie sehr verändert. Einst hatten sich die Habsburger mit Frankreich gemessen, jetzt verursachte ihnen Serbien, dieses zehnmal kleinere Land, ernsthafte Sorgen.

In einem Fall konnte die österreichisch-ungarische Monarchie um die Jahrhundertwende noch einmal als gleichberechtigter Partner der anderen europäischen Großmächte auftreten. Es war dies während jener Episode aus der Zeit des Imperialismus, als tapfere europäische Truppen in hartem Kampf in Peking vordrangen und das bedrängte Diplomatenviertel von den Boxern befreiten. Auch ein kleines österreichisch-ungarisches Detachement nahm an diesem „heldenhaften“ Unternehmen teil, es erbeutete einige Kanonen, die als Trophäen nach Wien und Budapest gebracht wurden. Daß es sich hier in Wirklichkeit um eine große Bewegung des chinesischen Volks handelte, die sich gegen die halbkoloniale Lage des Landes richtete, wurde von den Regierungen Europas nur ungern zur Kenntnis genommen. Dort dachte man nur daran, den Barbaren eine kräftige Lektion zu erteilen. Nun, in dieser – bei ihrem ernsten Charakter doch an zeitgenössische Operetten erinnernden – Kampagne konnte die Großmachtstellung der Monarchie zur Geltung kommen.

Vielleicht war die Lage aber noch gar nicht so ernst. Allerdings war die Monarchie von mehreren Seiten von Feinden bedroht, und ihre Großmachtstellung war mehr durch die Kraft der Tradition als durch ihre tatsächliche Stärke gewährleistet – jetzt bedeuteten Kohle, Stahl und Öl Reichtum und Macht, diese Rohstoffe besaß die Monarchie nicht; auch Kolonien hatte sie keine, ihre Flotte wurde nicht ernst genommen –, aber im Verein mit den Deutschen war sie doch kein zu verachtender Gegner, wenn es zum Bruch kommen sollte. Aber mußte es dazu kommen? Viele Menschen waren der Ansicht, daß die Barbarei des Kriegführens von den zivilisierten europäischen Mächten überwunden sei, höchstens gegen Barbaren könne man noch kämpfen, wie eben in Peking. Wenn es aber nicht zum Krieg kam, mußte man doch mit der Monarchie rechnen.

Wenn man von serbischer Seite Feindseligkeiten zu befürchten hatte, wenn man Italien gegenüber zumindest mißtrauisch sein mußte, so war doch die Macht, deren Haltung in Wahrheit Grund zur Sorge gab, Rußland. Konfliktstoff lag einerseits in den russischen Balkanplänen, andererseits in dem Verhältnis zu den Slawen der Monarchie, denn im ersten Jahrzehnt unseres Jahrhunderts waren gewisse Versuche erneuert worden, alle Slawen zusammenzufassen; es wurden wieder Slawenkongresse abgehalten, wenn sie auch nach außen hin keinen politischen Charakter zu haben schienen. Jedenfalls vermutete man dahinter die russische Regierung. Und es war allgemein bekannt, daß die Russen der slawischen Bevölkerung orthodoxer Konfession in der Monarchie eine ziemlich umfangreiche materielle Hilfe leisteten. Bei aller Anhänglichkeit an den Dreibund mußte die Außenpolitik der Monarchie, wenn sie die Politik der weiteren Ausbreitung auf dem Balkan nicht aufgeben wollte, in erster Linie irgendeine Lösung für ihr Verhältnis zu Rußland finden.

An ein Bündnis durfte man nicht denken, das wollte niemand, aber irgendeine Art der Koexistenz wurde von allen verantwortlichen Stellen angestrebt. Nachdem die gegenseitigen Besuche seit der Thronbesteigung des Zaren Nikolaus II. im Jahr 1894 die notwendige Atmosphäre geschaffen hatten, boten die Wirren in den türkischen Teilen des Balkans Gelegenheit zur Annäherung. Im Herzen der verbliebenen türkischen Gebiete lag Mazedonien mit seiner gemischten und ethnisch unsicheren Bevölkerung, seinen dauernden Unruhen und seiner Lage im Kreuzfeuer der einander widersprechenden territorialen Ansprüche der benachbarten kleinen Balkanstaaten. Dieser Zustand barg immer die Gefahr eines Umsturzes in sich. Das konnte aber zu territorialen Änderungen mit unabsehbaren Folgen führen. Die österreichisch-ungarische Außenpolitik schreckte ebenso wie die russische vor Komplikationen zurück, beide wünschten die Erhaltung des Status quo. Im Jahr 1897 hätte die Unruhe in Mazedonien fast zu einem Krieg geführt, doch konnten sich die Diplomaten schließlich auf Grund des Status quo einigen. Im Jahr 1903 drohte der große Aufstand der mazedonischen Bevölkerung am Elias-Tag erneut zu einem Umsturz zu führen. Die Diplomaten setzten sich wieder zusammen und einigten sich von neuem darauf, daß alles beim alten bleiben sollte. Am 2. Oktober 1903 beschlossen Franz Joseph I. und Nikolaus II. in Mürzsteg den Mürzsteger Reformplan, den sie der Türkei aufzwangen. Auf der Halbinsel wurden Reformen gefordert, und die Aufrechterhaltung der Ordnung mußte nichtmuselmanischen

Polizisten übertragen werden. Die Eintracht zwischen den beiden rivalisierenden Partnern schien völlig wiederhergestellt. Die ideologische Grundlage der Zusammenarbeit war die Solidarität der nach außen durchaus konservativen beiden Großmächte den drohenden Gefahren der modernen Epoche gegenüber, in der die Völker den Gedanken wagten, daß ihr Schicksal in ihren eigenen Händen liege.

Rußland hatte sich schon seit einiger Zeit in eine andere Richtung orientiert. In Fernost sah es größere Möglichkeiten der Entfaltung. Im Jahr 1904 brach der Russisch-Japanische Krieg aus; wieder fügte eine außereuropäische Macht einer europäischen eine schmähliche Niederlage zu, wie die Vereinigten Staaten von Amerika schon früher, im Jahr 1898, Spanien. Von den Großmächten war es vor allem die Monarchie, die den Mißerfolg Rußlands mit Genugtuung zur Kenntnis nahm. Die Diplomaten der Monarchie fühlten sich sicherer.

Allerdings gab es auch unheilverkündende Momente. Weit entfernt, in Marokko, in einem für die Monarchie ganz uninteressanten Bereich, verschärften sich die deutsch-französischen Gegensätze, weil die deutsche Regierung dort der Ausweitung der französischen Einflußsphäre in den Weg treten wollte. Im Jahr 1906 wurde die Frage auf einer europäischen Konferenz in Algeciras auf spanischem Territorium entschieden und ein Krieg verhindert. Die deutschen Ansprüche wurden formell befriedigt, in Wahrheit aber war das Ganze eine Vorbereitung für ein weiteres französisches Vordringen. Nicht der Konflikt an sich war interessant, sondern die Tatsache, daß sich nur die österreichisch-ungarische Monarchie an die Seite Deutschlands gestellt hatte (und auch dies nur mit Vorbehalten). Daß Italien sich an die andere Seite hielt, war sonnenklar, und wenn die Unterstützung Deutschlands durch die Monarchie nicht eindeutig war, konnte dann die Monarchie in jedem Fall auf deutsche Unterstützung rechnen?

Im selben Jahr begann der Zollkrieg gegen Serbien. Auf Betreiben der ungarischen Landwirte hatte die Monarchie mit ihrem neuen Zolltarif den Import serbischen Fleisches praktisch ausgeschlossen. Serbien hatte bisher den größten Teil seines Fleischexports in die Monarchie getätigt, und dieser Verlust traf sein wirtschaftliches Leben fühlbar. Gerade das aber wollten die führenden Politiker der Monarchie erreichen, den Feind wirtschaftlich in die Knie zwingen. Sie mußten schnell handeln, solange Rußland sich nicht offen einmischen konnte. Das Tauziehen ging bis 1909 und vergiftete das ohnehin gespannte Verhältnis zwischen den beiden Nachbarn. Und es war noch lange nicht beendet, als sich eine weitere Komplikation ergab.

Das Offizierskorps des Türkischen Reichs war das am stärksten europäisch gebildete Element der türkischen Gesellschaft und besaß einen verhältnismäßigen Weitblick. Dieses Offizierskorps – die zahlenmäßig sehr schwache Bourgeoisie spielte keine Rolle – war schon lange der Erniedrigungen überdrüssig geworden, wie sie sich eben in Mürzsteg wieder ereignet hatten, wo fremde Mächte diktierten, was in der Türkei zu geschehen habe. Im Frühjahr 1908 zogen die Garnisonen gegen die Hauptstadt. Die Jungtürkische Revolution brach aus, ein Versuch, den in feudalen Verhältnissen steckengebliebenen türkischen Staat im bürgerlichen Sinn zu reformieren. Die Truppen der Garnisonen besetzten Konstantinopel, der Sultan ernannte eine neue Regierung, und das Türkische Reich wurde ein konstitutioneller Staat. Eine Zeitlang begeisterten sich selbst die nichttürkischen Völker des Reichs für die neue Freiheit, die europäischen Mächte aber waren gezwungen, gute Miene zum bösen Spiel zu machen, die neue türkische Regierung wollte ja nichts anderes, als sich den europäischen Staaten anpassen.

Der Übergang zu einem konstitutionellen Staat setzt ein Parlament voraus, und zu einem Parlament gehören Wahlen. Diese Wahlen sollten im ganzen Gebiet des Reichs abgehalten werden, unabhängig davon, in wessen Händen sich dieses Gebiet eben befand. Offenbar bezog sich diese Forderung auf Bosnien und die Herzegowina sowie auf den Sandschak Novi Pazar, diesen Streifen zwischen Serbien und Montenegro, der ebenfalls von der Monarchie militärisch besetzt war, wenn auch nur provisorisch und gemeinsam mit den Türken.

Konnte Österreich-Ungarn erlauben, auf seinem Gebiet Abgeordnete ins türkische Parlament wählen zu lassen? Die Beamten im Auswärtigen Amt gerieten in eine schwierige Lage. Duldeten sie die Wahlen, dann verzichtete die Monarchie damit auf Bosnien und die Herzegowina. Gerade jetzt aber war das Verhältnis zu Serbien sehr gespannt. Wenn sie auf die beiden Provinzen verzichtete, gestand die Monarchie vor aller Welt ihre Ohnmacht ein, dann konnte die serbische Regierung mit noch größerer Stärke an der Verwirklichung des südslawischen Staats arbeiten. Und es wäre auch klar geworden, daß – wie ohnehin schon viele dachten – die Monarchie keine Großmacht mehr war, sondern der kranke Mann Europas, ja es mußte gerade jetzt, da die Jungtürken ihre Triumphe feierten, zu dem Gedanken führen, daß die Monarchie noch viel kränker war als selbst die Türkei.

Der neue Außenminister der Monarchie, Aehrenthal (er hatte dieses Amt im Jahr 1906 übernommen), war ein entschlossener, nicht immer mit ganz sauberen Methoden arbeitender Anhänger einer aktiven Außenpolitik und hielt ein Nachgeben der Monarchie einfach für eine Unmöglichkeit. Seines Erachtens mußte man dem provisorischen Status der Provinzen ein Ende machen und sie endgültig der Monarchie anschließen, d. h. annektieren. Der Plan war schon vor der türkischen Revolution aufgetaucht, die Revolution gab nur den letzten Anstoß dazu.

Die diplomatisch verfaßten Bestimmungen des Berliner Kongresses boten die Möglichkeit einer Einverleibung der beiden Provinzen. Die Annexion würde keine wesentliche Änderung bedeuten, die europäischen Mächte hatten sich schon seit drei Jahrzehnten daran gewöhnt, daß dieser Teil des Balkans der Monarchie gehörte, sie würden auch zur Kenntnis nehmen, daß der Rechtstitel des Besitzes geändert worden war. Natürlich war mit einem Protest Serbiens zu rechnen, doch jetzt durfte man wirklich nicht davor zurückschrecken. Der einzige ungewisse Faktor war die Stellungnahme Rußlands. Wenn der Zar protestierte und sich an die Seite Serbiens stellte, konnte es Komplikationen geben, doch wenn die Monarchie nachgab, waren noch größere Komplikationen zu erwarten.

Die Argumente für und wider waren gewichtig. Entscheidend war jedoch das Bestreben, die Großmachtstellung zu erhalten. Am 19. August 1908 stimmte der gemeinsame Ministerrat endlich dem riskanten Unternehmen, der Annexion, zu. Aufgabe des Außenministers war es, den russischen Standpunkt zu klären und in irgendeiner Form die vorherige Einwilligung der russischen Regierung zu sichern. Der russische Außenminister Iswolski war gerade im Begriff, sich auf eine Rundreise durch Europa zu begeben. Nach dem Mißerfolg im Fernen Osten orientierte sich die Regierung wieder in Richtung Europa. Am 15. September hatte Iswolski im Schloß Buchlau bei Brünn eine lange Unterredung mit seinem österreichisch-ungarischen Kollegen. Sie kamen zu einer Einigung, und obwohl nachträglich beide Teile deren Einzelheiten etwas verschieden interpretierten, konnte doch über die wesentlichen Fragen kein Zweifel bestehen. Sie vereinbarten, daß die Monarchie in einem geeigneten Moment die zwei türkischen Provinzen annektieren und gleichzeitig ihre Truppen aus dem Sandschak zurückziehen würde. Rußland erklärte, diese Änderung hinnehmen zu wollen. Dagegen werde Österreich-Ungarn in einem geeigneten Augenblick Rußland in seinen Ansprüchen auf die Meerengen unterstützen. Damit schieden die beiden Außenminister, und Iswolski reiste nach Westen weiter. Er befand sich gerade in Paris, als er am 6. Oktober erfuhr, die Monarchie habe die Annexion Bosniens und der Herzegowina amtlich bekanntgegeben. Letztlich handelte es sich nur darum, wann man den geeigneten Zeitpunkt für gekommen hielt. Und Aehrenthal hatte in Buchlau nicht verraten, wie nahe er bevorstand.

Der Schritt der Monarchie erregte riesiges Aufsehen. Die meisten slawischen Bewohner des Reichs waren empört, die anderen nicht begeistert, selbst die Südslawen nahmen diesen Schritt mit gemischten Gefühlen auf. Die Unterzeichner des Berliner Vertrags beanstandeten, daß der Schritt so unvorbereitet erfolgte. Die russische öffentliche Meinung forderte von der Regierung entschiedene Schritte, und die Regierung selbst war der Ansicht, sie könne dieses Unrecht nicht hinnehmen. Das Barometer stand auf Sturm. Einige triumphierten, jetzt sei die Zeit für den Präventivkrieg gegen Serbien gekommen. Wenn Serbien isoliert bleibe, werde es von der Monarchie zerschmettert, sagten andere, freudig oder besorgt. Ja, aber wenn es nun nicht allein blieb?

Endlich gab die russische Regierung nach. Rußland konnte den Krieg nicht riskieren. Kaum drei Jahre vorher hatte es von Japan eine Niederlage erlitten, bei der es fast seine gesamte Flotte verloren hatte, zur gleichen Zeit war es von einer Revolution erschüttert worden; nun befand es sich gerade am Anfang einer für das ganze Jahrzehnt berechneten militärischen Reorganisation; das Bündnis mit Frankreich enthielt für diesen Fall keine eindeutigen Bestimmungen. Für Rußland war es von Vorteil, daß es nicht selbst offiziell zum Nachgeben gezwungen war, es konnte diese undankbare Rolle Serbien zuschieben. Der kampffreudige serbische Thronfolger mußte abdanken, und am 31. März 1909 übergab der serbische Gesandte in Wien eine Note, in der erklärt wurde, daß die Annexion die

Interessen Serbiens nicht verletze. Die teilweise mobilisierten Truppen der Monarchie konnten wieder entlassen werden, die Gefahr eines Kriegs war gebannt, die Monarchie Sieger geblieben. Daß die Monarchie nur über ein kleines Land triumphiert hatte, wirkte in den Augen vieler Menschen bloß wie ein Schönheitsfehler, wichtig schien allein, daß der Zweck erreicht war.

Die serbische Regierung war gedemütigt, ging aber nach der Niederlage nicht einfach zur Tagesordnung über, noch viel weniger die serbische öffentliche Meinung. Serbien war auch nicht damit zu versöhnen, daß der Zollkrieg abgeblasen wurde. Mehr denn je blieb die Erwerbung der südslawischen Gebiete letztes Ziel. Es bildeten sich Geheimbünde, „Vereinigung oder Tod" oder ähnlich benannt, die mit allen erdenklichen Mitteln gegen die Monarchie arbeiteten, besonders in Bosnien und der Herzegowina. Ihre Vertreter saßen dort in den höchsten staatlichen Ämtern, wenn die Regierung auch nichts davon wußte. Der Sieg der Monarchie trug nur dazu bei, sich einen noch erbitterteren Feind zu schaffen.

Im Jahr 1911 endete die zweite Marokko-Krise mit einem internationalen Abkommen, das Marokko praktisch Frankreich überließ. Dadurch ermutigt, erklärte Italien der Türkei den Krieg, um sich Libyens zu bemächtigen. Die türkischen Truppen wichen zurück. Dies war auch für die Balkanstaaten ein Signal. Was bisher nicht gelungen war – und am Mißerfolg hatte auch die Diplomatie Österreich-Ungarns ihren Anteil –, geschah jetzt: die Balkanstaaten stellten ihre inneren Gegensätze in den Hintergrund, schlossen der Reihe nach Bündnisse miteinander und griffen im Oktober 1912 das Türkische Reich an. Hinter dem Bündnis stand die russische Diplomatie; die Verbündeten forderten in einem geheimen Abkommen sogar den Zaren auf, ihre territorialen Streitfragen zu entscheiden. Darüber hatte man in Wien keine genauen Informationen, aber es konnte kein Zweifel bestehen, daß der Zusammenschluß der Balkanstaaten mit Hilfe Rußlands zustandegekommen war.

Schon in den ersten Wochen erzielten die Verbündeten große Erfolge, die türkischen Armeen waren überall im Rückzug, und wenn die Entwicklung weiter so verlief, würde das Türkische Reich aus Europa verdrängt werden, die Balkanstaaten gewannen große Territorien, und die Monarchie mußte all dem tatenlos zusehen. Wo blieb dann ihre Autorität als Großmacht? Die oberste Führung erwog ein militärisches Eingreifen zugunsten des Türkischen Reichs. Aber die Volksmassen sprachen ein mächtiges Wort zu diesen Plänen, es kam zu einer riesigen Bewegung gegen den Krieg, Volksversammlungen und Demonstrationen folgten einander. Diesmal lagen keine vorherigen Zusicherungen von russischer Seite vor wie vor vier Jahren zur Zeit der Annexion. Ein Krieg gegen die kleinen Völker, die für die Befreiung der Angehörigen ihrer eigenen Nationalität und gegen das innerlich verfaulte Türkische Reich kämpften – die Jungtürkische Revolution war schon lange erstickt –, war kein volkstümliches Unternehmen. Österreich-Ungarn verzichtete schließlich aus diplomatischen und militärischen Gründen auf ein Eingreifen. Die Sieger lagen sich ohnehin bald in den Haaren, der Balkanbund zerfiel,

Bulgarien verlor seinen Krieg mit den Balkanstaaten, und an die Stelle der russenfreundlichen Regierung traten bald wieder die Anhänger des Dreibunds. Die ganze Veränderung war für die Monarchie zwar unangenehm, aber sie hatte doch nicht so ungünstige Folgen wie im ersten Augenblick zu befürchten gewesen war.

Noch einmal konnte man über Serbien, ganz im Stil der Annexionskrise, einen Sieg erringen. Die Türken hatten sich gleich zu Beginn des Kriegs aus den westlichen Gebieten der Halbinsel zurückgezogen, und die serbischen Truppen konnten hier im großen und ganzen ohne Hindernis vorrücken. Einen der albanischen Häfen besetzten sie in der offenkundigen Absicht, ihn zu behalten. (Schließlich wußten auch sie, daß es keinen richtigen Staat ohne Zugang zum Meer gab.) In diesem Fall konnte die Monarchie zum Schutz des Völkerrechts einschreiten, denn schon im November 1912 hatte sich eine provisorische albanische Regierung gebildet, die ebenfalls auf diesen Hafen als albanisches Gebiet Anspruch erhob. Diesen berechtigten Anspruch konnte Österreich-Ungarn unterstützen. Endlich erreichte es hier sein Ziel: Die serbischen Truppen verließen den Hafen, es bildete sich ein selbständiges Albanien, und Serbien blieb weiterhin im Innern der Halbinsel, vom Meer abgeschlossen. Mit den Truppen Montenegros konnte das Spiel wiederholt werden, nur mußte diesmal auch die österreichisch-ungarische Flotte erscheinen.

Der neuere Sieg ließ fast schon vergessen, daß in der neuen Lage auf dem Balkan die alten expansionistischen Ziele (in der Richtung auf Saloniki) unerreichbar geworden waren. Österreich-Ungarn konnte nicht mehr damit rechnen, sich weiter ausdehnen zu können. Daran hinderten es die Serben mit ihrem unversöhnlichen Haß und das gekränkte Rußland. Beiden war es wiederholt in den Weg getreten, beide hatte es offen oder hinter den Kulissen gedemütigt.

Im Sommer 1914 fanden in Bosnien, in der Nähe der serbischen Grenze, die üblichen Manöver Österreich-Ungarns statt. Es konnte nicht schaden, wenn die Serben spürten, daß die Bosnier begeisterte Anhänger der Monarchie waren und die Übungen ausgezeichnet abliefen. In Vertretung des Kaisers und Königs reiste der Thronfolger zu den Manövern, er kam am 28. Juni, dem Tag des heiligen Veit, in Sarajevo an. An diesem Tag betrauerten die Serben ihre Niederlage in der Schlacht auf dem Amselfeld im Jahr 1389, dem Beginn der jahrhundertelangen türkischen Besetzung. Es konnte nicht schaden, wenn den Serben gerade an diesem Tag klargemacht wurde, daß Österreich-Ungarn keinerlei Provokationen duldete.

Bei seiner Ankunft wurde auf den Thronfolger ein Attentat verübt, eine Bombe wurde auf sein Auto geworfen, doch der Flügeladjutant fegte sie im letzten Augenblick herunter, und sie explodierte unter dem folgenden Auto. Der Zug erreichte das Rathaus, und der Thronfolger fuhr in seiner gewohnten rauhen Art den zu Tode erschrockenen Bürgermeister an, was man ihm für einen Empfang bereite. Dann fuhr er weiter, um die bei dem Attentat Verwundeten im Spital zu besuchen. Bei einer Brücke wurde er aber zusammen mit seiner Gattin von einem jungen serbischen Studenten, Gavrilo Princip, durch mehrere Schüsse getötet. Es war ein sonniger Sommersonntag. In der ganzen Monarchie verkündeten Sonderausgaben der Zeitungen: Der Thronfolger ermordet!

Die Sensation war größer als die Trauer, denn es gab viele, die sich vor der kommenden Herrschaft Franz Ferdinands gefürchtet hatten. Diese Furcht war nun vorüber. Um so leichter konnte man seine Empörung zeigen. Selbst die Feinde Franz Ferdinands wollten Genugtuung, die offenbar von der serbischen Regierung gefordert werden mußte. Es stand außer Zweifel, daß die serbische Regierung für das Attentat verantwortlich war. Jetzt durfte es kein Zögern mehr geben, die Gelegenheit, Serbien den Krieg zu erklären, durfte nicht versäumt werden.

Schnelle Gegenaktionen konnten mit der Zustimmung ganz Europas rechnen. Es war ein Mord verübt worden, und der Ermordete war nicht irgendeine beliebige Person, sondern ein Mitglied eines der ältesten Herrscherhäuser Europas. Welche Regierung würde sich vermessen, die Serben zu verteidigen?

Der gemeinsame Ministerrat beriet über die Schritte gegen Serbien. Ziel war ein für Serbien unannehmbares Ultimatum. Dann mußte der Krieg kommen. Der deutsche Kaiser hatte wissen lassen, daß er an der Seite der Monarchie stehe. In diesem Fall war der russische Standpunkt nicht mehr von Bedeutung. Soll der Krieg doch kommen, machen wir diesem langsamen Absterben ein Ende! Im Ministerrat erhob nur der ungarische Ministerpräsident István Tisza seine Stimme gegen die Entscheidung. Nicht als ob er eine Maßregelung Serbiens, selbst um den Preis eines größeren europäischen Konflikts, abgelehnt hätte, aber er hielt den gegebenen Zeitpunkt für eine größere Kraftprobe nicht geeignet. Erst im Ministerrat vom 19. Juli stimmte auch er dem Ultimatum zu. Noch immer schien alles planmäßig abzulaufen, der deutsche Beistand war sicher und für den Fall einer Einmischung Rußlands noch sicherer; selbst wenn sich Frankreich Rußland anschließen sollte, war nichts zu befürchten, denn England würde nicht eingreifen. Es gab gewisse Anzeichen, die darauf schließen ließen.

Das österreichisch-ungarische Ultimatum wurde am 23. Juli übergeben, es enthielt harte Bedingungen: Serbien bestraft die Mörder und die Organisatoren, es unterbindet jede weitere Propaganda gegen die Monarchie und leistet Genugtuung. Sollte innerhalb von zwei Tagen keine positive Antwort erfolgen, werde die Monarchie gezwungen sein, zu anderen ihr zur Verfügung stehenden Mitteln zu greifen. Einige Minuten vor Ablauf des Ultimatums überreichte Ministerpräsident Pašić die serbische Antwort eigenhändig auf der österreichisch-ungarischen Gesandtschaft: die Regierung nehme mit einer Ausnahme alle Bedingungen an. Das Ultimatum enthielt nämlich den Punkt, daß an den Recherchen gegen die Verschwörer auch die österreichisch-ungarischen Behörden teilnehmen. Dies wäre natürlich eine Verletzung der staatlichen Souveränität gewesen, die kein einziger Staat hätte hinnehmen können. Wohl gerade deshalb war dieser Punkt in das Ultimatum aufgenommen worden. Die diplomatischen Beziehungen wurden abgebrochen, und am 28. Juli erklärte die Monarchie Serbien den Krieg.

Inzwischen ging das diplomatische Spiel auf den verschiedensten Ebenen weiter, und als sich zu guter Letzt herausstellte, daß auch die Neutralität Englands keineswegs mehr sicher schien, wäre auch der deutsche Kaiser zum Nachgeben bereit gewesen, doch da war es bereits zu spät. Am 1. August erklärte Deutschland Rußland den Krieg, zwei Tage später Frankreich, dann kam die englische Kriegserklärung, am 5. August erklärte Österreich-Ungarn Rußland den Krieg. Der Weltkrieg war ausgebrochen.

Es wäre überflüssig, hier im einzelnen zu wiederholen, was die Epoche des Imperialismus bedeutete, was für Gegensätze zwischen dem Dreibund, genauer zwischen Österreich-Ungarn und Deutschland, auf der einen und England, Frankreich und Rußland auf der anderen Seite bestanden. Lenin hat klassisch formuliert, daß der Imperialismus ein Ensemble von wirtschaftlichen und politischen Faktoren ist. Die Aufteilung der Welt unter die internationalen Monopole, die wirtschaftlichen Ansprüche und territorialen Forderungen der einzelnen Großmächte machten eine Neuaufteilung der Welt unerläßlich und führten zu einer mächtigen Verknotung von Gegensätzen. Die Spannung mußte früher oder später zum Ausbruch kommen. Aus dem bisher Gesagten geht auch hervor, daß in allen diesen Gegensätzen die Monarchie nicht die Hauptrolle spielte, sondern in der zweiten Linie stand, wenn sie nicht gar nur eine Statistenrolle spielte. Es war ein Werk des Zufalls, daß der auf kurze oder lange Sicht unvermeidliche imperialistische Zusammenstoß mit dem Manifest Franz Josephs eingeleitet wurde. Es enthielt die Kriegserklärung an Serbien und schloß mit den denkwürdigen Worten: „Ich habe alles geprüft und erwogen. Mit ruhigem Gewissen betrete Ich den Weg, den die Pflicht Mir weist."

Das Ende

Im ungarischen Teil der dualistischen Monarchie spiegelten sich die Probleme des Reichs auf eigentümliche Weise wider: es entstanden zwei Krisenherde, die den Beginn der Endphase außerordentlich beschleunigten. Der erste war die volle Entfaltung des Nationalbewußsteins der in Ungarn lebenden nichtungarischen Völker. Auch dies war eine Begleiterscheinung der kapitalistisch-bürgerlichen Entwicklung, brachte hier aber besondere Probleme zum Reifen, die es diesen Völkern erschwerten, ja geradezu unmöglich machten, sich in die staatliche Einheit der „Länder der Stephanskrone" einzufügen. Der zweite war die Frage, wie weit das von nichtungarischen Völkern bewohnte ungarische Staatsgebiet integer war? Beide Probleme hängen an einem gewissen Punkt eng zusammen und haben wegen der eigenartigen Nationalitätenverhältnisse auf dem ungarischen Staatsgebiet eine außerordentliche Bedeutung.

In dieser Frage gab es schon zur Zeit der Revolution von 1848 einen bedeutenden Unterschied zwischen den nichtungarischen Völkern der Monarchie und den Ungarn. Palacký betrachtete außer dem Sprachgebrauch und den wirtschaftlich-kulturellen Rechten der slawischen Völker auch die bis zur vollen Erfüllung der politischen Selbständigkeit gehende Freiheit als Bedingung der modernen Demokratie. Von ungarischer Seite dagegen sah man deren Inhalt in der Gewährleistung der sprachlichen und bis zu einem gewissen Grad der kulturellen Sonderstellung. Die demokratische Erfüllung des ungarischen Staats erkannten sie in der Entwicklung des „vielsprachigen, national einheitlichen" Staats des heiligen Stephan. In den folgenden Jahrzehnten vertiefte sich der Abstand zwischen diesen beiden Standpunkten immer mehr; einerseits stiegen die Ansprüche der slawischen Völker, andererseits wuchs der Widerstand der herrschenden ungarischen Klassen.

In den nationalen Fragen trat infolge des Anwachsens der imperialistischen Tendenzen eine bedeutende Wandlung ein: mit den Veränderungen im Verhältnis der Großmächte verlieren – über die inneren Klassengegensätze hinaus – die Gegensätze innerhalb der Staaten ihren ausschließlich „innenpolitischen" Charakter und werden mit steigender Intensität Quellen „außenpolitischer" Spannung. Dann gibt es nicht nur für auswärtige Mächte Möglichkeiten der Einmischung in die inneren Angelegenheiten des Gegners, sondern die unbefriedigten Nationen mit ihren berechtigten oder aber übertriebenen Forderungen können sich auch an auswärtige – verwandte oder sympathisierende – Mächte mit der Bitte um Unterstützung ihrer Bestrebungen wenden. Dieses Moment ändert die Beschaffenheit und den Inhalt der Probleme grundlegend, indem die zu stellenden berechtigten oder aber übertriebenen Forderungen nicht mehr ein demokratisches Gleichgewicht in der Stellung der Nationalität innerhalb des „Mutterstaats" bezwecken, sondern Elemente enthalten, die gegen die Integrität desselben gerichtet sind.

Für die Monarchie der Habsburger und innerhalb derselben für Ungarn hatte dieser Prozeß eine außerordentliche Bedeutung und große Auswirkungen, selbst wenn die damaligen Repräsentanten der Macht und die Vertreter der demokratischen Entwicklung dies noch nicht erkennen und sich dessen nicht bewußt werden konnten. Dies war um so weniger möglich, als um die Jahrhundertwende die nationalen Bewegungen noch nicht in das Ringen der Mächte einbezogen waren. Als man aber den Zusammenhang erkennen konnte, war es bereits zu spät. So konnte es geschehen, daß die Nationalitätenfrage – genauer ausgedrückt, die Frage der Rechte und Forderungen der nichtungarischen Nationen – sowohl bei den herrschenden Klassen als auch bei den ihnen gegenüberstehenden demokratischen und bürgerlich-radikalen Kreisen und bei den arbeitenden Klassen auf Widerstand stieß. Daß die ungarischen herrschenden Klassen ähnlich wie bei den sozialen Forderungen der ungarischen Arbeiter sich auch vor den Forderungen der nichtungarischen Völker verschlossen, kann als natürlich angesehen werden. Auf Grund des Prinzips der territorialen Integrität lehnten sie auch die Erfüllung der Teilforderungen ab. Dies hatte, neben ihrer grundsätzlichen Engherzigkeit, noch zwei weitere Gründe. Erstens fürchteten sie, daß jedes Zugeständnis nur zu weiteren Forderungen führen könnte, zweitens, daß jedes einer nichtungarischen Nationalität gemachte Zugeständnis als Präzendenzfall für andere Nationalitäten dienen könnte, was – ihrer Ansicht nach – im multinationalen ungarischen Staat letztlich den „Ausverkauf" einleiten könnte (dieser Gedanke entbehrte in der gegebenen Periode nicht einmal ganz der Realität).

Eine andere Lage herrschte um die Jahrhundertwende in bezug auf die immer entschiedener auftretenden Linken. Allerdings betrachtete die sozialistische Arbeiterbewegung die nationalen Kämpfe noch nicht als eigenes Kampfgebiet. Nur in der Sprachenfrage traf sie Maßnahmen, um den Umgang mit den Fremdsprachigen zu erleichtern. Die erstarkende bürgerliche Linke und besonders ihr radikaler Flügel wurden sich außer der sozialen Rückständigkeit des Landes immer stärker auch der Rechte der nichtungarischen Völker und der Wirkung der nationalen Kämpfe auf das Schicksal des Landes bewußt. Oszkár Jászi gebührt das Verdienst, dieses Problem mit den Mitteln der modernen Gesellschaftsforschung aufgeworfen zu haben (obwohl Lajos Mocsáry bereits in einer früheren Periode ernsthaft für die Rechte der Völker eingetreten war). Von seiten der bürgerlichen radikalen Bewegung gelangte Jászi in diesem Bereich am weitesten. Einige Jahre später schloß sich Mihály Graf Károlyi mit sehr folgerichtigen Ideen denen an, die die ungarische Gesellschaft in jeder Beziehung auf das Niveau der Zeit heben wollten.

Jászi – und nicht viel später Károlyi – betrachteten die Konsolidierung der nationalen Rechte der nichtungarischen Völker als Angelpunkt der Entwicklung des Landes, solange dies innerhalb der Grenzen des Reichs durchführbar war. In Erinnerung an den ehemaligen Plan Kossuths entwarf Jászi auch einen Plan der Vereinigten Donaustaaten. Und obwohl bemerkt werden muß, daß es damals auch andere Integrationspläne für Mitteleuropa gab, so z. B. die Konzeption des Kreises um Franz Ferdinand, die József Kristóffy während seiner kurzen Amtszeit als Innenminister in Ungarn vertrat, und obwohl sogar der Plan des Deutschen Naumann in gewisser Beziehung hierher gezählt werden muß, so kann doch nicht geleugnet werden, daß der Plan Jászis weit demokratischer war als die verschiedenen imperialistischen Integrationspläne.

Trotz alledem konnten die Befriedigungsbestrebungen Jászis, Károlyis und der ungarischen radikalen Bewegungen keinen Erfolg haben. Nicht in erster Linie deswegen, weil der Widerstand der ungarischen herrschenden Klassen die Verwirklichung ihrer Pläne verhindert hätte. Diese Klassen traten im Sturm des inzwischen ausgebrochenen Weltkriegs und in den kommenden Revolutionen zurück. In den nationalen Bewegungen war eine Wandlung eingetreten, gegen die am Ende des Prozesses Jászi, Károlyi, ja die ganze ungarische Linke mit der immer stärker auftretenden Arbeiterbewegung hilflos waren.

Die Wandlung im Charakter der nationalen Bewegungen erhielt Anstöße aus zwei Richtungen. Die eine war die Sphäre der auswärtigen Mächte, von denen sich am frühesten das zaristische Rußland in die Kämpfe der zum Einflußbereich der Habsburgermonarchie gehörenden Völker einschaltete. In den späteren Phasen des Weltkriegs nahmen dann auch die Westmächte immer engere Kontakte zu den in der Monarchie lebenden Völkern auf, die jetzt über die Erringung nationaler Rechte hinaus für die Anwendung des Selbstbestimmungsrechts eintraten und letztlich den Abfall von der Monarchie forderten.

Das Verhältnis zwischen der Monarchie und ihren Völkern litt aber auch aus Gründen, die innerhalb des Reichs lagen. In Österreich spitzten sich die Gegensätze mit den Deutschen zu, in Ungarn aber verschlechterten sich die Beziehungen zu den einander folgenden Regierungen. Wenn man noch dazu in Betracht zieht, daß in der folgenden Kriegsperiode der innere Halt des Gesamtreichs erschüttert wurde, dann wird man die steigenden zentrifugalen Bestrebungen der von den auswärtigen Mächten unterstützten Nationen der Monarchie verstehen.

Die angestrebte Lösung des Nationalitätenproblems des ungarischen Staats zur Zeit des Dualismus innerhalb des gegebenen Staatsrahmens, die demokratische Konzeption Jászis und Károlyis, scheiterte letzten Endes. Der Sieg der bürgerlich-demokratischen Revolution im Oktober 1918, der am Ende des Kriegs Mihály Károlyi auf den Präsidentensessel der ungarischen Republik hob, konnte wegen der Veränderungen in den Machtverhältnissen der Großmächte diese Frage nicht zu einem Abschluß bringen. Zwar setzte die in Krieg und Revolution geborene demokratische Republik alles daran, um die Selbstbestimmungsrechte der hier lebenden Völker anzuerkennen, es gab aber eine Grenze auf diesem Weg, die selbst das neue System aus eigenem Willen nicht überschreiten konnte: das Problem der „Integrität" des historischen ungarischen Staats.

Es ist eine unbezweifelbare Tatsache, daß sowohl Mihály Károlyi als auch Oszkár Jászi sich bis ans Ende an den Gedanken der Integrität des ungarischen Staatsgebiets gehalten und kein Zugeständnis gemacht haben, das sich zu dessen Schaden und zugunsten der in Ungarn lebenden Völker ausgewirkt hätte. Es ist auch unbezweifelbar, daß sie nicht unter dem Druck der alten herrschenden Kreise so gehandelt haben, sondern weil sie eine demokratische Staatsordnung in einem integren Ungarn verwirklichen wollten.

Der Schutz der Integrität des Staatsgebiets ist ohne Zweifel eine Vorbedingung der Tätigkeit jeder Partei und jeder Bewegung. In diesem Sinn war dies auch die Grundlage der Politik Mihály Károlyis und Oszkár Jászis. Der Umstand, daß Károlyi und Jászi bis zum letzten Augenblick an dem Standpunkt der ungarischen Integrität festhielten, war nicht etwa Ausdruck von Starrsinnigkeit, sondern die Grenze, die keine ungarische Bewegung mehr überschreiten konnte. Und wenn die nationalen Bewegungen Österreich-Ungarns tatsächlich bis zum Ende auf innenpolitischer Ebene geblieben wären, so hätte die politische Tätigkeit und Richtung Jászis erfolgreich sein können. Da aber – wie erwähnt – sowohl die Gesamtmonarchie als auch innerhalb dieser Ungarn im Ersten Weltkrieg Schauplatz der Gegensätze und Kämpfe der Großmächte war, konnte auch die demokratische Richtung nicht zur Geltung kommen. So weit konnten weder sie noch andere ungarische politische Richtungen gehen, Teile des Staatsgebiets in irgendwelchem Interesse oder auf Grund irgendwelcher politischen Konzeption ohne militärischen Zwang aufzugeben. Wenn dies aber nicht geschah und die Forderungen der nichtungarischen Völker des ungarischen Staatsgebiets unerfüllt und unerfüllbar blieben, weil die autokratischen und reaktionären herrschenden Schichten sie gar nicht erfüllen wollten und die demokratischen Kräfte sie noch nicht erfüllen konnten, weil dies die Aufgabe des Landes bedeutet hätten, dann konnte das Weiterschleppen dieser Lasten nur das tragische Ende beschleunigen.

Bei Ausbruch des Kriegs schien an der Oberfläche alles in bester Ordnung zu sein. Die Soldaten rückten unter den Klängen kriegerischer Weisen, die ihre Entschlossenheit zeigen sollten, zu ihren Truppenteilen ein... Nicht nur in der Monarchie, sondern überall in Europa war man der Meinung, der Krieg werde nicht lange dauern. Schließlich und endlich hatten sich seit mehr als einem Jahrhundert die europäischen Kriege in Wochen entschieden, man marschierte ein wenig, es gab da und dort eine Schlacht, und dann konnten der Waffenstillstand und der Frieden kommen. Wenn im Herbst die Blätter fielen, würde jeder wieder zu Hause bei seiner Familie sein.

Nur zu bald stellte sich heraus, daß es sich diesmal um etwas anderes handelte. Das österreichisch-ungarische Heer verlor in den ersten vier Wochen zweihundertfünfzigtausend Mann an Toten und Verwundeten, hunderttausend Mann fielen in Kriegsgefangenschaft. Es gab bereits die ersten schüchternen Anzeichen dafür, daß weitaus nicht alle Völker des Vielvölkerstaats von kriegerischer Begeisterung durchdrungen waren.

Auf den Kriegsschauplätzen verlief die Entwicklung ungünstig. Gegen den kleinen Gegner Serbien traten die Truppen von Norden und von Osten wiederholt zum Angriff an, wurden aber dreimal zurückgeschlagen. Die russischen Truppen besetzten einen großen Teil Galiziens, und im April 1915 erschien Nikolaus II. persönlich in Lemberg, um das Gebiet, das der geschichtlichen Tradition zufolge Rotrußland genannt wurde, dem Russischen Reich einzuverleiben. Im Winter drangen die russischen Truppen bereits über die Karpaten in Ungarn ein. Allerdings erfolgte Anfang Mai 1915 mit Hilfe deutscher Truppen der Durchbruch bei Gorlice, der die Russen wieder zurückwarf und zur Rückeroberung eines großen Teils von Galizien führte. Dort blieb dann die Frontlinie lange Zeit unverändert. Mehr Truppen konnten aber an dieser Linie nicht eingesetzt werden, denn noch im Monat des Durchbruchs von Gorlice hatte Italien, der ehemalige Verbündete, den Krieg erklärt, und eine neue Front mußte eröffnet werden; man mußte sich auf eine schwierige Defensive einrichten. Demgegenüber trat Bulgarien im Jahr 1915 an der Seite der Mittelmächte in den Krieg ein, und es gelang, Serbien zu überrennen. Ganz Serbien und Montenegro wurden von den Truppen der Monarchie besetzt.

Im August 1916 erklärte Rumänien den Krieg, um Siebenbürgen zu erobern. Die einbrechenden rumänischen Truppen wurden zwar bald wieder zurückgeworfen, ja bis Ende 1916 hatten die Mittelmächte einen großen Teil Rumäniens besetzt. Nur bedeutete all dies wenig, denn die Hauptfronten lagen in Frankreich und in Rußland, und es gelang den Mittelmächten nirgends, eine günstige Entscheidung herbeizuführen. Der Krieg verwandelte sich in den alltäglichen, nervenaufreibenden, hoffnungslosen und verzweifelten Krieg der Schützengräben und verschlang immer mehr Material, von dem immer weniger zur Verfügung stand.

Das Hinterland wurde von den unmittelbaren Zerstörungen des Kriegs nicht erfaßt, doch bedeuteten die schwindenden Vorräte, die abnehmende Produktion, die wachsenden Versorgungsschwierigkeiten, die Aussichtslosigkeit und die daraus erwachsende Unruhe fast noch schwerer wiegende Probleme, als auf den Kriegsschauplätzen die militärische Disziplin aufrechtzuerhalten, was im großen und ganzen noch erfolgreich gelang.

Die grundlegende Sicherung der „öffentlichen Ordnung“ wurde mittels einer bedeutenden Ausweitung des § 14 der Verfassung erreicht. Diesem Paragraphen zufolge wurde nämlich jedes Vergehen gegen die im Krieg stehende Macht, wenn es die Mobilisierung oder die Sicherheit des Heers gefährdete, in den Rechtsbereich der Militärleitung beziehungsweise der Armee verwiesen. Schwierigkeiten entstanden, als die Kompetenz der militärischen Gerichtsbarkeit laufend ausgedehnt wurde. Das Armeeoberkommando machte ausgiebigen Gebrauch von den neu gewonnenen Rechten. Daß gewisse Territorien unter die Verwaltung der Militäroberkommandanten gestellt wurden, war nicht nur eine bloß strategische Maßnahme. Da die Militärverwaltung nicht nur für die Belange der Staatssicherheit zuständig war, sondern ihr darüber hinaus auch die Versorgung unterstand, waren diese außerordentlichen Maßnahmen einer politischen und militärischen Diktatur gleichzusetzen. Das Armeeoberkommando trat der Regierung gegenüber mit immer höheren Ansprüchen auf, die die Regierung aus prinzipiellen Gründen nicht anerkennen konnte, so im September des Jahres 1914 mit einem Vorschlag, der sich auf die Vermögenskonfiszierung bei „Verrätern" und Verbrechen gegen die kriegführende Macht bezog. In Österreich wurde dies als Verstoß gegen die Unverletzbarkeit des Eigentumrechts betrachtet. Es ist verständlich, daß Ministerpräsident Stürgkh diesen Vorschlag ablehnte, was aber nicht bedeutete, daß die militärische Leitung sich damit zufriedengegeben hätte.

Die Vorschläge vom 30. September 1915 beziehungsweise vom 10. November 1915 verstießen ebenfalls gegen die Unverletzbarkeit des Eigentumsrechts. Laut diesen Vorschlägen sollte um die Monarchie ein fünfundzwanzig Kilometer breiter Grenzstreifen geschaffen werden, aus dem sämtliche Fremden und unzuverlässigen Elemente auszusiedeln und durch invalide Soldaten und Offiziere zu ersetzen gewesen wären, um so die zentrifugalen Kräfte der Monarchie von der Anziehungskraft der jenseits der Grenzen wohnenden Völker zu isolieren. Dieser Plan stieß auf erheblichen Widerstand. Ministerpräsident Stürgkh berief sich auf Punkt 6 des Staatsgrundgesetzes, das jedem Staatsbürger das Recht zuspricht, Besitz zu erwerben. Die Ausweisungen aber würden das Prinzip der Gemeindezuständigkeit verletzen, das der betreffenden Person das Recht des Aufenthalts an seinem Geburtsort (Zuständigkeitsort) zusichert. Die Vorschläge des Armeeoberkommandos wurden nicht verwirklicht. Ein Moment ist dennoch bemerkenswert: die Schaffung dieser Militärgrenze stand im Zusammenhang mit den Plänen der Vermögensenteignung. Über die Absicht hinaus, die Invaliden anzusiedeln, handelte es sich bei dieser Aktion für das Armeeoberkommando außerdem noch darum, das Eigentum der italienischen Staatsbürger auf dem südwestlichen Kriegsschauplatz in die Hand zu bekommen. Dazu gehörten die in italienischem Besitz befindlichen Waldungen und Betriebe der Holzindustrie. (Es ist also offenkundig, daß die ganze Enteignungskampagne eigentlich von den industriellen und kommerziellen Kreisen der Alpenländer ausgeklügelt worden war, die die italienische Konkurrenz aus ihrer bedeutenden Position im Holzhandel verdrängen wollten.)

In diesen politischen Rahmen fügten sich auch die Maßnahmen des Kommandierenden der Südwestfront, des Erzherzogs Eugen, ein. Er ließ die italienischen und zweisprachigen Tafeln, Aufschriften und Stempel – die der militärischen Behörden ebenso wie die der zivilen – durch deutschsprachige ersetzen. Eine ähnliche Maßnahme wurde vom Kommando der kroatischen und slowenischen Heeresgruppe getroffen. Als sich die Kriegslage etwas besserte, forderte das Armeeoberkommando Reformen in der ganzen Staatsverwaltung, die sich sogar auf das

Schulwesen erstreckten. Obwohl unter diesen Forderungen auch außerordentlich zeitgemäße waren, wie zum Beispiel die Verstaatlichung der Schulen, wäre dies doch mit der Ausweitung des deutschen Einflusses in Österreich beziehungsweise mit einer Verschärfung der Germanisierung gleichbedeutend gewesen, ebenso wie die Forderung nach Revision der Schulbücher, die vom Armeeoberkommando als nicht genügend monarchietreu angesehen wurden. Die andere Forderung bezog sich auf die vormilitärische – also innerhalb oder außerhalb der Schule vorzunehmende – Ausbildung. Andere Forderungen des Armeeoberkommandos richteten sich auf die Überwachung des Klerus, offenbar weil ihm in den slawischen Territorien die Kirchen nicht verläßlich schienen. Zur „Lösung" der Nationalitätenfrage empfahlen sie die Einführung von Militärverwaltungsbezirken, die die sprachlich-nationalen Grenzen abgeschafft hätten. Zugleich mit der Einteilung der Lehrer nach dem Prinzip von Offiziersformationen hätten sie das Wahlrecht der Staatsbeamten stark eingeschränkt oder vollständig aufgehoben, wie auch der Einfluß des Parlaments auf die Verwaltung vollständig abgeschafft werden sollte. Und dazu sollten noch drei Momente hinzugefügt werden: erstens sollten die Maßnahmen Conrad von Hötzendorfs nicht auf die Kriegszeit beschränkt bleiben, sondern auch im Frieden Gültigkeit behalten; zweitens sollte all dies mit der Konsolidierung der Alleinherrschaft der deutschen Staatssprache verbunden werden, und drittens sollten diese Maßnahmen schließlich zwecks Unterdrückung der staatsfeindlichen Agitation mit einem Gesetz gegen die „Antimilitaristen" gekrönt werden. So sah die vollständige „Reformkonzeption" des Armeeoberkommandos aus, die der Ideologie eines deutschen „prätotalitären" Systems völlig entsprach. Am konservativen Widerstand der kaiserlichen Regierung erlitt sie zwar Schiffbruch, aber sie war doch ein unmittelbarer, ja fast der wichtigste Grund dafür, daß die tschechischen Bestrebungen sich aktivierten und vertieften.

Das Verhältnis zwischen Armeeoberkommando und Regierung wurde ziemlich kühl. In den immer stärker werdenden Gegensätzen war das sich zuspitzende nationale Problem nur ein Teil, nur das eine, wenn auch zentrale Element; die Gegensätze dehnten sich auch auf andere Gebiete aus. Zweck der Attacken gegen die Regierung war die Vorbereitung der Angriffe gegen die nichtdeutschen Völker. Ein Beispiel für eine solche Reihe von demagogischen Angriffen waren auch die drei Noten, in denen das Armeeoberkommando im Oktober 1915 die Aufmerksamkeit der Regierung auf die Versorgungsengpässe lenkte. Der Vorschlag zur Beseitigung dieser Schwierigkeiten lautete, daß man die Militärkommandos mit der Organisation der Nahrungsmittel- und Brotversorgung betrauen solle. Mit dieser Maßnahme wäre der militärische Einfluß auch in der Innenpolitik bedeutend gestiegen. Stürgkh hatte schon im Juli 1914 ein Rundschreiben an die Statthalter erlassen, sie sollten für den Fall eines militärischen Konflikts Sorge tragen, daß die Bevölkerung sich den militärischen Notwendigkeiten und Interessen soweit wie möglich unterordne. (Dem Allerhöchsten Kriegsherrn sollten sie ohne Widerspruch in jeder Beziehung zur Verfügung stehen.) So förderte die Regierung Stürgkh tatsächlich die Einrichtung einer Militärdiktatur in Österreich. Trotzdem geriet sie in den ersten Jahren des Kriegs in Gegensatz zum Armeeoberkommando, das mehrmals versuchte, die Regierung zu stürzen. Daß dies nicht gelang, ist einzig und allein dem Widerstand des Herrschers zu danken. Die Völker konnten sich natürlich nicht der Gefahren bewußt sein, die damals die bürgerlichen Regierungen bedrohten. So richtete sich der Kampf der Widerstandskräfte mit fast größerer Heftigkeit gegen die zweifellos reaktionäre und zum Sturm reife Regierungsgewalt als gegen die noch gefährlichere Militärdiktatur und ihre Vertreter.

Als der Krieg ausbrach, verlor die österreichische Regierung den bis dahin nur schwer aufrechterhaltenen Anschein der „Übernationalität". Im Frühjahr 1914 war wegen der Obstruktion der Tschechen der Reichsrat auf unbestimmte Zeit vertagt worden. Das war unzweifelhaft ein Zugeständnis an die Deutschen. Der Nationalverband der Deutschen in Österreich befaßte sich schon im Frühjahr 1915 mit Plänen für eine vollkommene Umformung der Monarchie in einen österreichischen Einheitsstaat unter Betonung und Sicherung dessen deutschen Charakters. Zu Ostern 1916 faßten der Wiener Deutsche Klub und einige intellektuelle Vereinigungen in einem neuen Memorandum ihre Forderungen nach einer Vorrangstellung der Deutschen zusammen, und man ging so weit, in Österreich nur die Deutschen als vollberechtigte Staatsbürger anzuerkennen, während die Interessen der nichtdeutschen Bevölkerung in Streitfragen den deutschen Interessen unterzuordnen seien.

Die Suspendierung der parlamentarischen Tätigkeit schränkte die Widerstandsfähigkeit des Kabinetts Stürgkh gegenüber den militärischen Übergriffen, gegen die es einen so harten Kampf führte, sehr stark ein.

Als Friedrich Adler, der Sohn Viktor Adlers, des Begründers der sozialdemokratischen Bewegung in Österreich, am 21. Oktober 1916 den Ministerpräsidenten Stürgkh im Speisesaal des Wiener Hotels Meißl und Schadn mit drei Pistolenschüssen tötete, drückte sich darin zweifellos die Kriegsfeindlichkeit, Verzweiflung und Erbitterung der Massen aus. Damals war Stürgkh aber nicht mehr der Hauptvertreter der Kriegspolitik der Monarchie, sondern die Militärpartei, vor allem Generalstabschef Conrad von Hötzendorf.

Das Erbe Stürgkhs übernahm Ernst von Koerber, bereits zum zweiten Mal Ministerpräsident, der die Abänderung der Verfassung zur Sicherung der deutschen Mehrheit ablehnte. Er stimmte dem Ausschluß Galiziens aus dem Wiener Parlament und der Zweiteilung Böhmens nach Sprachgebieten nicht zu, womit er sich große Feinde machte. Vor den Folgen rettete ihn nur ein sehr bedeutsames Ereignis.

Am 21. November 1916, nach einer Regierungszeit von 68 Jahren, verschied Franz Joseph I., der Herrscher der österreichisch-ungarischen Monarchie.

In vieler Hinsicht war Franz Joseph zweifellos ein Herrscher der „alten Schule", aber es kann nicht geleugnet werden, daß er – wenn auch unter dem Druck unerbittlicher Notwendigkeiten – in wesentlichen Fragen die Elastizität aufbrachte, die neuen Tatsachen und die neuen Lösungen zur Kenntnis zu nehmen. Daß mit seinem Tod eine Epoche ihr Ende fand, ist in gewissem Sinn richtig.

Was das Reich an Erfolgen und Ruhm erlebt hatte, sank mit den sterblichen Überresten des alten Herrschers in die Kapuzinergruft in Wien hinab. Der neue Herrscher, Karl I., erbte ein bankrottes Reich in der Auflösung. Die vor 68 Jahren verspielten Möglichkeiten – die Unterdrückung der Revolutionen – hatten schon im Keim die spätere Entwicklung enthalten. Der Zerfall des Reichs war nicht mehr aufzuhalten.

Karl I. wurde am 17. August 1887 in Persenbeug geboren. Seine Mutter war Maria Josepha, Prinzessin von Sachsen, sein Vater Erzherzog Otto, der jüngere Bruder des Thronfolgers Franz Ferdinand. So war der neue Herrscher des Habsburgerreiches ein Neffe des verstorbenen Franz Joseph und ein Vetter des früheren Thronfolgers. Im Gegensatz zu seinen Vorgängern hatte er das Wohlwollen Franz Josephs besessen. Und nicht nur er, sondern auch seine Gattin, Zita, Prinzessin von Bourbon-Parma, und ihre Kinder. Eifersucht aus Machtgründen hatte keinen Sinn mehr, Alter und Geschichte waren darüber hinweggeschritten. Der Thronfolger und seine große Familie konnten auf Einladung des Herrschers ihren Platz im Schloß Schönbrunn einnehmen.

Vor 1914 stand Karl bis zu einem gewissen Grad unter dem Einfluß Franz Ferdinands, ohne daß es ihn in Gegensatz zu Franz Joseph gebracht hätte. Ebenso wie der alte Kaiser glaubte er an die göttliche Berufung des Herrschers, in bezug auf seine eigene Persönlichkeit war er sich darin allerdings nicht so sicher. Er war 29 Jahre alt, als er das – durchaus nicht unerwartete – Amt des Herrschers übernehmen mußte. Auch in Friedenszeiten wäre es eine schwere Erbschaft gewesen. Franz Joseph und die Monarchie waren eins, solange Franz Joseph lebte, aber nach seinem Tod war alles unsicher geworden. Franz Joseph war eine Autorität, zu Kriegszeiten sogar in den Augen der feindlichen Regierung. Karl hatte noch nicht Zeit gehabt, eine Autorität zu werden. Und all dies im dritten Jahr des Kriegs, in dem die Monarchie schon immer sichtbarere Zeichen der Auflösung zeigte.

Die Lage wäre auch für einen starken, talentierten Herrscher schwierig gewesen, um wieviel mehr war sie es für den jungen Mann, der höchstens an gutem Willen mehr mitbrachte als Franz Joseph, keinesfalls aber an staatsmännischen Fähigkeiten. Selbst die bereits sprichwörtliche Zähigkeit der Habsburger schien ihm zu fehlen (nur im Aufschieben von Entscheidungen war er seinen Ahnen ähnlich).

Als er den Thron bestieg, sah er zwei Ziele vor sich. Zunächst die Beendigung des Kriegs, dessen Leiden und Zerstörungen er zwar am eigenen Leib nicht spürte, aber aus Berichten, Nachrichten und auch von seinen Reisen her genau kannte. Das andere Ziel war die Erhaltung der Monarchie, wenn auch um den Preis schwerer Gebietsverluste, in erster Linie um den Fortbestand der Dynastie zu sichern. Für einen Herrscher aus dem Haus Habsburg war es natürlich, daß dieses zweite Ziel in den Vordergrund trat.

Nach der kurzen zweiten Ministerpräsidentschaft Koerbers ernannte Karl I.

einen tschechischen Aristokraten, Heinrich Graf von Clam-Martinic, zum Ministerpräsidenten. Dieser begann seine Tätigkeit mit dem Versprechen, die übliche Erneuerung des Ausgleichs mit Ungarn auf parlamentarischem Weg durchzuführen. Zu seiner eigenen Rechtfertigung und um die Sympathien der deutschösterreichischen Politiker zu gewinnen, versicherte er sogar, daß er zwar kein Deutscher, aber ein guter Österreicher sei, der immer nur österreichische Politik gemacht und in den letzten Jahren viele seiner früheren Ansichten revidiert habe. Dies bezog sich einerseits auf das allgemeine Wahlrecht, das er immer bekämpft hatte, und war andererseits eine deutliche Distanzierung von den Tschechen, die sich dann auch während seiner Amtszeit als Ministerpräsident ihm gegenüber sehr zurückhaltend verhielten. Der dauernden Verschlechterung der Lage machte in einem besonders empfindlichen Moment des Kriegs, nach dem Ausbruch der Februarrevolution in Rußland, am 16. April 1917 Ottokar Graf Czernin – seit 1916 Außenminister der Monarchie – ein Ende, indem er die Aufschiebung der Oktroyierungspläne und eine volle Richtungsänderung in Aussicht stellte.

Die Wende – wenn auch spät und in unzureichender Form – wurde durch die Einberufung des österreichischen Reichsrats am 30. Mai eingeleitet. Während der vergangenen drei Jahre hatte das Parlament seine Verbindung zu den Politikern in den einzelnen Provinzen vollkommen verloren. Die Krisenzeichen mehrten und komplizierten sich nach der Demission des Grafen Clam-Martinic im Juni 1917. Die Innenpolitik Österreichs wurde zum Schauplatz eines besonders widersprüchlichen Prozesses: einesteils ging es mit der Militärdiktatur bergab, andernteils führte die aus Rußland kommende revolutionäre Welle zu einem Aufschwung der demokratischen Bestrebungen. Der Kampf spielte sich auf mehreren Ebenen ab. Es blieb unentschieden, ob die großdeutsche Richtung über die Selbständigkeitsbestrebungen der übrigen Nationen der Monarchie würde Herr werden können oder nicht. Zu einer Zeit, als die nationalen Bewegungen an den Grundlagen des Reichs rüttelten und der junge Herrscher sich zu ernsten Schritten – einer Änderung des Systems – anschickte, übernahmen nacheinander zwei Regierungen die Macht, deren betont deutschnationaler Charakter sowohl mit den objektiven Interessen des Reichs als auch mit dem inneren Prozeß in direktem Widerspruch stand. Nach Clam-Martinic bildete im Juni 1917 Ernst von Seidler eine Regierung und zog sich mit seinen großdeutschen Sympathien den Haß der Völker der Monarchie zu. Die Regierung Seidler kehrte offen zur „zivilen" Militärdiktatur bei Kriegsbeginn zurück – zur gleichen Zeit, da nicht nur in der Tiefe der Volksbewegungen, sondern auch hinter den Kulissen der Regierung andere Maßnahmen vorbereitet wurden (außer der Einberufung des Parlaments zum Beispiel eine Amnestie für die von den Militärgerichten verurteilten Personen). Seidler galt im wesentlichen als verläßlicher Verteidiger der von der deutschen Obersten Heeresleitung vorgeschriebenen Politik. Die Rückkehr zur Kriegspolitik konnte kein Zufall sein. Es ist auch eine Tatsache, daß Professor Heinrich Lammasch, über dessen Berufung zum Ministerpräsidenten der Herrscher vor der Ernennung Seidlers verhandelt hatte, offen für den Föderalismus eintrat und einen so wenig verheimlichten ententefreundlichen Standpunkt einnahm, daß seine Ernennung zum Regierungschef den Widerstand der Deutschen erregt hätte. Zweifellos konnte man keine Regierung ernennen, deren Programm in offenem Gegensatz zu den Bündnispflichten der Monarchie stand. Dem Herrscher und dem Hof sowie den Bestrebungen, die Monarchie zu retten, stand die Gruppe Lammasch näher als die Regierung Seidler.

Zu den innenpolitischen Kräfteverhältnissen der Monarchie „paßte" aber nach dem Sturz des Armeeoberkommandos und dem dann seitens der Heeresleitung einsetzenden Druck die Regierung Seidler viel besser. Die Krise ging aus dem grundlegenden Widerspruch der Monarchie hervor, und nun, im dritten Jahr des Weltkriegs, erstarrte sie, wurde zu einer Dauerkrise, nicht einmal aus dem Willen des Herrschers. Die „illegalen" Handlungen des Herrschers standen jedenfalls im Gegensatz zur „legalen" Politik seiner Regierungen. Dabei denken wir nicht an die alle Zeichen einer „Konspiration" aufweisende Sixtus-Affäre – auf die wir noch zurückkommen –, sondern weisen auf die am 2. Juli 1917 angeordnete Amnestie hin, mit der die von den Militärgerichten wegen Vaterlandsverrat verurteilten Angeklagten auf freien Fuß gesetzt wurden und die unter recht ungewöhnlichen Umständen erlassen wurde: unter völliger Umgehung des Ministerrats. Ministerpräsident Seidler unterschrieb nur den vom kaiserlichen Kabinettchef Graf Polzer-Hoditz vorbereiteten Text, und Graf Czernin soll vorher nicht einmal Kenntnis davon gehabt haben. Die Amnestieverordnung wurde – wie die Zeitgenossen wahrscheinlich richtig folgerten – entweder von Lammasch selbst oder von einem seiner näheren Mitarbeiter verfaßt. So entstand die ganz eigenartige Lage, daß der Kaiser, während er anstelle von Lammasch den eine völlig gegensätzliche Richtung vertretenden Seidler zum österreichischen Ministerpräsidenten ernannte, den Föderalisten Lammasch mit der Ausarbeitung und den eine großdeutsche Politik betreibenden Seidler mit der Unterschrift des Dekrets betraute, das den an der Auflösung der Monarchie arbeitenden Elementen für ihre „Sünden" Freispruch gewährte. Dieses Ereignis ist eine kennzeichnende Begleiterscheinung der Selbstliquidierung des österreichischen kaiserlichen Absolutismus.

Unter dem Eindruck der Kriegsdiktatur und der russischen Revolution konnten sich die nichtdeutschen Völker der Monarchie kaum mit den halben Maßnahmen des Herrschers und der in ihren Augen übel beleumundeten Minister zufriedengeben. In dieser Lage rechtfertigten übrigens auch nicht die Absichten des Kaisers seine Minister, sondern diese kompromittierten ihn. So konnten diese Maßnahmen nicht zur Vermeidung der Krise beitragen. Die wachsende Erbitterung der intellektuellen Kreise der in Österreich lebenden nichtdeutschen Völker und die Desertionen bei den slawischen Einheiten der Armee begannen, als sich die militaristische Regierung Österreichs von Schritt zu Schritt mehr entlarvte. Slowenische und kroatische Abgeordnete wurden verhaftet oder verfolgt, dieselbe Behandlung wurde zahlreichen italienischen Abgeordneten des Reichsrats zuteil, denen man übrigens nie eine hochverräterische Handlung nachweisen konnte; die Verhaftung, der Prozeß und das Todesurteil gegen Karel Kramář und Alois Rašín, denen die Verhaftung zahlreicher anderer Abgeordneter und ausgezeichneter tschechischer und ukrainischer Persönlichkeiten folgte, wurden trotz der Strenge der Zensur bald im ganzen Reich bekannt und hatten eine Tragweite, deren sich weder die Urheber dieser Handlungen noch das politisierende Armeeoberkommando bewußt waren.

Ob die Krise zu überwinden war oder nicht, hing in erster Linie mit der Nationalitätenfrage zusammen. Da es aussichtslos war, die Zustimmung Ungarns zu den Reformen zu erreichen, mußte jede auf den österreichischen Reichsteil beschränkte Verfassungsreform ein Torso bleiben, der kaum innere Befriedung bringen konnte.

Und genau das trat ein. Nacheinander verweigerten Sozialdemokraten, Tschechen und Polen eine Regierungsbeteiligung. Die Regierung Seidler versuchte dagegen, auf die deutschösterreichischen Parteien gestützt, die Stabilität des Reichs wiederherzustellen. Zu ihren ersten Maßnahmen gehörte die immer wieder erneuerte Vertagung des kaum zusammengerufenen Parlaments.

Damit versuchte die österreichische Regierung eigentlich die Behandlung der Probleme hinauszuschieben, so zum Beispiel den Protest der tschechischen Journalisten vom 25. April 1917, den sie in Sachen Zensur an den österreichischen Ministerpräsidenten und die tschechischen Abgeordneten gerichtet hatten. Eine andere Erscheinung dieser Art war der ebenfalls in diesen Tagen von hundertfünfzig tschechischen Schriftstellern an die tschechischen Parlamentsabgeordneten gerichtete Protest gegen die nichtmilitärische Dinge betreffende Zensur, für die Redefreiheit im Parlament und für die Pressefreiheit, für die Immunität, deren man viele tschechische und jugoslawische Abgeordnete beraubt hatte.

Ein drittes Moment war das Manifest des Klubs der tschechischen Parlamentsabgeordneten, das am 20. Mai 1917 an die Öffentlichkeit gelangte und die österreichischen Behörden besonders mit der folgenden Erklärung erschreckte: „Im Bewußtsein ihrer hohen Sendung werden die Abgeordneten vor allem die Wiederherstellung der Verfassung des böhmischen Königreichs fordern, die Einberufung des böhmischen Landtags und nicht versäumen, im Reichsrat auf ihrem alten, die Unabhängigkeit verkündenden Programm zu bestehen.“ (Bohemia's Demand for Independence. „The New Europe“. Band III, S. 238–242.)

Unter den wichtigen Äußerungen der am 30. Mai 1917 eröffneten Sitzungsperiode des österreichischen Reichstags soll noch eine Erklärung des Bunds der tschechischen Parlamentsabgeordneten erwähnt werden. Im Namen der vereinigten Mitglieder des Tschechischen Klubs erklärte der Abgeordnete František Staněk folgendes: „Die gefertigten, im Südslawischen Klub vereinigten Abgeordneten erklären, daß sie auf Grund des nationalen Prinzips und des kroatischen Staatsrechts die Vereinigung aller von Slowenen, Kroaten und Serben bewohnten Gebiete der Monarchie zu einem selbständigen, von nationaler Fremdherrschaft freien, auf demokratischer Grundlage aufgebauten Staatskörper unter dem Zepter der Habsburgisch-Lothringischen Dynastie fordern und daß sie für die Verwirklichung dieser Forderung ihrer einheitlichen Nation mit allen Kräften einstehen werden."

Gemeinsam ist beiden Erklärungen, daß sie einerseits die Monarchie in einen Föderativstaat umwandeln wollten, andererseits aber damals noch an der Herrschaft des Hauses Habsburg festhielten. Im Namen des Deutschen Nationalverbands und der Christlichsozialen Vereinigung deutscher Abgeordneter verkündete der Abgeordnete Pacher ein gerade entgegengesetztes Programm. Der von Pacher verlesene Text lautete: „Das böhmische Staatsrecht, durch welches Millionen von Deutschen in den Sudetenländern gegen ihren Willen in ein neues staatliches Gebilde eingezwängt werden sollen, ist nicht nur für diese, sondern für die Deutschen aller Länder und aller Parteien ein für allemal abgetan."

Jede Bewegung, die eine Einschränkung der Alleinherrschaft der Deutschen in Österreich und eine Verstärkung der föderativen Bestrebungen bezweckte, endete mit einer Verschärfung der inneren Gegensätze der Monarchie und einer Schwächung ihrer Stabilität. Schon die im Juni 1917 vorgetragenen Wünsche überschritten stark die mit der Föderation zusammenhängenden Beschränkungen der Souveränität. Und die Bekanntgaben Zdeněk Tobolkas über die Vereinigung der Tschechen und Slowaken ließen ebenfalls die einfachen föderativen Ideen hinter sich.

Im Namen der Sozialdemokratischen Partei Österreichs betonte Viktor Adler: „Nicht einen Moment lassen wir die Tatsache aus den Augen, daß Österreich das Resultat der Notwendigkeit des Zusammenwohnens dieser Völker ist, daß Österreich nur bestehen kann, wenn man das als den Inhalt dieses Staatsgedankens ansieht..." (23. Sitzung, XXII. Session, 26. September 1917.)

Die Worte Viktor Adlers kamen bereits zu spät, denn in der Frage des deutschtschechischen Verhältnisses waren damals nicht mehr Billigkeitsgründe, sondern die Kräfteverhältnisse entscheidend, und die begannen sich zu wandeln. Der Standpunkt Adlers beziehungsweise der österreichischen Sozialdemokraten konnte weder durch den Internationalismus noch durch den österreichisch-deutschen Patriotismus so untermauert werden, daß er annehmbar erschien. Ersterer war in der gegebenen Lage zu schwach, letzterer aber mit seinen nationalistischen Tendenzen zu abgewirtschaftet, als daß er für die Tschechen als glaubwürdiges Vorbild hätte dienen können. Sehr gut geht dies aus der Rede des tschechischen Abgeordneten Zahradník hervor, der nach Adler das Wort ergriff: „Wir halten fest an dem, was die Sozialdemokraten in Stockholm gesagt haben, wir wollen einen selbständigen böhmischen Staat, mit den Attributen der Souveränität..." (Ebenda.)

Diese Worte waren noch vor der Oktoberrevolution gesprochen worden, noch bevor also die gesellschaftliche Umwälzung in Rußland oder die in ihrer Folge eingeleiteten diplomatischen Manöver des Westens ihre Wirkung auf die nationalen Bewegungen in Böhmen hätten ausüben können. Und doch enthielten die Erklärungen Zahradníks bereits sämtliche Elemente, die den späteren tschechischen Bewegungen zugrunde lagen: die Forderung der vollständigen Unabhängigkeit mit sämtlichen Merkmalen der selbständigen staatlichen Souveränität. Dies bedeutete aber, daß diese Bewegung aus ihren eigenen inneren Gesetzmäßigkeiten heraus zur Forderung nach vollständiger nationaler Unabhängigkeit gelangt war. Darin bestand das wichtigste Moment der Auflösung des Habsburgerreichs, und sie war von diesem Blickpunkt aus wesentlich wichtiger als die gleichartigen Bestrebungen der tschechischen Emigration. Von einem anderen Gesichtspunkt aus gesehen, ist die Rede des Abgeordneten Zahradník im Reichsrat eine Zwischenstation zwischen der Erklärung der Tschechen vom 30. Mai 1917 und der folgenden, am 6. Januar 1918 veröffentlichten „Dreikönigstag"-Deklaration, in der von der Treue gegenüber der Dynastie keine Rede mehr ist, was zeigt, daß die inzwischen ausgebrochene Große Sozialistische Oktoberrevolution und der Beginn der Friedensverhandlungen in Brest-Litowsk jene Entwicklungslinien verstärkten, die in den nationalen Bewegungen der Monarchie zum Ausdruck kamen.

In der Sitzung des Reichsrats vom 22. Januar 1918 antwortete der österreichische Ministerpräsident Seidler mit folgenden Argumenten auf die Erklärung vom 6. Januar: „Es ist klar, daß die Resolution damit auf ein überaus gefährliches Gebiet hinüberzugleiten droht und die Auffassung in einem geradezu staatsfeindlichen Sinn zuläßt, der von jedem Österreicher mit Entrüstung zurückgewiesen, von jeder österreichischen Regierung mit allen ihr zu Gebot stehenden Mitteln bekämpft werden müßte."

Seidlers vollkommen überholter Standpunkt, daß nämlich das Deutschtum immer das Rückgrat der multinationalen Monarchie gewesen sei und dies auch bleiben werde, stürzte den Staat in eine noch tiefere Krise. Im Jahr 1918 hatte er nicht mehr genug Anhänger, um das Budget verabschieden zu können. Sein putschartiger Versuch, mit den Mitgliedern der äußersten Rechten der deutschen Parteien eine Regierung zu bilden, scheiterte, und am 20. Juli 1918 mußte die Regierung Seidler zurücktreten.

Am nächsten Tag wurde eine Regierung unter der Leitung von Max Hussarek von Heinlein gebildet. Wenn sie in ihren Absichten auch nicht sehr von der vorangegangenen Regierung abwich, so verfügte sie doch über genügend Erfahrung, um zu erkennen, daß das österreichische Reich mit einem ausschließlich auf den Deutschen aufgebauten Staatssystem nicht aufrechterhalten werden konnte. Darum versuchte sie einen Reformentwurf vorzubereiten, der den Ansprüchen des Föderalismus zwar scheinbar genügt hätte, in zwei Punkten aber dessen gefährlichste Folgerungen umging. Erstens wollte er die Tschechen aus der Föderation heraushalten, zweitens versuchte er das Nationalitätenprinzip durch ein Viererbündnis zu ersetzen: dies hätte Österreich, Ungarn, Kroatien und Galizien in einer Art Staatenbund vereinigt, wobei jedes dieser Länder auch seine Nebenländer in sich eingeschlossen hätte. Was Böhmen anbetraf, so glaubte Hussarek durch die Erfüllung der Forderungen Kroatiens und Galiziens einen Ausgleich gegen die Forderungen der Tschechen schaffen zu können. Diese Idee war im Sommer 1918 schon vollkommen irreal.

In Ungarn – wo das Parlament seine Sitzungen während des Kriegs nicht unterbrochen hatte – versuchte der Herrscher durch die Verabschiedung Tiszas im Frühjahr 1917 eine Wandlung herbeizuführen. Die kurzlebige Regierung Moritz Esterházys spielte mit dem Gedanken des allgemeinen Wahlrechts, nach ihr bildete wieder Wekerle eine Regierung, auf deren Programm die Aufrechterhaltung des bisherigen Systems und der territorialen Integrität stand. Die ungarischen herrschenden Klassen waren sich der Wandlung der Zeiten überhaupt nicht bewußt, selbst dann nicht, als im Januar 1918 ein allgemeiner Streik die Monarchie erschütterte.

Das deutlichste Zeichen der Auflösung der Monarchie war die Streikwelle, die Mitte Januar 1918, von Wien und Budapest ausgehend, sich auch auf Deutschland erstreckte. Zu den Gründen, die diese Streikwelle auslösten, gehörten die ständig wachsenden Schwierigkeiten des alltäglichen Lebens, der Mangel an Lebensmitteln und Heizmaterial und der Umstand, daß die militärischen Kreise des Zweibunds mit ihren aufs äußerste angespannten Annexionsbestrebungen und ihren Erpressungsversuchen bei den Verhandlungen von Brest-Litowsk die Friedensmöglichkeiten immer weiter hinausschoben. Die Streiks setzten in Deutschland ebenso wie in der Monarchie Hunderttausende Arbeiter in Bewegung. Sie zeigten aber kaum Ergebnisse, in erster Linie, weil die opportunistische Führung sie zu früh abblies, andererseits aber auch, weil sie sich auf die beiden führenden Staaten der Monarchie, Österreich und Ungarn, beschränkten und so den Prozeß des Ausscheidens der nichtdeutschen und nichtungarischen Nationen aus dem Rahmen der Monarchie und ihre nationalen Unabhängigkeitsbestrebungen bedeutend förderten.

Der Thronwechsel und die immer tiefere innere Krise der Monarchie machten es notwendig, die außenpolitische Orientierung auszuweiten beziehungsweise zu ändern. Der neue Herrscher, Karl I., verfügte durch seine Gattin aus dem Hause Bourbon-Parma über Familienbeziehungen, die ihm erlaubten, gewisse Verbindungen zur gegnerischen Front zu eröffnen. Unter Karl fühlte sich das Herrscherhaus nicht mehr so deutsch, als daß es Thron und Herrschaft zugunsten eines ins Wanken geratenen Bündnissystems aufs Spiel gesetzt hätte. Vor allem Kaiserin Zita, aber auch ihre Brüder Sixtus und Xavier, die in der belgischen Armee dienten, eigentlich jedoch auf französischer Seite standen, sowie ihre Mutter, Erzherzogin Maria Antonia, versuchten, den Thron von der deutschen Seite zum Gegner hinüberzuretten.

Die vom Kaiser unter Mitwirkung der Familie Bourbon-Parma angebahnte Aktion, die den „Frieden“ – genauer ausgedrückt: die Dynastie – retten sollte, hatte beiderseits genau umschriebene Ziele: die im Dienst westeuropäischer (englischer und französischer) Royalistenkreise stehenden, aber auch gewissen hiesigen Regierungskreisen nahestehenden Prinzen von Bourbon wollten die Habsburgermonarchie so aus dem Bund der Mittelmächte herausreißen, daß Deutschland möglichst geschwächt auf dem Schlachtfeld zurückblieb. Die Aktion begann mit einer geheimen Zusammenkunft Karls und der beiden Prinzen von Bourbon am 23. und 24. März 1917. In einem dem Prinzen Sixtus übergebenen Brief ermächtigte Karl denselben, dem Präsidenten der Französischen Republik, Poincaré, vertraulich und inoffiziell mitzuteilen, er – Karl – würde bei seinen Verbündeten die berechtigte französische Forderung auf Rückgabe Elsaß-Lothringens sowie die Wiederherstellung von Belgien und Serbien als souveräne Staaten unterstützen. Die Prinzen reisten mit diesem Brief zurück. Der zweite Teil der Aktion fand zwischen dem 5. und 12. Mai statt. Da aber Karl damals Garantien für die Aufrechterhaltung der Integrität der Monarchie verlangte und der neuerliche Besuch des Prinzen Sixtus erfolglos war, fand die Aktion damit ihr Ende.

Zweifellos war die zeitweilige Zusammenarbeit einzelner Ententekreise und der Familie Bourbon-Parma in erster Linie auf die Spaltung der Mittelmächte, in zweiter Linie aber – von seiten der Familie – auf die Rettung der Dynastie für die Zeit nach dem Krieg gerichtet. Für Karl galt die umgekehrte Reihenfolge, die Erhaltung der Macht der Habsburger stand für ihn an erster Stelle, wobei er dieses Ziel möglichst im Einvernehmen mit den Verbündeten, auf Grund gemeinsamer Zugeständnisse und im Rahmen eines allgemeinen Friedens erreichen wollte. Ob man nun diese diplomatischen Verhandlungen „Friedens"-Aktion oder Versuch eines „Sonderfriedens" nennt, so zielten sie doch jedenfalls auf die Rettung der Habsburgermonarchie ab. Allerdings beinhaltete der Begriff „Sonderfrieden" auch den Bruch mit dem deutschen Verbündeten. In der Periode 1917/18 hatte es – ganz unabhängig von der Stellungnahme der deutschen Regierung – schon eine sehr ernste Bedeutung, wie das Haus Habsburg den Mächten der Entente den Frieden oder den Sonderfrieden anbot. In beiden Fällen hätte nur eine eindeutige militärische und moralische Niederlage Deutschlands eine Verhandlungsgrundlage sein können. Ein allgemeiner Frieden, der Deutschland mit einbezog, konnte nur dann real sein, wenn er die Übergabe Elsaß-Lothringens und die vollständige Wiederherstellung Belgiens enthielt. Ein Sonderfrieden mit Österreich-Ungarn aber konnte überhaupt nur dann real sein, wenn er nach der Wiederherstellung Serbiens und einem Abkommen mit Italien Deutschland ohne Verbündete der militärischen Macht der Entente ausgeliefert hätte. Wenn der der Sixtus-Aktion zugrunde liegende Plan praktisch durchführbar gewesen wäre, hätten die erwähnten royalistischen Kreise der Ententemächte ernste Anstrengungen unternommen, die Habsburgermonarchie innerhalb gewisser Grenzen zu retten. Dies war aber weder auf militärischem noch auf politischem, noch auf diplomatischem Weg durchführbar.

Militärisch war der Plan unter anderem deshalb nicht realisierbar, weil die militärischen Einheiten Deutschlands und Österreich-Ungarns dermaßen miteinander verflochten waren, daß der Versuch einer Trennung im Fall der Anmeldung eines Sonderfriedens durch die Monarchie selbst um den Preis schwerer Kämpfe mißlingen mußte. Politisch war die Lage womöglich noch komplizierter, denn nicht nur die deutsche Bevölkerung Österreichs und die Großdeutschen hätten sich gegen diesen „Verrat" erhoben, sondern auch die an der Aufrechterhaltung des Bündnissystems der Mittelmächte interessierten ungarischen herrschenden Klassen. Beide herrschenden Schichten hätten lieber und eher den Herrscher und seine Dynastie geopfert als das Herrschaftssystem, auf dem ihre Macht beruhte: der Übergang zu den Ententemächten hätte für sie selbst unter den „günstigsten" Umständen nicht unter Beibehaltung des vollständigen inneren Status quo vor sich gehen können, sondern nur auf dem Weg gewisser Veränderungen des Systems, die sie gerade durch eine erfolgreiche Beendigung des Weltkriegs vermeiden wollten.

Nicht weniger problematisch erschien der diplomatische „Übertritt", der selbst dann auf Hindernisse gestoßen wäre, wenn in der ganzen herrschenden Schicht des Reichs ein einheitlicher Wille bestanden hätte. Davon war aber keine Rede. Zwischen dem Herrscher und seinem Außenminister Czernin gab es bedeutende konzeptionelle Unterschiede betreffs der Lage und der Möglichkeiten, die Monarchie zu retten. Um seinen Thron zu retten, hätte Karl I. – letzten Endes und teilweise unter dem Einfluß seiner Familie – einem Sonderfrieden zugestimmt. Czernin meinte jedoch, die Abhängigkeit der Monarchie vom Deutschen Reich, die sich im Krieg herausgebildet hatte, habe aus militärischen Gründen sowie vom Standpunkt der Versorgung und der Finanzen solche Ausmaße angenommen, daß ein Sonderfrieden faktisch eine Unmöglichkeit geworden sei. Karl I. lebte in der Illusion, die einzige Quelle des Gegensatzes zwischen den Ententemächten und den Mittelmächten sei in den deutschen Kriegszielen zu suchen. Damit ließ er die Gegensätze zwischen der Monarchie und Italien außer acht. Die Illusion Czernins war nicht weniger gefährlich, er baute darauf, daß die Monarchie ausschließlich im Bund mit den Deutschen zur günstigsten Beendigung des Kriegs gelangen könne. Seinem prinzipiellen Ausgangspunkt gemäß, der auch mit dem des ungarischen Ministerpräsidenten Tisza übereinstimmte, müsse die Entente einsehen, daß die Gewährleistung des Status quo der Donaumonarchie und der Verzicht auf die Einmischung in ihre inneren Angelegenheiten die Bedingung dafür darstelle, daß Wien einen Druck auf Berlin ausübe.

Die an der Spitze der Staatsführung der Habsburgermonarchie spürbare Unsicherheit und die Auflösungserscheinungen erklären auch zahlreiche mit der Sixtus-Affäre zusammenhängende Ereignisse. So wird zum Beispiel klar, warum der französische Ministerpräsident Clemenceau am 12. April 1918 den Inhalt des Sixtus-Briefs veröffentlichte und damit eine Krise auslöste. In seiner Rede vom 14. April 1918 schrieb Czernin – völlig unrichtig – die Initiative für die Geheimverhandlungen mit der Monarchie Clemenceau zu. Czernin behauptete, nichts von den Briefen des Kaisers gewußt zu haben.

Warum Clemenceau daran interessiert war, Czernins Ansehen vollkommen zu untergraben und ihn als Lügner hinzustellen, und warum er darüber hinaus den unfruchtbaren Friedensbemühungen ein Ende machen wollte, die gerade durch Czernins Anhänglichkeit an das deutsche Bündnis zum Scheitern verurteilt waren, ist klar. Die Verpflichtungen seinen neuen mitteleuropäischen Verbündeten gegenüber hatten schon lange die Grenze überschritten, innerhalb deren er noch irgendeinen Vorschlag der Habsburger hätte annehmen können. In zweiter Linie hatten aber weder Prinz Sixtus noch die Ententemächte ein besonderes Interesse daran, den

Sonderfrieden der Monarchie mit dem allgemeinen Frieden zu koppeln. Ihr Ziel war ganz eindeutig, die Habsburger von den Deutschen zu trennen.

Am 9. August 1918 verlas der britische Außenminister Balfour eine Erklärung, nach welcher Großbritannien die Tschechoslowakei als verbündete Nation und die drei tschechoslowakischen Armeen als eine einheitliche verbündete Armee betrachtete, die gegen Österreich-Ungarn und Deutschland im Krieg stehe. Am 3. September 1918 anerkannte die Regierung von Großbritannien den Tschechoslowakischen Nationalrat als künftige Regierung der Tschechoslowakei und schloß mit ihm ein Abkommen über die tschechoslowakische Armee und die diplomatischen Beziehungen.

Die Regierung der Vereinigten Staaten von Amerika unternahm ebenfalls ähnliche Schritte. Am 23. August 1918 erklärte Senator Lodge im Auswärtigen Ausschuß der Vereinigten Staaten von Amerika die Selbständigkeit der tschechoslowakischen Nation für eine der wichtigsten Vorbedingungen der Friedens. Die Regierung der Vereinigten Staaten erklärte am 3. September 1918 die gegen Deutschland und Österreich-Ungarn unter ihren eigenen Offizieren kämpfende tschechische Nation – die die Erringung ihrer Unabhängigkeit auf den tschechischen Nationalrat als höchste politische Behörde übertragen hatte – als kriegführende Macht. Damit wären die Friedensbedingungen Wilsons, die er am 8. Januar 1918 in vierzehn Punkten unterbreitet hatte, überholt gewesen, denn darin war nur von der autonomen Entwicklung der Völker der Monarchie die Rede. Nach der Oktoberrevolution rechneten die Ententemächte noch eine Zeitlang mit Österreich-Ungarn als Gegengewicht gegen die sozialistische Revolution. Die offenkundige Auflösung der Monarchie veranlaßte sie aber, andere Garantien zu suchen, und sie hofften sie in einer Gesamtheit der selbständigen Nationalstaaten zu finden.

Am 28. September 1918 schloß die französische Regierung einen Vertrag mit dem tschechischen Nationalrat in Paris, in dem sie sich verpflichtete, den tschechoslowakischen Staat in seinen historischen Grenzen wiederherzustellen. Und als Beneš am 14. Oktober 1918 den Regierungen der Entente mitteilte, daß dem Beschluß des Nationalrats vom 26. September gemäß sich in Paris die erste provisorische tschechoslowakische Regierung gebildet habe, ernannte er in seiner Eigenschaft als Außenminister die ersten Gesandten. Bereits am nächsten Tag gab die französische Regierung die Anerkennung der provisorischen tschechoslowakischen Regierung bekannt.

Diese Anerkennung der tschechischen und mit ihr der anderen nationalen Bewegungen durch die Ententemächte war bereits im Gang, als in den führenden Kreisen der Monarchie, genauer gesagt in deren österreichischem Teil, die Notwendigkeit gewisser Reformmaßnahmen erwogen wurde. Diese Reformpläne wurden in einem an die Völker des Reichs gerichteten Manifest niedergelegt. Bei der Ausarbeitung der Reformen ging man auf Franz Ferdinand und teilweise auf die Pläne des 48er Revolutionärs Adolf Fischhof zurück, die die Grenzen der alten Kronländer aufrechterhielten. Der Herrscher war damit nicht ganz einverstanden, denn eine Neuordnung auf dieser Grundlage hätte den einzelnen Nationalitäten nicht den Status von Bundesstaaten gegeben, sondern sie wären nur autonome Territorien innerhalb der geschichtlich entstandenen Länder geworden. Auf alle Fälle ist es ein bemerkenswertes Moment in der Geschichte des Zusammenbruchs der Monarchie, daß die zögernd anlaufenden Reformabsichten erst am 16. Oktober mit der Veröffentlichung des Manifests artikuliert wurden. Wenn man den ersten Reformentwurf der Verwaltung dazurechnet, gab es vor der Veröffentlichung ungefähr sechs Varianten des Manifests. Von den zahlreichen Problemen waren zwei von grundlegender Bedeutung: die Stellungnahme der ungarischen Regierung zur Reichsreform und die dringenden Modalitäten einer Lösung der südslawischen Frage innerhalb des Reichs. Diese beiden Fragen existierten nicht unabhängig voneinander.

Der am 24. September 1918 an der bulgarischen Front erfolgte Durchbruch war das Sturmzeichen für die führenden Kreise der Monarchie, daß sie bei der Lösung der inneren Reform, besonders des südslawischen Problems, nicht einen Tag mehr verlieren dürften. Es mußte ein Entschluß gefaßt werden, um die Völker daran zu hindern, ihr Schicksal in die eigenen Hände zu nehmen und über die Köpfe ihrer Regierungen hinweg ihre eigene Zukunft zu gestalten.

Der nach der Demission Czernins ernannte gemeinsame Außenminister István Graf Burián wies im Kronrat vom 27. September 1918 auf die größte Schwierigkeit hin: da das dualistische System des Reichs erhalten bleiben sollte, mußte jede Reform, also auch die Regelung der südslawischen Frage, im Rahmen des Dualismus vorgenommen werden. Der ungarische Ministerpräsident Wekerle erklärte, daß man als Friedensbedingung, wenn nur irgend möglich, auf der Integrität der Monarchie bestehen müsse. Darum müsse verhindert werden, daß Italien sich auf die Ostküste der Adria ausdehne und daß im Interesse Ungarns die im Bukarester Friedensvertrag enthaltenen Grenzberichtigungen nicht wieder rückgängig gemacht würden. Der österreichische Ministerpräsident Hussarek machte Wekerle sofort darauf aufmerksam, daß die Erhaltung der Integrität der Monarchie in bezug auf die italienische Frage durch Punkt 10 des Vierzehn-Punkte-Programms Wilsons und die darin enthaltenen Versprechungen sehr kompliziert sei. Im übrigen sprach auch er sich für die Behandlung sämtlicher südslawischer Gebiete als einer Einheit aus, was aber Dalmatien angehe, so forderten der Dalmatinische Nationalausschuß und die zuständigen Abgeordneten des Reichsrats in einer Erklärung die Vereinigung von Dalmatien, Bosnien, der Herzegowina, von Kroatien und Slawonien – bei Wahrung der Unabhängigkeit Ungarns.

Der ständig wachsende Druck, mit dem die Erkenntnis der unvermeidbaren Niederlage im Krieg auf den herrschenden Kreisen Österreich-Ungarns lastete, brachte die zwischen ihnen bestehenden Gegensätze ans Tageslicht. Die ungarische Regierung begann ihr Interesse an den Problemen, die die ganze Monarchie berührten, immer mehr hervorzuheben – unter anderem auf der gemeinsamen Ministerratstagung am 2. Oktober 1918 bei der Behandlung der Modalitäten einer Lösung der südslawischen Frage. István Graf Burián, der gemeinsame Außenminister, brachte damals die Möglichkeit einer Lösung der südslawischen Frage durch ein Allerhöchstes Manifest zur Sprache. Ministerpräsident Hussarek war der Ansicht, daß eine Vereinigung von Kroatien, Slawonien, Bosnien, der Herzegowina und Dalmatien ungeachtet der anderen kroatischen und slowenischen Territorien Österreichs für den Augenblick die politischen Forderungen zufriedenstellen würden. Er betonte, daß das Prinzip der Parität Österreichs und Ungarns streng gewahrt werden müsse, was auch in den Reskripten des Herrschers zum Ausdruck kommen solle.

Die Erklärungen des Ministerpräsidenten Wekerle zur südslawischen Frage warfen schon den Schatten der Endkrise des Dualismus voraus, erlaubten aber auch einen Einblick in die Anschauungen der ungarischen herrschenden Kreise, die voraussetzten, sie könnten durch Lockerung des Verhältnisses zu Österreich die bedrohten Teile der Monarchie für sich retten. Wekerle war auch gegen den Plan, ein Allerhöchstes Handschreiben – also das Manifest – zu erlassen, wobei er von der bekannten Überlegung ausging, daß die monarchietreuen südslawischen Elemente für ihre Loyalität nicht belohnt zu werden brauchten.

Wenn wir nach alledem in Betracht ziehen, daß es in der Rede Wekerles in der gemeinsamen Ministerratstagung nur eine einzige Frage gab, in der er mit dem österreichischen Ministerpräsidenten einer Meinung war – nämlich der innerhalb des südslawischen Subdualismus mit den Österreichern herzustellenden Parität –, so können wir in seiner Stellungnahme vom 2. Oktober eine Station der Annäherung der dualistischen ungarischen Regierung an die Personalunion erkennen.

Es ist vielleicht keine Übertreibung, wenn man feststellt, daß mit diesem Akt die Trennung und das Eigenleben Österreichs und Ungarns begonnen hat. All dies bedeutet nicht, daß Regierung und Parlament in Ungarn den Weg zur föderalistischen Umbildung der Monarchie freigegeben hätten. Eine solche Entwicklung hätte man nur schwer an den österreichisch-ungarischen Grenzen aufhalten können, und ihr Übergreifen auf die Völker in Ungarn hätte das Prinzip der Integrität des Landes verletzt und jede einheitliche nationale Konzeption unmöglich gemacht. So ist es verständlich, daß am 10. Oktober István Tisza, Albert Apponyi und Gyula Andrássy nacheinander den Herrscher aufsuchten, um ihn von der Veröffentlichung des geplanten Manifests zurückzuhalten. Dieser Versuch mißlang jedoch, denn die Österreicher hatten das Manifest schon beschlossen, da von der anderen Seite, bei den Vertretern der Völker Österreichs, sich der Druck gerade in entgegengesetzter Richtung verstärkte: die Nationalitätenführer waren für den 12. Oktober 1918 zur Audienz ins Hauptquartier nach Baden gerufen worden. Dort forderten die Tschechen vom Herrscher „Taten" und den Abzug der fremden Truppen aus Böhmen, die Südslawen sprachen offen von ihrer Unabhängigkeit, die Polen verschwendeten kein Wort an eine österreichisch-polnische Lösung, sondern sprachen nur von der Wiederherstellung Polens, wobei sie in der Form einer Verbindung mit dem Habsburgerreich nur von einer „großen polnischen" Zukunft sprachen. Nach alledem hatte der für den 15. Oktober 1918 abends 22 Uhr einberufene österreichische Ministerrat nicht nur über die Veröffentlichung des Manifests, sondern auch über das weitere Schicksal Österreichs zu entscheiden.

Die innere Krise der herrschenden Kreise der Monarchie wurde noch dadurch vertieft, daß der Abgrund zwischen Wirklichkeit und Hoffnungen bei den ungarischen herrschenden Klassen noch viel tiefer war als auf österreichischer Seite. Auf der Konzeption der Integrität beharrend, stand die ungarische Regierung einer großzügigen Verwirklichung dieses letzten Versuchs völlig im Weg.

Karl I., den sein Krönungseid als ungarischer König zur Wahrung und Verteidigung der territorialen Integrität des ungarischen Reichs verpflichtete, konnte die im Manifest geplante Föderalisierung nur mit Zustimmung der ungarischen Regierung verkündigen, genauer gesagt, dieser Umstand hätte die Herausgabe des Manifests wesentlich erleichtert. Die Forderung, daß das Manifest die Feststellung der Aufrechterhaltung der ungarischen Gebietsintegrität enthalten müsse, hatte Wekerle nicht nur nicht aufgegeben, sondern sogar noch energischer als bisher vertreten. Damals sagte Wekerle: „Wenn die Integritätsklausel nicht im Manifest enthalten ist, so entziehe ich Österreich die Lebensmittel." (K. F. Nowak: Der Sturz der Mittelmächte. München 1921, S. 297.)

In der Nachtsitzung des österreichischen Ministerrats vom 15. und 16. Oktober wurde beschlossen, das kaiserliche Manifest zu veröffentlichen, und im Zusammenhang damit wurden die Forderungen des ungarischen Ministerpräsidenten verhandelt. „Der Ministerpräsident teilte mit, es stehe die Erlassung eines Allerhöchsten Manifests über die innere Umgestaltung Österreichs in Erwägung. Der Zweck einer solchen Kundgebung sei ein doppelter. Einerseits erscheine es wünschenswert, die künftigen Verhandlungen mit der Entente über die inneren Fragen Österreichs durch eine Initiative auf dem betreffenden Gebiet zu erleichtern, andererseits sei auch vom innenpolitischen Standpunkt ein Eingreifen geboten." (Protokoll des österreichischen Ministerrats vom 15./16. Okt. 1918. AVA, Ministerratsprotokoll Nr. 59.) Auch die innenpolitischen Gesichtspunkte sprechen für ein Eingreifen. In diesem Zusammenhang wurde hauptsächlich auf die von den Tschechen drohenden Gefahren hingewiesen.

Gemäß dem Inhalt des Manifests stellte sich der österreichische Ministerrat die Umwandlung im Rahmen eines Bundesstaats vor, in dem die Thronfolge und die Herrscherrechte, die auswärtige Vertretung, das Militärwesen und im allgemeinen die auf den auswärtigen Verbindungen beruhenden Angelegenheiten gemeinsam geblieben wären. Auf diese Gemeinsamkeit würden die in den nationalen Siedlungsgebieten zu bildenden selbständigen Staaten – der deutschösterreichische, der tschechische, der südslawische und der ukrainische – aufzubauen sein. Triest bekäme einen eigenen Status, und die Polen würden sich im Sinn der Prinzipien Wilsons an den unabhängigen Staat Polen anschließen. „Das Manifest ist ausschließlich für Österreich bestimmt", stellte der österreichische Ministerrat protokollarisch fest und fuhr dann fort: „...es bezieht sich nicht auf die Länder der

Heiligen Ungarischen Krone. Die ungarische Regierung wünscht aber, daß diese Tatsache im Text des Manifests ausdrücklich ausgesprochen zum Ausdruck komme, und der vortragende Minister hält es ebenfalls für notwendig, diesen Wunsch zu erfüllen, da man unter den gegebenen Umständen auf die Bereitwilligkeit Ungarns bezüglich der Nahrungslieferungen angewiesen sei."

Nach dieser Feststellung beschäftigte sich der Ministerrat noch mit einigen Detailfragen. Die Forderung Wekerles war offenbar erfüllt worden. Nur an einer Stelle überschritten sie die Grenzen der Interessen der ungarischen herrschenden Kreise. Die südslawischen Gebiete wurden ebenfalls zu den künftigen „Bundesstaaten" gerechnet, und damit wurde die Integritätsklausel Wekerles von vornherein gegenstandslos und sinnlos, selbst wenn der neue südslawische Staat formell auch nicht die innerhalb der geschichtlichen ungarischen Grenzen befindlichen serbischen oder kroatischen Territorien umfaßt hätte.

In seinem Manifest vom 16. Oktober 1918 sagte Karl I.: „Österreich soll dem Willen seiner Völker gemäß zu einem Bundesstaate werden, in dem jeder Volksstamm auf seinem Siedlungsgebiete sein eigenes staatliches Gemeinwesen bildet. Der Vereinigung der polnischen Gebiete Österreichs mit dem unabhängigen polnischen Staate wird hiedurch in keiner Weise vorgegriffen. Die Stadt Triest samt ihrem Siedlungsgebiet erhält den Wünschen ihrer Bevölkerung entsprechend eine Sonderstellung. Die Neugestaltung, durch die die Integrität der Länder der Heiligen Ungarischen Krone in keiner Weise berührt wird, soll jedem nationalen Einzelstaate seine Selbständigkeit gewährleisten. Sie wird aber auch gemeinsame Interessen wirksam schützen und überall dort zur Geltung bringen, wo die Gemeinsamkeit ein Lebensbedürfnis der einzelnen Staatswesen ist." (Völkermanifest vom 16. Oktober 1918.)

Zu der Zeit, als das Manifest Karls erschien, war die Selbständigkeit, ja die von den Großmächten anerkannte staatliche Sonderstellung und Unabhängigkeit der Nationen, die die Monarchie bildeten, bereits eine anerkannte Tatsache, an der das kaiserliche Manifest nichts mehr ändern konnte.

Der zu diesem Punkt führende geschichtliche Prozeß hätte mit Machtmitteln nicht nur nicht verhindert werden können, sondern die von oben kommenden Zugeständnisse förderten auch noch die innere Auflösung. Diese Deutung steht in vollem Gegensatz zu der ablehnenden Einstellung, wonach das Manifest Karls nicht der Hauptgrund für die Auflösung der Monarchie gewesen sei oder hätte sein können, wohl aber ist es ein Beweis dafür, daß es in einem Stadium der Entwicklung des Reichs verfaßt wurde, in dem jede Bewegung oder Veränderung die Auflösung beschleunigte und rechtfertigte.

Die letzte gemeinsame Sitzung des Ministerrats der österreichisch-ungarischen Monarchie ist der beste Beweis dafür, daß ihre Führungsschicht von der Zeit überholt und vollkommen unfähig war, das Reich zu lenken. Der Ablauf der Beratung zeigte, daß neben der Erhaltung des Reichs jede andere Frage, also ihre strukturellen Probleme, die Probleme des Dualismus, des Trialismus und des Föderalismus, von untergeordneter Bedeutung waren. Zum Gesamtbild der Lage gehört auch, daß in den Tagen dieser Beratungen die dualistische Monarchie praktisch bereits zerfallen war und daß die Antwortnote Wilsons vom 18. Oktober dies unverschleiert zum Ausdruck brachte. Außenminister Burián wollte oder konnte diese Tatsache nicht zur Kenntnis nehmen, das geht unter anderem aus seinen Erklärungen hervor, die die Zuständigkeit der siegreichen Ententemächte und Wilsons, die Tschechoslowakei de facto anzuerkennen, in Zweifel zogen; das bewies nur, daß diese führende Gruppe im Lauf des Kriegs aus dem Kreis der geschichtsbildenden Kräfte und Mächte dieser Gebiete hinausgedrängt worden war.

Und wenn diese Feststellung für die Führungsschicht der ganzen Habsburgermonarchie gültig ist, so ist sie es besonders für die ungarische, die im Augenblick der Auflösung des dualistischen Systems ihre Machtposition auf die Weise retten wollte, daß sie ihre Kräfte dem zusammenstürzenden Gebäude des Gesamtreichs entzog und versuchte, sich auf dessen Ruinen neu einzurichten. Diese Zielsetzung war unleugbar noch primitiver als die der führenden österreichischen Kreise, die mit ihren im Manifest umschriebenen Föderationsplänen den Versuch unternahmen, den Phrasen der Entente und Wilsons wenigstens eine gleichwertige Konzeption gegenüberzustellen – wenn dies auch reichlich spät geschah.

Wekerle und seine Mitarbeiter brachten es nicht einmal dazu. Selbst die Verantwortung für den Gesetzentwurf zu einer Personalunion wollte er nicht im Namen seiner Regierung vertreten, sondern er versuchte, einen Teil derselben Károlyi und dessen Anhängern zuzuschieben, obwohl er doch am 16. Oktober noch selbst im Abgeordnetenhaus gesagt hatte, daß eine föderalistische Umwandlung Österreichs es unvermeidlich machen würde, sich auf den Standpunkt der Personalunion zu stellen. Im Zusammenhang mit der Personalunion aber handelte es sich jetzt nicht darum, ob sie eine entsprechende Antwort auf den Plan eines österreichischen Föderativstaats im Manifest war, sondern ob sie in der gegebenen Lage tatsächlich eine realistische Forderung darstellte, die die ungarische nationale Unabhängigkeit und die demokratische Entwicklung förderte, ohne Rücksicht darauf, welche der ungarischen bürgerlichen Parteien und in welcher Form sie auf ihre Fahnen geschrieben hatte. In der Form, in der Wekerle und die hinter ihm stehenden Gruppen für sie eintraten, war sie es keineswegs. Damit die ungarische Unabhängigkeit wirklich der nationalen Entwicklung dienen konnte, bedurfte es der Einbeziehung neuer Klassen zum geschichtlichen Aufbau.

Am Ende der gemeinsamen Ministerratssitzung vom 22. Oktober 1918 war die dualistische Habsburgermonarchie im Prinzip am Ende ihrer Entwicklung angelangt, denn zwischen den beiden Staatsgebilden hatten sich innere strukturelle Unterschiede und politische Gegensätze ergeben, die die weitere Aufrechterhaltung der gemeinsamen Staatsführung ausschlossen. Alle diese Probleme waren noch im gegebenen Klassenrahmen herangereift, steigerten und komplizierten sich aber dadurch, daß auch die Klassenverhältnisse sich änderten und das Habsburgerreich sowohl in staatlich-struktureller wie auch in nationaler Beziehung überholten.

Die Ereignisse überstürzten sich jetzt und verliefen unabhängig von dem Willen derjenigen, die scheinbar die Macht vertraten. Am 21. Oktober faßten die deutschösterreichischen Abgeordneten des Reichsrats einen Beschluß, die besonderen Angelegenheiten Österreichs zu verhandeln. Zwei Tage später konstituierte sich unter der Leitung von Lammasch eine Kommission zur Liquidierung der Monarchie. Am selben Tag ernannte Karl den Grafen Gyula Andrássy zum gemeinsamen Außenminister der Monarchie. Dieser trat am nächsten Tag sein Amt in Wien an; es blieb ihm nicht mehr viel zu tun. Nach den Versuchen im September und Anfang Oktober war es seine Aufgabe, Wilson um einen Waffenstillstand zu bitten. Am selben Tag, dem 24. Oktober, begann an der italienischen Front die große Offensive der Entente. Am 28. Oktober proklamierte der Nationalrat in Prag die Tschechoslowakische Republik, und die österreichischen Behörden übergaben die Macht. Zwei Tage später deklarierte der Slowakische Nationalrat in Sankt Martin seinen Anschluß, am 29. wurde in Agram das Königreich der Serben, Kroaten und Slowenen ausgerufen, zwei Tage später schlossen sich in Laibach die Slowenen, am 1. November in Sarajevo Bosnien und die Herzegowina an. Die Rumänen in Ungarn betrachteten sich seit dem 27. Oktober als unabhängig, die Polen kümmerten sich schon lange nicht mehr um die Monarchie.

In Ungarn brach am 31. Oktober die Revolution aus, und am nächsten Tag erklärten die Ukrainer in Galizien ihre Unabhängigkeit. Am selben Tag teilten die Italiener der österreichisch-ungarischen Heeresleitung die Waffenstillstandsbedingungen mit, und der Flottenoberkommandant Nikolaus von Horthy übergab auf Befehl des Herrschers die Flotte der Monarchie den jugoslawischen Behörden. Am 3. November wurde in Padua der Waffenstillstand abgeschlossen, die Kriegshandlungen hätten um 3 Uhr nachts eingestellt werden sollen, die italienischen Truppen taten dies aber erst um 15 Uhr des folgenden Tags, wodurch sie noch 300 000 Kriegsgefangene machten.

Am 30. Oktober stimmten die deutschösterreichischen Abgeordneten des Reichsrats bereits für das Wappen und die Flagge des neuen Staats und betrachteten sich in den auswärtigen Angelegenheiten als allein zuständig. Karl I. saß noch immer in Schönbrunn, Herrscher eines nicht mehr bestehenden Staats, und zögerte, was er tun sollte. Noch tagelang wurde er sich nicht bewußt, daß sich niemand mehr um ihn kümmerte. Dann faßte er doch einen Entschluß. Am 11. November teilte er in einem Manifest mit, daß er sich von der Leitung der Staatsangelegenheiten zurückziehe. Er verließ Schönbrunn und zog sich in das Schloß Eckartsau zurück. Am nächsten Tag wurde die Österreichische Republik ausgerufen. Am 13. November übergab Karl drei Vertretern des ungarischen Reichstags eine im Inhalt der vom 11. ähnliche Deklaration und entband den Ministerpräsidenten Mihály Károlyi seines Eids. Am 16. wurde auch in Ungarn die Republik proklamiert. In nicht ganz drei Wochen war die Monarchie in die Vergangenheit versunken, ihre Nationen trennten sich und suchten bald auch gegeneinander neue Wege für ihre zukünftige Entwicklung.

In einem Sturm von Revolutionen und nationalen Staatsgründungen versank die Monarchie, noch im letzten Augenblick mit einer gewissen bürokratischen Ordnung und Disziplin.

Die Diskussionen darüber, ob dieses Ende schicksalhaft und verdient sei, begannen schon am Tag nach dem Sturz und haben seitdem nicht aufgehört. Die Art der Argumente hat sich aber auf keiner Seite wesentlich geändert, höchstens ihre Heftigkeit. Wer für den verdienten Sturz war, nennt die Monarchie auch heute noch den „Völkerkerker" und beruft sich darauf, daß aus ihren Ruinen Nationalstaaten in dem üblichen Rahmen der gesellschaftlichen und politischen Entwicklung hervorgegangen sind. Die Schwärmer für die Monarchie erwähnen die lange Friedensepoche unter Franz Joseph, oder wenn sie moderner eingestellt sind, weisen sie in Kenntnis der Erfahrungen der wirtschaftlichen Integration auf die Vorteile des großen Wirtschaftsgebiets, beziehen sich auf die europäische Rolle der Monarchie beziehungsweise auf das Ende des europäischen Gleichgewichts. Und bis auf den heutigen Tag werden Argumente angeführt, Tatsachen festgestellt und Blickpunkte einander gegenübergestellt, die sich von scharfer Verurteilung bis zur Sehnsucht nach der Vergangenheit erstrecken.

Am Ende des Ersten Weltkriegs zerfielen drei multinationale Reiche, die österreichisch-ungarische Monarchie, das zaristische Rußland und das Türkische Reich. Aus der Monarchie und dem Türkischen Reich entstanden viele neue Staaten, Nationalstaaten oder wenigstens solche mit dem Anspruch, Nationalstaaten zu sein. In Rußland kam es nach der sozialistischen Revolution zu einer Entwicklung, die den Vergleich schon unmöglich erscheinen läßt; in diesem Land hat eine Wandlung von geschichtlicher Bedeutung stattgefunden, die dem historischen Geschehen eine neue Richtung gegeben hat.

Auf dem Gebiet der ehemaligen Monarchie kam eine solche Wandlung letztlich nicht zustande. Das kapitalistische System hielt hier noch fast drei Jahrzehnte an, und die Veränderungen erfolgten innerhalb des Systems.

Aber auch die Kapitalisten wollten keine Monarchie mehr. Wie war das möglich? Früher ist davon die Rede gewesen, daß die meisten Völker der Monarchie, aus dieser oder jener Überlegung heraus, auf kürzere oder längere Sicht für die Aufrechterhaltung der Monarchie Stellung nahmen. Und jetzt verließen alle auf einmal ohne Ausnahme mit großer Freude das Reich, um einen eigenen Staat aufzubauen.

Man darf nicht vergessen, daß dazwischen der Weltkrieg lag, mit seinen furchtbaren Auswirkungen, die überall das Leben der Menschen erschwerten. In der Monarchie vertieften sich die Gegensätze noch weiter, die herrschende Klassen und Unterdrückte, herrschende und unterjochte Völker voneinander trennten. Das zaristische Rußland war verschwunden. Und wenn früher viele aus Angst vor Rußland sich an die Monarchie gehalten hatten, so konnten sie diese Furcht jetzt abschütteln. Auch das Verhalten der siegreichen Westmächte war davon bestimmt. Und wenn sie sich auch vor dem neuen, revolutionären Rußland noch mehr fürchteten als vor dem alten, so waren sie doch der Ansicht, die nationale Begeisterung der befreiten Völker sei groß genug, um ein Gegengewicht gegen das Schlagwort des Internationalismus und der sozialen Revolution bieten und das durch den Sturz der Monarchie ins Wanken geratene Gleichgewicht wiederherstellen zu können. Durch ihr starres Ausharren an der Seite der deutschen Verbündeten hatte sich die Monarchie jetzt auch in den Augen jener Menschen unbeliebt gemacht, die früher positive Elemente in ihr gefunden hatten.

Die Völker der Monarchie aber feierten die Gründung oder das Wiedererstehen ihrer eigenen Staaten, dorthin strebten sie aus den Ruinen. Die Polen konnten sich endlich in dem neuen Polen zusammenschließen. Die Slowaken konnten sich den selbständig gewordenen Tschechen anschließen, die Ungarn entkamen endlich dem Fluch des Systems der gemeinsamen Angelegenheiten, die Südslawen hatten den seit langem ersehnten südslawischen Staat erreicht, die Rumänen vereinigten alle Rumänen in Groß-Rumänien, und die Italiener konnten sich ihrem einheitlichen Staat anschließen.

Die Ruinen, denen die Völker entflohen, waren wirklich nur noch Ruinen. Die ganze Struktur der Monarchie mit der hergebrachten absolutistischen Gewalt des Kaisers und Königs an der Spitze, mit seinem die Traditionen von Jahrhunderten wie ein Gespenst mitschleppenden Hof und den vielen hohen Würdenträgern, die durch ihre Geburt für ihre Ämter bestimmt waren, war zweifellos veraltet. Das antidemokratische gesellschaftliche System mit seiner feudal gefärbten Herrschaft des Großgrundbesitzes und des Großkapitals, der Ausbeutung der Arbeiter und Bauern, seinen konservativen Vorurteilen, seiner künstlichen Hierarchie war schon lange zur Vernichtung verurteilt. In der Monarchie erwiesen sich immer die provisorischen Lösungen, die den augenblicklichen Kräfteverhältnissen entsprechenden Kompromisse am haltbarsten. So konnte man „Tagespolitik" betreiben, und wenn es gut ging, sogar ziemlich lange Zeit. Als dauerhaft konnte man dieses System aber nicht betrachten. Die Monarchie konnte sich nicht selbst so verwandeln, daß aus ihr ein lebensfähiges Gebilde hätte werden können. Sie hätte sich damit selber liquidiert, wozu sie nicht fähig war, wozu ihr aber auch der Wille fehlte. So konnte sie nur von außen liquidiert werden. Ob die negativen Züge in der Mehrzahl waren oder ob es auch positive Momente gab, konnte im Herbst 1918 niemand wirklich abwägen, denn niemand konnte voraussehen, wie sich die Entwicklung nach dem großen Zusammenbruch gestalten würde. Sicher ist, daß in diesem geschichtlichen Moment jeder davon überzeugt war, daß die negativen Züge vorherrschten, und jeder handelte dementsprechend. In der gegebenen Form mußte die Monarchie auf alle Fälle stürzen, und mit ihr stürzte unwiderruflich auch die Macht der Habsburger, diese jahrhundertealte europäische Erscheinung.

Nachwort

Mit dem Zerfall der dualistischen Monarchie hörte das Haus Habsburg nach sieben Jahrhunderten auf, als Herrscherhaus zu existieren. Sein letztes gekröntes Haupt, Karl I., versuchte nach der Auflösung des Reichs noch zweimal, in Ungarn einen Teil seiner früheren Macht zurückzuerlangen. Karl I. scheiterte, und zwar nicht nur, weil die internationalen Machtverhältnisse den Versuch im vornhinein aussichtslos erscheinen ließen. Der frühere Flügeladjutant des Kaisers und Königs, Nikolaus von Horthy, hätte als Regent von Ungarn seinen Platz für den Herrscher wieder freimachen müssen, dazu war er aber ganz und gar nicht bereit. So endete der Versuch mit einem Mißerfolg, und der letzte gekrönte Abkomme des Hauses Habsburg kehrte in die Verbannung zurück, die unter den Dynastien, die ihre Herrschaft verloren hatten, der verhältnismäßig glücklichste Ausweg war, und wo sie ihre Existenz und ihr Andenken bewahren konnten. Das Haus Habsburg kann bis zu einem gewissen Grad glücklich genannt werden: Während der sieben Jahrhunderte seiner Herrschaft verlor nur ein einziger wirklicher Herrscher durch revolutionären Terror sein Leben: Kaiser Maximilian in Mexiko. Eine Königin, Marie-Antoinette, mußte während der Französischen Revolution unter der Guillotine ihr Leben lassen, Franz Ferdinand und Kaiserin Elisabeth fielen durch anarchistische Attentate. Verglichen mit den großen europäischen Herrscherhäusern, den englischen Stuarts und den Romanows in Rußland, kann das Los der Habsburger nicht zu den großen Königstragödien der Weltgeschichte gezählt werden. Daran hatten offenbar auch die gutgemeinten, wenn auch erfolglos gebliebenen Bemühungen des nur kurze Zeit regierenden letzten Habsburgerherrschers ihren Anteil, der sein Reich aus dem Blutbad des aussichtslosen Weltkriegs herausführen wollte. In zwei Jahren können aber die Fehler von sieben Jahrhunderten nicht gutgemacht und die Gesetzmäßigkeiten nicht abgeändert werden. Das Haus Habsburg, das so lange eine der ersten und mächtigsten Dynastien Europas gewesen war, hatte die Möglichkeit verloren, bei der Gestaltung der zukünftigen Geschichte mitzusprechen.

Literatur

Eine Bibliographie der älteren Literatur über die Geschichte des Hauses Habsburg hat János Kertész zusammengestellt: *Bibliographie der Habsburger Literatur, 1218–1918*, Budapest 1934. Eine bis Details gehende Bibliographie der Geschichte der Donaumonarchie stammt von Karl und Mathilde Uhlirz: *Handbuch der Geschichte Österreich-Ungarns*. I–II. Bd. 1 und 2, Graz–Wien–Leipzig 1927–1941.

Von den Werken, die sich mit der Geschichte der Familie befassen, soll das älteste, in seiner Anschauungsweise natürlich bereits überholte, aber für die Geschichte der Ereignisse noch immer brauchbare Werk von E. Lichnowsky: *Geschichte des Hauses Habsburg*. 8 Bde, Wien 1835–1844, erwähnt werden. In den letzten Jahren sind mehrere zusammenfassende Arbeiten über die Geschichte der Habsburger veröffentlicht worden. Adam Wandruszka: *Das Haus Habsburg. Die Geschichte einer europäischen Dynastie*. Stuttgart 1956; Dorothy Gies McGuigan: *The Habsburgs*. Garden City, New York 1966 (deutsch: Die Familie Habsburg 1273–1918. Wien 1967); Emil Franzel: *Die Habsburger. Gestalt und Schicksal eines Geschlechts*. München 1971; Edward Crankshaw: *The Habsburgs*. London 1972. Während die Autoren die europäische Bedeutung der Dynastie im allgemeinen positiv werten, malt Paul Frischauer in: *Die Habsburger. Geschichte einer Familie*. Wien 1961, ein sehr kritisches und negatives Bild.

Unsere Arbeit will keine Familiengeschichte sein, erstreckt sich aber auch nicht auf die ganze Geschichte der habsburgischen Länder, sondern möchte – wie es im Untertitel ausgedrückt ist – die europäische Bedeutung der Habsburger werten. Deswegen mußte auch die Geschichte der Ereignisse behandelt werden, fast der ganze Umfang der europäischen Geschichte vom 13. Jahrhundert bis 1918. Die Zahl der allgemeinhistorischen Zusammenfassungen ist natürlich Legion, wir weisen nur auf zwei deutsche Reihen, auf die entsprechenden Bände der *Historia Mundi* und der *Neuen Propyläen Weltgeschichte* und die in französischer Sprache erscheinenden Bände der *Histoire générale des civilisations* hin. Wegen des reichen Materials und der bibliographischen Anmerkungen ist Bruno Gebhardts *Handbuch der deutschen Geschichte* von grundlegender Bedeutung. (8. neubearb. Aufl. Hrsg. Herbert Grundmann. Bd. 1. Frühzeit und Mittelalter. Bd. 2. Von der Reformation bis zum Ende des Absolutismus. 16. bis 18. Jahrhundert. Bd. 3. Von der Französischen Revolution bis zum ersten Weltkrieg. Bd. 4. Die Zeit der Weltkriege. Stuttgart 1963–1965.)

Österreich behandelt Erich Zöllner in: *Geschichte Österreichs. Von den Anfängen bis zur Gegenwart*. 5. Aufl. München 1974. Etwas früher, in konservativerem Geist geschrieben ist das Werk von Hugo Hantsch: *Die Geschichte Österreichs*. 2 Bde, Graz–Wien–Köln 1962 (ebenfalls in mehreren Auflagen). Anders als Zöllner beschäftigt sich dieses Werk mehr mit der Entwicklung der nicht zum heutigen Österreich gehörenden Länder. Mit der ganzen Donaumonarchie befassen sich noch R. J. W. Evans: *The Making of the Habsburg Monarchy 1550–1700*. An interpretation. Oxford 1979; Robert A. Kann:

Werden und Verfall des Habsburger-Reiches. Graz–Wien–Köln 1962, und Victor-L. Tapié: *Monarchie et peuples du Danube.* Paris 1969. Die neuesten Forschungen über die Geschichte Ungarns finden sich in *Die Geschichte Ungarns,* red. von Ervin Pamlényi, Budapest 1972 (mit einer reichen Bibliographie der in fremden Sprachen veröffentlichten ungarischen Werke). Für die Entwicklung der Niederlande gilt bis heute als klassisches Werk Henri Pirenne: *Histoire de Belgique.* Neue Ausgabe in vier Bänden, Brüssel 1948–1952. Ebenfalls klassisch für die Art der niederländischen Kultur ist das Werk von Johan Huizinga: *Herbst des Mittelalters.* 5. Aufl., Stuttgart 1939. Für Spanien ist zu verweisen auf John Lynch: *Spain under the Habsburgs.* Oxford 1964, und J. H. Elliott: *Imperial Spain 1469–1716.* 2. Aufl., London 1965.

Außerdem sollen hier noch für die verschiedenen Epochen bzw. für die wichtigsten Persönlichkeiten einige, meist neuere oder noch immer wertvolle ältere Werke aufgezählt werden. Adolf Bachmann: *Deutsche Reichsgeschichte im Zeitalter Friedrichs III. und Maximilians I.* 2 Bde., 1884–1894; Heinrich Ullmann: *Kaiser Maximilian I.* 2 Bde., neue Ausgabe 1968; Karl Brandi: *Kaiser Karl V. Werden und Schicksal einer Persönlichkeit und eines Weltreiches.* München 1937.

Zu den spanischen Habsburgern Fernand Braudel: *La Méditerranée et le monde méditerranéen à l'époque de Philippe II.* 2 Bde., 2. Aufl., Paris 1966; M. Devenze: *L'Espagne et l'Empire espagnol sous Philippe II.* Paris 1963; C. Pérez Bustamante: *Felipe III.* Madrid 1950; A. Dominguez Ortis: *Política y tracienda de Felipe IV.* Madrid 1960; G. Maura Gamaro: *Vida y reinado de Carlos II.* 2 Bde., 2. Aufl., Madrid 1954. Die österreichischen Habsburger behandeln Viktor Bibl: *Maximilian II., der rätselhafte Kaiser.* Wien 1929; für die Wende vom 16. zum 17. Jahrhundert R. J. W. Evans: *Rudolph II and his world. A study in intellectual history.* Oxford 1973; Hans Sturmberger: *Kaiser Ferdinand II. und das Problem des Absolutismus.* München 1957. Wichtig ist noch Golo Mann: *Wallenstein.* 4. Aufl., Frankfurt a. M. 1971.

Für das 18. Jahrhundert Hanns Leo Mikoletzky: *Österreich. Das große Jahrhundert von Leopold I. bis Leopold II.* Wien 1967; Oswald Redlich: *Das Werden einer Großmacht. Österreich von 1700 bis 1740.* 3. Aufl., Brünn–München–Wien 1942; Max Braubach: *Prinz Eugen von Savoyen.* 5 Bde., München 1963–1965; Victor-L. Tapié: *L'Europe de Marie-Thérèse. Du baroque aux lumières.* Paris 1973; Edward Crankshaw: *Maria Theresa.* London 1969; Robert A. Kann: *A study in Austrian intellectual history from late baroque to romanticism.* New York 1960; Eduard Winter: *Barock, Absolutismus und Aufklärung in der Donaumonarchie.* Wien 1971; Georg Küntzel: *Fürst Kaunitz-Rietberg als Staatsmann.* Frankfurt a. M. 1923; Paul von Mitrofanov: *Joseph II.* 2 Bde., Wien–Leipzig 1910; Eduard Winter: *Der Josefinismus. Die Geschichte des österreichischen Reformkatholizismus 1740–1848.* Berlin 1962.

Für die Zeit, die mit der Französischen Revolution einsetzt, siehe Charles A. Macartney: *The Habsburg Empire 1790–1918.* London 1969, in erster Linie für die Geschichte der Ereignisse sehr brauchbar. Ein älteres, aber unentbehrliches Werk ist Viktor Bibl: *Der Zerfall Österreichs.* Kaiser Franz I. und sein Erbe. II. Von Revolution zu Revolution. Wien–Berlin–Leipzig 1922–1924; Ernst Wangermann: *From Joseph II to the Jacobin Trials. Government policy and public opinion in the Habsburg dominions in the period of the French Revolution.* Oxford 1959; Eduard Wertheimer: *Geschichte Österreichs und Ungarns im ersten Jahrzehnt des 19. Jahrhunderts.* 2 Bde., Leipzig 1884–1890; Adam Wandruszka: *Leopold II.* 2 Bde., Wien–München 1963–1964; Viktor Bibl: *Kaiser Franz.* Wien 1937; Heinrich Srbik: *Metternich. Der Staatsmann und der Mensch.* 3 Bde., München 1925–1954; Alan Palmer: *Metternich.* London 1972; Erzsébet Andics: *Metternich und die Frage Ungarns.* Budapest 1973; A. J. P. Taylor: *The Habsburg Monarchy 1815–1918. A History of the Austrian Empire and Austria-Hungary.* London 1942 (und zahlreiche Neuausgaben); Eduard Winter: *Frühliberalismus in der Donaumonarchie. Religiöse, nationale und wissenschaftliche Strömungen von 1790–1868.* Berlin 1968; Hellmut Andics: *Österreich 1804–1975.* Bd. 1. Das österreichische Jahrhundert. Die Donaumonarchie von 1804 bis 1900. Bd. 2. Der Untergang der Donaumonarchie. Österreich-Ungarn von der Jahrhundertwende bis zum November 1918. Wien–München 1976; Friedrich Engel-Janosi: *Geschichte auf dem Ballhausplatz. Essays zur österreichischen Außenpolitik 1830–1945.* Graz–Wien–Köln 1963.

Für das mit der Revolution von 1848 beginnende Zeitalter siehe *Die Habsburgermonarchie 1848–1918.* Hrsg. Adam Wandruszka und Peter Urbanitsch. I. Die wirtschaftliche Entwicklung. Wien 1973. II. Verwaltung und Rechtswesen. Wien 1975; Joseph Redlich: *Das österreichische Staats- und Reichsproblem.* 2 Bde., Leipzig 1926; Rudolf Sieghardt: *Die letzten Jahrzehnte einer Großmacht. Menschen, Völker, Probleme des Habsburger-Reichs.* Berlin 1932; Friedrich Walter: *Die österreichische Zentralverwaltung.* III. Abteilung. Von der Revolution 1848 bis zur Dezemberverfassung 1867. I. Bd. Die Geschichte der Ministerien Kolowrat, Ficquelmont, Pillersdorf, Wessenberg, Doblhoff und Schwarzenberg. Wien 1954; Fr. Walter: *Österreichische Verwaltungsgeschichte.* Wien 1956; Mayer–Kaindl–Pirchegger–Klein: *Geschichte und Kulturleben Österreichs. Von 1792 bis zum Staatsvertrag.* 5. verb. und ergänzte Ausg. Wien–Stuttgart 1956; Arthur J. May: *Vienna in the Age of Franz Josef.* Norman, Okl. 1966 (The Centers of Civilization Series); Egon Cäsar Conte Corti: *Maximilian und Charlotte von Mexiko.* 2 Bde., Wien 1924; Robert A. Kann: *The multinational empire. Nationalism and national reform in the Habsburg Monarchy 1848–1918.* 2 Bde., New York 1950. Deutsch: Das Nationalitätenproblem der Habsburgermonarchie, 2. Aufl. Graz–Köln 1964; William M. Johnston: *The Austrian mind. An intellectual and social history 1848–1938.* Berkeley–Los Angeles–London 1972; Anna Janik-Stephen Toulmin: *Wittgenstein's Vienna.* New York 1973; Arthur J. May: *The Habsburg Monarchy 1867–1914.* Cambridge 1951; Joseph Redlich: *Kaiser Franz Joseph von Österreich. Eine Biographie.* Berlin 1928; Egon Cäsar Conte Corti: *Elisabeth, die seltsame Frau.* Salzburg–Leipzig 1934; Oskar Mitis: *Das Leben des Kronprinzen Rudolf.* Leipzig 1928; Adam Wandruszka: *Das Schicksalsjahr 1866.* Graz–Wien–Köln 1966; F. R. Bridge: *From Sadowa to Sarajevo.* The foreign policy of Austria-Hungary 1866–1914. London–Boston 1972; István Diószegi: *Österreich-Ungarn und der Deutsch-Französische Krieg 1870/71.* Budapest 1974; Eduard Wertheimer: *Graf Julius Andrássy. Sein Leben und seine Zeit.* 3 Bde., Stuttgart 1910–1913; F. R. Bridge: *Great Britain and Austria-Hungary 1906–1914; a diplomatic history.* London 1972; Roland Krug von Nidda; *Der Weg nach Sarajewo. Franz Ferdinand.* Wien 1964; Reinhold Lorenz: *Kaiser Karl und der Untergang der Donaumonarchie.* Graz–Wien–Köln 1959; Edward Crankshaw: *The Fall of the House of Habsburg.* London 1963; Imre Gonda: *Der Verfall der Kaiserreiche in Mitteleuropa. Der Zweibund in den letzten Kriegsjahren* (1916–1918). Budapest 1977.

Quellennachweis der Abbildungen

1. RUDOLF I. Kupferstich aus dem 17. Jh. Budapest, Historische Bildergalerie des Ungarischen Nationalmuseums (HBUNM)
2. DAS GRABDENKMAL FRIEDRICHS III. Von N. Gerhaert von Leiden. Wien, Stephansdom
3. MAXIMILIAN I. Holzschnitt von A. Dürer
4. KARL V. Ölgemälde von Tizian. München, Alte Pinakothek
5. PHILIPP II. Ölgemälde von Tizian. Madrid, Prado
6. PHILIPP III. Ölgemälde von D. Velázquez. Madrid, Prado
7. PHILIPP IV. Ölgemälde von D. Velázquez. Madrid, Prado
8. KARL II. Ölgemälde von L. Giordano. Madrid, Prado
9. FERDINAND I. Kupferstich von H. S. Lautensack. Budapest, HBUNM
10. MAXIMILIAN II. Kupferstich nach Rota. 16. Jahrhundert. Budapest, HBUNM
11. RUDOLF II. Kupferstich von E. Sadeler nach einer Zeichnung von H. v. Aachen. Budapest, HBUNM
12. MATTHIAS I. Kupferstich aus dem Mausoleum Ferenc Nádasdys. Budapest, HBUNM
13. FERDINAND II. Kupferstich von J. van der Heyden nach einem Gemälde von M. van Valckenborch. Budapest, HBUNM
14. FERDINAND III. Kupferstich von J. Suyderhoff nach einem Gemälde von P. Soutman. Budapest, HBUNM
15. LEOPOLD I. Kupferstich von J. Brouwer nach einem Gemälde von W. Vaillant. Budapest, HBUNM
16. JOSEPH I. IN UNGARISCHER KRÖNUNGSTRACHT. Kupferstich eines Nürnberger Meisters. Budapest, HBUNM
17. KARL VI. Kupferstich von A. und J. Schmutzer nach einer Zeichnung von M. Hannl. Budapest, HBUNM
18. MARIA THERESIA. Kupferstich von J. Schmutzer nach einem Gemälde von J. Ducreux. Budapest, HBUNM
19. KAUNITZ. Kupferstich von J. Schmutzer nach einem Gemälde von J. Steiner. Budapest, HBUNM
20. JOSEPH II. Punktierter Kupferstich von F. John nach einem Gemälde von H. F. Füger. Budapest, HBUNM
21. LEOPOLD II. Punktierter Kupferstich von F. W. Durmer nach einem Gemälde von J. Kreutzinger. Budapest, HBUNM
22. FRANZ I. Ölgemälde von P. Krafft. Budapest, HBUNM
23. FERDINAND V. Kohlezeichnung von J. M. Ranftl. Budapest, HBUNM
24. METTERNICH. Lithographie von J. Kriehuber nach einem Gemälde von Th. Lawrence. Budapest, HBUNM
25. DER PALATIN JOSEPH. Lithographie von F. Eybl nach einem Gemälde von A. Einsle. Budapest, HBUNM

26. ERZHERZOG KARL. Mezzotinto von J. Pichler nach einem Gemälde von J. Kreutzinger. Budapest, HBUNM
27. ERZHERZOG JOHANN. Lithographie von J. Kriehuber. Budapest, HBUNM
28. FRANZ JOSEPH I. Ölgemälde von F. László. Budapest, HBUNM
29. ELISABETH. Ölgemälde von Gy. Benczúr. Budapest, HBUNM
30. RUDOLF. Photographie. Budapest. Museum der Ungarischen Arbeiterbewegung
31. FRANZ FERDINAND. Photographie. Budapest, Museum der Ungarischen Arbeiterbewegung
32. KARL I. Photographie. Budapest, Museum der Ungarischen Arbeiterbewegung

Verzeichnis der Karten

Die territorialen Erwerbungen des Hauses Habsburg bis zum Ende der Regierung Karls V. (1556) 56–57
Die territoriale Entwicklung des österreichischen Habsburgerreichs (1606–1697) 139
Das Habsburgerreich in den Jahren 1809–1918 und seine administrative Gliederung nach 1867 248–249

STAMMTAFEL

I. DIE HABSBURGER BIS ZUM 16. JAHRHUNDERT

- Rudolf I. (1218–1291)
  ∞ 1. Gertrude (Anna) von Zollern-Hohenberg-Haigerlock
  2. Agnes von Burgund
  - Albrecht I. (1255–1308)
    ∞ Elisabeth von Kärnten
    - Anna (†1361)
      ∞ 1. Hermann,
      Markgraf von Brandenburg
      2. Heinrich VI.,
      Herzog zu Breslau
    - Rudolf (III.) (1281–1307),
      König von Böhmen
      ∞ 1. Blanche von Frankreich
      2. Elisabeth,
      Witwe König Wenzels III. von Böhmen
    - Agnes (1280–1364)
      ∞ Andreas III.,
      König von Ungarn
    - Friedrich (I.) (III.) der Schöne
      (1286–1330)
      ∞ Elisabeth
      (Isabella von Aragonien)
    - Leopold (I.) der Glorreiche
      (1293–1326)
      ∞ Katharina von Savoyen
    - Elisabeth (†1352)
      ∞ Friedrich IV.,
      Herzog von Lothringen
    - Albrecht (II.) der Weise
      (1298–1358)
      ∞ Johanna von Pfirt
      - Rudolf (IV.) der Stifter (1339–1365)
        ∞ Katharina, Tochter Kaiser Karls IV.
      - Margarete (1346–1366)
        ∞ 1. Meinhard IV., Graf von Tirol
        2. Johann Heinrich, Markgraf von Mähren
      - Friedrich (III.) der Freigiebige
        (1347–1362)
      - Albrecht (III.) mit dem Zopfe (1349–1395)
        ∞ 1. Elisabeth, Tochter Kaiser Karls IV.
        2. Beatrix von Hohenzollern
        - Albrecht (IV.) (1377–1404)
          ∞ Johanna von Bayern
          - Albrecht II. (V.) (1397–1439)
            ∞ Elisabeth, Tochter Kaiser Sigismunds
            - Anna (1432–1462)
              ∞ Wilhelm,
              Markgraf von Meissen
            - Elisabeth (1438?–1505?)
              ∞ Kasimir IV., König von Polen
            - Ladislaus V. Postumus (1440–1457)
              König von Ungarn und Böhmen
      - Leopold (III.) der Gerechte (1351–1386)
        ∞ Viridis Visconti von Mailand
        - Wilhelm (1370–1406)
          ∞ 1. Hedwig von Ungarn
          2. Johanna von Neapel
        - Leopold (IV.) der Dicke
          (1371–1411)
          ∞ Katharina von Burgund
        - Ernst der Eiserne (1377–1424)
          ∞ 1. Margarete von Pommern
          2. Cymburga von Masowien
          - Friedrich III. (V.) (1415–1493)
            ∞ Eleonore von Portugal
            - Maximilian I. (1459–1519)
              ∞ 1. Maria von Burgund
              2. Bianca Maria Sforza von Mailand
              - Philipp der Schöne (1478–1506)
                ∞ Johanna von Aragonien
                - Eleonore (1498–1558)
                  ∞ 1. Emanuel, König von Portugal
                  2. Franz I., König von Frankreich
                - Karl V.
                  - Spanische Linie
                - Isabella (1501–1525)
                  ∞ Christian II., König von Dänemark
                - Ferdinand I.
                  - Österreichische Linie
                - Maria (1505–1558)
                  ∞ Ludwig II.,
                  König von Ungarn und Böhmen
                - Katharina (1507–1578)
                  ∞ Johann III., König von Portugal
              - Margarete (1480–1530)
                ∞ 1. Juan von Aragon
                2. Philibert, Fürst von Savoyen
            - Kunigunde (1465–1520)
              ∞ Albrecht IV. Wittelsbach, Herzog von Bayern
          - Albrecht (VI.) (1418–1463)
            ∞ Mechthild von der Pfalz
          - Katharina (1420–1493)
            ∞ Karl I.,
            Markgraf von Baden
          - Margarete (1428–1486)
            ∞ Friedrich II.,
            Kurfürst von Sachsen
        - Friedrich (IV.) mit der leeren Tasche
          (1383–1439)
          1. Elisabeth von der Pfalz
          ∞ 2. Anna von Braunschweig
          - Sigismund (1427–1496)
    - Otto der Heitere
      (1301–1339)
      ∞ 1. Elisabeth von Bayern
      2. Anna von Böhmen
      - Leopold (II.)
        (1324–[1328?]–1344)
      - Friedrich (II.) (1327–1344)
        ∞ Maria von England
  - Mechthild (1254?–1304)
    ∞ Ludwig, Herzog von Bayern
  - Heilwig (Hedwig) (1258–1303)
    ∞ Otto, Markgraf von Brandenburg
  - Gertrud (Agnes) (1260–1322)
    ∞ Albert, Kurfürst von Sachsen
  - Hartmann (1263–1281)
  - Katharina (†1282)
    ∞ Otto, Herzog von Bayern
  - Greta (Gitta) (1271–1297)
    ∞ Wenzel II., König von Böhmen
  - Clementia (1274–1295)
    ∞ Karl Martell, König von Neapel
  - Rudolf (II.) (1271–1290)
    ∞ Agnes von Böhmen
    - Johannes Parricida
      (1290–1313)

II. DIE SPANISCHE LINIE DER HABSBURGER

Karl V. (I.) (1500–1558)
∞ Isabella von Portugal

Philipp II. (1527–1598)
∞ 1. Maria von Portugal
2. Maria Tudor, Königin von England
3. Elisabeth Valois von Frankreich
4. Anna, Tochter Kaiser Maximilians II.

Maria (1528–1603)
∞ Kaiser Maximilian II.

Johanna (1535–1575?)
∞ Johann, Herzog von Portugal

Don Carlos (1545–1568)

Isabella Klara Eugenia (1566–1633)
∞ Albrecht (VII.), Erzherzog von Österreich

Katharina (1567–1630)
∞ Karl Emanuel, Herzog von Savoyen

Philipp III. (1578–1621)
∞ Margarete, Erzherzogin von Österreich

Anna Maria (1602–1666)
∞ Ludwig XIII., König von Frankreich

Philipp IV. (1605–1665)
∞ 1. Isabella von Frankreich
2. Maria Anna, Erzherzogin von Österreich

Maria Anna (1606–1646)
∞ Kaiser Ferdinand III.

Ferdinand (1609–1641),
Erzbischof von Toledo

Karl Balthasar (1629–1646)

Maria Theresia (1638–1683)
∞ Ludwig XIV., König von Frankreich

Margarete Theresia (1651–1673)
∞ Kaiser Leopold I.

Karl II. (1660–1700)
∞ 1. Maria Luise von Orléans
2. Maria Anna von Pfalz-Neuburg

III. DIE ÖSTERREICHISCHE LINIE DER HABSBURGER

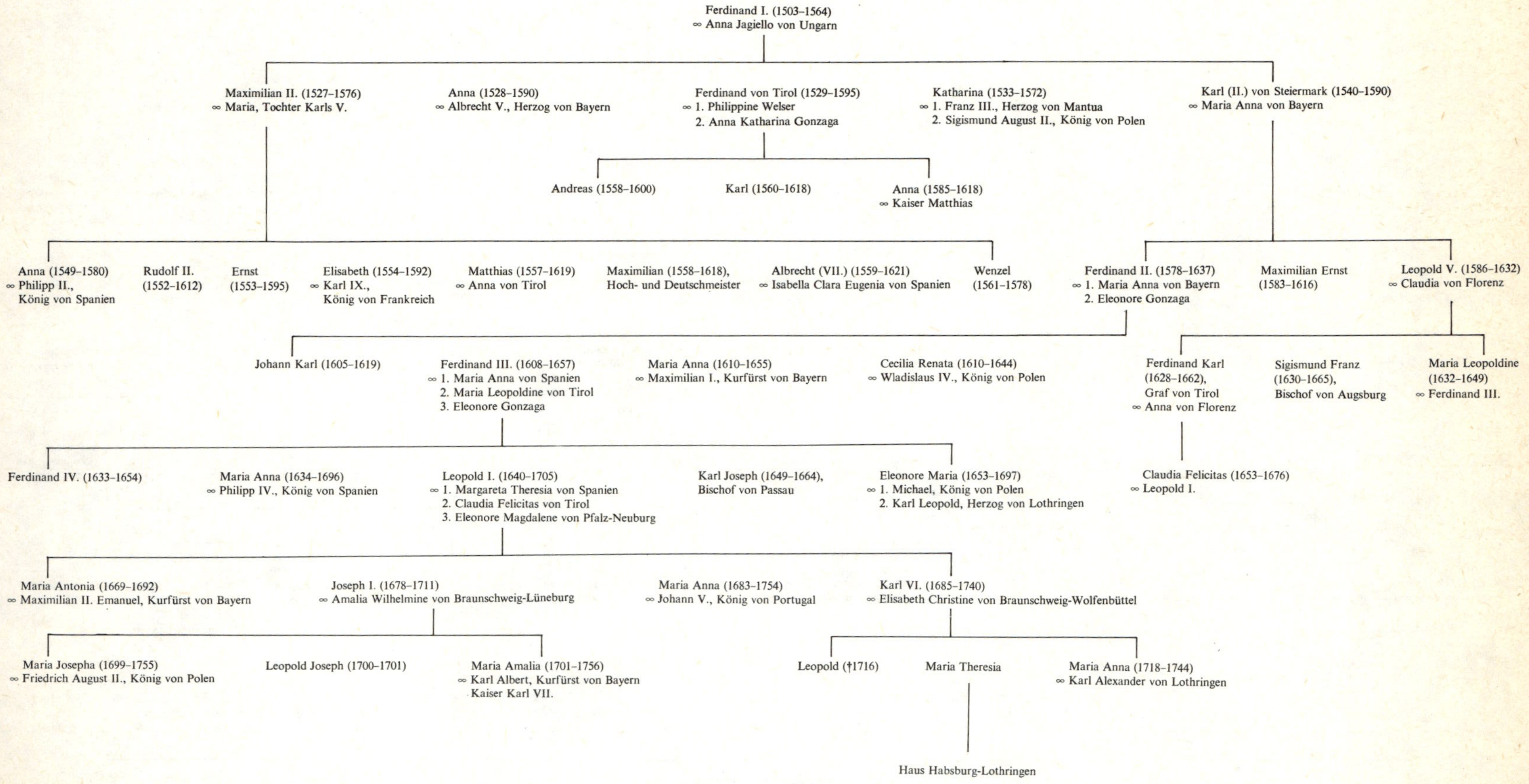

IV. HAUS HABSBURG-LOTHRINGEN

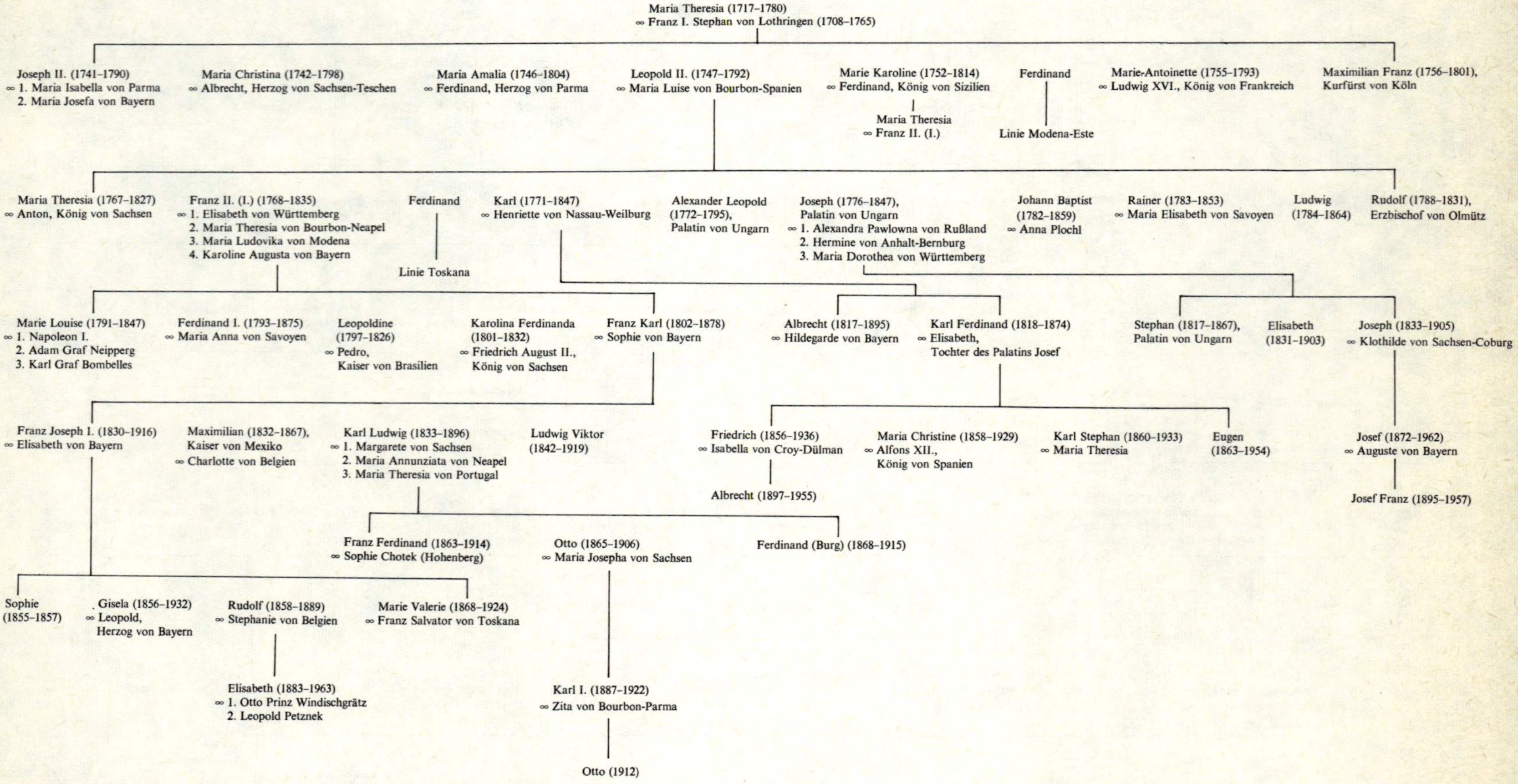

V. NEBENLINIE MODENA-ESTE

- Ferdinand (1754–1806) ∞ Maria Beatrix von Este
  - Maria Theresia (1773–1832) ∞ Viktor Emanuel I., König von Sardinien
  - Franz IV. (1779–1846) ∞ Maria Beatrix von Sardinien
    - Maria Theresia (1817–1886) ∞ Heinrich Bourbon
    - Franz V. (1819–1875) ∞ Adelgunde von Bayern
    - Ferdinand (1821–1849) ∞ Erzherzogin Elisabeth
    - Maria Beatrix (1824–1906) ∞ Johann, Infant von Spanien
  - Ferdinand Karl (1781–1850)
  - Maximilian (1782–1863), Deutschordens-Großmeister
  - Karl (1785–1809), Primas von Ungarn
  - Maria Ludovika (1787–1816) ∞ Kaiser Franz I.

VI. NEBENLINIE TOSKANA

- Ferdinand III. (1769–1824) ∞ 1. Maria Louise von Bourbon-Neapel, 2. Maria Anna von Sachsen
  - Leopold II. (1797–1870) ∞ 1. Maria Anna von Sachsen, 2. Maria Antonia von Neapel
    - Ferdinand IV. (1835–1908) ∞ 1. Anna von Sachsen, 2. Alice von Parma
      - Leopold (Wölfling) (1868–1935)
      - Luise (1870–1947) ∞ Friedrich August III., König von Sachsen
      - Josef (1872–1942)
      - Peter (1874–1948) ∞ Maria Christine von Neapel
    - Karl Salvator (1839–1892) ∞ Maria Immaculata von Neapel
      - Leopold Salvator (1863–1931) ∞ Blanka von Bourbon
      - Franz Salvator (1865–1939) ∞ Erzherzogin Maria Valeria
    - Johann (Orth) (1852–1890?)
  - Maria Theresia (1801–1855) ∞ Albrecht, König von Sachsen

Namenverzeichnis

Adler, Friedrich (1879–1960), österreichischer Physiker, sozialistischer Politiker, Sohn Viktor Adlers. Seit 1907 einer der Redakteure der Zeitschrift „Der Kampf"; 1911–1914 Sekretär der Sozialdemokratischen Partei Österreichs; ermordete 1916 den Ministerpräsidenten Stürgkh. 336, 338, 365

Adler, Viktor (1852–1918), österreichischer Arzt, sozialistischer Politiker. Spielte 1888/89 eine hervorragende Rolle bei der Gründung der Sozialdemokratischen Partei Österreichs und der Zweiten Internationale; anerkannter politischer und geistiger Führer der österreichischen sozialistischen Partei; 1889–1918 Chefredakteur der „Arbeiter Zeitung". Vom 30. Oktober 1918 bis zu seinem Tod am 11. November Außenminister. 302, 312, 365, 370

Aehrenthal, Alois, Graf Lexa von (1854–1912). 1895–1899 Gesandter in Bukarest, 1899—1906 Botschafter in St. Petersburg, 1906–1912 gemeinsamer Außenminister. 352–53

Adolf von Nassau (um 1255–1298). 1292–1298 deutscher König. 17

Adrian von Utrecht, siehe Hadrian VI.

Alba, Ferdinand Alvarez de Toledo, Herzog von (1508–1582), spanischer Feldherr und Politiker. 1567–1573 Statthalter in den Niederlanden, 1580 eroberte er Portugal. 64, 66, 71

Albert III., Habsburger (Ende 12. Jh.–Anfang 13. Jh.). Graf von Habsburg, Landgraf im Elsaß. 8

Albert IV., der Weise, Habsburger (?–1239), Sohn Rudolfs II. und der Agnes von Staufen, Urahne der Hauptlinie des Hauses Habsburg. Graf von Habsburg, Landgraf im Oberelsaß, Vater Kaiser Rudolfs I. Seine Gemahlin war Heilwig von Kyburg. 8

Albrecht von Habsburg (1255–1308), Sohn Rudolfs I. Wurde 1282 Herzog von Österreich und Steiermark, als Albrecht I. Herzog von Österreich und 1298 deutscher König. 16–19

Albrecht II. der Weise oder der Lahme, Habsburger (1298–1358), Sohn Albrechts I., Herzog von Österreich. Regierte Österreich 1330–1339 gemeinsam mit seinem jüngeren Bruder Otto, dann allein. Erwarb 1335 Kärnten und Krain. 19–24

Albrecht III. mit dem Zopf, Habsburger (1349–1395), Sohn Albrechts II., Herzog von Österreich. Regierte bis zur Teilung 1379 gemeinsam mit seinem Bruder Leopold III., danach Herrscher in Ober- und Niederösterreich. 20, 21

Albrecht V., Habsburger (1397–1439), Sohn Herzog Albrechts IV. (1377–1404). Wurde 1404 Herzog von Österreich, später Schwiegersohn König Sigismunds, 1422 Markgraf von Mähren, 1437 als Albrecht I. König von Ungarn, 1438 König von Böhmen; 1438/39 als Albrecht II. deutscher König. 21, 22

Albrecht VI., Habsburger (1418–1463), Herzog von Österreich, zweiter Sohn Ernst des Eisernen, jüngerer Bruder Kaiser Friedrichs III. 24–26

Albrecht VII., Habsburger (1559–1621), Erzherzog von Österreich, sechster Sohn Kaiser Maximilians II. Am Hof Philipps II. von Spanien erzogen. Wurde 1577 Kardinal, 1584–1595 Vizekönig von Portugal, 1594 Erzbischof von Toledo, 1595 Statthalter der südlichen Niederlande. Verließ später den geistlichen Stand und vermählte sich mit Isabella Klara Eugenia, Infantin von Spanien. 73, 91, 95

Albrecht Alcibiades (1522–1557), Markgraf von Brandenburg-Kulmbach beziehungsweise Brandenburg-Bayreuth, führender protestantischer Fürst. Stand in den Kriegen Kaiser Karls V. gegen die Franzosen bald auf der Seite des Kaisers, bald auf der der Franzosen. 1553 verlor er seine Länder und floh nach Frankreich. 55, 60

Albrecht Friedrich Rudolf Dominik (1817–1895), Erzherzog von Österreich, Herzog von Teschen, Sohn des Heerführers Erzherzog Karl. Kämpfte 1848/49 in Italien, war 1851–1860 Zivil- und Militärstatthalter in Ungarn, besiegte 1866 Lamarmora bei Custoza, nach der Niederlage von Königgrätz Oberbefehlshaber der kaiserlichen Armee. 263, 271

Alexander I., Pawlowitsch (1777–1825). Wurde 1801 Zar von Rußland. 174, 176, 179–181, 185, 187

Alexander II., Nikolajewitsch (1818–1881). Seit 1855 Zar von Rußland. 286, 287

Alexander VI. (Rodrigo di Borgia 1431–1503). Wurde 1492 Papst. 33

Alexander Leopold (1772–1795), Erzherzog von Österreich, Sohn Leopolds II. Wurde 1790 Palatin von Ungarn. 186

Amelia, Erzherzogin, siehe Maria Amalia.

Andrássy, Gyula Graf (1823–1890). 1867–1871 ungarischer Ministerpräsident und Landesverteidigungsminister, 1871–1879 gemeinsamer Außenminister. 273, 274, 279, 285–89

Andrássy, Gyula Graf, jun. (1860–1929). 1894/95 Minister am königlichen Hoflager, 1906–1910 Innenminister, 24–30. Oktober 1918 letzter Außenminister der österreichisch-ungarischen Monarchie. 328, 344, 377, 381

Anjou, Herrscherhaus: seine Mitglieder herrschten 1154–1399 in England, 1266–1435 in Neapel, 1301–1382 in Ungarn. 18, 33

Anjou, Herzog François-Hercule von (1552–1584), fünfter Sohn König Heinrichs II. von Frankreich und der Katharina von Medici, jüngerer Bruder Heinrichs III. Wurde 1582 von Wilhelm von Oranien und den Ständen der Niederlande zum Herrscher berufen. Anfang 1583 plante er mit Hilfe französischer Söldner den Anschluß von Flandern und Brabant an Frankreich. Sein Aufstand wurde aber niedergeworfen. 72

Anjou, Herzog Philipp von, siehe Philipp V., König von Spanien.

Anna Jagiello (1503–1547), Tochter Władisławs II. von Böhmen und Ungarn. Wurde 1521 Gattin des österreichischen Erzherzogs Ferdinand I., späterer König von Böhmen und Ungarn und römisch-deutscher Kaiser. 36

Anna Stuart (1665–1714). Tochter König Jakobs II. von England. 1702–1714 Königin von England. 115

Anna von Cleve (1515–1557). Von Januar bis Juli 1540 vierte Gattin des englischen Königs Heinrich VIII. 52

Anna von Österreich (1549–1580), Erzherzogin von Österreich, Tochter Maximilians II. Wurde 1570 vierte Gattin König Philipps II., Mutter König Philipps III. 75

Apponyi, Albert Graf (1846–1933), Politiker. 1901–1903 Präsident des Abgeordnetenhauses, 1906–1910 und Juni 1917–Mai 1918 Kultusminister. 377

Atahualpa (etwa 1500–1533). 1532/33 letzter Herrscher des Inkareichs. Von Pizarro hingerichtet. 44

Auersperg, Adolf Fürst (1821–1885), österreichischer Politiker. 1871–1879 österreichischer Ministerpräsident. 298

Auersperg, Carlos Wilhelm Fürst (1814–1890), österreichischer Politiker, älterer Bruder des Fürsten Adolf Auersperg. Von Januar bis September 1868 Ministerpräsident, nach 1879 einer der Führer der böhmisch-deutschen Adelsoppo-

sition gegen die Regierung Taaffe. 282, 285, 298
Auersperg, Karl Graf von (1783–1859), österreichischer General, später Feldmarschalleutnant. 230
August Friedrich I. (1670–1733). 1694–1733 Kurfürst von Sachsen, 1697–1706, 1709–1733 als August II. König von Polen. 123, 124
August Friedrich II. (1696–1763). 1733–1763 Kurfürst von Sachsen, 1734–1763 als August III. König von Polen. 124, 126, 133, 142, 152
Augusz, Anton, Baron (1807–1878). In der Reformzeit Vizegespan des Komitats Tolna, zur Zeit des Absolutismus leitender Beamter im Statthaltereirat. Vertrauensmann Kaiser Franz Josephs I. bei den Verhandlungen mit Ferenc Deák vor dem österreichisch-ungarischen Ausgleich 1867. 263

Babenberger, Dynastie: von 976 bis 1156 Markgrafen der Ostmark, 1156–1246 Herzöge von Österreich. 13, 15
Bach, Alexander Freiherr von (1813–1893), österreichischer Politiker. 1848 Justizminister, 1849–1859 Innenminister. Einer der verbissensten Vertreter der Verwirkungstheorie Ungarns nach der Niederlage des Freiheitskriegs 1849. 202, 205, 214, 216, 225, 239, 242, 247, 250, 252, 258, 262, 264, 279
Badeni, Kasimir Felix Graf (1846–1909), polnischer Aristokrat. 1895–1897 österreichischer Ministerpräsident. 310, 341
Bakunin, Michail Alexandrowitsch (1814–1876), russischer Revolutionär, Ideologe des Anarchismus. 201
Balfour, Arthur James (1848–1930), englischer Politiker. Um die Jahrhundertwende Finanzminister, 1902–1906 Premierminister, dann bis 1911 Führer der konservativen Opposition, 1915 Erster Lord der Admiralität, 1916–1920 Außenminister. 375
Báthori, Sigismund (1572–1613). Wurde 1588 Fürst von Siebenbürgen, demissionierte 1597, kehrte aber mehrmals zurück. Verließ 1602 Siebenbürgen endgültig. 87
Báthori, Stephan (1533–1586). Wurde 1571 Fürst von Siebenbürgen, 1576 König von Polen. 84
Batthyány, Lajos Graf (1806–1849), Großgrundbesitzer, liberaler Politiker. 1830–1848 einer der Führer der reformfreudigen aristokratischen Opposition im Oberhaus des ungarischen Reichstags. Vom 17. März bis zum 2. Oktober 1848 Vorsitzender des ersten ungarischen verantwortlichen Ministeriums. 8. Januar 1849 von Windischgraetz in Pest verhaftet, in einem Hochverratsprozeß zum Tod verurteilt und am 6. Oktober 1849 hingerichtet. 197
Bauer, Otto (1882–1938), österreichischer Jurist, sozialistischer Politiker, einer der Hauptvertreter und Theoretiker des Austromarxismus. 1907 Parlamentsabgeordneter; nach dem Tod Viktor Adlers bis Juli 1919 Außenminister. 336
Bazaine, François Achille (1811–1888), französischer Marschall. 1863–1867 Oberkommandierender des nach Mexiko entsandten Expeditionskorps, im Deutschfranzösischen Krieg seit dem 12. August 1870 Oberbefehlshaber der französischen Armee. 280
Beccaria, Cesare Bonesana, Marquis (1738–1794), italienischer Schriftsteller, befaßte sich mit strafrechtlichen und volkswirtschaftlichen Fragen, Professor der Volkswirtschaft an der Universität Padua. Seine fortschrittlichen juristischen Ansichten beeinflußten den Strafrechtskodex (1787) Josephs II. 160
Becher, Alfred Julius (1803–1848), Advokat, Musikkritiker. Betätigte sich in Holland und Deutschland, kam 1845 nach Wien, schrieb scharfe Kritiken zum Wiener Musikleben. Während der Revolution Redakteur des Blattes „Der Radikale“; einer der führenden Köpfe der Revolution. Wurde hingerichtet. 207
Becher, Johann Joachim (1635–1682), deutscher Chemiker, Arzt, Volskwirtschaftler. Seine Ansichten waren von großem Einfluß auf die kameralistischen

Bestrebungen des Habsburgerreichs. 111
Beethoven, Ludwig van (1770–1827), deutscher Komponist. Lebte seit 1792 in Wien. 188
Beck, Max Wladimir Freiherr von (1854–1943), österreichischer Staatsmann. 1906–1908 Ministerpräsident. Er erneuerte den wirtschaftlichen Ausgleich mit Ungarn; führte in Österreich das allgemeine Wahlrecht ein. 327, 329
Béla IV. (1206–1270). 1235–1270 König von Ungarn, eroberte 1246 die dem österreichischen Herzog Friedrich dem Streitbaren während des Tatarensturms überlassenen drei westungarischen Komitate zurück. 15
Belcredi, Richard Graf (1823–1902), österreichischer Politiker. 1865–1867 österreichischer Ministerpräsident sowie Innen- und Polizeiminister, Gegner des Dualismus und der liberalen Reformen, Föderalist. 265, 267, 273
Bellegarde, Paula Gräfin (1830–?). 1854–1857 Obersthofmeisterin der Kaiserin Elisabeth. 240
Benedek, Ludwig August von (1804–1881), kaiserlicher Feldzeugmeister. Nahm 1848/49 an der Unterdrückung der italienischen und der ungarischen Revolution teil. 1860 Statthalter von Ungarn. 1866 Oberkommandierender der kaiserlichen Truppen, wurde bei Königgrätz geschlagen. 270, 271
Beneš, Eduard (1884–1948), 1908 Professor für Nationalökonomie an der Prager Universität, tschechischer Staatsmann. Emigrierte während des Weltkriegs; Redakteur von „La Nation Tchèque“ in Paris. Ab Mitte November 1918 erster Außenminister der neuen Tschechoslowakei. 330, 375
Berg, Alban (1885–1935), österreichischer Komponist. 320
Bethlen, Gabriel (1580–1629). 1613–1629 Fürst von Siebenbürgen. 91, 95, 96, 101
Bethlen, Miklós (1642–1716), führender Siebenbürger Politiker, Schriftsteller. 105
Beust, Friedrich Ferdinand Graf (1809–1886), sächsischer Diplomat und Politiker. 1848 sächsicher Gesandter in Berlin; 1849 zuerst sächsischer Kultus- und Außenminister, dann Ministerpräsident, Oktober 1866 österreichischer Außenminister, Februar 1867 Ministerpräsident, dann von Juni 1867 bis November 1871 erster gemeinsamer Außenminister der österreichisch-ungarischen Monarchie. 273–74, 278, 282–86
Bismarck, Otto Fürst von (1815–1898), deutscher Staatsmann. 1862–1872 und 1873–1890 preußischer Ministerpräsident, 1862–1890 preußischer Außenminister, 1871–1890 erster Reichskanzler des Deutschen Reichs. 251, 268, 269, 272, 273, 286–288, 301, 347
Blum, Robert (1807–1848), deutscher demokratischer Publizist. Wurde 1848 Vizepräsident der Frankfurter Nationalversammlung, Führer der Linkspartei. Im Oktober mit Julius Fröbel Abgesandter der Frankfurter Nationalversammlung in Wien. Hier beteiligte er sich am Oktoberaufstand. Windischgraetz ließ ihn deshalb am 9. November standrechtlich erschießen. 206–207
Bocskai, Stephan (1557–1606). 1605/6 Fürst von Ungarn und Siebenbürgen. 87–88, 91, 101
Böhm-Bawerk, Eugen (1851–1914), österreichischer Volkswirtschaftler. Wurde 1884 Professor in Innsbruck, 1895, 1897/98 und 1900–1904 Finanzminister, 1907 Professor in Wien und Vizepräsident der Österreichischen Akademie der Wissenschaften. 303
Bombelles, Franz Heinrich Graf (1789–1850), österreichischer Offizier und Diplomat. Nach den Napoleonischen Kriegen Gesandter in Petersburg, Lissabon und Turin, wurde 1836 Erzieher des späteren Kaisers Franz Joseph. 215
Bonaparte, Napoleon (1769–1821), siehe Napoleon I.
Borja (Borgia), italienische Adelsfamilie spanischer Herkunft. 33
Bourbonen, Dynastie: französische hochadlige beziehungsweise königliche Familie. Mitglieder der Familie herrschten vor 1589 im Königreich Navarra, 1589–1792,

dann 1814–1830 in Frankreich, 1700–1868, 1874–1931 und seit 1975 in Spanien, 1735–1806 und 1815–1860 im Königreich Neapel-Sizilien und 1748–1859 mit Unterbrechungen im Herzogtum Parma. 76, 100, 180, 372
Bragança, Dynastie: portugiesische königliche Familie (1640–1805, 1821–1853); Mitglieder der Familie waren auch 1822–1889 Kaiser von Brasilien. 100
Brahe, Tycho (1546–1601), dänischer Astronom. Wurde 1599 Hofastronom Kaiser Rudolfs II. 85
Brahms, Johannes (1833–1897), deutscher Komponist. Lebte seit 1869 in Wien. 320
Brandenburg, Friedrich Wilhelm Graf von (1792–1850), preußischer General, reaktionärer Staatsmann. Wurde November 1848 Ministerpräsident. 236–37
Brehm, Alfred Edmund (1829–1884), deutscher Zoologe und Reisender. 305
Brestel, Rudolf (1816–1881), Professor der Mathematik in Wien. 1869–1881 Mitglied des Reichsrats, 1868 Finanzminister. 222
Brosch von Aarenau, Alexander (1870–1914), österreichischer Major. 1906–1911 Chef der Militärkanzlei des Thronfolgers Franz Ferdinand. 344
Bruck, Karl Ludwig Freiherr von (1798–1860), österreichischer Politiker. 1848–1860 Finanzminister. Engster Mitarbeiter des Fürsten Schwarzenberg auf dem Gebiet der wirtschaftlichen Expansion. 214, 216, 224–25, 250, 278
Buol-Schauenstein, Karl Ferdinand Graf von (1797–1865), österreichischer Staatsmann. 1852–1859 Präsident des Ministerrats und Minister des Äußeren. 246–47, 250, 252, 270
Burián, István Graf (1851–1922), Diplomat, Politiker. 1903–1912 und Oktober–Dezember 1916 gemeinsamer Finanzminister der Monarchie, 1913–1915 Minister am königlichen Hoflager im Kabinett István Tiszas, Januar 1915–Dezember 1916 beziehungsweise April–24. Oktober 1918 gemeinsamer Außenminister. 376–77, 380
Caesar, Gaius Julius (100 v. Chr. – 44 v. Chr.), Staatsmann, Feldherr, Geschichtsschreiber; 44 v. Chr. übernahm er die Diktatur des Römischen Reichs auf Lebenszeit, bereitete die Monarchie vor. 9, 20
Calvin, Johann (Jean Chauvin, 1509–1564), Reformator in Genf. 55, 69, 71
Canning, George (1770–1827), britischer Staatsmann. 1807–1809 und 1822–1827 Staatssekretär des Auswärtigen, 1827 Premierminister. 188
Caraffa, neapolitanisches Adelsgeschlecht, dem Papst Paul IV. entstammt. 54
Carlos, Don, siehe Kaiser Karl V.
Carlos d'Austria, Don (1545–1568), spanischer Thronfolger, Sohn Philipps II. und der Maria von Portugal. Wegen seiner Geistesgestörtheit und seiner angeblichen Verwicklung in eine Verschwörung ließ ihn sein Vater im Alcázar einschließen, wo er bald darauf starb. Seine idealisierte Gestalt wurde zum Helden zahlreicher Dramen. 68, 186
Carlos, Don (1716–1788), Infant von Spanien, Sohn Philipps V. und der Elisabetta Farnese. 1731–1735 als Karl I. König von Neapel und 1759–1788 als Karl III. König von Spanien. 122
Carranza (Mirandola), Bartolomé de (1503–1576), Mitglied des Dominikanerordens, Vorsteher der spanischen Provinz des Ordens. 1557–1559 Erzbischof von Toledo. Fast den ganzen Rest seines Lebens verbrachte er wegen Verdachts der Ketzerei im Kerker. 64
Castlereagh, Viscount (Robert Stewart, 1769–1822), seit 1821 Marquess of Londonderry, britischer Staatsmann. 1805–1809 Kriegsminister, ab 1812 Außenminister. 180, 188
Cavour, Camillo Graf Benso di (1810–1861), italienischer Staatsmann. 1850–1852 Handels-, Marine- und Finanzminister von Sardinien, 1852–1859 und 1860/61 Ministerpräsident. 252
Černojević, Arsenije (um 1633–1706). Wurde 1674 serbischer Patriarch von Ipek (Peć). Anhänger des Despoten Georg Branković, unterstützte die öster-

reichische Politik. 1688 empfing er begeistert die Befreier von der Türkenherrschaft und flüchtete 1690, als die Türken von neuem vorrückten, mit mehreren tausend serbischen Familien nach Ungarn. Lebte später in Wien. 108

Chaireddin (Cheir-ed-Din) Barbarossa (um 1480–1546). Von 1519 an störte er im Bund mit den Türken die Seefahrt im Mittelmeer. 1535 wurde er von Karl V. bei Tunis besiegt, schlug 1541 einen Angriff des Kaisers auf Algier zurück. 50, 51

Charlotte (Karolina), Erzherzogin, siehe Marie Karoline von Österreich.

Chièvres, Guillaume de Croy, Ritter (1458–1521). Erzieher, später Ratgeber Kaiser Karls V. 39

Childebert II. (571–596). 575–586 König von Austrasien. 9

Chotek, Sophie, Gräfin (Herzogin von Hohenberg) (1868–1914). Seit dem 1. Juli 1900 mit dem Thronfolger Franz Ferdinand vermählt. 343

Churchill, John, siehe Marlborough.

Christian II. (1481–1559), 1513–1523 König von Dänemark und Norwegen, 1520/21 König von Schweden. Gemahl der Isabella von Habsburg (1515). 47

Christian IV. (1577–1648). Wurde 1588 König von Dänemark und Norwegen, Herzog von Schleswig-Holstein. Im Dreißigjährigen Krieg wurde er 1626 von Tilly geschlagen. Er trug viel zum Aufblühen seiner Länder bei. 97

Christian (1566–1633). Seit 1611 Herzog von Braunschweig-Lüneburg, 1599–1629 lutheranischer Bischof von Minden. Im Dreißigjährigen Krieg stand er auf seiten Kaiser Ferdinands II. 97

Cilli, Barbara Gräfin von (1392–1451), Königin von Ungarn, zweite Gattin König Sigismunds. 25

Cilli, Ulrich II. Graf von (1406–1456), ab 1436 Herzog. Aufrührerischer Aristokrat, Vetter der Königin Barbara von Cilli, nahm an den Verschwörungen gegen die Könige Sigismund, Albrecht und Władisław teil. Gegenspieler von Johann Hunyadi; 1452 Vormund König Ladislaus' V., 1456 Statthalter in Ungarn. 25

Clam-Martinic, Heinrich Graf von (1863–1932). Aristokrat tschechischer Abstammung, österreichischer Politiker. November-Dezember 1916 österreichischer Landwirtschaftsminister, bis Juni 1917 Ministerpräsident. 1917/18 Militärgouverneur von Montenegro. 367

Clemenceau, Georges Benjamin (1841–1929). 1906–1909 und 1917–1920 französischer Ministerpräsident. 374

Cloşca, Ion (1750–1785). Einer der Führer des siebenbürgischen Bauernaufstands von 1784; wurde gerädert. 162

Cobenzl, Ludwig Graf von (1753–1809). 1801–1805 österreichischer Staatskanzler. 174

Colbert, Jean-Baptiste (1619–1683). Wurde 1669 Generalkontrolleur der Finanzen unter Ludwig XIV. 111

Colonna, römisches Adelsgeschlecht: vom 11. bis zum 16. Jahrhundert eine der mächtigsten aristokratischen Familien von Rom; unter ihren Mitgliedern übten ein Papst, mehrere Kardinäle, Staatsmänner und Gelehrte großen Einfluß auf die Angelegenheiten des Kirchenstaates aus. 9

Conrad von Hötzendorf, Franz Graf (1852–1925). 1906 – November 1911, dann Dezember 1912 bis März 1917 Generalstabschef der österreichisch-ungarischen Monarchie; ab November 1916 Feldmarschall. 345, 348, 364–65

Contarini, Gasparo (1483–1542), italienischer Diplomat. Stand zuerst im Dienst Venedigs, dann des Kirchenstaats. Anhänger des Erasmus; wurde 1535 Kardinal. 1541 päpstlicher Abgesandter auf dem Reichstag von Regensburg. 53

Coronini-Cronberg, Johann Baptist Alexander Graf (1794–1880), kaiserlicher Feldmarschall. Wurde 1836 Erzieher Erzherzog Franz Josephs. Nach 1849 Militär- und Zivilgouverneur der serbischen Woiwodschaft. 1859/60 Banus von Kroatien, 1860–1865 Militärkommandant von Ungarn; löste 1861 den

Reichstag auf, führte die großen militärischen Steuereintreibungen durch. 215
Cortez, Hernando (1485–1547), spanischer Adliger, Soldat. 1519–1521 eroberte und plünderte er im Auftrag des Gouverneurs Velázquez in blutigen Kämpfen die Städte Mexico und Texcoco und unterwarf das ganze Aztekenreich der Herrschaft Karls V. 43
Crişan, Marcu Giurgiu (1732–1785), rumänischer Leibeigener. Einer der Führer des Bauernaufstands von 1784 in Siebenbürgen. Wurde hingerichtet. 162
Cymburga (Zimburgis), Prinzessin von Masowien. Gattin des österreichischen Herzogs Ernst des Eisernen, Mutter Kaiser Friedrichs III. 21
Czernin, Ottokar Graf (1872–1932). 1913–1916 Gesandter Österreich-Ungarns in Bukarest, Oktober 1916 bis April 1918 gemeinsamer Außenminister. 344, 367–368, 374, 376

Daun, Leopold Joseph Graf von (1705–1766), Fürst von Thiano, österreichischer Feldmarschall. Nach 1748 reorganisierte er das österreichische Heer. Erfolgreicher Heerführer im Siebenjährigen Krieg. 117, 142
Deák, Ferenc (1803–1876), Rechtsgelehrter, Staatsmann. 1833 Mitglied des ungarischen Reichstags, 1848 Justizminister, 1865–1867 Schöpfer des österreichisch-ungarischen Ausgleichs. 262–67, 273–74, 278–79, 285, 307, 309
Doblhoff-Dier, Anton Freiherr von (1800–1872), österreichischer Politiker. Mai–Juli 1848 Handelsminister, 9.–18. Juli Ministerpräsident. 202, 207
Doria, Andrea (1468–1560), genuesischer Adliger, Admiral. Kondottiere im Dienst des Papstes, des Herzogs von Urbino, des Königs von Neapel, des französischen Königs Franz I., danach des römisch-deutschen Kaisers Karl V. 50, 51
Dózsa, György (1472?–1514), Führer des ungarischen Bauernaufstands 1514. 86
Dürer, Albrecht (1471–1528), deutscher Maler und Graphiker. 35
Eboli, Fürst von (Ruy Gómez de Silva; Herzog von Estremadura und Pastrana) (1516–1572), spanischer Staatsmann portugiesischer Abstammung. Einflußreicher Ratgeber König Philipps II., Gegenspieler des Herzogs von Alba. 64
Eduard IV. (1442–1483), aus dem Haus York. Ab 1461 König von England, rottete das Haus Lancaster aus und baute den absolutistischen Zentralismus auf. 29
Egmont, Lamoral Graf von (1522–1568), niederländischer Adliger, 1559–1567 Gouverneur von Flandern und Mitglied des niederländischen Staatsrats. 70, 71
Eleonore von Habsburg (1498–1558), Erzherzogin, erstes Kind Philipps des Schönen und der Johanna von Aragonien, Schwester Karls V. Zuerst dritte Gemahlin Emanuels des Großen (1469–1521), König von Portugal (1495–1521), dann zweite Gemahlin des französischen Königs Franz I. 34
Elisabeth Amalia Eugenia von Wittelsbach (1837–1898), Herzogin in Bayern, Tochter des bayrischen Herzogs Maximilian (1808–1888) und der Ludovika, Prinzessin von Bayern. Wurde 1854 Gemahlin Kaiser Franz Josephs I. 240–41, 305, 307, 384
Elisabeth I. (1533–1603). Wurde 1558 Königin von England. Tochter Heinrichs VIII. und der Anna Boleyn. 67
Elisabeth (1709–1762). 1741–1762 Kaiserin von Rußland. Tochter Peters des Großen, Nachfolgerin Iwans VI. 143
Elisabetta Farnese (1692–1766), Königin von Parma, zweite Gemahlin des spanischen Königs Philipp V. Es gelang ihr, das Königreich Neapel und das Herzogtum Parma für ihre Söhne zu erwerben. 122
Emanuel, Herzog von Portugal. 1733 polnischer Thronanwärter. 123
Engels, Friedrich (1820–1895). Mitarbeiter von Marx, Mitbegründer des wissenschaftlichen Sozialismus. 190, 252–53, 270, 291, 313, 337, 340
Erasmus, Desiderius, gen. E. von Rotter-

dam (1466?–1536), niederländischer Humanist. 45
Ernst der Eiserne (1377–1424), Herzog von Österreich, Sohn Herzog Leopolds III. Wurde 1406 Herzog von Steiermark, 1411 von Kärnten und Krain. Vater Kaiser Friedrichs III. 21
Ernst, Habsburger (1553–1595), Erzherzog von Österreich, zweiter Sohn Kaiser Maximilians II. 1572 Anwärter auf den polnischen Thron, 1578–1589 königlicher Statthalter in Ungarn, wurde 1594 Gouverneur König Philipps II. in den Niederlanden. 73, 84, 88
Esterházy, Moritz Graf (1807–1890), Diplomat, Politiker. Von den vierziger Jahren bis 1855 Gesandter des Habsburgerreichs am päpstlichen Hof, wurde 1861 Minister ohne Portefeuille. 256, 262–63
Esterházy, Moritz Graf (1881–1960), Großgrundbesitzer, Politiker. Mai–August 1917 ungarischer Ministerpräsident. 372
Esterházy-Liechtenstein, Gräfin Maria Sophia, Witwe des Generals Vinzenz Graf Esterházy (1781–1835). Wurde 1854 Hofdame der Kaiserin Elisabeth. 240
Eticho (?–590), Vornehmer im Elsaß aus dem Stammesverband der Alemannen, wird als ältester Stammvater des Hauses Habsburg betrachtet. 7, 9
Eugen von Savoyen (1663–1736), Sohn des Prinzen von Savoyen-Carignan. 1683 nahm er in österreichischem Dienst am Befreiungskrieg gegen die Türken teil. Erfolgreicher Heerführer im Spanischen Erbfolgekrieg. 1703 Präsident des Hofkriegsrats, 1714/15 und 1724 Statthalter in Belgien. 110, 115–17, 121, 124–26, 130–31, 152
Eugen (1863–1954), Erzherzog von Österreich, jüngerer Bruder Erzherzog Friedrichs. Ab 1901 Kavalleriegeneral, Dezember 1914 Oberkommandant der serbischen, Mai 1915–Frühling 1918 der italienischen Front. 363

Farnese, Alessandro (1545–1592), Herzog von Parma, Sohn der Prinzessin Margarete. Heerführer im Dienst Spaniens. Kämpfte 1571 in der Schlacht bei Lepanto; wurde 1578 Statthalter der Niederlande. In den südlichen Provinzen stellte er die spanische Herrschaft wieder her, 1584/85 eroberte er Antwerpen zurück. 72
Farnese, Elisabetta, siehe Elisabetta.
Fejérváry, Géza Baron (1833–1914), Feldzeugmeister. 1884–1903 Landesverteidigungsminister, Juni 1905 bis April 1906 unter Außerachtlassung der parlamentarischen Gepflogenheiten ernannter ungarischer Ministerpräsident. 327
Felbiger, Johann Ignaz von (1724–1788), Abt schlesischer Abstammung, Schulorganisator. Bereitete die Reformen des Unterrichtswesens der Maria Theresia vor. 147
Ferdinand I. (1503–1564), Erzherzog von Österreich, jüngerer Sohn Philipps des Schönen und der Johanna von Aragonien. Wurde 1521 Gemahl der Anna Jagiello. 1521/22 Erzherzog von Nieder- und Oberösterreich sowie der Steiermark, von Kärnten und Krain, 1526 König von Böhmen und Ungarn, 1531 gewählter deutscher König, 1556 römisch-deutscher Kaiser. 34, 40, 43, 46, 48–49, 52–53, 59–60, 77–83, 118, 133, 183
Ferdinand I. (1793–1875), Kaiser von Österreich und als Ferdinand V. König von Böhmen und Ungarn. Sohn Franz' I. von Österreich und dessen zweiter Gattin, Maria Theresia von Neapel-Sizilien. Dankte am 2. Dezember 1848 ab. 186, 188, 198, 200, 202–205, 212, 214, 217, 221
Ferdinand II., der Katholische (1452–1516). Wurde 1468 König von Sizilien und 1479 von Aragonien, heiratete 1469 Isabella von Kastilien. Vereinigung beider Reiche zum Königreich Spanien, das er als Ferdinand V. zusammen mit Isabella regierte. Wurde 1504 als Ferdinand III. König von Neapel. 32–33, 36, 39
Ferdinand II. von Habsburg (1578–1637), Enkel Ferdinands I., Sohn Erzherzog Karls von Kärnten und Steiermark und

der Maria, Prinzessin von Bayern, Herzog von Steiermark, Kärnten und Krain, wurde 1617 König von Böhmen, 1618 König von Ungarn, 1619 römisch-deutscher Kaiser. 85–86, 88, 90, 91, 93, 95–99, 101, 104

Ferdinand III. von Habsburg (1608–1657), Sohn Ferdinands II. und der Maria Anna, Prinzessin von Bayern. Wurde 1637 Erzherzog von Österreich, 1636 römisch-deutscher Kaiser, 1625 König von Ungarn und 1627 von Böhmen. 99, 101, 104

Ferdinand III. von Habsburg (1769–1824), Erzherzog von Österreich. Zweiter Sohn Kaiser Leopolds II. und 1790–1799 sowie 1814–1824 dessen Nachfolger als Großherzog von Toskana. Dazwischen 1802 von Napoleons Gnaden Herzog von Salzburg, 1805 Kurfürst von Würzburg, 1806 Großherzog von Würzburg. 186

Ferdinand IV. von Habsburg (1633–1654), Erzherzog von Österreich, Sohn Kaiser Ferdinands III. und der spanischen Infantin Maria Anna. Wurde 1646 König von Böhmen, 1647 König von Ungarn, 1653 deutscher König. Starb noch zu Lebzeiten seines Vaters. 104

Ferdinand IV. von Bourbon (1751–1825), dritter Sohn Karls III. von Spanien. 1759–1799, 1800–1805 und 1815/16 König von Neapel, wurde 1816 als Ferdinand I. Souverän des „Königreichs beider Sizilien". 1768 heiratete er die Erzherzogin Marie Karoline (Charlotte), Tochter Maria Theresias. 150

Ferdinand von Habsburg (1529–1595), Erzherzog von Österreich, zweiter Sohn Ferdinands I. und der Anna aus dem Haus der Jagiellonen. Wurde 1547 Statthalter in Böhmen, 1564 Fürst von Tirol. 81

Ferdinand von Bourbon (1751–1802). 1765–1802 Herzog von Parma und Piacenza, Enkel Philipps V. von Spanien, Sohn Herzog Philipps von Parma. Wurde 1769 Gemahl der Erzherzogin Maria Amalia, Tochter Maria Theresias. 150

Ferdinand Karl (1628–1662), Erzherzog von Österreich, Sohn Erzherzog Leopolds (1586–1633), Vetter Kaiser Ferdinands II. Letzter Fürst von Tirol. 104

Fischer von Erlach, Johann Bernhard (1656–1723), Baumeister böhmischer Abstammung, Hauptvertreter des österreichischen Barock. 149

Fischhof, Adolf (1816–1893), österreichischer Publizist, in Altofen geboren. Eine bedeutende Erscheinung der Wiener Märzrevolution 1848. In seinen Arbeiten sympathisierte er mit den ungarischen Zielsetzungen. 375

Forgách, Antal Graf (1819–1885), Großgrundbesitzer, Politiker, der dem Hof nahestand. 1849 kaiserlicher Kommissar im Komitat Heves, dann Oberkommissar der nördlichen Komitate, später Obergespan des Kreises Kaschau. 1860/61 Statthalter in Böhmen und Mähren, nach 1867 Reichstagsabgeordneter. 262

Frangepan, Franz Christoph Graf (1620?–1671), kroatischer Aristokrat, Schwager Péter Zrínyis. Nahm nach 1664 an der von dem Palatin Wesselényi geleiteten Aristokratenverschwörung teil. Wurde deshalb hingerichtet. 106

Franz I. (1494–1547), Sohn Karls von Orléans, Vetter des kinderlosen Ludwig XII. 1515–1547 König von Frankreich. Seine zweite Gemahlin war Erzherzogin Eleonore von Habsburg. 34, 40, 45–47, 50-52, 55, 58

Franz I. Stephan (1708–1765). 1729–1735 Herzog von Lothringen und Bar, Sohn und Nachfolger Herzog Leopolds von Lothringen. 1732–1736 königlicher Statthalter in Ungarn, wurde 1736 Gemahl der Erzherzogin Maria Theresia, der Erbin Karls VI. 1737–1765 Großherzog von Toskana, ab 1740 Mitregent Maria Theresias, 1745 als Franz I. römisch-deutscher Kaiser. 125, 133, 135, 140, 144, 145

Franz II. (1544–1560). 1559–1560 König von Frankreich, Sohn Heinrichs II. und der Katharina Medici, heiratete 1558 Maria Stuart. 67

Franz II. von Habsburg (1768–1835), Sohn

Kaiser Leopolds II. 1792–1806 römisch-deutscher Kaiser, als Franz I. 1792–1835 König von Ungarn und Böhmen und 1804–1835 Kaiser von Österreich. 169, 171–184, 186–190, 346
Franz IV., Joseph Karl von Habsburg-Este (1779–1846), Herzog von Modena (1814–1846), Erzherzog von Österreich, Enkel Maria Theresias, Sohn Erzherzog Ferdinands (1754–1806) und der Herzogin Maria Beatrix von Este. 183, 254
Franz V., Ferdinand Germinian von Habsburg-Este (1819–1875), Erzherzog von Österreich, Sohn Herzog Franz' IV. 1846–1859 Herzog von Modena, verlor 1859 seinen Thron. Mit seinem Tod starb die Linie Modena-Este des Hauses Habsburg aus; sein Privatvermögen vererbte er dem Erzherzog Franz Ferdinand, dem späteren Thronfolger. 254
Franz, Erzherzog, siehe Franz Joseph I.
Franz Ferdinand Karl von Habsburg-Este (1863–1914), Erzherzog von Österreich, Sohn des jüngeren Bruders Franz Josephs I., Erzherzog Karl Ludwig, der Thronfolger der österreichisch-ungarischen Monarchie war. Nach dem Tod seines Vaters Thronfolger. Laut Testament des kinderlosen Herzogs Franz V. von Modena-Este dessen Erbe, deshalb fügte er seinen Titeln den Namen Este an. 305, 327, 329, 343–45, 356, 360, 366, 375, 384
Franz Joseph I. (1830–1916), Sohn des Erzherzogs Franz Karl und der bayrischen Prinzessin Sophie, Enkel Kaiser Franz' I. Wurde am 2. Dezember 1848 Kaiser von Österreich, am 8. Juni 1867 König von Ungarn. 212, 214–15, 235, 238, 240, 243, 250–56, 261–62, 264, 268–273, 277–281, 283, 285, 287, 291, 296, 299, 300, 303, 305–06, 308–09, 311, 315, 317–18, 320–21, 324–26, 328–29, 334, 343–47, 350, 357, 365, 382
Franz Karl (1802–1878), Erzherzog von Österreich, jüngerer Bruder Ferdinands I. (V.). Heiratete 1824 die bayrische Prinzessin Sophie. Vater Kaiser Franz Josephs I. 186, 212
Freud, Sigmund (1856–1939), Psychiater, Professor an der Universität Wien. Begründer der Psychoanalyse. 320
Friedjung, Heinrich (1851–1920), österreichischer Historiker und Publizist, führender Vertreter der großdeutschen Richtung. 277, 334
Friedrich I. Barbarossa, Staufer (1123?–1190). Wurde 1152 deutscher König, 1155 deutscher Kaiser, 1147 als Friedrich III. Herzog von Schwaben. 15
Friedrich der Streitbare von Babenberg (1211–1246). 1230–1246 Herzog von Österreich, der Letzte der Babenbergerdynastie. 15
Friedrich IV. mit der leeren Tasche (1383–1439), Herzog von Österreich, Sohn Leopolds III. Wurde 1411 Fürst von Tirol und Herzog von Vorderösterreich. 21
Friedrich I. von Hohenzollern (1657–1713). Wurde 1688 als Friedrich III. Kurfürst von Brandenburg, 1701 als Friedrich I. König in Preußen. 115
Friedrich II., Staufer (1194–1250). Wurde 1212 deutscher König und 1220 Kaiser; Gemahl der Konstanze von Aragonien, Witwe des Königs Imre von Ungarn. 8, 11
Friedrich II., der Große, Hohenzoller (1712–1786). Wurde 1740 König von Preußen. 127, 133–35, 138, 141–43, 148, 152–53, 155, 161, 163
Friedrich III. (1225?–1297), Burggraf aus dem Geschlecht der Hohenzollern. Begründer der Stellung der Hohenzollern in der Geschichte. Schwager Kaiser Rudolfs I. von Habsburg. 13
Friedrich der Schöne (1286–1330), Sohn König Albrechts I. Als Friedrich III. 1308 Herzog von Österreich, seit 1314 deutscher Gegenkönig. 18
Friedrich III., Habsburger (1415–1493), älterer Sohn Herzog Ernsts des Eisernen von Österreich. Wurde 1424 als Friedrich V. Herzog von Österreich, 1442 als Friedrich IV. deutscher König, 1452 als letzter Kaiser in Rom gekrönt. 20–21, 22, 23, 25, 26, 28–31, 34–35
Friedrich V. (1596–1623). 1610–1623 Kurfürst der Pfalz, 1619/20 König von Böhmen. 94–96

Friedrich VIII. (1829–1880), Sohn des Herzogs Christian August. Wurde 1863 Herzog von Schleswig-Holstein-Sonderburg-Augustenburg. Nachfolger Herzog Friedrichs VII. Erhob Ende 1863 als Erbe Anspruch auf die unter dänische Herrschaftstehenden Herzogtümer Schleswig und Holstein. Der den Krieg mit Dänemark 1864 beendende Wiener Frieden überließ die zwei Provinzen jedoch Preußen und Österreich. 268

Friedrich III., Hohenzoller (1831–1888), deutscher Kaiser. Wurde 1888 König von Preußen. Gelangte bereits schwerkrank auf den Thron und starb einige Monate später. Als Thronfolger entschied er mit der von ihm befehligten Armee 1866 den Sieg von Königgrätz. 271

Friedrich Maria Albrecht von Habsburg (1856–1936), Erzherzog von Österreich, Sohn Erzherzog Karl Ferdinands (1818–1874). Von Juli 1914 bis Ende 1916 Oberkommandierender des österreichisch-ungarischen Heers. 343

Friedrich Wilhelm I., Hohenzoller (1688–1740). Wurde 1713 König in Preußen. 123, 127, 133

Friedrich Wilhelm I. (1802–1875). Wurde 1831 Kurfürst von Hessen. Sein Fürstentum wurde 1866 von Preußen einverleibt. 246

Friedrich Wilhelm II. (1744–1797). Wurde 1786 König von Preußen. Neffe Friedrichs II. 168

Friedrich Wilhelm IV., Hohenzoller (1795–1861). Wurde 1840 König von Preußen. Seiner Krankheit wegen dankte er 1858 zugunsten seines jüngeren Bruders, Wilhelm I., ab. 236–37.

Friedrich Wilhelm, preußischer Thronfolger, siehe Friedrich I., deutscher Kaiser.

Fröbel, Julius (1805–1893), Professor für Mineralogie an der Universität Zürich, radikaler deutscher Journalist, nahm 1848 an den Oktoberrevolutionen in Dresden und Wien teil. Zum Tod verurteilt, aber begnadigt, ging nach Amerika. Wurde 1862 Publizist im Dienst der Wiener Regierung, Vertrauter Schmerlings, nahm an den Verhandlungen über den Ausgleich teil. Ab 1873 deutscher Diplomat. 268

Fugger, Familie: Augsburger Bankiers- und Handelsfamilie, die im 15. und 16. Jahrhundert eine bedeutende Rolle spielte. 36, 40, 58–59

Gama, Vasco da (1469–1524), portugiesischer Seefahrer. Erreichte 1498 Indien als erster durch Umschiffung Afrikas. Wiederholte seine Reise 1502 und 1524; Vizekönig der portugiesischen Kolonien in Asien. 34

Gattinara, Mercurino de (1465–1530), Großkanzler Kaiser Karls V. 42

Gautsch von Frankenthurn, Paul Freiherr (1851–1918), österreichischer Politiker. 1885–1893 und 1895–1897 Minister für Kultus und Unterricht, 1897/98, 1905/06 und 1911 Ministerpräsident. 303, 310, 326–327, 329

Georg II., August (1683–1760), Kurfürst von Hannover. Wurde 1727 König von England, gründete 1734 die Universität in Göttingen, 1753 das Britische Museum. Im Österreichischen Erbfolgekrieg Verbündeter Maria Theresias, im Siebenjährigen Krieg des Königs von Preußen. 134, 135

Ghica, Grigore Alexandru III. (?–1777). 1764–1767 und 1774–1777 Fürst der Moldau, 1768/69 Fürst der Walachei. 152

Gisela Luisa Maria (1856–1932), Erzherzogin von Österreich, Tochter Kaiser Franz Josephs I. Wurde 1873 Gemahlin des Prinzen Leopold von Bayern. 241

Goethe, Johann Wolfgang von (1749–1832), deutscher Dichter. 170

Golizyn, Wassili Wassiljewitsch, Fürst (1643–1714). Europäisch gebildeter Favorit der Großfürstin Sophie, Stiefschwester des Zaren Peter I., wurde 1689 verbannt. 108

Goll, Jaroslav (1846–1919), tschechischer Historiker, wurde 1875 Professor an der Universität Prag. 324

Goltz, Robert Graf von der (1817–1869), preußischer Diplomat. Zuerst Botschaf-

ter in Sankt Petersburg, dann 1863–1869 in Paris. 272
Gołuchowski, Agenor Graf, d. Ä. (1812–1875), österreichischer Politiker polnischer Herkunft. 1849–1859, 1866/67 und 1871–1875 Statthalter in Galizien, dazwischen 1859/60 Innenminister. War an der Verabschiedung des Oktoberdiploms 1860 beteiligt. 258
Gondrecourt, Leopold Graf (1816–1888), Offizier französischer Abstammung. Trat 1838 in österreichische Dienste, war General, 1864/65 Erzieher des Kronprinzen Rudolf. 305
Görgey, Artúr (1818–1916), stammte aus einer verarmten Adelsfamilie und diente 1837–1845 als Offizier. Anfang November 1848 General und Oberbefehlshaber der Honvédarmee. Auf diese gestützt, versuchte er vergeblich mit dem Wiener Hof auf Grund der Aprilgesetze zu einer Einigung zu kommen. Seine widersprüchliche militärische und militärpolitische Tätigkeit erreichte ihren Höhepunkt nach der russischen Intervention, als er Kossuth und die Regierung veranlaßte abzudanken und im Besitz der Vollmacht am 13. August 1849 bei Világos vor den russischen Truppen die Waffen streckte. Die Österreicher internierten ihn in Klagenfurt; ab 1867 lebte er in Visegrád. 230–31
Gorove, István (1819–1881), Politiker, Volkswirtschaftler. Nahm im Frühling 1849 an der Abfassung der Unabhängigkeitserklärung teil; nach Világos emigrierte er. 1861 Abgeordneter der Deák-Partei, dann der Liberalen Partei; 1867–1870 Minister für Landwirtschaft, Industrie und Handel. 267
Granvelle (Granvela), Antoine Perrenot de (1517–1586), spanischer Staatsmann. 1540 Bischof von Arras, später Kardinal, seit 1550 Staatssekretär Kaiser Karls V., dann König Philipps II., 1559 Berater der Statthalterin der Niederlande, Margarete von Parma. 1571–1574 Vizekönig in Neapel, 1579 Mitglied des spanischen Staatsrats. 70
Gregor von Tours, Heiliger (eigentlich Georgius Florentinus; um 540–594), Bischof. Fränkischer Geschichtsschreiber. 9
Gregor X. (Teobaldo Visconti; 1210–1276). Wurde 1271 Papst. 12
Grünne, Karl Ludwig Graf (1808–1884), Generalleutnant der österreichischen Armee. Wurde 1848 Obersthofmeister des Erzherzogs Franz, des späteren Kaisers Franz Joseph I., 1850–1859 erster Flügeladjutant und Chef der Allerhöchsten Militärkanzlei. 252
Guntram der Reiche (Mitte 10. Jh.), wahrscheinlich ein Sohn des Grafen Hugo von Nordgau. Als authentisch betrachteter Ahnherr des Hauses Habsburg. 7, 9
Günther, Anton (1783–1863), österreichischer katholischer Philosoph. In seinen Werken war er um den Ausgleich der Gegensätze zwischen Glauben und Wissen bemüht; seine Werke wurden 1857 auf den Index gesetzt. 242
Gustav II. Adolf (1594–1632). Wurde 1611 König von Schweden. 98, 99
Gyulay, Franz Graf (1798–1868), kaiserlicher Feldzeugmeister. 1849/50 Kriegsminister, 1859 Oberkommandierender der kaiserlichen Truppen und Statthalter des Lombardisch-Venezianischen Königreichs. Nach dem Verlust der Schlacht bei Magenta wurde er seines Postens enthoben. 252, 270

Hadik, Andreas Graf (1710–1790), Husarenoffizier. Wurde 1774 Feldmarschall. Zeichnete sich im Österreichischen Erbfolgekrieg und im Siebenjährigen Krieg aus. 1762/63 Oberkommandierender der in Schlesien kämpfenden Truppen. 1772 Militärkommandant und Zivilgouverneur von Galizien, 1774 Hofkriegsratspräsident. 142
Hadrian VI. (Adrian Forisz von Utrecht; 1459–1523), Mönch, Professor der Philosophie an der Universität Löwen. Wurde 1507 Erzieher des späteren Kaisers Karl V., 1517 Kardinal, 1520 Statthalter in Spanien, 1522/23 Papst. 39, 41, 43, 46
Hajnóczy, József (1750–1795), Rechtsge-

lehrter, Freimaurer. Einer der Führer der ungarischen Jakobinerbewegung; wurde wegen seiner Teilnahme an der Verschwörung hingerichtet. 171

Ham, einer der drei Söhne Noahs, Stammvater der Hamiten. 9

Hantsch, Hugo (1895–1972), österreichischer Historiker. 277

Haro, Don Luis de (Ménder de Haro y Sotomayor; 1598–1661), spanischer Politiker. Wurde 1643 Minister König Philipps IV. 100

Haugwitz, Friedrich Wilhelm Graf (1702–1765), österreichischer Politiker. 1749–1761 Leiter des Directorium in publicis et cameralibus, später Mitglied des Staatsrats. 136, 149

Haydn, Joseph (1732–1809), österreichischer Komponist. 1760–1790 Leiter der Hofkapelle des Fürsten Nikolaus II. Esterházy in Eisenstadt, später herausragende Gestalt des Wiener Musiklebens. 150, 188

Haynau, Julius Jacob Freiherr von (1786–1853), illegitimer Sohn des Landgrafen von Hessen, österreichischer Heerführer. Unterdrückte im April 1849 blutig den Aufstand in Brescia, Ende Mai 1849 bis Juli 1850 Generalgouverneur in Ungarn. 241

Hebenstreit, Franz von Streitenfeld (1748–1795), Platzoberleutnant. Schrieb und vertonte revolutionäre Lieder und verbreitete seine staatsphilosophischen Anschauungen in einem umfangreichen Lehrgedicht, „Homo hominibus“. Er hatte auch eine Kriegsmaschine, eine Art spanischer Reiter auf Rädern, erfunden. Als einer der Hauptangeklagten des Wiener Jakobinerprozesses wurde er hingerichtet. 171

Hein, Franz Freiherr von (1808–1890), Advokat und Politiker aus Schlesien, Mitglied des Reichstags 1848/49, danach Bürgermeister von Troppau, 1860 Mitglied des erweiterten Reichsrats, ab 1869 des Herrenhauses. 222

Heinrich III. (1017–1056), Herzog von Bayern und von Schwaben, Sohn Kaiser Konrads II. 1026 zum deutschen König gewählt, 1028 gekrönt, folgte er seinem Vater 1039 auf dem Thron. 17

Heinrich Jasomirgott, Babenberger (1114–1177). Wurde 1141 Markgraf, 1156 Herzog von Österreich. 15

Heinrich VII., Luxemburger (1269–1313). Wurde 1308 römisch-deutscher Kaiser. 18

Heinrich VII. (1457–1509). Seit 1485 König von England, erster Herrscher der Tudor-Dynastie. 31

Heinrich VIII., Tudor (1491–1547). Seit 1509 König von England, gründete 1534 die anglikanische Kirche und war ihr Oberhaupt. 32, 40, 50, 52

Heinrich (1512–1579), Prinz von Portugal, Kardinal, jüngerer Bruder König Johanns III. Onkel des Königs Sebastian und während dessen Minderjährigkeit sein Vormund. Wurde 1578 König von Portugal. 66

Heinrich II. von Valois (1519–1559). Seit 1547 König von Frankreich. 59

Heinrich III. von Valois (1551–1589). 1573/74 König von Polen, seit 1574 König von Frankreich. Letzter Nachkomme des Hauses Valois. 68, 72, 84

Heinrich IV., Bourbone (1553–1610). Wurde 1562 König von Navarra, 1589 König von Frankreich. Gemahl der Prinzessin Margarete von Valois. 68, 76

Hektor, der griechischen Sage nach trojanischer Königssohn, Sohn des Priamos und der Hekabe, der berühmteste trojanische Held. 9

Held, Matthias (?–1563), Diplomat. Seit 1521 Ratgeber Kaiser Karls V., deutscher Vizekanzler. 52

Helene (1834–1890), Herzogin in Bayern, Schwester der Kaiserin Elisabeth, Gemahlin Maximilian Antons, Erbprinz von Thurn und Taxis. 240

Herbst, Eduard (1820–1892), österreichischer Jurist. Seit 1847 Professor für Strafrecht an der Universität in Lemberg und seit 1858 an der Universität in Prag, 1867–1870 Justizminister. Führende Persönlichkeit der deutschen Liberalen Partei; Gegner der Okkupation von 1878. 299

Heß, Heinrich Freiherr von (1788–1870), österreichischer Feldmarschall. Wurde 1849 Generalstabschef. 250, 252

Hildebrandt, Johann Lucas von (1668–1745), Architekt. Bedeutender Vertreter der österreichischen Barockbaukunst. 149

Hodža, Milan (1878–1944), slowakischer Politiker. Seit 1905 Reichstagsabgeordneter. 344

Hofbauer, Klemens Maria (1751–1820), österreichischer Ordenspriester. Lebte lange in Polen und wirkte dann in den österreichischen Alpenländern. Seit 1809 Glaubensprediger in Wien. Wurde 1909 heiliggesprochen. 242

Hofer, Andreas (1767–1810). Tiroler Freiheitskämpfer, Führer des 1809 gegen die französisch-bayrische Besetzung ausgebrochenen Aufstands. 177

Hofmannsthal, Hugo von (1874–1929), österreichischer Dichter und Dramatiker, hervorragender Literaturkritiker. Schrieb für Richard Strauss mehrere Operntexte. 320

Hohenberg, Sophie Herzogin von, siehe Chotek, Gräfin Sophie.

Hohenstaufen (Staufen): die Mitglieder dieses schwäbischen Herrscherhauses waren von 1138 bis 1254 deutsche Könige und Kaiser. 8, 11

Hohenwart, Karl Siegmund Graf von (1824–1899), österreichischer Politiker. Februar–Oktober 1871 Ministerpräsident und Innenminister, Anhänger der trialistischen Umformung der Monarchie. 283–85

Hohenzollern (Zollern): deutsches Herrschergeschlecht, seine Mitglieder waren 1415–1701 Kurfürsten von Brandenburg, 1701–1918 preußische Könige und 1871–1918 deutsche Kaiser. 13, 285

Hoorn, Philipp II. Graf von (1524–1568), oppositionelles Mitglied des niederländischen Staatsrats, Freiheitsheld. Herzog Alba ließ ihn hinrichten. 70, 71

Horia (Hora), Vasile Nicolae Ursu (1730–1785), rumänischer Leibeigener der Krondomäne Zalatna. Einer der Führer des Aufstands der siebenbürgischen Leibeigenen im Jahr 1784. Er wurde gerädert. 162

Hörnigk, Philipp von (1650–1714), Volkswirtschaftler. Seit 1680 Rat Kaiser Leopolds I. 110

Horthy, Nikolaus von (1868–1957), Marineoffizier. 1909–1914 Flügeladjutant Franz Josephs I., ab März 1918 Konteradmiral und Flottenkommandant der österreichisch-ungarischen Kriegsflotte, 1920–1944 Reichsverweser von Ungarn. 381, 384

Hübner, Joseph Alexander Graf (1811–1892), österreichischer Diplomat, Politiker. Wurde 1849 Botschafter in Paris, 1859 Polizeiminister, 1865–1867 Botschafter im Vatikan. 246, 247, 251

Huizinga, Johan (1872–1945), niederländischer Kulturhistoriker. 39

Hunyadi, Johann (1407?–1456). Der erfolgreichste ungarische Heerführer in der Türkenkriegen, 1445–1452 Reichsverweser von Ungarn. 24, 25

Hunyadi, László (1433?–1457), älterer Sohn Johann Hunyadis; 1456/57 Gespan von Temes. Der Verschwörung angeklagt, ließ ihn Ladislaus V. hinrichten. 25

Hussarek von Heinlein, Max (1860–1935), österreichischer Politiker. Von Juli bis Oktober 1918 Ministerpräsident. 371, 376, 377

Innozenz XI. (Benedetto Odescalchi; 1611–1689). Seit 1676 Papst, unterstützte politisch und materiell die Vertreibung der Türken aus Europa. 108

Isabella I., die Katholische (1451–1504). Seit 1469 Gemahlin Ferdinands II. von Aragonien. Wurde 1474 nach dem Tod ihres älteren Bruders, Heinrich IV., Königin von Kastilien, 1479 Königin von Spanien. 32, 33

Isabella von Habsburg (1501–1526), Tochter Philipps des Schönen und der Johanna von Aragonien. Wurde 1515 Gemahlin König Christians II. von Dänemark. 34, 47

Isabella (1503–1539), Prinzessin von Portugal, Tochter Emanuels des Großen und der Maria von Aragonien. Wurde 1526 Gemahlin Kaiser Karls V. 46

Isabella aus dem Haus der Jagiellonen (1519–1559), Prinzessin von Polen, Tochter König Sigismunds I. Wurde 1539 Gemahlin des ungarischen Königs Johann Zápolya. 54

Isabella Klara Eugenia von Österreich (1566–1633), Infantin von Spanien, Tochter Philipps II. und der Elisabeth von Valois. Heiratete 1599 den Erzherzog Albrecht VII. von Habsburg, 1621–1633 Statthalterin der Niederlande. 73

Iswolski, Alexander Petrowitsch (1856–1919), russischer Politiker. 1906–1910 Außenminister, ab 1917 Botschafter in Paris. 353

Jagiellonen, Dynastie: Ihre Mitglieder waren 1377–1572 Könige von Polen und Großfürsten von Litauen; sie herrschten 1440–1444 und 1490–1526 in Ungarn und 1471–1526 in Böhmen. 25, 36

Jakob I. (1566–1625), Sohn Lord Henry Darnleys und der Maria Stuart. Seit 1603 König von England. Wurde 1567 als Jakob VI. König von Schottland. 94

Jászi, Oszkár (1875–1957), Publizist, Soziologe und Politiker. 1900 Mitbegründer der Zeitschrift „Huszadik Század", die er dann redigierte. Führende Gestalt der demokratischen Bewegung. Wurde 1914 Mitbegründer und Vorsitzender der Bürgerlich-Radikalen Partei. Im Oktober 1918 Mitglied des Nationalrats, bis Januar 1919 Minister für Nationalitätenfragen, dann Präsident des Auswärtigen Rats und später Professor der Soziologie an der Universität in Budapest. Während der Räterepublik emigrierte er nach Österreich, wo er jahrelang einer der Führer der demokratischen Emigration und Chefredakteur der „Bécsi Magyar Újság" war. Wurde 1925 Professor der politischen Wissenschaften am Oberlin College (Ohio, USA). 359–361

Jellačić, Joseph Graf (1801–1859), kaiserlicher Feldzeugmeister. Wurde im März 1848 Ban von Kroatien. Versuchte im September 1848 die ungarische Revolution niederzuwerfen, erlitt bei Pákozd eine Niederlage. Später war er Korpskommandant. 194, 205–07, 230

Jellinek, Hermann (1822–1848), Schriftsteller und Journalist. Wegen seines Radikalismus aus Leipzig und Berlin ausgewiesen, ging er nach Wien, betätigte sich während der Revolution als radikaler Journalist. Einer der ersten, die die Bedeutung der Arbeiterfrage erkannten, obzwar er mit Marx nicht übereinstimmte. 207

Jireček, Josef (1825–1888), tschechischer Historiker und Linguist. 1871 österreichischer Minister für Kultus und Unterricht. 283, 284

Joachim II. Hektor (1505–1571). Wurde Kurfürst von Brandenburg-Küstrin. Trat 1539 zur Reformation über. 55

John, Franz Freiherr von (1815–1876), Feldzeugmeister. 1866/67 österreichischer Kriegsminister, 1867/68 erster gemeinsamer Kriegsminister der österreichisch-ungarischen Monarchie. 271

Johann von Luxemburg (1296–1346). Seit 1310 König von Böhmen. 19

Johann Friedrich (1503–1554). 1532–1547 Kurfürst von Sachsen. 58

Johann Georg I. (1585–1656). Wurde 1616 Kurfürst von Sachsen. 1618/19 Anwärter auf den böhmischen Königsthron. 94

Johann Sigismund (1540–1571). Als Johann I. ab 1540 König von Ungarn; Fürst von Siebenbürgen, herrschte seit 1556 in Siebenbürgen. 54, 59

Johann Zápolya (1487–1540). Wurde 1510 Woiwode von Siebenbürgen, 1526 König von Ungarn. 46–49, 52, 54, 78

Johann III. Sobieski (1624–1696), polnischer Heerführer. Seit 1674 König von Polen. 107

Johann Joseph Fabian (1782–1859), Erzherzog von Österreich, Sohn Kaiser Leopolds II. 1848/49 deutscher Reichsverweser. 176, 186, 202, 203, 208

Johanna die Wahnsinnige (1479–1555), Erbtochter König Ferdinands von Aragonien und der Isabella von Kastilien. Wurde 1496 Gemahlin Philipps des Schönen, Herzog von Burgund, 1504 Königin von Kastilien, 1516 von Aragonien. Nach dem Tod ihres Mannes verfiel sie in Trübsinn (1506); an ihrer Stelle regierte als Mitherrscher ihr Sohn, Karl V. 31–33, 43, 65

Johannes Parricida, Habsburger (1290–1313), Sohn Herzog Rudolfs II. Ermordete seinen Onkel Albrecht I. von Habsburg. 18

Joseph I. (1678–1711). Seit 1705 Kaiser, seit 1687 König von Ungarn und Böhmen. 115, 117, 118, 126, 131, 133, 149

Joseph II. (1741–1790). Seit 1765 Kaiser, seit 1780 König von Ungarn und Böhmen. 144, 145, 152, 153, 155–167, 184, 186, 214, 242, 244, 245

Joseph Anton Johann (1776–1847), Erzherzog von Österreich, Sohn Kaiser Leopolds II. Wurde 1796 Palatin von Ungarn, Vater des Palatins Stephan und des Erzherzogs Joseph Karl Ludwig. 186, 341

Joseph Ferdinand (1693?–1699), Herzog von Bayern, Sohn des Kurfürsten Maximilian Emanuel. Infolge seines frühen Tods tauchte die Frage der Besetzung des spanischen Throns von neuem auf. 114

Joseph Karl Ludwig (1833–1905), Erzherzog von Österreich, Sohn des Palatins Joseph. Ab 1869 lange Zeit Oberkommandierender der ungarischen Landwehr (Hondvédség), Kavalleriegeneral, Großgrundbesitzer in Ungarn. 341

Joseph Klemens (1671–1723), Herzog zu Bayern, jüngerer Bruder des bayrischen Kurfürsten Maximilian Emanuel. Wurde 1688 Erzbischof und Kurfürst von Köln. 115

Juan, Don (1478–1498), Sohn Ferdinands von Aragonien und der Isabella von Kastilien. Anwärter auf den spanischen Thron, heiratete 1496 Prinzessin Margarete von Burgund. 31, 47, 65, 66, 72

Juan d'Austria, Don (1545–1578). Illegitimer Sohn König Karls V. Spanischer Feldherr. 53

Juan José d'Austria (1629–1680), illegitimer Sohn Philipps IV. Spanischer Heerführer, Vizekönig Karls II. von Spanien in Aragonien und sein Erster Minister. 112

Juárez, Benito Pablo (1806–1872), mexikanischer Staatsmann indianischer Abstammung. 1857–1872 Präsident der Republik, führte fortschrittliche bürgerliche Reformen durch. 280

Jurišić, Nikolaus (1490–1543), kroatischer Aristokrat, Hauptmann einer Grenzfestung. Verteidigte 1532 die Burg von Güns erfolgreich gegen die Truppen des Sultans Suleiman. 1538–1540 Generalkapitän der Windischen Mark und Krains, wiederholt Gesandter bei der Hohen Pforte. 49

Justi, Johann Heinrich Gottlieb von (1720–1771), Nationalökonom. Wurde 1750 Professor für Staatslehre und Finanzrecht an der Universität Wien. 137

Karageorgewitsch, Dynastie: serbische Herrscherfamilie. Ihre Mitglieder waren 1811–1817, 1842–1858 Fürsten und 1903–1918 Könige von Serbien bzw. 1918–1945 Könige von Jugoslawien. 332

Kara Mustafa (um 1635–1683), türkischer hoher Offizier. Seit 1676 Großwesir, wurde vor Wien geschlagen und deshalb vom Sultan zum Tod verurteilt. 107

Karl I., der Große (742–814). Ab 768 König der Franken, seit 800 römischer Kaiser. 9, 10

Karl Robert, Anjou (1288–1342). Wurde 1307 König von Ungarn. Nach Beseitigung der Anarchie spielte er im wirtschaftlichen, militärischen und politischen Aufblühen Ungarns im 14. Jahrhundert eine bedeutende Rolle. 18

Karl der Kühne (1433–1477), Sohn Philipps des Guten. Wurde 1467 Herzog von Burgund und der Niederlande. 28–30

Karl I. (1887–1922), Sohn Erzherzog Ottos, des jüngeren Bruders des Thronfolgers Franz Ferdinand. 1916–1918 Kaiser von

Österreich und als Karl IV. König von Ungarn, als Karl III. König von Böhmen. 366, 372–74, 378, 379, 381, 384
Karl II. (1660–1700). Wurde 1665 König von Spanien, letzter Nachkomme der spanischen Linie des Hauses Habsburg. 105, 111, 113–15, 133
Karl III., siehe Karl VI. von Habsburg.
Karl IV., Luxemburger (1316–1378), Sohn König Johanns von Böhmen. Wurde 1346 böhmischer und gewählter deutscher König. 1355 römisch-deutscher Kaiser. 20
Karl V., Habsburger (1500–1558), älterer Sohn Philipps des Schönen und der Johanna von Aragonien. 1515–1555 Herzog der Provinzen der Niederlande, 1516–1556 als Karl I. König von Spanien und Neapel, 1519–1556 als Karl V. römisch-deutscher Kaiser. 34, 36, 39–61, 63, 64, 65, 67, 69, 71, 76, 77, 82, 83, 91, 113, 118, 119, 128, 161
Karl VI. von Habsburg (1685–1740), Erzherzog von Österreich, jüngerer Sohn Kaiser Leopolds I. 1704–1714 als Karl III. König von Spanien, 1711–1740 als Karl VI. römisch-deutscher Kaiser, als Karl III. König von Ungarn und als Karl II. König von Böhmen. 9, 114–115, 117–131, 133, 137, 145, 146, 149, 155, 156, 169, 211
Karl VII. Albrecht, Wittelsbacher (1697–1745). 1716 bayrischer Kurfürst, 1741 als Karl III. gekrönter König von Böhmen, 1742–1745 römisch-deutscher Kaiser. 22, 127, 133–35
Karl VIII., Valois (1470–1498). Seit 1483 König von Frankreich. 31, 33
Karl XII. (1682–1718). Seit 1697 König von Schweden. 117, 123
Karl von Habsburg (1540–1590), Erzherzog von Österreich. Sohn Ferdinands I. und Vater Ferdinands II. Ab 1564 regiert er in der Steiermark, in Kärnten und Krain. 81, 85, 86
Karl Eduard Stuart (1720–1788), Prinz, Enkel des 1688 vertriebenen Königs Jakob II. von England. Versuchte 1745/46 erfolglos den englischen Thron zurückzugewinnen. 135, 136
Karl Ludwig, Habsburger (1833–1896), Erzherzog von Österreich, jüngerer Bruder Franz Josephs I., Vater des Thronfolgers Franz Ferdinand und Großvater Kaiser Karls I. 186, 343
Karl Ludwig Johann, Habsburger (1771–1847), Erzherzog von Österreich, Herzog von Teschen, Sohn Kaiser Leopolds II., Feldherr. 1801 Präsident des Hofkriegsrats, 1806 Kriegsminister und Oberkommandierender der kaiserlichen Armee. Besiegte 1809 bei Aspern und Eßlingen Napoleon, wurde aber bei Deutsch Wagram geschlagen. 172, 177
Karl V. Leopold (1643–1690), Herzog von Lothringen, Schwager Kaiser Leopolds I. Erfolgreicher Heerführer im Befreiungskrieg gegen die Türken. 107
Karl Alexander (1712–1780), Prinz von Lothringen, jüngerer Bruder Kaiser Franz' I. Als Oberbefehlshaber war er erfolglos; wurde 1748 Statthalter der Niederlande, deren Wirtschaft und Kultur er zu Blüte brachte. 142
Károlyi, Mihály Graf (1875–1955), Großgrundbesitzer, Politiker der Unabhängigkeitspartei. Wurde im Oktober 1918 Ministerpräsident, war von Januar bis März 1919 Präsident der Republik. 359–361, 380, 381
Katharina von Aragonien (1485–1536), Infantin von Spanien, Tochter Ferdinands II. (V.) und der Isabella von Kastilien. 1501/02 vermählt mit dem Prinzen von Wales, Arthur, nach dessen Tod verlobt mit dessen Bruder Prinz Heinrich, 1509 nach seiner Thronbesteigung als Heinrich VIII. dessen erste Frau. 1533 ließ ihr Mann die Ehe durch den Erzbischof von Canterbury lösen. 32, 50
Katharina von Habsburg (1507–1578), Erzherzogin von Österreich, jüngste Tochter Philipps des Schönen und der Anna von Aragonien, Gattin Johanns III. von Portugal (1502–1557). 34
Katharina II. (1729–1796). Wurde 1762 Kaiserin von Rußland. 143, 148, 152–153, 162, 171, 173
Kaunitz, Wenzel Anton Graf (1711–1794).

Seit 1764 Fürst Kaunitz-Rietberg. 1750–1753 österreichischer Gesandter in Paris, 1753 Hof- und Staatskanzler. 140, 141, 143, 149, 152, 161, 170, 178

Kepler, Johannes (1571–1630), deutscher Astronom. Hofastronom und kaiserlicher Mathematiker Rudolfs II. 85

Khlesl, Melchior (1552–1630), österreichischer Staatsmann. Zuerst Bischof von Passau, seit 1598 von Wien; 1599 Kanzler des Erzherzogs Matthias, 1615 Kardinal, wurde 1618 verhaftet. 86

Kiburg (Kyburg), Hartmann IV. Graf von (gest. 1264), letzter Graf von Kiburg, älterer Bruder Heilwigs, Schwager Alberts IV. von Habsburg. Die Besitzungen des Grafen gingen auf Alberts Sohn, Rudolf von Habsburg, über. 8

Kiburg (Kyburg), Heilwig von, jüngere Schwester des Grafen Hartmann, Gemahlin Alberts IV. von Habsburg. 8

Klapka, György (1820–1892), Offizier. 1848/49 Honvédgeneral und Verteidiger von Komorn. 272

Klemens VII. (Giulio de' Medici; 1478–1534). Seit 1523 Papst. 46, 48

Koerber, Ernst von (1850–1919), österreichischer Staatsmann. 1897/98 Handels-, 1899 Innenminister, 1900–1904 Ministerpräsident und Innenminister, Oktober–Dezember 1916 erneut österreichischer Ministerpräsident. 293, 325, 365, 366

Kollonitsch, Leopold Graf (1631–1707). Zuerst Malteserritter, 1660 Priester, 1686 Kardinal, 1691 Erzbischof von Kalocsa, 1695 Erzbischof von Gran. 1672–1682 Kammerpräsident für Ungarn, 1692 Präsident der Hofkammer; einflußreicher Sachverständiger für die ungarischen Angelegenheiten, Förderer der Gegenreformation. 109, 116

Kolowrat-Liebsteinsky, Franz Anton Graf von (1778–1861), böhmischer Aristokrat, österreichischer Staatsmann. 1826–1848 Staatsminister, Mitglied der Staatskonferenz, März/April 1848 Leiter des ersten konstitutionellen Ministeriums. 187, 188, 194, 202

Kolumbus, Christoph (Cristoforo Colombo, Cristóbal Colón; um 1451–1506), Seefahrer in spanischen Diensten, stammt aus Genua, Entdeckungsreisender. Entdeckte 1492 Amerika. 32–34

Königsegg und Rothenfels, Lothar Joseph Georg Graf von (1673–1751), österreichischer Feldmarschall. 1723–1735 Oberbefehlshaber in Italien. 124

Konradin (Corradino) (1252–1268), Sohn König Konrads IV., der letzte Staufer. Versuchte den Thron von Neapel zu erwerben, wurde aber von Karl von Anjou, König von Neapel, besiegt und enthauptet. 9

Konstantin, Pawlowitsch (1779–1831), russischer Großfürst, jüngerer Sohn des Zaren Paul I. 1822–1830 Vizekönig von Kongreßpolen und Oberkommandierender der polnischen Armee. 162

Kossuth, Ferenc (1841–1914), Ingenieur, Politiker, ältester Sohn Lajos Kossuths. Nach dem Tod seines Vaters kehrte er 1894 aus Italien heim. 1895 Reichstagsabgeordneter und Vorsitzender der Unabhängigkeitspartei. 1906–1910 Handelsminister in der Koalitionsregierung Wekerle. 328, 329

Kossuth, Lajos (1802–1894), Advokat, liberaler Reformpolitiker. 1832–1837 spielte er als Führer der adligen Reformbewegung durch seine journalistische Tätigkeit eine große Rolle in der fortschrittlichen Beeinflussung der öffentlichen Meinung. 1847/49 Abgesandter im Reichstag, wo er von Anfang an eine zentrale Rolle sowohl als Politiker als auch als Vertreter der Interessen des Volks in dem sich entfaltenden ungarischen Freiheitskampf spielte. 7. April 1848 Finanzminister im ersten verantwortlichen ungarischen Ministerium, 8. Oktober Vorsitzender des Landesverteidigungskomitees, Organisator und Führer des ungarischen Freiheitskampfes, 14. April–11. August 1849 Reichsverweser von Ungarn. Nach dem Scheitern des Freiheitskampfes floh er in die Türkei, lebte ab 1851/52 in England, seit 1861 in Italien (von 1865 bis zu seinem Tod in Turin). 192, 193, 206, 228–231,

247, 279, 280, 285, 286, 309, 329, 360
Kramář, Karel (1860–1937), tschechischer Politiker. 1891 Mitglied des österreichischen Reichsrats, 1897 Vizepräsident. 1916 wegen Majestätsbeleidigung und Hochverrat zum Tod verurteilt, 1917 begnadigt. 1918/19 Ministerpräsident der Tschechoslowakei. 331, 369
Kraus, Philipp Freiherr von (1794–1861). War 1848–1851 österreichischer Finanzminister. 206
Kristóffy, József (1857–1928). Wurde 1896 Abgeordneter der Liberalen Partei, 1904 Obergespan des Komitats Szatmár, 1905/06 Innenminister. 327, 344, 345, 360
Kübeck, Karl Friedrich, Freiherr von Kübau (1780–1855), österreichischer Staatsmann bürgerlicher Abstammung. 1840 Präsident der Hofkammer, Mitglied der Staatskonferenz. 187, 216, 238, 239, 242
Kudlich, Hans (1823–1917), Arzt, österreichischer Politiker. 1848 Abgeordneter, schlug die Bauernbefreiung vor, nahm an der Oktoberrevolution in Wien und 1849 am Aufstand in der Pfalz teil. In Österreich in Abwesenheit zum Tod verurteilt; lebte in der Schweiz bzw. in den USA. 203
Kutusow, Michail Ilarionowitsch Golenischtschew, Fürst Smolenski (1745–1813), russischer Feldmarschall. 176

Ladislaus IV., der Kumane (1262–1290). Wurde 1272 König von Ungarn, war 1278 Verbündeter Rudolfs von Habsburg gegen König Ottokar II. von Böhmen. 16, 17
Ladislaus V. Postumus, Habsburger (1440–1457), nachgeborener Sohn Albrechts II., König von Ungarn und Böhmen. 1440 zum König von Ungarn, 1453 zum König von Böhmen gekrönt. 22, 24, 25
Lamberg, Franz Philipp, Graf (1790–1848). Österreichischer General. 205–06
Lamberg, Karoline, Gräfin. Wurde 1854 Hofdame der Kaiserin Elisabeth. 240
Lammasch, Heinrich (1853–1920), österreichischer Jurist und Staatsmann, Universitätsprofessor, Anhänger des Föderalismus. Während des Ersten Weltkriegs war er der Anführer einer mit der Entente sympathisierenden Gruppe; 27. Oktober bis 11. November 1918 Ministerpräsident. 367, 381
Lanthold oder Lanzelin (um die Wende vom 10. zum 11. Jahrhundert), Sohn Guntrams des Reichen, einer der Ahnen der Familie Habsburg. 7
Larisch, Marie Gräfin von, geb. Freiin von Wallersee, Tochter Herzog Ludwigs von Bayern, des Bruders der Kaiserin Elisabeth von Österreich und Königin von Ungarn. 306
Łaski, Hieronymus (1496–1547), polnischer Aristokrat, Diplomat. Wurde 1527 Gesandter König Johann Zápolyas am französischen Hof, an der Hohen Pforte und bei Ferdinand I. Nach 1535 Gesandter Ferdinands an der Hohen Pforte. 48
Lasser von Zollheim, Joseph Freiherr (1815–1879), liberales Mitglied des österreichischen Reichstags. 222
Lasso, Pedro, spanischer Adliger. War 1519–1521 einer der Führer des Aufstands der kastilischen Städte gegen Karl V. 43
Latour, Theodor Graf von Baillet (1780–1848), österreichischer Feldzeugmeister. Seit April 1848 Kriegsminister; wurde während des Wiener Oktoberaufstands ermordet. 206
Latour von Thurmburg, Joseph Graf (1820–1903), österreichischer General. 1865–1867 einer der Erzieher des Kronprinzen Rudolf. 305
Laudon, Ernst Gideon Freiherr von (1717–1790), österreichischer Feldmarschall. Kämpfte mit wechselndem Kriegsglück im Siebenjährigen Krieg, im Bayrischen Erbfolgekrieg und im Türkenkrieg 1789/90. 142, 143
Lenin (Uljanow), Wladimir Iljitsch (1870–1924). Führer der Sozialdemokratischen Arbeiterpartei Rußlands (SDAPR), dann der Großen Sozialistischen Oktoberrevolution. 337, 338, 340, 357
Leo XIII. (Gioacchino Vincenzio Pecci, 1810–1903). Seit 1878 Papst. 310

Leopold I., der Glorreiche, Habsburger (1293–1326), Erzherzog von Österreich, dritter Sohn König Albrechts I. Unterstützte seinen älteren Bruder Friedrich den Schönen gegen Ludwig den Bayern; wurde 1315 von den Schweizern geschlagen. 18

Leopold I., Habsburger (1640–1705), Erzherzog von Österreich, zweiter Sohn Kaiser Ferdinands III. Sollte ursprünglich Geistlicher werden, wurde aber nach dem frühen Tod seines Bruders Ferdinand IV. Thronfolger, 1657 König von Ungarn und Böhmen, 1658 deutscher Kaiser. 104–111, 113, 115–117, 131

Leopold II. Peter, Habsburger (1747–1792), Erzherzog von Österreich, jüngerer Sohn Franz' I. und der Maria Theresia. 1765 als Leopold I. Großherzog von Toskana, nach dem Tod seines älteren Bruders Joseph II. im Jahr 1790 deutscher Kaiser, König von Ungarn und Böhmen. 148, 151, 161, 166–170

Leopold II., Habsburger (1797–1870), Großherzog von Toskana, Sohn Ferdinands III., Enkel Leopolds I. 1824–1849 tatsächlicher, dann ab 1850 formell, 1852–1859 wieder tatsächlicher Großherzog von Toskana. Dankte 1859 zugunsten seines Sohnes Ferdinands IV. ab. 194, 254

Leopold III., Habsburger (1351–1386), Herzog von Österreich, jüngster Sohn Herzog Albrechts II., jüngerer Bruder Rudolfs IV. 1379 Herrschaft über Steiermark, Kärnten, Krain, Istrien und Tirol, 1382 über Triest. Fiel 1386 in der Schlacht bei Sempach gegen die Schweizer. 20, 21

Leopold IV., Habsburger (1371–1411), Herzog von Österreich, zweiter Sohn Herzog Leopolds III. von Österreich. 22

Leopold V., Habsburger (1586–1632), Erzherzog von Österreich, dritter Sohn des Erzherzogs Karl von Steiermark, jüngerer Bruder Kaiser Ferdinands II. Wurde 1605 Bischof von Passau, 1607 auch von Straßburg, Ferdinand II. überließ ihm 1618 Tirol. 1626 seiner geistlichen Würden entbunden, ehelichte er Claudia de' Medici. 88, 90, 91

Leopold, Habsburger (1716–1716), Erzherzog von Österreich. Der einzige Sohn Kaiser Karls VI., er starb noch im Jahr seiner Geburt. 126

Lerma, Herzog von (Francisco Gómez de Sandoval y Rojas; um 1550–1625), Günstling König Philipps III. von Spanien. Ab 1598 Erster Minister. Raffte ein riesiges Vermögen zusammen. Wurde 1618 gestürzt. 75, 100

Leszczyński, Stanislaus, siehe Stanislaus I.

Liechtenstein, Alois Prinz von und zu (1846–1920), österreichischer Politiker. Mitbegründer der Christlich-Sozialen Partei, 1906–1918 Landmarschall von Niederösterreich. 310

Lodge, Henry Cabot (1850–1924). Senator der Vereinigten Staaten von Amerika. 375

Löhner, Ludwig von (1812–1852), Arzt und Politiker aus Böhmen. Wurde 1848 zum Mitglied des Reichstags und des Frankfurter Parlaments gewählt und war Anführer der deutschen Linken. Erarbeitete verschiedene Vorschläge zur Lösung des Nationalitätenproblems, in Kremsier zusammen mit Palacký. Zog sich nach 1849 von der Politik zurück. 220

Lónyay, Menyhért Graf (1822–1884), Großgrundbesitzer, zentralistischer Politiker. 1849 Staatssekretär im Finanzministerium der Regierung Szemere, 1867–1870 ungarischer, 1870/71 gemeinsamer Finanzminister, 1871/72 ungarischer Ministerpräsident, ab 1872 Präsident der Ungarischen Akademie der Wissenschaften. 278

Lothringen, Franz von, siehe Franz I.

Lothringen, Karl, Herzog von, siehe Karl V. Leopold, Herzog von Lothringen.

Lothringen, Karl Prinz von (d. J.), siehe Karl Alexander, Prinz von Lothringen.

Louis II., Prinz von Condé („der große Condé") (1621–1686). Einer der erfolgreichsten französischen Heerführer des 17. Jahrhunderts. 100

Louise von Angoulême (1476–1531).

Tochter von Philipp, Herzog von Savoyen, Gemahlin von Karl Graf von Angoulême, Mutter des französischen Königs Franz I. Leitete in Abwesenheit ihres Sohnes die Regierungsgeschäfte. 47
Louis Philippe, der „Bürgerkönig" (1773–1850), Sohn des Herzogs Louis Philippe von Orléans. 1830–1848 König der Franzosen. 193
Lucheni, Luigi (1873–1910), Bahnarbeiter, Schweizer Anarchist. Ermordete am 10. September 1898 Kaiserin Elisabeth. 307
Luise (Ludovica) von Wittelsbach (1808–1892), Prinzessin von Bayern, jüngste Tochter König Maximilian Josephs I. Heiratete 1828 Herzog Maximilian von Bayern, Mutter der Kaiserin Elisabeth. 240
Ludwig II. Jagiello (1506–1526). Wurde 1516 König von Ungarn und Böhmen, heiratete 1522 Maria von Habsburg. 34, 36, 46, 59, 77
Ludwig IV., der Bayer, Wittelsbacher (1287–1347), Sohn Herzog Ludwigs des Strengen von Bayern. Wurde 1314 deutscher König, 1328 römisch-deutscher Kaiser; besiegte 1322 Friedrich den Schönen von Habsburg. 18, 19
Ludwig XI. von Valois (1423–1483). Wurde 1461 König von Frankreich. 28–31
Ludwig XIII., Bourbone (1601–1643). Wurde 1610 König von Frankreich. 98
Ludwig XIV. (1638–1715). Wurde 1643 König von Frankreich. 76, 104–107, 110, 113–119, 124
Ludwig XV. (1710–1774). Wurde 1715 König von Frankreich. 141, 142
Ludwig XVI. (1754–1793). War 1774–1792 König von Frankreich, seit 1770 Gemahl der Marie-Antoinette, Erzherzogin von Österreich. 150
Ludwig XVIII. (1755–1824). Wurde 1814 König von Frankreich. 180
Ludwig Joseph Anton, Habsburger (1784–1864), Erzherzog von Österreich, Sohn Kaiser Leopolds II. Wurde 1835 Vorsitzender der Geheimen Staatskonferenz. 177, 186, 204
Lueger, Karl (1844–1910), Advokat, österreichischer Politiker. 1890 Abgeordneter im Parlament, einer der Gründer der Christlich-Sozialen Partei, ab 1897 Bürgermeister von Wien. 302, 310, 311, 344
Luther, Martin (1483–1546), Augustinermönch. Wurde 1508 Professor an der Universität Wittenberg. Reformator. 36, 41–43, 49, 50, 53, 55
Luxemburg, Dynastie: ihre Mitglieder waren 1308–1313, 1346–1400 und 1410–1437 römisch-deutsche Kaiser und Könige, 1310–1437 bzw. 1387–1437 Könige von Böhmen und Ungarn. 18, 19

Mack von Leiberich, Karl Freiherr (1752–1828), österreichischer General. Kapitulierte 1805 in der von den Truppen Napoleons umschlossenen Festung Ulm mit 23 000 Mann. Wurde deswegen zum Tod, dann zu Festungshaft verurteilt. 1808 auf Betreiben Erzherzog Karls freigelassen. 176
Magalhães (Magellan), Fernão de (1480–1521), portugiesischer Seefahrer, Entdecker. 1519–1521 umschiffte seine Expedition in spanischem Dienst die Welt zum erstenmal in westlicher Richtung. 44
Mahler, Gustav (1860–1911), Komponist und Dirigent. 320
Majláth, György Graf (1818–1883), konservativer Politiker. 1865–1867 ungarischer Hofkanzler, nach 1867 Landesrichter und Präsident des Magnatenhauses, ab 1882 Präsident der Kurie. 266
Mansfeld, Peter Ernst von (1580–1626), ursprünglich kaiserlicher General, später im Dreißigjährigen Krieg Söldnerführer der Protestantischen Union. 97
Margarete Maultasch (1318–1369), Gräfin von Tirol. Heiratete 1330 den Luxemburger Johann Heinrich, 1342 den Markgrafen Ludwig von Brandenburg. Überließ 1363 Tirol Herzog Rudolf IV. von Österreich. 20
Margarete von Habsburg (1480–1530), Erzherzogin von Österreich, Tochter Kaiser Maximilians und der Maria von Burgund. 1496/97 Gemahlin des spanischen Thronfolgers Don Juan, 1501–1504 des

Herzogs Philibert von Savoyen. Wurde 1507 Statthalterin der Niederlande; sie erzog den späteren Kaiser Karl V. Schloß 1529 mit der Mutter Franz' I. von Frankreich den sogenannten „Damenfrieden“ von Cambrai. 31, 47, 59

Margarete von Parma (1522–1586), natürliche Tochter Kaiser Karls V. Wurde 1536 Gemahlin Alessando de' Medicis, 1538 des Herzogs von Parma, Ottavio Farnese. 1559–1567 Statthalterin der Niederlande für ihren Halbbruder, König Philipp II. von Spanien. 70, 73

Margarete Maria Theresia, Habsburgerin (1651–1673), Infantin von Spanien, jüngere Tochter König Philipps IV. Wurde 1666 Gemahlin Kaiser Leopolds I. 104

Maria I., die Katholische oder die Blutige, Tudor (1516–1558). Tochter Heinrichs VIII. und der Katharina von Aragonien. 1553–1558 Königin von England, ab 1554 Gemahlin des späteren Königs Philipp II. von Spanien. 62

Maria Stuart (1542–1587), Tochter Jakobs V. von Schottland und der französischen Prinzessin Maria von Guise. 1542–1568 Königin von Schottland, 1558–1560 Gemahlin Franz' II. von Frankreich, 1565–1567 Gemahlin Lord Henry Darnleys. 67

Maria von Burgund (1457–1482), Erbtochter Herzog Karls des Kühnen von Burgund. Heiratete 1477 Erzherzog Maximilian von Österreich. 28–30, 34

Maria von Habsburg (1505–1558), Erzherzogin von Österreich, Tochter Philipps des Schönen von Habsburg und der Johanna von Aragonien. 1521–1526 Gemahlin König Ludwigs II. von Ungarn, 1530–1536 Statthalterin Kaiser Karls V. in den Niederlanden. 34, 36, 59

Maria von Habsburg (1528–1603), Erzherzogin von Österreich, Tochter Kaiser Karls V. Wurde 1548 Gemahlin Kaiser Maximilians II. 85

Maria Amalia (1746–1804), Erzherzogin von Österreich, Tochter Kaiser Franz' I. und der Maria Theresia. Heiratete 1769 Herzog Ferdinand Bourbon von Parma und Piacenza. 150

Maria Anna (1803–1884), Prinzessin von Sardinien, Tochter König Viktor Emanuels I. Wurde 1831 Gemahlin Kaiser Ferdinands I. von Österreich. 212, 214, 217

Maria Annunziata (1843–1871), Prinzessin von Bourbon-Neapel, Tochter König Ferdinands II. Heiratete 1862 Erzherzog Karl Ludwig. Mutter des Thronfolgers Franz Ferdinand. 343

Maria Antonia (1862–1959), Infantin von Portugal, Tochter des Herzogs Miguel von Bragança. Wurde 1884 zweite Frau des letzten Herzogs von Parma, Robert. Mutter der Kaiserin Zita und der Prinzen Sixtus und Xavier. 372

Maria Josepha (1699–1755), Erzherzogin von Österreich, Tochter Kaiser Josephs I. Seit 1719 Gattin des späteren Kurfürsten von Sachsen, August Friedrich II., und als König August III. von Polen. 126, 133

Maria Josepha (1867–1944), Prinzessin von Sachsen. 1886 Gemahlin des Erzherzogs Otto, Mutter des Kaisers und Königs Karl I. 366

Maria Theresia (1638–1683), Tochter König Philipps IV. von Spanien. Heiratete 1660 König Ludwig XIV. von Frankreich. 104

Maria Theresia (1717–1780), Erzherzogin von Österreich, Tochter Kaiser Karls VI. Wurde 1736 Gemahlin des Herzogs Franz Stephan von Lothringen, des späteren Kaiser Franz I. 1741 Königin von Ungarn, 1743 Königin von Böhmen. 123, 126–29, 133–36, 138, 140–157, 159–161, 165, 166, 170, 174, 211

Marie-Antoinette (1755–1793), Erzherzogin von Österreich, Tochter Kaiser Franz' I. und der Maria Theresia. Wurde 1770 Gemahlin des späteren Königs Ludwig XVI. Wurde 1793 hingerichtet. 150, 168, 170, 384

Marie Karoline von Österreich (1752–1814), Tochter Franz' von Lothringen und der Maria Theresia. Wurde 1768 Gemahlin König Ferdinands IV. von Neapel. 150

Marie Louise (1791–1847), Erzherzogin

von Österreich, Tochter Kaiser Franz' II. Wurde 1810 Gattin Napoleons I., 1815–1847 Herzogin von Parma, 1821 Gattin des Grafen Adam Albert Neipperg. 178, 183

Marlborough, John Churchill, Duke of (1650–1722), englischer Diplomat und Heerführer, im Spanischen Erbfolgekrieg Oberkommandierender der englischen Truppen. 117

Martinic, Jaroslav Bořita z, Graf (1582–1649), tschechischer Aristokrat. Wurde 1603 königlicher Rat, 1609 Hofmarschall. Einer der böhmischen Statthalter. Wurde am 23. Mai 1618 anläßlich des böhmischen Aufstands aus einem Fenster des zweiten Stocks der Prager Burg gestürzt (Prager Fenstersturz). 94, 96

Martinovics, Ignaz (1755–1795), Franziskanermönch. Seit 1783 Professor für Naturwissenschaft an der Universität Lemberg. Einer der Führer der ungarischen Jakobinerbewegung. Wurde hingerichtet. 171

Martinuzzi, Georg (Utiešenić, 1482–1551), Paulanermönch aus niederem kroatisch-italienischem Adel. 1528 Diplomat im Dienst König Johann Zápolyas, 1534 Bischof von Großwardein, 1540 Vormund von Johann Sigismund, hatte großen Einfluß in allen Staatsangelegenheiten. 59

Marx, Karl (1818–1883). Begründer des wissenschaftlichen Sozialismus. 312–13, 337

Masaniello (Tommaso Aniello; 1623–1647), Führer der wegen der schweren Besteuerung 1647 ausgebrochenen Erhebung in Neapel. Von Meuchelmördern getötet. 101

Masaryk, Tomáš Garrigue (1850–1937), tschechischer Philosoph und Staatsmann. 1882–1914 Professor an der Universität in Prag, 1900 Gründer der tschechischen Volkspartei (Realisten). Emigrierte 1914; 1915 Vorstehender des Pariser Tschechischen Rats. Von November 1918 bis Dezember 1935 Präsident der Tschechoslowakischen Republik. 330, 331, 335

Matthias I. Corvinus (1443–1490). Wurde 1458 König von Ungarn. 25, 26, 36

Matthias, Habsburger (1557–1619), Erzherzog von Österreich, Sohn Kaiser Maximilians II. 1577–1581 Statthalter der Niederlande, 1606 Oberhaupt der Familie Habsburg, Erzherzog von Nieder- und Oberösterreich, 1608 als Matthias II. König von Ungarn, 1611 König von Böhmen und 1612 römisch-deutscher Kaiser. 72, 88–92, 94

Maximilian I., Habsburger (1459–1519), Erzherzog von Österreich. Sohn Kaiser Friedrichs III. Ab 1493 römisch-deutscher Kaiser. Ehelichte zuerst Maria, Herzogin von Burgund, dann Bianca Maria Sforza von Mailand. Während der Minderjährigkeit seines Sohnes Philipps des Schönen (1482–1493) und seines Enkels Karl V. (1506–1515) führte er die Vormundschaft auch in den niederländischen Provinzen seiner ersten Gattin. 9, 26, 28–31, 33–37, 39, 40, 65, 151

Maximilian II. (1527–1576), Erzherzog, Sohn Ferdinands I. 1542 königlicher Statthalter in Ungarn, 1548–1550 Statthalter Karls V. in Spanien. 1562 römischer König und König von Böhmen, 1563 König von Ungarn, 1564 römisch-deutscher Kaiser, 59, 75, 81–84, 91, 240

Maximilian (1558–1618), Erzherzog von Österreich, Sohn Kaiser Maximilians II. 91

Maximilian (1832–1867), Erzherzog von Österreich, jüngerer Bruder Kaiser Franz Josephs. 1857–1859 Generalgouverneur des Lombardisch-Venezianischen Königreichs, 1864–1867 Kaiser von Mexiko. 280, 281, 384

Maximilian II. Emanuel, Wittelsbacher (1662–1726). Wurde 1679 Kurfürst von Bayern. 114, 116

Maximilian II. Joseph, Wittelsbacher (1811–1864). Wurde 1848 König von Bayern. 240

Mayer, Kajetan, österreichischer Landtagsdeputierter 1848/49. 220, 222

Mazzini, Giuseppe (1805–1872), führende Persönlichkeit der demokratischen, republikanischen Richtung der italienischen Befreiungsbewegung. Von März bis Juli 1849 führte er an der Spitze der römischen Republik bürgerliche Reformen durch. 247

Medici, florentinisches Geschlecht, das durch die Teilnahme an internationalen Bankgeschäften zu großem Reichtum und durch geschickte Politik zu politischem Ansehen gelangte. Seit 1531 Herzöge von Florenz, seit 1569 Großherzöge von Toskana, Florenz. 46

Medici, Gian Gastone (1671–1737). 1723 Großherzog von Toskana, letzter männlicher Nachkomme der Familie Medici. 133

Meinhard II. (gest. 1295), Herzog von Kärnten und Graf von Tirol, Sohn Meinhards I., Graf von Tirol. 16

Melanchthon, Philipp (1497–1560). Seit 1518 Professor der griechischen Sprache und Literatur an der Universität Wittenberg, Reformator, Kampfgenosse Luthers. Spielte eine wichtige Rolle bei der Abfassung der Augsburger Bekenntnisurkunden (1530). 53

Menger, Carl von (1840–1921), österreichischer Volkswirt, Soziologe. Wurde 1873 Professor an der Universität Wien. Lehrer und Mitglied des Freundeskreises des Kronprinzen Rudolf. 305

Mensdorff-Pouilly, Alexander Graf von (1813–1871), österreichischer Diplomat lothringischer Abstammung. 1852/53 Botschafter in Sankt Petersburg, 1858 Statthalter in Galizien, 1864–1866 Außenminister und Juni/Juli 1865 Ministerpräsident. 269

Mercy, Claudius Florimund Graf (1666–1734), kaiserlicher Feldmarschall. Von 1717 an – mit Unterbrechungen – Gouverneur des Temeser Banats. 1733/34 Oberkommandierender der Truppen in Italien. 124

Merowinger, Dynastie: 448–751. Königliche Familie aus dem Stamm der salischen Franken. 9

Messenhauser, Cäsar Wenzel (1813–1848), Offizier. Trat im April 1848 aus der Armee aus und betätigte sich in Wien als Journalist. Wurde am 12. Oktober 1848 zum provisorischen Oberkommandanten der Nationalgarde ernannt. Nach der Niederschlagung der Wiener Oktober-Revolution wurde er hingerichtet. 207

Metternich-Winneburg, Klemens Lothar Wenzel Fürst von (1773–1859), österreichischer Staatsmann. Wurde 1809 Außenminister, 1826–1848 Vorsitzender in den Ministerkonferenzen. 178–180, 182–86, 187, 188, 193, 194, 204, 205, 208, 212, 216, 238, 346

Miguel da Paz (?–1500), portugiesischer Infant, Sohn König Emanuels des Großen von Portugal und der Isabella von Aragonien, Enkel Ferdinands von Aragonien und der Isabella von Kastilien. Nach dem Tod Don Juans spanischer Thronfolger. 33

Michael Viteazul (1557–1601). 1593–1601 Fürst der Walachei, 1600 Fürst der Moldau. 87

Mikszáth, Kálmán (1847–1910), ungarischer Schriftsteller. 297

Milde, Vinzenz Eduard (1777–1853). Seit 1832 Fürsterzbischof von Wien. 242, 243

Mocsáry, Lajos (1826–1916), Politiker und Publizist, erstrebte ein Übereinkommen mit den Nationalitäten. 359

Montecuccoli, Raimund, Graf (später Reichsfürst und Herzog, 1609–1680), kaiserlicher Feldmarschall italienischer Abstammung. 1650 Marschall, 1668 Präsident des Hofkriegsrats. 105

Montesquieu, Charles de Secondat, Baron de (1689–1755), französischer Philosoph und politischer Schriftsteller. 137

Moritz von Sachsen (1521–1553), Sohn des Herzogs Heinrichs des Frommen. Wurde 1541 sein Nachfolger, 1547 Kurfürst von Sachsen. 55, 58–60

Mozart, Wolfgang Amadeus (1756–1791), österreichischer Komponist. 150

Nádasdy, Ferenc Graf (1625–1671), westungarischer Aristokrat. Ab 1646 königlicher Oberhofmeister, seit 1655 Landesrichter, 1667–1670 königlicher Statthal-

ter. Wurde wegen seiner Teilnahme an der Verschwörung des Palatins Wesselényi enthauptet. 106
Napoleon I. (1769–1821). 1805–1814/15 Kaiser der Franzosen. 150, 172–181, 185, 193
Napoleon II. (1811–1832), Sohn Napoleons I. und der Erzherzogin Marie Louise von Österreich. König von Rom, Herzog von Reichstadt. 183
Napoleon III. (Charles Louis Napoleon Buonaparte; 1808–1873). 1852–1870 Kaiser der Franzosen. 246, 247, 251, 253, 269, 272, 280, 281
Nero, Lucius Domitius (37–68 n. Chr.). Wurde 54 n. Chr. römischer Kaiser. 20
Nikolaus I. (Nikolai Pawlowitsch; 1796–1855). 1825 Zar von Rußland. 188, 250
Nikolaus II. (Nikolai Alexandrowitsch; 1868–1918). 1894–1917 Zar von Rußland. 350, 362
Noah, aus der Sintflut in die Arche geretteter Frommer, Vater der neuen Menschheit. 9
Noot, Henri van der (1735–1827). Österreichisch-niederländischer Oppositionsführer in den achtziger Jahren des 18. Jh. 163, 164

Olivares, Gaspar de Guzmán (1587–1645), Graf von Olivares, Herzog von Sanlúcar. 1624–1643 Minister des spanischen Königs Philipp IV. mit unbeschränkten Vollmachten. 100
Oppenheimer, Samuel (1635–1703), Wiener Bankier. Kreditgeber Kaiser Leopolds I. 116
Oranien, Wilhelm I., siehe Wilhelm I. Herzog von Oranien.
Oranien, Wilhelm III., siehe Wilhelm III.
Oropesa, Graf, Favorit König Karls II. von Spanien. 112
Osiris, ägyptischer Gott, der älteste Sohn des Erdgottes Geb und der Himmelsgöttin Nut. 9
Otto I., der Große (912–973), jüngerer Sohn König Heinrichs I. Wurde 936 deutscher König, 962 römischer Kaiser. 7, 10
Otto von Habsburg II. (?–1111), Sohn Werners I. Schwäbischer Feudalherr, Graf von Habsburg. 7
Otto von Habsburg, der Fröhliche (1301–1339), Herzog von Österreich, jüngster Sohn Kaiser Albrechts I. 19
Otto Franz Joseph (1865–1906), Erzherzog von Österreich, Feldmarschalleutnant, zweiter Sohn Erzherzog Karl Ludwigs, Vater Karls I. 366
Ottokar II. Přemysl (1230–1278). Wurde 1253 König von Böhmen. 12, 13, 14–16

Pacher, Rafael (1857–1936), einer der Führer der Deutschnationalen in Österreich und der christlich-sozialen Bewegung. 1918 Staatssekretär für Unterricht in der Regierung Renner. 370
Padilla, Juan de (1490–1521), spanischer Adliger, einer der Führer der aufständischen kastilischen Städte gegen Karl V. 43
Palacký, František (1798–1876), tschechischer Historiker, Politiker. Förderte die nationale Geschichtsschreibung. Begründer der Theorie der föderalistischen Umgestaltung der Habsburgermonarchie. 199, 200, 209, 219, 223, 227, 316, 358
Pašić, Nikola (1846–1926), serbischer bzw. jugoslawischer Staatsmann. 1904 bzw. 1906 mit kurzen Unterbrechungen bis 1926 Ministerpräsident und Außenminister. 356
Paskewitsch, Iwan Fjodorowitsch (1782–1856), russischer Generalfeldmarschall, Graf von Jerewan, Fürst von Warschau. Befehligte 1849 die nach Ungarn und 1854 die auf den Balkan entsandten russischen Truppen. 247
Paul III. (Alessandro Farnese; 1468–1549). Wurde 1534 Papst, eröffnete 1545 das Konzil von Trient, bedeutender Vertreter des Kampfes gegen die Reformation. 44, 50, 51, 53, 58
Paul IV. (Giovanni Pietro Caraffa; 1476–1559). Seit 1555 Papst. 54
Paul I. (1754–1801). Wurde 1796 Zar von Rußland. 174
Pázmándy, Dénes, jr. (1816–1856), Politiker. Gehörte in der Reformepoche der liberalen Opposition an. Im Mai 1848

mit László Szalay Gesandter der Regierung Batthyány in Frankfurt, Juli bis Januar 1849 Präsident des Abgeordnetenhauses im ungarischen Reichstag. 235

Perthaler, Hans (Johann) Ritter von (1816–1862), österreichischer Jurist, Publizist. 1849 Mitglied der Frankfurter Nationalversammlung. 199, 258

Peter I. (1011–1058), Sohn des Dogen Otto Orseolo und der Schwester Stephans des Heiligen. Wurde infolge seiner Willkürherrschaft 1038–1041 von den Ungarn vertrieben, kehrte 1044 mit Hilfe Kaiser Heinrichs III. zurück. Wurde 1046 von Aufständischen gefangen und geblendet. 17

Peter I., der Große (1672–1725). Seit 1682 Zar von Rußland. 108, 124

Peter III. (1728–1762). Wurde 1762 Zar von Rußland. 143

Peter I. Karageorgewitsch (1844–1921). 1903–1918 König von Serbien, 1918–1921 erster König der Serben, Kroaten und Slowenen. 332

Petrarca, Francesco (1304–1374), italienischer humanistischer Dichter. 20

Philipp von Schwaben (1176?–1208), jüngster Sohn Kaiser Friedrichs I. Wurde 1196 Herzog von Schwaben, 1198 deutscher König, Gegner König Ottos IV. 8

Philipp I., König von Kastilien, siehe Philipp der Schöne.

Philipp der Großmütige (1504–1567). Wurde 1509 unter Vormundschaft seiner Mutter, ab 1518 selbständig Landgraf von Hessen, einer der aufgeklärtesten, angesehensten protestantischen Führer seiner Zeit, gründete 1527 die protestantische Universität in Marburg, schuf 1530/31 den Schmalkaldischen Bund. Ergab sich 1547 Kaiser Karl V. 53, 55, 58

Philipp II. (1527–1598), Sohn Kaiser Karls V. Wurde 1541 Herzog von Mailand, 1555 Herzog der Niederlande, 1556 König von Spanien und Neapel, ab 1580 König von Portugal. 49, 54, 59–75, 82, 83, 85, 162

Philipp III., der Gute (1396–1467). Wurde 1419 Herzog von Burgund. 27, 28, 30

Philipp III. von Habsburg (1578–1621). 1598–1621 König von Spanien. 75, 87, 90, 91

Philipp IV., der Schöne, Kapetinger (1268–1314). Wurde 1285 König von Frankreich. 17

Philipp der Schöne, Habsburger (1478–1506), Sohn Erzherzog Maximilians und der Maria von Burgund. Wurde 1482 Herzog von Burgund, heiratete 1496 Johanna von Aragonien, 1504–1506 König von Kastilien. 31–34, 151

Philipp IV., Habsburger (1605–1665). Wurde 1621 König von Spanien. 100, 104–105, 112

Philipp V., Bourbone, Herzog von Anjou (1683–1746). Wurde 1701 König von Spanien. 114, 115, 119, 122, 133

Philipp (Philibert) Emanuel (1528–1580). 1553–1580 Fürst von Savoyen. 62

Piccolomini, Enea Silvio (1405–1464), italienischer humanistischer Dichter und Gelehrter. Wurde 1442 Kanzleisekretär, Hofdichter und Diplomat Kaiser Friedrichs III., 1458 als Pius II. Papst. 23

Pierleoni, Pietro (?–1138), Papst Anaklet II. (1130–1138). Kam aus einer mächtigen Familie jüdischer Abstammung. Gegen Innozenz II. gewählt, fand außerhalb Roms wenig Anerkennung. 9

Pigafetta, Antonio (1491–1534), italienischer Weltreisender, Reisegefährte Magalhães'. Wurde auf den Philippinen schwer verwundet, kehrte 1522 nach Sevilla zurück. Er hat die erste Weltumseglung beschrieben. 44

Pillersdorf, Franz Freiherr von (1786–1862). Wurde am 20. März 1848 österreichischer Innenminister, war von Mai bis Juli Ministerpräsident. 202

Pius II., Papst, siehe Piccolomini, Enea Silvio.

Pius VI. (Giovanni Angelo Braschi; 1717–1799). Wurde 1775 Papst. 159

Pius IX. (Giovanni Maria Mastai-Ferretti; 1792–1878). Wurde 1846 Papst. 243

Pizarro, Francisco (um 1475–1541), spanischer Konquistador. Eroberte 1532 das Reich der Inka und plünderte es aus;

1535 gründete er Lima, die Hauptstadt von Peru. Er rottete die örtliche Bevölkerung aus. Wurde ermordet. 44

Podiebrad, Georg (1420–1471), tschechischer Aristokrat. 1452–1457 Regent von Böhmen, seit 1458 König von Böhmen. 24–26

Poincaré, Raymond (1860–1934), französischer Staatsmann. 1913–1920 Präsident der Republik. 372

Polzer-Hoditz, Arthur Graf (1870–1945), Kabinettchef Karls I. 368

Pompadour, Jeanne Antoinette Poisson, Marquise de (1721–1764). Favoritin Ludwigs XV. 141

Poniatowski, Stanislaus August, siehe Stanislaus II. August.

Potocki, Alfred Graf (1817–1889), österreichischer Politiker, Anhänger des Föderalismus. Unterstützte die tschechischen Bestrebungen. 1870/71 Ministerpräsident, 1875–1883 Statthalter von Galizien. 282

Přemysliden, Dynastie, die geschichtlich zu Anfang des 10. Jahrhunderts erschien, 1198 die Königswürde erwarb und 1806 ausstarb. 17

Priamos, König von Troja, einziger von Herakles geretteter Sohn des Laomedon. Als Greis erlebte er den Trojanischen Krieg. Bei der Eroberung Trojas wurde er am Zeusaltar seines Palastes erschlagen. 9

Princip, Gavrilo (1893–1918). Ermordete am 28. Juni 1914 den Thronfolger Franz Ferdinand und die Herzogin Sophie von Hohenberg. 356

Radbot (11. Jahrhundert), Sohn des Lanthold, Bruder des Bischofs Werner, einer der frühen Habsburger. 7

Radetzky, Joseph Graf (1766–1858), österreichischer Feldmarschall. Wurde 1831 Oberkommandierender in Norditalien, schlug 1848/49 die italienische Freiheitsbewegung nieder. Bis 1857 Generalgouverneur des Lombardisch-Venezianischen Königreichs. 204, 247, 252

Rainer, Joseph Johann von Habsburg (1783–1853), Erzherzog von Österreich, jüngerer Bruder Kaiser Franz' II. 186.

Rákóczi, Franz II. (1676–1735). Wurde 1704 Fürst von Siebenbürgen, 1703–1711 Anführer des ungarischen Aufstands. 116–118

Rákóczi, Georg I. (1593–1648). Wurde 1630 Fürst von Siebenbürgen. 101

Rákóczi, Georg II. (1621–1660). Wurde 1648 Fürst von Siebenbürgen. 105

Rašín, Alois (1867–1923), tschechischer Volkswirtschaftler und Politiker. War 1916 Mitangeklagter Kramářs. 1918/19 tschechischer Finanzminister. 369

Rauscher, Joseph Othmar von (1797–1875). Vor 1848 der Philosophielehrer des Erzherzogs Franz Joseph, 1848 Fürstbischof von Seckau, 1853 Fürsterzbischof von Wien, seit 1855 Kardinal. 243, 244, 245, 282

Rechberg und Rothenlöwen, Johann Bernhard Graf (1806–1899). 1859–1861 österreichischer Ministerpräsident, 1859–1864 Außenminister. 252, 268–269

Redlich, Joseph (1869–1936), österreichischer Politiker, Anhänger des Föderalismus, Universitätsprofessor. Ende Oktober 1918 Finanzminister im Kabinett Lammasch. 222, 255, 277

Reichstadt, Herzog von, siehe Napoleon II.

Renner, Karl (1870–1950), österreichischer sozialdemokratischer Politiker. Von Oktober 1918 bis Juni 1920 Staatskanzler. 329, 336–39

Requesens y de Zúñiga, Luis de (1526–1576), spanischer Feldherr. Wurde 1573 Statthalter der Niederlande, besiegte 1574 die Aufständischen. 71

Richelieu, Armand Jean du Plessis, Herzog von (1585–1642), französischer Staatsmann. 1622 Kardinal, 1624 Minister Ludwigs XIII., leitete die auswärtigen und militärischen Angelegenheiten. 98

Riedel, Andreas Freiherr von (1744–?), Oberstleutnant, Mathematiker. War der Erzieher von Erzherzog Franz. Im 1791 herausgegebenen Flugblatt „Versuch einer Ankündigung“ arbeitete er auf Grund des Prinzips der Volkshoheit einen Verfassungsentwurf aus. Wurde im Prozeß gegen die Wiener Jakobiner zu verschärftem Zuchthaus verurteilt. Wurde 1806 freigelassen, ließ sich 1810 in Frankreich nieder. 171

Rieger, František Ladislav (1818–1903), tschechischer Politiker, Schwiegersohn Palackýs. Wurde 1848 Mitglied des Reichstags. Später Anführer der konservativen Partei der Alttschechen. 223

Rilke, Rainer Maria (1875–1926), österreichischer Dichter. 320

Romanow, Dynastie: russisches Herrscherhaus, das von 1613 bis 1917 in Rußland regierte. 143

Rónay, Jácint János (1814–1889), Benediktiner, Professor, Schriftsteller, Naturwissenschaftler. Emigrierte 1850; in London Erzieher der Kinder Kossuths, nach seiner Heimkehr 1871/72 Erzieher des Kronprinzen Rudolf, 1875–1883 der Erzherzogin Marie Valerie. 305

Rosmini-Serbati, Antonio Graf von (1797–1855), italienischer Priester, Philosoph. War 1848 Unterrichtsminister des Kirchenstaats. Trotz seiner Religiosität und seiner Papsttreue wurden einige seiner Werke auf den Index gesetzt. 242

Rothschild, Jakob (James) (1792–1868), Bankier. 1812 Gründer des Bankhauses Rothschild in Paris. Sein Sohn Alphonse Rothschild (1827–1905) setzte das Unternehmen fort. 193

Rothschild, Salomon Meyer (1774–1855), Bankier. Gründer des Wiener Bankhauses (1826). Sein Sohn Anselm Salomon Rothschild (1803–1874) setzte sein Werk fort. 194

Rudolf II. von Habsburg (?–1232), Graf von Habsburg, Sohn Alberts III. Verbündeter des Hohenstaufer Gegenkönigs Philipp von Schwaben im Kampf gegen Otto IV., den Welfen. 8, 9

Rudolf III. von Habsburg (?–1249), Graf von Habsburg, Sohn Rudolfs II. Erbe der Güter in der mittleren Schweiz, Gründer der Laufenburger Linie. 8

Rudolf I. von Habsburg (1218–1291), Sohn Graf Alberts IV. und der Heilwig von Kiburg. Erbte 1239 einen Teil der Grafschaft Habsburg, 1245 durch seine Gattin, Gertrude von Zollern-Hohenberg, die Burg Ostenburg und elsässische Güter, 1264 von seinem Onkel mütterlicherseits, einem der reichsten deutschen Fürsten, die Herrschaft über die Grafschaft Kiburg. 1273 zum deutschen König und römischen Kaiser gewählt. 1282 belehnte er seine beiden Söhne – Albrecht und Rudolf – mit dem von Ottokar Přemysl erworbenen Österreich und der Steiermark. 9–11, 13–19, 22

Rudolf II. (1552–1612), Sohn Kaiser Maximilians II. 1572 erhielt er die ungarische, 1575 die böhmische Krone und folgte 1576 seinem Vater in den Erblanden und im Reich auf dem Thron. 72, 84–91, 94

Rudolf III. von Habsburg (1281–1307), Sohn König Albrechts I. 1298 Herzog von Österreich, Herr über Österreich und die Steiermark; wurde 1306 König von Böhmen. 17

Rudolf IV. von Habsburg, der Stifter (1339–1365), Sohn Herzog Albrechts II. Wurde 1358 Herzog von Österreich, stiftete 1365 die Universität Wien. 19, 20

Rudolf Franz Karl Joseph (1858–1889), Erzherzog und Kronprinz von Österreich, einziger Sohn Franz Josephs I. und der Elisabeth. Heiratete 1881 die belgische Prinzessin Stephanie. Verübte 1889 unter ungeklärten Umständen mit Mary, Freiin von Vetsera, Selbstmord. 304–307, 344, 345

Salische (fränkische) Dynastie: aus ihr gingen 1024–1125 deutsche Könige beziehungsweise Kaiser hervor. 8

Savoyen, Philipp Emanuel, siehe Philipp (Philibert) Emanuel I.

Schäffle, Albert (1831–1903), Soziologe und Volkswirt. Wurde 1860 Professor in Tübingen, 1868 in Wien. 1871 österreichischer Handelsminister. 283, 284

Schiller, Johann Christoph Friedrich von (1759–1805), deutscher Dichter und Dramatiker. 65

Schmerling, Anton Ritter von (1805–1893), österreichischer Politiker, Staatsmann.

Wurde 1848 Reichsminister, dann Reichsministerpräsident, 1849–1851 österreichischer Justizminister, 1860–1865 Innen- bzw. Staatsminister. 208, 209, 237, 258, 261–64, 267, 268, 273
Schönberg, Arnold (1874–1951), österreichischer Komponist. 320
Schönborn, Friedrich Karl Graf von (1674–1746). 1705–1734 Reichsvizekanzler in Wien. 131
Schönerer, Georg Ritter von (1842–1921), österreichischer Politiker. Anhänger der extremsten deutschnationalen Richtung, hohenzollernfreundlich und Antisemit. 1873–1888 und 1897–1907 Abgeordneter. 302
Schratt, Katharina (1855–1940), österreichische Schauspielerin. War seit 1885 Freundin Kaiser Franz Josephs I. 307
Schröder, Wilhelm Freiherr von (1640–1688). Volkswirt, kameralistischer Wirtschaftspolitiker, Ratgeber Kaiser Leopolds I. 111
Schubert, Franz (1797–1828), österreichischer Komponist. 189
Schwarzenberg, Felix Fürst (1800–1852), österreichischer Staatsmann. Wurde 1846 Gesandter in Neapel, 1848–1852 Ministerpräsident und Außenminister. 204, 208, 209, 212, 214–17, 232–38, 242, 246, 247, 256, 258, 261, 264, 270, 278, 279
Schwarzenberg, Friedrich Fürst (1809–1885). Wurde 1836 Fürsterzbischof von Salzburg, 1842 Kardinal, 1850 Fürsterzbischof von Prag. Jüngerer Bruder von Felix Schwarzenberg. 242–44, 282
Sebastian (1554–1578). Wurde 1557 König von Portugal als Nachfolger seines Großvaters Johann III. 66
Sedlnitzky, Joseph Graf (1778–1855). 1817–1848 österreichischer Polizeiminister und Vorsitzender des Höchsten Rechnungsamts; rechte Hand von Metternich. 193
Seidler, Ernst Ritter von (1862–1931). Von Juni 1917 bis Juli 1918 österreichischer Ministerpräsident. 367–69, 381
Sforza, Adelsfamilie: ihre Mitglieder herrschten von 1450 bis 1535 im Herzogtum Mailand. 46
Sforza, Francesco (1492–1535). Wurde 1529 Herzog von Mailand, Vasall Kaiser Karls V. Mit ihm erlosch die Hauptlinie der Sforza. 50
Sigismund von Luxemburg (1368–1437), Sohn Kaiser Karls IV. Wurde 1385 Gemahl der Maria, Erbtochter Ludwigs I., 1387 König von Ungarn, 1410 deutscher König, 1433 römischer Kaiser, 1436–1437 König von Böhmen. 22, 25, 36, 152
Sigismund II. August (1520–1572), der letzte Jagiellone. 1548–1572 König von Polen. 83
Sigismund von Habsburg (1427–1496), Sohn Friedrichs IV. mit der leeren Tasche. Wurde 1439 Graf von Tirol. 24
Sinzendorf, Ludwig Philipp, Graf (1671–1742), Kanzler Kaiser Karls VI., Mitglied der Geheimen Finanzkonferenz. 131
Sixtus (1886–1934), Prinz von Bourbon-Parma, älterer Bruder der Kaiserin Zita von Österreich-Ungarn. 368, 372–74
Slavata z Chlumu a Košumberka, Vilém Graf (1572–1652), tschechischer Politiker und Historiker. Trat 1596 zum Katholizismus über. 1600 Hofmarschall, einer der böhmischen Statthalter. Wurde zu Beginn des böhmischen Aufstands am 23. Mai 1618 aus dem Fenster des Prager Hradschins gestürzt. 1628 böhmischer Kanzler. 94, 96
Sonnenfels, Joseph von (1733–1817), österreichischer Volkswirt und Jurist. 1763 Professor für Verwaltungs- und Finanzrecht an der Universität Wien, Anhänger des Kameralismus. Er spielte eine bedeutende organisatorische Rolle im Literatur- und Theaterleben Wiens. 149, 160
Sophie Alexejewna (1657–1704), russische Großfürstin, Tochter des Zaren Alexej. Wurde 1682 Regentin für ihren geistesschwachen Halbbruder Iwan bzw. ihren unmündigen Halbbruder Peter. 1689 ließ Peter sie festnehmen und später in ein Kloster sperren. 108
Sophie Friederike Dorothea von Wittels-

bach (1805–1872), Erzherzogin von Österreich, Tochter Maximilians I. von Bayern. Wurde 1824 Gemahlin des Erzherzogs Franz Karl. Mutter Kaiser Franz Josephs I. 187, 213, 215, 217, 240, 241

Sophie von Habsburg (1855–1857), Erzherzogin von Österreich, erstes Kind Franz Josephs I. und der Elisabeth von Wittelsbach; erkrankte und starb während ihrer Reise durch Ungarn. 241

Stadion, Johann Philipp Graf von (1763–1824), österreichischer Staatsmann. Wurde 1788 Gesandter in Stockholm, London, dann in Sankt Petersburg, 1805–1809 Außenminister. 176–78

Stadion-Warthausen, Franz Seraph, Graf (1806–1853), 1841 Statthalter in den österreichischen Küstengebieten, 1847 Gouverneur von Galizien, 1848/49 Innenminister in der Regierung Schwarzenberg. 214, 216, 224, 225, 232, 233, 238, 243, 258, 261

Staněk, František (1867–?), tschechischer Politiker. War im Ersten Weltkrieg Abgeordneter im österreichischen Parlament. 369

Stanislaus I. Leszczyński (1677–1766). 1704–1709 Woiwode von Posen, 1733–1735 König von Polen, 1738 Herzog von Lothringen. Schwiegervater Ludwigs XV. 123–25, 152

Stanislaus II. August, Poniatowski (1732–1798). 1764–1795 König von Polen. 152

Starhemberg, Georg Adam Graf von (1724–1807). War 1753 österreichischer Gesandter in Paris, dann Minister. 140, 141

Steinbach, Emil (1846–1907), österreichischer Politiker. 1891–1893 Finanzminister, bereitete mit Alexander Wekerle die Valutareform vor. Später förderte er das allgemeine Wahlrecht. 326

Stephan I., der Heilige (etwa 975–1038), Nachkomme von Árpád; war von 997 ungarischer Fürst, von 1000 König von Ungarn. Gründer des ungarischen Staates. 279, 358

Stephanie (1864–1945), Prinzessin, Tochter König Leopolds II. von Belgien. 1881–1889 Gemahlin des Kronprinzen Rudolf, 1900 des Fürsten Elemér Lónyay. 306

Stralen, van. Um 1560 Bürgermeister von Antwerpen. Wegen Unterstützung der Aufständischen ließ ihn der Herzog von Alba verhaften. 71

Strauß, Johann (Sohn; 1825–1899), österreichischer Komponist, hervorragendster Meister des Wiener Walzers. 320

Strauss, Richard (1864–1949), spätromantischer deutscher Komponist. War Hofkapellmeister in Meiningen und Weimar, 3. Kapellmeister an der Münchener Hofoper, nach 1919 Direktor der Wiener Staatsoper. 320

Stroßmayer, Josip Juraj (1815–1905), kroatischer Politiker. Wurde 1849 Bischof von Djakovo. Einer der Gründer der Kroatischen Akademie der Wissenschaften, des Nationalmuseums und der Universität in Agram. 282

Stuart, Dynastie: schottische Herrscherfamilie, deren Mitglieder ab 1370 in Schottland, 1603–1714 in England regierten. 135, 384

Stürgkh, Karl Graf von (1859–1916), österreichischer Politiker. 1908–1911 Unterrichtsminister, danach Ministerpräsident. Wurde 1916 ermordet. 329, 363–365

Suleiman II., der Große (1496?–1566). 1520–1566 türkischer Sultan. 38, 48, 49, 54, 82

Suworow, Alexander Wassiljewitsch, Fürst (1730–1800), russischer Feldmarschall. 171

Swieten, Gerhard van (1700–1772), Arzt, Professor an der Universität von Leyden. Seit 1745 Leibarzt Maria Theresias, Direktor der Hofbibliothek, 1758–1772 Leiter der Bücherzensurstelle. 138, 147

Swieten, Gottfried Freiherr van (1733–1803), Sohn Gerhard van Swietens. 1772 als Nachfolger seines Vaters Direktor der Wiener Hofbibliothek, 1781–1790 Präsident der Studien- und Bücherzensurhofkommission. Vertrauter Freund Haydns und Mozarts. 149, 160

Szalay, László (1813–1864), Historiker, Reformpolitiker, Diplomat. Vertrat die ungarische Regierung im Sommer 1848 in Frankfurt, später auch in London und Paris. 235

Széchenyi, István Graf (1791–1860). Aristokrat, Großgrundbesitzer. Einer der Initiatoren und die bedeutendste Gestalt der sich in den zwanziger und dreißiger Jahren entwickelnden liberalen Reformbewegung, Gründer der Ungarischen Akademie der Wissenschaften (1825). In seinen wirkungsvollen Schriften lenkte er die allgemeine Aufmerksamkeit auf die der Lösung harrenden unaufschiebbaren wirtschaftlichen und kulturellen Aufgaben: Bau der Kettenbrücke, des Ofner Festungstunnels, Regulierung der unteren Donau und der Theiß, Entwicklung der Dampfschiffahrt auf der Donau und dem Plattensee, Eisenbahnbau usw. In der ersten verantwortlichen ungarischen Regierung Minister für Verkehr und öffentliche Arbeiten. Infolge der Verschärfung des Freiheitskampfes zog er sich, von Selbstanklagen geplagt, in die Nervenheilanstalt Döbling zurück. Ein von ihm 1859 in London anonym veröffentlichtes Flugblatt gegen Bach setzte ihn polizeilichen Schikanen aus, die ihn schließlich zum Selbstmord veranlaßten. 192

Szécsen, Antal Graf (1819–1896), höfisch gesinnter Politiker. Von Oktober 1860 bis Juli 1861 Minister ohne Portefeuille in der Regierung Rechberg und Erzherzogs Rainer. 256

Szeps, Moritz (1834–1902), österreichischer Publizist. War in den siebziger und achtziger Jahren des 19. Jahrhunderts Redakteur des „Neuen Wiener Tagblatts“, gehörte zum Freundeskreis des Kronprinzen Rudolf. 306

Taaffe, Eduard Graf von (1833–1895), österreichischer Staatsmann irischer Herkunft. 1868–1870 und 1879–1893 österreichischer Ministerpräsident, wiederholt Minister. 282, 299, 303–07, 341

Talleyrand-Périgord, Charles Maurice de, Herzog (1754–1838), französischer Diplomat, Politiker. 1797–1807 und 1814/15 Außenminister, Vertreter Frankreichs auf dem Wiener Kongreß. 1830–1834 Botschafter König Ludwig Philipps in London. 180

Tegetthoff, Wilhelm von (1827–1871), österreichischer Admiral. Zur Zeit des österreichisch-preußisch-italienischen Kriegs 1866 Kommandant der österreichischen Flotte. Bei Lissa besiegte er die stärkere italienische Flotte. 271

Thököly, Imre Graf (1657–1705). 1682–1685 Fürst von Oberungarn und Herr der angeschlossenen ungarischen Gebiete, wurde 1690 zum Fürsten von Siebenbürgen gewählt. 106–08

Thugut, Johann Amadeus Franz, Freiherr von (1736–1818), österreichischer Staatsmann. Ab 1769 Gesandter in Konstantinopel, Berlin, Neapel, Warschau, 1788–1790 Regierungskommissar der Moldau, 1793–1798 Kanzler, 1798/99 Statthalter in Venedig, 1799–1800 Kanzler. 170, 173–74, 177

Thun und Hohenstein, Leo, Graf (1811–1888), österreichischer Politiker. April 1848 Statthalter von Böhmen, fiel während des tschechischen Aufstands in Gefangenschaft. 1849–1860 Minister für Kultur und Unterricht. 243, 252

Thurn, Heinrich Matthias Graf (1580–1640), tschechischer Aristokrat, Burggraf von Karlstein. Führer des tschechischen Aufstands vom 23. Mai 1618, befehligte die tschechischen Truppen. Nach der Niederlage am Weißen Berg floh er an den Hof Gabriel Bethlens, auf dessen Empfehlung ihn die Republik Venedig mit dem Oberbefehl ihrer Armee betraute. 1631/32 einer der Unterführer König Gustav Adolfs II. von Schweden. 94, 96

Tilly, Johann Tserclaes, Graf von (1559–1632), kaiserlicher Heerführer niederländischer Herkunft. 1618–1621 und 1630–1632 führte er die Truppen der Katholischen Liga. 97–99

Tisza, István Graf (1861–1918), Politiker.

1903–1905 und 1913–1917 ungarischer Ministerpräsident. 293, 329, 335, 344, 356, 372, 374, 377
Tisza, Kálmán (1830–1902), Politiker. 1861 Führer der Beschlußpartei, dann des Linkszentrums. 1875–1890 ungarischer Ministerpräsident. 286, 303, 305, 307, 308, 329
Tobolka, Zdeněk Václav (1874–1951), tschechischer Historiker und Politiker. Während des Ersten Weltkriegs Mitglied des österreichischen Parlaments. 370
Tours, Gregor von, siehe Gregor.
Tschernembl, Georg Erasmus, Freiherr von (1567–1626), oberösterreichischer Aristokrat. Führer der oppositionellen protestantischen Stände in den habsburgischen Provinzen, unterstützte die böhmischen Aufständischen und die Bestrebungen Gabriel Bethlens. 89, 90, 95

Uceda, Herzog, Sohn des Herzogs von Lerma. Seit 1618 Minister Philipps III. von Spanien; 1621 gleichzeitig mit seinem Vater verbannt. 75
Vajda-Voevod, Alexandru (1871/2?–1950), Arzt, rumänischer Nationalitätenpolitiker in Ungarn. Mitglied des Kreises um Franz Ferdinand im Belvedere. 1906–1918 Reichstagsabgeordneter, 1919/20 rumänischer Ministerpräsident und Kultusminister. 344
Valois, Dynastie: französische Königsfamilie, eine Seitenlinie des Hauses Capet. Regierte von 1328 bis 1589. 27, 68
Veith, Johann Emanuel (1787–1876), österreichischer Arzt und Theologe. 242
Verdi, Giuseppe (1813–1901), italienischer Komponist. 65
Vetsera, Mary Freiin von (1871–1889), Freundin des Kronprinzen Rudolf. 306
Viktor Amadeus II. (1666–1732). 1675–1713 Fürst von Savoyen, 1713–1720 König von Sizilien, 1720–1730 König von Sardinien. 116
Viktor Emanuel II. (1820–1878), Sohn König Karl Alberts von Sardinien. 1849–1861 König von Sardinien und Piemont, ab 1861 König von Italien. 252, 254, 287
Visconti, Adelsfamilie: seit 1273 Herrschaft über Mailand, 1395–1447 Herzöge von Mailand. 20
Vogelsang, Karl Freiherr von (1818–1890), protestantischer preußischer Offizier, trat später zum Katholizismus über. Nach 1867 Journalist in Österreich, seit 1875 Redakteur katholischer Blätter, mit Lueger Mitbegründer der christlichsozialen Bewegung in Österreich. 309
Voltaire, eigentlich François-Marie Arouet (1694–1778), französischer Schriftsteller. 133
Vonck, François. In den achtziger Jahren des 18. Jh. aufgeklärter Führer der Opposition in den österreichischen Niederlanden. 163

Wallenstein (Waldstein), Albrecht Wenzel Eusebius, Graf von (1583–1634), kaiserlicher Feldherr, Marschall. 1624 Herzog von Friedland, 1629 Herzog von Mecklenburg, 1625–1630 und 1632–1634 Oberbefehlshaber der kaiserlichen Truppen. Wurde ermordet. 96–99
Wekerle, Sándor (1848–1921), Finanzsachverständiger. 1889 ungarischer Finanzminister, 1892–1895, dann 1906–1910 Ministerpräsident und Finanzminister, August 1917 bis Oktober 1918 Ministerpräsident und September 1917 bis Februar 1918 Finanzminister. 328, 376–380
Wellington, Arthur Wellesley, Herzog von (1769–1852), britischer Feldmarschall und Staatsmann. 1809–1815 Oberbefehlshaber der gegen Napoleon kämpfenden englischen Truppen, 1827 Oberbefehlshaber der britischen Landmacht. 1828–1830 Ministerpräsident, 1834/35 Außenminister, 1841–1846 Minister ohne Portefeuille. 188
Welser: reiche Augsburger Kaufmanns- und Bankiersfamilie. Gläubiger Kaiser Karls V. 36
Wenzel I. (1205–1253), aus dem Haus der Přemysliden, wurde 1230 König von Böhmen. Verbündeter Kaiser Friedrichs II. 316
Wenzel III. Přemysl (1289–1306), Sohn König Wenzels II. 1301–1304 als Wenzel I. König von Ungarn, 1305/06 als

Wenzel III. König von Böhmen. Verzichtete 1305 auf den ungarischen Thron. Letzter Sproß des Hauses der Přemysliden. 17
Werner (10/11. Jahrhundert), Sohn Lantholds. 1002–1028 Bischof von Straßburg, erbaute um 1020 die Habsburg (Habichtsburg). 7
Wesselényi, Ferenc Graf (1605–1667). Wurde 1655 Palatin von Ungarn. Nach dem Frieden von Vasvár (1664) trat er an die Spitze der Verschwörung der mit dem Absolutismus Kaiser Leopolds I. unzufriedenen Aristokraten. Starb noch vor dem Ausbruch des Aufstands. 106
Wessenberg, Johann Philipp Freiherr von (1773–1858), österreichischer Staatsmann. Wurde 1808 Botschafter in Berlin, dann in München. Zog sich 1819 wegen seines Gegensatzes zu Metternich zurück, 1830/31 Gesandter in den Niederlanden, Mai–November 1848 Außenminister, Juli–November Ministerpräsident. 202, 239
Wilhelm der Schweiger (1533–1584), Graf von Nassau. 1544 Herzog von Oranien, Statthalter Philipps II. von Spanien in den Niederlanden, 1567 Führer des niederländischen Freiheitskampfes. Fiel einem Attentat zum Opfer. 70–73, 90
Wilhelm V., Herzog von Cleve (1530–1592). 52
Wilhelm III. von Oranien (1650–1702). 1673 Erbstatthalter der Niederlande, 1689–1702 König von England, Schottland und Irland, heiratete 1677 die spätere Königin von England, Maria II. (1662–1695), mit der er bis zu ihrem Tod gemeinsam, danach allein regierte. 110
Wilhelm I., Hohenzoller (1797–1888). Ab 1861 König von Preußen, ab 1871 deutscher Kaiser. 269, 286
Wilhelm II. Friedrich Viktor von Hohenzollern (1859–1941). 1888–1918 deutscher Kaiser und König von Preußen. 345
Wilson, Thomas Woodrow (1856–1924). 1913–1921 Präsident der USA. 375, 378, 380–381
Windischgraetz, Alfred Fürst zu (1787–1862), österreichischer Feldmarschall. 1840–1848 Generalkommandant in Böhmen, unterdrückte im Juni 1848 den Prager Aufstand. Ab Oktober 1848 Feldmarschall und Oberbefehlshaber der außerhalb Italiens stehenden österreichischen Truppen, unterdrückte Ende Oktober blutig die Revolution in Wien. Etwa Mitte Dezember begann er seinen Angriff gegen Ungarn, verlor aber nach der Eroberung von Ofen und Pest im Frühling 1849 zahlreiche Gefechte gegen die Honvédarmee. Am 12. April seiner Stelle enthoben. 201, 204–208, 212, 214, 216, 217 247,
Windischgraetz, Alfred August Fürst zu (1851–1927), österreichischer konservativer Politiker, Enkel des Feldmarschalls. 1893–1895 Präsident der Koalitionsregierung. 303
Wittelsbacher: deutsches Herrscherhaus. Vom 10. Jahrhundert bis 1918 Herzöge, Kurfürsten und Könige von Bayern. 240
Władisław III. Jagiello (1424–1444), Sohn und Nachfolger des polnischen Königs Władisław II. Als Władisław I. König von Ungarn (1440–1444). 24
Władisław IV. Jagiello (1456–1516), Sohn König Kasimirs IV. von Polen. 1471 König von Böhmen und 1490 als Władisław II. König von Ungarn. 25, 26
Wolff, Christian Freiherr von (1679–1754), deutscher Philosoph und Mathematiker. 1707–1723 Professor der Mathematik und Naturkunde in Halle. 140

Xavier, Prinz von Parma-Bourbon, Bruder der Kaiserin Zita. 372

Zahradník, Bohdan (Bohumil Brodský; 1862–1925), tschechischer Politiker. Während des Ersten Weltkriegs Mitglied des österreichischen Parlaments. 370, 371
Zähringer: schwäbisches Hochadelsgeschlecht, mit den Grafen von Kiburg verwandt. 8
Zápolya, siehe Johann Zápolya.
Žerotin, Karl Graf von (1564–1636). Mährischer Protestantenführer in den ersten Jahrzehnten des 17. Jh. 89

Zita Maria Adelgunda (geb. 1892), Prinzessin von Bourbon-Parma, Tochter des ehemaligen Herzogs Robert von Bourbon-Parma und der Infantin von Portugal, Maria Antonia. Wurde 1911 Gemahlin Erzherzog Karl Franz Josephs, des späteren Kaisers und Königs Karl I. 366, 372

Zollern, siehe Hohenzollern.

Zrínyi, Miklós Graf (1508–1566), Heerführer. 1542–1556 Ban von Kroatien, 1561 Kapitän der Festung Szigetvár, die er 1566 verteidigte. 82

Zrínyi, Miklós Graf (1620–1664), Dichter, Heerführer und Politiker. Wurde 1647 Ban von Kroatien. 105

Zrínyi, Péter Graf (1621–1671), Dichter. Wurde 1665 Ban von Kroatien. Wegen seiner Teilnahme an der Verschwörung Wesselényis hingerichtet. 106